MANUEL
D'ÉPIGRAPHIE AKKADIENNE

1° édition, 1948

2° édition, 1952

3° édition, 1959

4° édition, 1963

12, RUE VAVIN, 75006 PARIS

5° édition, 1976

6° édition, 1988

ISBN 2-7053-0354-5

Couverture: conception P. LABOURASSE, Agence TE, Paris
crédit photo par aimable autorisation, *Deutsches Archäologisches Institut, Abteilung Baghdad*

MANUEL
D'ÉPIGRAPHIE AKKADIENNE

(Signes, Syllabaire, Idéogrammes)

PAR

René LABAT

SIXIEME EDITION AUGMENTEE D'ADDENDA

PAR

Florence MALBRAN - LABAT
CNRS, Paris

LIBRAIRIE ORIENTALISTE PAUL GEUTHNER, S.A., PARIS

Table des matières

Avant-propos IX
Avertissement (pour la cinquième édition) XI
Carte linguistique de la Mésopotamie XVI

Introduction : L'écriture cunéiforme
I. Origine et évolution des signes 11
II. Valeur des signes 7
III. Lecture de l'écriture cunéiforme 18
IV. Les manuels «modernes» 26

Liste des signes 29

Évolution des cunéiformes (pages paires)
Indications préliminaires 40
Tableau de l'évolution des signes 42

Syllabaire et Idéogrammes (pages impaires)
Indications préliminaires 41
Tableau du syllabaire et des idéogrammes 43

Liste alphabétique des valeurs 248

Addenda
1. Complément à la liste alphabétique des valeurs 279
2. Idéogrammes inusités relevés dans MDP 57 283
3. Valeurs phonétiques rares relevées dans MDP 57 287
4. Noms des mois assyriens 289
5. Dieux et Démons 291
6. Les noms géographiques 297
7. Etoiles, Constellations et Planètes 301

Lexique des mots akkadiens 305

Cartes
de la Mésopotamie du Nord
de la Mésopotamie du Sud
à la fin du volume

Avant-propos

Le nombre toujours croissant des instruments de travail nécessaires à l'assyriologue et la difficulté actuelle de se procurer la plupart d'entre eux m'ont incité à mettre à la disposition des étudiants et des spécialistes un manuel où ils pussent trouver, sous une forme condensée, les renseignements indispensables à la lecture d'un texte cunéiforme akkadien.

Je ne voudrais pas toutefois que l'on se méprît sur les limites exactes que j'ai volontairement assignées à ce travail. De l'évolution des signes il ne donne que les étapes essentielles et, seuls, ont été retenus les idéogrammes qu'emploient communément les scribes akkadiens. A cet égard, et bien qu'il les complète ou les corrige sur certains points particuliers, il ne saurait remplacer ni l'Evolution des Cunéiformes de Ch. Fossey ni les dictionnaires idéographiques de Deimel ou de Howardy. Quant aux précisions que j'ai cru devoir ajouter concernant la date d'emploi des valeurs phonétiques ou la spécialisation des idéogrammes, elles ne doivent être utilisées qu'à titre purement indicatif : à savoir que telle valeur est plus particulièrement employée à telle époque et que tel idéogramme se trouve de préférence dans tel genre de texte. Une discrimination plus poussée eût présenté, ce me semble, plus d'inconvénients que d'avantages. Je tenais en effet à ce que ce manuel fût avant tout clair et pratique, que pour chaque signe le lecteur pût embrasser d'un seul regard l'ensemble des renseignements qui lui sont nécessaires.

Ce manuel, dans ma pensée, devait primitivement servir en quelque sorte de complément à la nouvelle édition du Syllabaire que préparait Fr. Thureau-Dangin. Depuis la publication de ses Homophones, un grand nombre de valeurs nouvelles avaient été proposées par divers savants : il importait non seulement de les classer systématiquement, mais aussi d'en vérifier l'exactitude. C'est à cette tâche que s'était consacré l'éminent assyriologue avec la conscience et la maîtrise qui lui étaient coutumières. La mort malheureusement ne lui permit pas de la mener à bien.

Je fus donc obligé, pour compléter ce manuel, de reprendre à mon compte tout ce travail de classification critique. Je savais en effet le prix que Thureau-Dangin attachait au maintien d'un système qui avait réussi à introduire dans les transcriptions suméro-akkadiennes une rigueur et une clarté indispensables à toute étude scientifique. Je pouvais d'autant moins négliger cet aspect de la question, que se laisse deviner chez quelques savants une certaine désaffection pour des règles de transcription qui leur paraissent parfois d'une rigueur excessive : ils leur reprochent notamment de masquer l'aspect particulier de certaines graphies dialectales. Cette critique, à mon sens, ne tient pas. Quel que soit le dialecte, l'écriture recouvre soit des faits de pure graphie, soit des faits phonétiques. Or, l'application raisonnée du système Thureau-Dangin permet précisément une telle discrimination, à la condition que le transcripteur fasse lui-même le départ entre ces deux ordres de phénomènes. L'imprécision de la graphie ne trahirait que son refus de se prononcer. Quant à l'inconvénient, purement matériel, que peut présenter l'emploi parfois encombrant d'indices numériques élevés, il ne saurait prévaloir sur les avantages d'une transcription qui reflète avec exactitude l'original cunéiforme.

Quoi qu'il en soit, je devais à la mémoire du Maître disparu de continuer, dans l'esprit même où il l'avait entreprise, une œuvre qu'il jugeait essentielle au progrès de nos études. Je tiens à remercier mes Collègues et Amis, MM. Nougayrol et Jestin de l'adhésion sans réserve qu'ils m'ont apportée et de la part qu'ils ont bien voulu prendre à la tâche ingrate de vérification, dont les Notes qui suivent mon répertoire constituent les pièces justificatives.

Ce manuel que j'avais d'abord conçu à l'usage de mes propres étudiants se trouve ainsi appelé à une plus large audience. Je souhaite toutefois qu'il reste pour eux le guide fidèle, le "compagnon d'études" auquel j'avais primitivement songé.

Paris, janvier 1948

-cinquième édition

Avertissement

Ce livre est avant tout la cinquième édition (1975-1976) du Manuel d'Epigraphie akkadienne de R. LABAT : la révision que ce savant n'avait pu parachever lui-même, mais qui demeure, autant qu'il est possible, fidèle à la forme et à l'esprit des éditions précédentes.

Nous avons utilisé les notes de l'auteur (était entièrement prête, au moins, la refonte des valeurs syllabiques) et, pour tout ce qui n'y figurait point, nous avons essayé de nous conformer exactement à ses principes et à sa conception de l'ouvrage et de son but.

Sur le plan de la forme, d'abord, sans chercher à remodeler la mise en page, nous avons tenu à conserver le plus possible la présentation originelle du Manuel. Nous n'avons pratiquement pas modifié, dans la partie gauche, le tableau de l'évolution paléographique des signes. Quelques artifices nous ont permis d'introduire un petit nombre de signes nouveaux et de garder la correspondance avec la page de droite, lorsque celle-ci s'était enflée de nombreux idéogrammes nouveaux.

Dans l'esprit de son auteur, cet ouvrage devait rester un Manuel, c'est-à-dire un ouvrage de base, un instrument de travail parfaitement accommodé aux besoins des étudiants. Aussi avons-nous voulu le garder pratique et clair, faisant le point des connaissances lexicographiques actuelles, mais sans entrer dans les problèmes et les hypothèses qu'elles soulèvent. Nous nous sommes donc conformée aux valeurs idéographiques telles qu'on les trouve désormais dans les grands dictionnaires (AHw et CAD), sans chercher à serrer de plus près les valeurs sumériennes. Dans ce même esprit, nous n'avons donc pas intégré dans le corps de l'ouvrage les nouvelles valeurs proposées par R. LABAT en son édition des onze tablettes littéraires trouvées à Suse (MDP 57), nous contentant d'en dresser une liste, en appendice, pour qu'au moins elles fussent présentes, et de consultation aisée, dans ce Manuel. Toujours pour des raisons d'ordre pratique, nous avons établi le lexique en suivant l'ordre de notre propre alphabet, comme le font CAD et AHw, et non plus celui du sémitique (anciennement adopté par F. DELITSZCH et C. BEZOLD), de maniement plus difficile pour les étudiants, bien que plus satisfaisant pour les linguistes. Enfin, voulant toujours rendre plus aisée l'utilisation de l'ouvrage, nous y avons introduit çà et là des renvois, notamment lorsque, pour trouver un vocable donné, on peut hésiter entre le premier signe de son idéogramme et celui de son déterminatif ou de sa préformante (NAM, NÌ).

Sur le fond, deux problèmes malaisés à résoudre se sont posés à nous : l'un touchant la simple disposition matérielle des éléments nouveaux, l'autre, plus grave, concernant leur choix.

Depuis 1948, date de la rédaction du Manuel, le nombre des idéogrammes s'est considérablement accru. Comment les incorporer tous ici ? Pour ne point bouleverser l'ordonnance des pages, que nous tenions à préserver le plus possible, il nous a fallu recourir à des moyens de fortune, lesquels, parfois, nous ont contrainte à renoncer à une systématique parfaite : ainsi est-il arrivé que le classement des idéogrammes, dans chaque article, présente çà et là un manque de cohérence. Nous nous sommes efforcée de réduire au maximum un tel inconvénient : lorsqu'un paragraphe devait s'alourdir de trop nombreux ajouts, nous avons préféré le récrire en entier, quitte à y introduire alors, comme dans le lexique, l'ordre de notre alphabet (voir les n° 13, 15, 74, 99, 115, 122, 201, 296, 324, 334, 354, 367, 381, 384, 403, 461, 536, 579, 597). Par ailleurs, nous n'avons pas ajouté par système ce qu'il est aisé de tirer par simple déduction des données du texte : le participe lorsque le sens et l'idéogramme sont ceux de l'infinitif qui figure ici (par ex. SUR saḫtu "pressé" part. de saḫātu), le féminin parallèle au masculin (ainsi NUN-ME(-at) apkallatu ne figure pas à côté de NUN-ME apkallu), le mot composé formé en tout et pour tout des idéogrammes de ses composantes (tel ^{lú}ARAD LUGAL arad šarri), l'abstrait, à son sens usuel de "état de...", "fonction de...", — dans ce cas, le mot dont il est dérivé est suivi d'une croix (par ex. $^{(lú)}$ŠU-i gallābu^{x} "barbier" → gallābūtu "fonction de barbier"), ainsi que les compositions adverbiales courantes (comme Á^{mušen}-niš pour arâniš "comme un aigle"). De même, afin de ne point surcharger le texte, n'avons-nous pas signalé les formes verbales I/3 ou IV, souvent marquées par le redoublement de l'idéogramme ou l'addition de MEŠ, lorsqu'elles n'impliquaient pas un sens particulier.

Ce qui aurait nécessité de trop nombreuses corrections de détail et sans grande portée, nous ne l'avons pas modifié : c'est ainsi que l'on trouvera toujours marquée ZÁ la transcription du déterminatif des noms de pierres, qui est lu aujourd'hui NA_4.

Nous avons corrigé les lectures idéographiques à notre connaissance vieillies et intégré les idéogrammes des textes accadiens, spécialement ceux cités comme tels par CAD et AHw ; mais ceux des textes bilingues, seulement lorsqu'ils nous ont parus importants.

Plus délicat était le choix méthodologique concernant les suppressions autres que celles des lectures reconnues pour erronées: R. LABAT avait fait entrer dans son texte un certain nombre d'idéogrammes connus seulement par les listes lexicales. Depuis 1948, la connaissance de ces dernières s'est si considérablement accrue qu'il était impossible d'incorporer dans la présente édition la totalité de leur apport — laquelle dépasse du reste les frontières de ce qui doit rester un Manuel et n'a jamais voulu se présenter comme un dictionnaire. Fallait-il donc, alors, par souci de cohérence, supprimer tous les idéogrammes "scolaires", c'est-à-dire affectés ici du sigle sc. ? Depuis la première édition, certain d'entre eux ont été relevés dans la littérature accadienne courante et d'autres risquent d'y apparaître un jour. En outre, il faut le dire, il nous répugnait d'appauvrir le Manuel de quelque manière que ce fût. Dans ces conditions, il était impossible de suivre, sur ce point, une règle absolument rigoureuse. Parmi les idéogrammes "scolaires" qui figuraient dans la première édition, nous avonc donc supprimé ceux qui nous paraissaient de moindre intérêt ou ceux qui, à notre sens, devaient laisser la place à d'autres, plus usuels et plus fréquents ; mais, au moins à titre d'exemple, et non sans les distinguer nettement par le sigle (sc), nous avons conservé certaines valeurs qui demeurent encore, à notre connaissance, purement lexicales.

Ainsi n'avons-nous pas voulu refondre complètement cet ouvrage, et encore moins y introduire un bilan complet des idéogrammes connus à cette heure dans les divers genres de textes de toute la documentation accadienne. Nous avons parfaitement conscience des lacunes de notre travail. Nous savons aussi le danger qu'on encourt à vouloir rééditer, après la mort de son auteur, une œuvre qu'on risque toujours de dénaturer et dont on ne sait pas les modifications qu'il lui aurait apportées jusqu'au "bon à tirer". Pourtant, même si nous ne sommes point assurée qu'il aurait entièrement souscrit à la large part de travail personnel que nous avons apportée à la réédition de son ouvrage, ce qu'il aurait approuvé sans réserves, nous le savons, ce qu'il voulait, c'était précisément cette réédition. Et tous ceux qui la lui réclamaient, parmi toute la communauté assyriologique internationale, nous pardonneront les lacunes de notre travail en pensant qu'il aura, du moins, permis à ce <u>Manuel</u> de continuer à remplir la mission de "compagnon d'études" que R. LABAT lui avait assignée en le composant et qu'il a si bien remplie durant un quart de siècle.

Nous tenons à remercier tous les amis et collègues qui ont bien voulu ici nous apporter leur aide, et tout d'abord MM. les Professeurs W. von SODEN et Fr. KÖCHER qui ont accepté de compléter nos informations et de nous communiquer des éléments de leur propre documentation.

Nous exprimons notre reconnaissance tout spécialement à M. J-M. DURAND pour tout le temps qu'il a consacré, toute la science qu'il a mise à préparer avec nous cette réédition et le patient et minutieux travail qu'il a dévoué à relire notre manuscrit.

Florence MALBRAN-LABAT
Paris, janvier 1976

Introduction

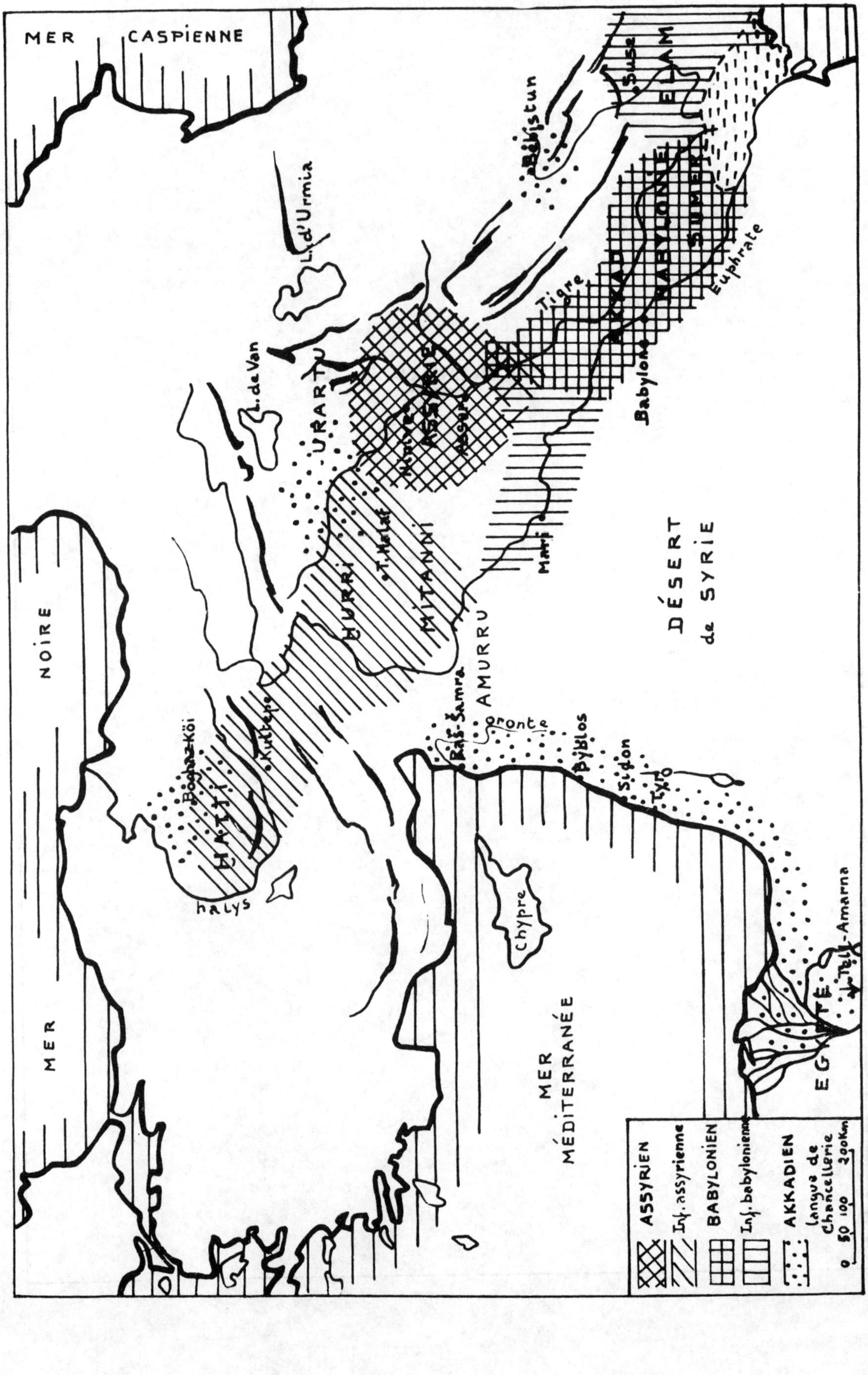
MER CASPIENNE
MER NOIRE
MER MÉDITERRANÉE
DÉSERT de SYRIE
L. de Van
L. d'Urmia
URARTU
HURRI
MITANNI
ASSYRIE
Ninive
Assur
T. Halaf
Mari
AMURRU
Ras-Shamra
Oronte
Byblos
Sidon
Tyr
HATTI
Boghazköi
Kültepe
Halys
Chypre
EGYPTE
Tell-Amarna
Tigre
Euphrate
Babylone
AKKAD
BABYLONIE
SUMER
ELAM
Suse
Behistun
ASSYRIEN
Inf. assyrienne
BABYLONIEN
Inf. babylonienne
AKKADIEN langue de chancellerie
0 50 100 200 Km

I — Origine et évolution des signes. —

L'écriture cunéiforme est le système graphique le plus important qui, durant l'antiquité, ait été employé dans le Proche Orient. Son nom provient de la forme des signes qui, dans les textes connus par les premiers orientalistes, paraissaient composés d'éléments en forme de clou ou de coin (lat. cuneus). Depuis, la découverte de documents plus anciens nous a révélé que cet aspect de l'écriture n'était pas primitif, mais constituait au contraire le stade final de son évolution. On continua toutefois, par tradition, à appliquer le terme de "cunéiforme" à l'ensemble du système.

Inventée en Basse Mésopotamie par les Sumériens, aux environs de 3500 avant notre ère, elle connut par la suite une fortune remarquable. Au cours de trois millénaires, son emploi s'étendit progressivement sur toute l'Asie Antérieure, de l'Elam à la Cappadoce et de l'Arménie à l'Egypte. Tous les peuples de ces régions la connurent comme véhicule de la culture mésopotamienne. Certains, Akkadiens, Hurrites, anciens Elamites, Hittites, etc. l'adoptèrent pour transcrire leur langue ; d'autres, Cananéens, Elamites, Perses, etc. la transformèrent en la simplifiant pour créer, à leur propre usage, des écritures nouvelles.

C'est à l'époque dite d'Uruk (vers 3500 avant J.C.) qu'apparaissent les premiers documents écrits par les Sumériens. L'écriture est alors fort rudimentaire ; elle est composée de véritables dessins, ou pictogrammes, qui représentent l'aspect des objets eux-mêmes :

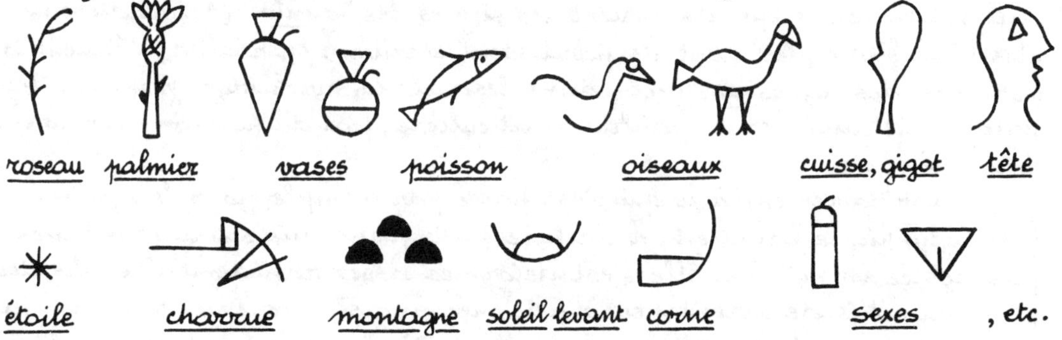

, etc.

Ce dessin toutefois est déjà en partie schématique, mais la schématisation reste du domaine concret. C'est ainsi, par exemple, que le scribe représente la tête d'un animal pour l'animal lui-même :

renard chien cochon âne boeuf taureau sauvage, etc.

Le tracé de certains signes offre un aspect conventionnel qui se retrouve dans l'art pictural contemporain ou immédiatement antérieur, tels le dessin de la main, l'absence de perspective et la projection plane des surfaces et des volumes :

main ville jardin, verger champ (avec rigoles d'irrigation et fossé contigu)

enclos à bétail ; etc.

A côté de ces figurations directes, l'écriture sumérienne employait un certain nombre de compositions "évocatrices" : un oeuf près d'un volatile couché pour suggérer la notion d'enfanter, des hachures sous un demi-cercle celle de l'obscurité tombant de la voute du ciel et, partant, les idées de nuit et de noir. D'une façon plus abstraite, deux traits parallèles traduisent l'idée d'ami et d'amitié, deux traits croisés celle de différence ou d'hostilité ; etc.

On a cru longtemps que certains signes avaient été surchargés après coup de multiples hachures afin d'indiquer un renforcement de l'idée qu'ils exprimaient. Les responsables de cette erreur sont les Sumériens et les Akkadiens eux-mêmes qui appelaient ces signes les "gunû" ("alourdissement") des signes simples dont ils paraissent dériver. En réalité, c'étaient à l'origine des signes distincts dans lesquels la surcharge graphique figurait un détail concret : couleur particulière, frai du poisson, nervures, couvre-chef, etc.

Contrairement à ce qui s'est passé par exemple pour le système hiéroglyphique égyptien, l'écriture pictographique sumérienne n'est pas restée immuable. Elle s'est déformée assez rapidement et les dessins primitifs devinrent peu à peu méconnaissables. Deux raisons paraissent avoir favorisé cette évolution. D'abord la matière employée par les scribes. En Mésopotamie, la pierre est rare et le parchemin de conservation difficile. Pour écrire on se servait surtout de tablettes d'argile. Or, sur l'argile fraiche, il était malaisé de reproduire le tracé précis et sinueux, et notamment les courbes, des pictogrammes primitifs. De plus, le calame, en attaquant l'argile de droite à gauche et de bas en haut, produisait des bavures gênantes. Les scribes allaient donc être tentés non seulement de briser les contours du dessin en traits et en segments, mais encore de se contenter d'incisions amorcées de haut en bas ou de gauche à droite, directement ou obliquement. La pierre évidemment ne présentait pas les mêmes difficultés pour le poinçon du lapicide ; aussi l'écriture rupestre resta-t-elle toujours plus conservatrice que l'écriture sur l'argile. Mais, sous peine de devenir rapidement incompréhensible, elle ne pouvait pas ne pas se plier progressivement aux formes nouvelles de la graphie courante.

Une deuxième cause — la modification du sens de la lecture — devait d'ailleurs précipiter cette évolution. Si l'écriture cunéiforme classique se lit normalement de gauche à droite, les monuments les plus anciens attestent un usage tout différent. Sur la Stèle des Vautours par exemple l'écriture est disposée en bandes horizontales et en cases qui se suivent de droite à gauche et se lisent de haut en bas. Les objets, encore reconnaissables, apparaissent ainsi dans leur position naturelle : la plante du pied horizontale surmontée de la jambe verticale, les vases debout, les végétaux dressés. Cette disposition se prolongea assez longtemps sur la pierre, puisqu'on la retrouve dans le Code de Hammurapi et dans certaines légendes postérieures. Sur argile, il en fut tout autrement. Quelques textes nous conservent sans doute l'usage ancien ; mais ils sont rares et de très bonne heure, dès l'époque de Fara, l'écriture se lisait horizontalement et de gauche à droite. Il en résulte que les objets paraissent représentés couchés d'un quart de tour vers la gauche : ainsi renversés, ils devenaient moins expressifs et, partant, plus susceptibles de se prêter à une certaine systématisation :

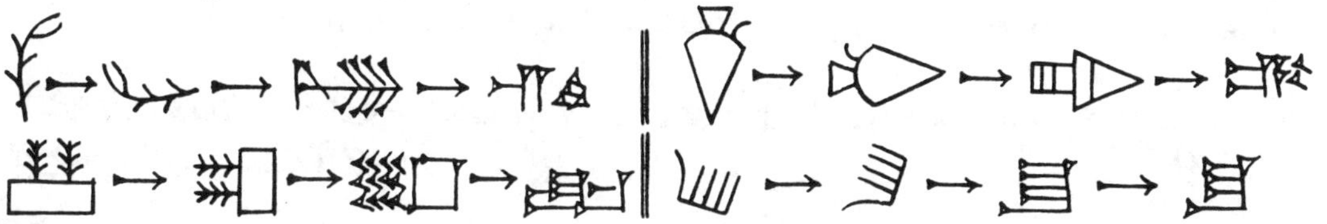

Lorsque les Akkadiens empruntèrent aux Sumériens leur système graphique, il avait déjà derrière lui plusieurs siècles d'évolution. Les dessins primitifs étaient le plus souvent méconnaissables et les signes n'avaient plus qu'une valeur de symboles. Aussi l'altération de l'écriture allait-elle s'accentuer et tendre dans le sens d'une plus grande simplification. Le cours de cette évolution ne fut d'ailleurs pas uniforme. A des périodes de transformation plus ou moins rapide succédèrent des phases de stagnation, voire de regression archaïsante. Les deux groupes ethniques akkadiens, Assyriens et Babyloniens, la menèrent séparément, en dépit de contacts nombreux et d'une influence prépondérante en faveur des Babyloniens.

Il n'est pas de notre propos d'étudier ici la transformation des signes en sumérien. Notons seulement que, lors de la fragmentation du dessin primitif, les scribes ont d'abord multiplié les traits et les segments avant de s'engager dans la voie d'une simplification générale. Ce souci de simplification reste chez les Akkadiens la règle majeure. Sans entrer dans le détail des tendances qui présidèrent alors à l'évolution de l'écriture, on peut remarquer que cette évolution tendit

1) à restreindre le nombre de clous composant chaque signe :

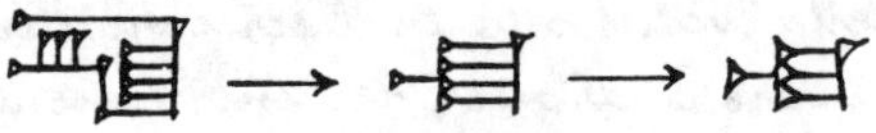

2) à normaliser la forme générale du signe en ramenant ses principaux éléments à des traits parallèles, horizontaux ou verticaux :

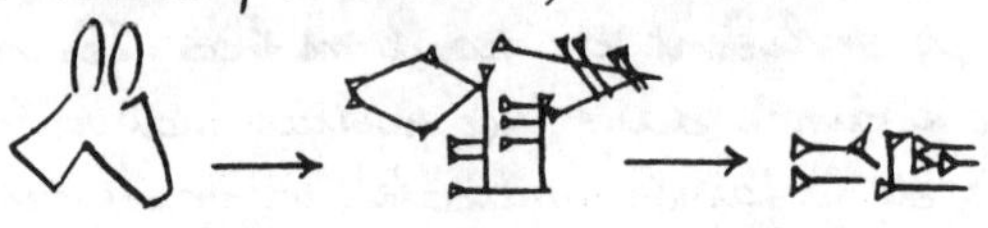

3) à localiser la "personnalité" du signe dans une partie caractéristique de ses éléments, qui reste stable ou du moins nettement reconnaissable, le reste du signe subissant les caprices de modes passagères :

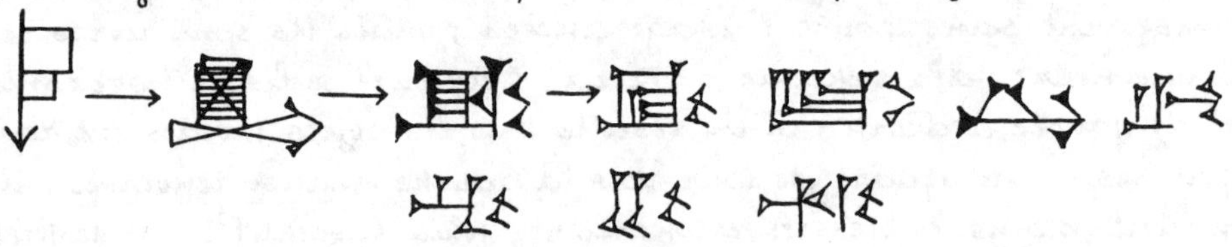

4) à constituer en quelque sorte des familles de signes, fondées sur une ressemblance parfois fortuite, qui évoluent de façon identique :

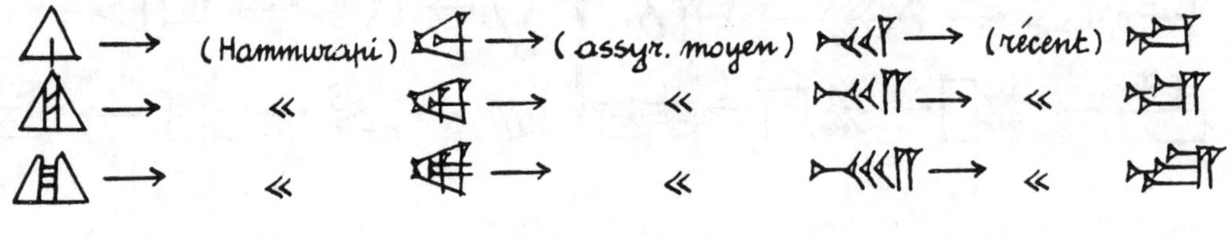

D'un point de vue général, le signe assyrien tend à devenir plus régulier, plus carré, plus rigide, en éliminant au maximum les traits obliques au profit des clous parallèles. Le signe babylonien au contraire demeure plus souple, plus délié ; certains de ses éléments mineurs conservent une mobilité et une liberté de nombre ou de forme relatives. Ainsi reste-t-il plus fidèle à la ligne générale du signe ancien :

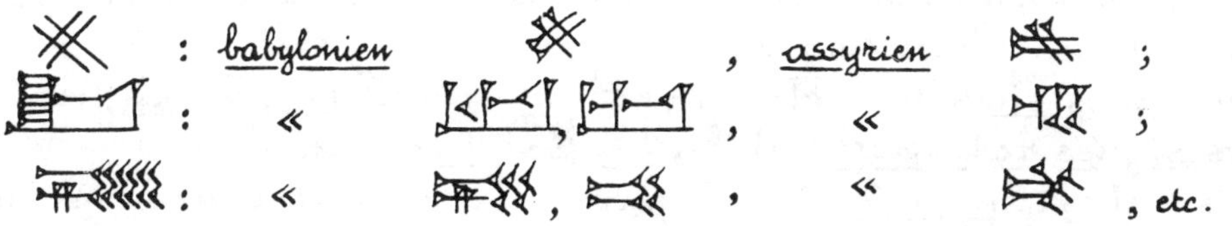

Par ailleurs, certaines dispositions d'éléments sont propres à l'assyrien, d'autres au babylonien. C'est ainsi que le groupe babylonien , commun à divers signes, correspond, en assyrien, à et, partiellement, à :

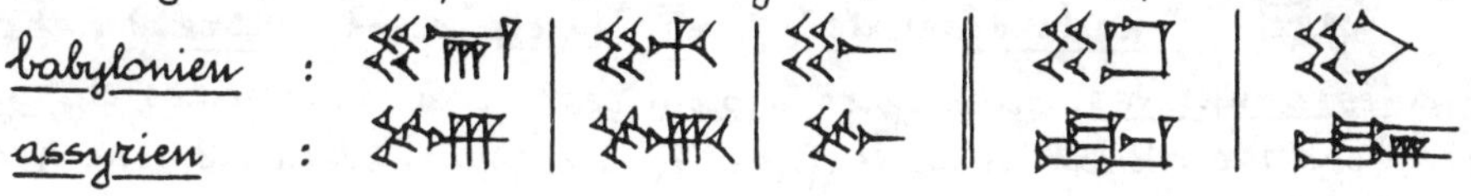

On aurait tort toutefois de conclure de ce qui précède que l'évolution de l'écriture akkadienne a obéi à des règles strictes et suivi un cours uniforme. A une même époque, on constate souvent des innovations contradictoires. A titre d'exemple, voici les particularités que présente le syllabaire tardif d'Artaxerxes I : on y relève

d'une part, la tendance à simplifier à l'extrême la graphie de certains éléments, à écrire , , pour , , ; , pour ; pour ; pour ; pour , etc. ; à confondre des signes de forme voisine : et ; , et ; et ; et ; et ; et ; et ; et , etc.

mais, d'autre part, la tendance inverse à compliquer arbitrairement d'autres formes de signes :   pour ; pour ; pour ; , pour ; pour ; pour , etc.

Il serait également erroné de supposer qu'à une période donnée correspond une graphie rigoureusement et universellement normalisée. Il ne faut pas oublier que, sur argile, les cunéiformes sont une écriture cursive ; d'un texte à l'autre, les signes sont rarement d'une similitude parfaite. Chaque scribe a sa "main" particulière, plus ou moins soignée, plus ou moins académique.

A l'époque classique, les signes cunéiformes sont composés d'éléments simples : clous verticaux, horizontaux, obliques et têtes de clous, dont l'amorce, suivant l'impression du calame, peut être finement marquée ou largement étalée :

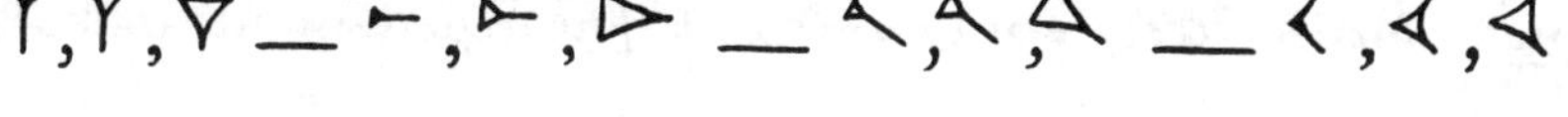

La combinaison de ces différents éléments donne à chaque signe sa structure particulière. On distingue :

1) des <u>signes simples</u> : ⟨signe⟩ <u>an</u> ; ⟨signe⟩ <u>la</u> ; ⟨signe⟩ <u>ki</u> ; ⟨signe⟩ <u>šá</u> ; etc.

2) des <u>signes redoublés</u> : ⟨signe⟩ <u>ai</u> ; ⟨signe⟩ <u>laḫ₄</u> ; etc.

3) des <u>signes composés</u>, formés par l'imbrication de deux signes distincts : ⟨signe⟩ "manger" (⟨signe⟩ "bouche" + ⟨signe⟩ "pain"),
⟨signe⟩ "boire" (⟨signe⟩ "bouche" + ⟨signe⟩ "eau"),
⟨signe⟩ "larmes, pleurer" (⟨signe⟩ "eau" + ⟨signe⟩ "œil"),
⟨signe⟩ "huile végétale" (⟨signe⟩ "huile" + ⟨signe⟩ "arbre"), etc.

4) des <u>signes complexes</u>, ou signes "gounifiés", c.-à-d. affectés du <u>gunû</u> (cf. p.8). A l'époque akkadienne le <u>gunû</u> n'était plus qu'un élément graphique, vidé de toute signification concrète et n'ayant par lui-même aucune existence autonome.

Le <u>gunû</u> se présente généralement sous la forme de trois ou quatre traits horizontaux, de deux ou trois traits verticaux, de trois clous obliques sur une tête de clou, ou enfin de trois têtes de clou :

⟨signes⟩ gunû de ⟨signes⟩ | ⟨signes⟩ gunû de ⟨signes⟩, etc.

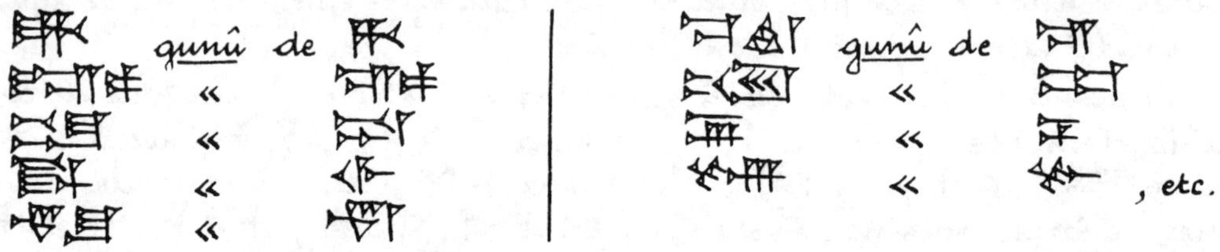

Il convient de noter que les Akkadiens n'ont pas conservé tous les signes gounifiés que possédait l'écriture sumérienne (⟨signe⟩ et ⟨signe⟩ se sont fondus dans la forme simple ⟨signe⟩ ; cf. encore nᵒˢ 207, 209, 215, etc.), que les Babyloniens en ont gardé un plus grand nombre que les Assyriens (cf. nᵒˢ 10, 71, 168, etc.) et qu'enfin ces deux peuples n'ont pas toujours marqué le <u>gunû</u> de la même façon :

<u>assyrien</u> ⟨signe⟩, <u>babylonien</u> ⟨signe⟩,
« ⟨signe⟩, « ⟨signe⟩,
« ⟨signe⟩, « ⟨signe⟩

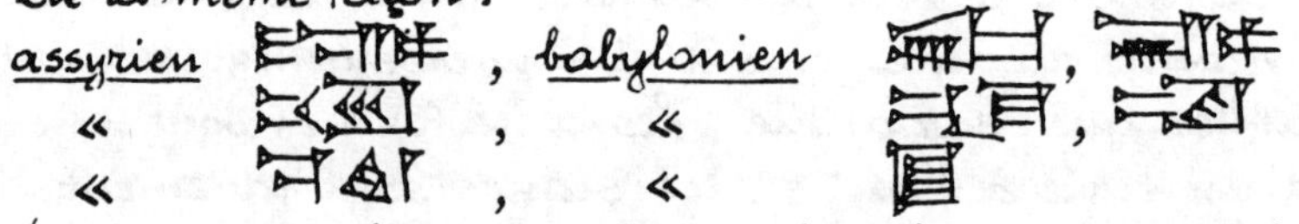

5) Intermédiaires entre les signes composés et les signes complexes, on peut également faire une place à part à certains signes renforcés de l'élément <u>nun</u> (⟨signe⟩, ⟨signe⟩), qui possède sans doute une existence et une valeur indépendantes, mais qui paraît, en composition, avoir perdu toute signification concrète :

⟨signe⟩, ⟨signe⟩, ⟨signe⟩, etc.

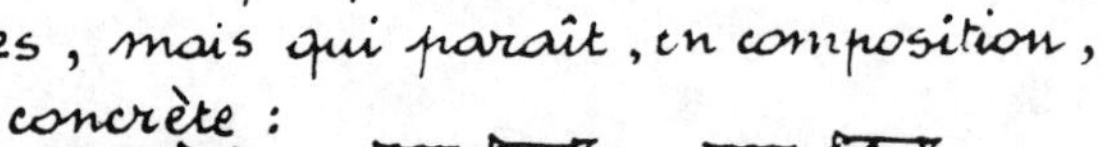

6) En principe, les signes cunéiformes sont écrits distinctement les uns à la suite des autres. On rencontre pourtant, sporadiquement, quelques <u>ligatures de signes</u>. Mais elles sont rares et principalement attestées à

basse époque et pour des expressions bien déterminées :

ancien-babylonien  , 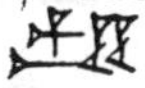 (=  ^{d}en),

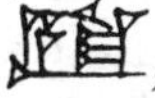 ,  (=  a-na "à, vers"),

moyen-assyrien 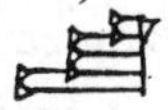 (= 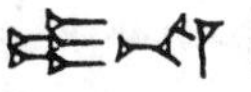 i-na "dans"),

séleucides 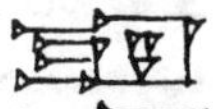 (= 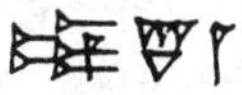 mâru šá^{m} "fils de"),

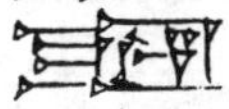 (= 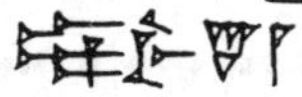 mârtu šá^{m} "fille de"), etc.

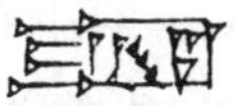  (=  mârê^{meš} šá^{m} "fils de" (plur.)

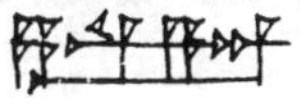 (= 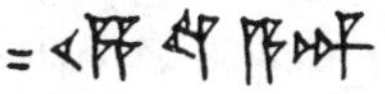 Kaspu^{àm} "(d') argent"), etc.

— II — Valeur des signes .

L'écriture sumérienne était essentiellement "idéographique", c'est-à-dire que chaque signe, étant une image, y possédait un sens concret ; à cette valeur fondamentale s'ajoutaient des significations dérivées, apparentées ou synonymes. Ainsi

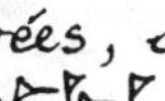 signifiait "bouche", mais aussi "parole", "dent", "parler", "crier", etc. ;  "ciel" et "dieu", etc.

A chacun de ces sens correspondait naturellement un mot différent :

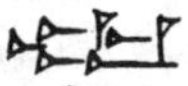 : KA bouche, INIM parole, ZÚ dent, DUG_4 parler, GÙ crier ;

 : AN ciel, DINGIR dieu,[1]

Toutefois, le système idéographique sumérien était moins rigoureux que ne l'est par exemple l'écriture chinoise. Il manifestait déjà une certaine tendance au phonétisme, c. à d. à employer des signes comme de simples sons et non plus comme des mots. Une des principales raisons qui motivèrent cette dérogation au principe de la notation idéographique pure fut sans doute le désir de préciser le sens de certains textes en exprimant en clair l'appareil grammatical de la phrase qui, dans les premières inscriptions, encore rudimentaires, pouvait à la rigueur rester sous-entendu. Préfixes, suffixes, infixes ne correspondaient évidemment à aucun signe concret. Pour pouvoir les noter on dut recourir au subterfuge de l'homonymie, c'est à dire les rendre par des signes, qui, abstraction faite de leur sens, avaient la même prononciation. Ainsi le préfixe verbal AN pouvait phonétiquement s'exprimer au

---

1) Par convention, ici et dans les pages qui suivent, les mots sumériens sont écrits en capitales, les mots akkadiens en cursive soulignée. — Ne pas tenir compte des accents ni des chiffres, qui n'ont qu'une valeur de classement (cf. ci-après, p. 33).

moyen du signe 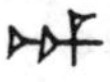 qui, nous l'avons vu, dans l'acception de "*ciel*", se pronon-çait AN.

Lorsque les Akkadiens empruntèrent aux Sumériens leur système graphique, ils se trouvèrent donc en présence d'une écriture, en majeure partie sans doute idéographique, mais engagée déjà dans la voie du phonétisme. Cette tendance au phonetisme, les Akkadiens allaient encore l'accentuer, sans re-noncer toutefois à l'usage idéographique de certains signes. Ils y étaient naturellement enclins par le fait que leur langue, flexionnelle et souple, se prêtait infiniment moins que le sumérien, agglutinant et rigide, au jeu approximatif de l'idéographie. Ils le firent d'ailleurs avec d'autant plus de liberté que les valeurs des signes, qui en sumérien représentaient des *mots*, n'étaient plus que de simples *sons* pour une oreille akkadienne.

L'adaptation de l'écriture d'une langue à l'autre n'alla pas cepen-dant sans soulever plusieurs problèmes. Non certes dans l'emploi des *idéo-grammes* : il suffisait de lire en akkadien l'objet ou l'idée suggéré par le signe : *ilu* "dieu" pour 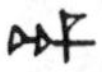 (sum. DINGIR), *pû* "bouche" pour 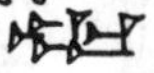 (su-mérien KA), *kašādu* "prendre, atteindre" pour 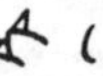 (sum. KUR), en met-tant le mot à la forme grammaticale exigée par le contexte. Mais pour l'etablissement du *syllabaire*, c. à d. pour l'adoption d'un nombre suffisant de *valeurs phonétiques* convenant à leur langue, les Akkadiens eurent à surmonter une double difficulté : en premier lieu, le matériel sumérien se révéla, à la fois, trop pauvre, et encombre de valeurs pratiquement inuti-lisables. Il était trop pauvre par le fait que son vocabulaire, en bonne par-tie monosyllabique, était peu varié et comprenait de nombreux homony-mes (A *eau*, Á *bras*, A_5 *placer*, A_6 *dix*, etc. ; KU *poser*, *fonder*, KÚ *manger*, KÙ *(être) pur*, KU_5 *trancher*, etc.), abondance illusoire, puisque dans chaque cas, une seule de ces valeurs homophones aurait pu suf-fire aux Akkadiens pour transcrire la syllabe envisagée (*a* ; *ku* ; etc.) Par ailleurs, les valeurs dissyllabiques, telles que BULUḪ, LAGAB, DINGIR, etc., et, à plus forte raison, les valeurs plus lourdes encore, étaient en fait inuti-lisables, soit qu'elles auraient été d'un emploi par trop exceptionnel, soit qu'elles fussent manifestement incompatibles avec la structure d'un mot sémitique. Pour plus de commodité, les Akkadiens s'en tinrent donc aux va-leurs monosyllabiques et abandonnèrent un grand nombre de valeurs homophones. Mais le matériel restant ainsi à leur disposition étant insuffi-sant, ils durent avoir recours à divers procédés pour le faire proliférer et lui donner la variété et la souplesse nécessaires.

La deuxième difficulté qu'eurent à surmonter les Akkadiens était d'un autre ordre. Elle résidait dans le fait que, *du point de vue phonétique*, les deux langues différaient sensiblement. Certains sons de l'akkadien n'exis-taient pas en sumérien, et inversement. Le tableau ci-après permettra de se rendre compte de ces divergences :

	Akkadien						Sumérien					
Consonnes	labiales	inter-dentales	dentales	prépa-latales	palatales et vélaires	laryn-gales	labiales	inter-dentales	dentales	prépa-latales	palatales et vélaires	laryn-gales
Occlusives												
sonores	b		d		g		b		d		g	
sourdes	p		t		k	ʾ	p		t		k	—
emphatiques			ṭ		q				—		—	
Spirantes												
sonores			z						z	(ž?)		
sourdes		ṯ	s, ś	š	ḫ			—	s, —	š	ḫ	
emphatiques			ṣ						—			
Liquides												
nasales	m		n				m		n	(ŋ?)		
buccales			r, l						r, l			
Semi-voyelles	w			y			—			—		
Voyelles	(primitives) a, i, u ; (secondaire) e						a, i, u, e (ä?, o?, ö?, ü?)					

— Notes sur la prononciation : ʾ, occlusive glottale ou coup de glotte, marque un hiatus (qui tend à s'éliminer), prononcer comme en allemand devant les voyelles accentuées ou isolées (be'achten), ou en français dans "j'en ai 'un". — g est toujours dur (français gare). — Les emphatiques (ṭ, q (parfois écrit ḳ), ṣ) sont caractérisées par un phénomène laryngal (arrêt brusque après l'explosion ?) accompagnant l'articulation buccale. (Il est possible que ṣ ait été affriqué : ᵗṣ). — ṯ, interdentale sourde, comme th anglais dans thing. — s, toujours dur, comme en français sur. — ś, s mouillé. — š, prononcer comme français ch (chat). — ḫ, prononcer comme allemand ch, dans beachten. — z, prononcer comme dans français zone. — ṣ, cf. emphatiques. — w (u̯) : ou consonne (français ouate). — y (i̯) : i consonne (français yeux). — u, prononcer ou ; e, prononcer é.

Dès les plus anciens textes, certains sons akkadiens n'étaient plus que des survivances, en voie de transformation rapide : ṯ (> š), ś (> s).
Les semi-voyelles w et y ont eu très tôt tendance à s'amuïr ; de même, la légère consonne laryngale ʾ disparaît souvent dans la prononciation.
A certaines époques, quelques occlusives ont été spirantisées : b en ƀ ou w ; k en ḫ ; t en s ; ṭ en ṣ (nous noterons cette prononciation b̲, k̲, t̲, ṭ̲).
Bien que la graphie n'en ait pas conservé de traces, il n'est pas impossible que l'akkadien ait connu quelques uns des autres sons laryngaux (h, ḥ, ε) ou vélaire (ġ) du sémitique commun.

De la confrontation de ces deux colonnes, il ressort essentiellement : 1°) que l'akkadien ne trouvait dans l'écriture sumérienne rien qui pût lui permettre de transcrire exactement ses emphatiques ṭ, ṣ, q ; — 2°) que pour ses six sifflantes ou apparentées z, s, ś, ṣ, š, ƶ, il ne pouvait disposer que des signes notant les trois sons sumériens z, s, š ; — 3°) qu'il devait enfin se contenter du seul ḫ sumérien pour écrire ʾ et ḫ (peut-être aussi ᶜ et ḥ).

Lacunes gênantes sans doute, mais dont il convient cependant de ne pas exagérer l'importance. Un sujet lisant ou écrivant sa langue maternelle peut fort bien se satisfaire d'une certaine approximation du système graphique[1]: l'écriture suggère les mots, plus qu'elle ne les restitue véritablement. Ainsi s'explique qu'à l'origine les Akkadiens se bornèrent à de minimes innovations et se contentèrent, le plus souvent, d'aménager au mieux le matériel sumérien.

— Pour les <u>emphatiques</u>, ils les transcrivirent simplement, <u>à l'initiale</u>[2], soit par la sonore, soit, plus rarement, par la sourde correspondante : du/ṭù, di/ṭi, ga/qá, za/ṣa, zi/ṣí
ki/qí, ku/qú

<u>en finale</u>, la question ne se posait pas, car, ayant admis (cf. ci-dessous) que la consonne finale pouvait être indistinctement sourde ou sonore, il leur suffisait d'ajouter la possibilité d'une lecture emphatique : ag/ak/aq, ad/at/aṭ, az/as/aṣ, etc.

— Pour les <u>sifflantes</u>, ils les répartirent de la façon suivante :

z, s, ṣ furent transcrits par le z sumérien,
ƶ fut transcrit par — š ——
š, ś —— par — s ——

— Ils ne virent enfin aucun inconvénient à ce que le ḫ sumérien recouvrît à la fois leur ḫ et leur ʾ (qu'ils notèrent parfois cependant au moyen d'une voyelle rare).

Le principal de leur effort constructif porta donc sur la solution de la première difficulté, résultant de la pauvreté et du manque de souplesse du syllabaire sumérien expurgé. Pour remédier à ses insuffisances, les scribes akkadiens eurent recours à divers procédés[3] :

1°) adoption comme valeurs phonétiques de lectures idéographiques akkadiennes, sous une forme figée :

---

1) C'est ainsi que le sumérien lui-même n'éprouva jamais le besoin de créer des signes spéciaux pour ă, o, ö (?), ü (?), g̊ (?), ^{m}g, ƶ. Cf. également, en français, gifle/gare, car/cire, homme/hache, etc. —

2) Il s'agit ici, bien entendu, de l'initiale (ou de la finale) d'une valeur phonétique et non de celle d'un mot. —

3) Sur ce sujet, cf. les excellentes pages de Fr. Thureau-Dangin, Le Syllabaire akkadien, Avant-propos, I-III, dont nous donnons ici l'essentiel. —

id pour  "coté", akk. idu ,
iṣ pour  "bois", akk. iṣu ,
el pour 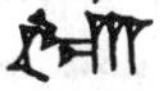 "pur", akk. ellu , etc.

2°) possibilité d'un éventail vocalique :
uḫ donne naissance à aḫ, eḫ, iḫ (); etc. Le procédé fut particulièrement fécond dans le dédoublement en i et e des valeurs sumériennes en i : ri > re, li > le, di > de, etc.

3°) interéchange de la sourde et de la sonore :
à l'initiale : ba > pá, bi > pí, ti > dì, tu > dú, da > tá, etc.
en finale : ab > ap, ad > at (> aṭ), ib > ip, ud > ut (> uṭ), ug > uk (> uq), lig > lik (> liq), dam > tám, etc.

4°) apocope de la voyelle ou de la consonne initiale ou finale :
sig > šì , tám (< dam) > ta_4 , zum > zù (ṣu)
wa > à , utu > tú .

5°) élargissement, au moyen de -m, de quelques valeurs, destinées à transcrire commodément la finale avec mimmation (-m) d'un mot au nominatif singulier :
rum (), bum (), sùm () (en anc.-assyrien).

— Evolution du syllabaire. —

En dépit de ces aménagements, le syllabaire ancien resta relativement réduit, sans que l'imprécision de la graphie parût gêner outre mesure le lecteur akkadien. Sans doute, chaque génération y apporta-t-elle des retouches de détail, mais il fallut attendre plusieurs siècles pour que se manifestât vraiment chez les scribes le désir de rendre l'écriture plus conforme à la prononciation.

Ce n'est point tant le fait que les nouvelles écoles de lettrés s'intéressaient davantage aux questions formelles, ni même la présence dans la population de nouveaux éléments hétérogènes, qui semblent avoir favorisé ce besoin de réforme ; il paraît être plutôt la conséquence des transformations qu'avait progressivement subies le langage lui-même.

Le Ƶ et le ś qui, dans les temps anciens, n'étaient déjà plus que des survivances, avaient très vite disparu. Les signes sumériens en š qui les transcrivaient étaient passés au service du š akkadien, laissant à peu près inemployées les valeurs en s . Amuie également la semi-voyelle w dont la disparition délestait le signe  de ses valeurs wa/wi/wu, au profit de la valeur pi jusqu'alors assez rare. A la fin des mots, la mimmation s'était effacée, de sorte que des valeurs du type rum, bum, sum, kum, etc. n'étaient plus qu'exceptionnellement employées. L'essai, à titre phonétique, de la valeur qa, nom akkadien d'une unité de mesure représentée par le signe , ainsi que quelques autres incidences du même ordre, laissaient entrevoir la possibilité d'une notation plus exacte des emphatiques. Par ailleurs, toute une série de valeurs, inutilement créées, tombait peu à peu en désuétude, en raison de leur ambiguïté.

Ce divorce grandissant entre l'écriture ancienne et l'état présent de la langue rendait souhaitable un nouvel aménagement du syllabaire. Il se fit sous deux formes : d'une part, accroissement du nombre des valeurs, d'autre part, meilleure répartition des disponibilités.

Ce fut aux mêmes procédés que jadis auxquels on recourut derechef:
a) emprunt au vieux fonds sumérien : kuš, ḫaš, gúb, nag, ád, gír, etc.
b) valeurs tirées de lectures idéographiques akkadiennes : šad, mat (, šadû "montagne", mātu "pays"), ṣab (, ṣābu "soldat"), qat (, qātu "main"), ṣir (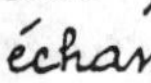, ṣīru "serpent"), etc.
c) échange de la voyelle : šin > šun, šaḫ > šiḫ, etc.
d) changement de la consonne (qui, à peu près limité primitivement au jeu de la sourde et de la sonore, s'étendit aux liquides et aux nasales, et se généralisa pour les sifflantes): laḫ > naḫ et raḫ ; liḫ > riḫ ; mat > nat et lat ; etc. — šad > sat ; sag > šag ; ḫaš > ḫas ; šiḫ > siḫ ; etc. ; en finale, demeurait naturellement la triple possibilité d'une lecture sonore, sourde ou emphatique : mat/mad/maṭ, nat/nad/naṭ, etc.
e) apocope de la voyelle ou de la consonne, à l'initiale ou en finale : kin (> qin) > qi ; kum (> qum) > qu ; din (> tin) > ṭi ; num > nù ; tum > tu_4 ; lim > lì ; etc. — apin > pin ; išib > šib ; etc.

Les disponibilités ainsi créées permirent de préciser certaines graphies restées jusqu'alors flottantes, notamment celle des emphatiques : on put leur affecter soit des valeurs nouvellement obtenues : (qa), qi, ṣir, qat, ṣab, etc., soit des signes anciens, rarement employés, dont on modifia la lecture : qu (< qum < kum), ṭu (< DUN), etc., ou que l'on spécialisa définitivement dans cette acception précise : ṣi (< zé, zí), ṣu (< zum), ṭi (< ṭin < din), etc. L'indécision subsista toutefois pour les signes da/ṭa, za/ṣa, ainsi que pour les consonnes finales.

La précision apportée par la transcription de ṣ (ṣi, ṣu, ṣir, ṣab, etc.) favorisa une répartition plus exacte des signes réservés aux sifflantes : s pour s, š pour š, z pour z.

On dédoubla le signe 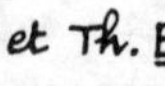 (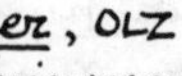, 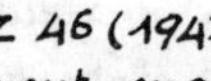), afin de noter distinctement ' et ḫ.

1) Cf. Thureau-Dangin, op. cit. et Th. Bauer, OLZ 46 (1943), col. 167, sqq. —
2) Les valeurs ṣi et ṣu étaient connues antérieurement, mais n'avaient jamais sérieusement concurrencé ṣí (zi) et ṣú (zu). En ancien-assyrien, le signe (< din) avait les valeurs tí, té, ṭí, ṭé, dí. —

Le même souci de clarté fit abandonner un certain nombre de valeurs précédemment créées, telles que pá (< ba) et pí (< bi); à celle-ci on affecta le signe  rendu disponible par la disparition de w.

En outre, la graphie de cette époque atteste une prédilection croissante pour les syllabes fermées (šad), auxquelles on avait jusqu'alors manifestement préféré les syllabes ouvertes (ša-ad)[1].

Par la suite, loin de tendre vers une plus grande simplification, les scribes poursuivirent ce travail d'enrichissement du syllabaire, non plus toutefois par un effort d'ensemble, mais par innovations limitées ou par initiatives purement personnelles.

Ces diverses transformations de la graphie ne déterminèrent pas en fait une évolution régulière et continue du syllabaire, mais se traduisirent plutôt par des cristallisations locales et temporaires qui donnèrent naissance à plusieurs syllabaires particuliers.

L'aspect le plus ancien du système graphique constitue le syllabaire vieil-akkadien. Il est utilisé dans les premiers textes en langue sémitique, du règne de Sargon à l'époque de la 3e dynastie d'Ur. Ses caractéristiques, nous les avons relevées en étudiant la façon dont, à l'origine, les Akkadiens adaptèrent à leur propre langue l'écriture sumérienne. Bornons-nous ici à en rappeler l'essentiel : graphie très particulière des sifflantes, indécision de la sourde et de la sonore et absence de notation distincte pour les emphatiques. En regard des syllabaires postérieurs, notons en outre l'emploi des signes 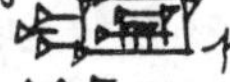 pour ba, bu, pu,  pour bu, pu, bum, pum, 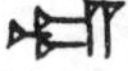 pour ri,  pour ir,  pour pa,  pour su, šu, ši, 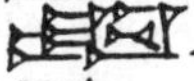 pour u, ug^{k,q},  pour i, li, ni,  pour bil, pil, 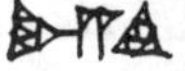 pour gi, qi,  pour a, etc.

A ce premier épanouissement de la civilisation akkadienne, succède un renouveau de la puissance sumérienne, au cours duquel on suit malaisément les progrès de la pensée purement sémitique. De fait, lorsque les Sémites reconquièrent la primauté politique, leurs documents attestent un état nouveau de la langue et de l'écriture que ne saurait expliquer une simple émergence de la tradition ancienne. On constate en effet que l'héritage vieil-akkadien est alors en partie rénové par des influences récentes, dues à l'arrivée en Mésopotamie de nouveaux éléments sémitiques venus de l'ouest. Cette immigration a d'ailleurs fait éclater le noyau akkadien primitif en deux groupes ethniques distincts, Assyriens et Babyloniens, qui auront désormais leur personnalité propre, tant au point de vue racial et dialectal qu'en ce qui concer-

1) Sur cette question précise, cf. A. Schott, Vorarbeiten zur Geschichte der Keilschriftliteratur (1936).

ne l'élaboration du syllabaire.

Le *syllabaire ancien-assyrien* nous est surtout connu par les tablettes dites "cappadociennes". Les inscriptions officielles des premiers dynastes assyriens attestent un usage moins net. Ecrites d'abord à la mode d'Akkad, elles subirent très vite l'influence babylonienne, l'orthographe locale n'y laissant que des traces éphémères.

Dans ce syllabaire ancien-assyrien, subsistent encore maintes particularités akkadiennes : confusion fréquente de la sourde et de la sonore (*ba*/*pá*, *be*/*bi₄*/*pè*/*pù*, *ti*/*te*/*ṭì*/*dì*, *dim*/*tim*, *gán*/*kán*, *dar*/*ṭár*, etc.); pas de notation distincte pour les emphatiques ; emploi du signe avec les valeurs *i*, *li*, *ni*, etc. Mais on constate déjà d'assez nombreuses divergences. Pour les sifflantes, si *zu* vaut toujours pour *zu*, *su* et *ṣu*, *zi* pour *zi*, *si* et *ṣi*, *za* pour *za*, *sa* et *ṣa*, on trouve en revanche, outre et pour *sa*, *ša* pour *ša*, *šu* pour *šu* et surtout le choix très caractéristique de *si* () pour *ši* et *še*. Non moins représentatif est l'usage de *áš* (), à l'exclusion de *aš* (), de *ábᵗʳ* (), concurremment avec *abᵗʳ* (), de , *lá*, concurremment avec *la* (). Innovations également les emplois de pour *di*, *ti*, *ṭi*, de pour *šal*, de pour *lum*, de pour *tur*, de pour *sum*, de pour *šur*, tandis que sont complètement abandonnées plusieurs valeurs courantes, comme *mi* (), *ši* (), *še* (), *te* (), etc. Enfin, le syllabaire ancien-assyrien distingue fort mal les timbres vocaliques *i* et *e*.

Dans le *syllabaire ancien-babylonien*, qui est celui des inscriptions de la première dynastie de Babylone (Ḫammurapi), même dualité, mais sous une forme différente. Les survivances anciennes sont encore nombreuses, mais déjà en voie de disparition : Sans doute *ʾ* et *ḫ* ne sont pas encore différenciés dans l'écriture ; , à côté de *ni*, conserve les valeurs *ì* et *lí* ; les emphatiques restent couramment confondues avec les sonores ou les sourdes, mais apparaissent déjà sporadiquement *ṣi*, *ṣu* et *qa*. L'indécision entre la sourde et la sonore (*ba*/*pá*, et inversement *pa*/*bá*) a tendance à disparaître, sauf pour qui garde les valeurs *bi* et *pí* (étant à peu près exclusivement réservé à *wa*/*wi*/*wu*). Pour les sifflantes, la tradition akkadienne prévaut dans les graphies *za* pour *za*, *sa* et *ṣa*, de *zi* pour *zi*, *si* et *ṣi*, de *zu* pour *zu*, *su* et *ṣu*, en dépit de quelques emplois de *sa*, *ṣi* et *ṣu*, mais les signes , , et notent respectivement *ša*, *ši*, *še* et *šu*. A ces innovations s'ajoutent quelques autres particularités, telles que le choix de pour transcrire *aš* à l'exclusion de , consacré à la transcription de *az* et de *aṣ* ; de pour rendre le son *u*, étant l'idéogramme de la conjonction *u* "et", et restant inemployé.

En outre, les syllabaires ancien-assyrien et ancien-*babylonien* ont tous deux abandonné divers signes rares ou compliqués : , , , (*ím*), etc.

C'est à l'époque moyenne de la langue (*moyen-assyrien*, *moyen-babylonien*) que triomphe la réforme du syllabaire, telle que nous l'avons décrite précédemment : multiplication des valeurs par des doublets (*šú* , à côté de *šu* , *šá* , à côté de *ša* , etc.), ou par la vogue croissante des valeurs du type *mat*, *šad*, *reš*, *ṣir*, etc. ; notation plus stricte des sifflantes ; distinction entre sonores, sourdes et emphatiques. Cette tendance à la prolifération des valeurs devait aller en s'accentuant aux époques suivantes (*néo-assyrien* et *néo-babylonien*).

D'autre part, l'influence prépondérante que la culture babylonienne avait acquise en Mésopotamie avait progressivement atténué les divergences entre les deux graphies dialectales, sans que l'on parvînt toutefois à l'adoption d'un syllabaire commun : en babylonien, les signes nouveaux *qa*, *qi*, *qu*, *ṭi* et *ṭu* n'éliminèrent jamais complètement *ga*, *ki*, *ku*, *di* et *du* dans la notation des emphatiques que les Assyriens, au contraire, se montrèrent toujours plus soucieux de transcrire avec exactitude. Ceux-ci, en revanche, conservèrent jusqu'à la fin une prédilection marquée pour *áš* ( ), au détriment de *aš* ( ), et de *ší*/*šé* ( ), au détriment de *ši* ( ) et de *še* ( ). Notons enfin que, en néo-babylonien, dans bon nombre de valeurs du type *tum* (consonne + voyelle + consonne), le timbre de la voyelle médiane s'était à ce point estompé que l'on employait *lam* pour *lim*, *dur* pour *dar*, *šib* pour *šab*, etc. sans aucune intention particulière.

Telle est dans ses grandes lignes la double évolution que connut le syllabaire cunéiforme, en Assyrie et en Babylonie. Mais, outre ses diverses ramifications dans le temps et dans l'espace, il se subdivise encore en traditions secondaires, qui se manifestent dans la graphie de certains groupes de documents, auxquels les scribes semblent avoir voulu imprimer une physionomie particulière.

C'est ainsi que la graphie des *textes de présages* se différencie nettement de l'usage courant. On y rencontre, même à basse époque, des survivances archaïques, notamment dans la transcription des emphatiques et des sifflantes : pour *qa*, pour *pi*, pour *sa*, pour *ṣu*, pour *ṭi*, pour *qi*, pour *wa*, *wi*, *wu*, etc. ; l'emploi de valeurs rares ou surannées : *ád*[t] ( ), *úb* ( ), *lù* ( ), *má* ( ), sa_5 ( ), sa_4 ( ), ku_6 ( ), *súp* ( ), *puḫ* ( ), i_{11}, *šár* ( ), *rù* ( ), *šarru*, *šarru* ( ), etc. ; des jeux graphiques, tels que la répétition d'un même signe, recouvrant des valeurs différentes : ... *ú-šam*-... ; ... , ..-*aš-rù*-.. ; ...

i_{11}-šar-... ; 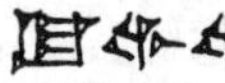 ku-tal uzni ; 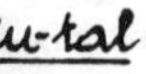... ḫa-ku_6-.. ; etc.

Même souci d'originalité dans la graphie de nombreux colophons[1]. Le signataire de la tablette se complait à y donner libre cours à une fantaisie qui tend parfois à devenir traditionnelle : ainsi l'emploi de  pour ša (šà), de 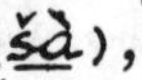 pour lu (lù), de  pour il (il_4), de 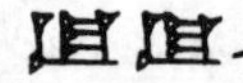 pour éš-ṭúr ; etc. Cette fantaisie s'exprime aussi dans le choix souvent très particulier des idéogrammes.

Le goût de l'archaïsme a connu à certaines époques une vogue telle que toute une série d'inscriptions s'en trouve profondément marquée. Sur l'Obélisque de Šamši-Adad V[2] ou sur la Pierre Noire d'Assarhaddon[3], seul, le tracé de l'écriture révèle cette recherche des factures anciennes, mais, dans les inscriptions de Nabopolassar et de Nabuchodonosor, l'aspect conventionnel des signes s'accompagne d'une orthographe désuète, que souligne encore l'emploi d'un syllabaire plus ou moins archaïsant qui, au moins une fois et non sans gaucherie, s'ingénie à reproduire la graphie lointaine de l'époque d'Akkad[4].

En revanche, on ne saurait guère parler d'un syllabaire particulier à propos de la graphie sybilline de quelques textes ésotériques dont l'exemple le plus remarquable paraît être la tablette où un scribe a consigné les secrets de la fabrication d'un vernis (?). Afin de rendre son document incompréhensible aux profanes, il choisit pour divers signes des valeurs à ce point insolites et artificielles qu'elles ne peuvent être acceptées comme valeurs authentiques du syllabaire assyro-babylonien.

Ce syllabaire, dont nous venons de voir les aspects multiples en Mésopotamie même, a par ailleurs largement débordé l'aire proprement akkadienne. Les peuples limitrophes l'ont accueilli et utilisé comme le véhicule de la pensée et de la culture akkadiennes. Il poussa donc au loin des rameaux adventices qui, fleurissant en terroir étranger, y donnèrent naissance à des variétés nouvelles. Nous laisserons naturellement de côté celles de ces traditions qui, définitivement détachées de la souche originelle et remaniées par divers peuples, servirent de moyen d'expression à des idiomes allogènes[5]. Mais ces mêmes peuples copièrent ou rédigèrent, en un syllabaire qui, à leurs yeux, demeurait akkadien, des textes en langue sémitique (pièces de chancellerie, lettres, fragments de traités divers, glossaires, etc.). Cet emploi hors

---

1) On appelle colophon l'ensemble des indications que le scribe inscrit au bas d'une tablette : elles mentionnent, d'une façon plus ou moins complète, la nature du texte, les noms du propriétaire et du copiste, ainsi que leur généalogie. On y trouve parfois des malédictions contre celui qui détruirait ou altèrerait le document. —

2) I R, 29-31 ; — 3) I R, 49-50. — 4) Inscription de Nabopolassar relative à la restauration de la tour de Babylone. — 5) Syllabaires hittite, hurrite, élamite, etc. —

frontières du syllabaire akkadien intéresse donc directement l'histoire de l'é-criture assyro-babylonienne.

La dérivation la plus importante fut l'œuvre des Hurrites. Le fond commun des syllabaires employés par les Hittites de Boghaz-Köi, les scribes d'El-Amarna ou les gens de Nuzi ne dérive pas en effet de la source babylonienne ou assyrienne contemporaine, mais remonte à une tradition akkadienne plus ancienne qui leur fut transmise par les Hurrites. Cette tradition est celle de l'époque d'Akkad. Ses caractéristiques essentielles sont encore nettement reconnaissables dans chacun de ces syllabaires, en dépit d'influences sémitiques postérieures et d'innovations locales. Sonores et sourdes sont le plus souvent confondues ( = pa et bá ; 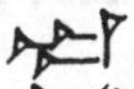 = ba et pá ;  = tu et dú ;  = du et tù ; 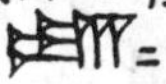 = ta et dá ;  = da et tá ; etc.). La notation des sifflantes suit en général les règles admises par le vieil-akkadien. Les emphatiques n'ont pas de transcription distincte, hormis quelques exemples de qa et de qu. Le signe , rarement employé avec la valeur pi, y note communément wa/wi/wu, et, bien que 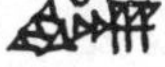 n'y soit pas inconnu, c'est le même signe  qui sert le plus souvent à écrire ' et ḫ. En revanche, l'emploi de  avec la valeur ka_4, à côté de qa, est sans précédent dans toute l'histoire du syllabaire akkadien.

Dans cette tradition commune, quelques particularités de détail permettent de distinguer du syllabaire de Nuzi le syllabaire akkado-hittite des textes de Boghaz-Köi et de certaines lettres d'El-Amarna, provenant d'Egypte ou écrites par Tušratta, Aziru, etc. Le signe  y a une lecture tàš,  une lecture dáš (qu'on retrouve dans le syllabaire cassite contemporain),  une lecture níš,  une lecture lì (valeurs également attestées dans les inscriptions assyriennes de la même époque), 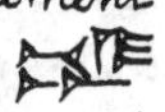 une valeur tu_4 (du_4, tu_4), etc. Ce syllabaire akkado-hittite présente lui-même un aspect légèrement différencié dans les lettres d'El-Amarna rédigées en Palestine ou en Phénicie. Elles reflètent en effet une influence cananéenne très nette, dont, au point de vue graphique, la particularité la plus remarquable est l'emploi du signe 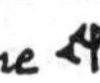 pour transcrire les préformantes du verbe cananéen yu, ya, yi, concurremment avec les valeurs wa/wi/wu.—

Une autre dérivation du syllabaire classique — qui n'est peut-être pas sans rapport avec la tradition hurrite — s'est développée au sud-est de la Mésopotamie, en pays élamite. Ce syllabaire akkado-élamite joint à des survivances anciennes, d'origine agadéenne, sud-babylonienne, voire assyrienne, quelques singularités caractéristiques: su y est transcrit par , ši par 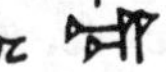, bir par , ḫe par , et, surtout ša par , etc.—

III – Lecture de l'écriture cunéiforme. – A) Les signes. –

Dans l'écriture akkadienne, un signe peut être lu soit phonétiquement, c'est-à-dire comme un simple son (kur, dans ik-kur, mat dans šal-mat, etc.), soit idéographiquement, c'est-à-dire comme un mot isolé (mātu pays, šadû montagne, etc.). Si la plupart des signes présentent ce double emploi, quelques-uns ne possèdent que des valeurs phonétiques, et certains autres ne se rencontrent dans les textes qu'à titre d'idéogrammes. Outre ces deux possibilités, un signe cunéiforme peut également servir de déterminatif ou de complément phonétique. –

1) Valeurs phonétiques. Il arrive souvent qu'un même signe ait plusieurs valeurs (polyphonie). En revanche, il n'est pas rare qu'une même valeur soit commune à plusieurs signes (homophonie).

La polyphonie d'un signe a fréquemment une origine multiple. Nous avons vu qu'un idéogramme sumérien représentait non seulement l'idée fondamentale suggérée par le dessin primitif, mais encore un certain nombre de notions annexes, synonymes ou dérivées (polysémie). , désignant la bouche (KA), évoquait en outre l'idée de dent (ZÚ), de parler (DUG_4), de parole (INIM), etc. Suivant le contexte, pouvait donc se lire KA, ZÚ, DUG_4, INIM, etc. En outre, des signes originellement distincts s'étant parfois confondus en un signe unique, il est naturel que ce signe rassemble en lui les différentes valeurs des signes disparus: BAD ouvrir ( ), TIL finir ( ); etc.

Si la polysémie des idéogrammes sumériens et la confusion de certains signes expliquent en partie la polyphonie du syllabaire assyro-babylonien, le facteur principal paraît en être la multiplicité des valeurs créées par les Akkadiens eux-mêmes. Ainsi peut se lire sag (ancienne valeur sumérienne: SAG tête), sak, saq, šak, šag, šaq (valeurs dérivées de sag), reš (valeur nouvelle < rēšu tête), etc.;
 : kur (ancienne valeur sumérienne: KUR pays, montagne), qur (< kur), mat (valeur d'origine akkadienne: mātu pays), šad (ib. < šadû montagne), nad^{t,ṭ} (dérivée de mat), lad^{t,ṭ} (ib.), sad (dérivée de šad), etc. –

L'homophonie des valeurs provient du fait que la langue sumérienne – en grande partie monosyllabique – contenait de nombreux mots homonymes, traduits naturellement par des signes différents: A eau ( ), Á bras ( ), etc.; AB fenêtre ( ), ÁB vache ( ); etc.; U dix ( ), Ú herbe ( ), Ù et ( ), etc. Ici encore, la prolifération des valeurs akkadiennes augmenta sensiblement le nombre des homophones.

Les valeurs phonétiques akkadiennes comprennent :

a) des valeurs alphabétiques, réduites à la transcription des voyelles : a (, ), i (), e (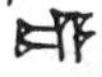, ), u (, 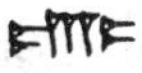, 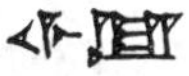). A certaines époques cependant, on constate l'emploi alphabétique de quelques valeurs bilittères, dans lesquelles, seule, la consonne compte : (i)ṣ (), (u)s (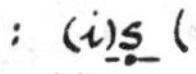), (i)l (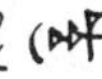), (a)l (), (u)š (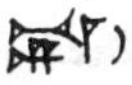), (i)l (), (i)m (), (á)s (). Ex. ia-am-ru-(i)ṣ-ìl = iamruṣil. Ces graphies dites "rompues" constituent une timide ébauche d'alphabétisme, qui ne fut jamais poussée plus avant.

b) des valeurs syllabiques ouvertes : ab, ad, ir, etc. ; ba, da, ru, etc.

c) des valeurs syllabiques fermées : har, mur, lih, tar, mis, etc.

d) des valeurs bisyllabiques, du type tara, reme, para, etc. (valeurs rares et de basse époque), ou obtenues par jeu semi-idéographique šarru, dans i-šarru, amat, dans ti-amat, alu, dans su-alu, etc., d'un usage plus exceptionnel encore.

Toutes les valeurs phonétiques, qu'enregistrent les tableaux d'ensemble du syllabaire, ne doivent pas être mises sur le même plan. Les unes sont d'un emploi courant, d'autres sont moins fréquentes ; certaines se rencontrent à toutes les époques, d'autres n'ont eu qu'une vogue éphémère.—

2) Valeurs idéographiques.— La plupart des idéogrammes akkadiens proviennent naturellement du fonds sumérien. Toutes les catégories de mots : verbe, substantif, adjectif, préposition, adverbe, etc. peuvent être écrits idéographiquement : 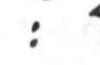 kašādu atteindre, mātu pays ;  rabû grand ; 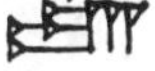 ištu hors de ; 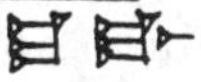 danniš très ; etc. Chacun de ces mots doit être lu à la forme grammaticale qu'exige le contexte :  išakan il place, aškun j'ai placé, šakin est placé, etc. ;  šar māti le roi du pays, mais 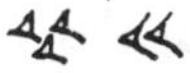 māt šarri le pays du roi ; etc.

On distingue des idéogrammes simples, rendus par un seul signe, et des idéogrammes composés, formés de deux ou plusieurs signes. Parmi ceux-ci, les uns expriment une notion originellement complexe (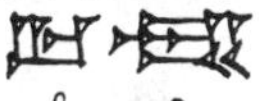 nēšu lion, c.-à-d. "chien puissant" UR-MAH ;  sīsu cheval, c.-à-d. "âne ( ANŠE) de la montagne (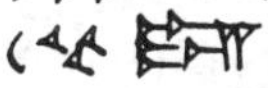 KUR-RA) ; d'autres au contraire paraissent, en leurs éléments, irréductibles à toute analyse (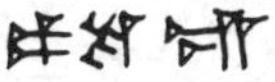 iššakku prince-vicaire ; etc.).

A côté de ces idéogrammes normaux, les Akkadiens ont parfois utilisé des pseudo-idéogrammes, mots ou radicaux akkadiens figés et immuables : 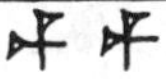 BAR-BAR barbaru loup,  Ú-RA^{meš} urâte juments ; et des cryptidéogrammes, groupes tout artificiels de signes, dont l'équivalence a été fixée arbitrairement ; ils sont rares et ne se trouvent guère que dans des textes réservés à des initiés.

Bien que chaque idéogramme ait en principe sa personnalité propre, il arrive que les scribes jouent sur l'homophonie de deux signes. Les Su-

-mériens n'avaient pas été sans pratiquer déjà ces échanges de valeurs entre signes homophones (GI(N)/GI, etc.) et, de ce fait, il en reste des traces dans l'idéographie assyro-babylonienne. Mais les Akkadiens eux-mêmes, et de leur propre chef, utilisèrent parfois le procédé. C'est ainsi que l'idéogramme de *ummu* "mère" (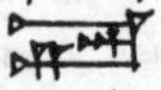) est quelquefois employé pour écrire *ummu* "chaleur"; que *erēšu* "désirer" emprunte son idéogramme à *erēšu* "cultiver" (), *rabû* "éteindre" à *rabû* "grand" (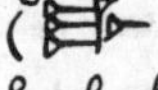), *erēpu* "être nuageux" à *erēbu* "entrer" (); qu'à l'époque néo-babylonienne *šuāti* "ce, celui-là" est écrit 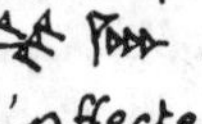 (c.-à-d. *šu(m)āti* "les noms"). Parfois, ce jeu idéographique n'affecte qu'une partie d'un mot, telle, pour le nom propre *Re'indu* (< *rêmu* avoir pitié), cette graphie *SÍB-in-du* (c.-à-d. *rē'î* (berger)-*in-du*), etc.

3) *Déterminatifs*. — Il existe certains signes cunéiformes qui, outre les valeurs phonétiques ou idéographiques qu'ils peuvent avoir, sont employés comme simples utilités graphiques, destinées à faciliter la lecture. Ce sont les déterminatifs et les compléments phonétiques. Les déterminatifs indiquent, comme les clefs chinoises, à quelle catégorie appartient le mot qu'ils affectent. Les uns précèdent le nom, d'autres le suivent. Leur présence n'est pas toujours obligatoire, et, si on les rencontre de préférence accolés à un idéogramme, il n'est pas exclu qu'ils accompagnent un mot écrit phonétiquement. A haute époque akkadienne, il est probable que certains de ceux qui étaient préposés se prononçaient effectivement (à l'état construit : *awēl*, *māt*, *šad*, etc.), mais, très vite, ils n'eurent plus que la valeur d'un artifice graphique.

— a) *déterminatifs préposés*. Dans les transcriptions modernes, on les note soit entre parenthèses, soit en lettres supérieures :

 "*un*" : devant les noms propres d'hommes ; est le plus souvent transcrit par ^{m} (masculin), ou par ^{I} : ^{m}*Nūr-Ištar*, ^{m}*Hu-za-lum*.

 "*homme*" : devant les noms communs d'hommes (ethniques, noms de professions, etc.), sum. ^{lú} : ^{lú}HAL *bārû* devin.

 "*femme*" : devant les noms propres ou communs de femmes, et parfois devant les abstraits ; transcrit soit sum. ^{mí} : ^{mí}ŠU-GI *šibtu* vieille femme, (soit simplement par $^{f.}$: $^{f.}$*Amat-Nusku*); ^{mí}ḪUL *lemuttu* méchanceté.

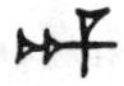 "*dieu*" : devant les noms de divinités, sum. ^{dingir}, parfois simplement transcrit par ^{d} : ^{d}ŠÁR (le dieu) Aššur.

 "*mois*" : devant les noms de mois, sum. ^{iti} : ^{iti}BÁR(-ZAG-GAR) *nissānu* (le mois de) Nisan.

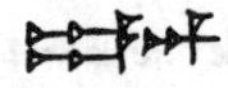 "*étoile*" : devant les noms d'étoiles, de constellations et de planètes ; sum. ^{mul} : ^{mul}ŠUL-PA-È (Jupiter) ; ^{mul}BAN *qaštu* une constellation,

^{mul}UDU-IDIM-SAG-UŠ kajjamānu la planète Saturne, etc.

 "ville" : devant les noms de villes, sum. ^{uru} : ^{uru}BÁR-SÍB ville de Barsippa.

 "pays" : devant les noms de pays, sum. ^{kur} : ^{kur}URI^{ki}(-RA) akkadû le pays d'Akkad.
"montagne" : devant les noms de montagnes, sum. ^{kur} = ^{kur}EN-TI le mont Ebih.

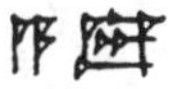 "cours d'eau" : devant les noms de rivières, de fleuves et de canaux, sum. ^{i_7} = ^{i_7}IDIGNA idiglat le Tigre.

 "plante, herbe" : devant les noms de plantes herbacées, sum. ^{ú} : ^{ú}BURU$_2$-DA urnû menthe.

 "bois, arbre" : devant les noms d'arbres et d'objets en bois, sum. ^{giš} : ^{giš}ERIN erinnu cèdre, ^{giš}GU-ZA kussû chaise, trône.

 "roseau" : devant les noms de roseaux, de joncs, etc. et d'objets tressés avec des tiges flexibles, sum. ^{gi} = ^{gi}PISAN-DUB šaduppu coffre à tablettes ; ^{gi}KID-MAH burû natte (de roseaux).

 "pierre" : devant les noms de pierres et des objets en pierre, sum. ^{zá} : ^{zá}ZA-GÌN uqnû lapis, ^{zá}NUNUZ erimmatu perle ;

 "cuivre" : devant les noms des différentes sortes de cuivre et d'objets en cuivre, sum. ^{urudu} = ^{urudu}ZA-RÍ-IN zarinnu cuivre médiocre, ^{urudu}ŠEN-TUR tamgusu marmite.

 "vêtement, étoffe" : devant les noms de vêtements, sum. ^{túg} : ^{túg}GÚ-È nahlaptu chemise.

 "cuir, peau" : devant les objets en cuir, sum. ^{kuš} = ^{kuš}A-EDIN-LÁ nādu outre.

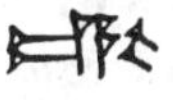 "vase" : devant les noms de vases et de récipients, sum. ^{dug} : ^{dug}A-GÚB-BA agubbû bénitier ; ^{dug}A-DA-GUR$_5$ adaguru cruche.

 "chair" : devant les noms de viandes et de parties du corps, sum. ^{uzu} : ^{uzu}ZAG(-LU) imittu omoplate ; etc. (cf. p. 326).

Il existe quelques autres déterminatifs qui, en réalité, peuvent être considérés comme faisant partie de l'idéogramme et, partant, n'exigent pas d'être spécialement notés dans la traduction akkadienne. Ce sont  laine (sum. SÍG, akk. šipāti),  bateau (sum. MÁ, akk. eleppu),  objets tressés (sum. SA, akk. riksu),  âne, quadrupède (sum. ANŠE, akk. imēru), 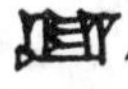 mouton, petit bétail (sum. UDU, akk. immeru).

— b) déterminatifs postposés. — Ils comprennent des déterminatifs concrets :

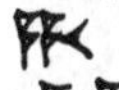 "poisson" : suit les noms de poissons (akk. nūnu, sum. KU$_6$).

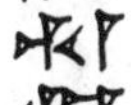 "oiseau" : suit les noms d'oiseaux (sum. MUŠEN, akk. iṣṣūru)

 "terre" : suit les noms de contrées (sum. KI, akk. irṣitu) ; fait souvent double emploi avec le déterminatif préposé ^{māt} : ^{māt}Aššur^{ki} l'Assyrie.

 "verdure, jardin", suit les noms de plantes légumineuses (sum.

ŠAR); fait parfois double emploi avec le déterminatif préposé ^{šam}.

Ces déterminatifs peuvent être considérés, eux aussi, comme faisant partie de l'i-déogramme et ne sont d'ordinaire pas notés dans la transcription, exception faite de ^{ki}, que, par tradition, on maintient après les noms de contrées.

—— et des déterminatifs grammaticaux :

"pluralité" (sum. MEŠ), marque le pluriel.

"pluralité" (sum. ME), marque le pluriel.

"totalité" (sum. ḪÁ), marque le pluriel.

"un (et) un" (sum. DIDLI < DILI-DILI), marque le pluriel.

"deux" (sum. MIN), marque le duel.

(sum. KÁM), suit les noms de nombres.

(sum. KAM), ib.

( ) (sum. (TA)-ÀM), suit les noms de nombres distributifs.

Ces déterminatifs étant des moyens d'expression purement sumériens, ils ne peuvent, en principe, affecter que des idéogrammes et ne devraient pas être transcrits, l'akkadien exprimant par ses flexions les notions grammaticales qu'ils indiquent : LÚ^{meš} = amēlu "les hommes", ŠU^{2} = qātā(n) "les deux mains", etc. Toutefois, par un souci de précision peut-être superflu, la plupart des auteurs les notent dans leurs transcriptions : amēlū^{meš}, qātā^{2}, etc. Il faut cependant remarquer que, pour les noms de nombre, l'expression sumérienne UD-I-KÁM "premier jour" ne saurait être rendue par ūmu 1-kám, mais doit être traduite par le nombre ordinal $^{(ūmu)}$ maḫrû, ou par le nombre cardinal, suivant les cas.

- 4- Compléments phonétiques. — Afin de faciliter le choix entre les différentes valeurs idéographiques d'un signe, les Sumériens avaient coutume de préciser par un complément phonétique la consonne finale du mot. Le plus souvent, cette consonne servait de support à un suffixe, casuel ou autre. Ainsi signifiant à la fois DINGIR dieu et AN ciel, -RA ne pouvait se lire que DINGIR-RA, alors que -NA exigeait une lecture AN-NA. — Les Akkadiens conservèrent l'usage des compléments phonétiques, bien qu'ils les employassent de façon moins systématique. Ils pouvaient ainsi non seulement spécifier l'idéogramme, mais encore préciser la lecture de sa dernière syllabe. Le signe ayant les valeurs idéographiques šadû montagne, mātu pays, kašādu atteindre, en écrivant , , , , ils indiquaient clairement qu'il fallait lire, suivant les cas : šadû^{u}, mātim^{tim} (ou mātātim^{tim}), ikšud^{šud} (ou akšud^{šud}), ikaššad^{ad} (ou akaššad, etc.), le contexte permettant de choisir entre les diverses possibilités.

Parfois, au lieu de le suivre, le complément phonétique précède l'idéogramme ; en ce cas, c'est le début du mot que le scribe tenait à préciser : ^{mu}mutīr-gimil. Il arrive même, rarement toutefois, que l'initiale et la finale soient, l'une et l'autre, coiffées d'un complément phonétique : ^{uš}*ušanni*^{ni}.

Poussant plus avant encore le procédé, certains scribes l'appliquèrent, à l'intérieur même d'un mot, pour éclairer la lecture d'une simple syllabe dont la graphie leur paraissait ambiguë : *tuš*^{uš}*-te-mid*, *ak-šud*^{ud}, *ab-*^{lu}*lul*, *am-*^{qú}*qut*, *gi*$_6^{\text{ši}}$*-pa-ru*, etc.

Les compléments phonétiques peuvent se réduire à une seule lettre (*ša mê*^{e}), répéter une syllabe entière (au moyen d'un ou de deux signes : *ilāni*^{ni}, *inadiû*$^{\text{di-ú}}$, *bi-ṣil*$^{\text{ṣi-il}}$*-tum*), reprendre une partie plus importante du mot (*saḫmaštum*$^{\text{maš-tum}}$) et aller jusqu'à donner la "monnaie phonétique" de l'idéogramme, ce sont alors de véritables gloses (*pû*$^{\text{pi-i}}$, *qāti*$^{\text{qa-ti}}$, etc.).

La présence de certains compléments phonétiques est devenue à ce point traditionnelle, qu'ils font pour ainsi dire partie intégrante de l'idéogramme et ne correspondent plus toujours aux nécessités du contexte (KI^{tim}, *irṣitim*^{tim} = *irṣiti*).

Lorsqu'ils se rencontrent à la fin d'un mot, c'est le déterminatif qui normalement précède le complément phonétique (*mātum*$^{\text{KI-tum}}$, *ittanpaḫû*$^{\text{meš-ḫu}}$). —

— B) La syllabe —

Les mots écrits phonétiquement sont décomposés en syllabes distinctes, soit ouvertes, soit fermées : *i-kaš-šad*, *ik-šud* ou *i-ka-aš-ša-ad*, *ik-šu-ud*. Les graphies qui "cassent" les syllabes sont en principe anormales et répondent à une intention particulière ; c'est ainsi que *iš-al*, *iš-am* représentent en réalité *iš'al*, *iš'am*. Les exceptions *i-rab-am*, *ni-ka-ša-ad-ú*, *ni-pa-aš-ú-ni* ne sont qu'apparentes, les désinences *-am*, *-u*, *-uni* (énergique et subjonctif) étant adventices et quasiment indépendantes. A certaines époques toutefois, des scribes ont pratiqué, exceptionnellement, ces graphies (*ta-sap-ap*, etc.), sans autre raison, semble-t-il, qu'un souci d'originalité.

Le doublement ou le triplement d'une voyelle indique le plus souvent que cette voyelle est longue : *ṭa-a-bu*, *ṭa-a-a-bu* = *ṭâbu*. —

— C) Le mot. —

Nous avons vu qu'un mot peut être écrit phonétiquement ou idéographiquement. Bien qu'aucune règle fixe ne paraisse présider au choix de l'une ou l'autre graphie, on constate cependant chez les scribes certaines habitudes dominantes, qui varient d'ailleurs suivant le genre des textes et suivant les époques. Le rédacteur d'une lettre néglige à peu près complètement les idéogrammes qui ne sont pas d'un usage courant, alors que le tabellion conserve longtemps dans les actes qu'il rédige des formules sumériennes plus ou moins simplifiées. Logiquement il semblerait que les idéogrammes auraient dû disparaître à mesure que l'on s'éloignait de la tradition sumérienne. Ce n'est vrai qu'en partie et pour certains genres. La graphie purement syllabique offrait certainement des avantages : elle était vite apprise et relativement facile à lire ; mais l'idéographie pour qui en maîtrisait les difficultés représentait une économie importante d'espace et de temps ; c'est pourquoi on la trouve à l'état presque pur chez les graveurs de sceaux. Par ailleurs, elle mettait les documents à l'abri de certains regards profanes. Il en résulte que les textes destinés à une lecture courante, notamment ceux qui s'inspiraient d'une tradition sumérienne, vont d'une idéographie primitivement riche à un phonétisme qui ne laisse place qu'à quelques idéogrammes traditionnels ; au contraire, les ouvrages ésotériques, religieux, divinatoires, magiques, etc., traduisant des conceptions plus originales, suivent une évolution inverse : écrits primitivement en clair, ils se condensent progressivement en une idéographie poussée souvent à l'extrême[1]

Bien que, en règle générale, les mots soient autonomes, on rencontre parfois des expressions étroitement soudées par la graphie (sandhi): <u>ša-tur-ri</u> (= <u>šāt</u> <u>urri</u>), <u>is-sa-ḫi-ʾ-iš</u> (= <u>issi</u> <u>aḫîš</u>), <u>ṣe-ḫe-ra-bi</u> (= <u>ṣeḫer</u> <u>rabî</u>), <u>Nu-ḫi-lum</u> (= <u>Nuḫ-ilum</u>), etc.

— D) — La phrase. —

Dans l'écriture, les mots ne sont généralement pas séparés les uns des autres, ni les phrases entre elles. Mais, en principe, un mot n'enjambe pas d'une ligne sur l'autre et, souvent, la ligne a un sens complet. Si elle s'avère trop longue, le scribe la prolonge sur la tranche ou sur l'autre face, ou en rejette l'excédent à l'extrémité droite de la ligne suivante. S'il prévoit au contraire que le texte sera trop court, c'est à l'intérieur même de la ligne qu'il laisse un ou plusieurs espaces libres de manière que le dernier signe se place à l'extrémité de cette ligne.

Il n'existe pas de signes particuliers pour noter la ponctuation. Toutefois, le clou vertical 𒁹, dans quelques textes, a la valeur d'une sorte de point virgule ; dans les présages, il indique le début d'une sentence. Le

1) La façon dont les scribes utilisent les ressources — syllabiques ou idéographiques — de l'écriture cunéiforme et choisissent entre elles, n'a pas été étudiée dans son ensemble jusqu'à maintenant. Les indications données ci-dessus doivent être considérées comme très schématiques ; elles demanderaient à être précisées et nuancées par une étude plus approfondie des différents genres de textes.

signe  , ou  , dans les commentaires, sépare les mots et leurs explications ; le signe  marque la fin d'une idée ou d'un développement. Pour n'avoir pas à répéter un ou plusieurs mots, les scribes utilisaient à la façon de nos <u>ditto</u>, <u>idem</u>, etc., les signes  ou 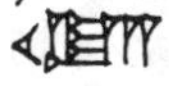 "<u>bis</u>", plus rarement . Un rejet est parfois indiqué par .

— E) <u>Disposition générale d'un document</u>. —

Sur les tablettes non divisées en colonnes, l'écriture est généralement tracée parallèlement à la dimension la plus courte. A l'époque assyrienne, sur les tablettes en forme de coussin, l'écriture est le plus souvent dirigée suivant le grand axe. Sur les documents en forme de cœur, elle est disposée en tous sens, les lignes n'étant ni égales, ni parallèles.

Les tablettes qui dépassent une certaine largeur sont divisées en colonnes par des traits verticaux. Sur la face, la première colonne est celle de gauche. Sur le revers, au contraire, l'ordre des colonnes a beaucoup varié. On les lit en commençant parfois à gauche et parfois à droite, après avoir fait pivoter la tablette soit autour de la tranche inférieure, de sorte que le haut du revers est adossé au bas de la face, soit autour de la tranche gauche. Sur d'autres documents, les colonnes se poursuivent sur la face, la tranche et le revers.

Sur les tablettes de toutes dimensions, des traits horizontaux servent souvent à guider l'écriture. Cette particularité semble s'être perdue progressivement, sans qu'on puisse établir de chronologie possible. L'usage a varié suivant le genre des documents. Ainsi, sous la première dynastie babylonienne, les contrats sont rarement réglés ; les lettres, au contraire le sont presque toujours et les textes économiques souvent. Par la suite, cette disposition devient moins fréquente et, finalement, ni les lettres, ni les contrats, ni les textes économiques ne la présentent plus de l'époque néo-babylonienne à l'époque séleucide. Les inscriptions sur pierre, à toutes les époques, aussi bien en Babylonie qu'en Assyrie, sont réglées.

Un espace vide entre deux traits marque une division du texte. Dans les documents non réglés, un trait simple sépare les paragraphes, les sections ou les strophes.

Les grandes tablettes littéraires d'Aššur, de Ninive et d'Uruk sont marquées de petits trous, triangulaires ou ronds. Répartis inégalement sur les différentes parties de la tablette, ils remplissent parfois une ou deux lignes entières. Le plus souvent, ils semblent uniquement destinés à garnir les espaces non occupés par l'écriture.

Les scribes insèrent quelquefois dans leur texte des gloses, explications ou remarques, écrites ordinairement en petits caractères, au-dessus ou, plus rarement, au-dessous de la ligne. Si le texte présente une lacune, par suite d'une cassure, le scribe n'essaie pas d'y suppléer, si facile que soit la restitution : il écrit, sous forme de glose, hi-pí eš-šu "cassure récente", et ses successeurs reproduisent la mention sous la forme hi-pí. —

Sur certaines tablettes soignées, on remarque de dix en dix lignes, en marge, à gauche du texte, le chiffre 10 ([signe]). Cette numérotation est probablement pour le scribe un moyen de s'assurer qu'il ne sautait pas une ligne. —

Beaucoup de documents comportent une date. Les contrats, des enveloppes de lettres, la plupart des chartes sont authentifiés par l'empreinte de sceaux. Fréquemment, au bas de la tablette, sous le trait qui clôt le texte, figurent un certain nombre d'indications dont l'ensemble s'appelle colophon (cf. p. 22, n. 1). Lorsqu'un ouvrage est réparti sur plusieurs tablettes, le colophon de chacune d'elles est précédé de la première ligne de la tablette suivante (ligne d'amorce ou catch-line), à l'exception naturellement de la dernière qui porte le mot "fin" (ZAG-TIL-LA-BI-ŠÈ). —

IV — Les Manuels modernes —

— a) Classement des signes. —

Les Akkadiens n'avaient pas été sans essayer de dresser des tableaux d'ensemble des signes et de leurs valeurs. Mais les principes qu'ils avaient adoptés n'offrent pas une rigueur suffisante pour que la science moderne puisse s'en contenter. C'est pourquoi, de bonne heure, les assyriologues se sont efforcés de classer avec plus de méthode les signes cunéiformes. Pour plus de clarté, on prit uniquement en considération la forme qu'ils avaient à l'époque néo-assyrienne, en adoptant comme ordre général de classement la séquence [signe], [signe] ([signe]), ([signe]), [signe], [signe], ([signe]). Ce principe de classement s'applique successivement à chacune des parties d'un signe. On énumère d'abord ceux dont le premier élément est un clou horizontal et ce n'est qu'après avoir épuisé toutes les combinaisons que peuvent présenter, dans l'ordre indiqué ci-dessus, la deuxième, puis la troisième parties du signe ([signe], [signe], [signe], [signe], [signe], [signe], [signe], [signe], [signe], [signe], [signe], [signe], [signe], [signe] ([signe], etc.), [signe] ([signe], etc.), [signe]) que l'on en vient aux deux clous horizontaux initiaux ([signe], etc., [signe], etc. [signe], etc.), puis à trois ([signe], etc.) et à quatre ([signe], etc.). On passe ensuite aux signes commençant par un clou oblique ([signe], [signe], [signe], etc., [signe], etc.), puis par deux ([signe]), par trois ([signe] ([signe], etc.) et par quatre ([signe]). Suivent les signes dont le début est constitué par une, puis plusieurs têtes de clou ([signe] ([signe], [signe], [signe], [signe], [signe], etc.), [signe], [signe], etc.).

La liste se termine par les signes commençant par un, puis deux, trois, etc. clous verticaux ([signe], etc. ; [signe], etc. ; [signe], etc. ; [signe], etc. ; [signe], etc. ; [signe], etc. ; [signe], etc.) Cette classification, à quelques menues variantes près, a été unanimement adoptée par les assyriologues.

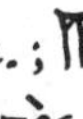

— b). <u>Classement des homophones</u>. —

Le syllabaire akkadien contient, nous l'avons vu, un certain nombre de valeurs communes à plusieurs signes (<u>a</u> : [signe], [signe] ; <u>u</u> : [signe], [signe], [signe] ; etc.). Il y avait intérêt, afin que toute transcription fût un reflet fidèle de l'original cunéiforme, à distinguer entre eux ces différents homophones par une notation appropriée. Après quelques tentatives peu concluantes de divers auteurs, le système préconisé par Fr. <u>Thureau-Dangin</u>, dans son <u>syllabaire accadien</u> (1926) et ses <u>Homophones sumériens</u> (1929), réussit à rallier la quasi-totalité des suffrages. Il avait le mérite d'être cohérent et simple, de réduire au minimum les artifices graphiques et de réserver la possibilité d'ajouter automatiquement à chaque série toute valeur homophone nouvelle. Ce système se fonde sur les principes suivants :

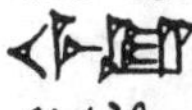

1) Le classement est commun au sumérien et à l'akkadien.
2) Les homophones sont rangés d'après la fréquence de leur emploi dans les textes.
3) L'homophone le plus fréquent ne porte aucun signe distinctif ; le second est marqué par un accent aigu, le troisième par un accent grave ; à partir du quatrième un indice numérique distingue les valeurs successives : ex. <u>a</u>, <u>á</u>, <u>à</u>, $\underline{a}_4$, $\underline{a}_5$, $\underline{a}_6$, etc.

4) Nous avons renoncé à l'ancienne notation numérique des homophones bisyllabiques ou polysyllabiques par les accents. Ce système entraînait trop de confusions : <u>úmun</u> note $\underline{umun}_4$ mais <u>múru</u> représente $\underline{muru}_2$ (car cette valeur est dérivée de <u>múr</u>) ; par ailleurs, cette notation n'a pas été adoptée par tous les assyriologues et, à travers diverses publications, une même valeur peut être différemment notée. Nous avons pensé qu'il était bon de chercher à les unifier. A toutes les valeurs polysyllabiques (autre que l'homophone le plus fréquent) nous avons affecté un chiffre comme signe diacritique :
<u>umun</u>, $\underline{umun}_2$, $\underline{umun}_3$, $\underline{umun}_4$, $\underline{umun}_5$ etc., aussi bien que <u>muru</u>, $\underline{muru}_2$, $\underline{muru}_3$, $\underline{muru}_4$, etc.

5) Cette transcription note des faits d'écriture et non des variations passagères de prononciation. Ainsi, bien que <u>kur</u> [signe] ait été prononcé à

certaines époques de façon spirante hur, cette valeur ne sera pas considérée comme un homophone de hur (), j'ai toutefois mentionné cette prononciation spirantisée par la graphie conventionnelle kur.

6). Le classement des valeurs est immuable. S'il est reconnu qu'une valeur a été introduite à tort dans une série, on la supprimera, mais les valeurs suivantes conserveront leurs indices, la place de la valeur refusée restant vacante.

Depuis les publications de Fr. Thureau-Dangin, de nombreux homophones nouveaux ont été proposés par divers assyriologues.[1] En 1930, notamment, Deimel, dans la première partie de son Šumerisches Lexikon, a donné des listes de Lautwerte beaucoup plus fournies que celle des Homophones sumériens. Plusieurs de ces valeurs, douteuses ou mal fondées, n'ont pas été maintenues dans notre répertoire. Les autres ont été classées suivant les principes énoncés ci-dessus.

---

1) Cf. notamment : B. Landsberger, Orientalistische Literatur Zeitung 31 (1928), 476-480. — A. Ungnad, Seltene akkadische Lautwerte, ZA 38, NF 4 (1928), 79-80. — B. Meissner, Nachträge zu Thureau-Dangin, Syllabaire Accadien, ZA 38, NF 4 (1928), 201-208. — E.W. Geers et Th. Jacobsen, Further Additions to "Le Syllabaire accadien", ZA 39, NF 5 (1929), 223-225. — N. Schneider, Berichtungen zu "Nachträge ...." von Meissner, ZA 39, NF 5 (1929), 225-226. — A. Deimel, Lautwerte der Keilschriftzeichnen in Šumerischen, akkadischen und hettitischen Texten, 1930. — A. Deimel, Šumerisch-Akkadisches Glossar, 1934. — W. von Soden, Neue Beiträge zu Thureau-Dangin's Syllabaire accadien, ZA 43, NF 9 (1936), 316-318. — I.J. Gelb, Additional akkadian Values, AJSL 53 (1936-37), 34-44 ; 180-187. — L. Oppenheim, Additions au Syllabaire akkadien de Thureau-Dangin, Orientalia 9 (1940), 25-28. — Th. Bauer, OLZ 46 (1943), 167 sqq. (CR de la Chrestomathie de Naster). — E.W. Geers, The Treatment of Emphatics in Akkadian, JNES 4 (1945), 65-67. — G.R. Driver, Additions to the cuneiform Syllabary, JCS 1 (1947), 47-49.

2) Sur ces questions, cf. R. Labat, Le problème de la notation des homophones nouveaux dans le Syllabaire suméro-akkadien, Semitica 1 (1947).

— Liste des signes —

Les numéros renvoient au chiffre indiqué en bas et à droite de la case réservée aux valeurs idéographiques (numérotation du Šumerisches Lexikon de Deimel)

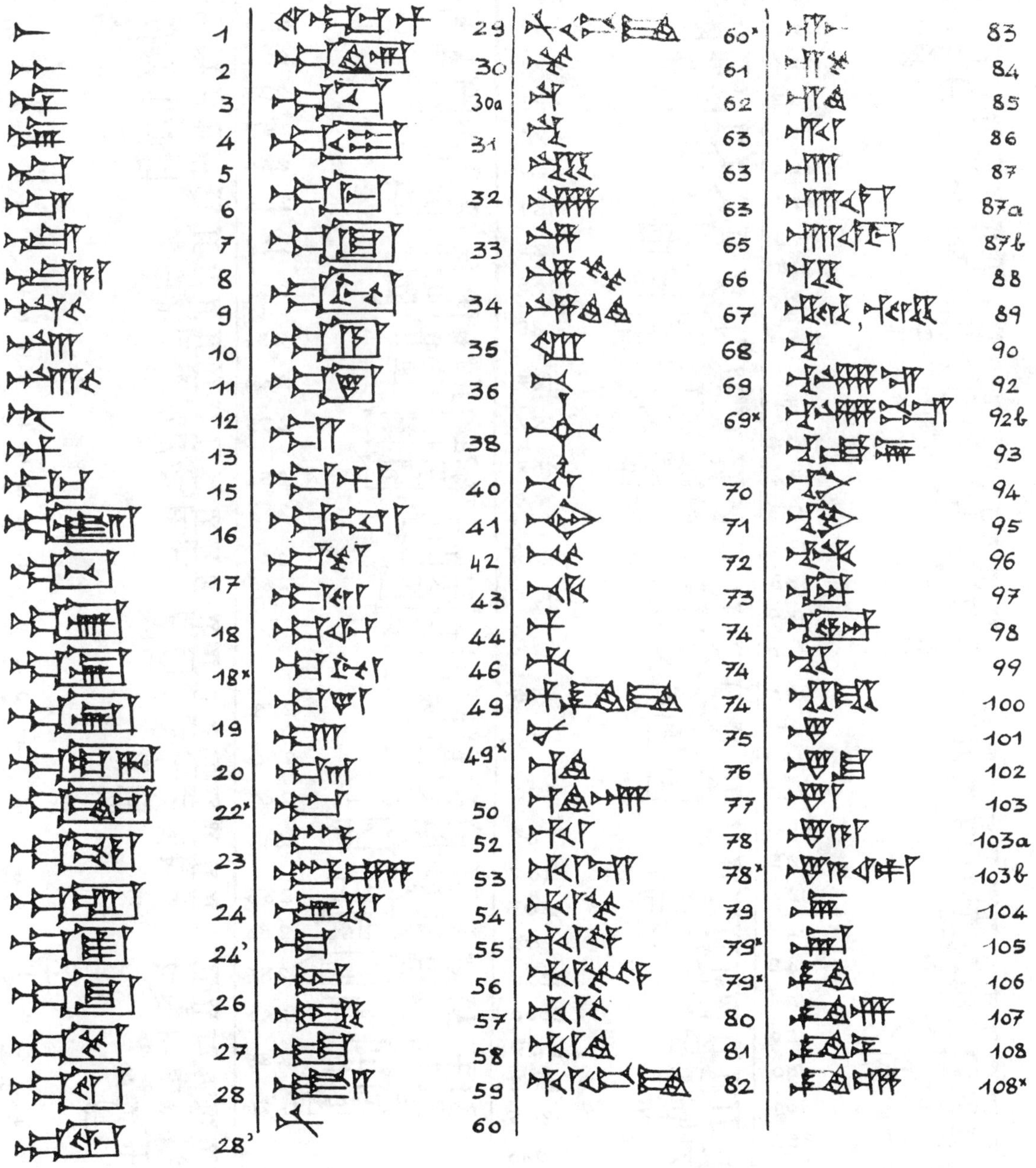
1
2
3
4
5
6
7
8
9
10
11
12
13
15
16
17
18
18*
19
20
22*
23
24
24'
26
27
28
28'
29
30
30a
31
32
33
34
35
36
38
40
41
42
43
44
46
49
49*
50
52
53
54
55
56
57
58
59
60
60*
61
62
63
63
63
65
66
67
68
69
69*
70
71
72
73
74
74
74
75
76
77
78
78*
79
79*
79*
80
81
82
83
84
85
86
87
87a
87b
88
89
90
92
92b
93
94
95
96
97
98
99
100
101
102
103
103a
103b
104
105
106
107
108
108*

109
110
111
112
113
114
115
116
118
119
122
122 a
122 b
123
124
124
126
128
128a
129
129a
130
131
131a
132
133
134
138
139
140
142
142a
143
144
144a
145
146
147
148
149
150
150
151
152

152A
152B
164
165
166
166
166'
167
168
169
170
171
172
173
176
176'
181
183
185
185
187
187
187
190
190h
191
192
195
196
200
201
202
203
205
206
206a
207
208
209
210

211
211 a
212
214
215
224
225
226
228
229
230
231
232
233
237
244
248
249
252
252
244
255
256
257
261
265
270
271
278
280
281
281 a
283
284
286
287
289
290

291
292
293
295
295a
295b
295 c
295 d
295 e
295 f
295 k
295 l
295 m
296
297
298
306
307
308
309
310
311
312
313
314
315
317
318
319
319a
320
321
322
323
324
325
326
326a
328
329

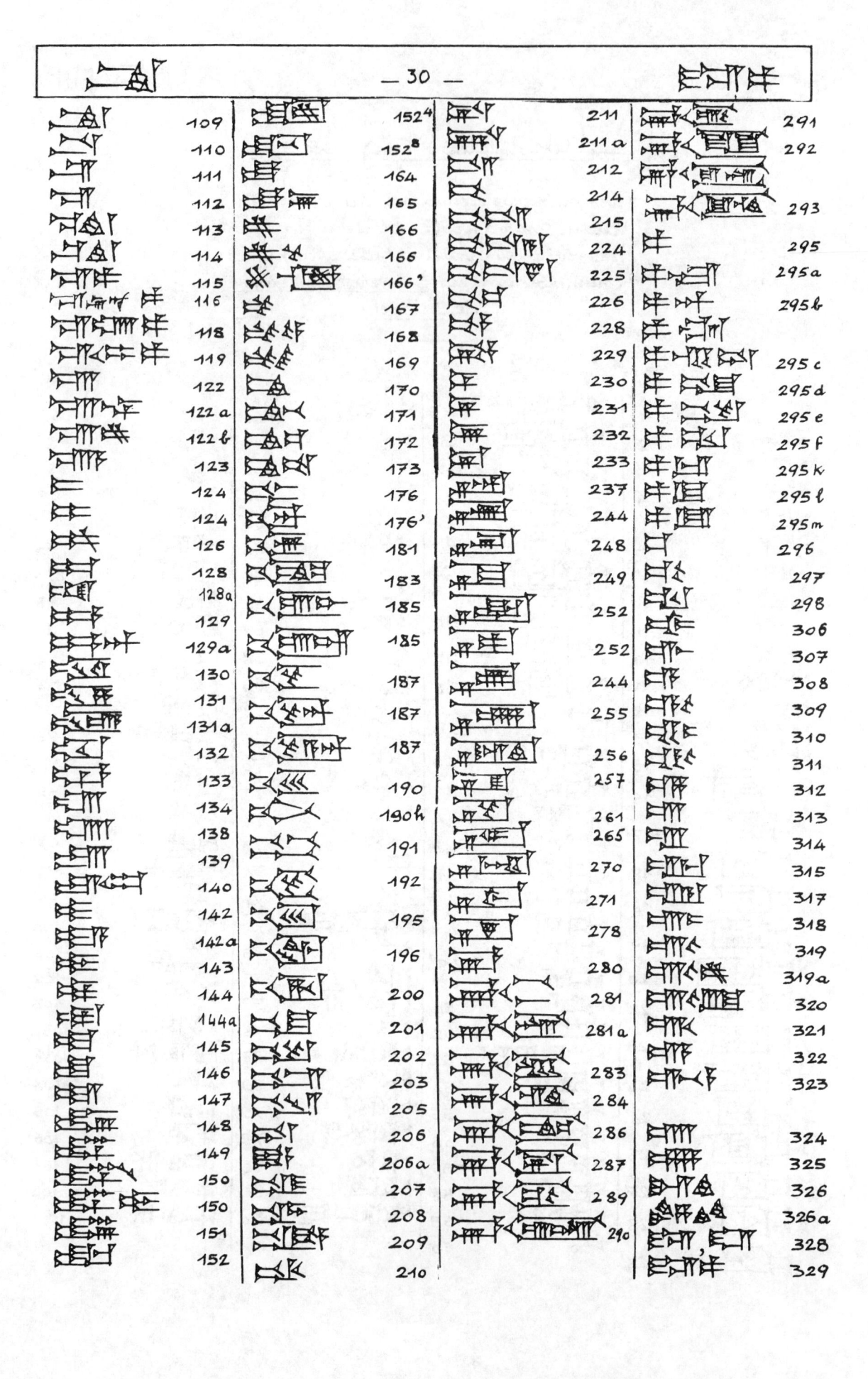

330
331
152
332
333
334
335
336
337
338
339
340, 341
342
343
344
345
346
347
348
349
350
351
352
353
354
354
354b
354b
355
356
358
359
360
362
363
350
351
366
367
371
371a
371b
372
373
374

165
375
375
376
376*
377
377*
378
381
29
381
382
383
384
390
392
393
394
394a
394c
394d
395
396
405
397
398
398
406
399
400
401
402
403
403
403
404
405
405
406
411
412
415
416
417

418
419
420
421
422
424
426
425
427
428
429
430
431
433
424
434
434a
435
436
437
438
439
440
441
443*
444
445
446
447a
449
450
451
452
452*
454
455
456
457
458
459
459
460
461

462
464
465
467
468
469
470
471
472
473
475
480
481
481*
482
482*
483
484
485
487
491
493
494
500
510
511
512
513
515
515
517
522
525
527
528
529
532
533

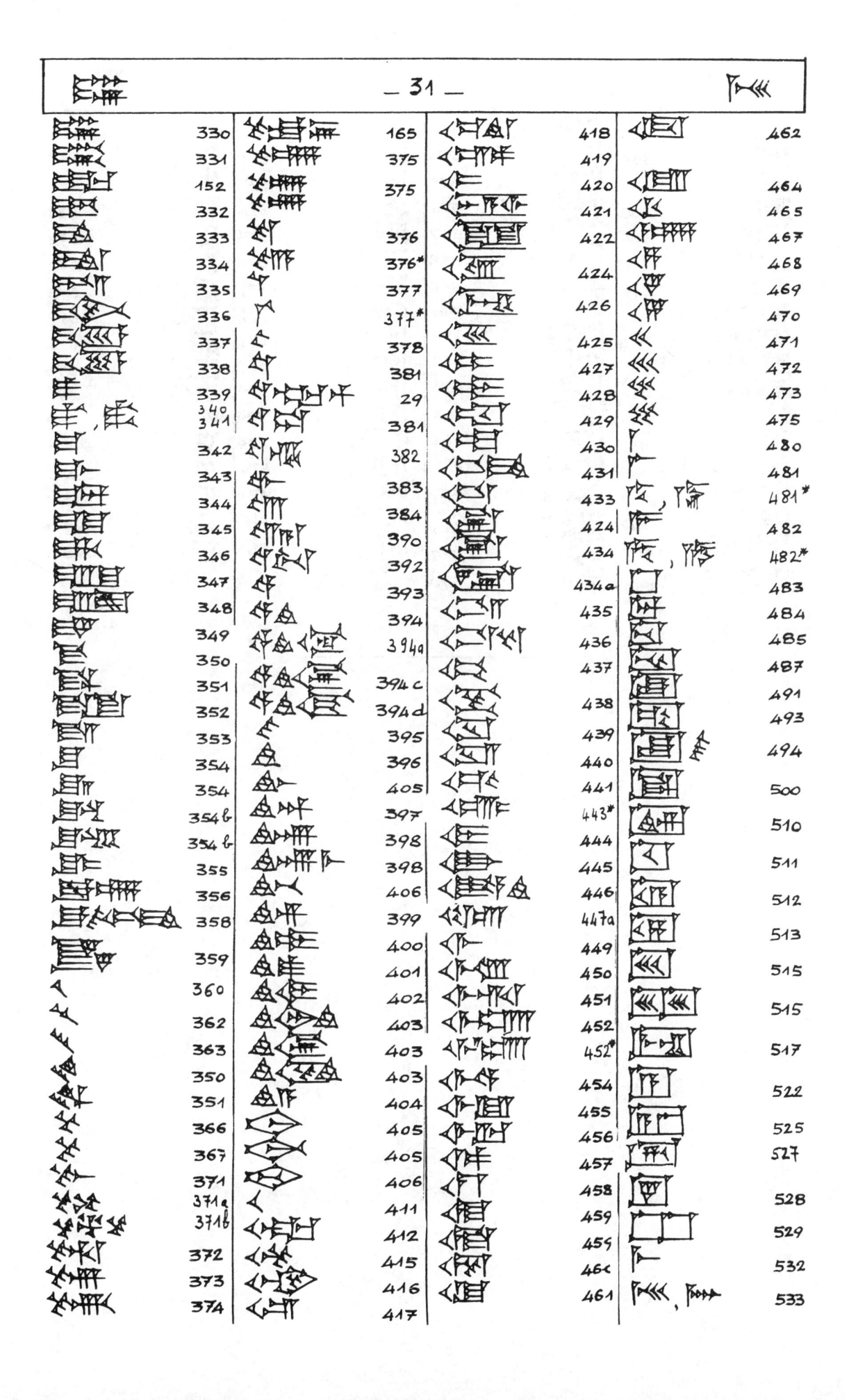

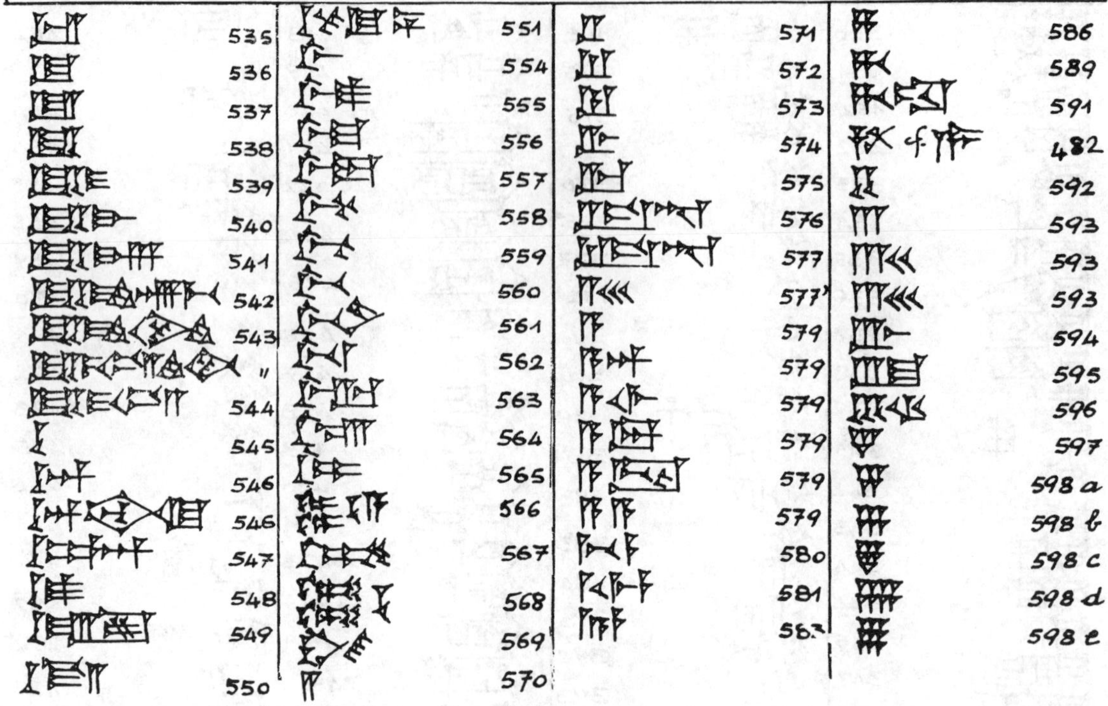
535
536
537
538
539
540
541
542
543
"
544
545
546
546
547
548
549
550
551
554
555
556
557
558
559
560
561
562
563
564
565
566
567
568
569
570
571
572
573
574
575
576
577
577'
579
579
579
579
579
579
580
581
583
586
589
591
cf
482
592
593
593
593
594
595
596
597
598 a
598 b
598 c
598 d
598 e

Signes néobabyloniens

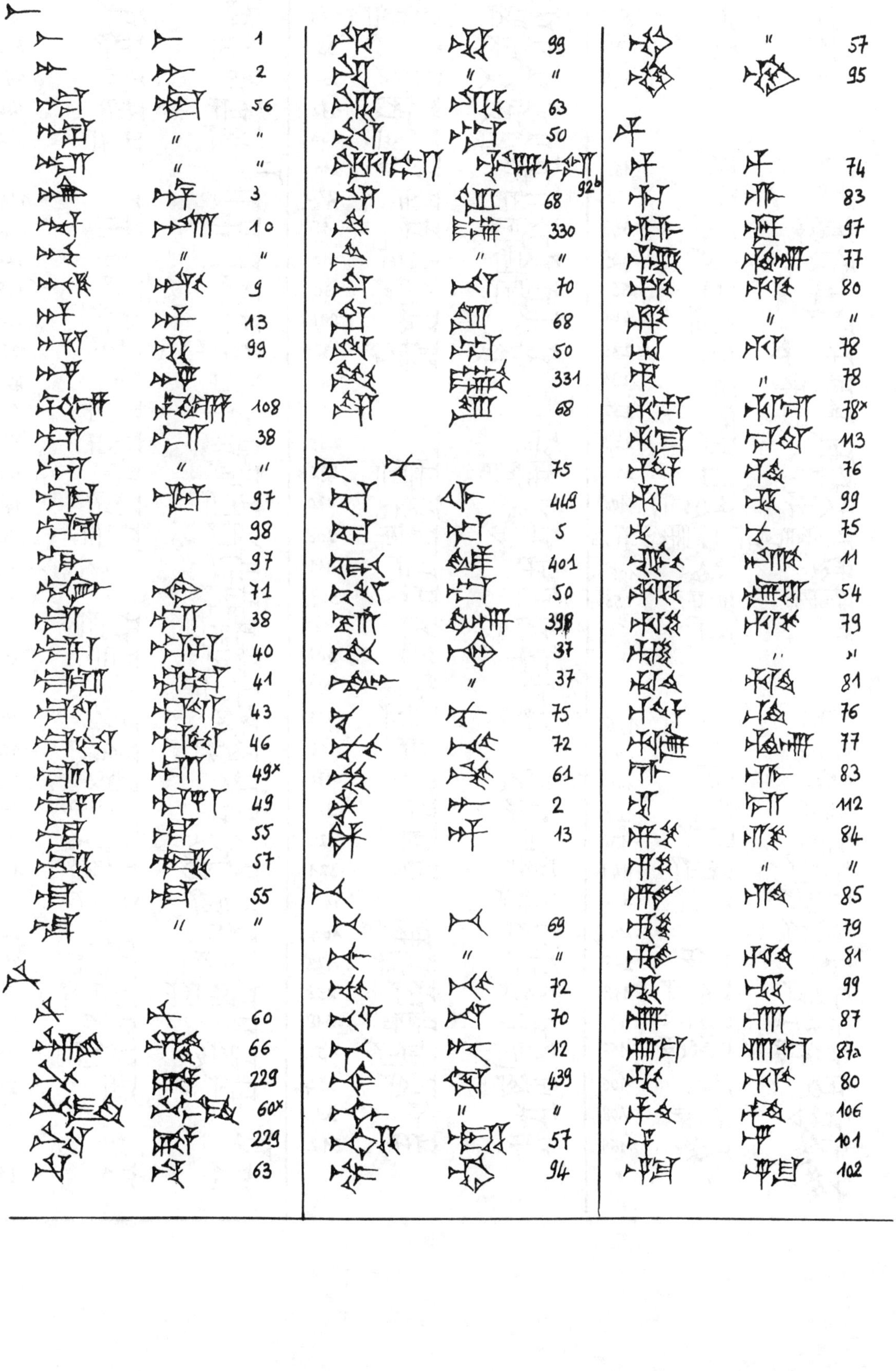

		103
		103b
		537
		74
		574
		166
		90
		333
		439
		55
		440
		230
		231
		232
		233
		280
		108x
		92b
		106
		255
		5
		166
	"	"
		142
		128
		132
		147
		138
	"	"
		228
		172
		171
		168
		106
		108
		169
	"	"

		151
		190
		215
		35
		336
		192
		183
		210
		212
		15
		35
		36
		214
		331
		295
		295k
		170
		208
		111
		307
		112
		307
		383
		115
		112
		170
		322
		122
		321
	"	"
		104
		123
		298
		318
		152
		334
		393
		312

		334
		5
		335
		142
		142a
		156
		124
		143
		124
		128
		129
		129a
		425
		130
		131
		145
		147
		134
	"	"
	"	"
		138
		314
	"	"
		106
		173
		169
		176
		190
		192
		17
		207
		215
		209
		206
		205
		211
		214

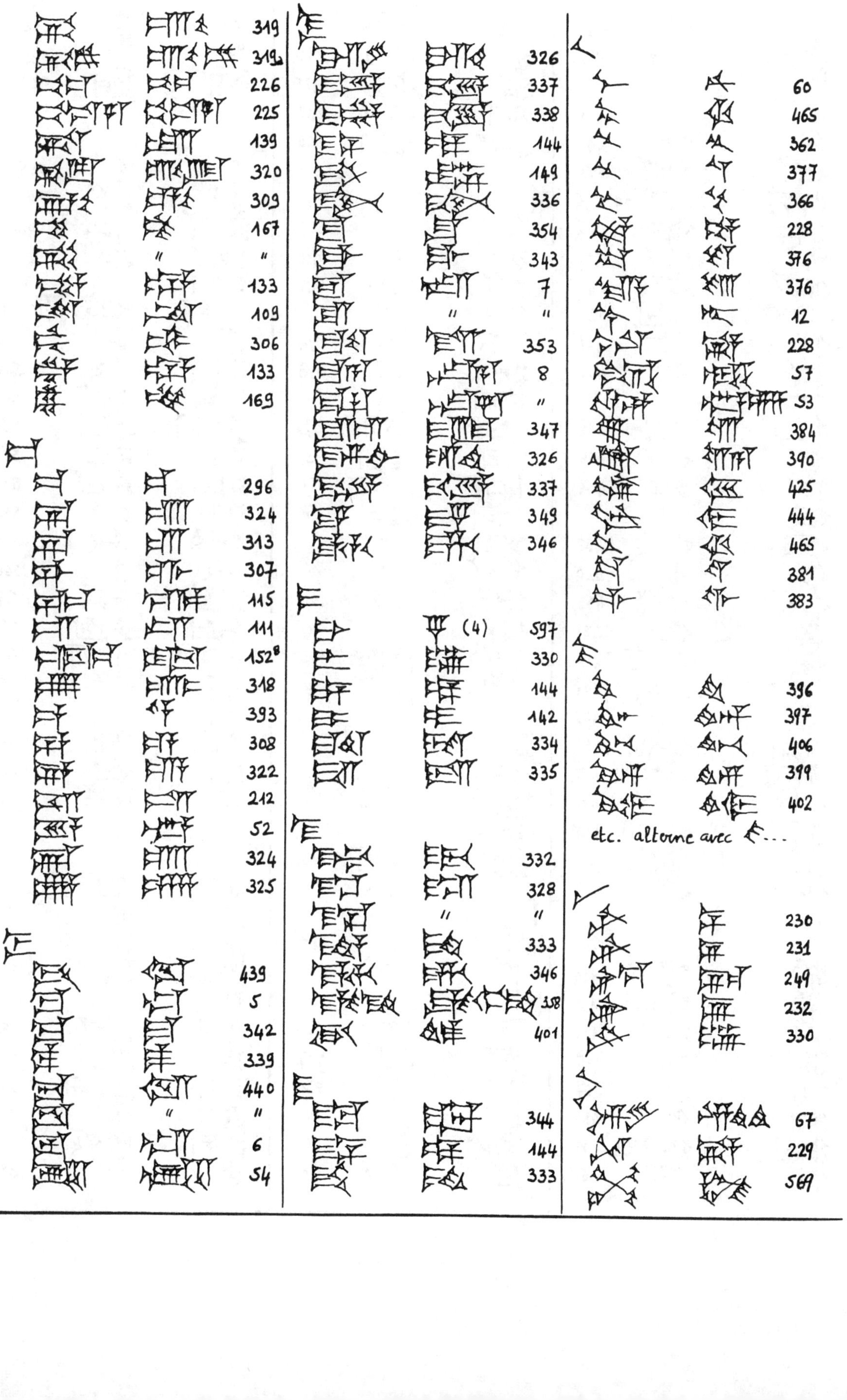

319
319
226
225
139
320
309
167
" "
133
109
306
133
169

296
324
313
307
115
111
152B
318
393
308
322
212
52
324
325

439
5
342
339
440
" "
6
54

326
337
338
144
149
336
354
343
7
" "
353
8
" "
347
326
337
349
346

(4) 597
330
144
142
334
335

332
328
" "
333
346
358
401

344
144
333

60
465
362
377
366
228
376
376
12
228
57
53
384
390
425
444
465
381
383

396
397
406
399
402
etc. alterne avec …

230
231
249
232
330

67
229
569

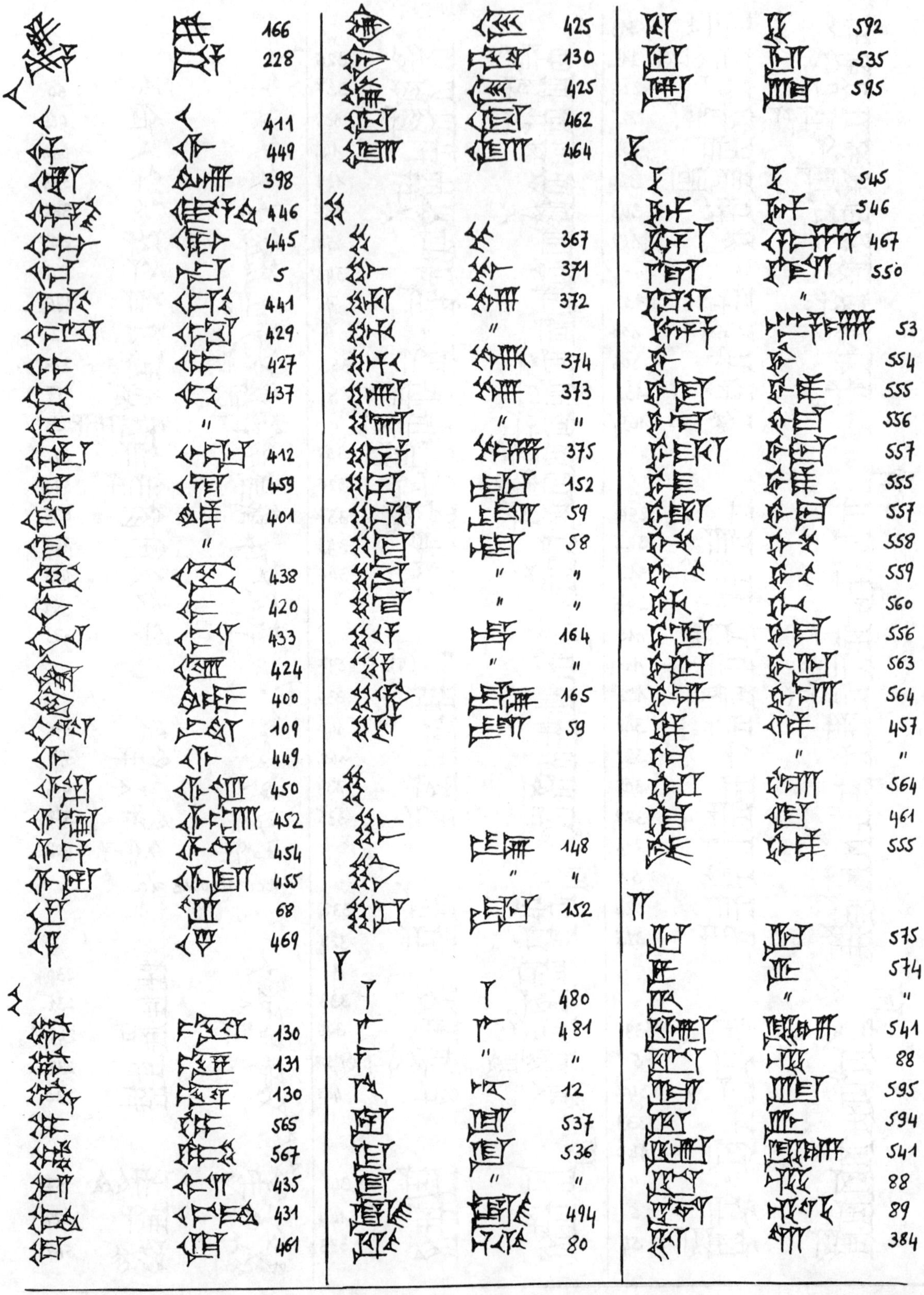
166
228
411
449
398
446
445
5
441
429
427
437
"
412
459
401
"
438
420
433
424
400
109
449
450
452
454
455
68
469
130
131
130
565
567
435
431
461
425
130
425
462
464
367
371
372
"
374
373
" "
375
152
59
58
" "
" "
164
" "
165
59
148
" "
152
480
481
" "
12
537
536
" "
494
80
592
535
595
545
546
467
550
"
53
554
555
556
557
555
557
558
559
560
556
563
564
457
" "
564
461
555
575
574
"
541
88
595
594
541
88
89
384

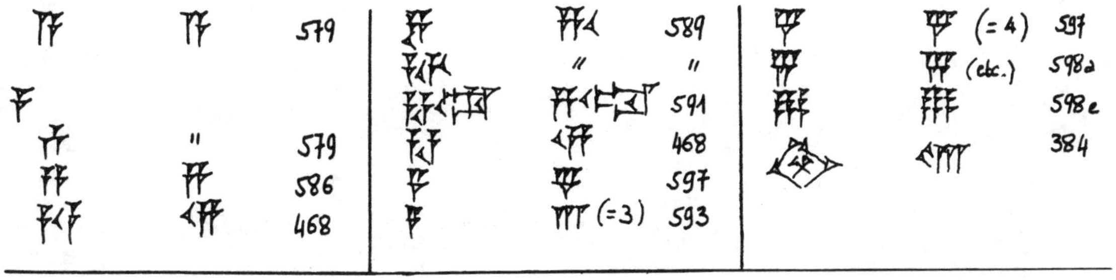
579
579
586
468
589
"
591
468
597
(=3) 593
(=4) 597
(etc.) 598a
598e
384

Evolution des signes

Syllabaire

et

Idéogrammes

— Évolution des signes —

(Schéma des pages suivantes)

I	II	A: III α)	III β)	III γ)
		B: III a)	III b)	III c)

I. Forme la plus ancienne du signe (sumérien pictographique)
1) époque d'Uruk
2) époque de Djemdet-Nasr
3) époque d'Ur archaïque.

II. Évolution du signe en sumérien classique.

III. Évolution du signe en akkadien (assyro-babylonien) :
III α-γ : évolution du signe en assyrien (A) :
α) ancien-assyrien, β) moyen-assyrien, γ) néo-assyrien
III a-c : évolution du signe en babylonien (B) :
a) ancien-babylonien, b) moyen-babylonien, c) néo-babylonien

(en plein : inscriptions sur pierre (𒁹) ; en blanc : sur argile (𒁹))

Noter que :

— quelques signes anciens se présentent sous deux formes (simple et "gounifiée" (cf. p. 12) qui, dans la plupart des cas, se sont confondues dans l'écriture postérieure (surtout en assyrien) :
nos 10, 52, 71, 168, 207, 209, 215, 225, 228, 595.

— certains signes archaïques ont donné naissance à deux ou plusieurs signes modernes, parfaitement distincts :
nos 50/211, 88/574, 347/595, 381/393, 396/465, 411/545, 444/425/208/130.

— inversement, un signe récent peut résulter de la fusion de plusieurs signes anciens : 49*, 50, 55, 58, 69, 74, 74*, 88, 104, 105, 152, 164, 190h, 280, 295, 314, 319, 347-348, 393, 396, 398, 411, 418, 444, 455, 459, 480, 484, 536, 537, 555, 556, 574, 586.

Valeurs phonétiques et idéographiques des signes

(Schéma des pages suivantes)

⊢	aš · in	≢ ⊥ᵛ	AŠ _ištên_ unᶜ ; ᵈAŠ le dieu _Aššur_ᵃᵘ ; etc.
I	II	III	IV

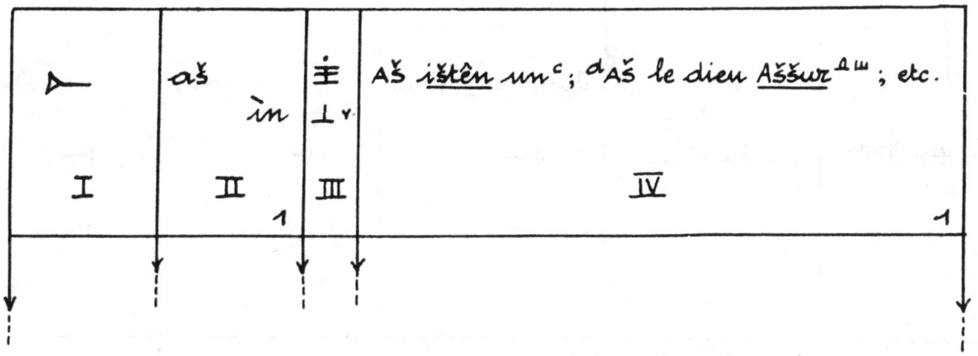

I : Le signe sous sa forme classique traditionnelle (néo-assyrienne).

II : Valeurs phonétiques du signe :
   1ᵉʳ alignement : valeurs fréquentes ;
   2ᵉᵐᵉ alignement (en retrait) : valeurs plus rares.
Les numéros au bas de cette case renvoient, pour celui de droite, à la numérotation du Syll. accadien de Fr. Thureau-Dangin, pour celui de gauche à Das akkadische Syllabar de W. von Soden et N. Röllig.

III : Date et localisation de chacune de ces valeurs, schématisées par le diagramme suivant :

(i) vieil-akkadien
(⌐) ancien assyrien →   ← ancien babylonien (⌈)
(⊣) moyen assyrien →   ← moyen babylonien (⊢)
(⌐) néo-assyrien →   ← néo-babylonien (⌊)

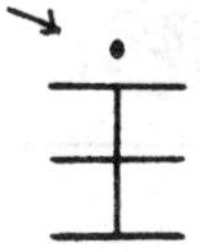

Précisions complémentaires : N : Nuzi ; Bg : Boghaz-Köi ; Am. : El-Amarna ; El. : Elam ; Hf. : Tell-Halaf ; H : hittite ; Ug. : Ugarit ; M. : Meskéné.

IV : Valeurs idéographiques : sumérien AŠ, akkadien _ištên_ (sont soulignés en pointillé les idéogrammes dont la lecture est incertaine).
Les sigles, qui suivent la traduction, indiquent le genre de textes dans lequel se rencontre l'idéogramme :
   ∞ : tout genre de textes ; ⊔ : textes historiques ; + : religieux ;
   ⋎ : présages (⋎ : hépatoscopiques) ; □ : lettres ; $: médicaux ;
   ⓢ : scolaires (listes, commentaires, etc.) ; ᶜ : codes de lois ;
   • : textes économiques et contrats ; ○ : noms propres (de personnes, de dieux ou de villes) ; ψ : textes poétiques ; △ : textes scientifiques (mathématiques, etc.) ; ⋀ : kudurrus ; ⵌ : colophons ; ᵇ bilingue.
(Ces sigles sont également utilisés dans la colonne III).
La numérotation des signes est celle du Šumerisches Lexikon (Deimel)

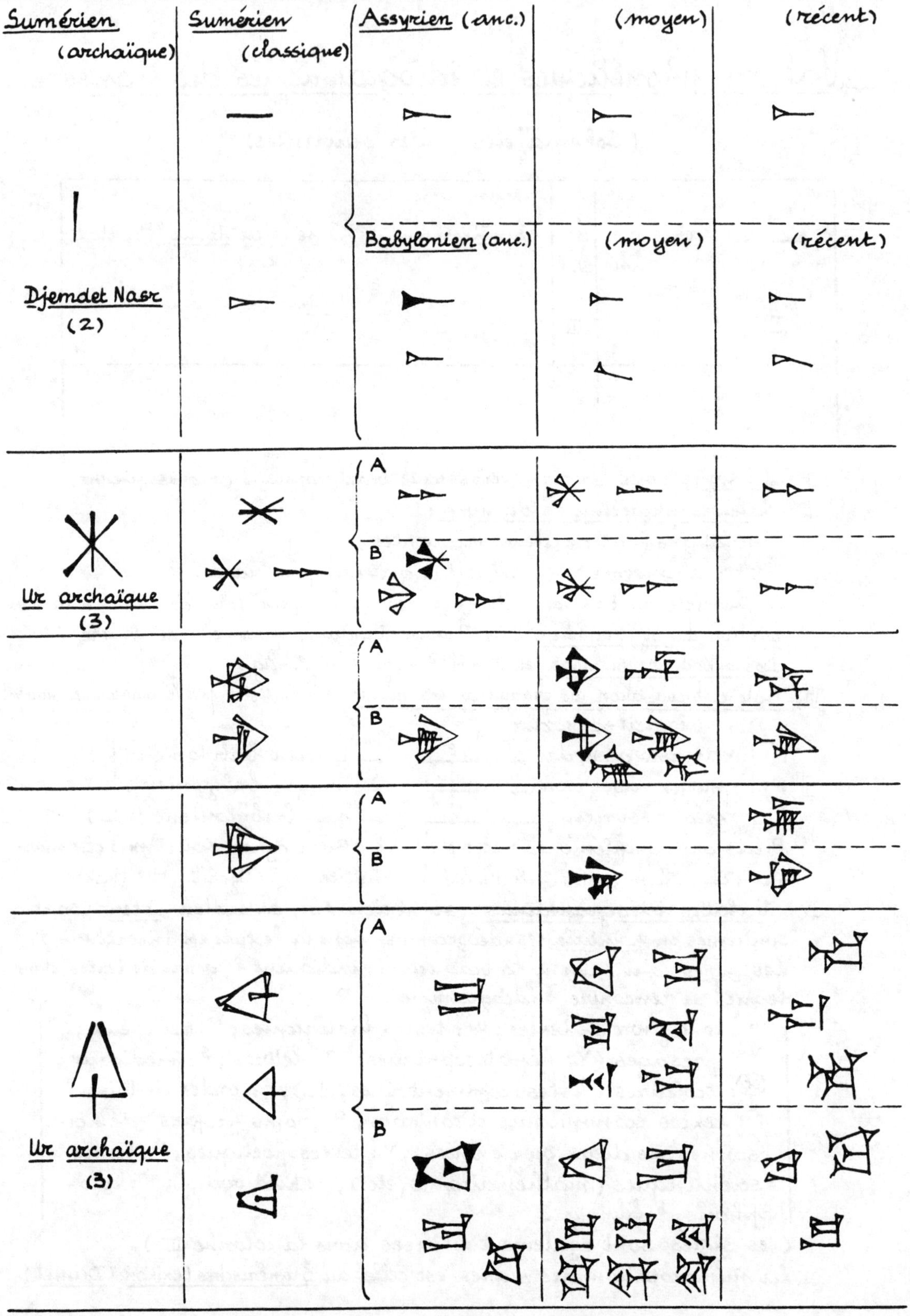
Sumérien (archaïque)
Sumérien (classique)
Assyrien (anc.)
(moyen)
(récent)
Babylonien (anc.)
(moyen)
(récent)
Djemdet Nasr (2)
Ur archaïque (3)
A
B
Ur archaïque (3)

1 — aš, dil, rù, rum, às, àz, aṣ, eš[20], dili, dàl, til, in[6], ina, inna, àna, zám, rim[5], šup, til[4]

AŠ *ištēn* un[c], *ina* dans, *ana* vers, AŠ *aplu* fils[c];
[lú]AŠ *ēdu* seul, *ēdēnu* personne seule; AŠ-e *aḫê* séparément[+];
AŠ *nadānu* donner[°]
AŠ *šēpu* pied[v], *ettūtu* araignée[+], *aširtu* sanctuaire[+];
AŠ *ašqulālu* phénomène atmosphérique[v];
[d]AŠ le dieu *Aššur*[ɑw], [d]AŠ-ÍM-BABBAR le dieu *Sîn*[+];
[ú]AŠ-TÁL-TÁL *ardadillu* une plante[s];
[zá]AŠ-NU[11]-GAL *ašnugallu*, [zá]AŠ-GÌ-GÌ *ašgikû*[+°s] (une pierre);
AŠ-IKU *ikû* canal, arpent; [mul]« *ikû* la constellation Pégase;
(aš-àm =) TILLA[5] *kamû* extérieur[+□], AŠ-NÁ cf. n°431;
DIL-DIL > DIDLI déterminatif postposé marquant le pluriel.
[uru]DILI-BAD la ville de *Dilbat*[ω+□], [d]« la déesse
Ištar[ω+□], [mul]« la planète Vénus[+v□], [ú]« *maštakal*
marguerite[s]; [(giš)]AŠ-TE/TI *kussû* trône, AŠ-MÉ *šamšatu* disque solaire. 1

2 — ḫal, ḫala

ḪAL *ḫallu* nom du signe ḪAL[v] (*zâzu*[IV] partager[com.]);
ḪAL *pirištu* secret, (décision)[+], *šemû* entendre[°], *ḫallu* cuisse[°];
[lú]ḪAL *bārû* devin[+vw], *bārûtu* acte du devin[+];
[íd]ḪAL-ḪAL *Idiglat* le Tigre[++]; ḪAL-ḪAL-LA *petû* ouvert[v], *ḫalḫallu* (qualifie la bière ou la farine); BURU[8] *arû* vomir, [šim]BULUḪ *baluḫḫu* galbanum[s]. 2

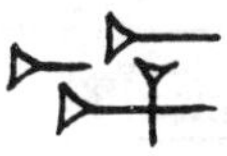

3 — mug[kq], [b]puk, šúk, wuk

MUG *qû* fil, cordon, *mukku* étoupe[SL]
[lú]MUG *sēpû* (un artisan); (variante de ZADIM);
[šim]MUG *ballukku* férule commune[s]; 3

var. bab.

ZADIM *sasinnu* fabricant d'arc.
" phon. pour ZA-DÍM *zadimmu* lapidaire 4

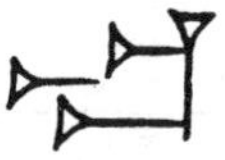

4 — ba, pá

BA *qâšu* donner, offrir[ω+°v]; (NÌ-BA *qīštu* cadeau); BA, BE[4]
nuṣurrû diminution; [giš]BA-AN = [giš]BÁN, n°74. BA-ḪAL *zâzu* partager[v]
BA-AN-ZA *pessû* estropié[v], *kurû* nain, court[v]; [gi/giš]BA-AN-DU[8]-DU[8]
banduddû baquet[+].
BA-BA-ZA *pappāsu* bouillie, brouet[+], «-[d]ÍT *pappasītu* gypse blanc,
BA-RÍ-GA *paršiktu* (récipient d'un) sicle[°]; BA-UG[7] *mūtu* (la) mort[v El.];
BA-UG[7] *mūtānu* peste[Am.], *mītu* mort[°]; BA-ZI *ṣītu* sortie;
BA-SI/SI[8] *bāsû* racine (carrée ou cubique)[Δ], BA-ZAL cf. n°231;
BA-AL *ḫerû* creuser[°]; BA-AL-GI[ku6] = BAL-GI[ku6], n°9;
BA-RA *lā* (négation)[r]; BA-DA-RA *patarru* massue[b];
BA-DÍM *bānû* créateur[ω]; BA-IGI, BA(-AN)-É *barû* collationner[g];
[d]BA-BA[6] *Baba*[°]
BA-(AN) préverbe sumérien[wrs];
-BA suffixe possessif sumérien : -*šu* son, etc.[cwr] 5

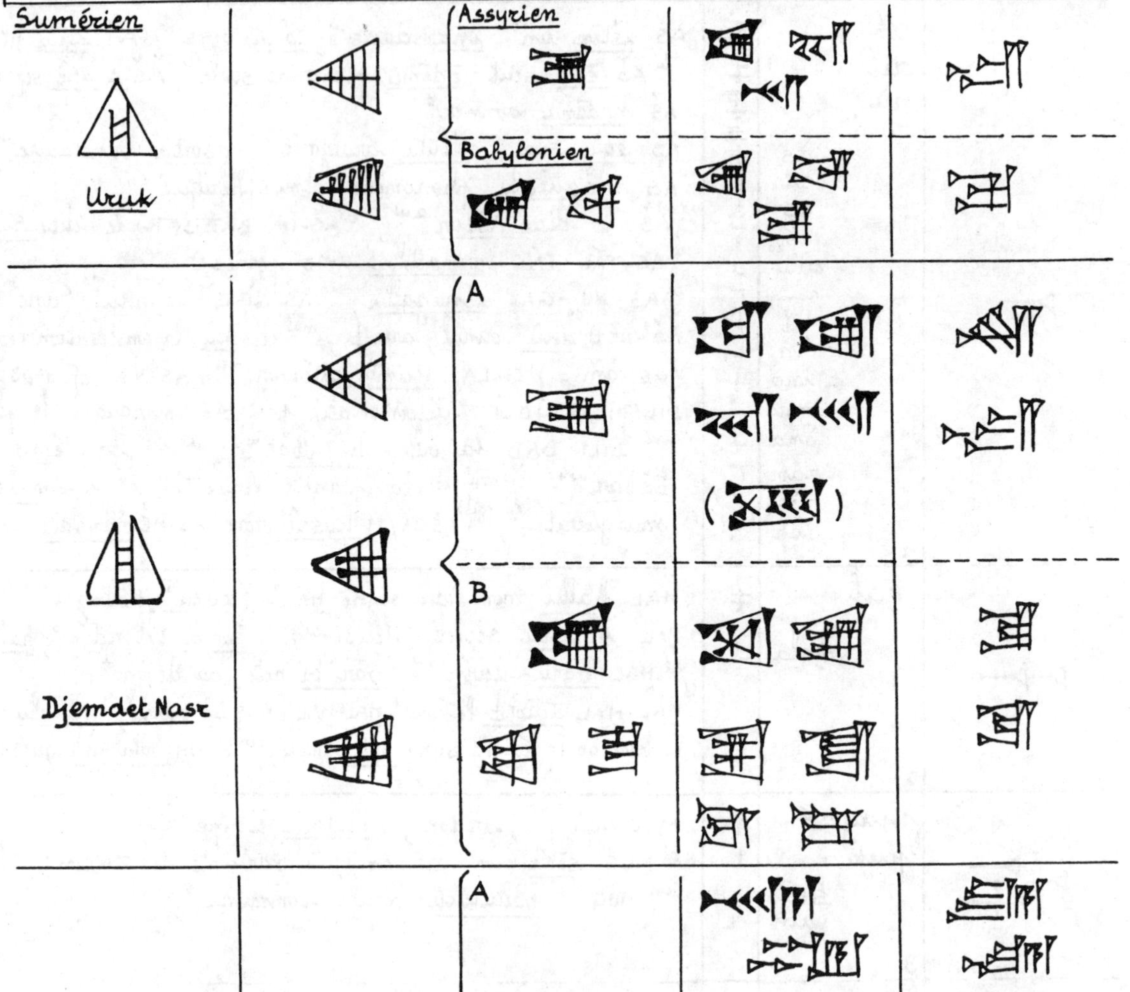

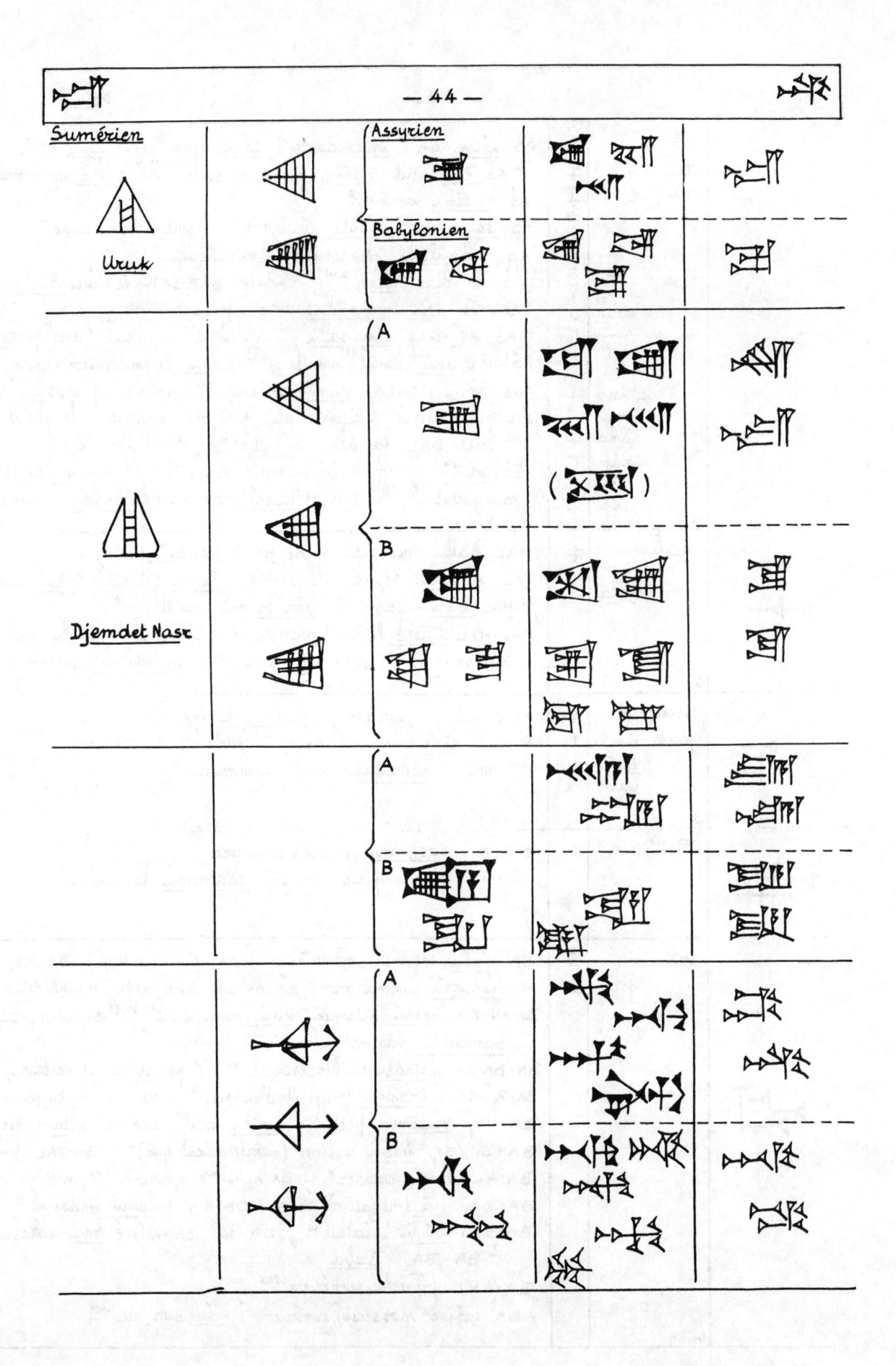
Sumérien
Uruk
Djemdet Nasr
Assyrien
Babylonien
A
B
A
B
A
B

Signe	Valeurs	Sens
 5	zu ṣú sú	ZU *idû* savoir[×], *lamādu* connaître[b], apprendre[b]; *le'û*[$], *lē'ûtu*[°] pouvoir, *lē'û* capable[o]; (NÌ-ZU, cf. n° 597); (GAL-)ZU *mūdû* savant[+V]; ^giš^ZU *lē'u* tablette (non en argile)[VΨΩ]; -ZU fréquent en composition : A-ZU, Ì-ZU, UH₄-ZU, etc. -ZU suffixe possessif sumérien -*ka*, *ki* ton ; (zu-ab =) ABZU *apsû* abîme, océan[+ШΨV]. (var. graphique pour gín le sicle, cf. n° 7). 6
 6	su kuš kus² sùm šu₁₁ guš	SU *zumru* corps[V+Ω$], KUŠ *mašku* peau[+Ш$]; Déterminatif précédant les noms des objets en cuir (^kuš^GÍD-DA *gittu* document sur parchemin, etc.) KUŠ-TAB-BA *gerdu* peau tannée, KUŠ-TAB *takaltu* panse, gaine[+°]; ^lú^KUŠ-SAR *sepīru* scribe araméen; (KUŠ-GU₄-GAL cf. ^kuš^GU₄-GAL); SU 1/30ᵉ de la mine (var. graphique de GÍN = *šiqlu*°); SU *šīru* viande, chair ; *kimtu* famille[Ш]; SU *râbu* donner comme remplaçant °, (SU^meš^-*te* *ribate*°); (SU-BÚR-RA *rušumtu* boue, marais[+]); SU-KÚ *hušahhu*, (*bubūtu*, *sugû*) famine[V]. ^lú^SU-SI-IG *šusikku* tondeur°. ^lú^SU-TAG-GA *ēpiš ipši* vannier°. SU-BIR₄^ki^ *Subartu* (une région), SU-ŠI/ZI *šalummatu* splendeur[+], SU-DIN(-MUŠEN) *sutinnu* chauve-souris[V]. (su-kur-ru-ki =) la ville de *Šurupak*[Ш]. (su-har-šu-šab = *saharšubû*)[Ω] 7
 7	ruk[gq] šin šun rik₄ sun₆ ? san	ŠEN *ellu* clair, *ebbu* pur[SC]; ŠEN-ŠEN(NA) *qablu* combat[b]; ^urudu^ŠEN *ruqqu* (, *šennu*) récipient en cuivre[V]; ^urudu^ŠEN- premier élément de nombreux noms d'ustensiles en cuivre : ^urudu^ŠEN-TUR *tamgusu* marmite[$]; ^urudu^ŠEN-GAL *šengallu* grosse marmite[°]; ^urudu^ŠEN-DILI-KÚM-MA *mušahhinu* réchaud; ^urudu^DUR₆-TAB-BA *pāštu*, ^urudu^DUR₆-TAB-BA-ZABAR *patarru* hache[°] 8
 8	bal pal bùl pùl ↑bala	BALA, BAL *palû* (année de) règne[VШCΩ], dynastie[V], insigne royal[ШΨ]; *herû* creuser[V]; (^lú^BAL *dālû* irrigateur;) BAL(-BAL) *ebēru* franchir[b]; *etēqu* passer[b]; *enû*, *šupêlu* changer[+VΩ], *nabalkutu* escalader, renverser; s'insurger[ШΨ]; *nabalkutu* inondation[V], *naqû* verser (une libation)[+ШV$]; BAL *maqqītu* vase à offrande[$+], (BAL *gērû*? ennemi°); BAL-RI *ebertu* l'autre rive, *eberta* sur l'autre rive; ^giš^BAL *pilakku* fuseau[+V]; ^za^« *pilakku* bélemnite[$]; ^šem^« *balukku* férule commune[$]; BAL-GI(KU₆) *raqqu* tortue[V$]; ^mul^BAL-TÉŠ-A *bāštu* Couronne boréale[V]; BAL-TIL-KI, BAL-TI-LA-KI *Aššur*[ШV+] BAL-GUB-BA bénéfice ecclésiastique°.

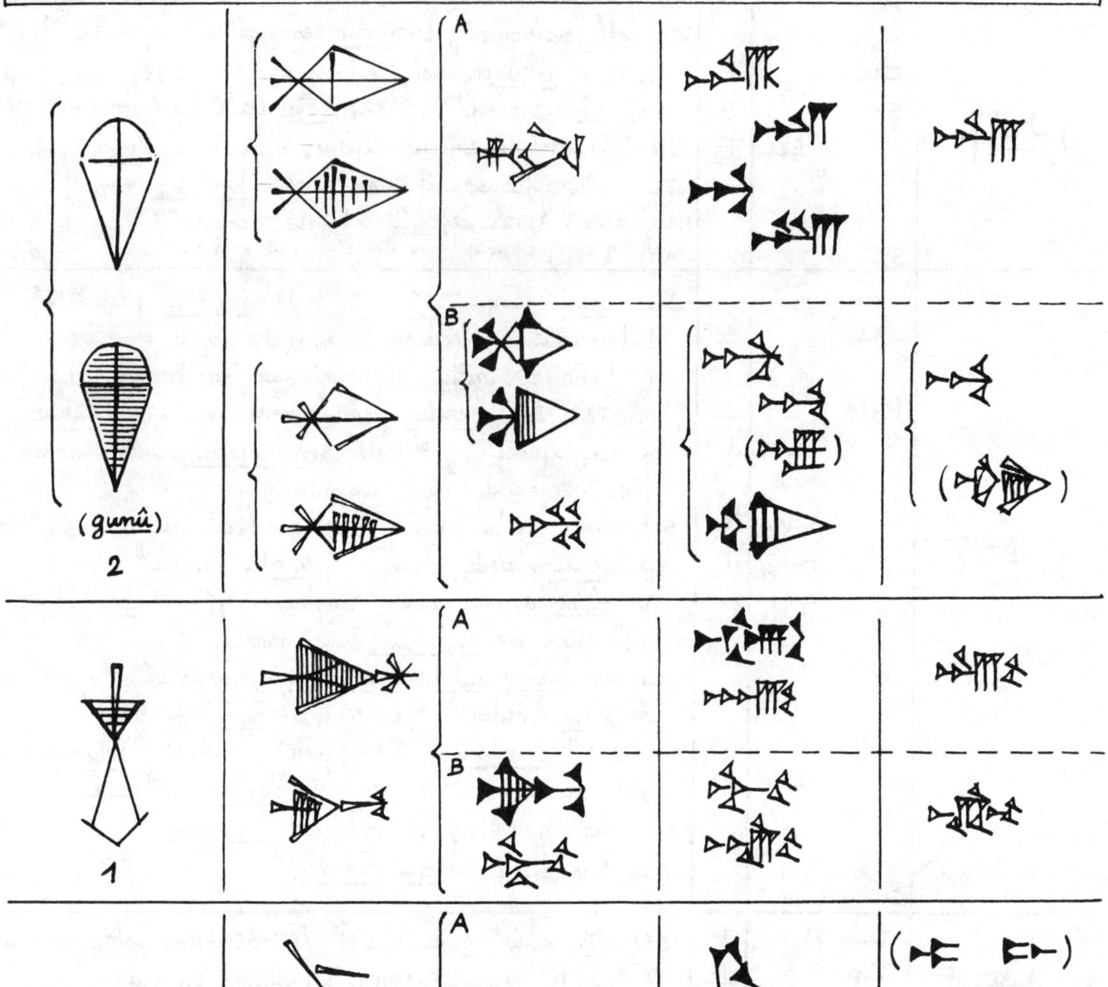

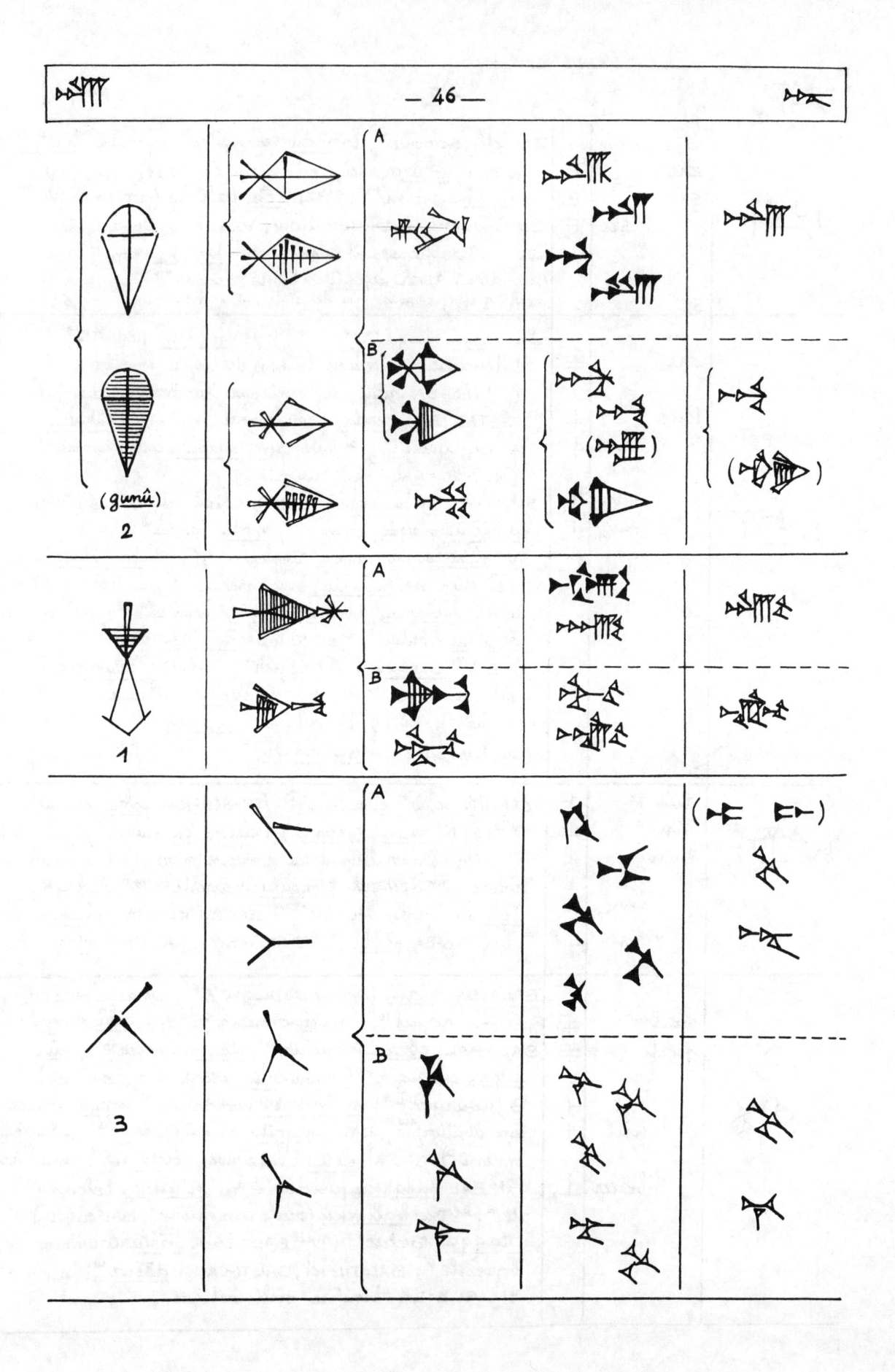
A
B
(gunû)
2
A
B
1
A
B
3

	ád át áṭ gír gíri ul_4 9	⊥ v ⊥ ⊥ ⊥ ┘ ⊥	GÍR (-AN-BAR) *patru* glaive ; ᵘGÍR-*a-nu* *patrānu* (une plante)[s], (ᵘ gír = Ú-KIŠA cf. n° 318), ᵍⁱˢᵐGÍR-*asu* myrte[w+vs] (ᵘGÍR-HAB cf. Ú-) ; GÍR-TUR *uṣultu* canif[s] ; GÍR-GAL *namṣāru* épée[b], GÍR-ZAL/GAG *karzillu* scalpel[s] ; GÍR (-ŠU-I) *naglabu* rasoir[wvs] ; GÍR-ZU *luṭû* dague ; GÍR *padānu*[v], *urḫu* chemin[s] ; GÍR (partie d'une) lyre[vEl]. GÍR-GÍR-AG *barāqu* fulgurer[b] ; TAB-TAB *zuqqutu* piquer[+s] ; GÍR-TAB *zuqaqīpu* scorpion[v+s], ᵐᵘˡ/ᵗᵉ « constellation du scorpion[v] ; GÍR-TAB-LÚ-U_{17}-LU *girtablilu* Homme-Scorpion[v+] ; GÍR-LÁ *nāš patri* porte-glaive[w], *ṭābiḫu* sacrificateur ; *ṭābiḫūtu* office de sacrificateur ; GÍR-SU^ki : le Girsu ; UL_4-GAL *magal* beaucoup, très, fort[vs]. 10
	búl púl bál 10	⊣ ⊣ ┘	BÚR *pašāru* (dé)livrer, rendre inefficace[+vs], *piširtu* vente de l'excédent[v], délivrance (magique)[+], *pišru* interprétation ; (NAM-BÚR-BI cf. n° 79), ᵘ $BURU_2$-DA *urnû* menthe[+s] ; UŠU, UŠUM *bašmu* dragon[vo], UŠUM-GAL *ušumgallu* dragon[+w] ; UŠU (-NAM-MA) *mūnu*, *ākilu* chenille[sc] ; DU_9 *dâlu* courir, circonvenir, errer çà et là. 11
	tar, ṭar tír, ṭír kud[t] qud[t] has[ṣz] ḫaš sil šil gùg $ṭur_6$? tara ṣil dim_5 tím ṯar $šar_7$ qutu ḫús 11	⊥̇ ⊏ ⊥ ⊥ ⊥ ⊥ ⊥ ⊥ ⊥ ⊣ ⊥ ┘ L o L o L sc ┘ ┘ !	SILA, SIL *sūqu* rue, route[o] ; SIL SAG-GI_4 *sūqu lā āṣû/lâṣû* impasse[v] ; SILA-DAGAL (-LA) *rebītu* grand'rue, carrefour[ov+] ; SILA-LÍM (-MA) *sūq erbetti* carrefour[v+] ; SIL *šalātu* fendre[b], (TAR var. de DAR *ḫepû* casser, etc. TAR *šêmu*, cf. NAM-TAR), (ᵘ TAR-MUŠ / $MUŠ_8$ = Ú-TAR-MUŠ *šammi nipši* une plante, cf. n° 318) KUD, KU_5(-D/R) *parāsu* séparer, trancher, interdire, décider[+v] ; *persu* section, troupe[o] ; *parsu* séparé[+] ; *parā'u* rompre[b] ; KUD, KU_5 *nakāsu* couper[+vwo], *niksu* coupure[v+], décapitation, abatage ; *naksu* coupé, abattu[v] ; (*dânu* juger, cf. DI-KU_5 ; *eṣēdu* moissonner, cf. ŠE-GUR_{10}-KU_5) ; KUD-KUD(-DU) *ḫummuru* estropié[v] ; HAŠ *šebēru* briser[+v] ; *qut*-GI, *qut*-PA, *qut*-GUR jeu idéogr. pour *qutāru* fumigation[s]. 12

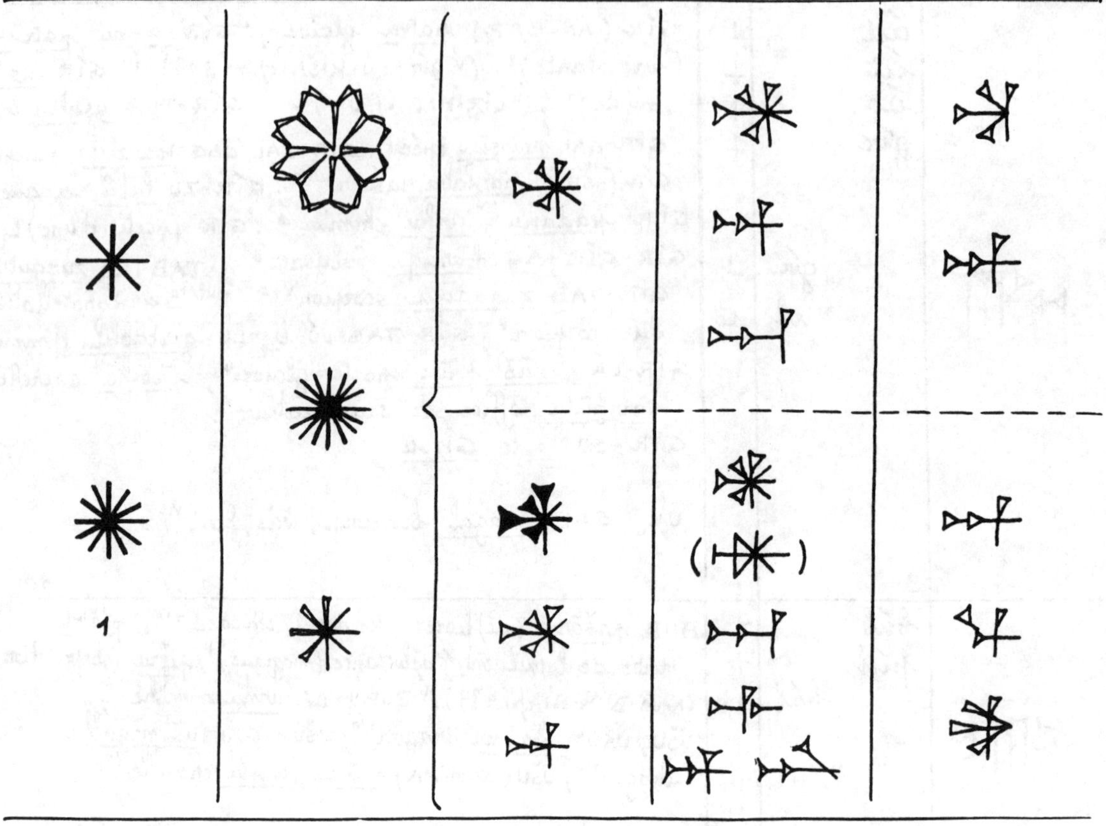
1

an, ìl, èl, ilu, ìli, le₄, sa₈, šubul, ána, (ì)l

DINGIR *ilu* dieu∞. déterminatif précédant les noms de divinités.
DINGIR (-*ni*/*na-at*) *ilānû* prospère, béni(e).
DINGIR *ilūtu* divinité. DINGIR (MUNUS) *iltu* déesse.
DINGIR-GAL *Ištaran*Ψ. DINGIR-MAH *Bēlet ili*.
DINGIR-GUB-BA *dingirgubbû* extatique, céleste. DINGIR KÚ *ilu ikkal* peste. DINGIR-ŠÀ-DIB-BA *kimilti ili* colère divine+s.
(phon. *ila-za-az* cf. CAD, L, 114 b, *ila-min* cf. CAD, L, ibid.)
AN *anu* nom du signe^v, *šamû* ciel∞, le dieu *Anu*+co (AN GAL *Anu rabû*); AN *eliš* en haut (phon. AN-*kul-la* *elkulla* plante médicinale^s); AN-AN-DÙL *ekallu*? palais^v El., *ṣillūlu*? abri, *ṣulultu*^v Ep. cf. AN-DÙL; AN-BAR *parzillu* fer.
AN-BIR₈ *muṣlālu* moment de la sieste^v, *kararû* ardeur du soleil, insolation. AN-DAH-ŠUM *andahšu* (légume à bulbe)^v+s. AN-DÙL *ṣulultu* partie d'un exta^v. AN-DÙL/DUL₇ *ṣulūlu*, *andullu* protection, abri+ω.
ú AN-HÚL-(LA/LÚ) *anhullû* (plante à usage magique)+s.
(ú AN-KI-NU-DI cf. Ú-). AN-KU-A(-MEŠ) *ankurû* divinité protectrice, désignation d'étoiles (cf. CAD, A₂, 124 a).

12

13 nán, nanna — AN-MA *nalbaš šamê* nuée.
AN-NA (*anāku*/)*annaku* étain. giš AN-NA-GIŠIMMAR *sissinnu* palme+. zá AN-NE *mil'u* salpêtre.
14 itu₄ iti₄ — AN (-*ni*) *adannu* terme fixé^v+. AN-NU-HA-RA *alluharu* teinture minérale+s.
anu — AN-PA, AN-TA *elâtu* partie supérieure+Ψ, *elât* (*šamê*) zénith.
AN-ŠÁR *Anšar* (dieu primitif); le dieu *Aššur*.
AN-TA *eli* sur^v, *elēn* au-dessus de, *šaqû* (être) haut^v, *elû* monter^v El. (revenir à la surface+. túg AN-TA *elitu* vêtement de dessus (túg AN-TA-KI-TA El. Am.). AN-TA *tappû* ami^v.
AN-TA-LÙ *antalû* éclipse+ω v, *duluhhu* éclipse^v ω. AN-TA-ŠUB-BA *miqtu*, *bennu* épilepsie. mul AN-TA-SUR-RA *šarūru* (une étoile) ("brillant"). (zá) « *antasurrû* (une pierre)^s.
AN-TI-BAL *buštitu* termite.
(*an-til₄-àm*/*an* =) TILLA₂₋₃₋₄ *kamû* extérieur^v+.
AN-ÚR *išid šamê* horizon. AN-USAN/USAN₂ *šimētan* soir.
AN-ZA-AM *assammu* grand pot°, *zarbabu* vase.
AN-ZA-GÀR *dimtu* tour; AN-ZA-GAR/GÀR ᵈ*Zaqīqu*? dieu des rêves.
zá AN-ZAH *anzahhu* pâte de verre; zá AN-ZAH-GE₆ *kutpû* pâte de verre noire^Δs+.
AN-ZÍB surnom d'*Ištar* ("l'experte").

12 — 13

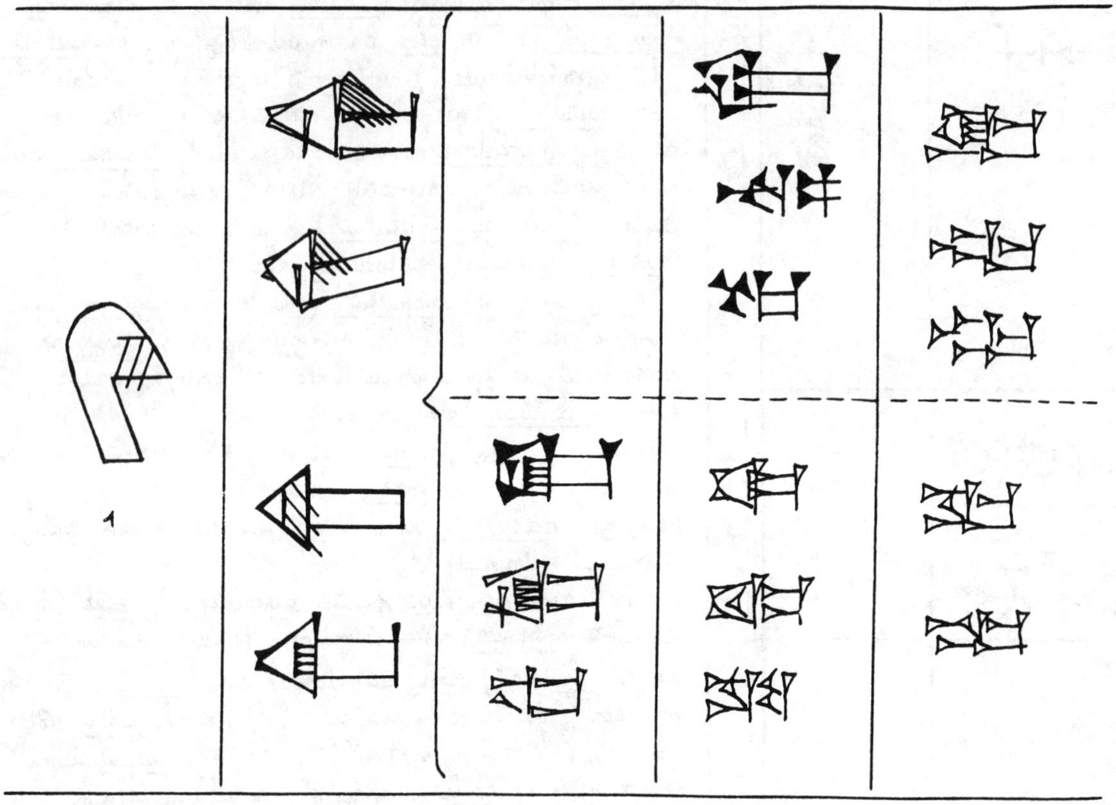

1

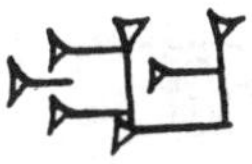

ka, -gà, pi$_4^e$, zib$_4$, iš$_5$, -ga$_{14}$, zú, su$_{11}$, du$_{11}$

KA pû bouche, embouchure$^{°ω}$; ^{te}KA une constellation; ^{zá}KA-BA/PA-ZA kapāṣu (un coquillage)$^{+sv}$, KA-BAR kaparru jeune pâtre$^{a°}$, ^{d}KA-DI Ištaran, KA-DIB-BI-DA ṣibit pî, kadibbidû accès de mutisme$^{+ωs v}$; KA-DU ipṭeru rançon$^{•}$; ^{dug}(KA-DÙ=) PIHU$_3$ pīḫu vase à bière; ^{ninda}KA-DÙ kukku sorte de pain ou de gâteau; KA-DÙ-A bussurtu (bonne) nouvelle inattendue. ^{d}KA-EME Pû-lišāni^{+}, KA-DU$_{10}$-GA (pû ṭābu? "bonne bouche"?) partie du foie^{v} (≠ KA-HUL$^{v et.}$), KA-DUH-Ù/ḪU-DA pīt pî "ouverture de la bouche"$^{+}$; ^{zá}KA-GI-NA šadānu hématite^{+vs}; ^{zá}KA-GI-NA-DIB-BA šadānu ṣabitu fer magnétique^{+}. KA-GUR$_7$ kagurrû officiel chargé des silos$^{•}$. KA-IZI šumê viandes rôties^{+}, ^{giš}KA-KARA$_4$ kannaškarakku table, KA-KA-SI-GA ša telti "à prononcer"; KA-KÙ-GÁL kakugallu exorciste; KA-KEŠ rakāsu lier^{+sv}; riksu lien^{+}, articulation^{sv}, location$^{va°}$, ^{lú}« kāṣiru tisserand; KA-KÉŠ kippatu circonférence^{a}, KA-KÉŠ-ŠÀ kiṣir libbi colère^{v}, KA-KI kakikku officier d'administration (cf. CAD, K, 44 a); KA-LUH-Ù/ḪU/U$_4$-DA mīs pî "lavage de bouche"$^{+}$ KA-MAR^{kuš} kamāru (un poisson), KA-MUŠ kamuššakku (ornement de lit ou de chaise$^{•}$). ^{ú}KA-MUŠ-Ì-KÚ-E pāšittu (une plante); KA-PIRIG$_{(3)}$ āšipu exorciste$^{+ωv}$. KA-SIL dalālu louer, dalīlu louange, KA-ŠÚ-ŠÚ naspantu? annihilation (cf. CAD, K, 297 b), ^{kuš}KA-TAB (-ANŠE) katappû brides, KA-TA-DUG$_4$-GA kataduggû parole divine^{v}, KA-TAR katarru champignon^{v}, ^{ú}KA-ZAL kazallu (une plante), ^{lú}KA-ZÍD-DA kassidakku meunier;

KIR$_4$ appu nez^{vωs}, bec, bout$^{vsω+}$, būṣu hyène, KIR$_4$-BÚN naḫīru narine^{v}, KIR$_4$-DIB kartappu/kerdippu cocher; KIR$_4$-HAB būšānu (une maladie (scorbut?)); KIR$_4$-ŠU-GÁL labānu se prosterner, KIR$_4$-ZAL tašiltu allégresse, fête^{+c}.

ZÚ šinnu dent^{vs}, nišku morsure, ZÚ(-GÌR) imbû fibre de palmier, ZÚ(-GÌR)-A-AB-BA imbi tāmti varech^{s}, ^{zá}ZÚ ṣurru obsidienne$^{ωs+°}$. ZÚ-BABBAR cf. CAD, L, 178 b, ZÚ-GUZ kaṣāṣu grincer des dents^{s}, ZÚ-KU$_5$ našāku mordre, ZÚ-LUM(-MA) suluppu datte, « DILMUN^{ki} asnû datte de Dilmun$^{•°ω+}$. ZÚ-SI(-GA) buqūmu (ou susikku) tonte, ZÚ-SÙN šinnu ivoire^{ug}.

DU$_{11}$ dabābu parler, plaider, conspirer, plainte (cf. bēl dabābi). DU$_{11}$-DU$_{11}$ atmû parole; DU$_{11}$(-DU$_{11}$)-GA qabû dire$^{+vs ω}$; qibītu ordre, parole$^{+°s a 24}$.

GÙ šasû crier$^{+vωs}$, rigmu cri^{+r}; GÙ-DÉ nabû nommer, šagāmu hurler, crier, inu (un instrument). GÙ-GÌR padānu chemin, GÙ-SUM miḫiṣtu inscription^{ω};

INIM amātu parole^{+vaa}, INIM-É-GAL šillatu calomnie^{v}, INIM KA×MI amāt adirti nouvelle sinistre, INIM-NU-GAR-RA nullâtu vilenie$^{+sω}$; INIM SIG$_5$ bonne nouvelle;

(Suite de la page précédente)

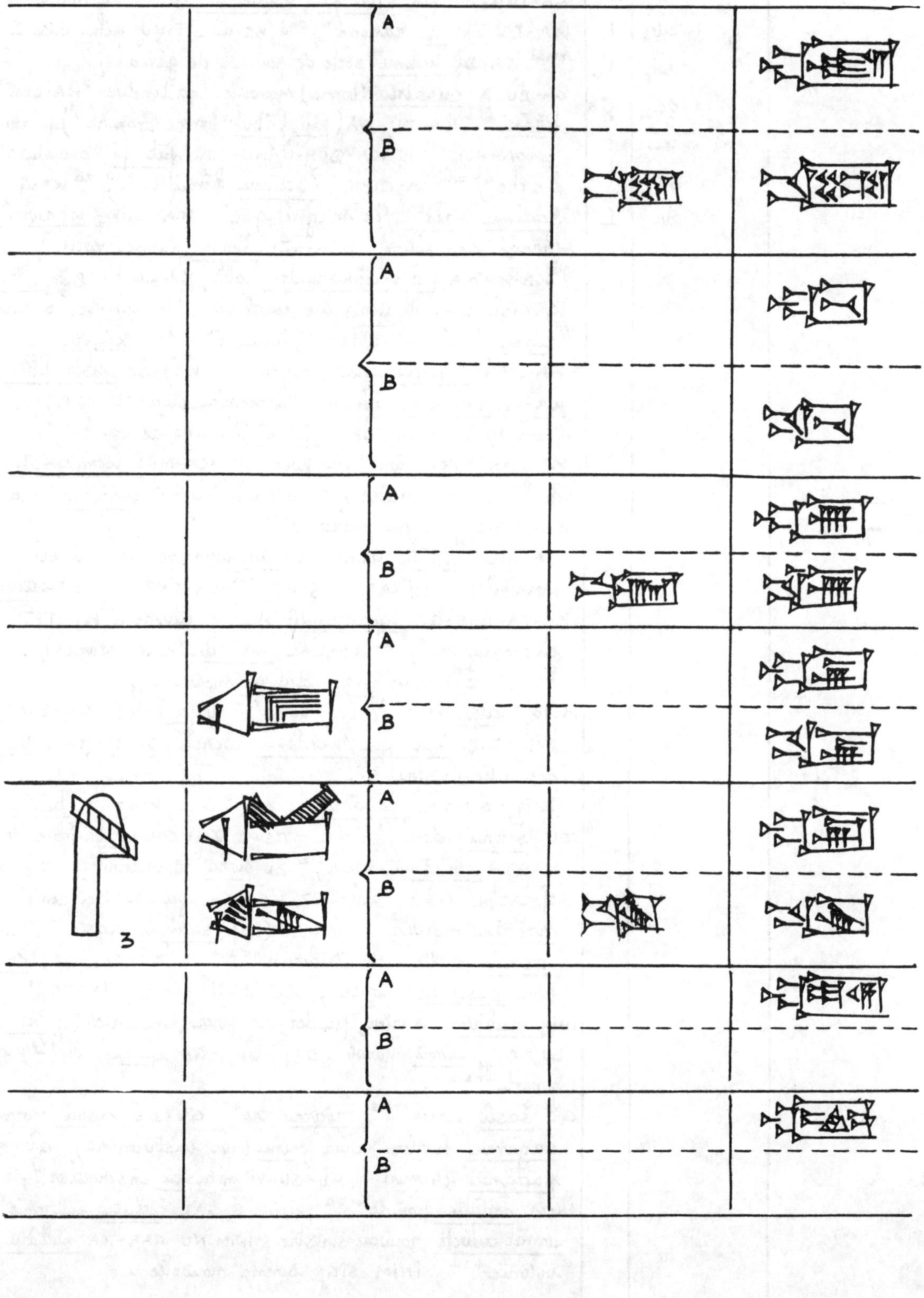

() (suite)	15			KA-INIM-MA šiptu incantation[+v]; INIM-GÁ-GÁ ragāmu réclamer[°]; i$_5$-GAR-RA egerrû parole ominale, pensée, formule[wv+]; (ka-ḫi-) DIMU ṭēmu raison, nouvelle[w].	15
				TU$_6$, MU$_7$ tû formule conjuratoire[+$]; šiptu incantation[+$]; TU$_6$-ÉN tê šipti formule conjuratoire de l'incantation[+$v]; TU$_6$-TU$_6$ šiptu incantation[+$]; lú MU$_7$-MU$_7$ āšipu exorciste[+]; TU$_6$-DUG$_4$-GA tuduqqû incantation[+].	16
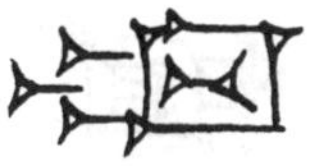				UŠ$_{12}$ (ou UḪ$_4$?) imtu[b] bave, venin, (ru'tu salive, crachat); rusû philtre, humidité[+]; UŠ$_{12}$(-ZU) kišpu sortilège, ruḫû sortilège, philtre[+]; lú UŠ$_{12}$ (-ZU) kaššāpu sorcier[+s]; mí « kaššaptu sorcière[+] UŠ$_{11}$-BÚR-RU-DA ušburrudû exorcisme[+] mul UG$_8$-GA (une étoile)[v] (cf. CAD E, 139 a).	
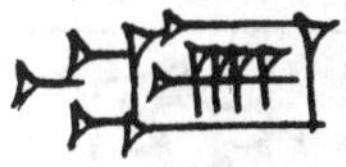				NUNDUN šaptu lèvre[wcvs+]; NUNDUN-LÁ zignu? barbu[v]; (confusion de signe avec SU$_6$) ziqnu barbe.	18
				SU$_6$ (SUN$_4$, SÙL) ziqnu barbe[v+]; SU$_6$ zaqnu barbu lú ša SU$_6$ ša ziqni dignitaire du palais (en Ass.)[a]; (Confusion de signe avec NUNDUN) šaptu lèvre[vw].	18[x]
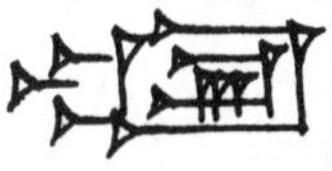	17	bù pù ba$_{14}$	i i i	PUZUR$_5$ puzru secret[oD];	19
				NIGRU āšipu exorciste(Sc);	20
				MURGU$_2$ libbātu colère(Sc); dMURGU$_2$ le dieu Gibil[+v].	22[x]

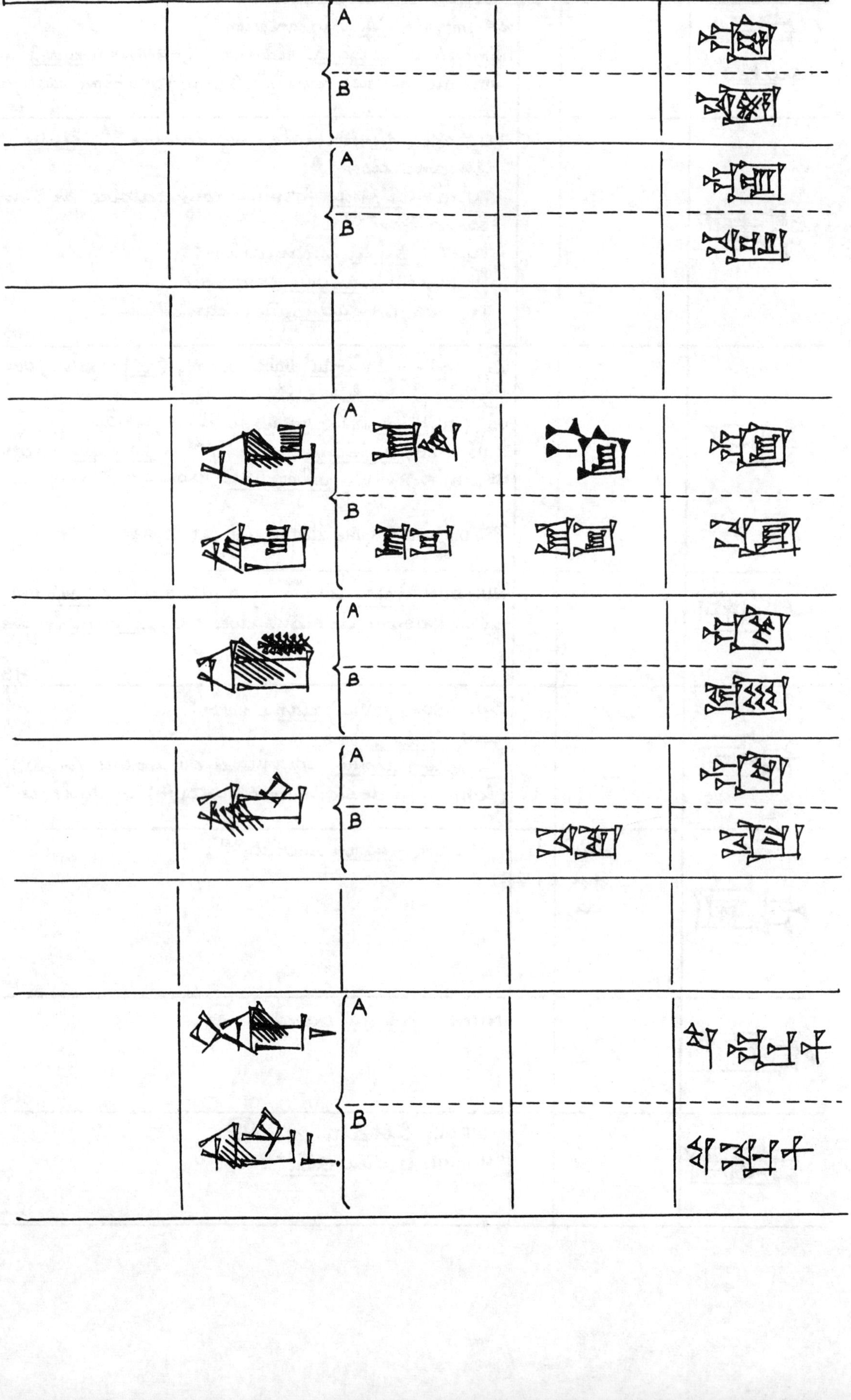
A
B
A
B
A
B
A
B
A
B
A
B

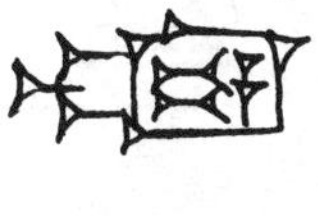				ÍBIRA, TIBIRA₂ <u>tamkāru</u> négociant, marchand(sc.); 23
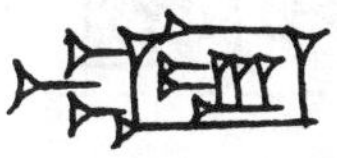	16	šiq₄(?)	⊢	ŠI₇-GI₄-GI₄ <u>šagāmu</u> rugir, résonner[b]; 24
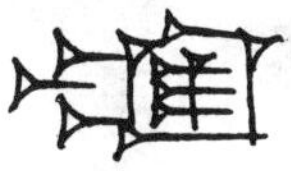				UŠ₁₃ ? (Variante graphique du n° 17)+.
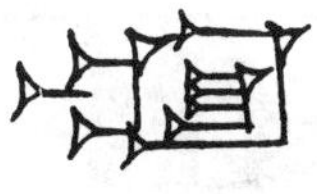	17	bum pum	i i	SUD₄ <u>karābu</u> prier, bénir; prière°; <u>ikribu</u> prière; bénédiction+v; BÙ-ZUR₈ <u>puzru</u> secret°v. 26
				TUKUR₂ <u>šaqummatu</u> silence(sc.). 27
				ÍMMIN <u>ṣūmu</u> soif[bv Bg.] ZU₅ [Bg., Ug. Mo] (lúALAM-ZU₅ ; AM-SI-ZU₅). 28
				UŠ₁₄ ? (Variante graphique du n° 17)+
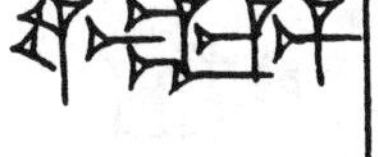				ZABAR <u>siparru</u> bronze, (puis) cuivre×°; ZABAR <u>mušālu</u> miroir(sc); lúZABAR-DAB <u>zabardabbu</u> (un fonctionnaire)[v/B°] 29

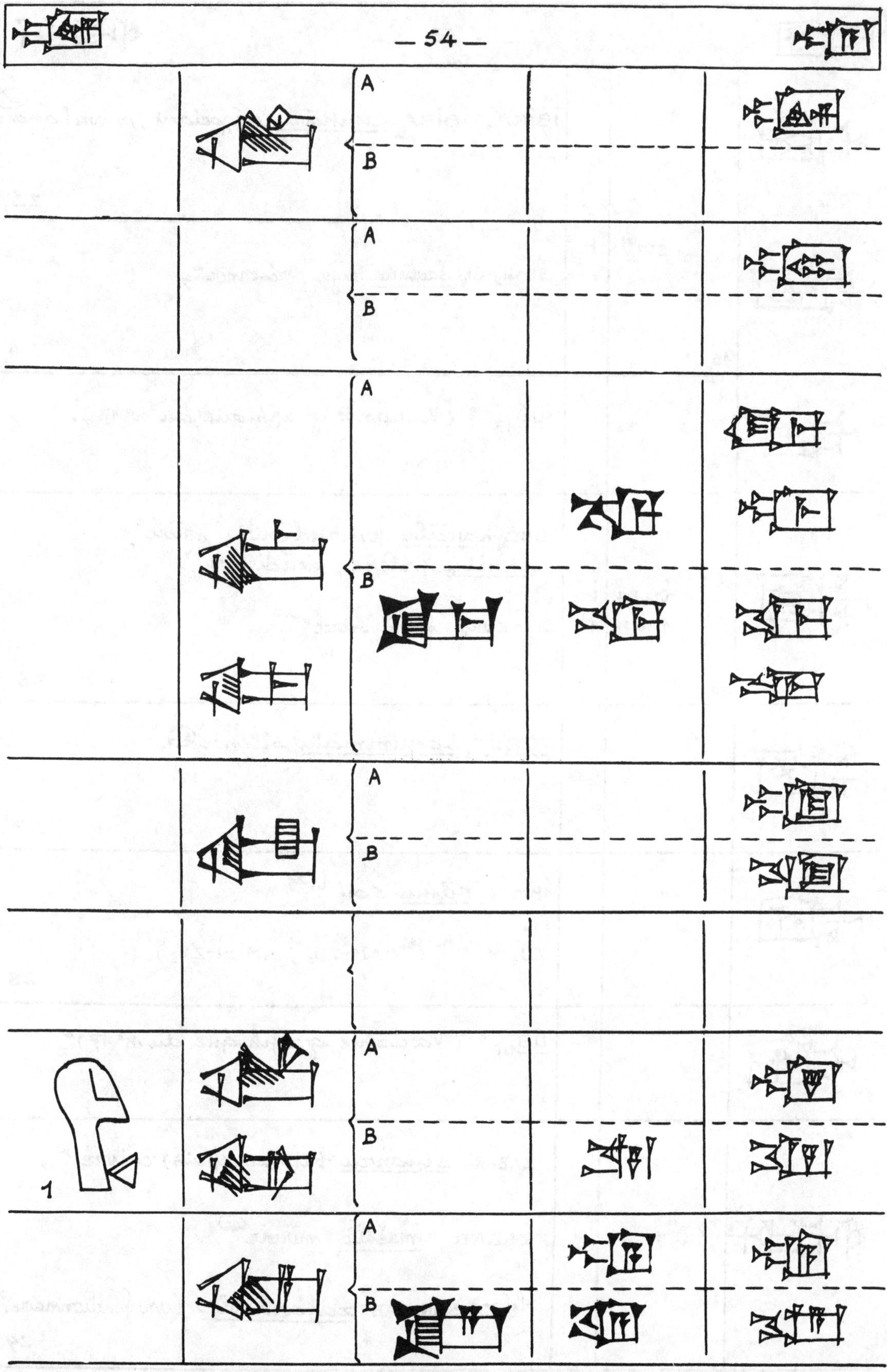
A
B
A
B
A
B
A
B
A
B
1
A
B

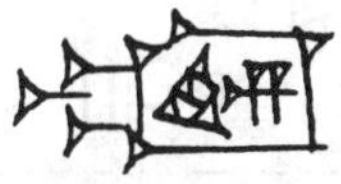	18	ba5	i EE	BÚN (napāḫu souffler, insuffler[SC]); nappaḫtu rebellion[v].	30
				KA×U pû bouche[Ug. Bg.]	30[x]
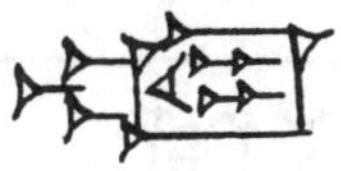				KAN4 na'duru être sombre, nerveux[v], s'éclipser (pour un astre); adirtu obscurité, calamité, tristesse.	31
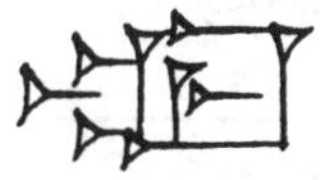	19	em4 im4	L L	EME lišānu langue[x], lame[w], glose, série de synonymes[yv], rapport, contenu d'une inscription[w]; ša EME ša lišāni informateur[o]; EME-SIG GA karṣu calomnie[v]; EME-SIG KÚ karṣa akālu dénoncer, calomnier[v]; EME-DIB uqququ bègue[v]; lú EME-SAG(meš) lišān rēšēti rapporteur (à la Cour)[w]; EME-SAL emesallu (dialecte sumérien), bon goût; EME-GI7 šumerû (pays[w]) sumérien; EME-ŠID/DIR ṣurārû! lézard[v+$]; EME-ŠID/DIR-ZI-DA anduḫallatu agame[v$]; ú EME-UR-GE7 lišān kalbi cynoglosse[v$]. mul « (une étoile)[v].	32
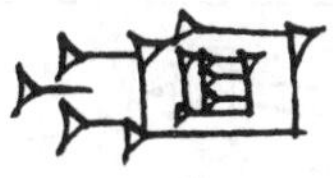	20	ma5	L	MA5 qemû moudre[b]; MÙ (-MÙ) ṭênu, qemû moudre[+]. (Confusion fréquente avec SUD4 n° 26).	33
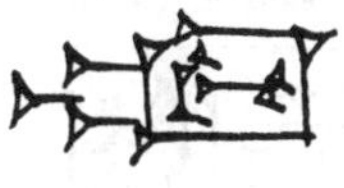				ŠAKIR3 (variante graphique de ŠAKIR en Assyrie)	34
				KÚ akālu manger[x], avoir en usufruit, ravager[sv]; (ì)-KÚ (jeu idéographique) šutakullu croiser deux nombres, les multiplier; carrer un nombre[Δ]; (CAD, AHw šutākulu); ì-KÚ takiltu (tākiltu?) coefficient[Δ];	36
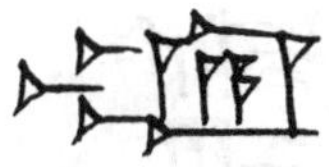	21	nak nag naq nik5	± ± ± !	NAG šatû boire[x]; šaqû abreuver, irriguer[+v.]; (NÌ-NAG maštītu boisson[b]); giš NAG-KU5 abreuvoir, réservoir d'eau (cf AS 16 p. 59)	35

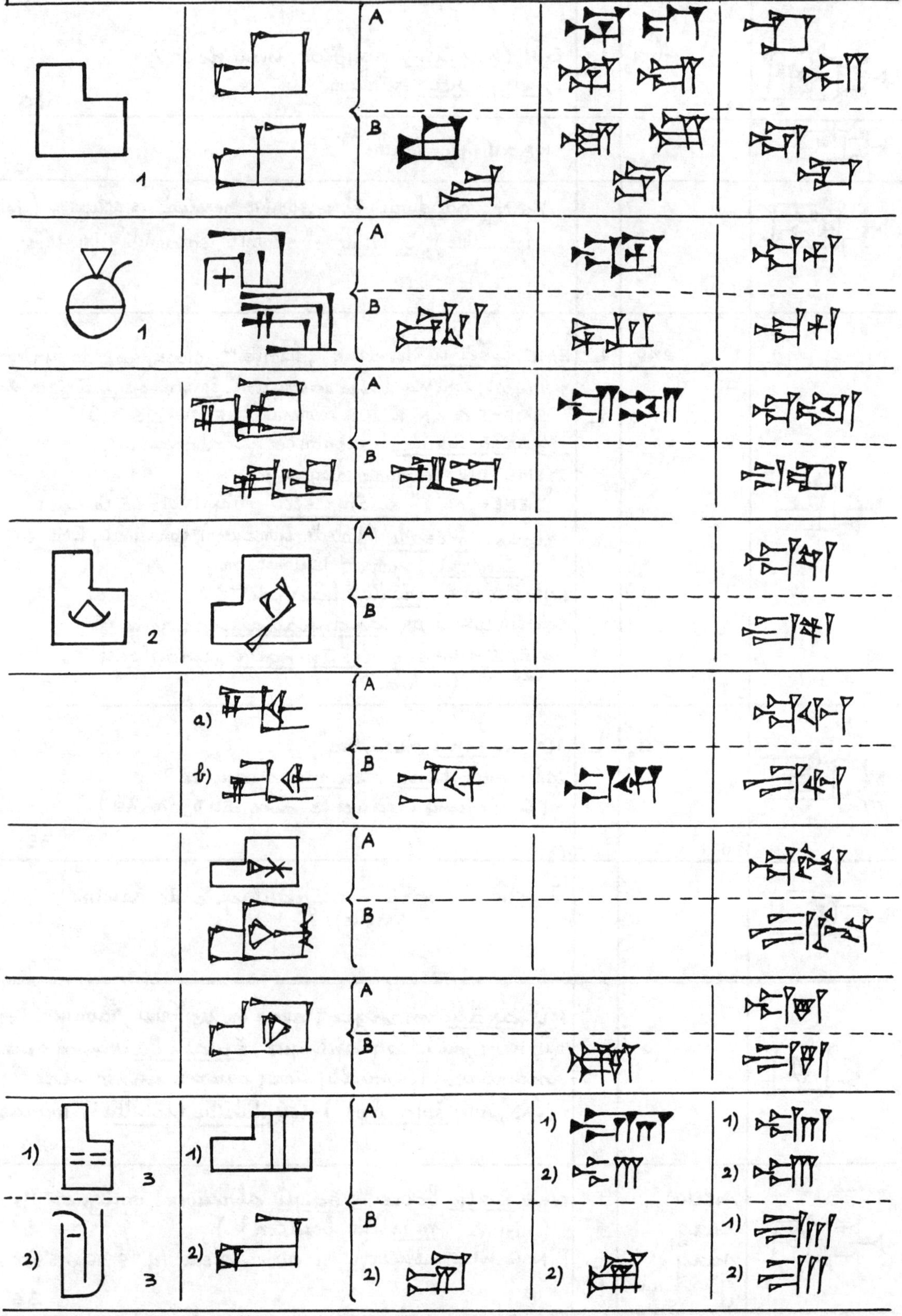
A
B
1
2
3
a)
b)
1)
2)

22 — ré, rí; eri$_4$, iri$_4$; er$_4$; ir$_4$; ru$_9$; alu^{i,a}; ála

URU ālu ville[×○], URU-KI[OB,OA], URU-ŠE kapru bourg, villa(ge)[•○]; URU-EGIR ālu arkû vieux quartier, URU-GIŠ-BAN āl qašti village d'un fief d'arc; URU-BAL āl pale résidence royale; URU ZAG āl pāṭi ville-frontière; URU-BAR-RA aḫat āli faubourg, URU-BÀD āl dūri / ālu elû citadelle, URU-AN-NA ālu elû citadelle, acropole[EL]; URU-É-AD āl bīt abi siège familial. — ša UGU URU cf. n°412 — URU-ḪUL-A-MUŠEN qadû chouette; URU-IGI = eri$_4$-inu$_2$ cèdre; ERI$_4$-DU$_{10}$(GA) la ville d'Eridu. — phon. ina la URU = ina lali? dans sa plénitude? — Déterminatif précédant les noms de villes. 38

UKKIN puḫru assemblée[•+v]; UKKIN-MEŠ puršumu vieillard (sc)

^{giš}BANŠUR paššūru plateau, table[+v○]; ^{giš}BANŠUR-MAḪ paššurmāḫu grand plateau[+]. 41

URU × ŠE kapru bourg[• NB NA] (ālu "manoir"?) 41′

23 — ru$_4$; 23a — ru$_{11}$

URU$_2$ abūbu déluge (sc.);

(= URU) ālu ville (textes[b] emesal) 43

(x)ŠILIG šagapuru puissant[b];
ASAR, ASARU, en composition, dans plusieurs noms divins : ^{d}ASAR-LÚ-ḪI le dieu Marduk[+v○]; etc. 44

23b — (kur$_{12}$)

GUR$_5$ kasāmu couper (sc); ^{ú}GUR$_5$-UŠ (a)šarmadu (une plante).
GURUŠ$_3$ kaṣāṣu couper, déchirer (sc);
^{ú}ŠAKIR šakirû (sorte de jusquiame)[b];
^{dug}ŠAKIR šakirû[b], zarbabu[b] cruche. 46

ERIM$_3$ išittu grenier, entrepôt, trésor[•]. 49

(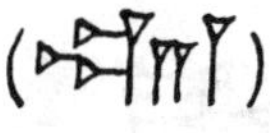)

24 — qàl, sùk, gàl

GIŠGAL manzāzu lieu, emplacement (sc);
QÀL qallu médiocre, petit, ^{lú}QÀL qallu serviteur, esclave[○•], U$_{17}$-LU alû démon[+v], meḫû tempête[b];

$^{tu_{15}}$U$_{17}$-LU šūtu sud[×]; vent du sud[+v]; 49x

— 58 —

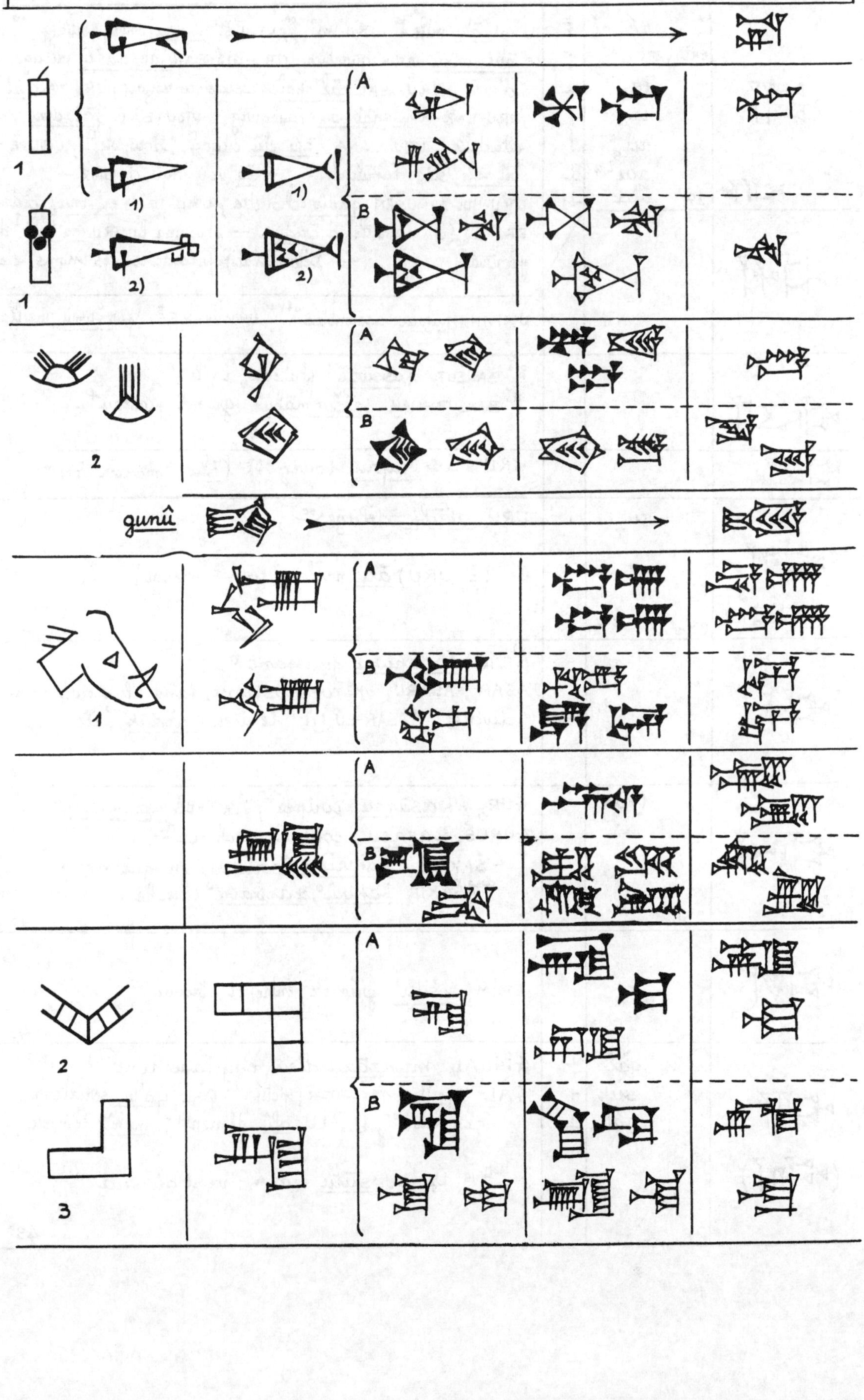

Cf. le n° 211.

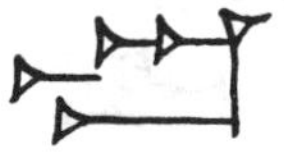

25

èr, ìr, (wàr)

ÌR *ardu* esclave, serviteur; NITA$_2$ *zikaru* mâle;
(fréquent en composition : DUMU-NITA$_2$, UDU-NITA$_2$, etc.)

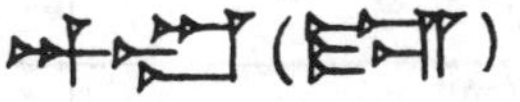 ^{d}ÌR-RA le dieu *Era*

25a

ir_{11}

(ir × še =) IR$_{11}$ *ardu* serviteur.

50

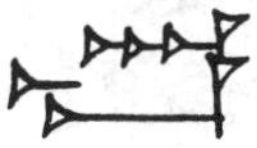

ITI, ITU *arḫu* mois, nouvelle lune;
Déterminatif précédant les noms de mois. (cf. tableau)
ITI-ÀM, ITI-A-TA-(ÀM) *arḫâ* mensuellement
ITI (-us)-su, ITI-ḫu-us-su *arḫussu* mensuellement.
ITI È *arḫu āṣû* mois finissant, ITI KU$_4$ *arḫu ēribu* mois commençant.

Cf. le n° 337

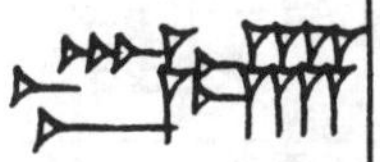

26

šaḫ, šiḫ, siḫ, šúḫ, ṣeḫ

ŠAḪ *šaḫû* cochon, sanglier;
^{mí}ŠAḪ *šaḫītu* truie; ŠAḪ-TUR(-RA) (*šaḫturrû*), *kurkuzannu* porcelet; ŠAḪ ^{giš}GI *šaḫḫapu* cochon sauvage;
SUBAR^{ki} le pays de *Subartu*;
(Š)UBUR, SUBAR *ardu* esclave.

53

BURU$_{15}$ *ebūru* moisson, récolte, été;
^{ú}SULLIM^{sar} *šambaliltu* (sorte de trèfle);
^{ú}BAR$_{12}$ *dīšu* herbe, gazon;
^{giš}ŠIBIR$_2$ *šibirru* sceptre.

54

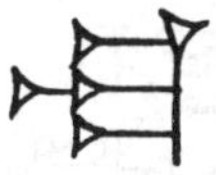

27

la

LA *lalû* plénitude, abondance, charme;
^{ú}LA(-ŠAR) (une plante);
LA-RA-AḪ *pušqu* détresse, angoisse, *šupšuqu* dans la détresse;
^{dug}LA-ḪA-AN *laḫannu* coupe à boire;

$^{(dug)}$ŠIKA *ḫaṣbu*; *ḫaṣabtu* tesson, coquille
ŠIKA-KUD-DA *išḫilṣu* tesson
ŠIKA-NINDU, ŠIKA-IM-ŠU-NIGIN$_2$-NA *ḫaṣab tinuri* cendre, potasse, (tesson de fourneau?)

55

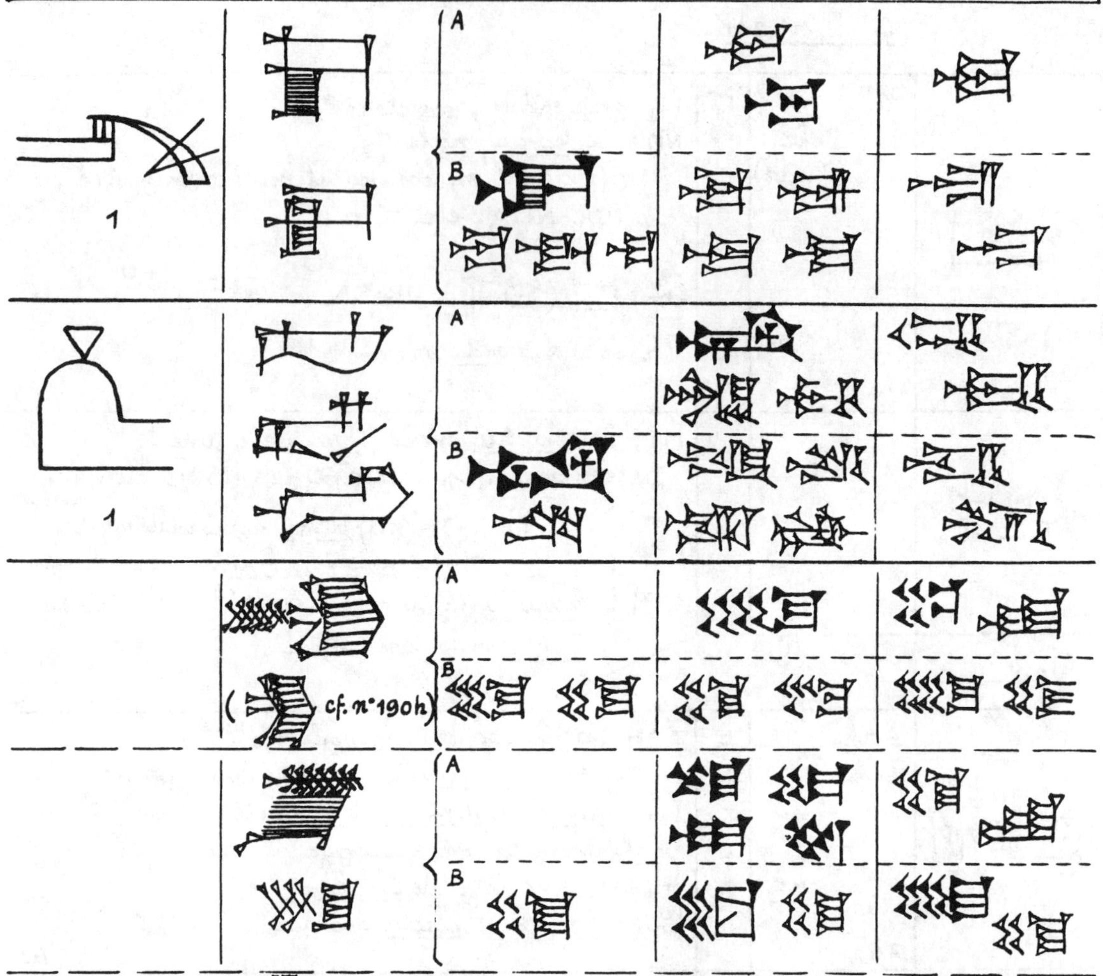

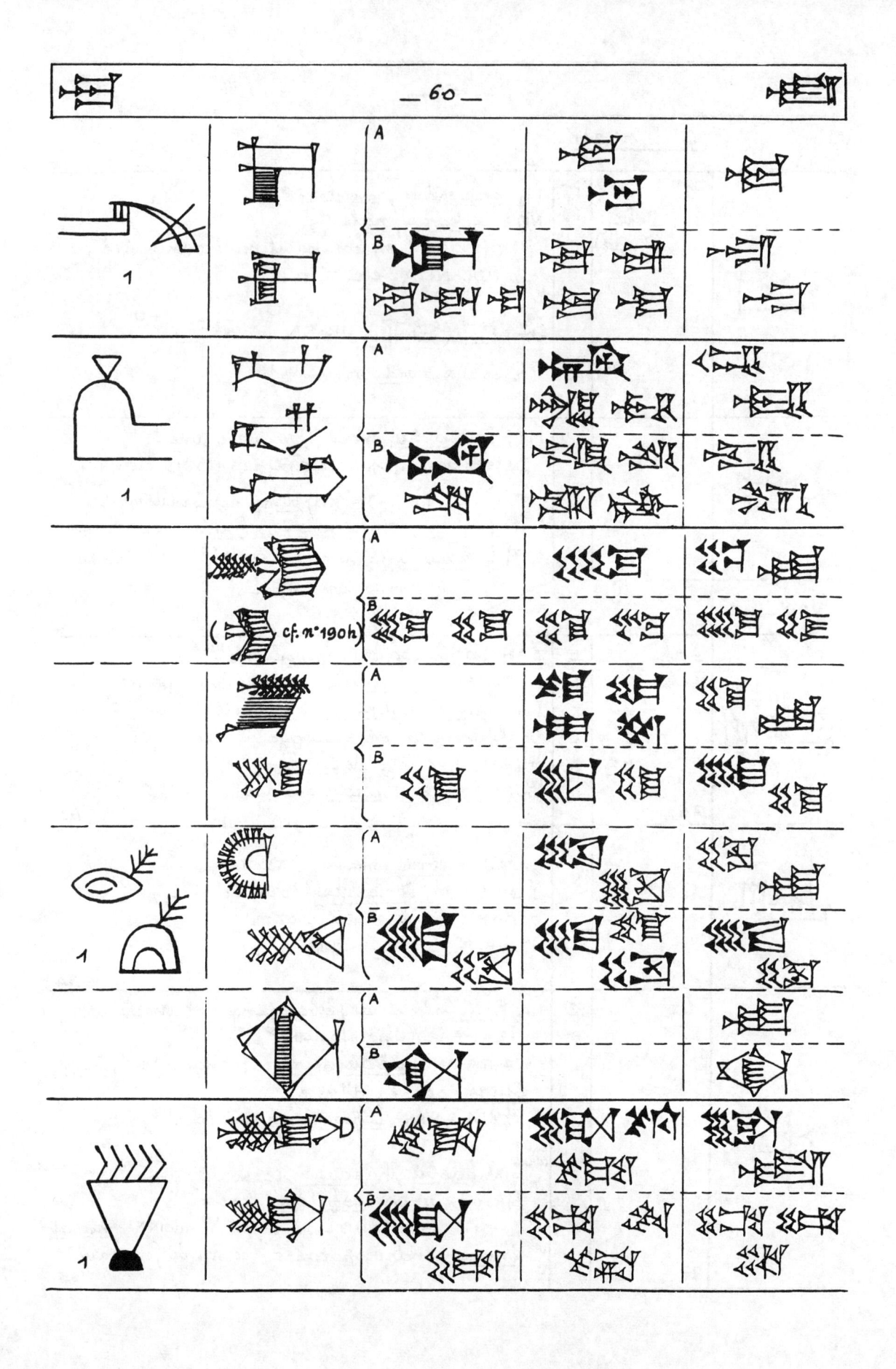
1
A
B
(cf. n° 190h)

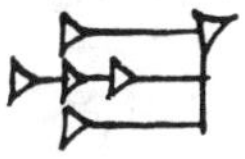 28	pin bin	giš APIN *epennu* charrue[vocw] (*awiharu* charrue, mesure agraire[Nuzi]) mul APIN *epennu* Andromède (ou Cassiopée); iti APIN-(DU$_8$-A) *arahsamnu* 8ème mois (oct.-nov.)[w]; APIN-ŠU-GUR$_{10}$ *maj(j)āru* défrichement, giš APIN-TÚK-GUR$_{10}$ *harbu* charrue à défricher, APIN *uššu* fondations[v]. — ENGAR *ikkaru*[x] paysan[•ōv ψ]; URU$_4$(-LÁ[Bg]) *erēšu* planter, cultiver; (par jeu idéogr.) *erēšu* désirer[ovs], *mēreštu* culture, plantation[+]; lú URU$_4$-LÁ *errēšu* cultivateur[(Bg)]; NAM-giš URU$_4$-LÁ *errēšūtu* tenure d'un cultivateur; lú ENGAR-KUR *ikkar ekalli*[NA] 56
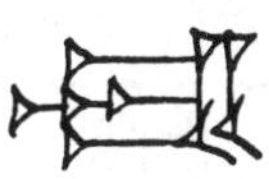 29	mah meh mih	MAH *ṣīru* élevé, éminent[•+wa]; *gapšu* orgueilleux, (*gašru* fort); *ṣâru* être éminent[+]; zá MAH (une pierre). lú MAH *ṣīru* chef (étranger)[w+] (*lumahhu* cf n° 330); zá MAH *aban râmi* pierre d'amour, talisman[+]; MAH-DI *tizqaru* prééminent[+]; túg MAH *nalbašu* manteau[•]. 57
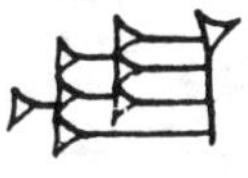 30	tu tú dú ku$_4$	(TU), KU$_4$(-RA) *erēbu* entrer[vwψ], *nērebu* entrée[b], *erbu* revenu[•], *ēribu* commençant (mois, année); lú KU$_4$-É *ērib bīti*[x] personne admise dans le temple[+]; TU(-RA) *marāṣu* être malade[vs], *marṣu* malade[+vs], *murṣu* maladie[s], TU-RA-NIGIN/NIGIN$_2$ *sīdānu* vertige[s]; zá TU (*jarahhu*!) sesquioxyde de fer[+s]. — — — — — — — — (TU, TUD *alādu* enfanter[s] cf. Ù-TU) d TU-TU le dieu *Marduk*[+ψ]; TU-MUŠEN (*summu*), *summatu* pigeon[v+•s]; TU-KUR(/KUR$_4$)-MUŠEN *sukanninu* ramier[v•s] — — — — — — — — URU$_5$ *abūbu* déluge[(SC)]; GUR$_8$, cf. MÁ-GUR$_8$. 58
31	li le gúp[b]	giš LI *burāšu* genévrier[•+w sv] (cf. ŠEM-LI); giš LI-BABBAR *šīhu* genévrier blanc[s]; ú LI-DUR/TAR *abukkatu* andropogon[s]; LI-DUR *abunnatu* ombilic[vs], partie centrale[v] (d'un arc[w]); giš LI-U$_5$(-UM) *lē'u* tablette[evwψ] (ÈN-DU/DU$_{11-12}$ *zamāru* faire de la musique, chanter[(SC)]; ÈN-TAR, cf. SAG-ÈN-TAR) LI-LI-ÌS *lilissu* timbale[+w]; urudu kuš$_2$ LI-LI-GI *liligû* (/*lalikkû*) cucurbitacée, LI-LI-GI-MUŠEN *liligû* (/*lalikkû*) (un oiseau)[v]; GÚB *ellu* pur[v] (cf. A-GÚB-BA). 59

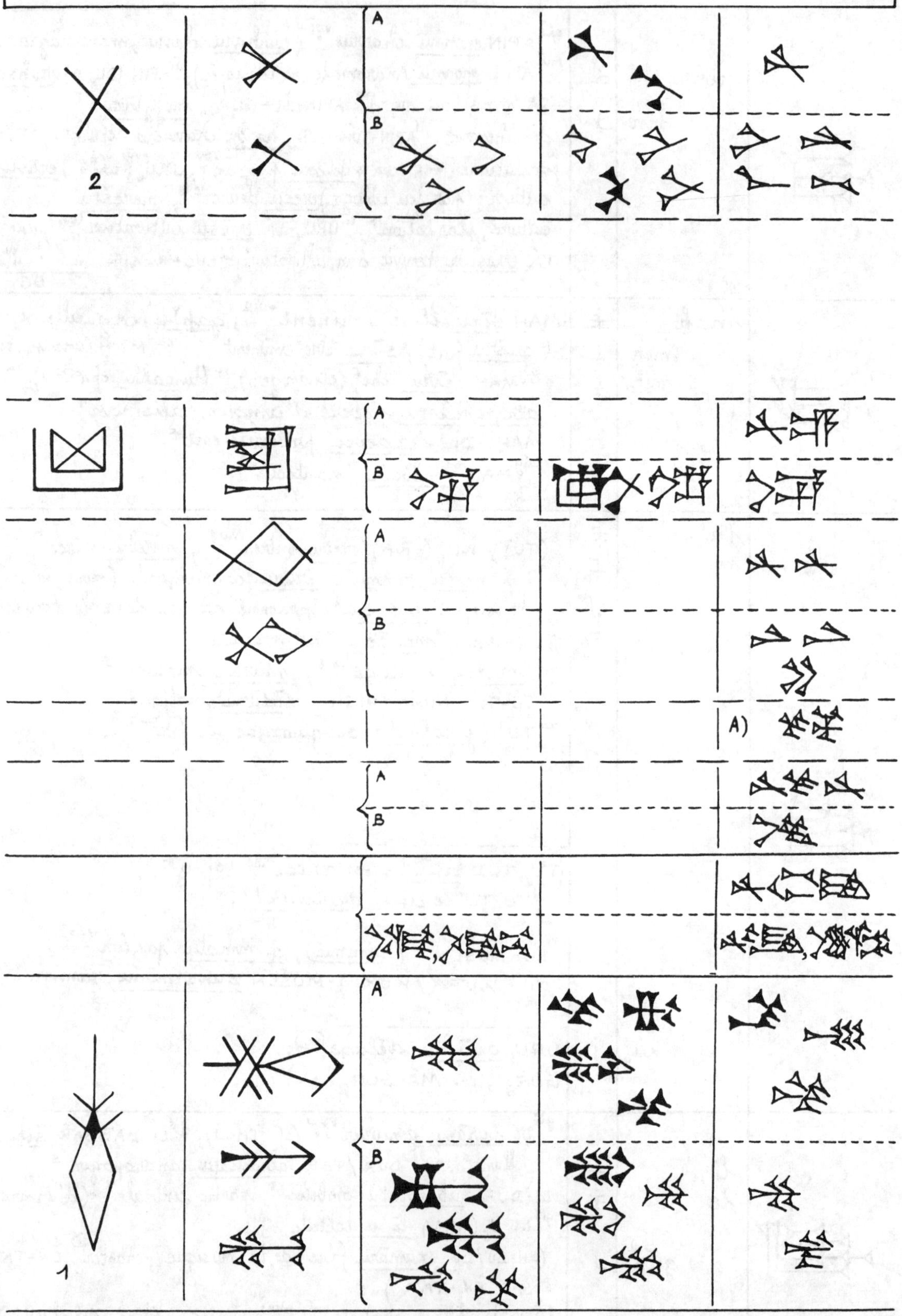
2
A
B
A)
1

32 kúr, pap, bab^{r}, gur$_{12}$, qur$_4$, ba$_{14}$, pa$_4$

KÚR ahû étranger^{vwo}; šanû autre ;
nakāru être hostile^{+wv}; nakru ennemi; ^{mí}KÚR, NAM-KÚR; ^{lú}KÚR^{B}
nukurtu hostilité, KÚR-BAL-BAL bārtu révolte^{v};
KÚR-DU$_{11}$-GA tuššu insolence, calomnie ;
PAP ahu frère^{wo}; (ahhūtu fraternité^{o});
napharu totalité$^{+\$•}$; naṣāru garder$^{wo•}$
(^{d}PAP-SUKKAL);

púš

PÚŠ pušqu peine^{+v}, resserrement^{v}, circonstance difficile^{v};
PAP-HAL muttalliku agité, errant^{b}; purīdu jambe^{+v};
PÚŠ$^{me(?)}$ pašāqu^{III} avoir une crise^{s}; PA$_4$-ŠIŠ pašīšu prêtre$^{oAk.}$

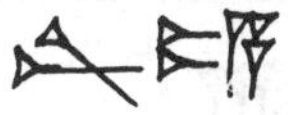

PA$_6$ } palgu, (mitertu) fossé, canal.
PA$_5$ } pattu rigole

PA$_5$^{wov} (-LÁ/SIG^{A}) atappu fossé, petit canal.

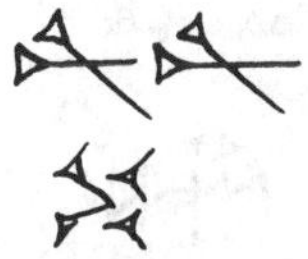

bur$_{13}$

BULUG$_3$-GÁ rabû (être) grand, šurbû magnifique, tarbû surgeon^{SC};

DIM$_4$(-MÀ) sanāqu s'approcher, jouxter^{+v}; sanqu obéissant, (éprouvé).

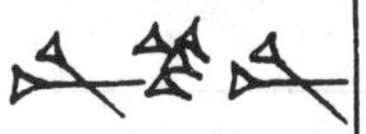

MUNU$_6$ } MUNU$_6$-MÚ bāqilu malteur$^{+•}$;
MUNU$_4$ } buqlu malt (vert)$^{vo\$}$

cf. 371'

60

$^{(giš)}$ZUBI gamlu arme courbe$^{•}$
^{mul}ZUBI gamlu Auriga, Jupiter^{v}
GÀM šikru lame ; GÀM-GÀM-MUŠEN gamgammu (un oiseau)^{v}.

60*

28 mu, šum(u), ia$_5$, wu$_4$, šu$_{10}$, i$_{14}$

MU nadānu donner$^{•o}$; nīšu serment$^{vw□•}$; aššu à cause de, pour^{ve};
šumu nom^{x}, ligne d'un texte$^{vw□}$; zakāru appeler, dire$^{+\psi}$; zikru nom^{+};
MU-BI(-IM) šum-šu(nu) dont le nom (est)$^{•}$; MU-DIDLI-MU šumu ahû entrée spéciale dans un dictionnaire (CAD, A$_1$, 201 a); MU-NU-TUKU munutukû^{x} sans enfant; MU-DA-SÁ mudasû liste de noms; MU-SAR muš(v)arû inscription^{w}; MU-1-KAM šattu année$^{vEl.}$;
MU(-AN-NA) šattu (cette) année; MU-IM-MA šaddagdiš année précédente;
MU-4 rubu'û de 4 ans; (IGI-MU pān šatti début de l'année);
^{lú}MUHALDIM nuhatimmu^{x} boulanger$^{w\,v\,□\,•\,\psi}$; MU-TIN zikaru mâle^{s};
MU-TÙ šurubtu apport$^{•}$; ^{mul}MU-GÍD (-KÉŠ-DA) nīru Arcturus^{+};
MU-MEŠ/ME (par jeu idéogr.) šu'āti ce (sg, pl.)$^{e+•}$;
MU-UN- préverbe sumérien$^{w•}$; — MU emesal pour GIŠ —

61

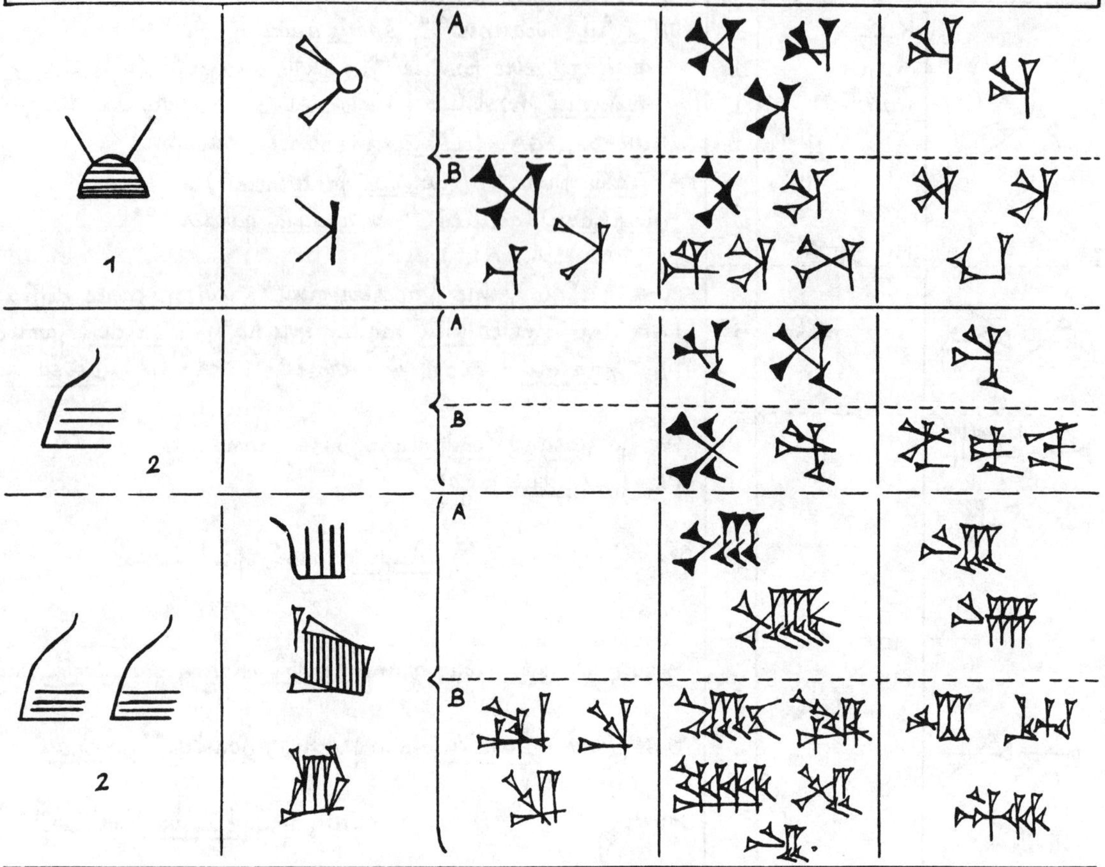

(Variante graphique de , n° 306)

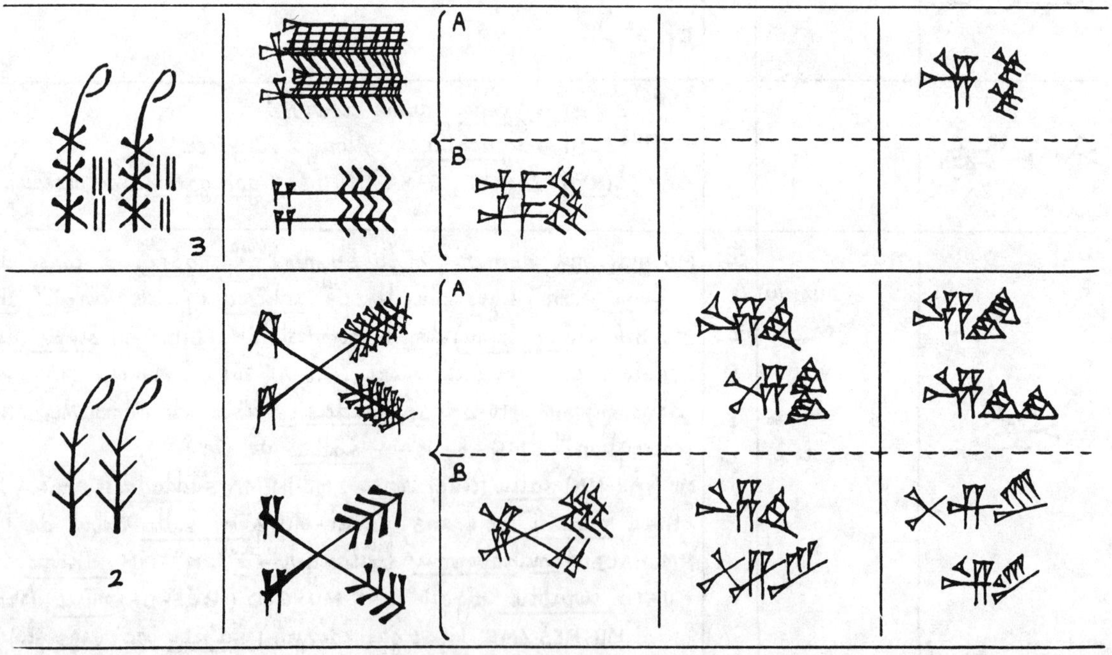

	qa ga$_5$ ka$_4$ šál 36	‡ ᵐᵒᵈ u NA ┼ {NS Am Bg j	SILA$_3$ qû mesure de capacité (842 ml) CD+$; mīšertu mesure normale•; (par jeu idéogr. qû fil, filament) ᵛEL.; SÌL-MUD (partie du corps) (clavicule?) $; ᵈᵘᵍSILA$_3$-GAZ silagazû vase d'une capacité de 1 qa; ᵈᵘᵍSILA$_3$-BUR dannu (un vase); (qa-šu-du$_8$=) SAGI šāqû échanson; — — — — — ŠITA$_6$ prêtre 62
	kád^t šíd gát qat$_6^d$ 37 30	‡ ! ┼ !	KÁD } kaṣāru nouer, attacher °
	kàd^t gàt 38	⊣ ⌋ ᴪ	KÀD }
	ṭad^t ^{t} ṭat kít šìd$^{t\,ṭ}$ tak$_5$ gid$_6$ 40	! ! ! ∘ ⊥Am ⊣ ! A	KÍD karāṣu pincer; modeler (l'argile)+ TAG$_4$ petû ouvrir+; TAG$_4$ ezēbu laisser, abandonner+vV; ÍB-TAG$_4$ rēḫtu reste, solde•. 63
			ŠEŠLAM kibrātu régions (célestes), régions du monde(ÉC.); 65
			(ú) 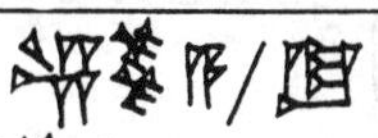 plantes de marécage 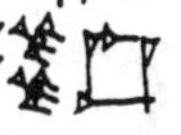 ᵘ NUMUN$_2$, (ᵘA-NUMUN cf n° 579); ᵘAŠKI urbatu (sorte de ronce); GUG$_4$-ŠE urbatānu (sorte de champ)•; « —— ZUKUM kabāsu fouler, marcher; kibsu trace; « —— ᵗᵘᵍLAMAḪUŠ lamḫuššu vêtement d'apparat(ÉC.). 66
 ()	gil kíl qíl 39	⊥ ⊥ ⌊	GIL egēru (en)rouler, enchevêtrer, être confus; itguru enchevêtré; GILIM kapāpu se recourber V, kilīlu bandeau□•, kippatu boucle, anneau□; GIB parāku barrer, faire obstacle+V; faire opposition □•, aller transversalement V; parkiš transversalement V; GE$_{16}$ qaštu arc(SC); rakāsu lier(SC); šētu filet(SC). 67

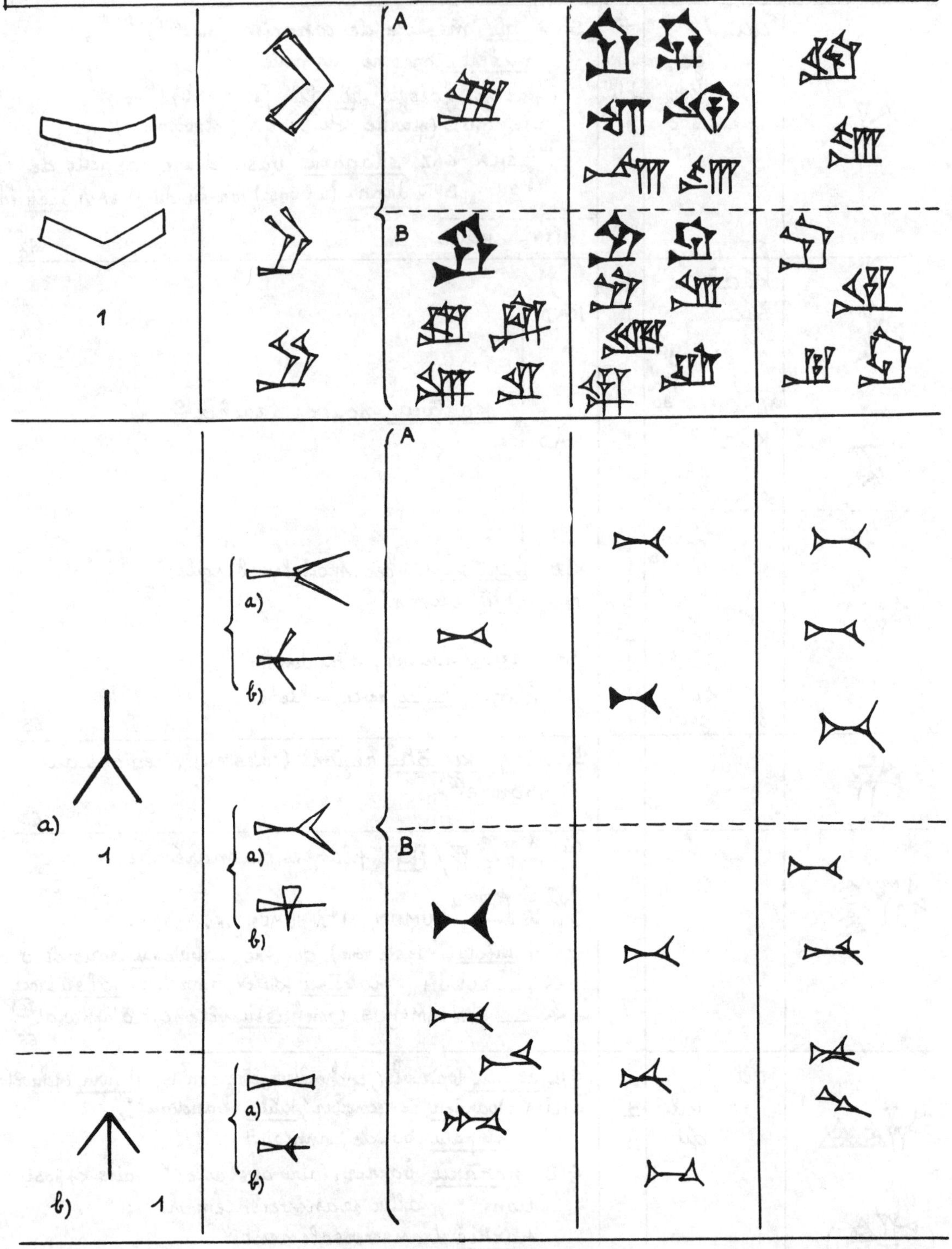

(Variante graphique de 4 répétés)

Signe	Valeurs		Sens
	ru šub šup 41		RU *širiktu* don° (*šarāku* cf. A-MU-RU *išruk* a voué [W]) ŠUB *maqātu* tomber [W+V S]; *miqittu* chute, destruction; *maqtu* effondré [S]; *miqtu* effondrement [V], averse [V]; *nadû* jeter à terre, placer, fonder [V+W S]; *nadû* en ruine; *šuršudu* fonder [V]; ŠUB-(BA)[giš]GU-ZA/AŠ-TE/TI *nīd kussî* "position(?) du trône" (partie du foie) [V]; (GIŠ-ŠUB-BA [(V)] *isqu* part, bénéfice, prébende [+a.] (giš-šub =) ILLAR *tilpānu* arc [Vo] 68
AŠ+U BAD  AŠ+ŠA IDIM	be pè, pì bad [t ṭ] pát! bít pít mid [t ṭ] til ṭil ziz [s] sun qìt (mát) mút ti₆ úš ṣiṣ gam₅ me₄ bi₄ šum₄ zaz 42	Am By N° El.	BE *šumma* si [+V] (BE-*ma* = *šum₄-ma*); BE abrév. pour *bennu* épilepsie [S]; *bêlu* régner; *petû* ouvrir [+V]; *peḫû* fermer [VS]; (*m*)*asu* être peu nombreux [V]; *sekēru* obstruer, mettre au four [S]; *nesû* s'éloigner (BE éloigné, à la pâture ?) [giš]BAD-GU-ZA *kablu* pied (d'une chaise) [?]; BAD-BAD *dabdû* défaite [WV]; TIL *qatû* être achevé [VoW+]; *qītu* fin [Vo]; *taqtītu* fin [V]; *gamāru* être complet, achevé; *gamru* complet, achevé, mûr [VoY]; TIL(-LA) *gimirtu*, *gamirtu* totalité [V]; TIL *labāru* être vieux [Vo]; SUMUN, SUN *labīru* vieux [+Wo]; texte original [Y]; [ú]SUMUN-DAR *šumuttu* (une plante) [S]; [giš]SUMUN *sumkīnu*? bois pourri; [lú]TIL(-LA)-GÍD-DA *qīpu* fondé de pouvoirs; ÚŠ, UG₇ *mâtu* mourir [+WVS o]; *mūtu* la mort [Vo W a S]; *mītu* (un) mort [ooV]; *ušultu* veine, sang [V]; (NAM-)ÚŠ(-MEŠ) *mūtānu* épidémie, peste; ÚŠ, MÚD *dāmu* sang [WVa S]; (múd-babbar =) LUGUD *šarku* sang vicié, pus [as]; (múd-ge₆ =) ADAMA *adamatu* sang noir [S]; MÚD-[giš]ERIN *dām erinni* baume de cèdre [S]. (lú-be =) AD₅ *pagru* corps [+WVS]; *šalamtu* cadavre [V]; [mul/kc]AD₅ (une étoile). ZIZ *sāsu* insecte (mite ?) [sc. V]; EŠE₃ *eblu* 6 ikû (21.600 m²). IDIM *bêlu* seigneur [W.+V]; *kabtu* lourd, notable [Vo o]; *nakbatu* puissance, supériorité [V]; *nagbu* fonds, fontaine, eau souterraine, (totalité); *šegû* être enragé [V]; IDIM-SIG *kabtu edû* (un notable) [V]; [d]IDIM *ellilūtu* souveraineté divine. les dieux *Bēl* [+W], *Enlil* [+WV], *Éa*. ULAL *tinūru* fourneau [S]. 69
			GURUN, BURU₇ *inbu* fruit [W V], la Lune [+]. [(giš)]GURUN Ú-GÍR (*inib*) *abukili* fausse caroube. 69*

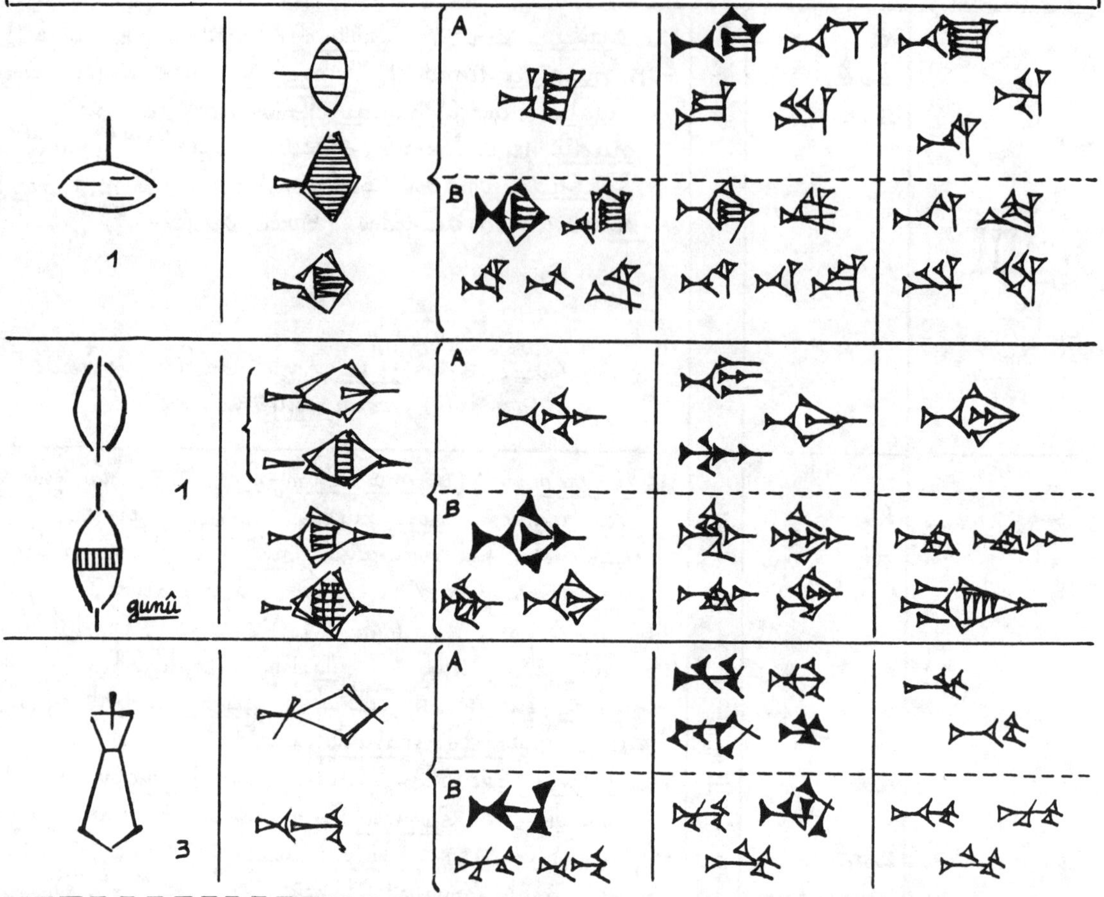

Confusion de signe avec 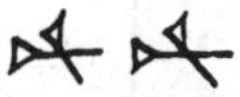

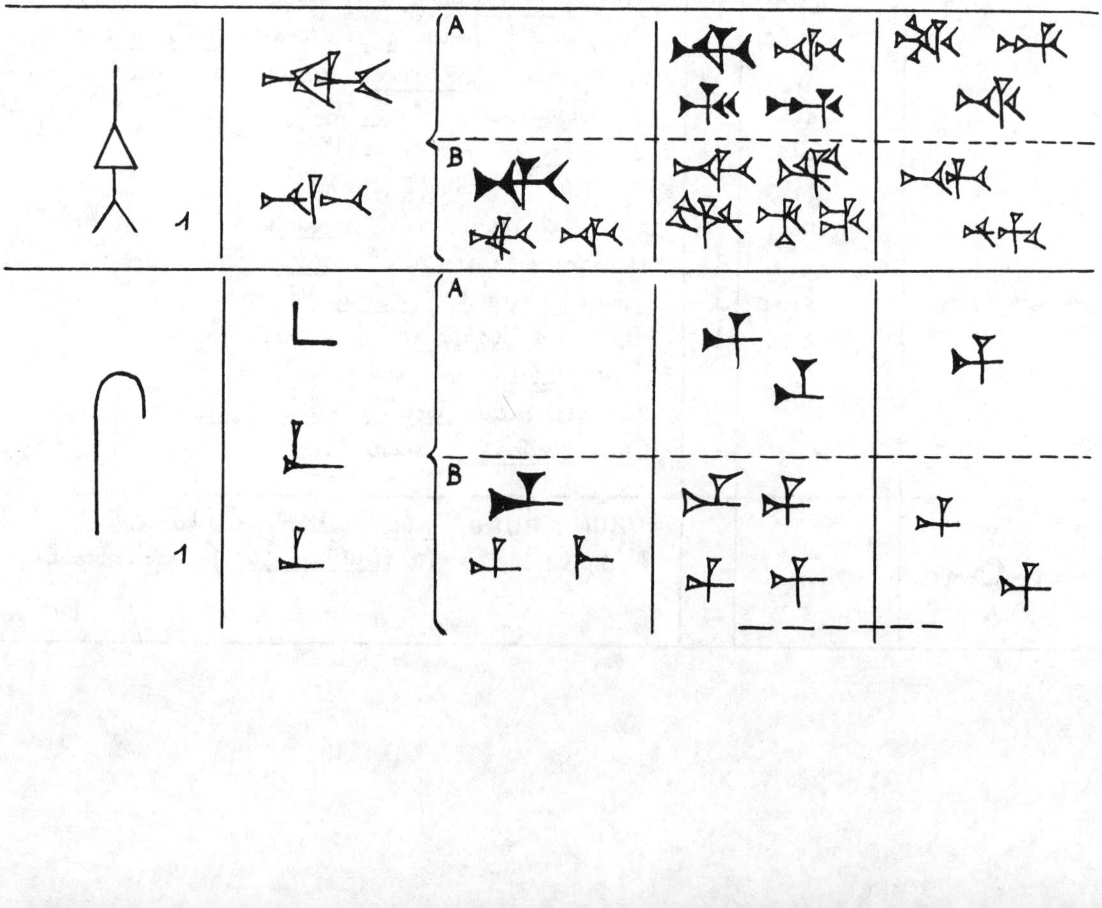

na

NA *amīlu* homme[VS], *manzāzu* "station" (partie du foie)[V]; abrév. pour *naplastu* "station"[V];
NA-ME *mamman* quelqu'un[V]. lú « *ajjumma* quelqu'un (phon. NA-ME *namû* qui habite la steppe).
NA(-izi) *qutrēnu* encens, fumée[+]. NA-KAD *nāqidu*[×] berger[coψ];
zá NA-RÚ/RU-A *narû* stèle[waψ]. zá NA-ZÀ-ḪI-LI(-A) *urṣu* mortier. zá NA-BUR *pilû* calcaire;
ú NA-a-nu *amīlānu* (une plante)[S].

43 — 70

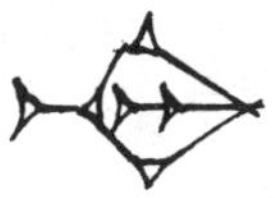

šir, **šìr**, **sir₄**

ŠIR *išku* testicule[VS]; NU₁₁ *nūru* lumière[°]
(ᵈGIŠ-NU₁₁ *Šamaš*, GIŠ-NU₁₁ ^mušen^ *anpatu*; zá GIŠ-NU₁₁(-GAL) cf. n° 296);
uru (šir-bur-la^ki^ =) LAGAS la ville de *Lagaš*[cov];
Elément de divers noms d'oiseaux = (šir-bur =) BURU₄ *āribu* corbeau, etc.

37 — 71

kul, **qul**, **zìr**, **gúl**, **zar₄**

NUMUN *zēru* semence[×], emblavure[+°], descendance[+wψ°]
(ᵍⁱš KUL(-GISAL) *šumû* trou pour la rame[SC]);
(ú NUMUN-GI *baltu* (un épineux)[SC]).
(Ú-KUL-LA *išbabtu* mauvaise herbe[SC]);
KUL-ABA₄/AB-KI la ville de *Kullab*[ω];
(lú) KUL-LUM *bārû* devin[+].

38 — 72

ti, **de₉**, **tì**, **ṭe₆**, **dì**, (**ṭe₉**)

TI *leqû* prendre[+°ψω] (ŠU-TI *maḫāru* recevoir).
ᵍⁱš TI *uṣṣu* flèche
(uzu) TI *ṣēlu* côte[V+S], côtelette[°+], membrure (de char, de bateau, etc.)[□°];
TI-LUGUD₂-DA *ṣēlu karû* fausse côte[°]; dug TI-LIM-DU *tilimdû* (un vase);
TI-AMAT (pseudo-idéogr.) *tāmtu* mer[ow]. TI-TI *bamtu* poitrine.
TI(-LA) *balāṭu* vivre, guérir, vie, *balṭu*[×] vivant[VS], *bulṭu* (temps de) vie[V]; TI(-LA)-us-su *baltussu* dans son état vivant; TI(-LA)-ŠÀ *bulut libbi* prospérité[V].

73

bar, **pár**, **war**, (**para**), **ba₇**

BAR *aḫu* côté[V]; *aḫātu*, *šaḫātu* abords, environ[+vω];
aḫû étranger, ennemi, non-canonique[VΨ]; *aḫītu* (l')extérieur;
bêru choisir (perm. sélectionné)[V]; *kamû* extérieur[+];
kidinnu protection[°]; *qilpu*, *qulēptu* peau, écaille, écorce; *sapāḫu* disperser[V], *naspuḫtu* dispersion ?[VEP];
uššuru laisser aller, relâcher[V]; *zâzu* partager;
udu BAR-GAL *parru* mouton[°]
BAR-GÙN-GÙN-NU/NA *ḫurbabillu* caméléon (?)
ᵍⁱš BAR-KÍN *sekpu* (une ronce)[V], uzu BAR-KUN *qinnatu* fesse, derrière[S]; udu BAR-MUNUS *parratu* brebis[°];

(suite de la page précédente)

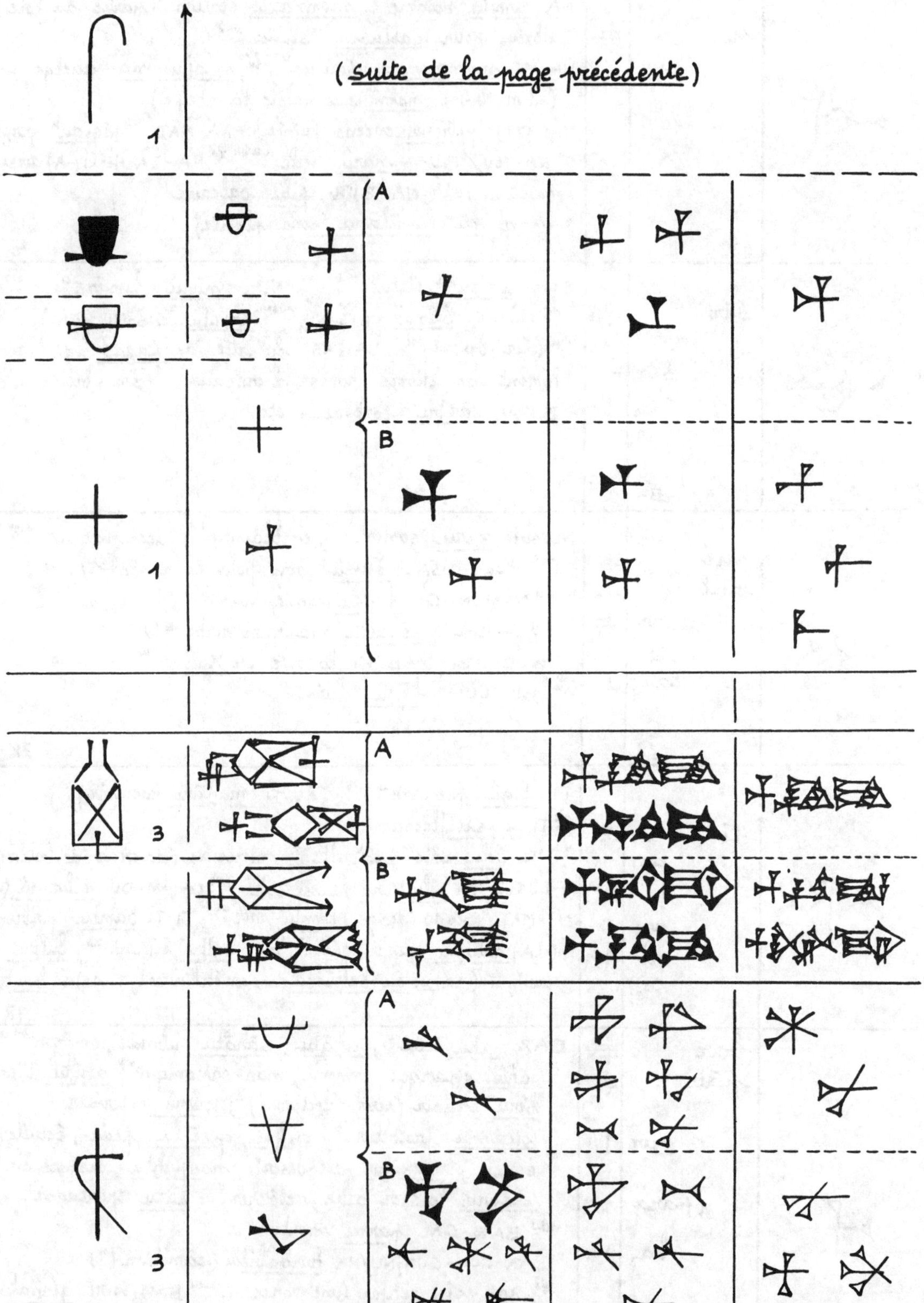

BAR-(NUN/TA) ṣiliptu diagonale, hypoténuse[Δ];
uzu BAR-SÌL naglabu hanche[s];
Premier élément du nom de diverses parties du vêtement :
túg BAR-DIB nanbû vêtement[•], túg BAR-DUL$_5$ kusītu (un vêtement)[wa.], túg BAR-SI/SIG paršīgu turban[□•+s]...

---

giš BÁN sūtu, (bannu) mesure de capacité (6 qa)[□•a];
fromage[•];

maš ±
mas(ṣ) ⊥

baš !
waš !
ma$_7$ ⊦

MAŠ šumma si ; išpallurtu carrefour, croix[v]
MAŠ, SA$_9$ mišlu moitié, demie, SA$_9$-GÍN zūzu ½ sicle ;
MAŠ ašarēdu premier[o], dMAŠ le dieu Ninurta, dMAŠ-MAŠ le dieu Nergal[o], (lú) MAŠ-MAŠ āšipu, mašmašu prêtre conjurateur,
MAŠ-DÀ ṣabītu gazelle[vws+] ; zá MAŠ-DÙ-E mišeltu? meule[s], MAŠ-EN[v•e],
MAŠ-EN-KAK, MAŠ-KAK-EN muškēnu[x] humble (une classe sociale), ú/giš MAŠ-HUŠ kalbānu (une plante)[s+], MAŠ-KÁN maškanu aire, partie du foie[v], šem (d)MAŠ nikiptu (= šem Ninurta) (une euphorbe)[□+s], MAS-SU/SÙ massû prince[+va],
MAŠ-TAB-BA kilallān tous les deux, lú MAŠ[o](-TAB-BA) māšu, tū'amu jumeau[v], d« māšê les dieux Jumeaux[+], peste[v], mul« māšātu les Gémeaux[v] (« GAL-GA(-LA), « TUR-TUR),
ú MAŠ-TAB-BA maštu? (une plante). 74

GIDIM$_2$ eṭemmu spectre[s+v] 74a

DALLA šūpû faire resplendir[SC]; kamkammatu anneau[•]

ÍDIGNA idiglat le fleuve Tigre[ш.□v]. 74[x]

---

nu ±
là ⊥
(úl)

NU ûl, lā (négation) ne... pas[x]; NU-DINGIR lā ilu dieu hostile[v];
NU KI lā qaqqaru terre étrangère[v], ai que ne... pas[+], NU-ŠE-ŠE-GA dissension[v]; NU(-ME-A) balu, ina bali sans[+s], NU-TÉŠ lā bâšu impudent[v], NU-TÉŠ-A lā mitharu divers ;
NU ṣalmu statue, figurine[+ws], amīlu homme[+]; paqādu confier[Ami.,v.et.];
uzu NU lipištu scrotum (?), moëlle épinière (?) membrane anormale[vs],
NU-GIG qadištu, ištarītu, NU-BAR kulmašītu prêtresse[cv]
NU-MU-SU, NU-KÚŠ-Ù almattu veuve[cv], NU-SÍG ekû orphelin (cf. AHW s.v.), ekūtu fille déchue (cf. CAD, E, s.v.)
dNU-DÍM-MUD le dieu Ea[+], mul NU-MUŠ-DA (glosé namaššû ša dAdad) la Grue[v+]; (giš) NU-ÚR-MA nurmû, NU-ÚR-MA-LÀL[v],
giš NU-ÚR-MA-KU$_7$-KU$_7$ kuduppânu grenade ; NU-KÚŠ-Ù nuku(š)šû (partie de la porte); ú NU-LUH-HA nuhurtu assa

(<u>Suite de la page précédente</u>)

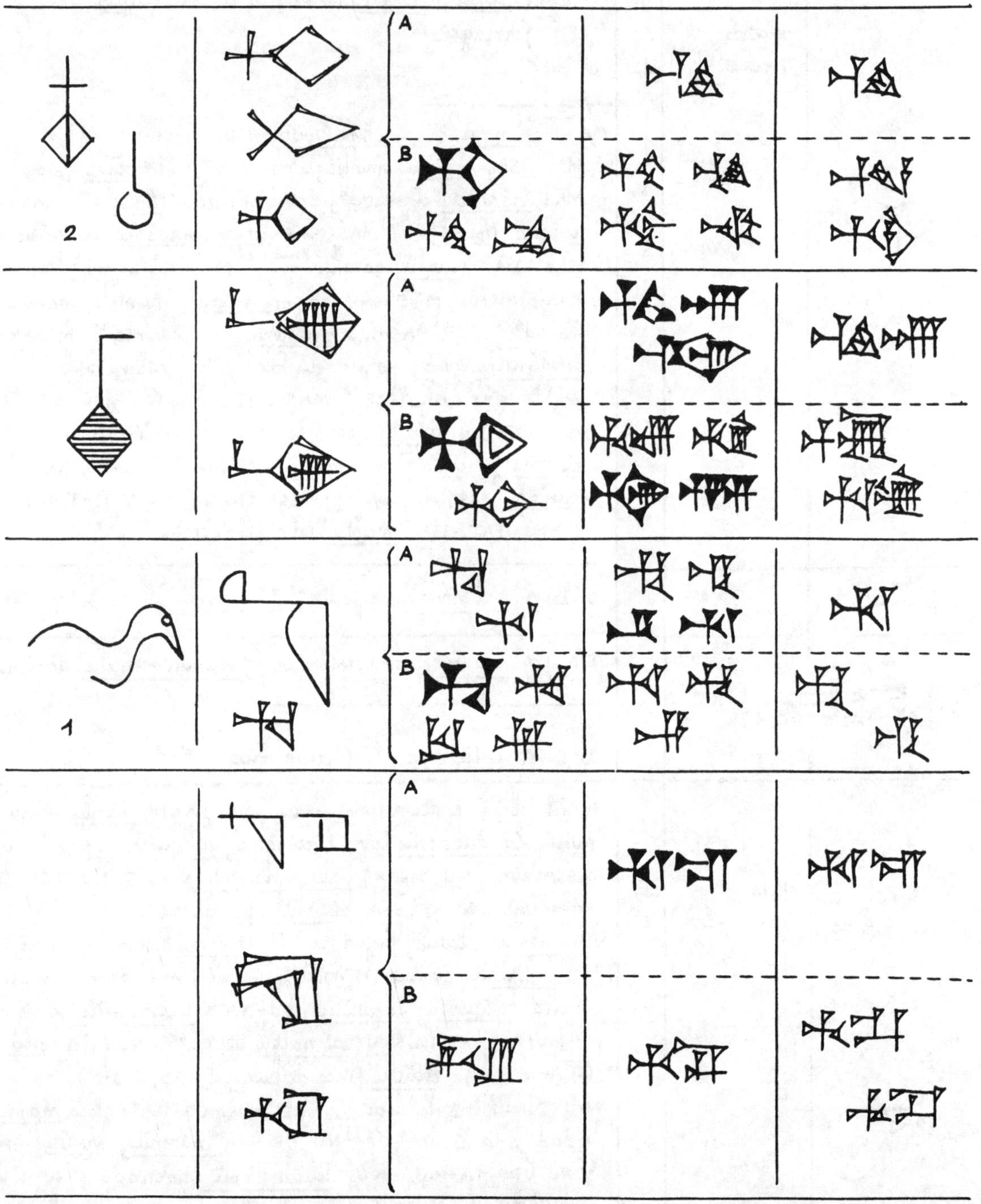

Signe	N° / valeurs		Sens
() suite			fœtida $; NU-UM-MA/MU zību chacal vw; «« mušen (harruhāja), zību vautour v$; NU-UM-ME elītu partie supérieure; lú NU-BÀN-DA laputtû chef ¤c¤ v. NU-ÈŠ nêšakku (un prêtre) +¤w; lú NU-KIRI6 nukaribbu jardinier ∞; mí «« nukaribbatu jardinière; (NU-IGI-TAB = là-bīri ancien) 75
	máš kun8 50 43	⌋ F	MÁŠ urīṣu chevreau, puhādu agneau +v$; sibtu attaque (d'une maladie), croît, intérêt °v, excroissance (sur le foie) v; túg «« partie du vêtement, ornement*; MÁŠ-UDU/ANŠE būlu (petit) bétail +vw; MÁŠ-DA-RI-A mašdarû, erbû croît, apport; MÁŠ-GUB lillidu croît, animal adulte*; MÁŠ-TUR lalû jeune chevreau v (urīṣu?); MÁŠ-ZU/zi kizzu bouc; MÁŠ-GAL mašgallu, (MÁŠ-GAL/MU-TIN) daššu) bouc. MÁŠ-GI-IZI-LAL/LÁL mašgizilallû bête d'offrande+; MÁŠ-HUL-DÚB(-BA) mašhulduppû bête d'expiation+; MÁŠ-ANŠE-dGÌR būl šagan les troupeaux, MÁŠ-ANŠE-EDIN būl ṣēri animaux sauvages; MÁŠ barû pratiquer la divination v, bīru divination v; MÁŠ-ŠU-SU15-SU15 bārû devin +¤v°; MAŠ(-GE6) šuttu rêve w+v$. 76
	kun ku14 qun kunu ku14 51	[illegible] ! ⌋ [illegible]	KUN zibbatu queue cvw; mul KUN-MEŠ zibbāti constellation des Poissons v; giš KUN rapaštu reins (cf. ÚR-KUN); KUN-DAR šakkatiru sorte de lézard v; KUN-DAR-GUR ÍN-NA anduhallatu agame v$; KUN-GUR4-(MUŠEN) haṣibaru (un oiseau) v sc.; KUN-SAG(-GÁ) muhru (une partie du) sanctuaire +v. 77
	hu pag qk bakq baḫ 'u5 pùq u11 mus8		MUŠEN déterminatif suivant les noms d'oiseaux. MUŠEN iṣṣūru oiseau, volaille ∞, (terme d'extispicine) v; mí MUŠEN iṣṣurtu oiselle ∞, lú MUŠEN-DÙ (m)usandu oiseleur ¤w; MUŠEN-URU-HUL-A mušen iṣṣūr qadî chouette; MUŠEN-TI-IR-I-GA (mušen) diqdiqqu roitelet°, MUŠEN SA5 iṣṣūru sāmu oiseau rouge, MUŠEN-EDIN-NA v; MUŠEN-GAL iṣṣūru rabû canard, MUŠEN-KUR-RA iṣṣūr šadî, MUŠEN-HABRUD-DA iṣṣur hurri bartavelle, MUŠEN AMBAR iṣṣur appari l'oiseau de marais v, MUŠEN A iṣṣūr mê oiseau aquatique v; MUŠEN-NINNA2 eššebu oiseau nocturne v; HU-LUH-HA galātu trembler, gilittu frisson+ (giš HU-LU-ÚB haluppu, cf. HA-). 78
	u5 46	⌋	U5 rakābu chevaucher, monter en char, en bateau, etc. +wv, saillir +v; ritkubu en rut v$; rikbu marche, fécondation, étage; rikibtu ergot v; (giš MÁ-U5 rukūbu bateau, cf. n° 233) U5-SAG-MUŠEN usiggu? (un oiseau) v; (giš U5-KUN4 hūqu marche (d'un escalier) (sc) giš U5-MÁ hīn eleppi cabine de bateau) (sc) 78×

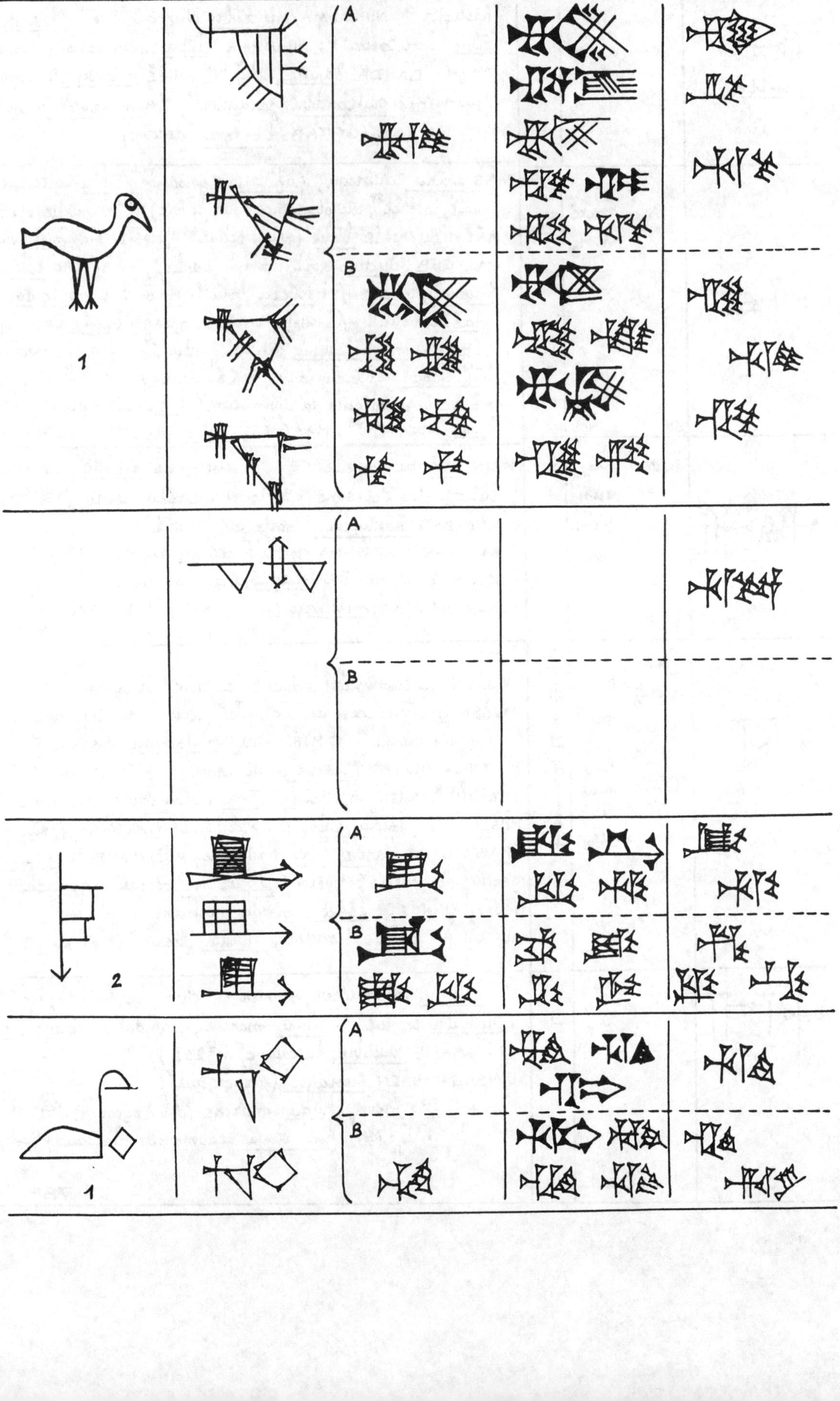
A
B
1
A
B
A
B
2
A
B
1

54 

nam | sim | šim | bir$_5$ (A S) | pir$_6$ (A) | na$_7$ (!) | šam$_4$ (!)

NAM -ana[°°ᵘ];
NAM- sert, en sumérien, à former des abstraits;
pīḫātu[x] office, responsabilité, province[wqv]; ^{lú}NAM pāḫātu[x] gouverneur[wo] (cf. n°99); šaknūtu office de gouverneur. NAM-É province de la région de..., NAM-BÚR-BI namburbû rites de délivrance[+];
NAM(-TAR) šīmtu destin[vyw +]; $^{\text{(d)}}$NAM-TAR namtaru (génie de la) mort[+v];
$^{\text{giš/ú}}$NAM-TAR/TAL pillû mandragore[+vs]; ^{dug}NAM-TAR šatiqtu vase[+];
NAM-ŠUB šiptu incantation[+]. NAM-ÚŠ mūtānu épidémie, peste[v];
NAM-TI-LA balāṭu vivre[v], vie[wvy +];
NAM-TAG-GA arnu péché, châtiment[+vs], NAM-LUGAL šarrūtu royauté[jo];
NAM-ERIM$_2$ māmītu serment, anathème[v+s], NAM-ERIM$_2$-BÚR-RU-DA namerimburrudû rites de délivrance[+];
NAM-UZU$_2$ bārûtu divination[v], NAM-RA(-AG) šallatu butin[wv];
^{lú}NAM-RA šallu prisonnier de guerre;
NAM(-LÚ)-U$_{17}$-LU, NAM-LÚ-U$_{17}$/LÚ amīlūtu humanité[+?s];
NAM-5 ḫamištu? groupe de 5;
SIM napû, (šaḫālu) filtrer, tamiser[s]. SIM$^{\text{KU}_6}$ sinūnu (un poisson), SIM-(MU)^{mušen} sinuntu, šinūn(ū)tu hirondelle;
SIM-MAḪ^{mušen} simmaḫu (un oiseau)[vs]; — var. pour BUR$_5$ à Mari —
79

54a  

bur$_5$ (Ug.)

BUR$_5$ (iṣṣūru oiseau), āribu corbeau, erbû/aribu sauterelle[wvs];
BUR$_5$- premier élément des noms d'insectes orthoptères:
BUR$_5$-SAḪAR-RA erib turbu'ti sauterelle de sable(sc), etc.,
BUR$_5$-A-AB-BA erib tâmti, BUR$_5$-Í$_7$-DA erib nāri[s] (variétés de crustacés);
BUR$_5$- premier élément de certains noms d'oiseaux:
BUR$_5$-ḪABRUD-DA iṣṣūr ḫurri bartavelle[+vs], BUR$_5$-GI-ZI-MUŠEN sinuntu, (iṣṣūr ki(ṣ)ṣi) hirondelle(sc);
BŪR$_5$-ŠE-NUMUN ārib zēri sorte de corbeau, BUR$_5$ KUR-RA ārib šadî?
79[x]

55 

ig[9] | ik | eg[9] | ek | gál (A N)

$^{\text{(giš)}}$IG daltu vantail, vanne (^{giš}IG ^{giš}IG pl.)
Précède le nom de diverses parties de portes: ^{giš}IG-ZÉ-NA dalat zinê vantail en fibres de dattier, ^{giš}IG-MI-RÍ-ZA dalat parissi vantail fait de petits panneaux, ^{giš}IG-GI-SA dalat kišši vantail de roseaux tressés, ^{giš}IG-A-DAR (cf. CAD, D, 54b), ^{giš}IG-MAŠ(-MAŠ/TAB-BA) muterrētu porte à deux battants, etc.
GÁL bašû être[jo]
80

56

mud[t?] | mut | mu$_{12}$ (L) | màt (N)

MUD palāḫu, parādu craindre[s]; dāmu rouge sang[s];
eqbu talon, sabot; MUD uppu tube, chalumeau, canule[s];
^{giš}MUD uppu objet rectangulaire[v];
MUD-Á uppi aḫi creux de l'aisselle[vs].
81

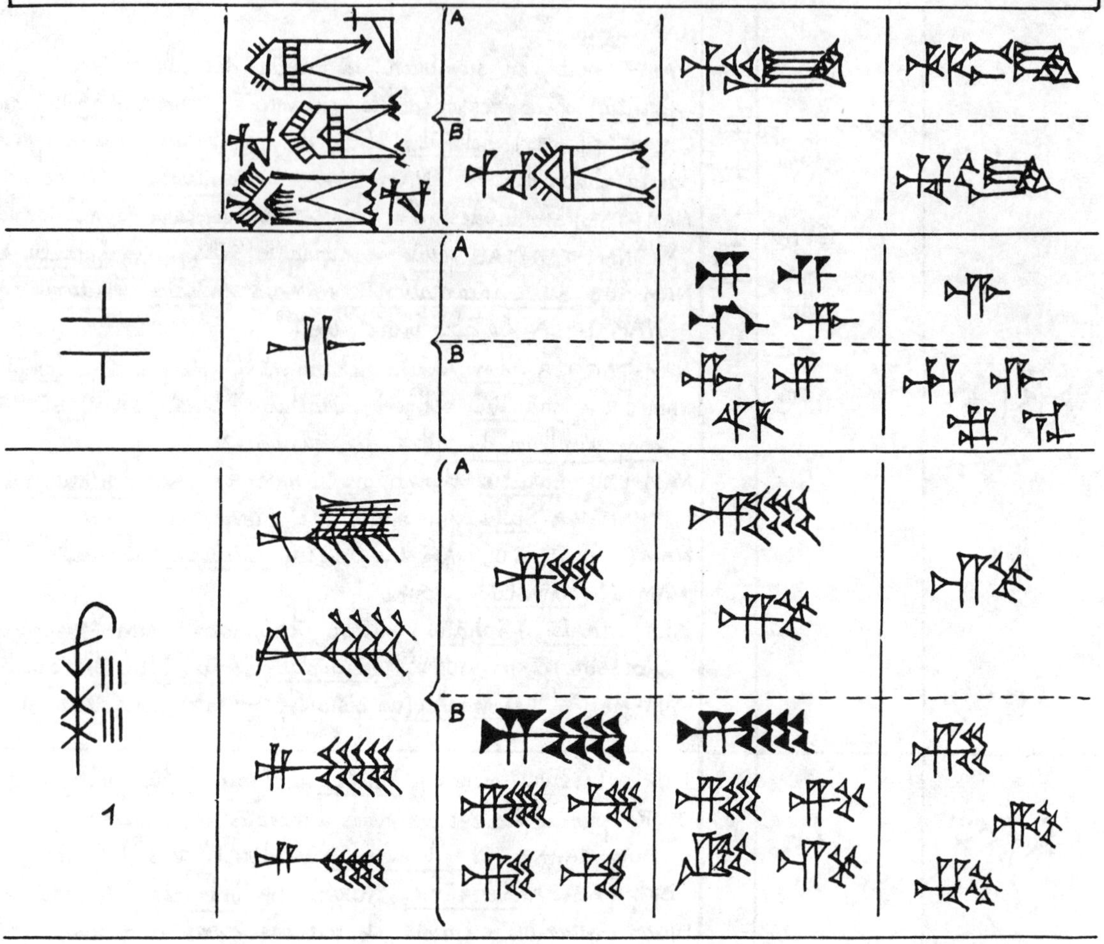
A
B
A
B
A
B
1

sa₄ ┘ v
še₂₈ ┘ v
ša₂₂ ⊢

SA₄ nabû nommer, déclarer •;
nebû brillant ; ^mul^SA₄ nebû étoile dominante d'une constellation^v;
^(mum)^SA₄-A-MUŠEN (un insecte)^v.
(confusion graphique avec ná)

82

rad ±
rat^t ±
ra₄ ┴
rud^t ┴
rit u.

ŠITA₃ rāṭu conduite d'eau, rigole^ш;
SÚD s/zâku broyer, piler (dans un mortier)^s.

83

zi
ze
ṣí (An, N, Bg)
ṣé (N)
sí (N)
sé (Bg, N)

ZI nêšu vivre^+•, napištu vie^+шv, gorge^v+s, ^(lú)^zi "âme"; zi abrév. pour ziqpu hauteur, altitude^Δ;
nīšu lever, dekû soulever, lever (des troupes)^com.v; ṭehû s'approcher^+sv
ZI-BA-AḪ brouet^+ (Dreams book p. 271^43);
^mul^ZI-BA-AN-NA zibānītu Balance;
ZI (-DA) imnu droit^v+, (kīnu sûr^b cf. É-ZI-DA);
ZI (-GA) tebû se lever^+sv, assaillir^+vш; tēbu, tēbûtu assaut, soulèvement^v;
nasāḫu arracher, extraire^+шsv, soustraire^Δ, omettre;
nasḫu extrait, arraché, nisiḫtu choix;
ṣītu perte, dommage^v, sortie^v•; ZI-GA-DIDLI ṣītu aḫītu sortie particulière•;

^giš^ZI-GAN sikkānu gouvernail; ZI-GUR-KU₆ s/zinqurru (un poisson); ZI-ḪA-ZA mukīl napišti (un démon);
ZI IM ṭīb šāri partie du foie, le "soulèvement" v^él.;
ZI-IN-GI kiṣallu socle, cheville, astragale;
ZI-IR ašāšu (s')affliger, ašuštu tracas, dépression, douleur;
ZI-KU₅-RU-DA/DÈ nikis napišti, zikurudû égorgement, coup mortel (d'un démon)^+vs, tendances suicidaires
^giš^ZI-NA zinû nervure centrale de la palme•;
^mí^SÉ(-E)-EK-RUM sekertu femme du harem^c;
^lú^ZI-ZI dēku veilleur, mobilisateur, collecteur de taxes.

(ZI-ŠÀ-GÁL šiknāt napišti êtres vivants (SC)).
(kar-ZI karballatu cf. n° 376.). ZI-É zibītu (une plante)^s.
SÍ abrév. OB de sikkat ṣēli fausse côte^v;

59

84

— 76^2 —

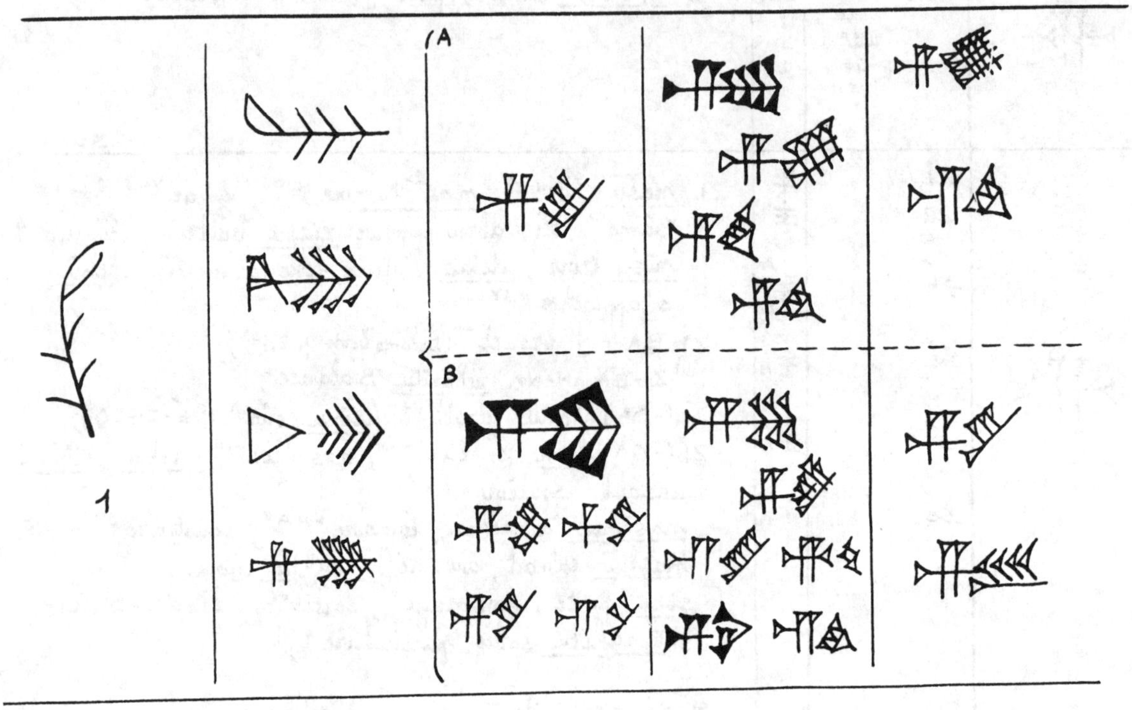

-gi ±
-ge ±
gì C
gè Γ$_{Og}$
gán L^{Am}
ki i$^{El.}$
ké iN

Gi qanû roseau$^{∞}$. Déterminatif précédant les noms de roseaux et d'objets faits de roseaux. ^{giš}Gi apu roselière, cannaie^{VW}; Gi taqānu mettre à son poste$^{•mA}$; Gi abrév. pour KÙ-GI or$^{•}$. šalāmu être sain et sauf, intact$^{•W}$ (mušallim, lišlim^{o}); takālu avoir confiance^{W}. ^{lú}Gi-BÙR tupšarru scribe, ^{giš}Gi-DÌM(-MA) serdu olivier^{Ug}; Gi-DU$_8$ paṭūru autel portatif^{+}; Gi-DU$_{10}$/DÙG-GA qanû ṭābu acorus calamus^{+so}; Gi-DUB-BA qan ṭuppi stylet
GE-ER-MÁ-DÙ germadû vaigres du fond (d'un bateau)^{Ψ}.
^{giš}Gi-GÍD malīlu, embūbu flûte, chalumeau^{V+s};
Gi-GÍD-UR$_5$(-MEŠ) embūb haṣê larynx^{s};
Gi-GIL kilibbu botte de roseaux, Gi-GIL(-MÚ-A) kišru étayement; Gi-GIL/ÚR/SÌG/ŠÚ-A kupû cannaie, roseaux^{SC};
Gi-GUR pānu corbeille,
Gi-GUR-DA massû, (gigurdû) grand panier^{o}.
Gi-GUR-IN-NU-DA mangāru (une corbeille)$^{•}$; Gi-GUR-SAL-LA sillu corbeille; Gi-HA-AN, Gi-HÉ-EN giḫinnu grand panier de roseau$^{•o}$; Gi-GUR-HÚB huppu corbeille;
Gi-ḪUL giḫlû (expression d'affliction)^{V};
^{erin_2}Gi-ÍL porteur de corbeille.
DUSU (= gi-íl) tupš(v)ikku corbeille, corvée^{oVW}, niveau inférieur d'un canal^{Δ},
Gi-IN-SAG-6-KI Emutbal^{V};
Gi-IZI-LÁ gizillû, dipāru torche^{+V};
Gi-MA-AN-SIM nappītu crible, tamis.
Gi-NA kânu être stable^{VW}, kēnu sûr, stable^{V}; kittu vérité, justice (NU-Gi-NA faux); ginû permanent, ordinaire, standard, offrandes régulières$^{+•V}$;
Gi-NÌ-GAL-GAL-LA qanû kabbaru roseau très épais^{s},
Gi-NINDA$_2$(-na-ku) ginindanakku perche à mesurer;
Gi(-NÌ)-SA(-ḪI-A) kiššu botte de roseaux^{Δ}, Gi-SA id. cône tronqué^{Δ};
^{na_4}Gi-RIM-BABBAR ratuttu? anémone, ^{za}Gi-RIM-HI-LI-BA girimhilibû (une pierre précieuse)$^{•+s}$; (ou girimmu hilibê)
(Gi-ŠÀ-Gi cf. no 384)

Gi-SIG kikkiš(r)u clôture.
Gi-ŠUL-HI qan-šalāli (sorte de roseau)^{s};
Gi-ÚR adattu partie comestible du roseau^{Vs};
^{giš}Gi-ZÚ-LUM(-MA) kūru, kurṣibtu, epitātu? ortie? ^{sV}.

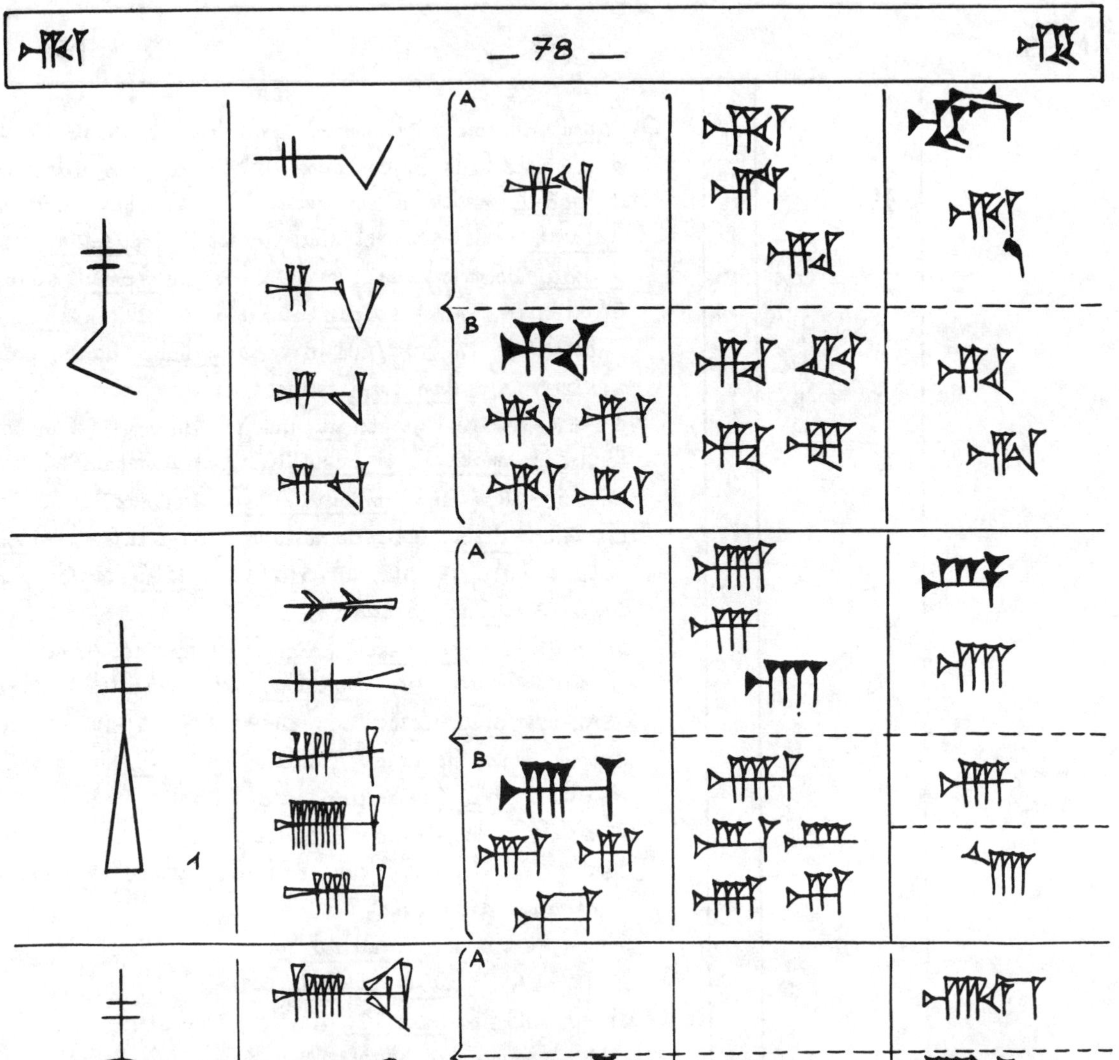

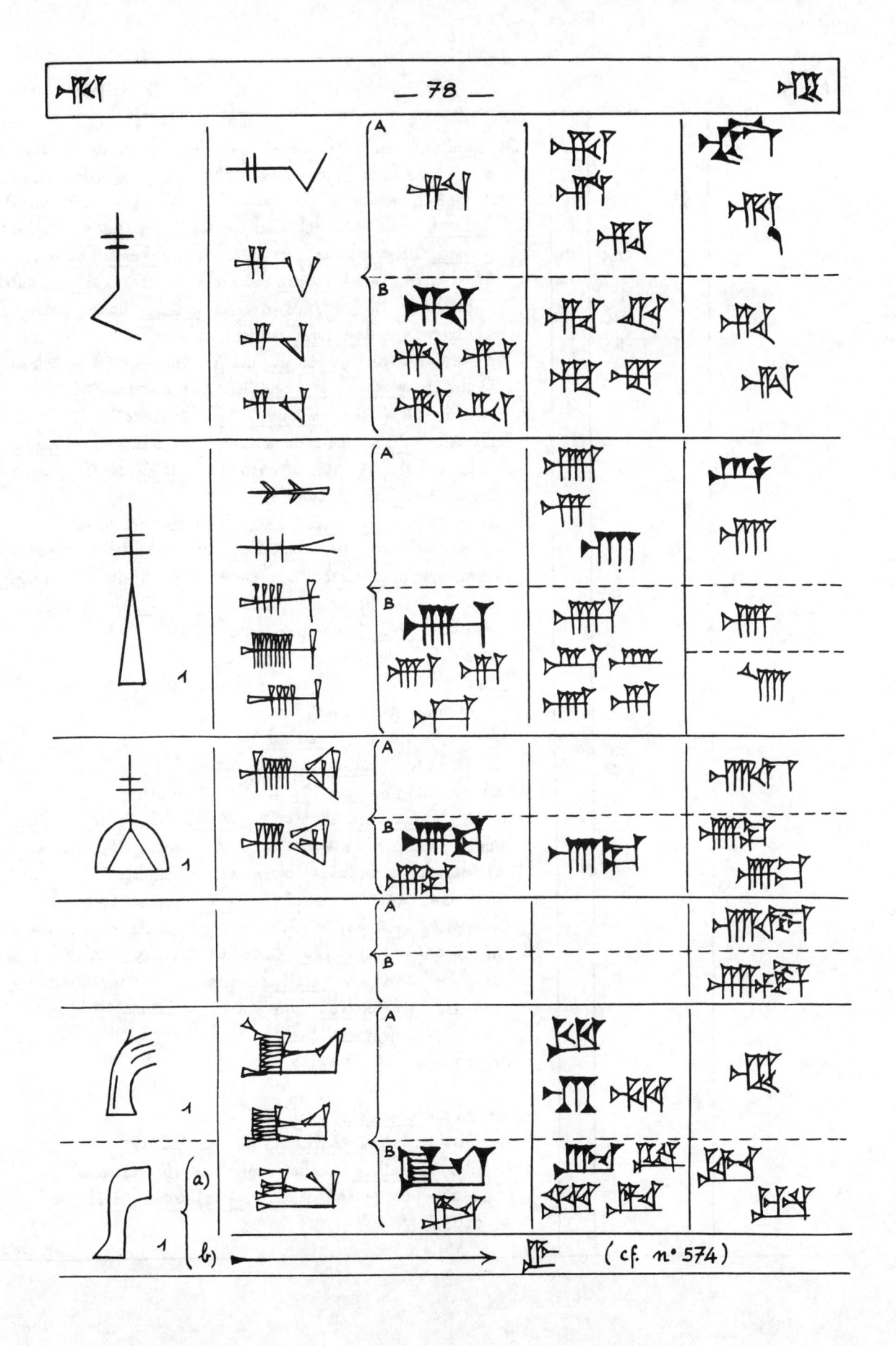
A
B
1
a)
b)
(cf. n° 574)

Signe	Valeurs		Sens
 	ri re dal tal ṭal tala 61 šar$_5$ 62 53	‡ ‡ ‡ ‡ ‡ ⊥ Ur.	RI -adannu temps fixé, terme[v]; ramû frapper[ψ+]; zâqu souffler[v]; (NAM-RI cf. NAM-RA-AK, n° 79); RI-RI-GA laqātu rassembler; DE$_5$-DE$_5$-GA maqātu tomber s'abattre[•+]; miqittu chute, échec[v]; DE$_5$-DE$_5$ nūṭu selles sanglantes[ε]; RI-BAL ebertu rive (opposée) cf. BAL-RI; DAL-ḪA-MUN -ašamšūtu ouragan[v]; DAL-BA-(AN-)NA birītu intervalle, zone médiane[v], birī(t) entre; DAL(-DAL) parāšu (IV) s'envoler[v]; muttaprišu volant[v]; ^{giš}DAL tallu latte, traverse, diagonale[Δ]; ^{dug}DAL tallu vase[•Nuzi]; DAL tallu couple[v]; (DI$_5$ nabāṭu resplendir[v]) 86
	nun síl ṣil zil nu$_6$ 63	± ⊏ ⊥ ⊥ !	NUN rubû[x] prince[ш+vψ]; ^{lú}NUN-MEŠ rubānu (des fonctionnaires ?). NUN-GAL, (nun-me =) ABGAL apkallu sage[ш+c◦Δψ]; ^{d}NUN-GAL le dieu Enki. ^{uzu}NUN-NUN šišitu (pustule ?), membrane[ε]; NUN-KI Bābilu Babylone[Ω]; (NUN-KI-GA =) ERIDU^{ki}-GA la ville d'Eridu[cш+]; ^{d}NUN-GAL(!MEŠ) Igigi les dieux du ciel[ш+ψ]. 87
	tùr 63 a	!	TÙR tarbaṣu enclos à bétail[+vc□], halo[v]; (TÙR peut être une graphie incomplète de ŠILAM) 87a
			ŠILAM littu vache (SC). 87b
	kab, kap qáb, qáp gáb, gáp 55 ḫúb, ḫúp kùp 65	‡ ‡ ‡ Am ‡ ‡	GÙB šumēlu gauche[+v8]; ^{lú}KAB-SAR(-SAR) kabšarru graveur sur métal, joaillier[□ψ]; ^{lú}ḪÚB(-BI/BU) ḫuppû acrobate, danseur[+]; (ḪÚB kamāru entasser, presser (SC)); ḪÚB-ŠÚ šuḫar šēpi thénar (du pied)[v8]; EME$_5$ (sal + ḫúb / ḫúb-anše) atānu mule. 88

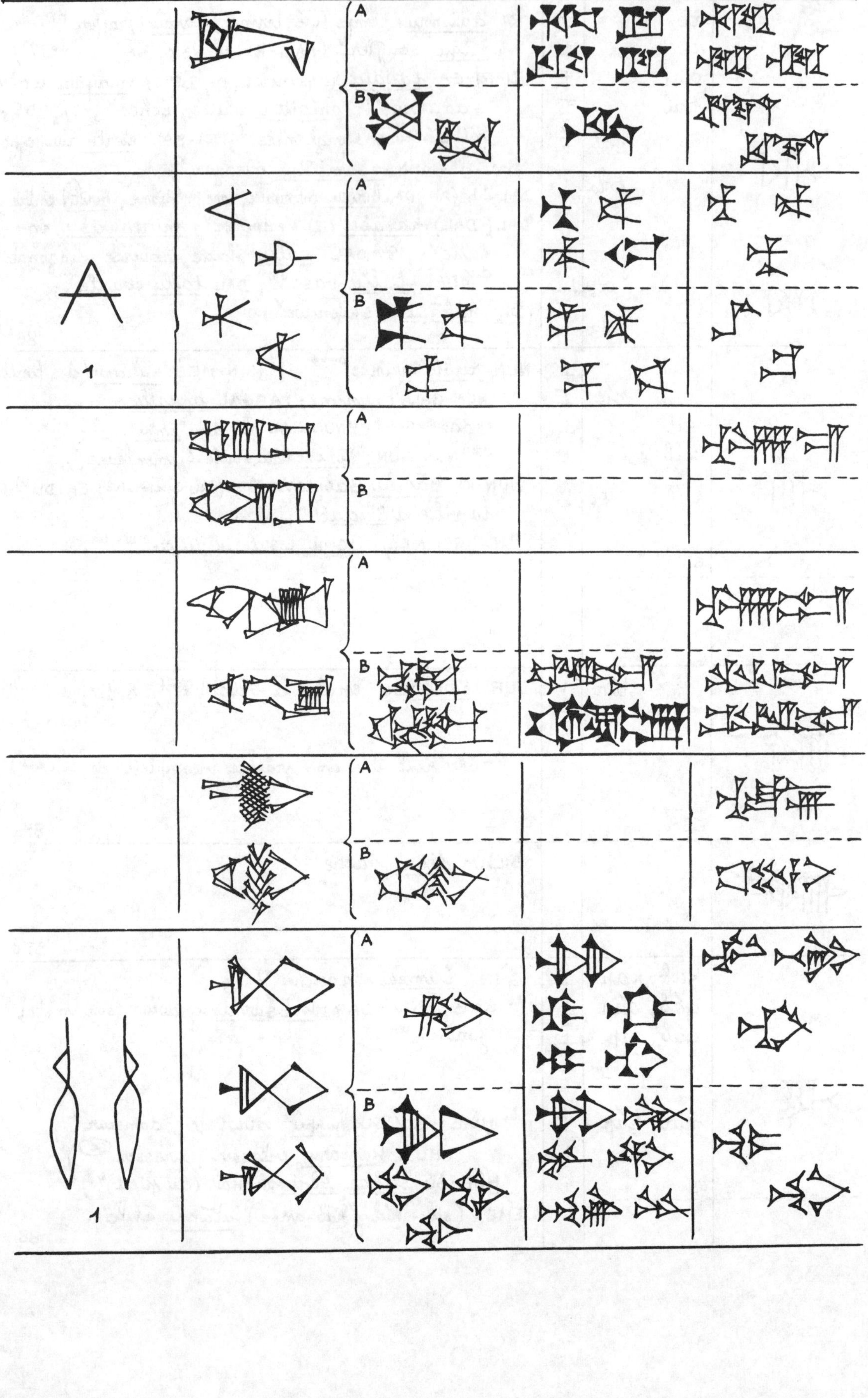

	ḫub ḫup qúp 66	⊥ ⊥ ⊥	TUN, TU_{10} ḫatû abattre[b]; kamāru entasser[b]; ḪUB taḫtu défaite[b]; (ḪUB kuṣṣu froid ?[v]) - - - - - - - - - - - - - - cf 381?. 89
	qàd[t] kad[t ŧ] kút (qid_4) (kit_9) gada gad	⊥· ⊥ ⊣ H H ⊣ ⊥·	(túg/giš) GAD(A) kitû lin, étoffe de lin[ω v + ≠], kitītu habit de lin; Déterminatif précédant le nom des vêtements de lin. lú KAD petû portier(?), lú GADA-LAL gadalallu (un fonctionnaire du temple)[a]; (túg) GADA-LAL gadalalû vêtement de lin, rideau, velum; (túg) GADA-MAḪ gadmāḫu vêtement à franges d'une Lamassu. 90
			AKKIL ikkillu rumeurs, cri, plainte[+]; (tanūqātu plaintes, gémissement[+], cf. GÙ-AKKIL). 92
			UMBIN ṣupru ongle[v+·], griffe[+v], sabot (d'un animal[+v], pied (de table, de lit, etc.)[ω]; UMBIN-ŠA₅-A ligit ṣupri rognures d'ongles[+]; (giš) UMBIN (-GIGIR) magarru roue[sc]. 92 b
			ŠINIG bīnu tamaris[∞]. giš ŠINIG-KUR-RA burāšu genévrier[≠]. 93
	dim tim tàm tum_8 ṭúm tì di_{11} ṭim 59	⊥· ⊥· ¬ ⊤ ¬ ⊥· B ⊤·	DIM riksu lien; dimtu pilier[sc], dimmu mat (?), amarre; DIM-GAL tarkullu mât; DIM (-DÙ-DÙ) ḫarāšu[II] attacher[sc]; giš DIM-GAL, giš DIM-DÙ-A, giš DIM-RA-AḪ maḫrašu amarre[sc]. (DIM-KUR-KUR-RA rikis mātāti désignation de Babylone[Ψ]). 94

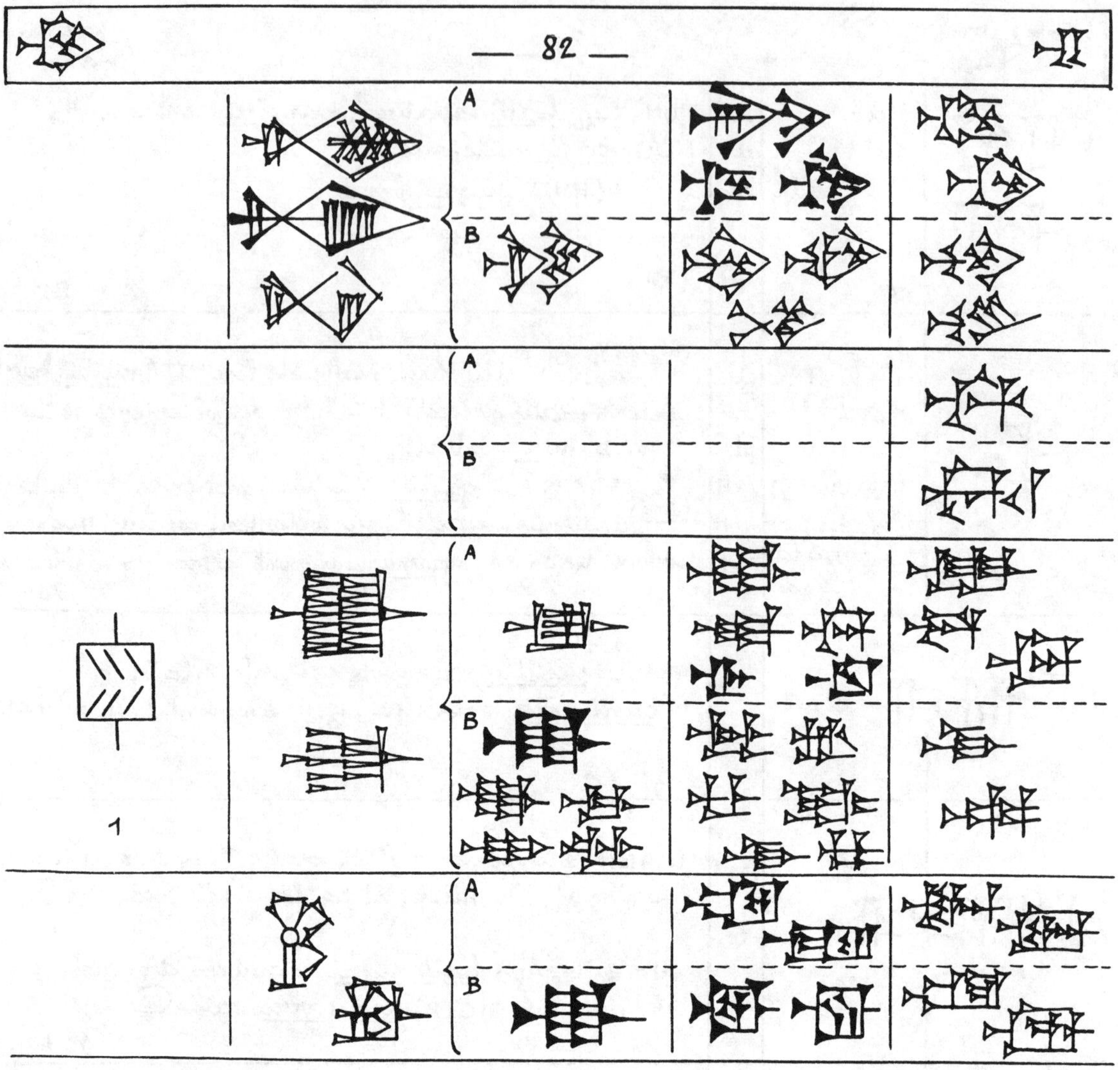

Cf. page suivante

	mun 69	+	MUN ṭābtu sel[∞] ; bienfait[ω+] ; MUN-NÍMUR-RA idrānu potasse[$] ; MUN-KUR ṭābat šadê sel de montagne[v$] ; MUN-KÙ-GA ṭābtu ellitu sel gemme[$] ; MUN-NAR-RI, MUN-KÙ-PAD (variétés de sel)[$] ; MUN-EME-SAL-LA/LIM ṭābat emesalli sel de goût fin[$] ; MUN ṭābu être bon[°].	95
			BULUG kudurru fils ; pulukku frontière, borne, aiguille ; ^{giš}BULUG palukku (un arbre : styrax ?) (Sc.)	96
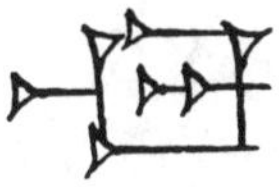	ag ak aq aka aqa	≡ ≡ ≡ ˩ ˩	AG epēšu faire[ω+v] ; (NÌ-AK-A upšašû sortilège[+]) ; (pour la lecture de AK-TAM cf. aktam/atkam n°145) ; KID-KID-BI kikiṭṭû rituel[+v$] ; epuštu rituel, ouvrage[+] ; ^{d}NÀ le dieu Nabû[∞] ; ŠA$_5$ (-ŠA$_5$) haṣāṣu couper (Sc).	
	70		ligature = ^{d}NÀ	97
			MÈ tāhāzu combat[ωcvψ].	98
	en in$_4$	+ ˥	EN bēlu[x] seigneur[∞], (^{mí}EN bēltu dame[°]) ; EN-EN-EN bēl bēlê seigneur des seigneurs[ω] ; bêlu régner[v], avoir en sa possession[v] ; enu prêtre[°], NAM-EN-NA enūtu état de EN ; ^{d}EN le dieu Bēl, le dieu Marduk ; ^{d}EN-LÍL(-LÁ) le dieu Enlil ; illilu dieu suprême, illilatu déesse suprême, illilūtu souveraineté divine. (en-lil =) NIBRU^{ki} la ville de Nippur ; Premier élément de nombreux noms divins : ^{d}ZUEN (= en-zu) le dieu Sîn, ^{d}EN-AN-KI le dieu Ea[+], ^{d}EN-ASAL$_2$ bēl ṣarbi, ^{d}EN-LIBIR-RA Bēl Labrē/labria/ibria[+].	

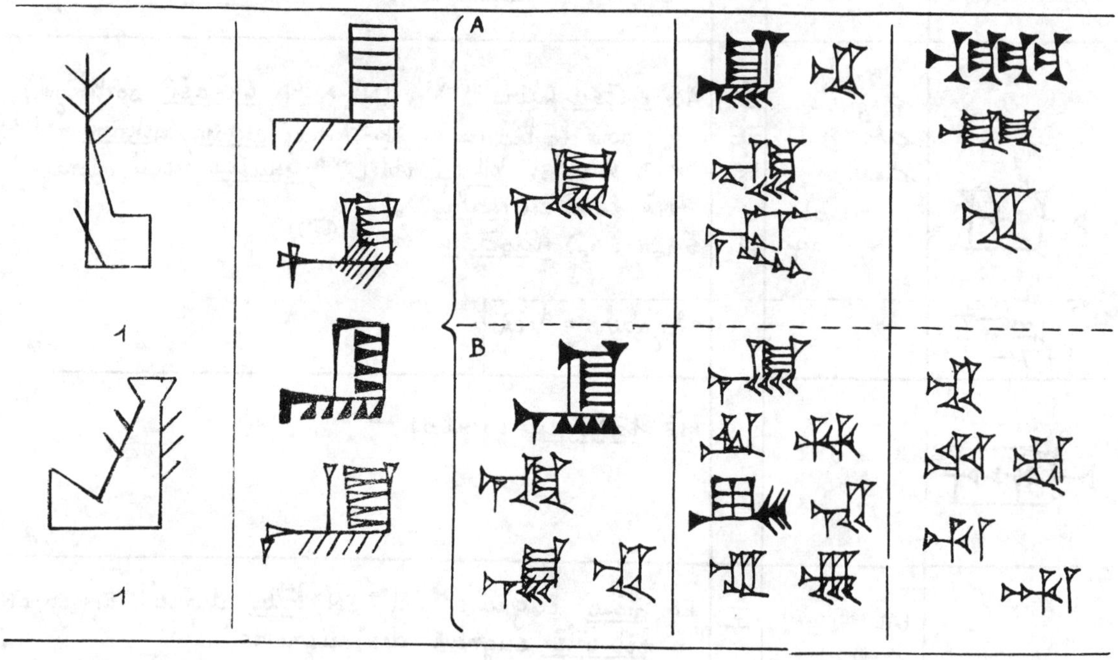
A
B
1
1

en ⵜ EN, EN-NA/NAM *minum* quoi ? [Δ]

EN AN-ZA-GÀR *bēl dimti* chef de district[Nuzi];

in_4 7 EN-É *bēl bīti* chef de tribu[NB], EN-GAZ *bēl dâki* tourmenteur[+]; (lú)EN-gišGIGIR *bēl narkabti* conducteur de char[□ω]; EN-GARZA prébendier[v]; EN ḪAL-LA *bēl zitti* partenaire, copropriétaire[□]; EN-(mí)ḪUL *bēl lemutti* ennemi, adversaire[•]; EN-i_5-GAR *bēl egirrê* calomniateur; EN-INIM(-INIM) *bēl amāti* adversaire en justice[SVL] ≠ EN-DU_{11}-DU_{11} *bēl dabābi* adversaire, conjuré (cf. CAD, A_2, 44a). EN-MUN *bēl ṭābti*[x] bienfaiteur[a], (lú)EN-NA/NAM *bēl piḫāti* gouverneur[ωo]; EN-NINDA *bēl akali* commensal, hôte[+]; EN-SIG_5 *bēl damiqti* ami[v□]; lú EN-ŠU² *bēl qātāti* garant, caution[•];
EN U_4 *bēl ūmi* possesseur des revenus d'une prébende d'un jour;
EN-URU(-MEŠ) *bēl āli* chef de bourg, un fonctionnaire[mA,nB], notable;
EN-ÚŠ-MEŠ *bēl dāmī* meurtrier;

zá EN-GI-SA_6 *engišu* (*ṣ*) (une pierre)[s];

EN-ME-GI_4 *engisu* cuisinier d'un temple[•];

EN(-NA) *adi* jusqu'à (ce que), y compris[ν]; EN-ŠÀ *adi libbi* jusqu'à; EN-TI-LA *adi balṭû* tant qu'il vit[v];

EN-NUN, EN-NU(-UN) *ṣibittu* prison, *maṣṣāru* veilleur, sentinelle[ωo vo]; *maṣṣartu* veille, partie de la nuit[to vs ω], prison[vo], EN-NUN-AN-TA, EN-NUN-BAR-RA, EN-NUN(-AN)-USAN/$USAN_2$ *barārītu* veille du soir; EN-NUN-ZALAG-GA *namārītu*, EN-NUN-U_4-ZAL-LA/LI *šāt urri* veille de l'aube;

EN-NU-NUZ-ZI (dŠEŠ-KI) *zirru* (*ša Sîn*) grande prêtresse (de Sîn);

mul EN-TE-NA-BAR-LUM/SIG *ḫabaṣirānu* (une étoile);

EN-TE(-EN)-NA *kuṣṣu* froid, hiver[+vωos].

dEN-TI le dieu *Ea*[o], EN-TIki (le mont) *Ebiḫ*;

ENSI (= en-me-li) *šā'ilu*, (*šā'iltu*) oniromancien(ne).

ENKUM *enkummu* trésorier d'un temple[•].

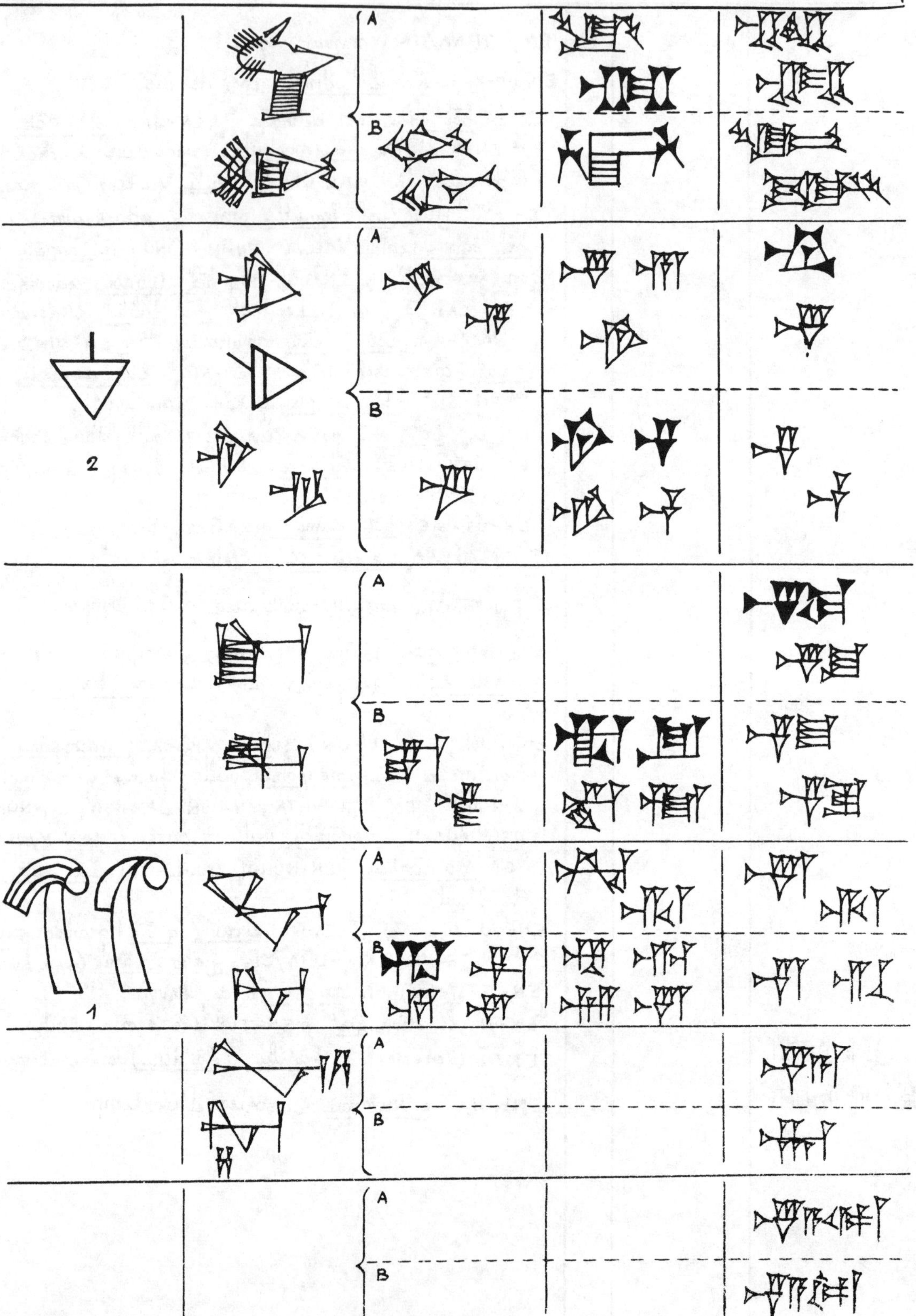
A
B
A
B
2
A
B
A
B
1
A
B
A
B

	ṭàr tara₃ 72 63	⊥ ⊥∘	DARA₃ *turāḫu* bouquetin[v] ; DARA₃-MAŠ *ajjalu* daim[vw$] ; DARA₃-MAŠ-DÀ *najjalu* / *nālu* chevreuil[v] ; ᵈDARA₃ le dieu *Ea* , le dieu *Adad*[+] 100
	sur šur (ṭùr) 73 64	⊥ ⊥ (!)	SUR *eṭēru* épargner[∘∘+] , payer[∘] ; *ēṭiru* sauveur[∘] *mašāḫu*, *ṣarāḫu* briller[+], *ṣirḫu* éclat lumineux soudain[+], *ṭurru* extrémité[v] ; *tubku* bec[v] , *ṭamû* tisser[sc] ; ŠUR *ṣaḫātu* presser[$], ŠUR-RA *ṣāḫitu*[a] pressureur (d'huile) ; ŠUR-GEŠTIN *ṣāḫit karāni* ? pressureur de vin , ŠUR *zanānu* pleuvoir[v] ; *ṣarāru* jaillir, filer[v] ; *mazû* pressurer[$] ; *ṭerû* étendre, étaler, enduire[$] ; ŠUR-AN *zanān šamê* pluie[v] ; ᵍⁱˢŠUR-MÌN *šurmēnu* cyprès[+∘vw$] . 101
	suḫ šuḫ múš siḫ₄ 74 65	⊥ ⊥ ⊥ ⊥	MÚŠ-EREN / ŠÉŠ *šušan* la ville de *Suse*, le dieu *Inšušinak* , SUḪ *nasāḫu* arracher, extraire[sc] ᵘᶻᵘSUḪ-BAR-SÌL *ḫarḫazinnu* pavillon de l'oreille[sc] SUḪ (= SUḪ₆) *uššu* fondations[v] ; ⁽ᵘᶻᵘ⁾MÚŠ *zīmu* traits du visage[∘v] ; (šuḫ-bu-=) SUSBU *ramku*, *susbû* prêtre (purificateur)[b] ; ᵈTIŠPAK le dieu *Tišpak*[∘∘+] ; (AḪULAB *aḫulap* miséricorde ! [+]). 102
	mùš 75	F	ᵈINNANA / ᵈINNIN la déesse Ištar[∞] *ištaru* déesse ; Premier élément de nombreux noms divins. ᵈINNIN-É déesse du temple ; 103
			ŠE₁₂ *kaṣû* être froid[$] ; *kuṣṣu* froid , fièvre froide[$] ; *nâḫu* être calme[sc] ; 103 a
			ŠE₄ / ŠED₇ *pašāḫu* s'apaiser ; ŠED₇ *kaṣû* (être) froid[+$] ; *kuṣṣu* froid ; (*ḫurbāšu* frisson glacé[b]) ; ŠED₇-DÈ *liʾbu* fièvre[b] ; — AŠUGI *šurīpu* glace[sc] . 103 b

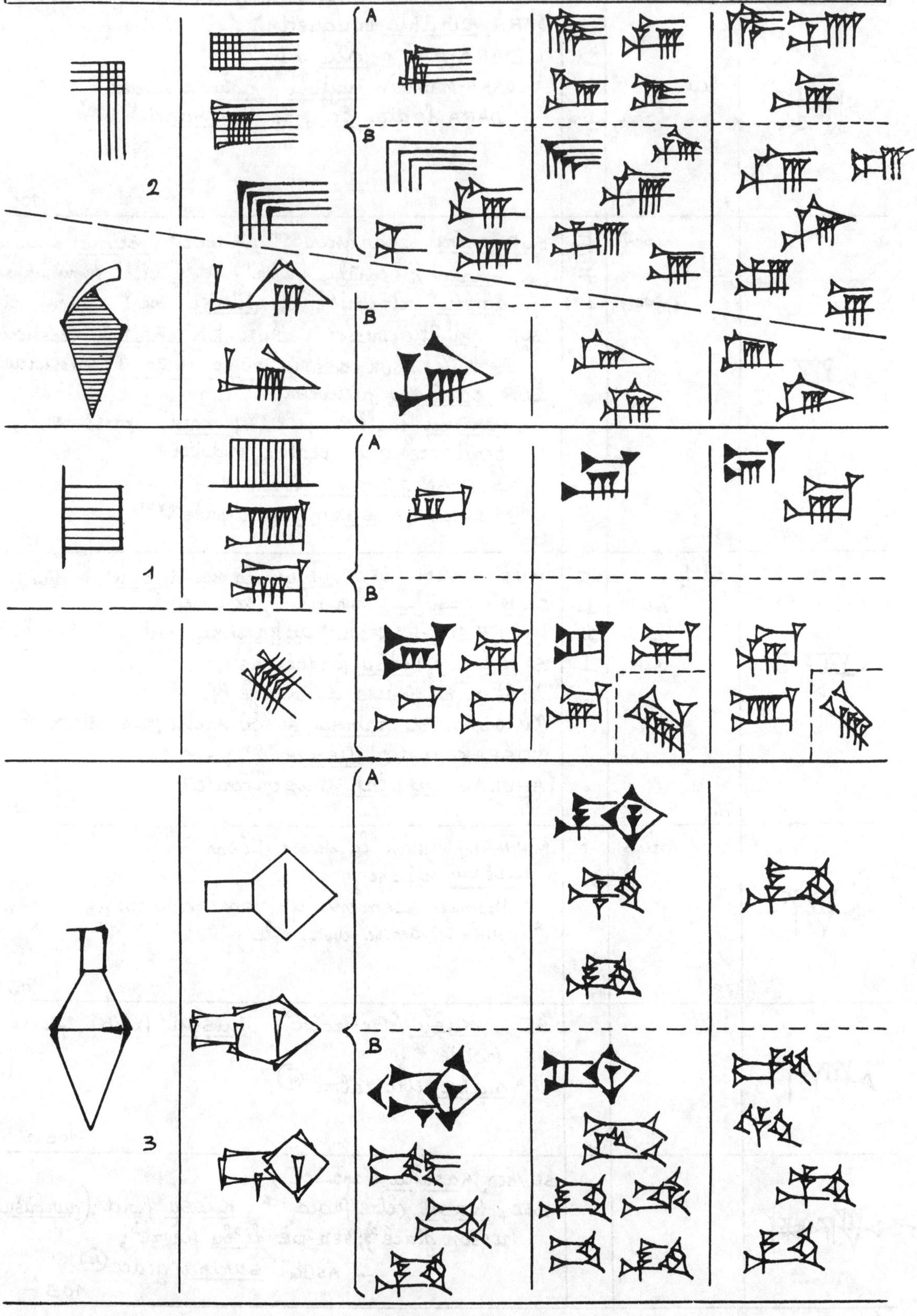
A
B
2
B
A
1
B
A
3
B

sa / ša$_{10}$

(uzu)SA *šer'ānu*, *gīdu* muscle, tendon[v+$], *riksu* tendon[$]. *mašādu* fouler, écraser[wv]. (giš)SA-PÀR *saparu* filet. (uzu)SA-GÚ *labânu* (ligament de la) nuque[$]. (uzu)SA-SAL *šašallu* dos[c]. SA-DUGUD, cf. DUGUD. SA-TI *bāmtu* poitrine[+]; *kidītu* partie extérieure de l'exta[v].

SA-A *šurānu* chat[v$]. SA(-A)-RI *muraššû* chat sauvage[v]. SA-A-RI-RI *azaru* lynx. lú SA-GAZ *habbātu* pillard[v]; *Hapirû* nomades[wa]. SA-TU (pseudo-idéogr.) *šadû* montagne[wro].

SA-AD-GAL *rapādu*, SA-GAL *sagallu*, SA-GIG *sakikkû*, *maškadu* (noms de maladies).

SA-LI *pagû* instrument de musique. giš SA-PÀR *saparru* chariot. SA-HIR *šaharru* botte (de roseaux)[$]. túg SA-GA *sāgu* habit grossier[•]. SA-DUL / DUL$_5$ *aburru* arrières.

76 66

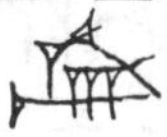

(lú)ÁSGAB *aškāpu*[x] corroyeur, mégissier[□v$a]. 104

gà / gán / kán

GÁN, GANA$_2$ *eqlu* champ[+]; GÁN-BA *mahīru* récolte, cours[v]; giš GÁN-ÙR *maškakātu* herse[c];

77 67

IKU *ikû* mesure de surface, arpent (=100 sar)[□ca w•], mul IKU *ikû* Carré de Pégase[v] (cf. n° 1)

kár / (kara$_2$) / gar$_{19}$ / garak

lú KÁR-A *habbilu* pillard.

78 68 105

tik / tiq / gú / qu$_6$

GÚ *kišādu* nuque[w•bv$]; *ahu* côté, rive[wv]; (*idu* côté[sc], *emūqu* force[sc]), — cf. n° 108[x];

GÚ *biltu* tribut (abrév. de gún). (*gunnu* masse[?]). GÚ-DU *qinnatu* anus[v]. GÚ-HAŠ(/TÁL) *kutallu* dos, occiput[v]. (uzu)GÚ-MUR$_7$ *eṣenṣēru* épine dorsale, quille. uzu GÚ-SA *dâdānu* nuque[v$]. uzu GÚ-BAR *gubāru* nuque[v]; GÚ-UR$_5$ *ur'udu* trachée artère[$]. GÚ-DIR *napharu* totalité[v];

ú/še GÚ *kakkû* pois[v$••]. ú/še GÚ-GAL *hallūru* pois chiche[□v$]; še GÚ-TUR *kakkūtu*, *kakkû*, (a)*lulu* pois[v$]; ú/še GÚ-NÌ-ÀR-RA *kiššānu* vesce.

GÚ-DA-RI *edēru* éteindre[+].

(lú)GÚ-GAL(-LA) *gugallu* inspecteur des canaux, (titre royal)[wa], taxe. *ša* lú GÚ-GAL-ú-tu *ša gugallūtu* taxe due au *gugallu*; (dug)GÚ-ZI *kāsu* bol[w]. uru GÚ-DU$_8$-A-ki la ville de *Kuta*[cw]. lú GÚ-EN-NA *šandabakku*/*guennakku* gouverneur de *Nippur*[cw]; (IM-GÚ-EN-NA, cf. n° 399)

GÚ-È *halāpu* s'envelopper[b]. túg GÚ-È(-A) *nahlaptu* chemise, cotte[□a□]. GÚ-BÍ kus *kuppû* anguille[$];

GÚ-HAŠ *guhaššu*/*ṣṣu* torque, partie d'un char.

79 69

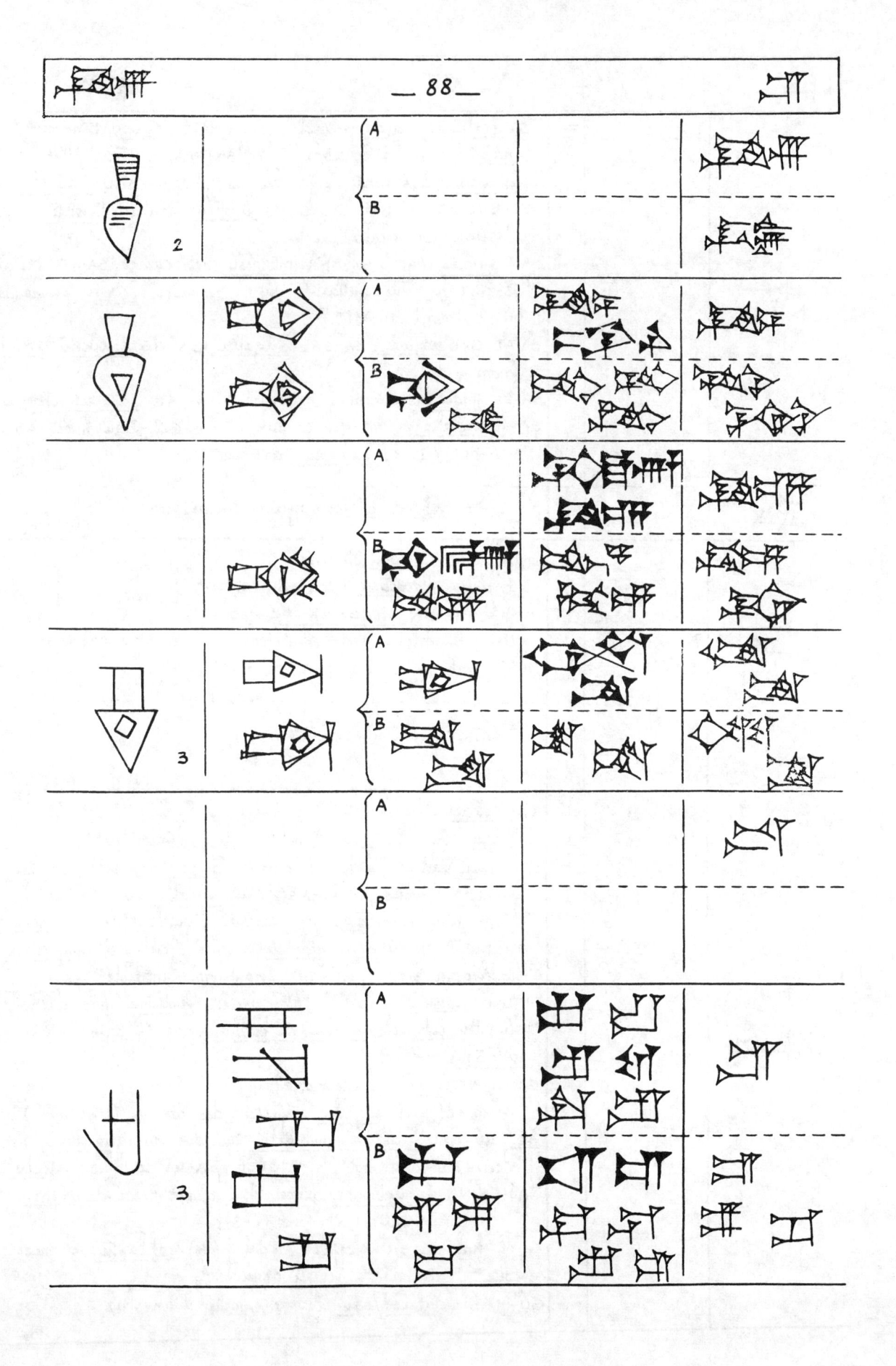

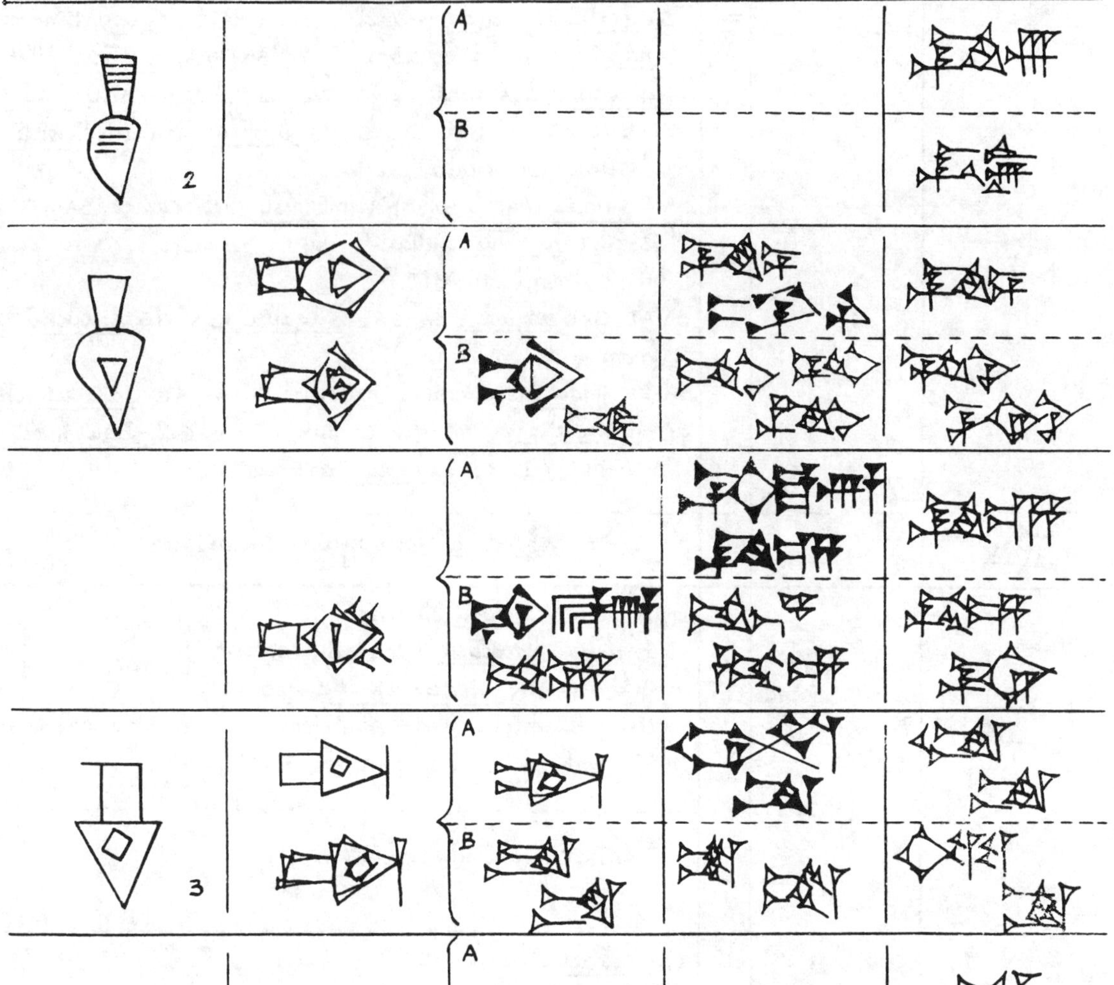

USAN dans AN-USAN *šimētān*+v (, *lilâtu*) soir ;
USAN dans EN-NUN(-AN)-USAN (*maṣṣartu*) *barā-rītu* veille du soir v (cf. n° 99).

107

dur
ṭur
túr

80 70

DUR *riksu*, *ṭurru*, *markasu* lien, *riksu* section (d'un texte)v ;
(uzu DUR *abunnatu* ombilic, cordon ombilical +v$, cf LI-DUR).
DUR-AN-ki = *Nippur* ;
íd DUR-ÙL *Turnat* la Diyālā.

108

biltu
bilti

81

GUN *biltu* charge, fardeau ш•v, tribut ш•v□Δ, loyer•, imposition v ;
biltu mesure pondérale, talent (simple = 30 kg 300, double = 60 kg 600) ;

(GUN (*biltu*) est parfois abrégé en GÚ)

108×

làl

82 71

LÀL(meš) *dišpu* miel +ш$v• ; *ṭābu* doux ;
giš LÀL-DAR(-RA) *nurmû* grenade v ;
LÀL-ḪÁD *lallāru* (LÀL-BABBAR *dišpu peṣû*?) (sorte de miel) ;
LÀL-KUR-RA *dišip šadî* miel de montagne+ ; dALAMMUŠ *Kabta*, une divinité, vizir de *Sin* ; LÀL-GAR *lalgar* = *l'apsû*.

109

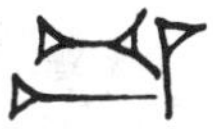

KU_7, KU_7-KU_7 *ṭābu*, *dašpu* doux $;
matqu (boisson) douce, (mélasse)$; dans l'expression *simmi* KU_7-KU_7 (= *matqūti*) pédiculose $;
šem KU_7-KU_7 *kukru* térébenthine $;
$KUŠ_6$, KURUŠ *marû* gras (sc.) ;
lú GURUŠDA *ša kuruštê* mA, (*mārû* vB) engraisseur •.

110

gur
qur
kùr
guru
taru
tari

84 73

KÙR *kurru* mesure de capacité v□•cш+$
(époque ancienne = 300 *qa* (252 l. 8), époque néobabylonienne = 180 *qa* (151 l. 56).
et, par suite, mesure agraire (époque cassite = 7 ha 94 ; époque néobab. = 1 ha 33) •Δ ;
GUR *târu*, se tourner, se changer en •sш+v ;
(GUR(-GUR) *kapāru* II frotter, purifier +v$ cf. ŠU-GUR-GUR) ;
giš GUR *pānu* corbeille+ ; giš GUR-IN-NU-DA *mangāru* (corbeille)• ;
lú GUR-GUR *gurgurru* artisan travaillant le métal, le bois, l'argile +□ ; giš GUR-ḪÚB *ḫuppu* sorte de corbeille+ ; giš GUR-DA *maššû*, (*gigurdû* cf. n° 85) sorte de corbeille ; giš GUR-SAL-LA *sellû*, *kuršallu* (ornement en forme de) panier.

111

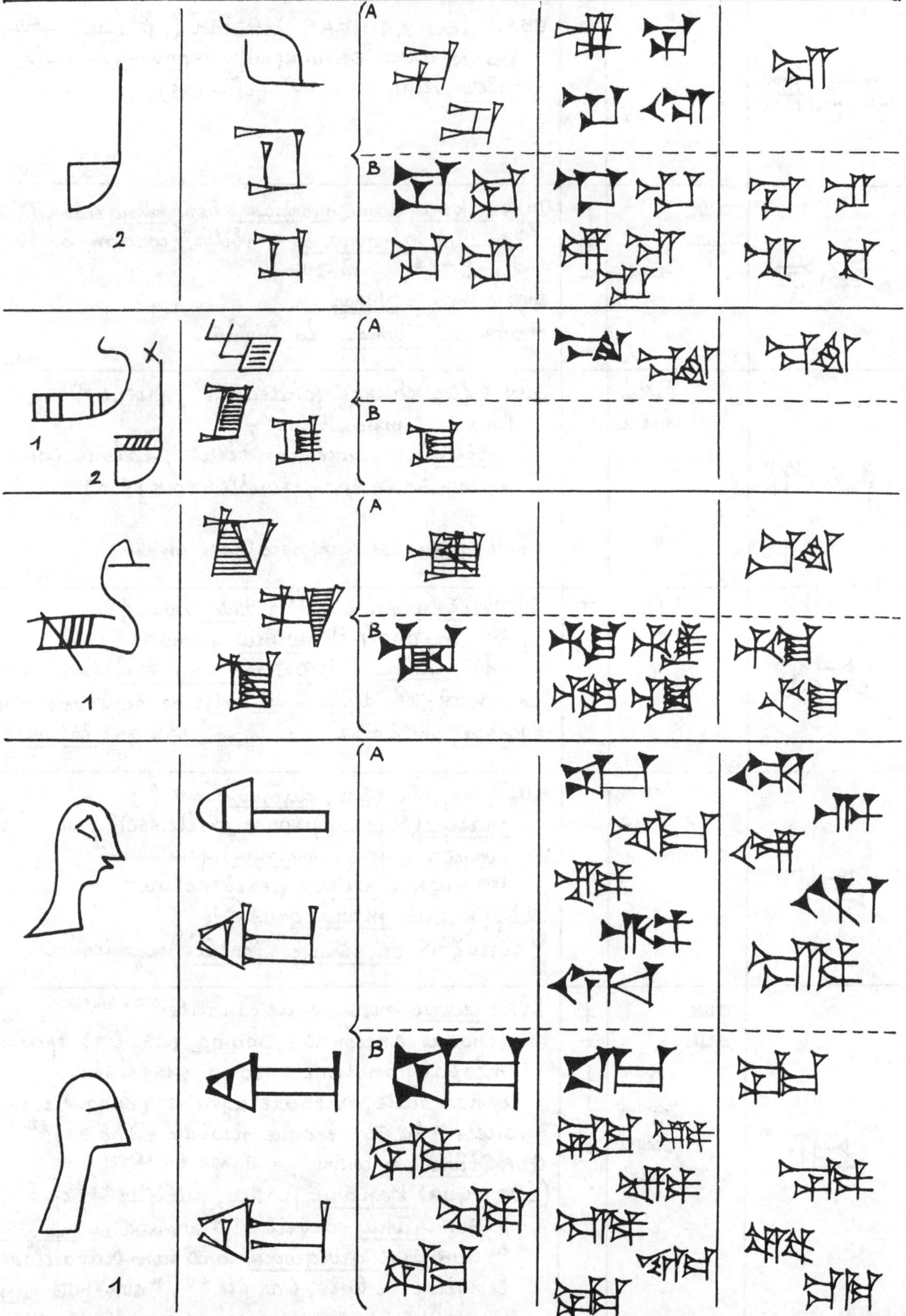

si, se, ší, šé, ṣì

Si qarnu corne [vwc$ ◻•+] ; ubānu doigt [+•] ; šarūru éclat [v] ; qarnānu cornu [v$+] ; si(-BI) atru, attaru paiement supplémentaire [••◻] ; si-SÁ ešēru être droit, réussir [v$•w$] , šutēšuru, se purger, se soulager [$v] ; išaru droit, normal, régulier [w+] ; išarūtu prospérité [v] ; (NÌ-)si-SÁ mīšaru [x] équité [+] ; [im] si-SÁ ištānu nord [+w•v] ; [ú] si-SÁ (š)urdunû roquette [v$] ; si-GAR (v) šigarru verrou, carcan, lien [+◻w•v] ; si-LÁ, (si-IL-LA/LÁ) piqittu, puquddu livraison, fait de confier [•] ; si-LUḪ (sorte d'habit) [◻^] ; si-ì-TUM šittu reste, déficit ; SA_5 (= si-a) sāmu (être) rouge ; sūmu rougeur ;

si-A malû emplir [vw+ $•] ; si-A-GAB-BA malê irti succès [v] (cf. n° 123).

85 74 — 112

sí, sú

si_4, su_4 pelû rouge (sc) ; su_9 (= sú-a) sāmu, pelû rouge (sc) ; si_4 sāmu rouge sombre (sc) ; GÙN titiaru / šit'aru brillant (sc) ; GÙN(-A) barmu, burrumu bigarré, birmu tissage bigarré [•].

86 75 (confusion avec 114) — 113

dar, tár, ṭár, dír, tìr?, $ṭir_4$, dar

DAR letû [^(sc)], šatāqu [+], šalāṭu (sc) scinder, fendre [v] ;
(DAR, DAR-A, DAR-DAR burrumu, tarru bigarré [v] ;
birmu couleur [$], cf. n° 113) ;
DAR-MUŠEN ittidû, (kakkabānu, ṭarru) francolin ;
DAR-LUGAL [mušen] tarlugallu coq [v] ;
DAR pêšu frapper, briser [+].

83 72 (confusion avec 113) — 114

sak 99, šak 99, riš, ris, res, $ša_{24}$

SAG rēšu tête [+w◻◻•], muḫḫu crâne, pūtu front [◻•], face, largeur [^•], (pūt en face de), rēštu sommet, le plus haut point, la meilleure qualité [wv+], rēštû premier, meilleur [◻w$+ v•] ; (elîš en haut),
[lú] SAG rēšu eunuque [ug] ; ša rēši serviteur, (dignitaire royal), castration [ug], NAM-SAG rēšūtu état d'esclave ;
[dug] SAG encensoir [+Bg] (cf. CAD, G, 114a) ; SAG-BA māmītu serment, anathème [+] ;
SAG(-DU) qaqqadu tête [x], SAG-DÙ santakku triangle [^] ;
SAG-ÈN-TAR pāqidu surveillant [+] ;
(NÌ-)SAG(-ÍL-LA) dinānu, (andunānu, pūḫu (sc)) substitut [+] ;
SAG-GE_6(-GA) ṣalmāt qaqqadi les humains [cw+] ;
SAG-$GEME_2$ amtu esclave [c◻•], SAG-$GEME_2$ kinattūtu, SAG-$GEME_2$-ÌR aštapīru domesticité [v] ;
SAG-GIG muruṣ qaqqadi, di'u céphalée [v+◻] ;

(Suite de la page précédente)

		A		
		B		
		A		
		B		

(suite de la page précédente)

SAG-GIŠ-RA *nêru* tuer, abattre^{W}; SAG-GUL/KUL-LA *sankullu* (une massue)$^{V\circ}$; SAG-ḪUL-ḪA-ZA *mukîl rêš lemutti* (un démon)$^{V+S}$;
SAG-ÌR *rêšu* esclave; ^{za}SAG-KAL *sankallu* (une pierre précieuse)$^{+S}$;
(cf. SAG-RIB).
SAG-KI *pûtu* front^{VS+}, largeur^{A}; *zîmu* traits; *nakkaptu* tempe$^{?VS}$; SAG-KI-DAB-BA *sankidabbû*, *sibit pûti* (une maladie de la tête)$^{+S}$; SAG-KI-GU₄ *pût alpi* trapèze^{AV};
SAG-KU₅ *sa(n)kuttu* sac, reste; *takkussu*, *sakkuttu* pipette°;
$^{(giš)}$SAG-KUL *sikkûru* verrou^{WVS}, $^{(giš)}$SAG-KUL-LÁL/-NIM-MA *sikkûr šagîli* (sorte de verrou)°;
SAG-LIŠ-GAL (une cérémonie) (CAD, B, 100 b);
SAG-LÙ *dulluḫḫû* trouble, confusion;
^{mul}SAG-ME-GAR *nêbiru* Jupiter;
(SAG-MUNUS *abdu*? esclave^{V});
SAG-NÌ-GA *rêš makkûri*, (*sannigû*!) inventaire des disponibilités; SAG-NUM-NUM *samânu* (une maladie)$^{+S}$;
(sag-pa-kil =) ZARAḪ *nissatu* tristesse, trouble^{+V}; IGIRA^{mušen} *igirû* cigogne^{V};
SAG-RIB *ašarêdu* premier$^{+\square\circ VW}$; *ašarittu* troupes de choc;
SAG-RIG₇ *šarâku* donner, *širku* oblat;
SAG-RU-MAŠ *sakrumaš* officier de char ?$^{(M-B)}$
SAG-ŠÀ *rêš libbi* épigastre^{S+V};
SAG-UŠ (/ZI) *kajamânu* constant, normal$^{WVS\circ}$
^{mul}SAG-UŠ *kajjamânu* la planète Saturne$^{+VW\square}$;
^{lú}SAG-UŠ *kajjamânu* permanent;

SAG-ÍL dans *É-sag-íl* nom d'un temple;
SAG-GÍL = É-SAG-ÍL ou NÌ-SAG-ÍL°.

87 115

DILIB₃ *uruḫḫu* houppe^{V}. 118

KÀN *adâru*^{IV} être sombre, être effrayé^{V}; *adirtu* tristesse (sc.). 119

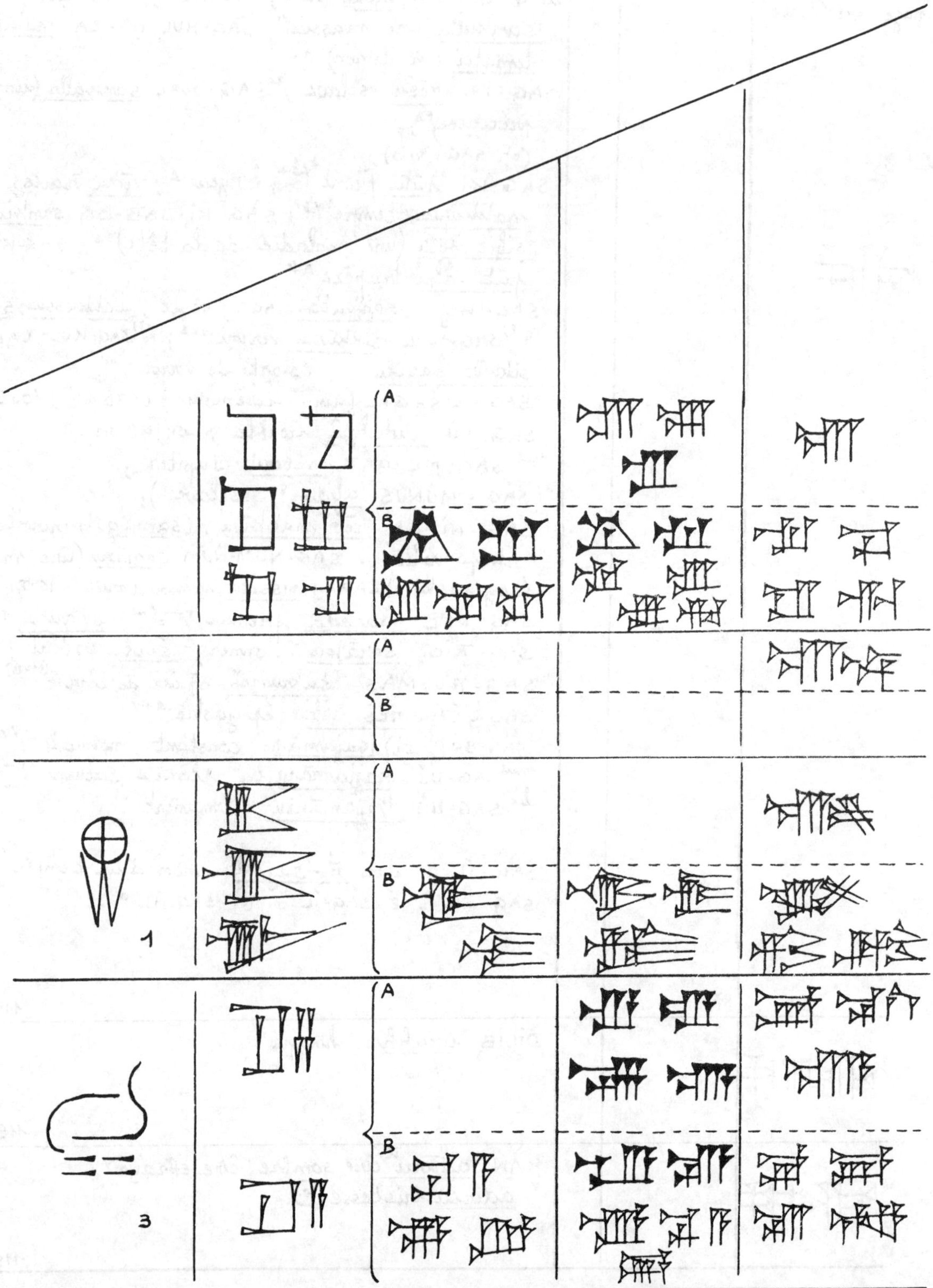
A
B
1
3

má | ⊣ | ^{giš}MÁ <u>eleppu</u> bateau[∞]
MÁ-x-KÙR bateau de la capacité de x tonneaux.
glosé <u>anaja</u> bateau (Wsem.)
^{giš}MÁ-AN-NA bateau du dieu <u>Anu</u> (cf. CAD, A_2, 227[b]);
^{giš}MÁ-DAGAL-LA <u>madagallû</u>? péniche;
^{giš}MÁ-DA-ZIL-LÁ <u>nesûtu</u>? (cf. AHw. s.v: vaisseau amené de loin?);
^{giš}MÁ-DIRI-GA <u>nēberu</u> bac; ^{giš}MÁ-GAL <u>magallu</u>! cargo;
MÁ-GAR-RA <u>maga(r)rû</u> provision pour un voyage fluvial;
MÁ-GAZ <u>makassu</u> bête de boucherie.
^{giš}MÁ-GU-LA <u>magulû</u> grand radeau[w•]
^{giš}MÁ-GUR_8 <u>makurru</u> nef de procession[+w•va],
^{d} « <u>namrūru</u> (pour Sîn?)
^{giš}MÁ-GUR-GUR <u>magurguru</u> arche[Ψ];
^{giš}MÁ-I_7-DA-ḪÉ-DU_7 bateau de procession du dieu Nabû. ^{giš}MÁ-LÁ <u>malallû</u> cargo;
MÁ-LAH_4 <u>malāḫu</u>[*] batelier[□cv•], MÁ-NI-DUB <u>maniduppû</u>? bateau de transport, chaland[□] (ou MÁ-Ì-DUB <u>elep našpaki</u>??), ^{giš}MÁ-ŠÀ-ḪA <u>šaḫḫī/ūtu</u> voilier[+];
^{giš}MÁ-TUR <u>maturru</u> petit bateau, barque;
^{giš}MÁ-TUŠ-A <u>elep Marduk</u> barque processionnelle du dieu Marduk[w];
88 77  ^{giš}MÁ-U_5 <u>rukūbu</u> bateau de procession[w]. 122

DIM GUL <u>tarkullu</u> mât, DELLU <u>akû</u> cable, amarre[SC] 122 a

UD_5 (ÙZ) <u>enzu</u> chèvre[+vw□•$];
mul UD_5 <u>enzu</u> constellation de la Chèvre (la Lyre)[v]. 122 b

dir	⫟	DIR, DIRIG <u>atāru</u> être en excédent[•Y+]; <u>atru</u> additionnel, excessif; <u>atartu</u> excès; <u>dīru</u>, <u>diri(g)gu</u>(?) (mois) intercalaire[+•] (cf. ^{iti}DIR-ŠE(-KIN-KU_5) <u>A(d)dar</u> supplémentaire); DIR <u>attaru</u> remplacement[•]; <u>neqelpû</u> s'en aller, courir (nuages, lune)[+v];
ṭir	⫟	DIR <u>eli</u> sur, plus (que)[w]; MÁL <u>mal(a)</u> autant (que), plus (que)[wr];
mál	±	DIR <u>maḫāḫu</u> gonfler (yeux); DIR-A-MEŠ <u>hydropisie</u>[+]; DIR-MEŠ <u>mâdu</u> être nombreux[v]; DIRI-GA <u>ašuštu</u> tracas, dépression;
sa_5	⊥ v	
ter_4	⋮	
su_{12}	⊥	(SA_5 = si + a, DIR abrégé en si cf. nº 112).
89 78		123

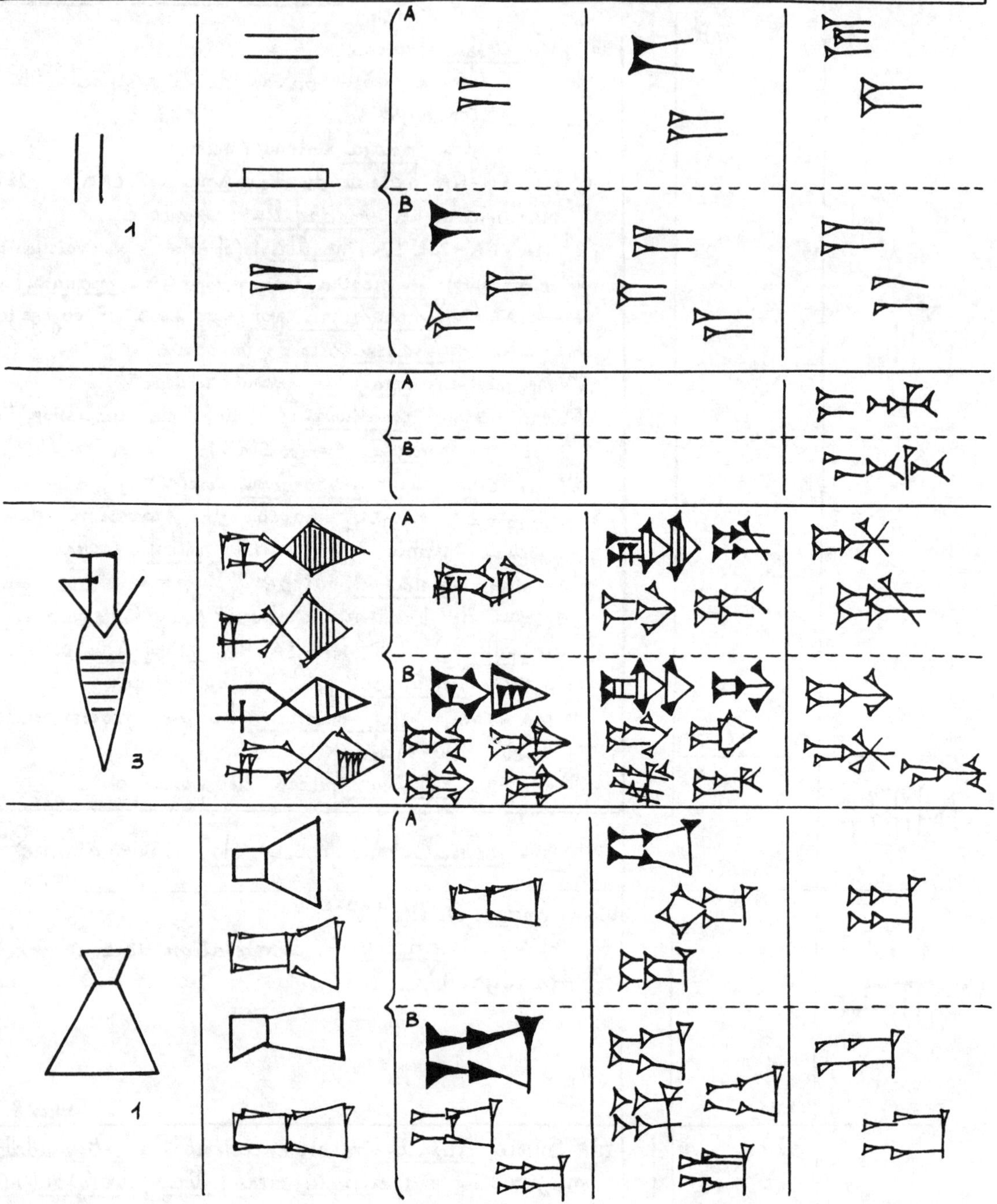
A
B
1
A
B
A
B
3
A
B
1
A
B
3

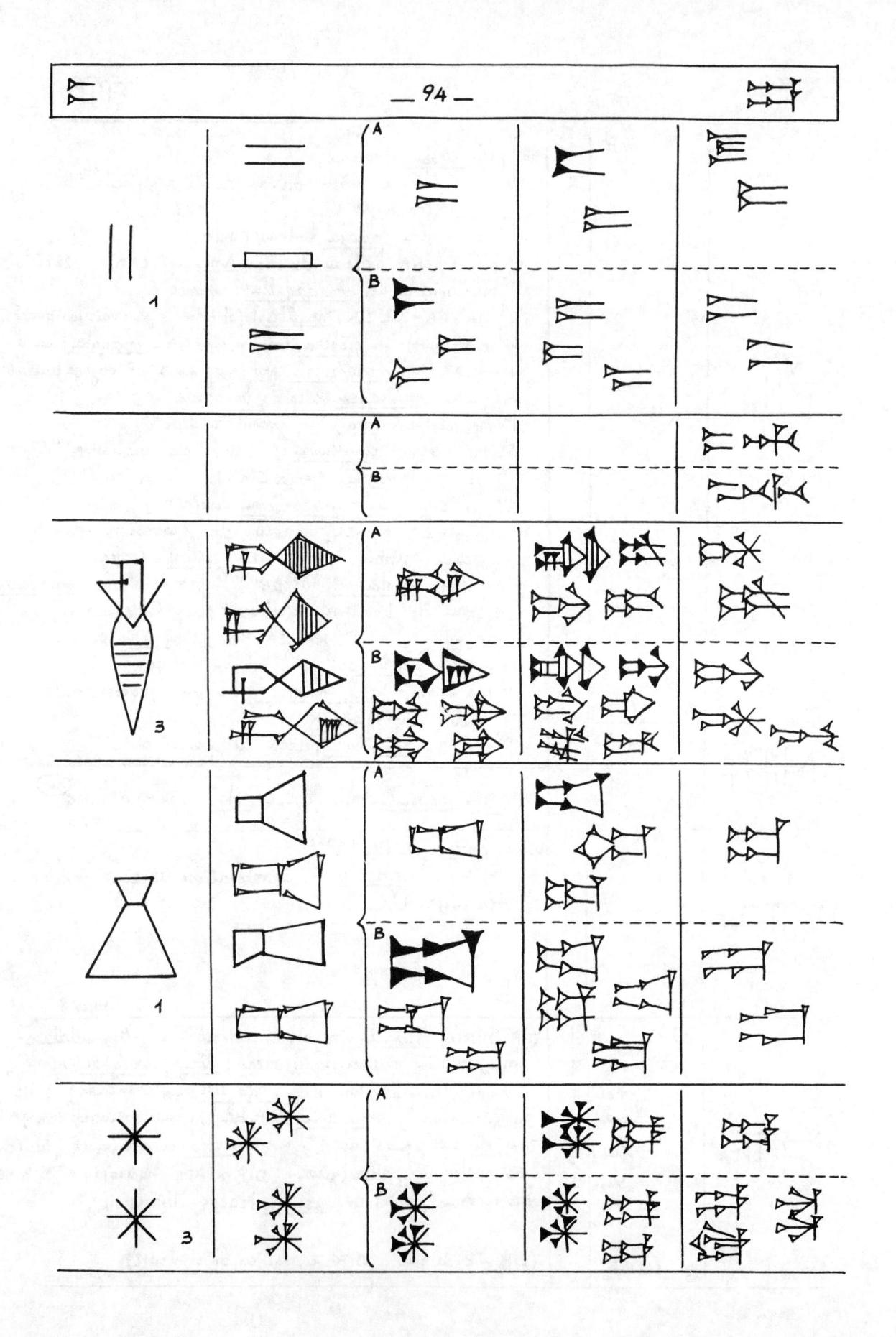

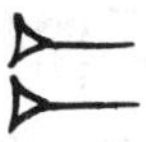 	tab, tap ṭab, ṭap dáb, dáp taba tapa dapa₂ 90 — — — 91 79		TAB šunnû, eṣēpu doubler, multiplier sc.; signe TAB; edēlu verrouiller; tu'āmu jumeau; ziqtu piqûre; TAB-BA tappû compagnon, tappûtu amitié, association; TAB ḫamāṭu brûler, avoir la fièvre, (par jeu idéogr.) être en avance; ḫimṭu fièvre, brûlure; TAB-ḪÁD-DA ḫimiṭ ṣēti (une fièvre); TAB-TAB ṣurrupu consummer, NÌ-TAB naṣraptu creuset (creux sur le foie); LIMMU₂ (-BA) erbe, arba', erbettu quatre; Ps.-idéogr.: uru LIMMU₂-DINGIR = arba-ili la ville d'Arbèles; arba'-ḫa la ville assyrienne d'Arrapḫa. 124
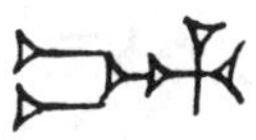			MEGIDA šaḫītu truie (sc.). 125
 	šum tag k,q sum₆ šu₁₄ taka tà šúm 92 80		ŠUM ṭabāḫu égorger; ŠUM-GAM(-GAM-MA), ŠUM-GAM-ME šaššaru scie; TAG lapātu toucher, frapper; I³(TAG^meš/TAG-TAG) élancer, II enduire, jouer d'un instrument, frapper, rendre impur, III asperger, IV être aspergé; laptu endommagé, anormal, (NÌ-)TAG liptu coup, blessure, création, travail, tache décolorée; TAG ŠU lipit qātē travail; (TIBIR qātu main; rittu paume (sc.)); ᵈUTTU (divinité), ettūtu araignée; ᵈTAG×KU^nA cf. CAD, E, 396 b). 126
 	ab, ap ès èš ìs ìz ìš₇ 93		AB aptu fenêtre, trou; appātu rênes; ᵈAB; ᵍⁱˢAB-BA kušabku (un épineux); AB-LÁ aptu fenêtre, trou; naplastu "regard", partie ominale du foie; AB-SAR šaṭāru écrire; AB-SUḪUR^kuₒ absaḫurakku (un poisson); AB abu père, sheikh. ˡᵘAB-BA šību ancien, puršumu vieillard; AB-SÍN (absinnu sillon,) šer'u épi, récolte; ᵐᵘˡAB-SÍN sisinnu dans la constellation de la Vierge; ⁱᵗⁱAB(-BA-È) ṭebētu dixième mois (déc.-janv.); AB(-A)-AB-DU₇ / DU ababdû (taxe due à) un administrateur du temple; ÈŠ bītu maison, pièce; ÈŠ-GAL ešgallu grand temple; ÈŠ-NUN-NA-KI Ešnunna, ville et contrée (Tupliaš); (U₄-) ÈŠ-ÈŠ eššēšu (jour de) fête (mensuelle); ÈŠ-ZU-AB bīt apsî (partie du temple).
			AB×ÁŠ šību témoin akk. 128
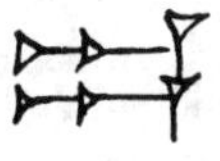	nap nab 94 82		129

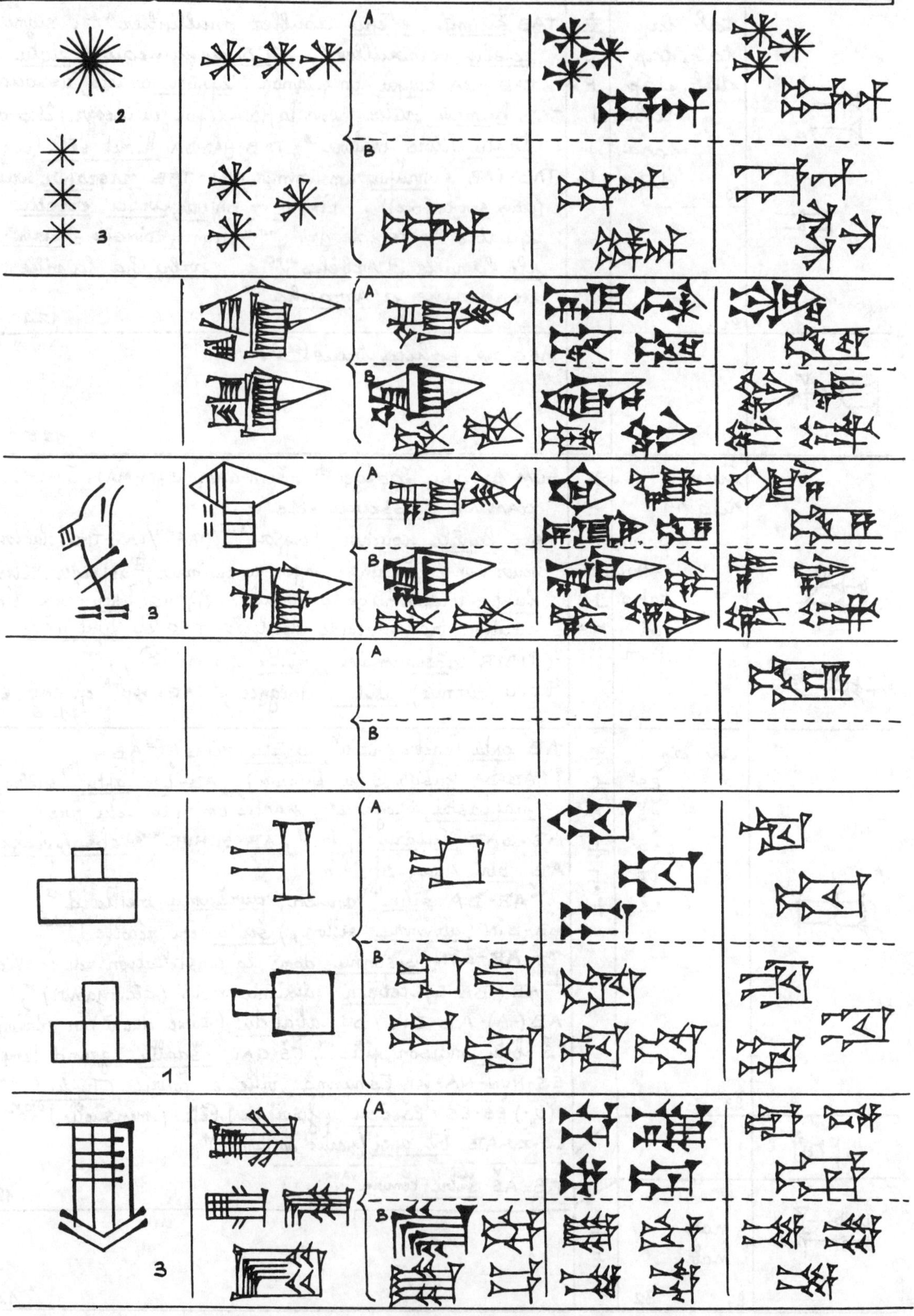

Signe	Valeurs		Sens
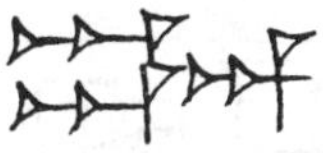	mul náp 95 83	N°	MUL, MULU *kakkabu* étoile ×; *kakkabtu* petite étoile +; Déterminatif précédant les noms d'étoiles; MUL *nabāṭu*(IV/3) briller b; *bibbu* planète, comète (sc.); kuš ŠUHUB₂ *šuhuppatu* botte •VB MUL(-MUL) *mulmullu* trait, emblème de Marduk +; MUL-MUL *zappu* Pléiades; constellation du Taureau V; MUL-(GAL) *kakkabu (rabû)* météore V; MUL-GE₆ "astre noir" (cf. AHw 1078b); MUL-BABBAR *kakkabu peṣû* Jupiter (cf. n° 381); MUL-DA-MUL *lummû* limace ? V. 129a
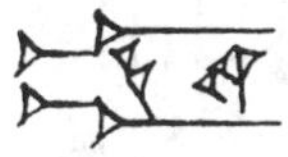	ug uk uq 96 84		UG *uggu* colère; *ūmu* démon de la tempête; *umāmu* animal; (sc.) PIRIG₃ *nēšu* lion; *šarru* roi; *nūru* lumière (sc.) 130
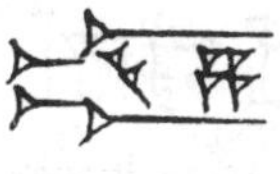	az S as asa uṣ₄ 2 97	J T El	AZ *asu* ours V; šim/giš AZ *asu* D° (cf. n° 215); giš AZ-BAL(-LÁ-E) *erinnu*, *nabāru*, (V) *šigaru* cage, caisse (sc.); 131
			NÍB *nimru* léopard Bg. 131 a
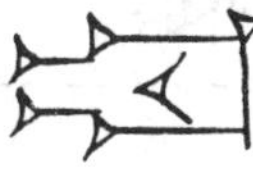	da₅ 98	i	URUDU *erû* cuivre ×; déterminatif précédant les noms d'objets en cuivre; URUDU-SUN *šuhtu* vert de gris V$; URUDU-ZA-RÍ-IN *zarinnu* cuivre de qualité médiocre •; URUDU-NÌ-KAL-GA *erû dannu* cuivre écroui; lú (urudu-nagar =) TIBIRA *g/qurg/qurru* artisan travaillant le métal D° V (Bàd-tibira ki cf. 152 8). 132
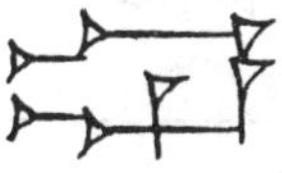	ká papa₃ baba₃ 85	L J L°	KÁ *bābu* porte ×, écluse •, anus $+; KÁ-GAL *abullu* grand-porte ×, (partie du foie: porta hepatis) V; lú KÁ-GAL *ša abulli*, *abultannu* N gardien de la porte; KÁ-TILLA, *bābu kamû* porte extérieure 2/3/4+; *kamû* extérieur KÁ-DINGIR-(RA)-KI, KÁ-DIŠ(-DIŠ), KÁ-DINGIR(-MEŠ) *bābilu* Babylone ×. KÁ-KÁ-GAL N place publique; KÁ(a-ni/nu) *bābānû* extérieur, personne extérieure au palais •V+; KÁ-GAL-MAH *abulmahhu* (porte principale de Nippur). KÁ-GAL-DUL-ŠÀ *abul kutum libbi* (partie de l'exta) V; giš KÁ-NA *kanakku* ou *giškanakku*, cf. n° 296- 133

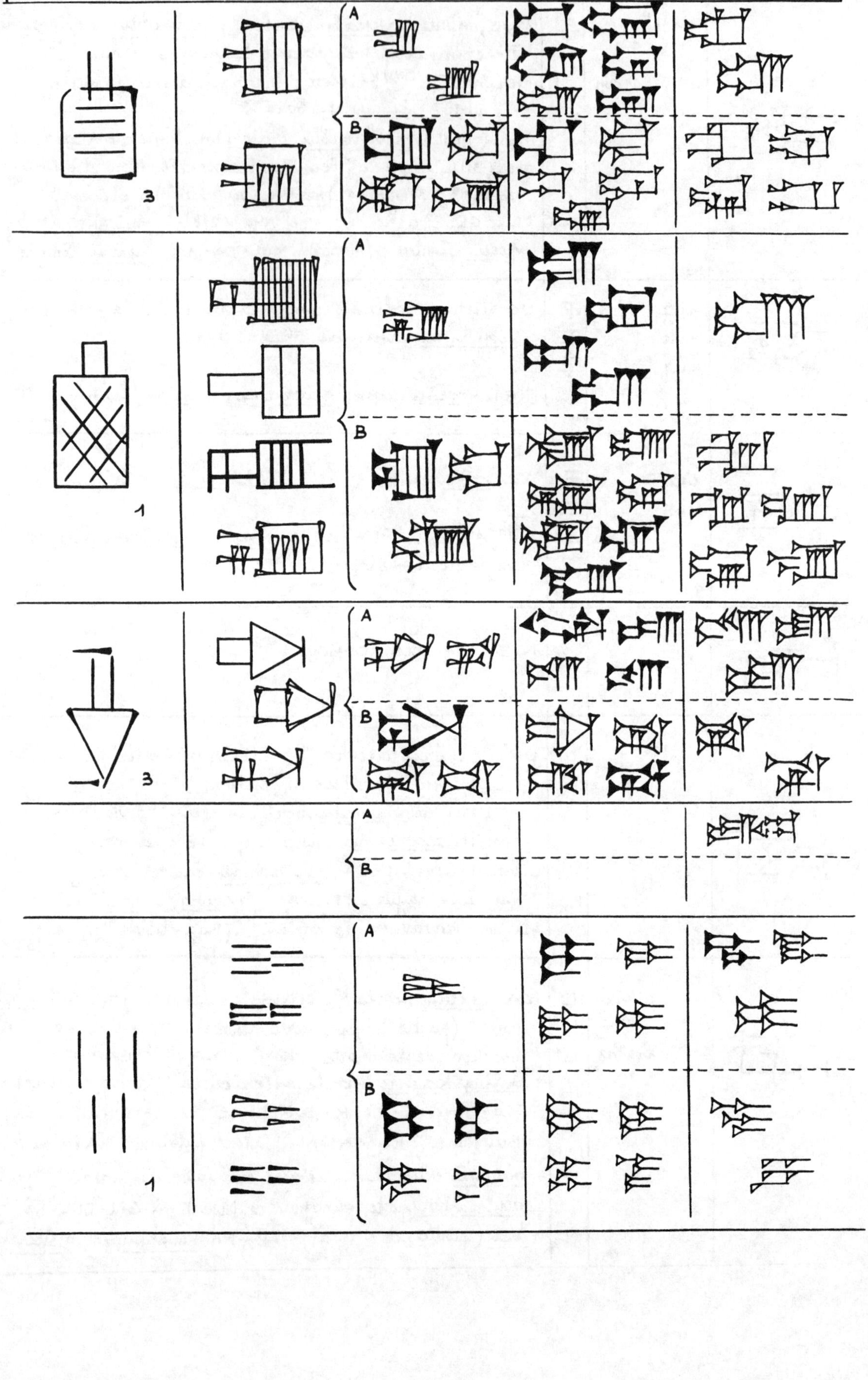
A
B
3
A
B
1
A
B
3
A
B
A
B
1

	um u$_{16}$ dih̬ 100 87		UM, UMU <u>ummu</u> mère (sc.); UM-MA(-GAL) <u>puršumtu</u> vieille femme (sc); UM-ME(-DA) <u>tārītu</u> gardienne d'enfant ; UM-ME-GA-LÁ <u>mušē-niqtu</u> nourrice +; UM-MÌ/MI-A <u>ummi(i)ānu</u> artisan, lettré wc¤; capitaliste ¤. 134
	dub p tub p ṭup 101 88		DUB <u>ṭuppu</u> tablette +¤wψ *v ; DUB-SAR <u>ṭupšarru</u> scribe *wv$; DUB-SAR-ZAG-GA <u>zazakku</u> (un haut fonctionnaire)¤; DUB <u>šapāku</u>, <u>sarāqu</u>, <u>tabāku</u> verser, répandre v$+$oψ; <u>šipku</u> effusion, jet v; (Ì-DUB <u>išpikū</u> produit d'un champ, jarre à provisions, cf. n° 231 ; zá GIŠ-DUB cf. n° 296) ; DUB-SAR-U$_4$-AN-dEN-LÍL scribe astrologue*; DUB, SAMAG$_2$ <u>umṣātu</u> marque de naissance v; SAMAG$_2$-SA$_5$ <u>pēndu</u> naevus v. giš DUB-RA-AN <u>daprānu</u> genévrier? v+$; DIH̬ (<u>la'ābu</u> être fiévreux+), <u>li'bu</u> (une maladie)+$; MÉZ (= MEZ); Confusion de signe avec KIŠIB, UM et URUDU. 138
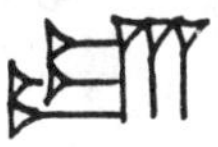	ta ṭá dá 102 89	Am N Bg El. Am Bg	TA <u>ištu</u>, <u>la</u> hors de, depuis vw¤$; <u>ultu</u> hors de, depuis (que) w*$ <u>itti</u>, <u>issi</u> avec v; <u>ina</u> dans, hors de v; <u>ištēniš</u> ensemble; TA-ÀM déterminatif suivant les nombres dis-tributifs ; -TA- infixe verbal sumérien * TA-LAM <u>talammu</u> mesure de capacité (la moitié du <u>ṣimdu</u> = 7 l. 1/2). 139
			GANSIS <u>eṭūtu</u>, <u>ekletu</u> obscurité (sc.). 140
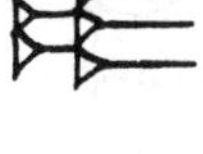	i nát 103 90	L	Ì <u>nâdu</u> révérer, exalter +*o ; <u>tanittu</u> laudes vénération (sc.); I-dUTU (<u>iutû</u>,) <u>tazzimtu</u> plainte v+; Ì-LU <u>qubû</u> lamentation + ; Ì-LU-BALAG-DI, Ì-LU-DU$_{11}$(-DU$_{11}$)/DI(-DI) <u>ṣārihu</u> prêtre lamentateur (sc.); Ì-LU-A-LI <u>lallāru</u> lamentateur (sc); Ì-BÍ-ZA <u>ibissû</u> pertes financières +v; calamité +; Ì-IZ-ZI (var. Ì-ZI) <u>igāru</u> mur, cloison v+; (i-lu =) KUN$_4$ <u>askuppu</u>, <u>aksuppu</u>, <u>askuppātu</u> seuil (cf. n° 144); dalle de pierre, <u>simmiltu</u> escalier v; (Ì-BÍ- (et dér.) lecture dialectale sumér. de IGI (et dér.) Ì-dŠEŠ-KI <u>inanna</u> maintenant w 142

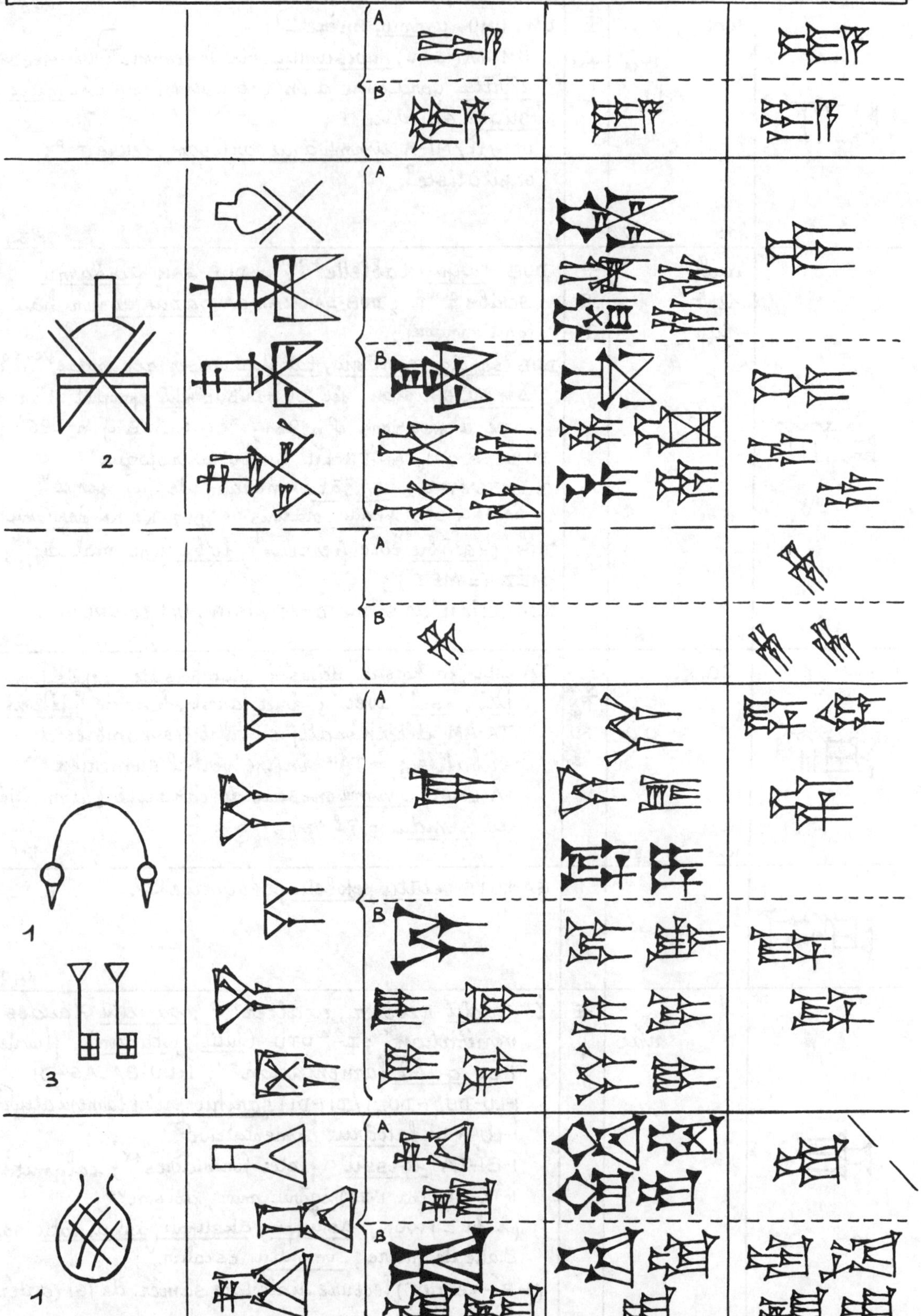

AD cf. p. 10

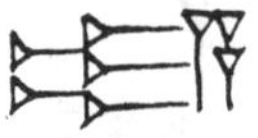

ia ┤ iu ┤ ji, ie ┴

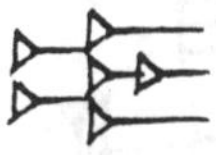

gan ⊥̇ ; kan ‡ ; kana ⊥ ; hé$_{i}$ (⊥̇) ; li$_{6}$ ↓

GAN, ^{giš}GAN kannu (porte-) jarre$^{+v\$}$;
^{giš}GAN(-NA) bukānu pilon^{wv}.
GAN-ZI^{sar} (une plante)$^{+}$; ^{síg}GAN-ME-DA,
^{síg}GAN-MID tabarru cochenille$^{•}$, nabāsu laine rouge$^{□+v\$•}$;
^{iti}GAN(-GAN) kislīmu 9e mois (nov.-déc.)$^{\infty}$;
ḪÉ dans ḪÉ-GÁL ḫegallu, ṭuḫdu (symbole de l') abondance$^{\infty}$;
ḪÉ-NUN(-NA) nuḫšu richesse, abondance$^{+w•v}$;
^{mul}ḪÉ-GÁL-LA constellation "Chevelure de Bérénice"^{v}; ḪÉ-DU$_{7}$ asāmu convenir^{+}; $^{(giš)}$ḪÉ-DU$_{7}$ ḫittu chambranle, épistyle^{wv}; ḪÉ-SÙ lîriš^{o} cf. n° 373

105

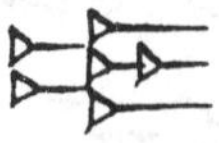

kám ‡

KÁM déterminatif suivant les nombres ordinaux;
KÁM erēšu désirer^{v}; erištu désir^{v}, envie sur le corps^{v};

^{dug}UDUL$_{7}$ diqāru cruche$^{v+\$}$ (variante rare de utúl)

106 93 143

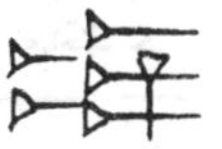

tur ⊥̇ ; ṭur ⊥̇ ; mar$_{5}$ + ○ ; maru + ○ ; tura ┘ ; turu ┘

DUMU māru fils$^{\infty}$; mārūtu/mārtūtu état de fils/fille adoptif/-ve;
DUMU-DÙ mār banî homme de bien, notable; DUMU-É mār bīti famulus$^{w•}$; d« °; DUMU-GAB dumugabû (ou mār irti) enfant mâle non sevré; DUMU-GAL-TE mār ekalli fonctionnaire du palais;
DUMU-MUNUS mārtu fille, DUMU-MUNUS-GAB mārat irti (, dumugabītu)
IBILA (= dumu-nita) aplu fils, héritier, aplūtu situation d'héritier, héritage; ^{d}DUMU-ZI le dieu Tammuz$^{w+□}$;
Sens général indiquant une simple appartenance à un état (ou un milieu) social ou familial$^{\infty}$: DUMU-KÁ-GAL mār abulli portier, DUMU-LÚ-ḪAL bārû devin, DUMU-É-DUB-BA(-A, mār bīt ṭuppi scribe, DUMU-LÚ-ENGAR mār ikkari fermier, DUMU-SIG$_{(5)}$ mār kallê$^{??}$ messager rapide$^{(?)□}$ (cf. n° 579)
TUR ṣeḫēru être petit$^{v•\$y}$ (II ṣuḫḫuru faire réduire par ébullition; dépeupler; ṣiḫru court moment; ^{lú}TUR(la'û), šerru nourrisson^{+}, ṣuḫāru serviteur; (MUNUS-)TUR ṣeḫ(ḫ)ertu, ṣuḫārtu servante.
DI$_{4}$-DI$_{4}$ ṣuḫartu petits objets, ṣeḫḫeru tout petit;
$^{(zà)}$KUN$_{5}$(=tur-šè) simmiltu escalier, askuppu seuil;
TUR-RA/BÀN-DA ṣeḫru insuffisant^{v} jeune^{w}
^{d}IBILA-^{d}IM Apladda (divinité)$^{+o}$ cf. CAD, A$_{2}$, p. 177.

107 94

GENNA (tur-diš) kajjamānu régulier$^{\Delta}$, kajjāna) constamment;
^{mul}GENNA kajjamānu Saturne$^{\Delta}$.

144

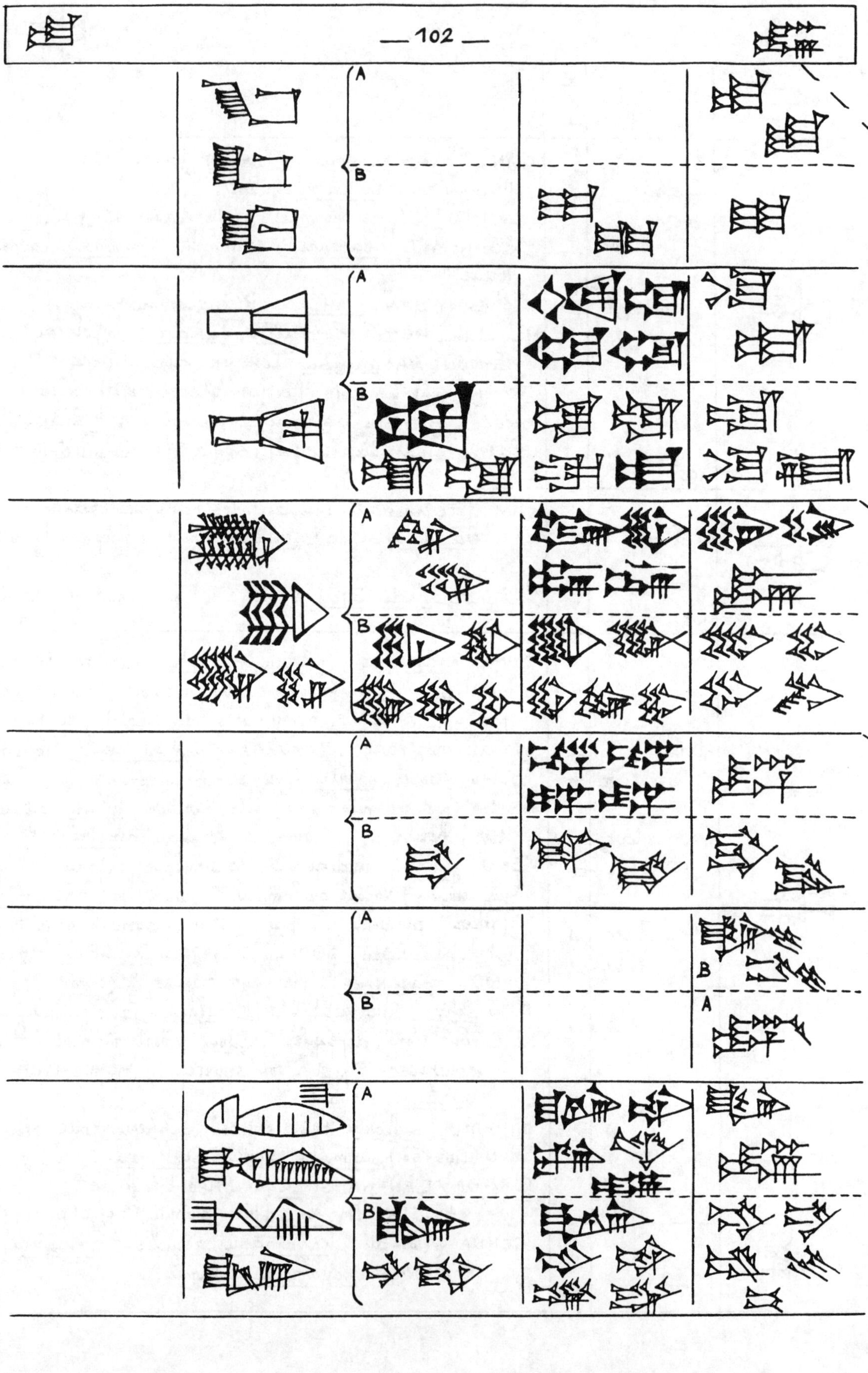

AD
cf. p. 10

Signe	Valeurs	Idéogrammes et sens	N°
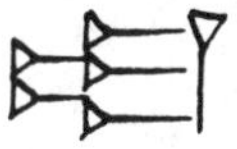	-ad ; -at, -aṭ ; -aba$_3$; àp — 108 95	AD *abu* père∞; *abbūtu* puissance paternelle; AD-AD *abbû* les ancêtres, *ab(i) abi* grand-père, AD AD AD *ab(i) abābi* arrière grand-père; AD-AMA *ab(i) ummi* grand-père maternel°+; AD(-DA) *abu* sheikh; ^{za}AD-BAR *atbaru* basalte^{vw}; AD-GI-GI°, AD-GI$_4$-GI$_4$$^{\text{+v}}$ *māliku* conseiller$^{\text{+v}}$; ^{lú}AD-GUB$_5$ *atkuppu*^{x} vannier$^{\text{c+□ψ\$}}$; AD-ḪAL *pirištu* secret$^{\text{+ω v}}$ *niṣirtu* trésor^{v}; ^{lú}AD-ḪAL *bārû* devin, ^{ú}AD-KAM *atkam* (une plante)$^{\$}$; AD-*aš-mu* *abašmû* pierre précieuse verte$^{\text{•ψ+\$}}$.	145
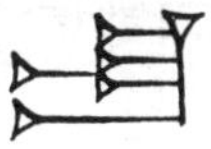		^{giš}ḪAŠḪUR *hašhūru* (*šahšūru*) pommier, pomme^{wv}; ^{giš}ḪAŠḪUR-KUR-RA *armannu* abricot$^{\$}$; ^{giš}ḪAŠḪUR ^{giš}GI *hašhūr abi* pomme de connaie$^{\$}$; ^{giš}ḪAŠḪUR-GIŠ-DA *kameššaru* poire (?, coing?)(SC); ^{giš}ḪAŠḪUR-^{giš}PÈŠ *tiānû* sorte de figue (SC). ^{giš}ḪAŠḪUR-ḪÁD-A = ? (sorte de pomme)$^{\text{+\$}}$.	146
	ṣi ; ṣe ; zé ; zí — 109 96	ZÉ *martu* "l'amère": vésicule biliaire$^{\text{v□w\$}}$, bile$^{\text{wv□\$}}$; (ZÁ-ZÉ *aban marti* pierre, calcul$^{\$}$ cf. n° 332); $^{\text{(giš)}}$ZÉ-NA *zinû* nervure centrale de la palme; (ZÉ-EB, ZÉ-EM lectures dialectales sumériennes de DU$_{10}$ et de SUM).	147
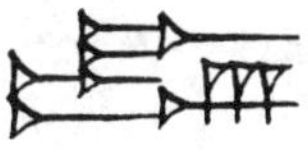	in ; en$_6$ — 110 97	IN *pištu* outrage, IN-NU *tibnu* paille$^{\text{vw•□\$}}$; ^{ú}IN-NU-UŠ *maštakal* tragacanthe$^{\text{v□+\$}}$; IN-BUBBU *pû* balle, (fétu de) paille$^{\text{+v}}$; IN(-NU)-RI *iltu* chaume, paille hachée; $^{\text{(še)}}$IN-NU-ḪA *inninnu* / *ennēnu* (sorte d'orge)$^{\text{•}}$; ^{ú}IN-NU-UŠ-GIŠIMMAR (une plante)$^{\text{Bg.}}$; ^{še}IN- cf. n° 367; IN- préfixe sumérien$^{\text{w•}}$; IN-ḪUN$^{\text{(um!)}}$-(GÁ) cf. n° 536.	148
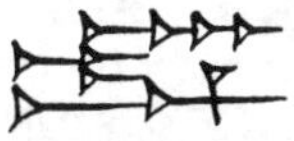	rab ; rap — 111 98	$^{\text{(giš)}}$RAB *rappu* entraves^{+}, anneau.	149
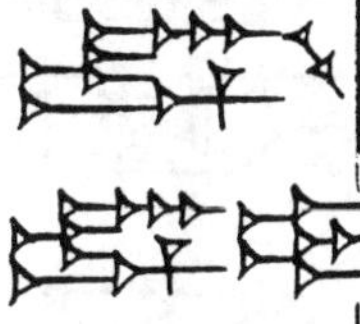		DÌM(-ME) *makūtu* pilier, perche; DÌM-SA-SA, DÌM-TUR-TUR (cf. CT 40, 11, 74/75); ^{d}DÌM-ME *lamaštu* démon$^{\text{+v\$}}$; ^{d}DÌM-ME-A *labāṣu* démon$^{\text{+v\$}}$; ^{d}DÌM-ME-ḪAB *ahhāzu* démon$^{\text{v+\$}}$; ^{d}DÌM-ME-GE$_6$ *lilītu* démon$^{\text{+v\$}}$.	150
	šàr ; šarri ; šarru — 112	LUGAL *šarru* roi∞, *bēlu* seigneur, ^{mul}LUGAL la constellation Regulus^{v}; LUGAL-IM-GI *šar hammê* usurpateur; LUGAL-IMIN *šar kiššati* roi de la totalité. ^{d}LUGAL *Haniš* un dieu (ou *Adad*)$^{+}$; ^{lú}SAG-LUGAL (*ša*) *rēš šarri* officier du roi°; ^{d}LUGAL- premier élément de nombreux noms divins (^{d}LUGAL-BÀN-DA, etc.); $^{\text{(d)}}$LUGAL-ÙR-RA (une maladie)$^{\text{\$+Ω}}$; ^{d}LUGAL-AMAŠ-PA-È (un démon)^{Ω}; *ab* / *áb* LUGAL(-MEŠ/ME) *ab šarrāni* (nom d'un mois)$^{\text{○A, mA}}$. ^{še}LI(L)LAN *lillānu* (sorte de grain)$^{\$}$	151

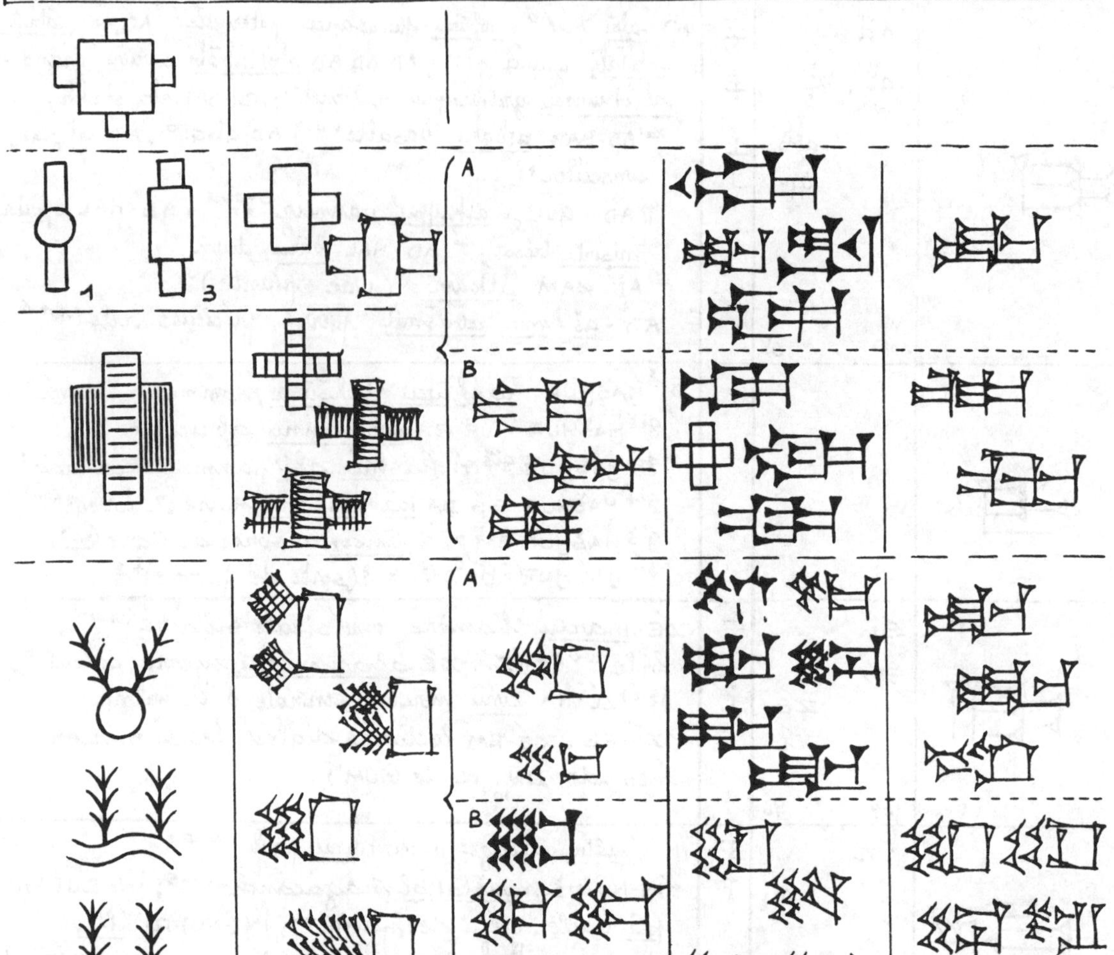

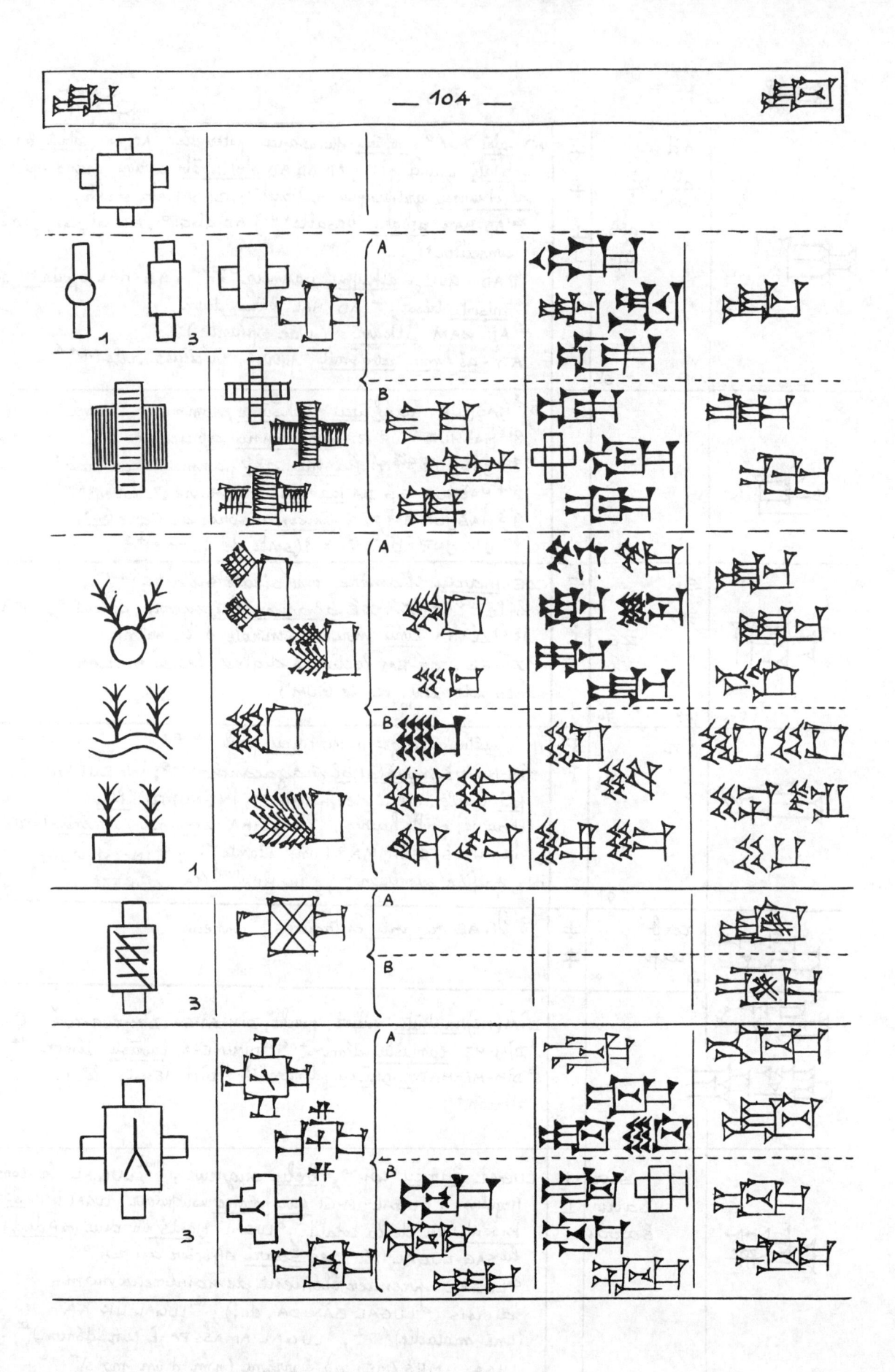
A
B
1
3

(Cette forme se retrouve dans certains signes composés, cf. par ex. n° 152^B).

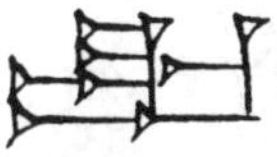

šìr — sìr — ḫir

dug SAḪAR₂, ŠAKAR *šuḫarratu*, *šaḫarratu* vase[+];
EZEN *isinnu* fête[vo]
ŠIR *zamāru* faire de la musique, chanter[+ψ];
ŠIR-ŠIR *šeršerātu*[Am.] chaîne; ŠIR-KÙ-GA *širkugû* chant pur[+];

KÉŠ-DA, KEŠDA *rakāsu* lier, *riksu* lien[+V], apprêts d'un sacrifice[+],
kaṣāru nouer[+V$], *kiṣru* troupe, salaire, paiement de taxes, trésor[V].
GIR₁₁ *ṣamādu* atteler, faire un pansement[$]; NÌ-GIR₁₁ *ṣindu* ligature, pansement[$] (ou *riksu*?).

113 99

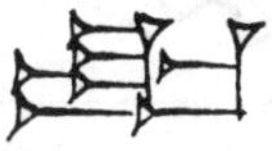

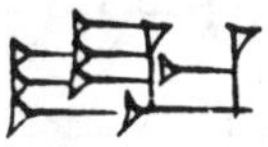

šar — sar — šar — (šìr₉) — mú

Déterminatif suivant le nom des plantes légumineuses.
NISSA *arqu* verdure[V].
(giš-šar =) KIRI₆ *kirû* jardin, verger[V]; KIRI₆-MAḪ *kirimaḫḫu* jardin (royal), parc[W]; ú SAR cf. Ú-SAR, KIRI₆ mušen *iṣṣur kiri* oiseau de verger;
MÚ-SAR *mu(s)šaru* verger[COW V], SAR mesure de superficie, de volume ("plate-bande");
SAR *qatāru*[II] noircir de fumée[$+];
SAR *šaṭāru* écrire[W+Vψ]; *šabātu* balayer[+V$];
gullubu raser[$]; *ḫabātu* voler, *ḫubtu* vol, pillage;
MÚ *napāḫu* briller[V], insuffler[$], allumer[+V$];
[II]attiser[$], être brûlant[+$], [IV] briller vivement[V];
nipḫu éclat, embrasement[V$].

184 159 152

UBARA *kidinnu* protection, privilège[+W].

152^4

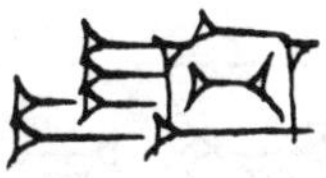

bàt — dur₈ — ug₅

(giš)BÀD[?](-KI) (pl. BÀD-BÀD[VA]), é BÀD *dūru* mur (d'enceinte), forteresse[W], BÀD-DINGIR-RA *kalû*? barrage[cf. a]; BÀD-SI *sītu* parapet[VWV]; BÀD-ŠUL-ḪI *šulḫû* mur extérieur, bastion (cf. n° 467)
BÀD-DINGIR-KI *Dēr*[V]. BÀD-SI-AB-BA-KI *Barsippa*;
BÀD-(kur-ti =) ESA-KI *Dūr-Kurigalzu*[W]; BÀD-TIBIRA-KI;
BÀD KIR₄ *dūr appi* côté du nez[V$], BÀD ZÚ *dūr šinni* gencives,
BÀD ŠÀ *dūr libbi* diaphragme[$];
UG₅ *mâtu* mourir[b]; *nêru* tuer[b];
mul UG₅-GA constellation (Corvus + Crater)[V], cf. n° 318.

114 152^8

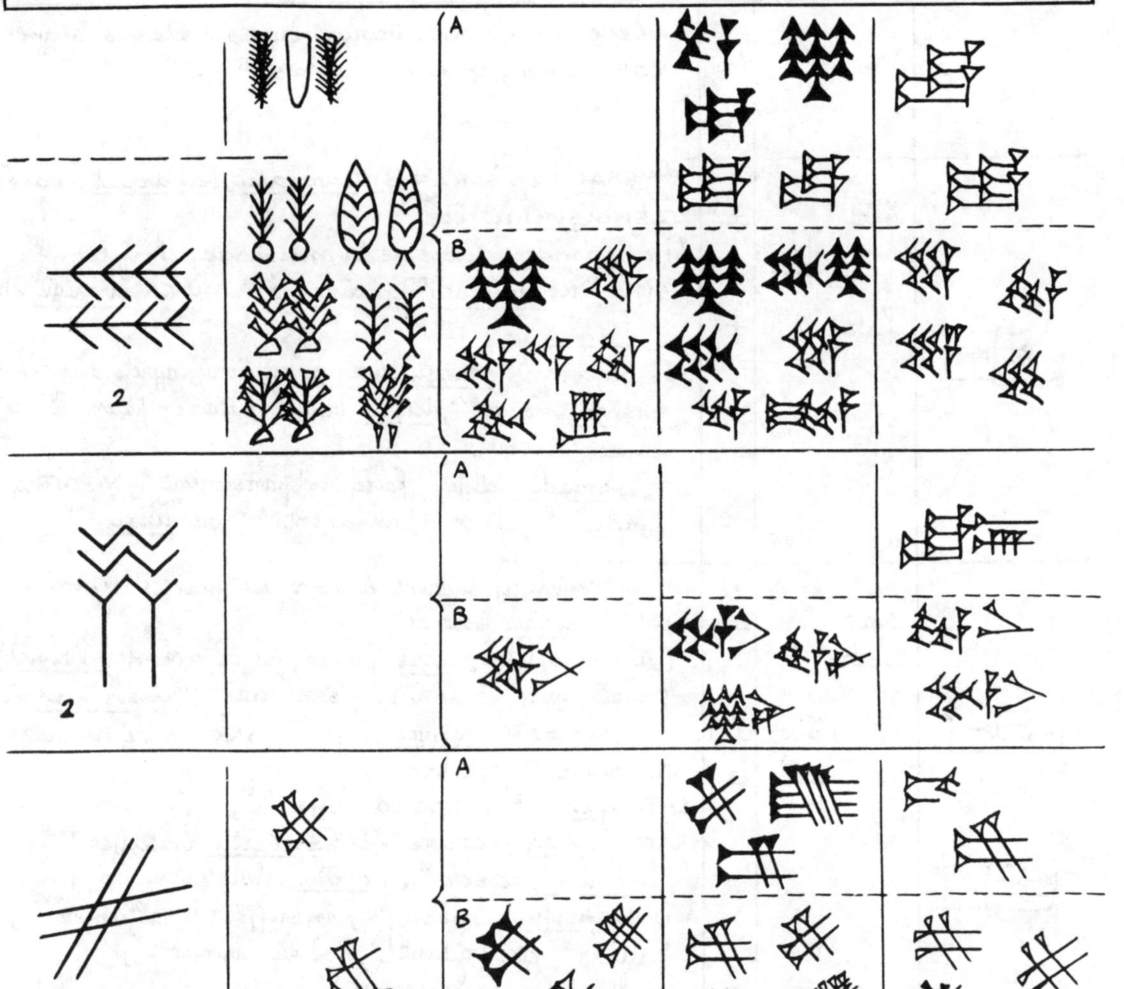
A
B
2
A
B
2
A
B
1
A
B
A
B
3

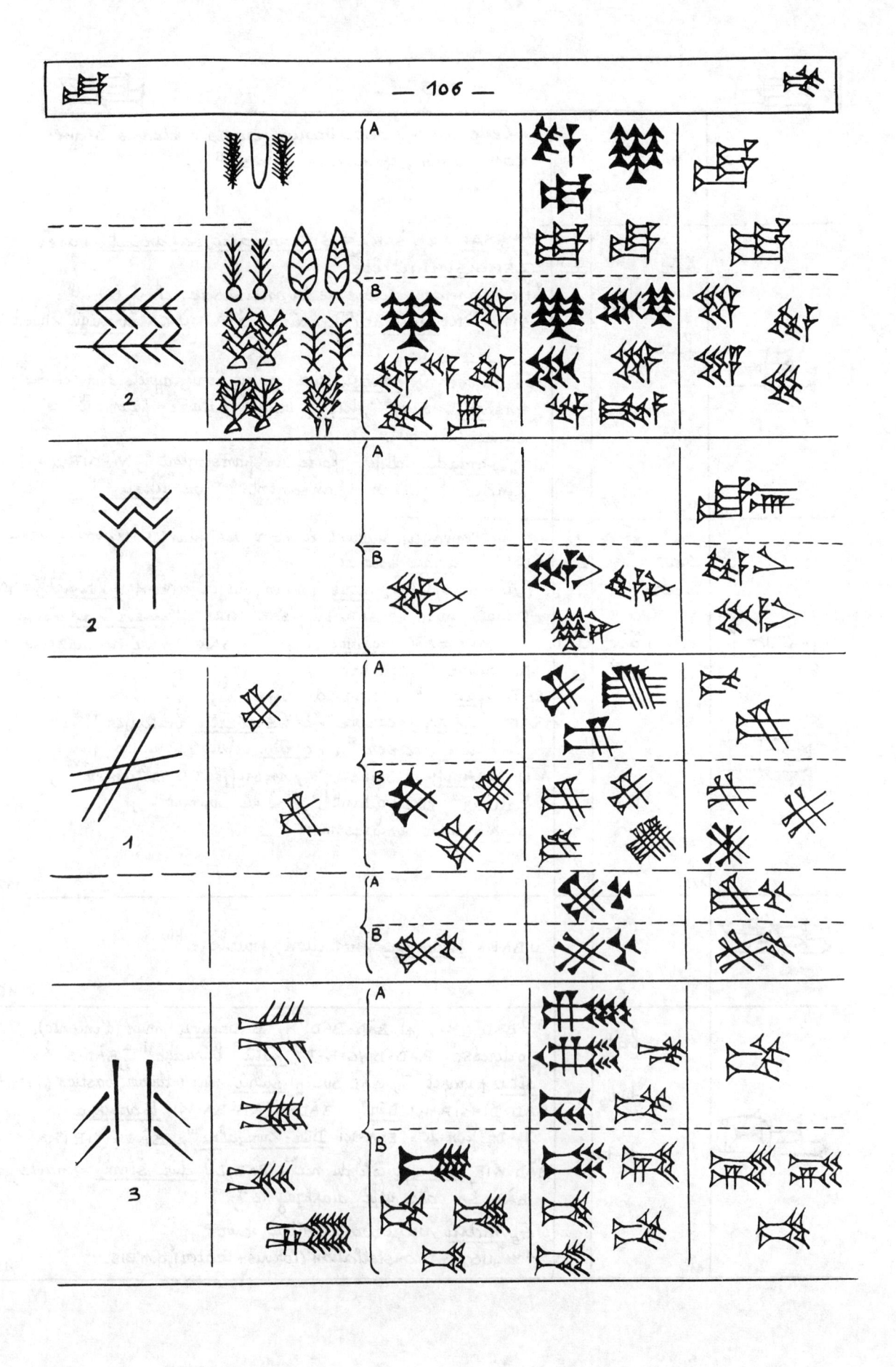

sì, sè, šúm, sum, sím, súm, še$_{21}$

SUM (-ŠAR) *šūmu* ail [V•□+$];
SUM-SIKIL-ŠAR *šamaškillu*, *šusikillu* oignon [V•S];

SUM, SÌ *nadānu* donner [∞]; *nādinānu* vendeur,
SÌ *nidintu* don [□VB]; NÌ-SÌ-MA *nidintu* don [•]; SÌ *paqdu* confié;
(U$_4$-) SÌ -NINDA (*ūm*) *nadān akali* jour de l'offrande (rituelle) de nourriture [Ш+];
lú SÌ-NINDA *ka(r)kardinnu* cuisinier;

SÌ *sapānu* abattre [+], *nadû* jeter, lancer (Sc).

115 100 164

nák

NAGA *uhūlu*, (*qiltu*) plante alcaloïde, alcali [V•S];
(ú)NAGA-SI *qiltu qarni*, *qarnānu* salicorne [VS];
NAGA-TU$_{16}$ *ramku* (un prêtre) [+] (cf. šu-naga)
ú TÈ *mangu* plante alcaloïde; *qāqullu* cardamome; (ú)*šamīdu* (une saponaire) [V];

115a 165

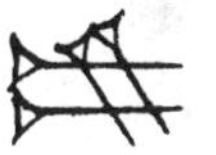

kas, raš [S], kasa, buš, iš

KÁŠ *kaškašu* nom du signe [V];
KASKAL (-ki -A) *harranu*, KASKAL *gerru* route, expédition [+БVШ], service militaire [CШ□], entreprise collective, société [•]; *urhu*, *hūlu* chemin [□];
uru/kur KASKAL (2) la ville/le pays de Harrān [ШОV•];
(kaskal-gíd =) DANNA *bēru* (mesure de temps) double-heure, (et de distance) double-lieue (10 km.70)
lú KASKAL *lāsimu*? courrier;
BÚ-MEŠ *našarbut/ṣu* assaillir [+];

116

ÌLLAT *illatu* / *tillatu* clan, caravane, forces d'appui [ШОV];
i$_7$ KASKAL-KUR-A le fleuve Balih [Ш], eau souterraine [•].

166

(L ) gab, gap, qab, qap, káp, gaba, tuh, duh, tuh, tuhu, táh, du$_8$

(uzu) GABA, GAB *irtu* poitrine [∞];
GAB *mehretu* face opposée; ú GAB-LAM: ? (une plante) [S];
GABA-RAH *gabarahhu* rebellion [V]; GABA-RI *mahāru* recevoir, affronter [Ш]; *māhiru* égal, rival [VШ≏]; *mehru* équivalent, réponse, *gab(a)rû* réponse, duplicat, copie [ШVУ□];
GABA-RI-A *šaninu* égal, rival [ШV].
DUH-LÀL *iškūru* cire [+VS]; DUH-ŠE-GIŠ-Ì *kupsu* résidu de sésame; DUH *tuhhu* son, DUH-HÁD-DU son sec, DUH-DURU$_5$ son humide;

(L )

DUH, DU$_8$ *petû* ouvrir [V], *paṭāru* libérer [+], fendre [V], *piṭru* fente [V]; DUH-UŠ *piṭruštu* situation ominale contradictoire [V];

117

(Suite de la page précédente)

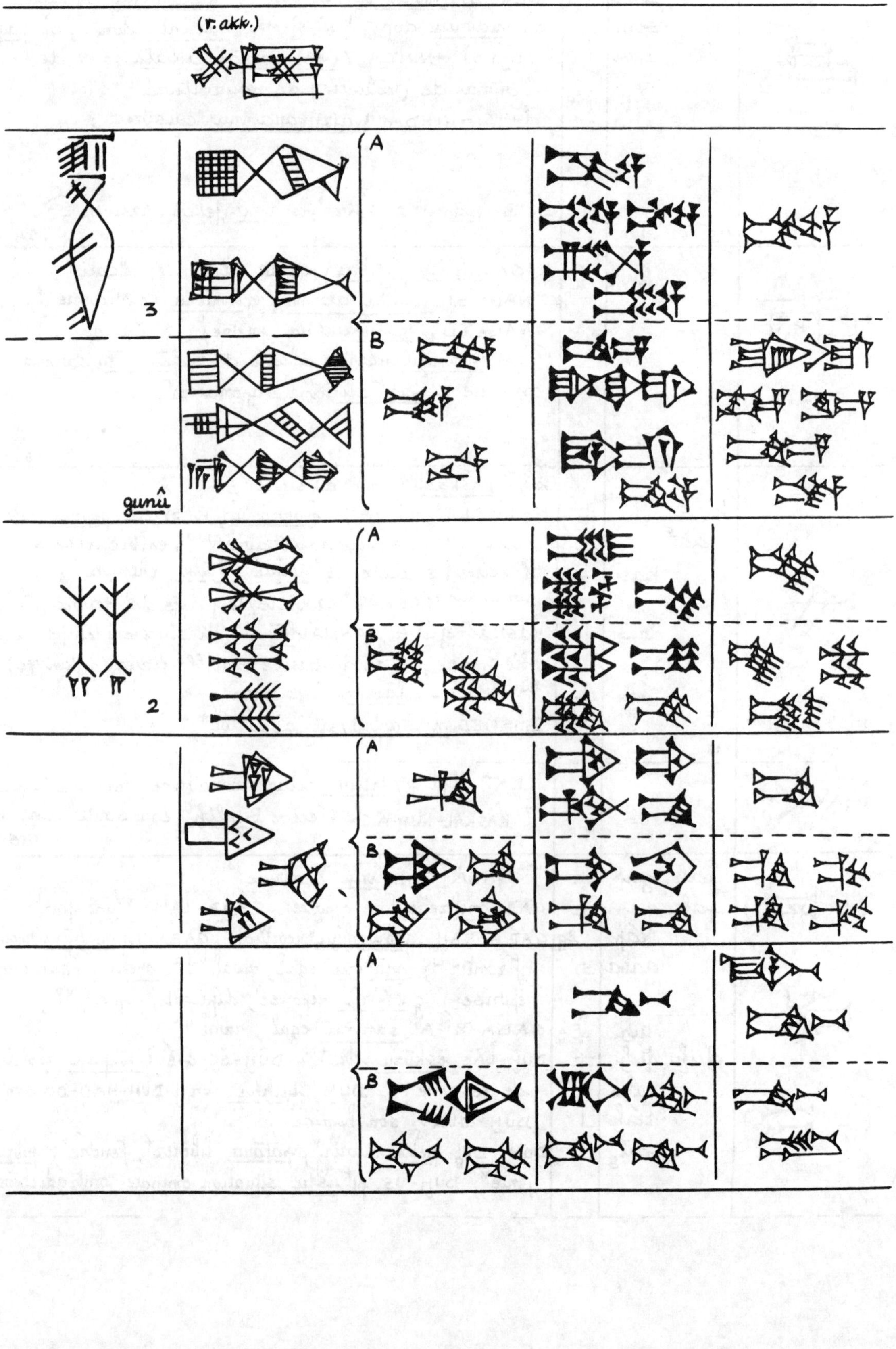

	117			ṭaḫādu être abondant^{v} ; ṭuḫdu abondance^{wv} ; labānu mouler des briques^{b} ; ^{lú}(SIG$_4$)-DU$_8$-DU$_8$ lābinu briquetier^{c} ; ^{zá}DUḪ-ŠI-A duḫšû cristal^{+nw}, teinture$^{°}$.	167
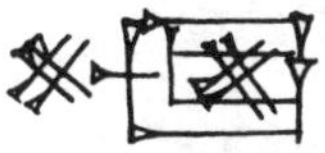				taḫāzu (?) combat, expédition (?)^{w}. (cf. RA 9 p34).	166?
	118	ru$_6$	⊥	EDIN ṣēru plaine, steppe$^{+w@v}$; dos, partie plane du foie^{v} ; (ana, ina) ṣēr sur, contre$^{+v§w}$; ṣēriš dans la steppe, EDIN-NA/^{meš} ṣērītu steppe^{N} , ^{kuš}EDIN-NA cf. AHw 705a. ^{lú}EDIN ṣērû? policier du désert? ; EDIN bāmātu steppe ; ^{d}EDIN la déesse Šerua ; BIR$_4$ dans SU-BIR$_4$.	168
	119 103	dah taḫ ṭaḫ taḫa	⊥ ⊥ ⊥ ⊥	DAḪ aṣābu, ruddû ajouter, augmenter$^{v\Delta}$; taḫḫu remplaçant, substitut$^{□°}$; râṣu aider^{+} ; ^{mul}DAḪ la planète Mercure^{v}.	169
	120 104	am	⊥	AM rīmu bœuf sauvage, urus$^{wvo§°}$ (AM-GAL, AM-NINDA$_2$ cf. AHw 986b) AM rīmu présent$^{°}$, rîmu aimé$^{°}$, AM-MEŠ rimānu$^{°}$; ^{d}AM-MEŠ Rīmē. AM-SI pīru éléphant^{wv} ; ZÚ-AM-SI šin pīri ivoire^{w} AM-SI-ḪAR-RA-AN, AM-SI-KUR-RA ibilu chameau ; ^{ú}AM-ḪA-RA amḫaru euphorbe^{v§} ; ^{ú}AM-SI-ḪAR-RA-AN piṣ/zallurtu (une plante)^{v}.	170
	121 105	šir$_4$ širi šira	⊥ ⊥ ⊥	UZU šīru chair, viande*, présage^{wv+} ; Déterminatif précédant le nom des parties du corps (cf UZU-TI-TI etc.) UZU-UR$_5$-ÚŠ têrtu oracle^{v+} (cf. 401), UZU-ÚŠ dāmu sang caillé ? UZU-DIR kamūnu champignon, UZU-DIR-EDIN kamūn ṣēri champignon agreste^{v} ; $^{(ú)}$UZU-DIR-KUR-RA kamūn šadî champignon de montagne^{v} ;	171

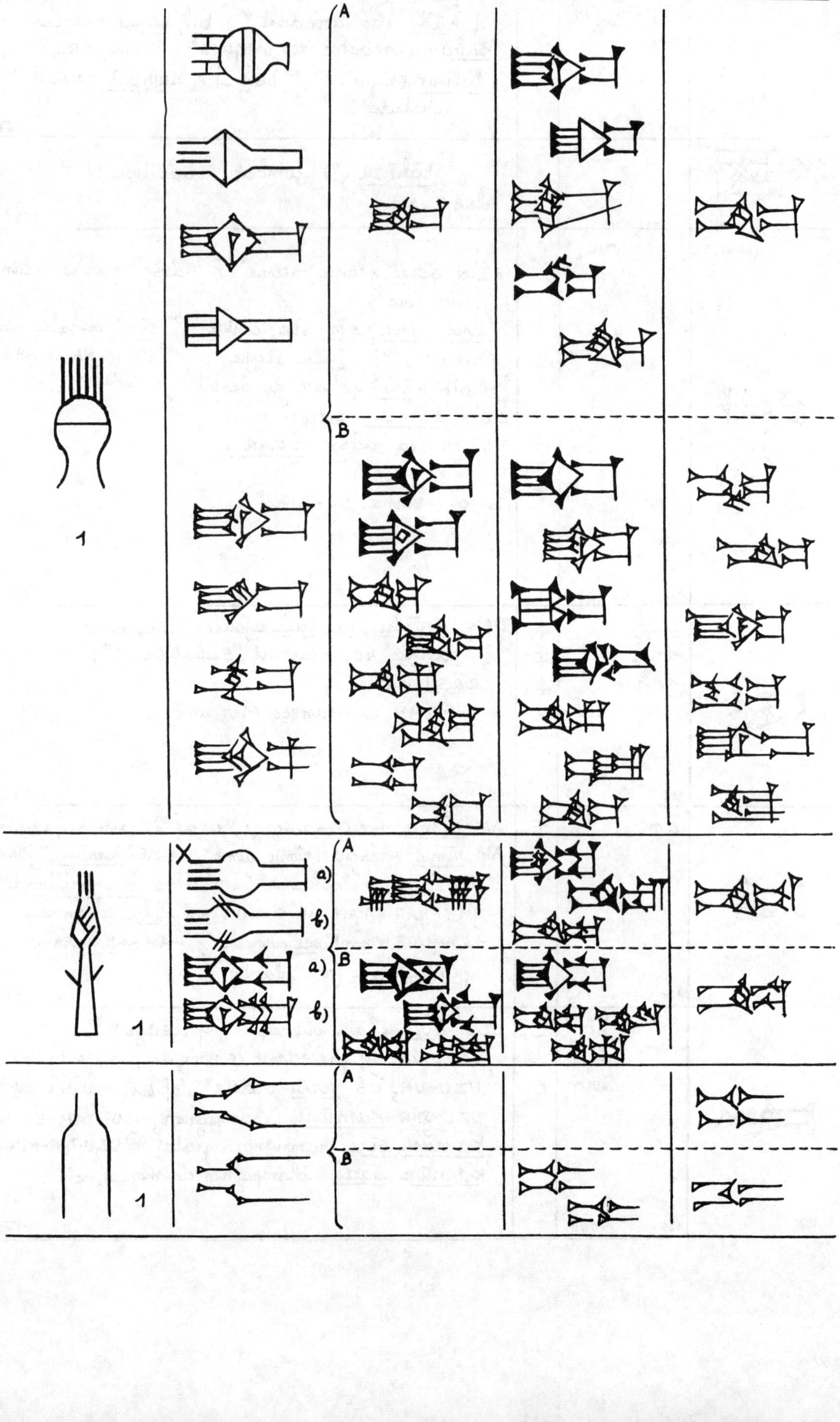

A
B
1
A
a)
b)
B
a)
b)
1
A
B
1

ne, tè, bil, pil, kúm, bí, be_8, te_4, qúm, ni_5, ṣah, dè, suh_8, ṣéh, pi_5, $ṭi_5$, li_9, kun_5

IZI, ^{d}IZI$^{Am.}$ išātu feu, inflammation^{VWo}. ša IZI ša išāti brasero$^{Am.}$;
IZI-GAR dipāru torche^{+}, nūru lumière, lampe^{V}, niphu dispute, contradiction ominale^{V}; šarūru éclat^{V}. IZI-AN-BIR_8 anqullu phénomène lumineux^{V}; IZI-HA-MUN abru pile de bois, bûcher;
(NINDA-)IZI-NÌ-HAR-RA (akal) tumri (pain cuit sous la) cendre^{+VS};
IZI-ŠUB-BA izišubbû coup de foudre^{V+};
IZI-A-ŠÀ-GA brouillard(?)^{V} (cf. CAD, I, 229 a);
IZI, BIL(-BIL) qalû brûlé^{WaV};
$ŠE_6$, $ŠEG_6$(-GÁ) bašālu cuire^{S+}, bašlu cuit^{S};
KÚM baḫrû fumant, chaud^{S+}, * baḫrūtu état (d'un liquide) fumant^{S}, KÚM(-MA) emēmu être chaud, fiévreux^{+S}; ummu chaleur, inflammation^{S}; emmu chaud^{S}.
^{d}BIL-GI Gira dieu du feu$^{W+V,a}$; girru feu^{W}, BIL-LÁ emṣu aigre^{SV}, ṭabātu vinaigre^{VS}.
(BIL eššu neuf); BIL-ZA-ZA muṣa''irānu grenouille^{VS};
DÈ d/tikmēnu cendres (brûlantes)^{VWS};
DÈ-DAL(-LA) d/titallu, nablu^{b} flambeau, torche^{W+};
NE annû celui-ci$^{+\Delta V}$, NE-SAG niqû une libation, un sacrifice^{+}, ^{iti}NE(-NE-GAR) ^{arah}âbu 5ème mois (juillet-août)$^{\infty}$; NE-HA nēḫtu calme, repos^{o};
-NE-NE suff. poss. sumér. (leurs) -šunu^{V};

(lú-ne) DU_{14} ṣaltu inimitié^{V}, mussālu agressif^{+};

122 106

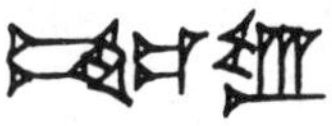

rìm, rúm

(ne-ru =) $ERIM_2$ ajjābu ennemi^{V+}, damtu destruction^{W};
NAM-$ERIM_2$ cf. sub NAM.

172

bíl, púl, bi_5, ne_8

GIBIL edēšu^{II} restaurer^{W+V}; eššūtu nouveauté;
eššu neuf, nouveau^{+W}, frais^{S}, eššiš à nouveau;
^{giš}GIBIL qilûtu brasier, crémation (sc.);
GIBIL-TAB išqippu ver de terre (sc.);
BÍL-LÁ emṣu aigre (cf. avec A(GEŠTIN) ṭabātu vinaigre)^{SV};

124 107 173

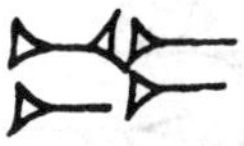

$^{(dug)}NINDA_2$ namaddu mesure$^{\bullet}$;
$^{ú}NINDA_2$ illūru anémone^{+V};
$^{giš}NINDA_2$(-APIN) ittû versoir (de charrue)$^{\Delta}$;
$NINDA_2$-DIL-KU_6 abūtānu (un poisson) (cf. n° 185) (sc)
(cf. GU_4-$NINDA_2$ bīru, alpu, taptīru, n° 297).

176

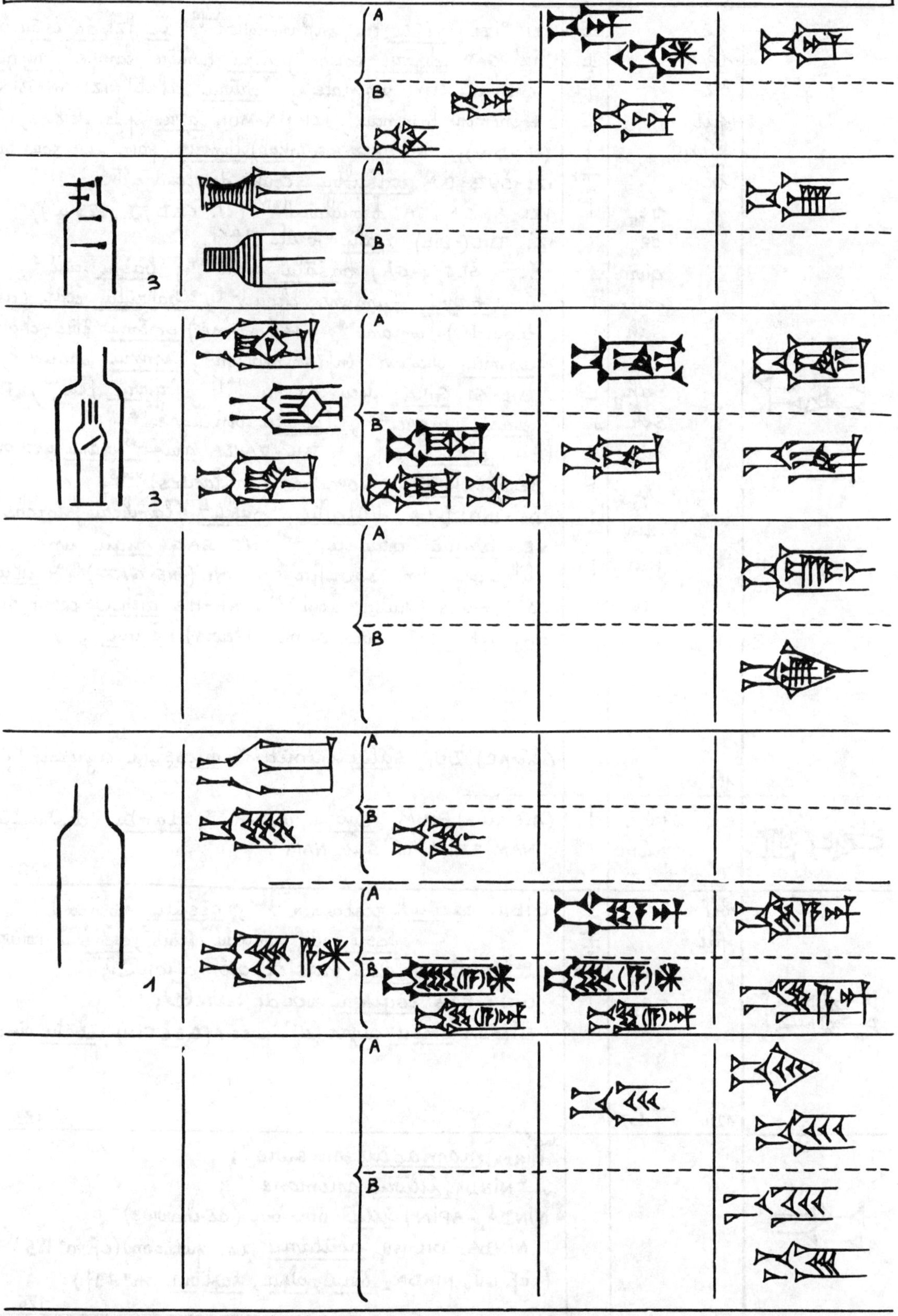

	šàm šan sàn 125 108	+ Am ˩ ˩	(Variante graphique de *šám* (n° 187).	176′
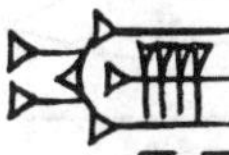			(lú) UZU$_2$, AZU *bārû* devin (Al. Bg., M) NAM-UZU$_2$ *bārûtu* divination (mB+ ?);	
			UŠBAR phonétique pour uš-bar *išparu* tisserand°.	181
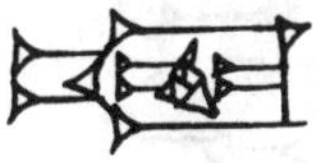	ram rama ág ám 126	┼ ┼ ! ˩	ÁG *râmu* aimer (cf. KI-ÁG)°; *rîmu* aimé°; *madādu* mesurer° (Ì-ÁG-E *imaddad*); lú (Ì-)ÁG *mādidu* mesureur°; (Dialectal pour NÍG : sert, en sumérien, à former des abstraits = ÁM/ÈM).	183
			UBUDILI *singurru*, *abūtānu*; UR$_7$ *ūru* (un poisson) (SC) MURUM *emūtu* parenté, (maison de la) belle famille+;	
			URU$_7$, MURU$_2$ *emu rabû* beau-père V.	185
			SA$_{10}$ *šâmu* acheter°; (sa$_{10}$ = šám dans les verbes (de Ur III à vB). cf Edzard SR iii p.19.	
 	šám 127	!	ŠÁM *šīmu* prix, cours CD•V; *šâmu* acheter ŠÁM{TIL-LA}BI-ŠÈ *ana šīmi-šu (gamri)* pour son prix (total)°; *šamātu* vendre (prm.) Ug. lú ŠÁM *šāmû* acheté (en parlant d'un esclave)°. (NÌ-ŠÁM cf. n° 597)	187
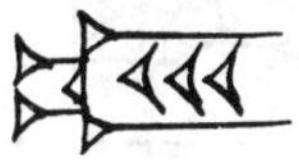	zik?, zek ṣib+ zaq$_4$ zib ḫiš ḫáš ḫíš	┼ ⊥ ! L ˧ ⊥ ˧	ḪÁŠ-(TIBIR-RA) *e/imšu* bas-ventre $+; ZÍB *tēlītu* "experte" (en parlant d'Ištar)+ (cf. AN-ZÍB n° 13) ḪAŠ *šabru* cuisse $. ḪÁŠ-GAL *pēm/nu* cuisse $.	190

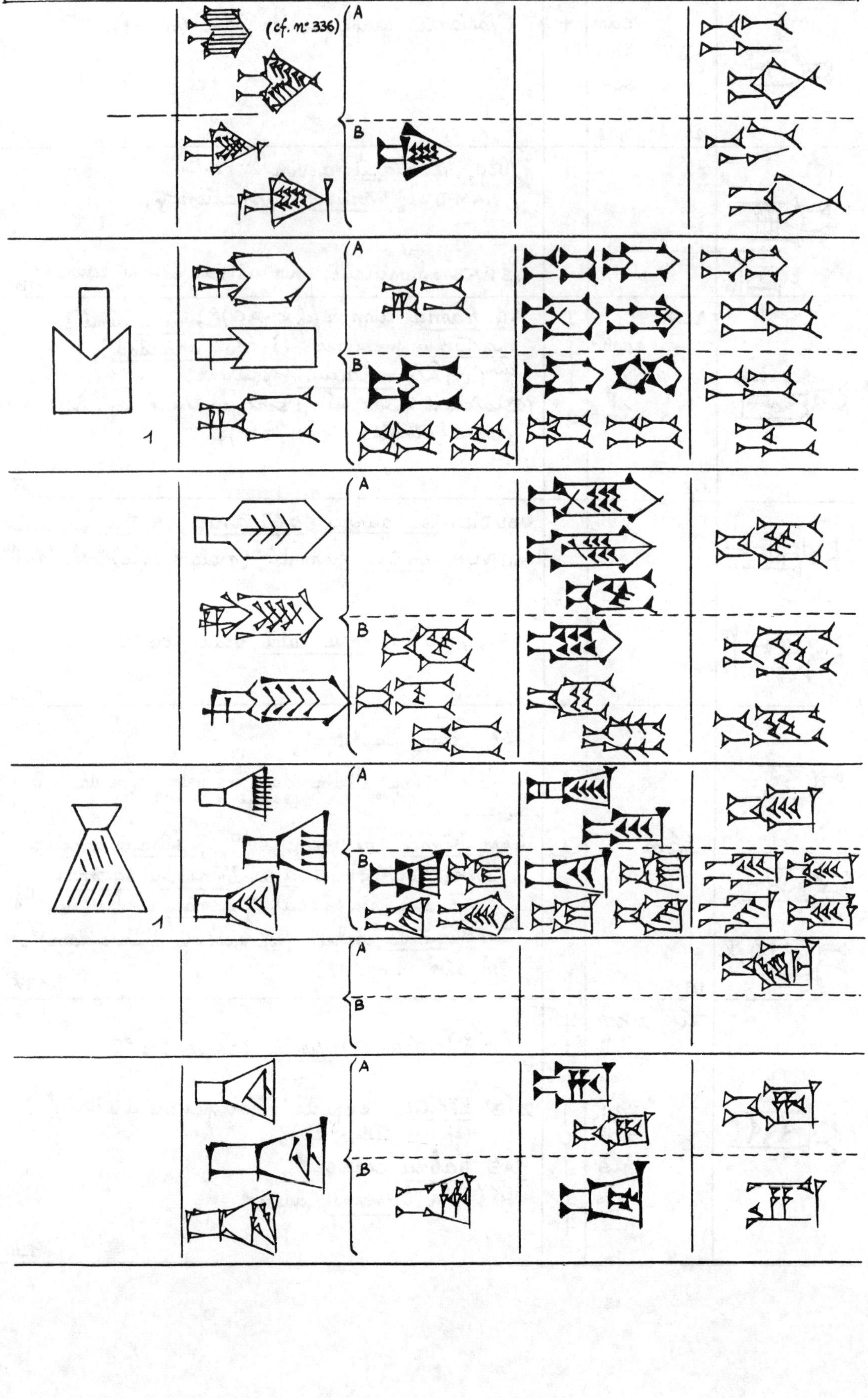
(cf. n° 336)
A
B
1

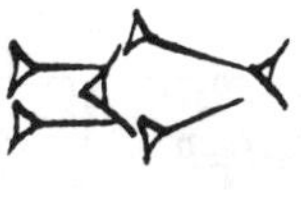

GALAM *naklu* habile, artistique[+] ;
nakālu faire preuve d'habileté, d'ingéniosité[+] ;
(NÌ-)GALAM *nikiltu* sagesse, ingéniosité[+] ;

SUKUD *elû*, *šaqû* haut[v] ;
mēlû hauteur, éminence[v] ;

190 b

qu, gum, kum, qum, kùn, ku$_{13}$, gu$_8$ (ka.)

129

KUM (-KUM) *hašālu* écraser, broyer[□$] ;
hašlu pilé[□+$]

(ZÌ-GUM *isqūqu* son[+v$] cf. n°536)

variante de 192

191

gaz, gaṣ, kaṣ, kàs

130

GAZ *dâku* tuer, vaincre[vw] ; *diktu* (*tidūku*[w]) défaite, massacre[vw] ; (GAZ-GAZ *diktu dikat*[v]) ;
hepû casser[+v] ; *hīpu* rupture, ravin[$v]
GAZ (-GAZ) *hašālu* écraser, piler[v$] ; NAGA$_2$
(=giš-gaz) *esittu* pilon[v$] ; ^{giš}GAZ-ZÌ-GAZ *madakku* pilon[$] ; ^{lú}GAZ-ZÌ-DA *kaṣṣidakku* meunier[•○] ;
GAZ *šagāšu* tuer, assassiner[○] ;
GAZ-ŠÀ *hīp libbi* colique[v+$] ;
GAZ?-IB? ----- ? (cf. VS 5,3,1)

192

UNU(G)-KI la ville d'Uruk[cv○□] ;
^{d}UNU(G)-KI-*i*-*tu* *Aš/rkā'itu* (déesse) d'Uruk ;
UNU(G)-GAL *ešgallu* grand-temple (dans le nom d'un temple à Uruk)[+] .

195

UNUGI *parṣu* rite[SC.] .

196

^{uru}NINA^{ki} *Ninua* la ville de Ninive[w□•] ;
^{uru}SIRARA^{ki} (ville du sud) ;
^{d}NANŠE (une divinité)[+w]

200

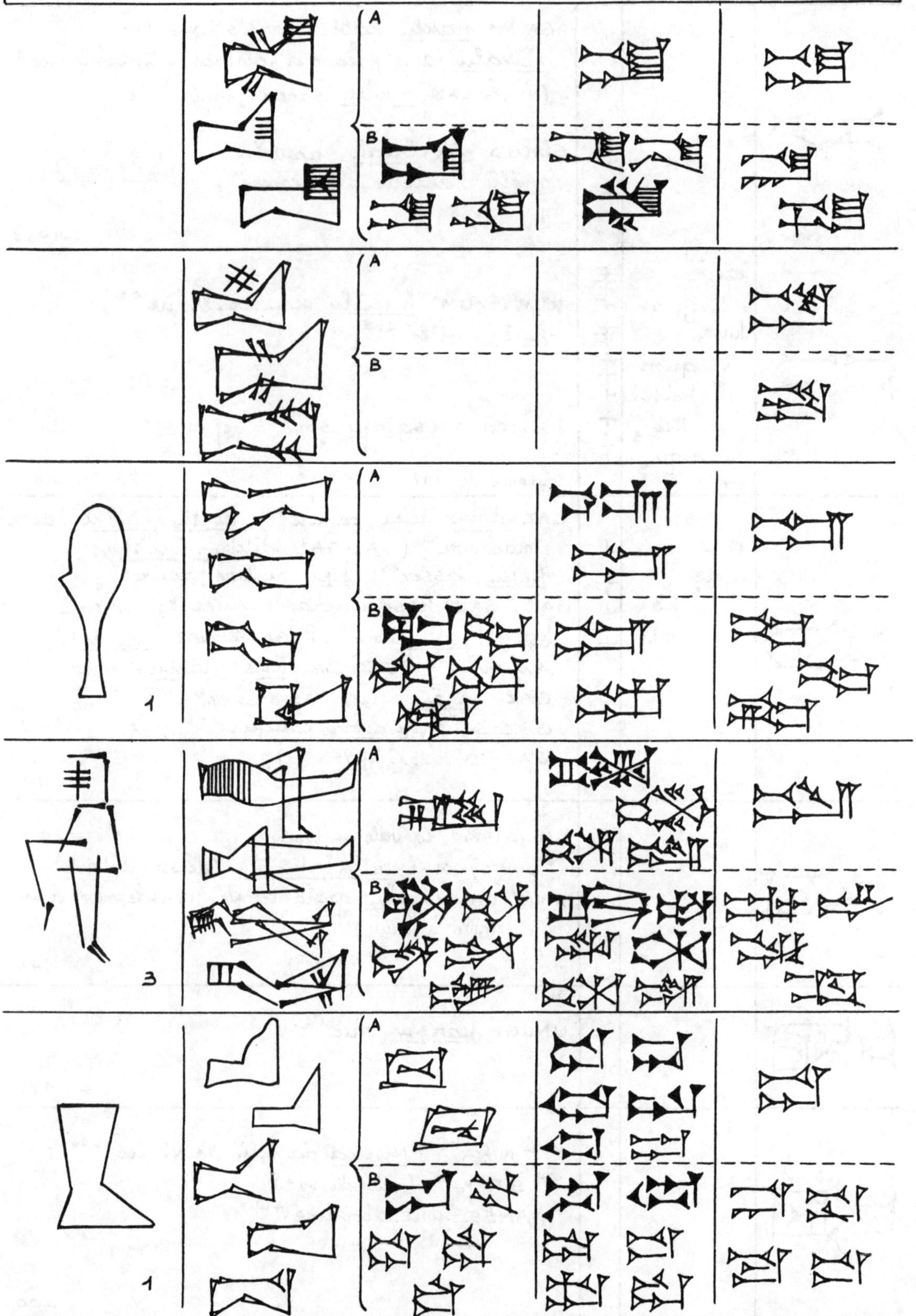
A
B
A
B
A
B
1
A
B
3
A
B
1

132 115 kas_5

SUḪUŠ (SUḪ$_6$) <u>išdu</u> fondations[ω,+v], base[ωv], fondement[ωo], racine[v$+], jambe; <u>šuršu</u> racine[v$+o]; <u>uššû</u> fondations[ωv]; SUḪUŠ-KIR$_4$ <u>išid</u> <u>appi</u> base du nez[v$]; GIR$_6$ <u>ḫullupu</u> habiller[+]. 201

GIR$_5$-MUŠEN <u>aškikitu</u> <u>piṣû</u> (un oiseau blanc)(sc),
GIR$_5$-ZA-NA-MUŠEN <u>šat-tibnu</u> (un oiseau noir);
GIR$_5$ <u>rabû</u> se coucher (pour un astre).

133 116 kas_4, ím

KAŠ$_4$ <u>lasāmu</u> courir[v]; [lú]KAŠ$_4$(-E/A) <u>lāsimu</u> courrier[ov]; ([d]KAŠ$_4$ <u>Lāsimu</u>[+]) <u>lasmu</u> rapide; <u>mu'irru</u>? (cf. Brinkman PKB 300 n. 1857).
ÍM, GIR$_5$ <u>šānû</u> coureur, ânon(sc);
<u>šanû</u> second
(gir$_5$-gir$_5$-ri =) GIGRI$_2$ <u>ṭebû</u> couler, s'enfoncer(sc); 202

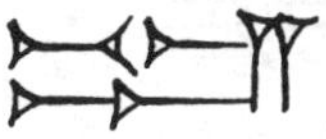

131 114 úr

ÚR <u>sūnu</u>, <u>pēm/nu</u> cuisse, hanche; sein? [∞]
<u>išdu</u> fondement, fondations[ωv+]; racine[v+$];
[túg]ÚR <u>sūnu</u> frange;
ÚR-KÚN <u>rapaštu</u> reins, bassin[$+v];
ÚR-GIR <u>šuḫar</u> <u>šēpi</u> thénar (du pied)?[$];
[ú]ÚR-TÁL-TÁL <u>uzun</u> <u>lalî</u>, <u>uznanātu</u> plantago[v$];
[giš]ÚR-ZI-NU <u>urzīnu</u> (une plante)[$].
ÚR, ÚR-É-GAR$_8$ <u>asurrû</u> soubassement[+]. 203

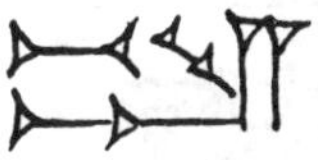

134 il, él

ÍL (= ÍL) <u>šaqû</u> être haut[v];

134a il_8 205

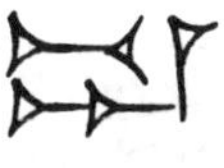

135 du, ṭù, gup, gub, kup, kub, qup, qub, tù, rá, kin_7, $ša_4$

DU (GIN, RÁ) <u>alāku</u> aller, remuer[I/2], s'en aller[∞]. DU-DU <u>tallaktu</u> chemin; DU-IGI <u>ālik</u> <u>pāni</u> chef[oωv+], DU-DU <u>dâlu</u> aller ça et là, errer[+]; [lú]DU-E/A <u>lāsimu</u> courrier (cf. n° 202).
DU <u>kânu</u> être stable[+ωvo], <u>kīnu</u> vrai, correct.
DU <u>išdu</u> base[vA] (var. de SUḪUŠ). DU <u>šaṭāru</u> écrire.
RÁ-GAB (pseudo-id.) <u>rakbu</u> estafette, cavalier[o];
GUB <u>i/uzuzzu</u> se tenir debout, se trouver[∞].
[lú]GUB(-BA)-IGI <u>manzaz</u> <u>pāni</u>[x] courtisan[ωo]; [lú]GUB-BA <u>maḫḫû</u>, [mí]« <u>maḫḫūtu</u> un/une extatique[vo];
(GUB <u>zaqāpu</u> planter[o]);
MÈN <u>ḫalḫallatu</u> (sorte de tambour[+]);
TÚM <u>abālu</u> (ap)porter[o]; (<u>tabālu</u> emporter, cf. TÙM). 206

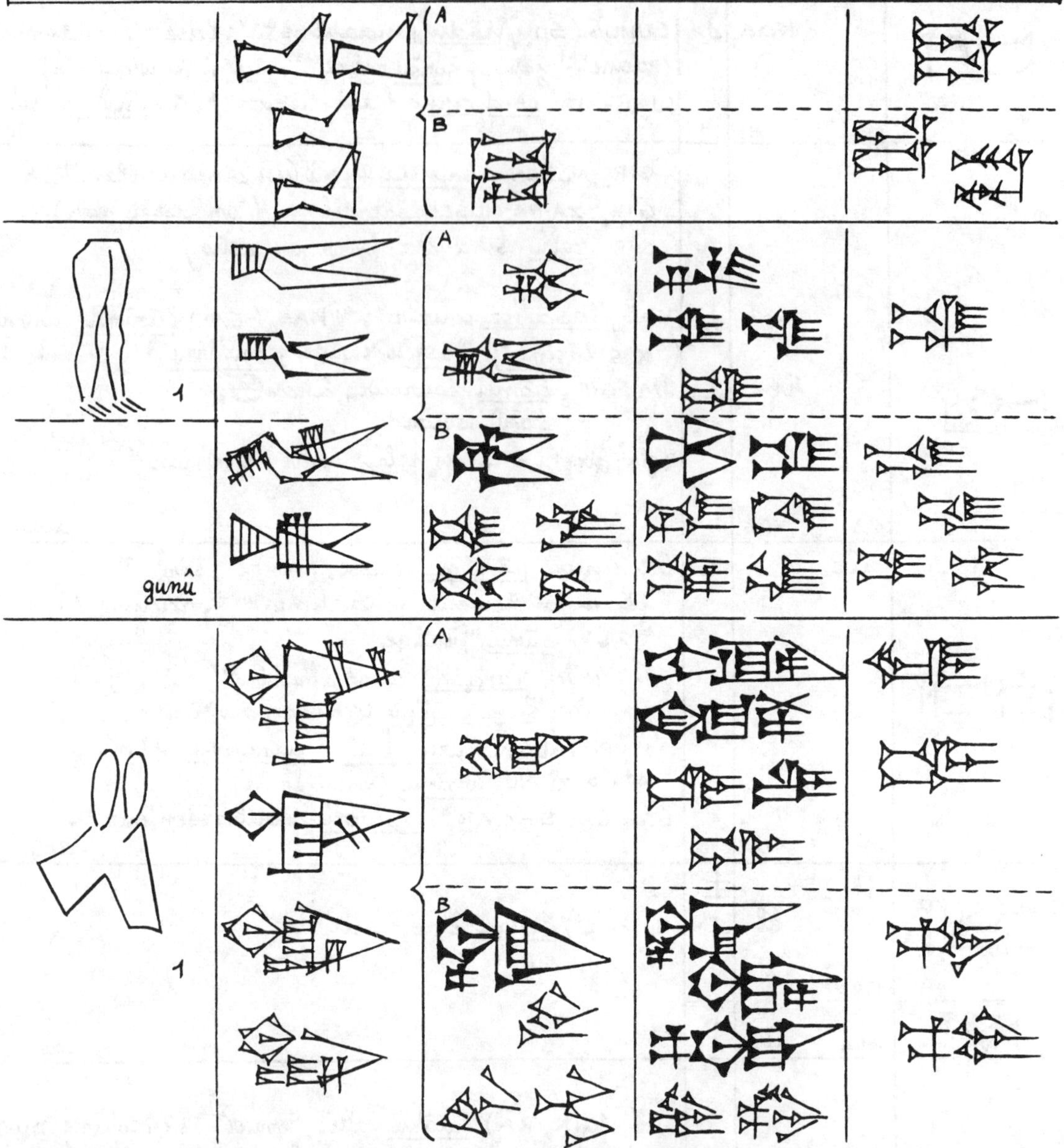
A
B
1
A
B
gunû
1
A
B
3
A
B
b)
gunû

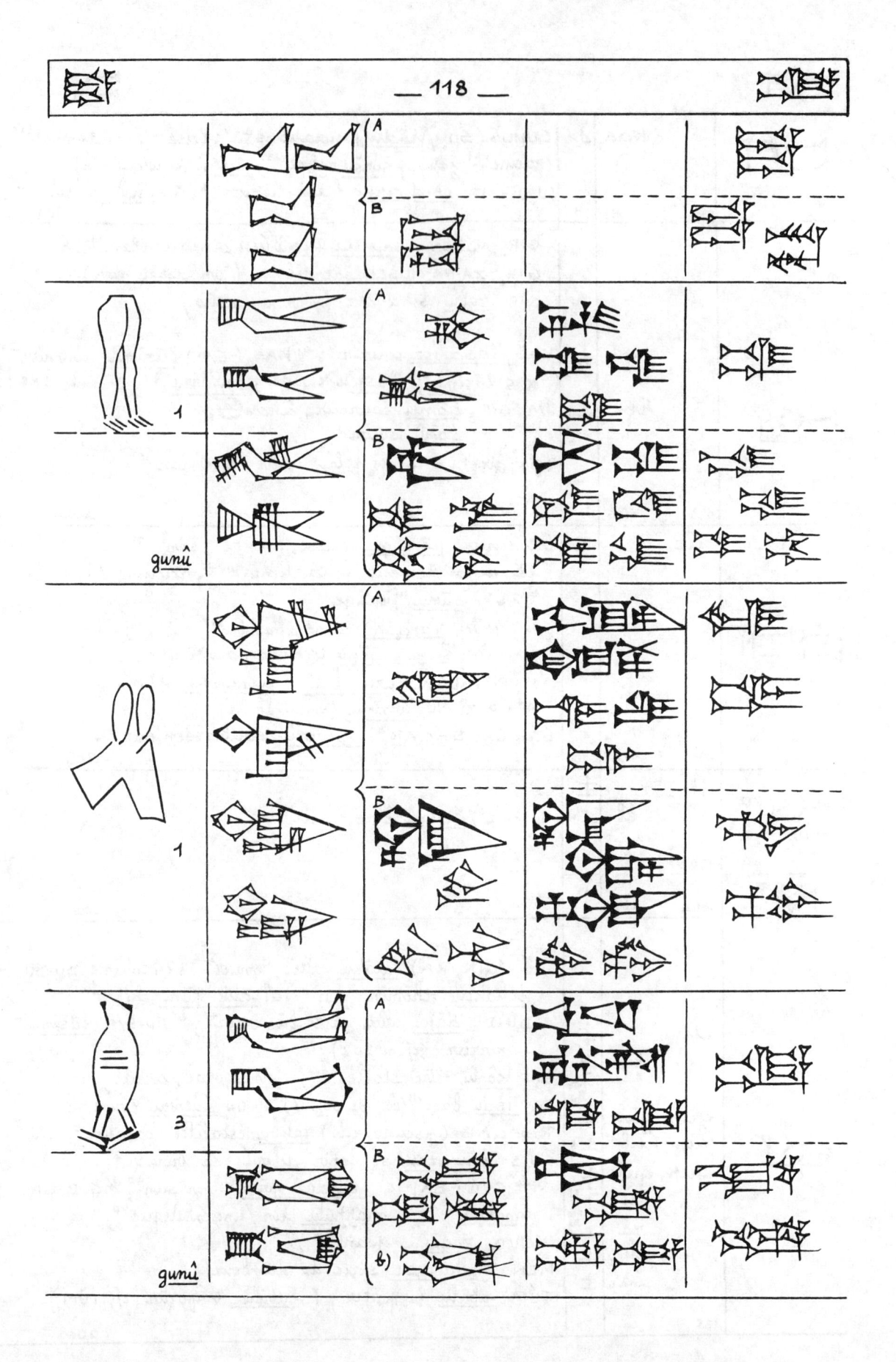

Signe	Valeurs		Sens	N°
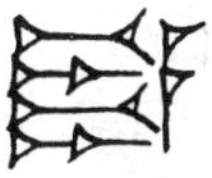 136	lah₄ súp	┘ o ⊥ v	LAḪ₄ *šalālu* emmener, ravir, piller[V+]; LAḪ₄-LAḪ₄ *redû* pousser, conduire[+];	206 a
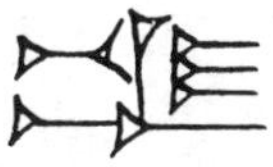 137	tum dum íb, éb íp, ép tum ᵗtu₄ dàm tam₄? tìm	≠ ⊥ ⊥ ⊥ ⊥ ⊥ Am Bg N El ┐ ┐ T	ÍB *qablu* taille, milieu[b]; ÍB(-BA) *agāgu* être en colère[+]; [túg]ÍB-LÁ *nēbeḫu*, (*ḫusannu*) ceinture[VW+S]; ([túg]ÍB-BAL cf. ÍB-BAL n° 535). ÍB- préfixe verbal sumérien[VW•]. ÍB-TAG₄ *rēḫtu* reste[Δ•]; ÍB-SI₈ *bāsû* racine (carrée, cubique)[Δ], ÍB-SÁ *mitḫartu*, (*ibsû*) (côté d'un) carré[Δ]; *maḫāru* I/2 être réciproque[Δ], III/2 élever au carré[Δ].	207
			ANŠE *imēru* âne[∞]; mesure assyrienne de capacité (=100 qa)[WO]; partie du poumon[V]; ANŠE-ḪÁ *imērūtu* ensemble d'ânes[•]; (ANŠE-A-MEŠ ≃ 100 ℓ d'eau; É-x-ANŠE maison de x omer); ANŠE-KUR-RA *sisû* cheval[∞]; ANŠE-A-AB-BA *ibilu* dromadaire[WO]; ANŠE-GAM-MAL *gammalu* chameau[W]; ANŠE-EDIN-NA *serrēmu* âne sauvage[OWV]; ANŠE-LA-GU (?)[ARM 9,301]. ANŠE-KU-DIN, ANŠE-GÌR(-NUN-NA) *kūdanu*[O•] mulet; ANŠE-NUN-NA *damdammu*, ANŠE-KUNGA₂ *parû*[VOW] (différentes sortes de mulets); ANŠE-(ÈŠ)-BARA₄-LÁ *surrudu* âne de bât (sc.); (munus-anše=) EME₃, ANŠE-MÍ/ḪÚB *atānu* ânesse, jument[N]; [mí]ANŠE-KUR-RA *urītu* jument; (anše-ù =) DUSU₂ *agalu* âne de selle[V+]; (anše-nita₂=) α) ŠAGAN *šakkanakku* gouverneur[W], β) DÙR *mūru* jeune quadrupède (poulain, ânon)[WV]; DÙR-GÌR *šānû* "le rapide" (ânon ou dromadaire), ANŠE-GÚ *imēr bilti* âne de bât; ANŠE-GU-ZA *imēru kussî* âne de selle; ANŠE-LUGUD₂-DA jeune âne[O]; ANŠE-AMA-GAN *imikāru* jument[Ef.]; [uzu]ša ANŠE-šu/šú, [uzu]ša DÙR ša imērišu Damaš[W].	208
			EGIR *arki* derrière, après[∞]; *arkānu* ensuite[WS]; *arka* après, derrière; *arkû* postérieur; *arkītu* suivant, futur, dernier né; *arkatu* dos[VOS], suite, fond d'une affaire[O]; *arkātu* avenir; [lú]EGIR *arkû* troupe de remplacement; [uzu]EGIR *arkātu* derrière, fesses[+VS]; EGIR-BI *arki-šu* ensuite.	209

— 120 —

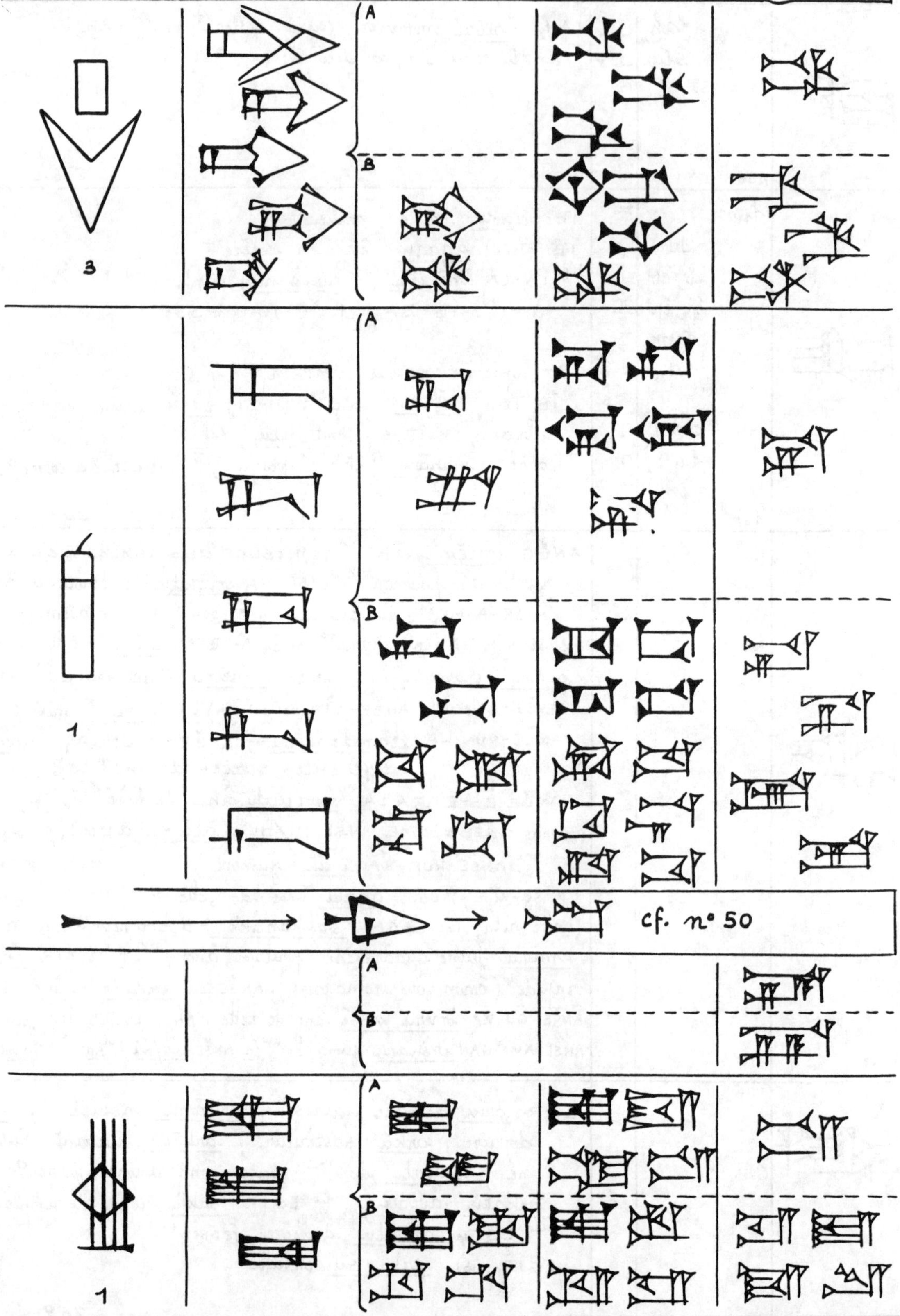

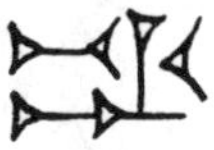

wi_5 — Bg

GEŠTIN *karānu* vin [∞]; ^{giš}GEŠTIN *karānu* raisin, vigne [vwš•]; $^{lú/mí}$ GEŠTIN-NA *sābû* cabaretier [+□] / *sābītu* cabaretière [□]; GEŠTIN-BIL-LÁ *ṭābātu* vinaigre [š]; GEŠTIN-KUR *karān šadî*; GEŠTIN-MUD *karānu sīmu*? vin rouge; ^{giš}GEŠTIN-HÁD-A *mu(n)ziqu* raisin sec [ш]; ^{giš}GEŠTIN-GÍR(-RA) *amurdinnu* (ronces) [шš+]; ^{giš} GEŠTIN-KA₅-A *karān šelibi* solanum [vš]; ^{giš} GEŠTIN-SUR-RA (*karānu*) *ṣaḫtu* jus de raisin [□š]; GEŠTIN-DU₁₀-GA *k. ṭābu*?; GEŠTIN-ÚS vin médiocre (≠ GEŠTIN-KAL-GA).

137a — 210

uš, nit ${}^{t}d$, ús, úṣ, úz, (u)š, uś, $iš_{10}$

GÌŠ *išaru*, *(m)ušaru* [nB] pénis [+]; GÌŠ (-DU₁₁-GA) *reḫû* féconder [SC]; GÌŠ, NITA *zikaru*, *zikru* mâle [∞]; GÌŠ (-NU)-ZU (*lā*) *petītu* (non) vierge [+vsш]; ÚS *redû* suivre la direction de, poursuivre, confisquer, persécuter [švш+]; ^{lú}ÚS *rēdû* suivant, escorteur (cf. ÚS-GAM-MAL, ÚS-ANŠE-A-AB-BA [nA]); ÚS *ridûtu* succession (cf. n° 324), accompagnement [v], escorte; *šiddu* longueur, région; $^{(lú)}$UŠ-BAR *išparu* [x] tisserand [□+ш]; $^{(lú)}$UŠ-BAR-GAD *išpar kitê* qui tisse le lin [•]; ^{lú} UŠ-BAR-GÙN *išpar birmi* (qui tisse en plusieurs couleurs); ÚS-(SA) *emēdu* se tenir (près de), s'appuyer à, être tangent [v•]; *emdu* soutien [SC]; ÚS (-SA-RÁ) *itu* côté, limite [•Δшv]; $^{(lú)}$ *itû* voisin de, contigu [•v]; *ṭēḫû* voisinage [□Δ]; *-ita* contigu à; UŠ-NU-KÚ *lā pādû* impitoyable [š]; (uš-ku =) GALA *kalû* prêtre, chantre [+шпv]; NAM-GALA *kalûtu* office de chantre; GALA-MAH *galamāḫu* chef des chantres [+□•]; GALA-TUR *galaturru* élève-chantre [+]

138 — 120 — 211

KÀŠ *šīnātu* urine [+vš]; ^{dug}KISI *karpat šīnāti* vase de nuit [SC].

211 a

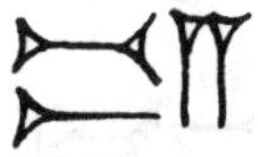

iš, mil, iši, es_5, $ís^{zš}$, $eš_{15}$ (Bg)

SAHAR *ep(e)ru* sable, poussière [∞]; volume [Δ]; SAHAR-ÚR *eper asurrê* carbonate de soude impur [+š]; UKUM, SAHAR.PEŠ *turbu'tu* nuage de poussière [v]; SAHAR-ŠUB-BA *saḫaršuppû* lèpre [šш]; KUŠ₇, KUŠ₇-SU *naš̌pantu* dévastation [v]; ^{lú}KUŠ₇ *kizû* valet, ^{d}Iš-tar (/šar/šár) la déesse Ištar; ^{d}IŠ-TAR *ištaru* déesse.

139 — 212

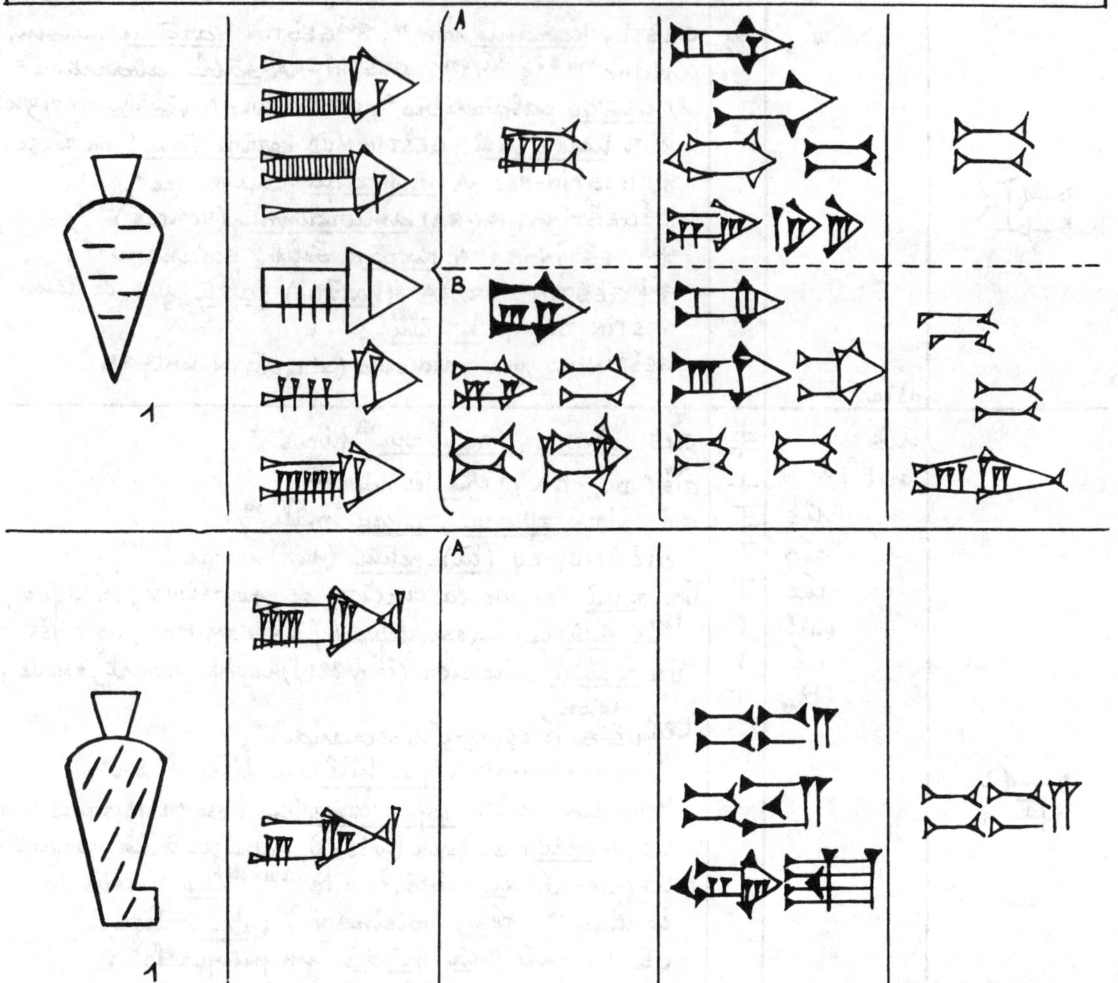

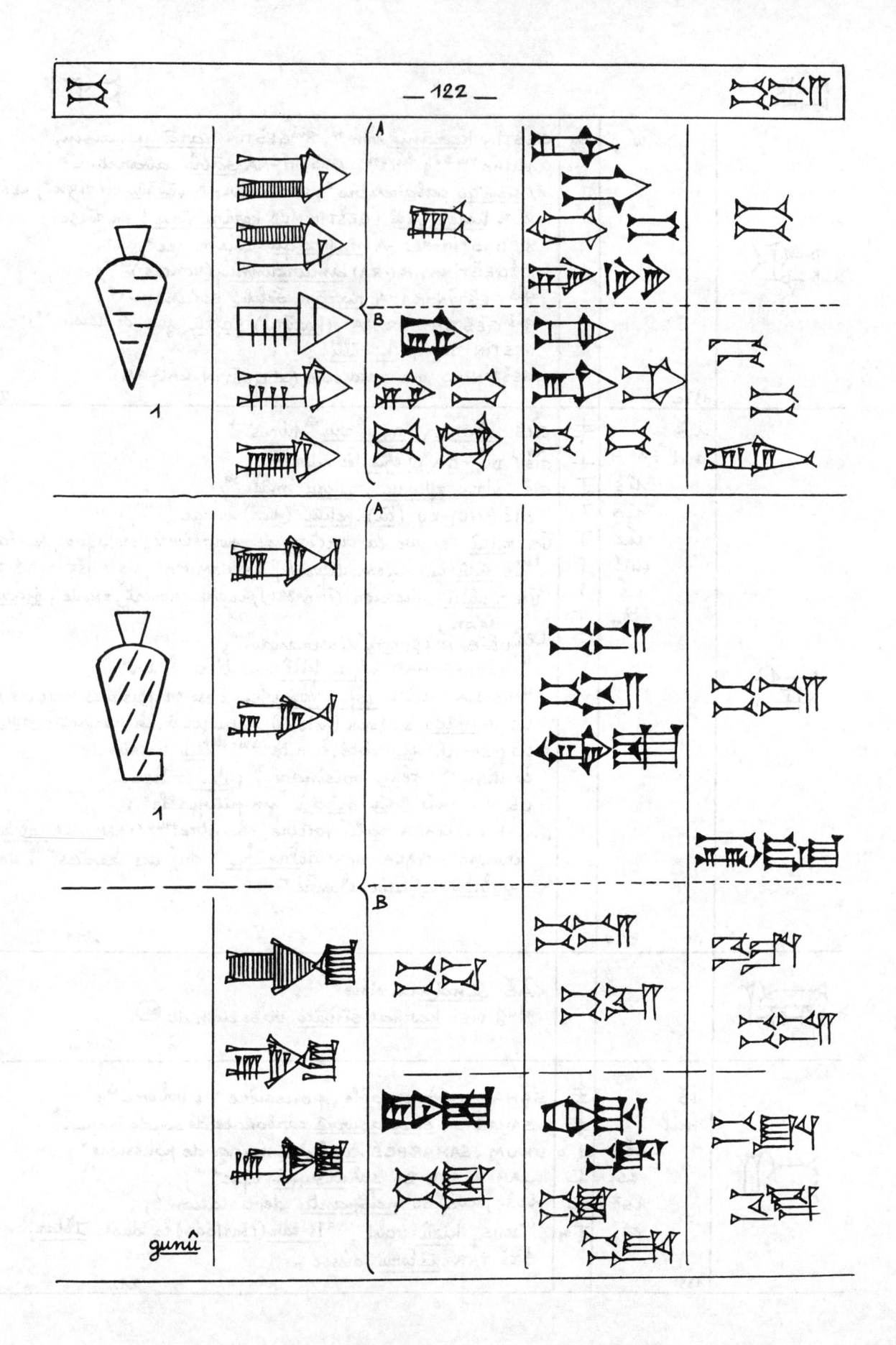
A
B
1
A
1
B
gunû

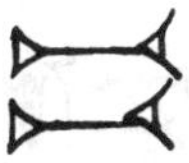

bi, bé, gaš, kaš, kás, pí, pé, šu$_{13}$, su$_{15}$, ša$_{21}$, sa$_{18}$

KAŠ šikaru bière, KAŠ-SAG šikaru rēštû(?), kurunnu[b] bière fine[+ш]; KAŠ- premier élément du nom de diverses sortes de bières) : KAŠ-TIN-NAM/NA kurun(n)u bière fine[+ш], (kaš-a-sud =) KAŠBIR ḫīqu bière légère[•+s]; (kaš-zíz(-a)-an =) ULUŠIN ulušinnu[•]. (kaš-ú(?)-sa, kaš-ús-sa =) DIDA billatu sorte de moût[s+•v], KAŠ-BIL-LÁ šikaru emsu bière aigre; KAŠ-MAH kašmāḫu bière de première qualité[+]; KAŠ-SUR-RA mazû bière bon marché; [(dug)](kaš-ú-sa-ka-dù =) PIHU pīḫu pot à bière; [lú]KAŠ-SA$_{10}$-SA$_{10}$ sābû cabaretier[+s]; [lú](kaš-lul =) ŠAQA šāqû échanson[шo];

BI-IN ṭulīmu rate[v]; [zá]BI-IN-DI pendû? silex[•];

BI-IZ natāku tomber goutte à goutte (II nuttuku instiller)[s+];

BI šû, šuātu ce, celui-ci[+ш•vs]; -šu, -ša (etc.) son, sa (etc.)[ш•+vs];

[zá]BI-LA billu? (une pierre)[v]. BÉ abrév. de bennu épilepsie[s];

140 122 214

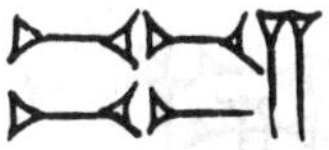

šim, rik, rig, rig, ši$_6$

ŠEM riqqu plante odorante, aromate[шov•s]; ŠEM-HÁ ṭurû mélange d'aromates; [ú]ŠEM urqūtu plantes vertes, simples[vDш]; [lú]ŠEM sirāšû[x] brasseur[ψ]; [lú]ŠEM-MÚ raqqû pressureur d'huile; BAPPIR$_2$ bappiru pain à bière[•s];

ŠEM- premier élément (ou déterminatif) de nombreux noms de plantes ou arbres aromatiques, de gommes ou de résines : [(giš)]ŠEM-LI burāšu (térébenthine de) genévrier[+vsшo•];
[(giš)]ŠEM-GÚR-GÚR /GÚG-GÚG/ KU$_7$-KU$_7$ kukru térébenthine[+vs•oш];
[(giš)]ŠEM-GAM-MA/ME ṣumlalû nérion odorant(?)[+•s v]; ŠEM-MUG/BAL ballukku (ou nukkatu, CAD, B, 64b) styrax?;
[(giš)]ŠEM-GIG kanaktu opoponax[vs];
[(giš)]ŠEM-ŠEŠ murru myrrhe[vso•];
[(giš)]ŠEM-AZ/GÍR asu myrte[ш+sv•]; [(giš)]ŠEM-ŠAL, [(giš)]ŠEM-MEŠ-LA šim(eš)šalû buis[vs]; [(giš)]ŠEM-LIGIDBA (= [d]NINURTA/[d]MAŠ) nik/qiptu une euphorbe(?), liquidambar[s]; ŠEM-HAB ṭurû, ṭīrû gomme du pin d'Alep (ou de térébinthe)[s]; etc.

de graines aromatiques :
ŠEM-ŠE-LI/LÁ kikkirānu pignon![s]; etc.

de fards :
ŠEM-BI-ZI(-DA) eq/gû fard, guḫlu antimoine.
ŠEM(-BI)-KÙ-GI šēpu (cf. CAD, L, 148a), lēru (AHw s.v.) orpiment[+s•];

(pseudo-idéogr. [lú]riq-qí riqqu oblat);
[d]ŠEM cf. le signe suivant.

141 123 215

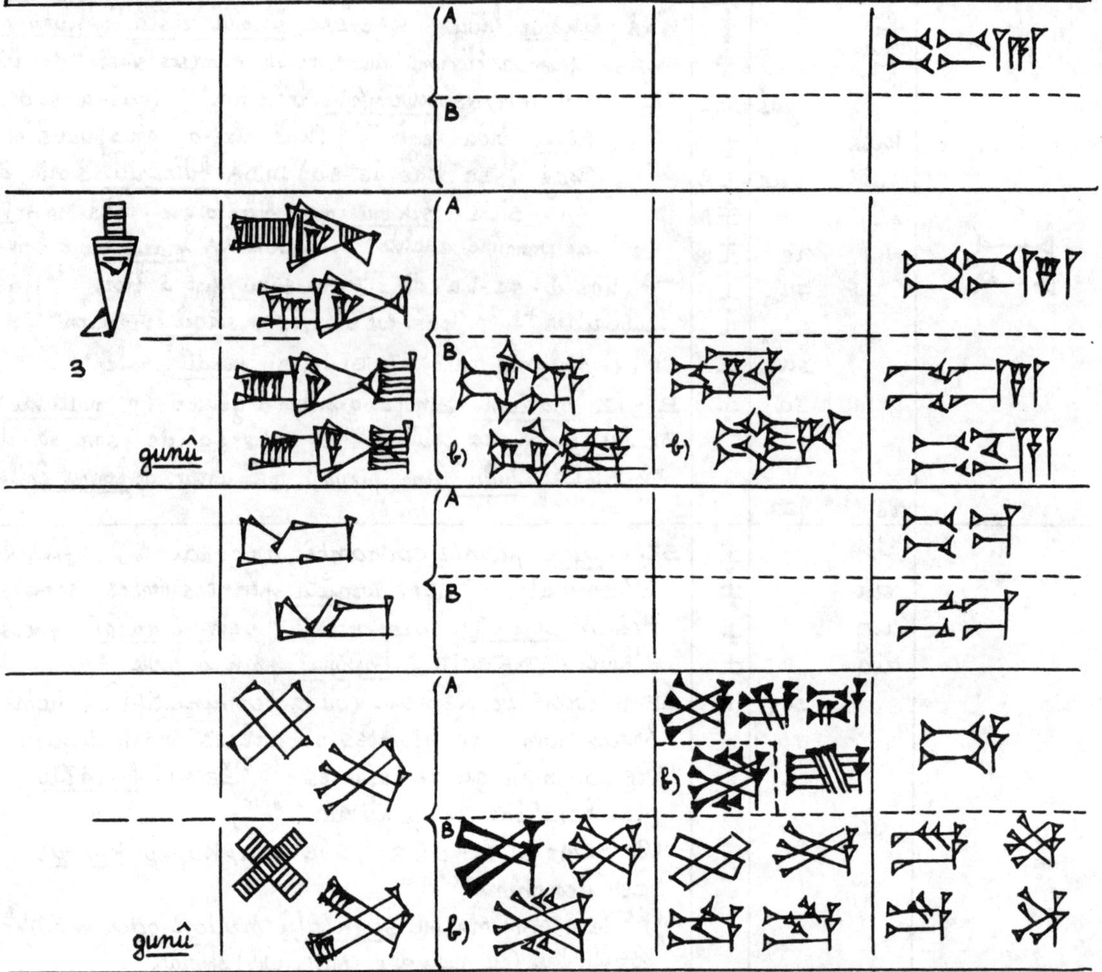

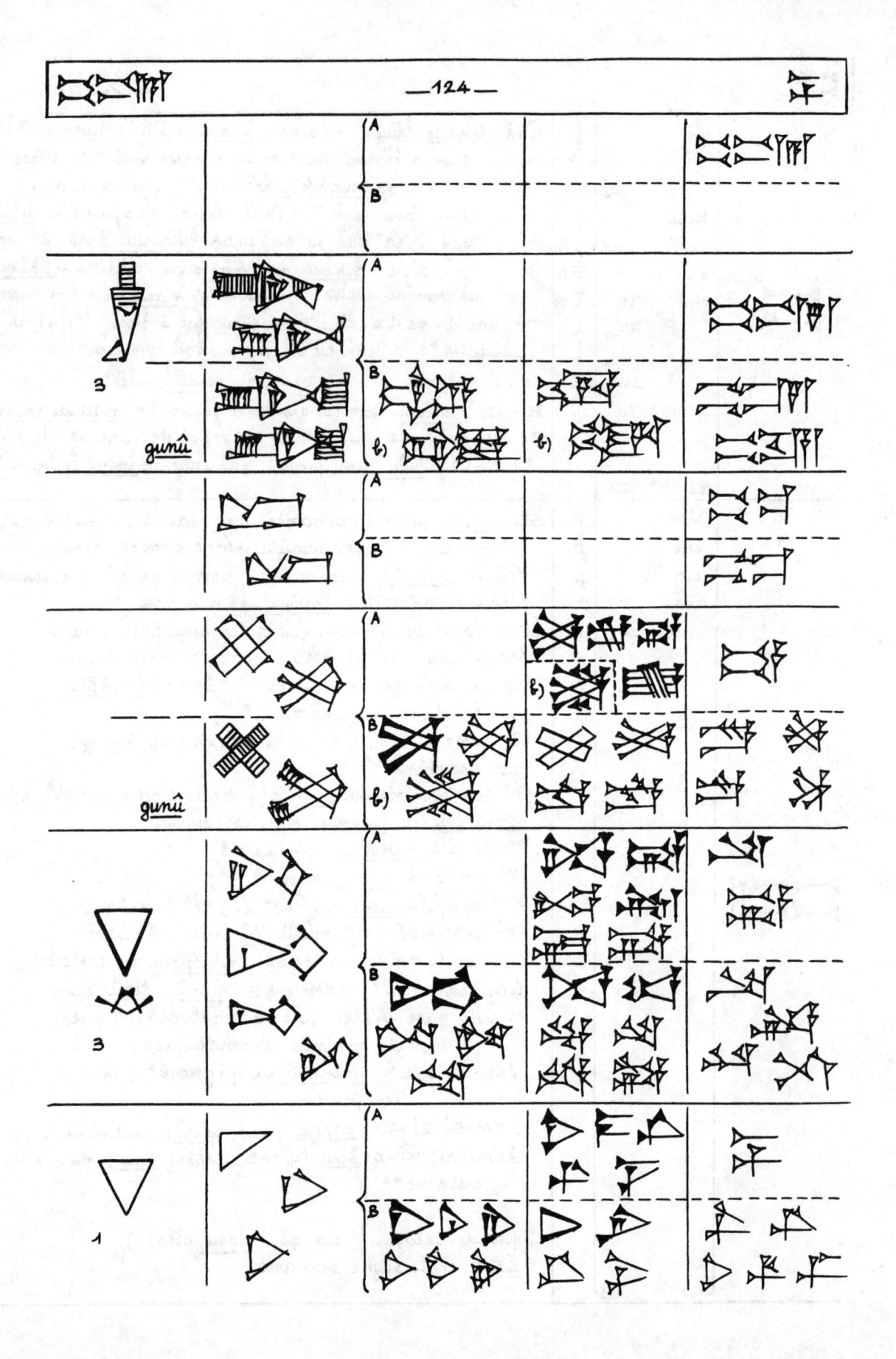
A
B
b)
3
gunû
1

Signe	Valeurs		Sens	N°
			[lú]DUMGAL/LUNGA sirāšû brasseur[w°]; [d]SIRIS la déesse de la bière[+]; (parfois abusivement abrégé en ).	224
			BAPIR, BAPPIR bappiru malt, pain à bière[+°]; [lú]L/NUNGI sirāšû[x] brasseur[°°avs].	225
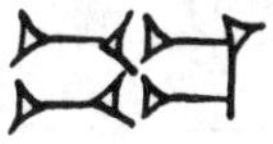			[giš]GISAL gišallu aviron[°+]; (BI-IZ(-BI-IZ) natāku cf. n° 214).	226
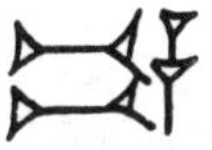	kib, kip qib, qip tur$_4$ tur$_4$ gíb[+] ùl 142 124	± ∓ ⅂ ⅂ ⅃ ⊦	ULLU$_2$/ÙL ullu laisse, rênes; ULLU$_2$-LÁ celui qui tient les rênes; (giš) ŠENNUR šalluru nèfle, néflier[v+s°]; [giš]ŠENNUR-GAL/KUR-RA/BABBAR kamiššaru poire (!); KIB-du murtappidu rôdeur[?] KIB-NUN-ki[°] (= ud-kib-nun-ki) cf LKA 276, 278.	228
	dàg[kq] tàk[q] 144 126	⅃ ⊥	(doublet de  dans l'écriture assyrienne).	
	ia$_4$ 125	⊢	ZÁ Déterminatif précédant les noms de pierres ou d'objets en pierre. ZÁ, (NA$_4$) abnu pierre[x], poids[sw], verre[s], grêlon[wv], noyau[sv], calcul[s], borne, sceau[°], kudurru; ZÁ-AN aban šamê grêle. ZÁ-SIG$_7$-SIG$_7$ abnu wiqqu pierre verte[+s]; ZÁ-[d]IM grêlon[Ag]; ZÁ KUR aban šadî roc[w]; ZÁ GÚ collier[°w]; ZÁ-AN-EZEN pendû silex; ZÁ KUŠ-NÌ-ZÁ aban kissi poids de sacoche[+]; ZÁ-[d]UTU poids de Šamaš; ZÁ SI-SÁ, ZÁ GI-NA poids normal[°]. (phon. ia$_4$-ni-bu/a une pierre).	229
	kak qaq gag dà kàl ri$_{13}$ 127 rú (?)	± ∓ ⫰ ∔ ⅃ ⅃ q° [	DÙ epēšu faire[x]. banû créer, bâtir[wvo a]. ipšu acte de sorcellerie; ipušu[°], eppešu[+°] expert; [lú]DÙ ēpišu sorcier. būnu (bel) aspect[°]. binûtu création, créature[w]; [d]DÙ Bānītu[°nA]; [lú]DÙ bānû créateur[°]. DÙ-A epšu fait, cultivé[°]. DÙ-DÙ-(BI) epuštu rituel[v+s] DÙ-KA ipiš pî parole, commande; DÙ NÌ-KA$_9$ epuš nikkassi comptes. DÙ kalû[vs+], (gabbu[+]) tout; DÙ-DÙ-A, DÙ (-A-BI) kalâma tout[+vso]; kališ entièrement[+]. GAG sikkatu cheville[ro+], piquet, baguette[v+wa°], couteau de balance[v], pointe (de flèche)[a°] [giš]GAG-DU$_8$/KU$_7$ instrument à défricher [giš]GAG-QA/LIŠ(-LÁ), [giš]GAG-SI-LÁ saparru (sorte de véhicule)[a°].	

(Suite de la page précédente)

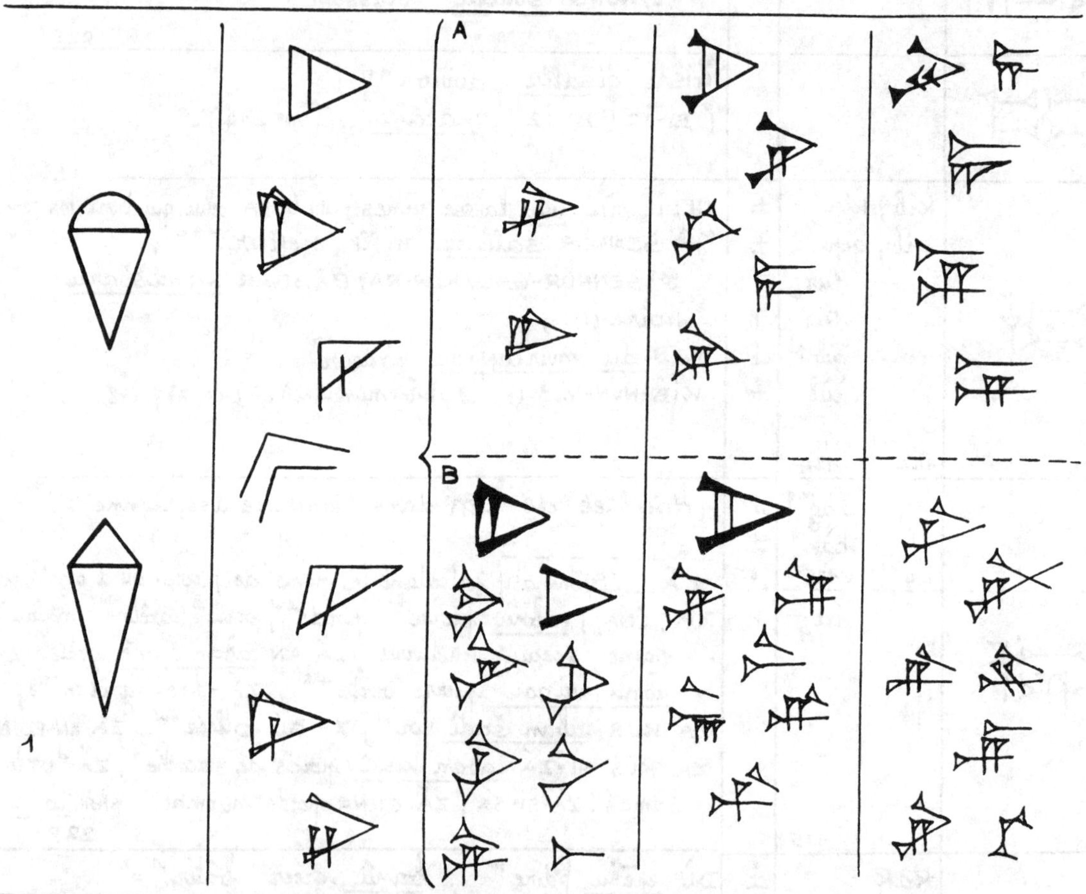

Signe	Valeurs	N°	Sens
 (**suite**)	dù ki₇, qi₆ ka₁₅ ban₄ tu₁₉	145	GAG-TI <u>sikkat ṣēli</u> (fausse) côte^{v}; ^{giš}GAG-TI <u>ussu</u> flèche^{w}; NÌ-GAG-TI <u>namzāqu</u> verrou^{v+}; ^{giš}GAG-KU₅ <u>šiltaḫu</u> (ou <u>mulmullu</u>) trait°; <u>mupattitu</u> (un outil); ^{mul}GAG-SI-SÁ, ^{mul}GAG-BAN <u>šiltaḫu</u> Sirius^{v}(?) ^{giš}GAG-Ú/U₄-TAG(-GA) (pointe de) flèche•; GAG-ZÀ-GA <u>kaskasu</u> bréchet^{+}; ^{giš}GAG-GAR-BA <u>sikkat karri</u> pommeau (d'épée)^{v}; 230
	ni né zal ṣal lí lé ì zár dik₉ tiq ià?	146 128	Ì, IÀ <u>šamnu</u> matière grasse, huile, graisse$^{\infty}$; Ì-GIŠ <u>šamnu</u>, <u>ellu</u> huile (végétale)$^{\infty}$; Ì-SAG <u>rūštu</u> huile fine$^{vs+\circ\omega}$; Ì-NUN(-NA) <u>ḫimētu</u> sorte de beurre$^{+vs\omega\circ}$; Ì-UDU <u>lipû</u> moëlle, suif$^{v+\delta}$; Ì-GU-LA <u>igulû</u> huile fine, Ì-SUMUN <u>lušû</u> huile de graissage. Ì-ŠAḪ <u>nāḫu</u> saindoux^{+s}; Ì-ḪAB <u>ik(k)ukku</u> huile nauséabonde^{s+}; Ì-GIŠ-ESIR <u>šaman iṭṭî</u> naphte$^{\bullet\circ v}$; Ì-KUR-RA <u>naptu</u> naphte^{v+}; Ì-MURUB-A (<u>lēšu</u> ?) pâte^{s}; Ì-UDU-UR-MAḪ <u>lipû nēši</u> "suif de lion"^{s}; Ì-BA, Ì(-BA)-ŠE₈ <u>piššatu</u> onction^{+s}; $^{(lú)}$Ì-ŠUR(-RA) <u>ṣāḫitu</u> presseur (d'huile)$^{\bullet\varepsilon}$; $^{(lú)}$Ì-RÁ-RÁ <u>muraqqû</u> parfumeur; Ì-DAB₅ <u>sibtu</u> prise, "tonure"; Ì-DUB <u>išpikū</u>, <u>našpaku</u> tas, entrepôt$^{\omega v\circ}$; Ì-KÉŠ <u>kiṣru</u> trésors^{v}. Ì- préfixe verbal sumérien$^{\bullet\omega v}$; NI-GÁL(-LA) <u>niggallu</u> faucille; (NI-TUK =) DILMUN <u>kabtu</u> lourd^{b}; DILMUN-ki <u>Tilmun</u>$^{\omega v\bullet}$; $^{(lú)}$NI-DU₈ <u>atû</u> portier$^{\omega+v}$; NI-DU₈-GAL <u>nidu(ḫ)gallu</u> chef-portier^{+}; NI+ŠI-SAG cf. CAD, I, 214 a. -NI, -A-NI suffixe possessif sumérien <u>-šu</u>, <u>-ša</u> son, sa etc.
	la₆		ZAL <u>nasāḫu</u> dans BA-ZAL <u>issuḫ</u> au soir$^{\bullet\circ}$; ZAL(-ZAL) <u>šutabrû</u> persévérer; <u>lazāzu</u> durer, persister^{+s}; <u>lazzu</u> continuel^{+s}; ZAL <u>namāru</u> briller, luire (sc); ZANGA <u>ṣaḫātu</u> presser, exprimer (l'huile) (sc); DIG <u>narābu</u> être mou, flasque^{vs}. 231
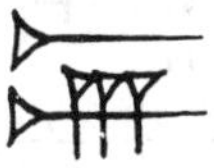	er ir	147 129	ÌR <u>zuʾtu</u>, <u>izūtu</u> sueur^{sv}; ÌR-SIM/SI-IM <u>erēšu</u> résine aromatique, parfum^{b}, <u>eṣēnu</u> sentir (une odeur)^{v}; ÌR-NUN pommade aromatique•; $^{(giš)}$ÌR <u>erru</u> lien•; ^{giš}ÌR-KUD, ^{giš}ÌR-DIM <u>erkû</u> cable (sc). ÌR (phonétique pour IR₁₀) <u>alāku</u> aller (sc); <u>šalālu</u>, (<u>ḫabātu</u>) piller, razzier$^{v+\circ}$. 232

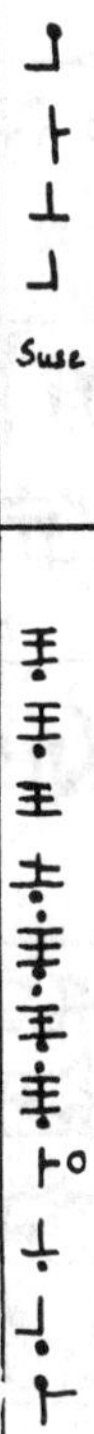

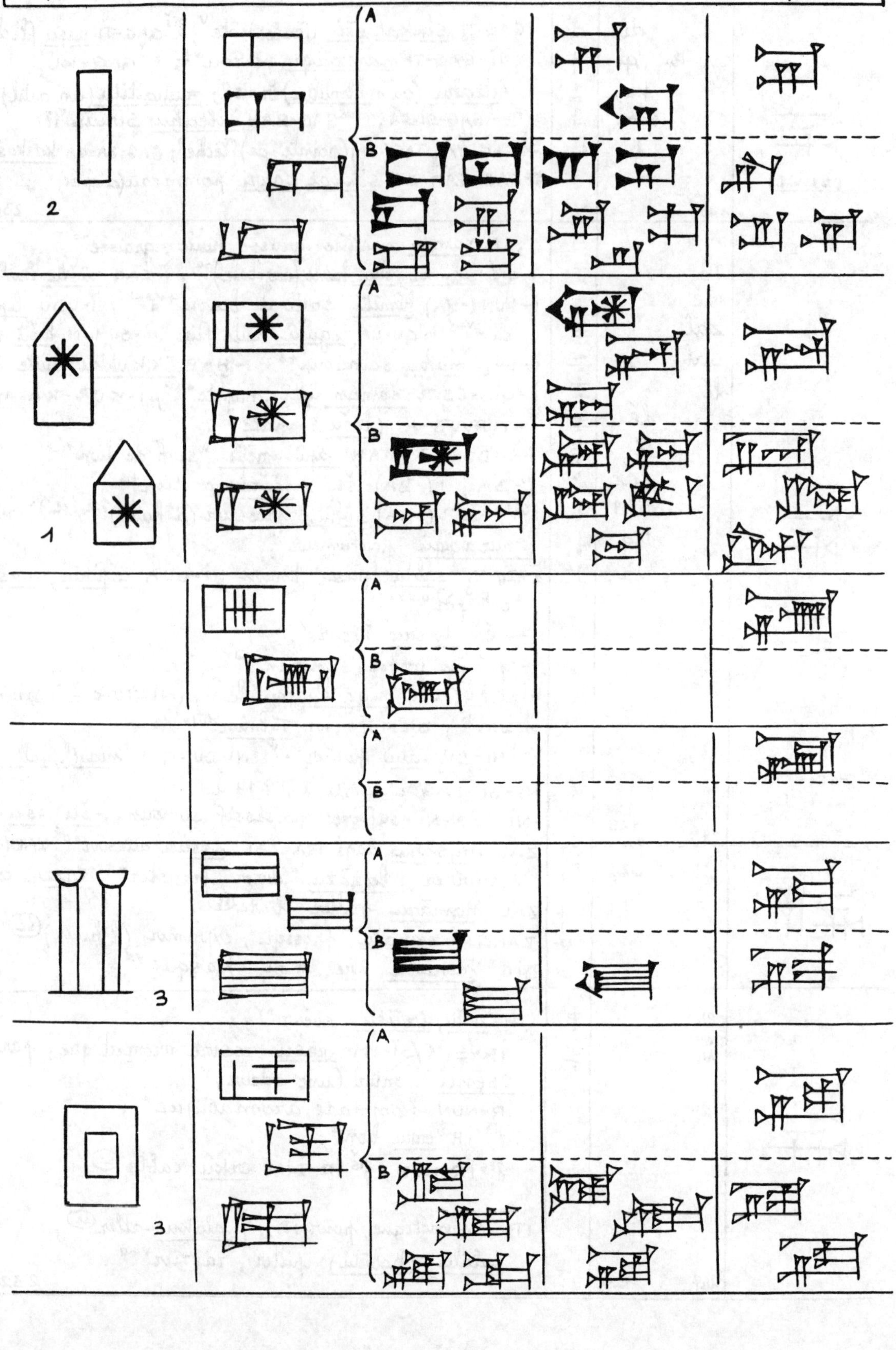
A
B
2
A
B
1
A
B
A
B
A
B
3
A
B
3

	mal gá mà mala 148 130	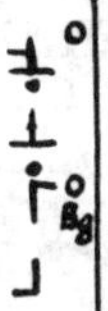	(gi)PISAN pisannu(V) récipient, bac V•; giPISAN-DUB šaduppu coffre à tablette; giPISAN-KASKAL-LA (cf. CAD, L, 228b; AHw 868a) panier de voyage; GÁ-DUB-BA cf. É-DUB-BA bīt ṭuppi école, archive; GÁ-DUB-MAḪ cf. CAD, A², 517a; lúŠA₂₀-DUB-BA šandabakku trésorier général•. GÁ bītu maison°; GÁ-GI/GE₄-A gagû cloître (de prêtresses)+CV; GÁ-NUN(-NA) ganūnu grenier•; GÁ-NUN-MAḪ ganunmāḫu grenier principal•; GÁ-E anāku je+V. GÁ(-RA) iāši à moi+V; GÁ-NU₁₁/NAmušen lurmu autruche ш V$ +; GÁ šakānu placer, mettre ш; mí GÁ-GI₄-A-KI cf. AHw 273b; (m GÁ-LI cf. 399) 233
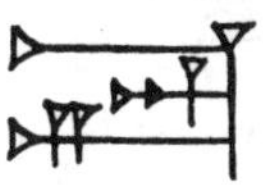			DAGAL rapāšu être large (II ruppušu élargir) a v ш rupšu largeur ш; rapšu large a v ш; AMA ummu mère ψ ш + □ • C V $; (par jeu d'homonymie) ummu chaleur $; AMA-SIM ummu mère ш; AMA maštaku? chambre; AGARIN₃ Δ (= ama-tùn), AGARIN₄ V (= ama.šim x gar), AGARIN₅ V$ (ama-šim) agarinnu (préparation du moût); AGARIN₅ id. mère ш; AMA-A(-A)(-MUŠEN) ummi mê, abāja volatile d'eau (sc); AMA-MUŠEN iṣṣurtu oiselle V; AMA-AR-GI andurāru liberté, rémission des dettes. AMA- premier élément de nombreux noms de déesses. 237
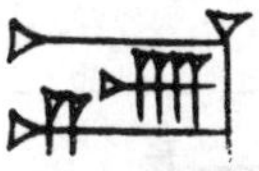 - - - - - - - 			GANUN ganūnu grange b; UŠUŠ midru plate-bande irriguée (sc). 244
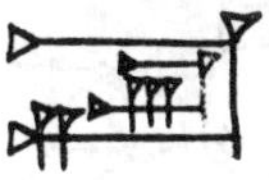			gišDAN₄ ? □ 248
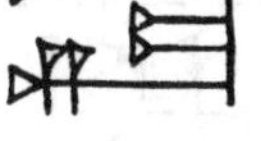	par₄ 149	Γ	KISAL kisallu parvis, vestibule ш • V; KISAL-LUḪ kisalluḫḫu balayeur° •; KISAL-MAḪ kisalmāḫu grand-cour du temple; NAM-KISAL-LUḪ kisalluḫḫūtu office de balayeur. - - - - - - - = 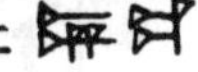 šamnu, ellu huile ш + • V $. – var. de 6(N cf CAD K p. 416a). 249
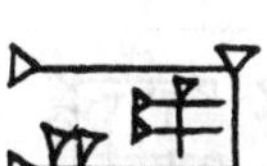 (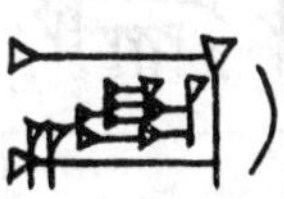)			SILA₄ puḫādu agneau ш • V + $; kalūmu nB, kabsu nA agneau; mí SILA₄ puḫattu agnelle + • $; SILA₄-NIM ḫurāpu "agneau de printemps"; SILA₄-BU-A salḫu (sorte d'agneau); SILA₄-GUB lillidu mouton adulte, mí « lillittu agnelle adulte; SILA₄-UR₄ cf. MSL 8/1, 36; ú GAZI₂-SAR kasû épice, moutarde (?) — var. récente de GAZI-SAR, n° 257; (A-GAZI₂-SAR mê kasê moutarde liquide (?) $); (záGAZI₂-SAR aban kasî une pierre cf. GUG-GAZI-SAR, n° 591). dIŠḪARA déesse assimilée à Ištar +. 252

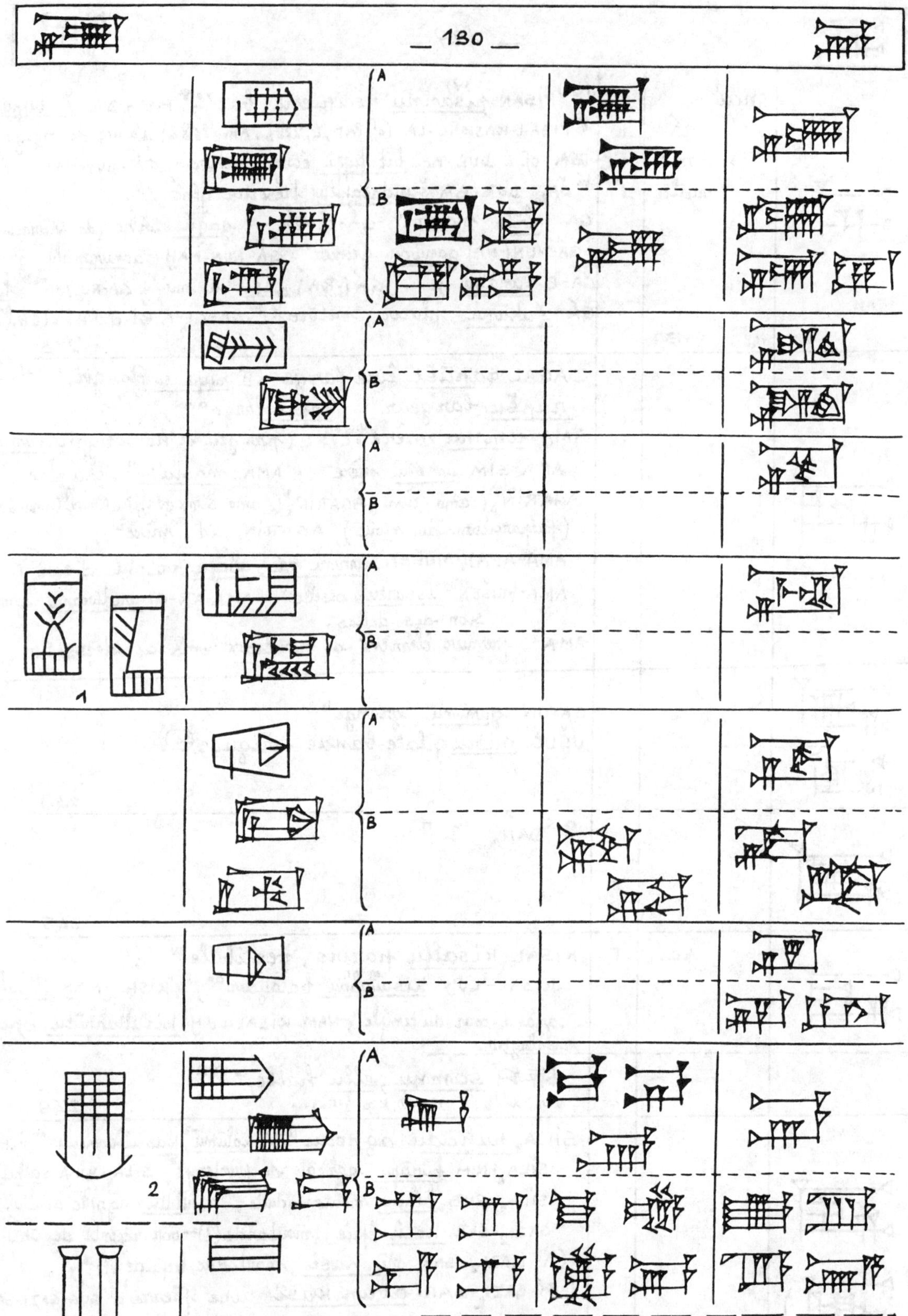
A
B
1
2
2
(cf. n° 249)

Signe	Valeurs		Sens	N°
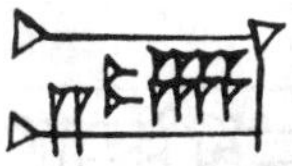	ùr 150 131	⌋	ÙR *ūru* toit, terrasse[VWDOS+]; (ÙR *gušūru* poutre cf. GIŠ-ÙR). ÙR (-ÙR) *šakāku* herser[b], *madāru* creuser des rigoles[SC]; *sapānu* niveler, rouler; (ŠU)ÙR *kapāru* frotter; *pašāṭu* effacer, éteindre; etc.[SC].	255
			GAGIA *gagû* cloître[b].	256
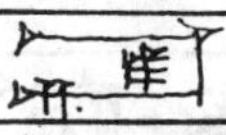			GAZI[sar] *kasû* ronce[S•]; GAZI-AM-ḪA-RA *aṭartu* / *ḫasarratu* (sorte d'herbe)	257
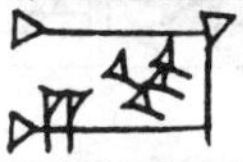			ESAG₂ *qarītu* grenier, entrepôt[V•].	261
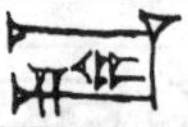			ITIMA *kiṣṣu* sanctuaire[Ab].	265
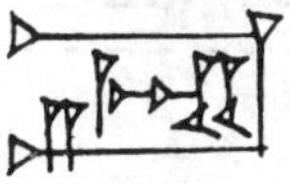			Premier élément de différents noms divins. MEN *agû* couronne, tiare[b].	270
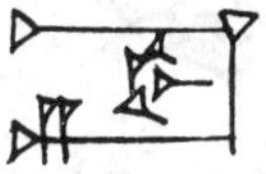			ARḪUŠ *rēmu* sein maternel, pitié[+WV•]; *rêmu* avoir pitié[+WV•]; *rēmtu* sein maternel[V]; ARḪUŠ-SÙ *rēmēnû* compatissant; ÙŠ *ipu* membrane, pellicule[V] (cf. AHw s.v.); *silitu* secondines[V].	271
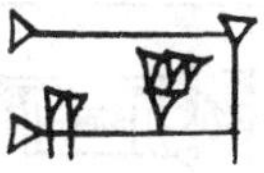			GALGA *malāku* conseiller, délibérer[V]; *milku* conseil, décision[VW+]; [lú]GALGA *māliku* conseiller[V+].	278
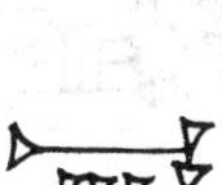	dag[kq] tág[kq] ṭak 152 133	⫟ Am ⌋	DAG *šubtu* demeure, chambre, salle[WV]; *mūšabu* habitation[V]; DAG-DAG *nagāšu*[I₂] être en mouvement, s'en aller[V]; *rapādu* courir çà et là[SC]; *naqāru* détruire[SC]; DAG-GI₄ / GI-A *bābtu* quartier, biens non payés[V] (déficit[•]); (ZÁ) DAG-GAZ *takkā(s)su* bloc (de pierre)[WD•].	
	pàr para?₁₀ 151 132		BÀR *šeṭû* jeter un filet[SC]; BÀR *šuparruru* étendre, étaler, éparpiller[Vb].	280

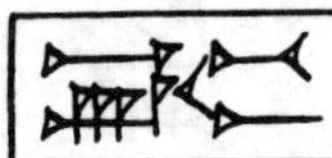

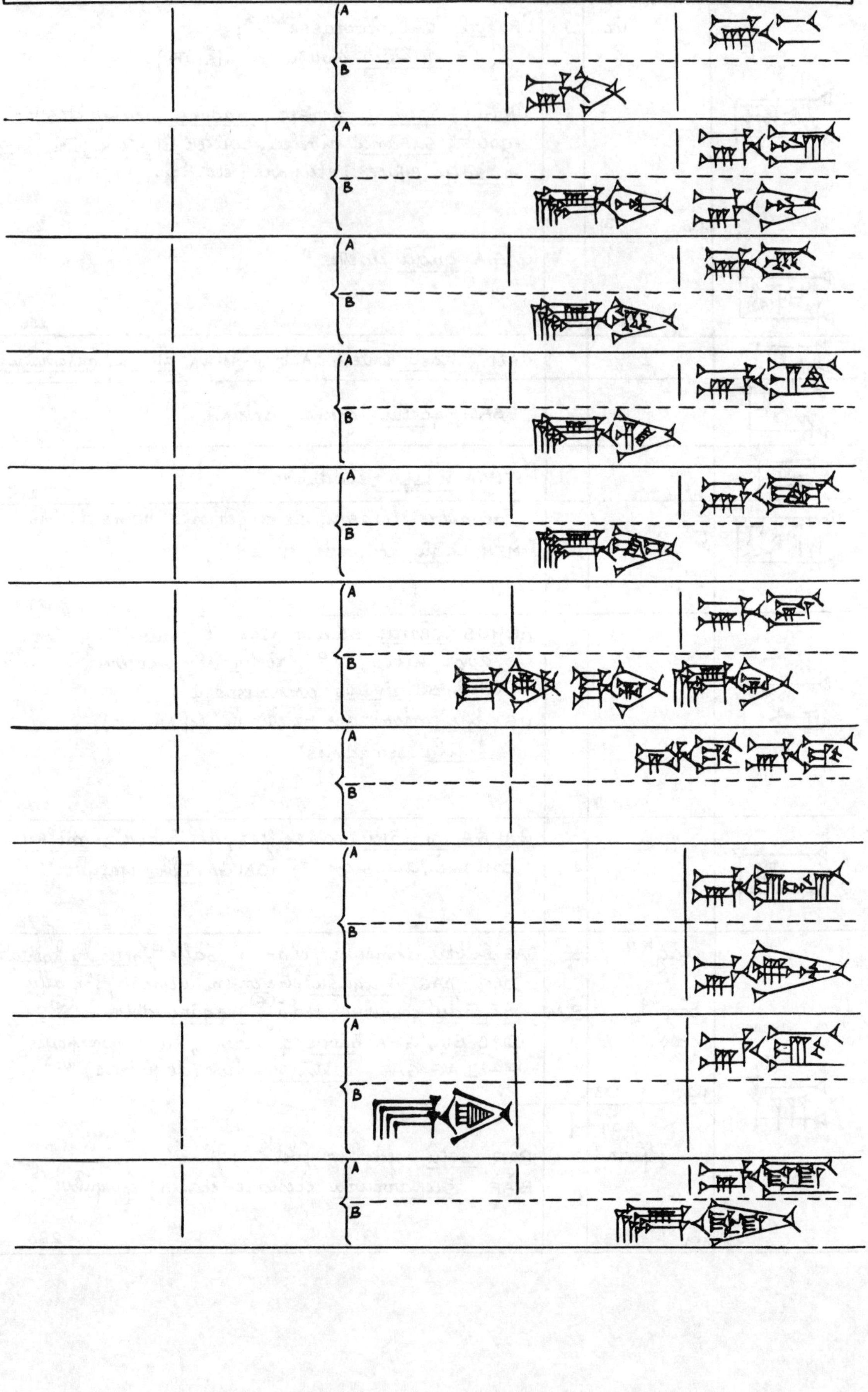

			UTUA$_2$ *puḫālu* taureau adulte[M-Bab.] (cf. n° 287). 281
			KIŠI$_8$ *kulbābu* fourmi[v]; KIŠI$_8$-DAL-DAL *kulbābu muttaprišu* fourmi ailée; KISIM$_4$ *šiḫu* larve, chenille (?) (sc). 281a
			ZIBIN *nappillu* chenille (sc). 283
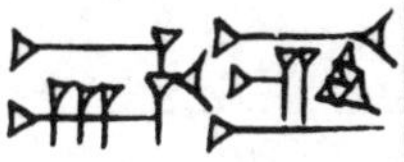			KIŠI$_7$ *kulbābu* fourmi[v]. 284
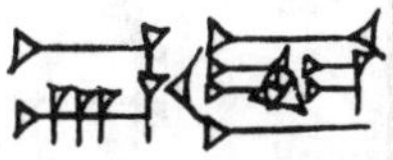			ŠURUN$_4$ *ṣarṣaru*, *ṣāṣiru* grillon (?) (sc). 286
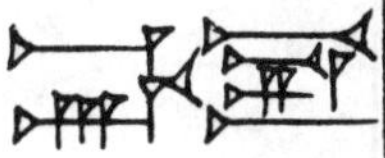			UDUL$_6$ *utullu* berger (sc); UTUA *puḫālu* taureau adulte (sc) (cf. n° 281). 287
			UTUL$_5$ *rē'û* pasteur, bouvier (sc). 288
			KIŠI$_9$ *kulbābu* fourmi[v]; (ZIBIN$_2$ *nappillu* chenille, ŠARIN *išid bukanni* ver; ŠURIN$_5$ *ṣarṣaru*, *ṣāṣiru* grillon (?), (giš)ḪARUB *ḫarūbu* caroubier, KISIM *kisimmu* (une herbe), *šiḫu* larve, chenille (?) (sc)) dugḪARUB *ḫarû* cuvette[b]. 290
			AGAN$_2$ *ṣirtu* seins (de femme), poitrine[b]; UBUR *tulû* seins, mamelles[av$]; UBUR-ŠUB *parāsu* sevrer[b]. 291
			ŠARAN *išid bukāni* ver (sc). 292

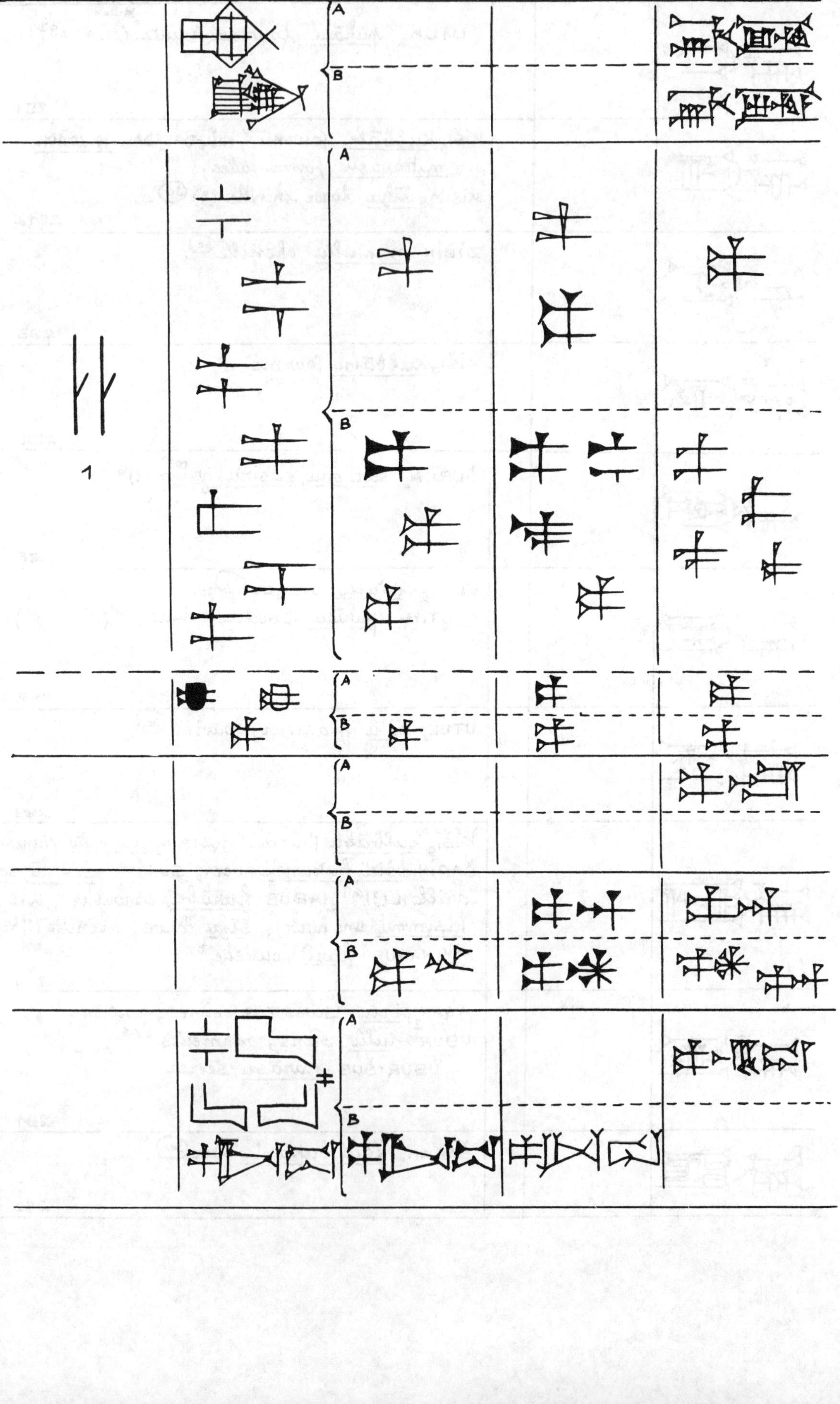
A
B
1

AMAŠ <u>supūru</u> enclos, bergerie[v];
UDUL₃ <u>rē'û</u> pasteur [sc].
[zá]AMAŠ-PA-È, AMAŠ-MA₄-A <u>amašpû</u> (une pierre)[+s].

293

pa, had, hat[s], bá, zák[?], ḫás[s], sàk, šàg, -aru

PA <u>ar(t)u</u> rameau, feuille[v+vs]; <u>larû</u> ramification[v] (de la fausse-côte[v]);
[giš]PA <u>ḫuṭāru</u> rameau[+]; [giš]PA-KU₅-[giš]GIŠIMMAR <u>našbaṭu</u> rameau détaché;
PA <u>kappu</u> aile[+v]; PA IGI[(2)] <u>kappi ēni</u> paupière[vs];
[d]PA <u>Šullat</u>. [d]MUATI le dieu <u>Nabû</u>; ([d]ḪENDUR le dieu <u>Išum</u>[+]);
[zá]PA <u>ajjartu</u> corail, coquillage[vs]; [kuš]PA dans [lú]DIB-[kuš]PA <u>mukkil appāti</u> teneur de rênes; (AN-)PA <u>elât</u> (<u>šamê</u>) zénith; [túg]PA[nA] = ? (habit).
PA-AN <u>napīšu</u> souffle cf. nº 295b; [ú]PA-PA(-a)-nu <u>arariānu</u> plante médicinale[s];
PA-RI-IM <u>nābalu</u> terre sèche; [(é)]PA-PAḪ <u>papāḫu</u> cella[+w];
PA-È <u>šūpû</u> resplendissant, glorieux[+];
[d]PA-BIL/BÍL-SAG le dieu <u>Ninurta</u>; [mul]« la constellation du Sagitaire;
PA-ŠE-KI <u>Isin</u>;

UGULA <u>aklu</u> chef, surveillant[v+]; PA-PA <u>ša ḫaṭṭāti(m)</u> (ou <u>šāpiru</u>?) officier, UGULA MAR-TU <u>wakil amurrî</u> (ou <u>šāpir amurru</u> ou <u>ugulamartû</u>?) général;
GIDRI <u>ḫaṭṭu</u> bâton, sceptre; [ú]NÌ-GIDRI <u>ḫaṭṭu rē'i</u> plante "houlette"[s];
SÌG <u>maḫāṣu</u> frapper[+wvsv]; <u>miḫṣu</u> coup[+sv];
<u>zaqātu</u> piquer[v]; <u>ziqtu</u> piqure[v];

153 / 153a pa-meš, ari₅

ENSI₂ (= pa-te-si) et, par abrév., PA[akk.] <u>iššakku</u>[x] gouverneur civil, colon; [lú]PA <u>paqdu</u> surveillant, mandataire.

BANMIN <u>šitti sāti</u> deux <u>sūtu</u>, mesure de capacité (cf. nº 74);
[dug]BANMIN <u>kaptukkû</u> vase de 2 <u>sūtu</u>.

295

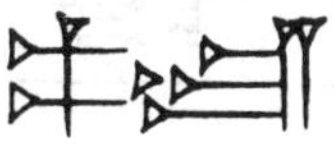

GARSU (<u>parṣu</u> rite[+]); <u>tērtu</u> oracle, décision.

295a

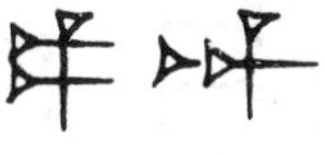

GARZA (cf. MAR-ZA) <u>parṣu</u> rite, règle, décret divin[+];
BILLUDA <u>pelludû</u> règles religieuses[+];
NU-GARZA <u>lā parṣi</u> anormalement[s]

295b

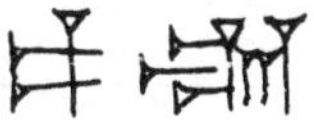

[lú]ZILULU <u>saḫḫiru</u> colporteur.

RIG₇ <u>šarāku</u> donner, offrir;
[lú]RIG₇ <u>širku</u> esclave (d'un temple), oblat
<u>re'û</u> paître, régir [sc].

295c

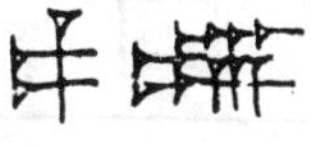

GARZA <u>parṣu</u> ordonnances royales[+].

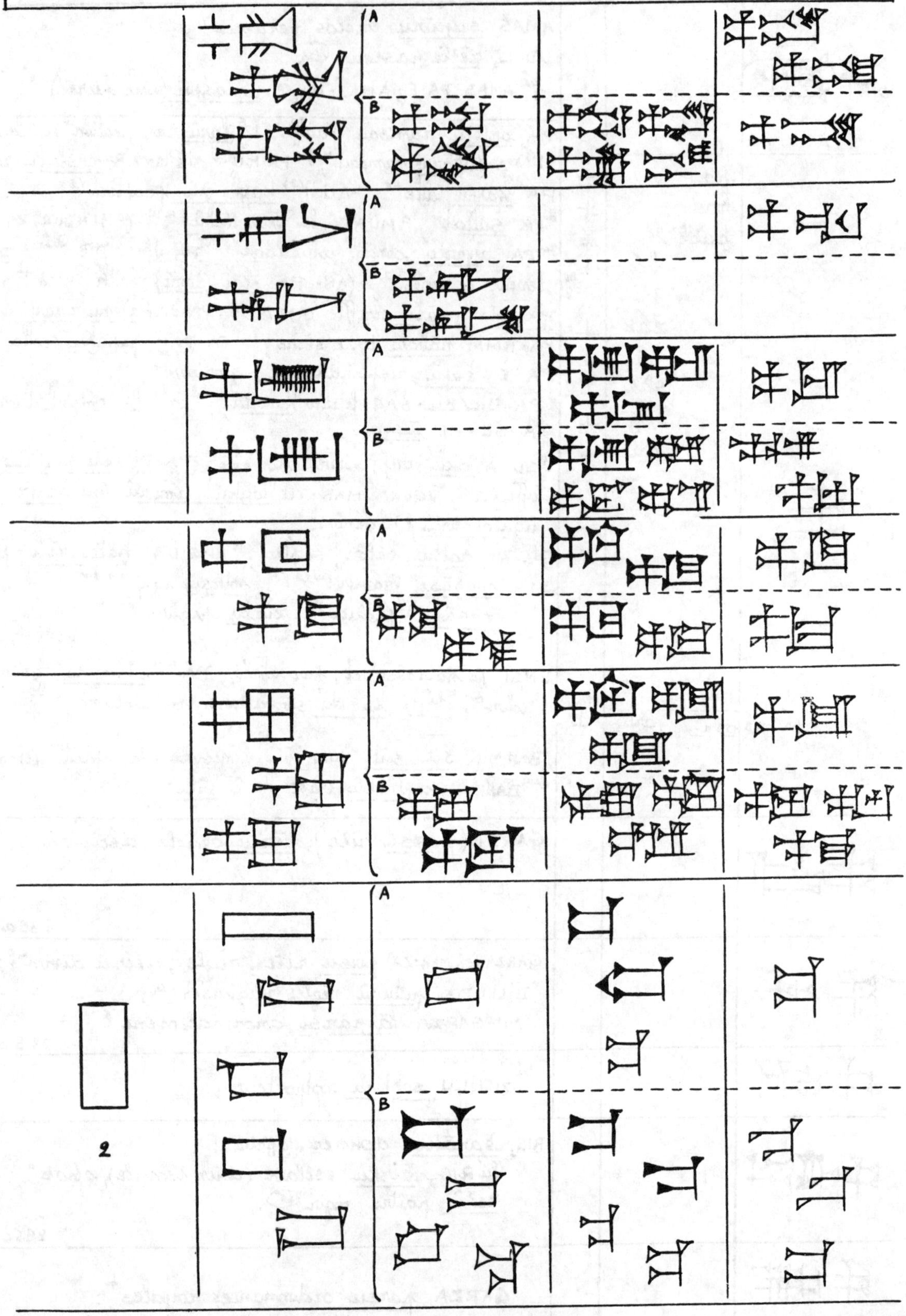
A
B
2

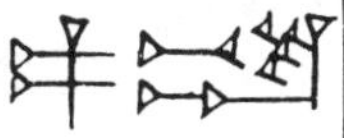 ----------- 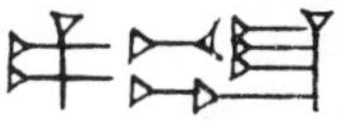		MAŠKIM ----- } rābiṣu (guetteur), surveillant, démon +ΩV ω ; MAŠKIM₂ } commissaire de police •vΔ ; MAŠKIM₂-GE₆-LÚ-ḪAR-RA-AN ḫallulāja démon (Sc). 295 d, e
		ŠABRA šabrû haut dignitaire ecclésiastique Ωω •. 295 f
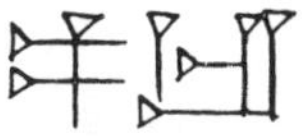	šab šap sab sap sip₄ 154 135	ŠAB, ŠAB-BA baqāmu couper, tondre ; nakāsu couper ; dug ŠAB (v) šappu jatte •ΩV ω ; dug ŠAB-TUR garunnu petit vase cultuel + ; lú ŠAB-TUR šamallu commis, apprenti VS. 295 k
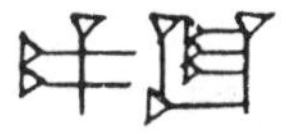		dENŠADA le dieu Nusku +ωΩΔ •. 295 l
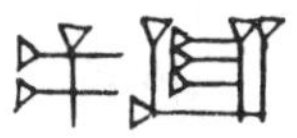	síp šabᵖₛ šáp sàp 155 136	(lú) SIPA, SÍB rē'û pasteur, berger +ωΔC VV; mí « rē'ītu bergère °, re'û paître °; (NAM-) SIPA rē'ûtu pastorat, souveraineté ω□+; rîtu pâture ; (lú) SIPA-TUR kaparru jeune pâtre V; mul SIPA-ZI-AN-NA šitādālu Orion V+; SÍB-TA(/DA) elātu dépense additionnelle, part de l'aîné C•; SÍB-MUŠEN rē'û (un oiseau) V. 295 m
	is, iṣ, iz es, eṣ, ez giš níšˢ (Am Bg) eš₁₉ iš₆ giṣˢ (i)sᶻ 137	GIŠ iṣu bois, arbre ∞. Déterminatif précédant les noms d'arbres et d'objets en bois. dGIŠ, dGIŠ-GÍN-MAŠ, MEZ, dGIŠ-BÍL-GA-MEŠ le héros Gilgameš V ω + V ; (GIŠ rigmu cri ωmm). GIŠ (= GÌŠ), ešēru être droit, réussir, GIŠ (-MEŠ) išaru normal +. GIŠ(-A)-AB-BA kušabku (un épineux) • d GIŠ-BAR le dieu Gira, GIŠ-BAR girru feu V+; GIŠ-DA a'lu confédération; mul GIŠ-DA iṣ lê les Hyades; GIŠ-DAL gištallu croisillon •; zá GIŠ-DUB(-DUB) gištuppu plaquette •; GIŠ-ERIN₂ zibānītu, gišrinnu balance $+V; GIŠ-GE₆ ṣallumu ébène (?), luhummû taie de l'œil; GIŠ-GI₄-GÁL(-BI) meḫru répons, refrain,
	157 sutu 158 bìl, pìl tukul₂ kák	

— — — — —

Suite de la page précédente

GIŠ-GIŠ nīru joug[ш]
GIŠ-HUR usurtu dessin, décret, gišhurpu dessein -décret, modèle, cercle magique [ч+];
GIŠ-Ì šamaššammu (V-AKK) sésame;
GIŠ-KÁ-NA gišk̲anakku seuil, partie du chambranle (?).
(cf. n° 133);
GIŠ-KÍN kiškanû (un arbre)[s]; GIŠ-KIN-TI kiškattû forgeron[ш], fourneau[•]
GIŠ-KÌM hilēpu saule[vш•];
([uzu]GIŠ-KUN cf. n° 77)
GEŠTU$_2$ (giš-túg-pi), GEŠTU$_3$ (= giš-pi-túg) uznu oreille[v]; šemû écouter[ч]; šēmû obéissant[+]
GEŠTU$_2$-LÁ sukkuku sourd[v□];
GIŠ-LÁ tuquntu combat[vш];
(giš-mi =)GISSU ṣillu ombre, protection[∞], maladie des yeux[s];
(GIŠ-MUG/BAL cf. n° 3, 9);
GIŠ-NIM ṣītan, ṣītaš au levant, à l'est[+];
GIŠ-NÌ-TUK iṣ ma/ešrê palmier[ш]
[d]GIŠ-NU$_{11}$-GAL le dieu Šamaš[+○]; [za]GIŠ-NU$_{11}$-GAL, GIŠ-NU$_{11}$[mušen] cf. n° 71;
GIŠ-ŠU$_2$ iṣ qātē menottes, GIŠ-ŠÚ šilān au couchant[+];
GIŠ-ŠUB-BA isqu part, bénéfice[•];
GIŠ-TIN cf. GEŠTIN, n° 210;
GIŠ-ÙR(-RA), GIŠ-ŠU-ÙR gušūru poutre

IZ-ZI igāru mur, cloison[v];
IŠ$_6$-GAR iškaru tâche, série, matériau de travail[□•];

giš-e$_{11}$ cf. n° 459
giš-gi cf. n° 85; giš-šub = ILLAR, cf. n° 68
giš-ù-šub, giš-ù-luh, giš-ù-suh$_5$ cf. n° 455
giš-mi = GISSU cf. n° 427; giš-šaz = KIRI$_6$ cf. n° 152 296

156

gu$_4$ i
ku$_{15}$ i

GUD, GU$_4$ alpu bœuf[∞], qarrādu fort, héros[+○];
GU$_4$-MAH gummahu bœuf gras[ш+];
GU$_4$-(DA-)ÙR-RA, GU$_4$-EGIR(-RA) alpu ša (w)arka bœuf attelé en queue[c];
GU$_4$-ÁB(mīru bouvillon[b]); littu vache[•]
GU$_4$-ÁB-MURU$_4$-SAG litātu ša qabla bœufs attelés au milieu
[d]GUD [d]šoriš (divinité bucolique);

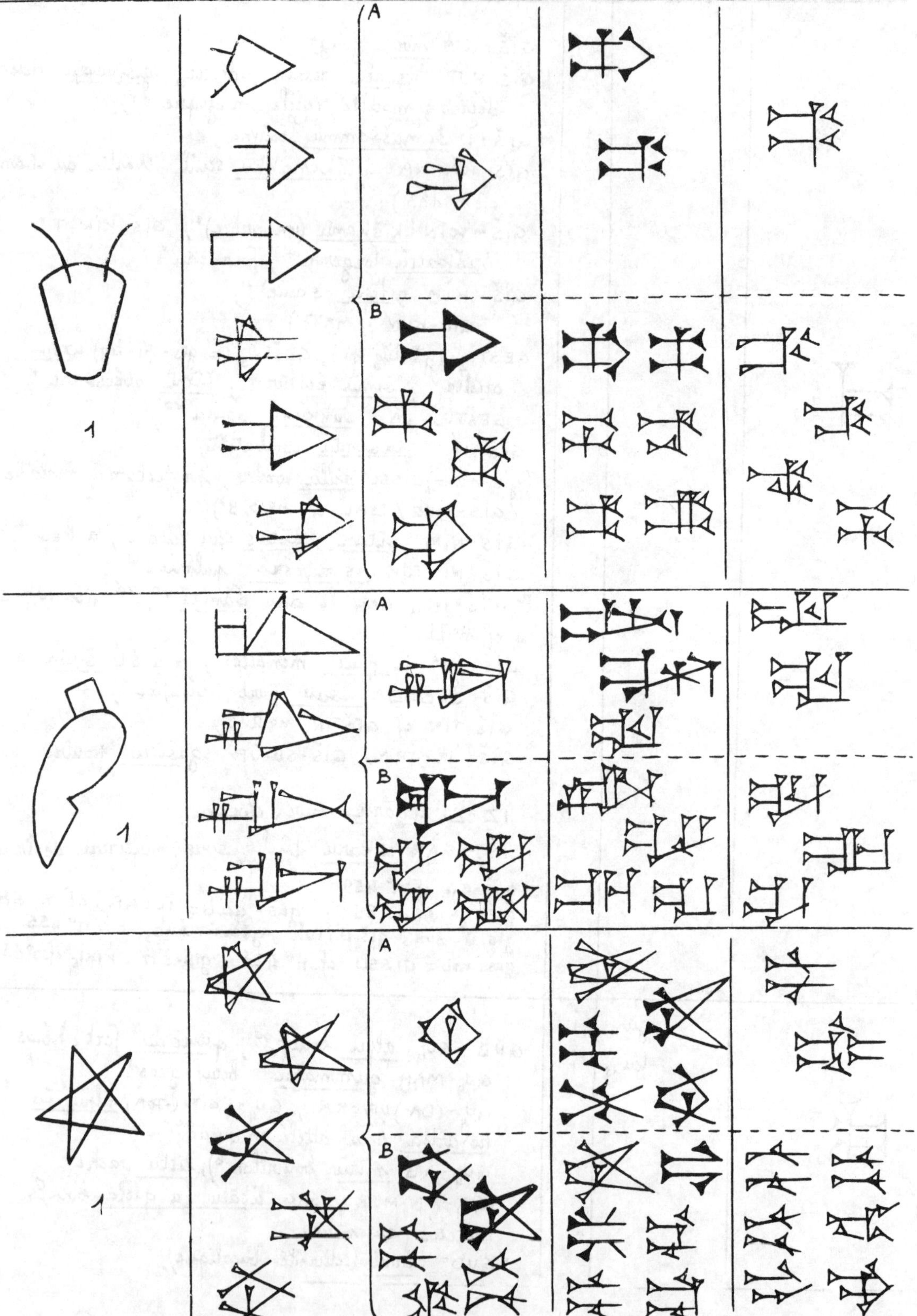

A
B
1
A
B
1
A
B
1

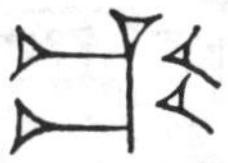

159a

GU₄-ÁB-ḪI-A *lītātu*, *sugullātu* troupeau (de bovins);
GU₄ *eṭemmu* spectre^s;
(GU₄-ALIM / A-LIM *kusarikku* bison^+; ^mul^ « (une constellation) cf. ALIM/A-LIM); ^giš^GU₄-SI-AŠ *ašību*, *šupû* bélier (de siège)^OW;
GU₄-GIŠ *alap nīri* bœuf de joug; GU₄-ŠÀ-GUD *alap kullizi* (*Kullizu*?) bœuf de labour, *kullizūtu* activité de conducteur de bœufs; GU₄-NINDA₂ *būru* jeune taureau^• ; (*taptūru*? cf. CAD B p 266 b)
GU₄-AMAR-GA *būr šizbi* veau de lait^+;
GU₄-AN-NA *alû* taureau céleste^+; ^d^GU₄-AN-NA le dieu *Amurru*^+•; ^mul^GU₄(AN-NA) (*alap šamê* =) *is lê* (*agû* ^d^*anim*) constellation du Taureau (α Tauri + Hydes)^v; ^kuš^GU₄-GAL *alû* tambour;
^iti^GU₄-SI-SÁ/SU, ^iti^GU₄ *aiaru* 2ème mois (avr.-mai)^≈;
(GU₄-UD *qarrādu* fort, héros +);
GU₄-UD *šaḫātu* sauter^v, saillir^v, tressaillir^v$;
šiḫṭu bond, tressaillement^v;
^d^GU₄-UTU *bibbu* la planète Mercure^v (^d^UDU-IDIM-GU₄-UD cf. n°537)
(GU₄-ud^ku6^=) EŠTUB *arsuppu* carpe (?); ^še^EŠTUB épeautre. 297

160 138

al
(a)l

AL, ^giš^AL(-LA) *allu* houe, pioche^VIII; ^(dug)^AL (un vase); AL abrév. de *alla* au-delà; AL-DÙ *aldû* provisions de grains^CO;
AL-LU₅ *alluttu* (un crustacé)^v$; ^mul^AL-LU₅ *allutta* le Cancer^v; AL-ÚS-SA *sikkatu* lessive, saumure; AL-TI/DI-RÍ-GA-MUŠEN *diqdiqqu* (un oiseau)^v;
^giš^AL-LA-AN *allānu* chêne^v+s; (^giš sa^ AL-ḪAB *alluḫappu* filet, démon cf. SA-); ^mul^AL-TAR (abrév. de U₄-AL-TAR) *dapinu* Jupiter;
AL- préfixe verbal sumérien : AL-SA₆ *idammiq* il est bon^v;
AL-TUR *ṣeḫēru* être petit^+; AL-TI(-LA) *balāṭu* être en bonne santé^$v;
AL-ŠE₆-GÁ *bašlu*, *ṣarpu* cuit, mûr^s; AL-ḪAB-BA (cf. Dreams p. 278) détruit; ^(lú)^AL-KU₅(-DA) *altaru*? (qui fait) le travail des champs. 298

161 139

ub
up
ár

UB *kibrātu* régions, parties de l'univers^v;
UB-DA-LIMMU₂(-BA) *kibrāt erbetti* les quatre régions (du monde : l'univers^LIIv+; de l'endroit où l'on est^+;
UB le signe UB^v;
UB *tubqu* intérieur^+v; UB-LÍL-LÁ *ibratu* sanctuaire extérieur, niche cultuelle^+v;
UP-PAD *ḫallulaja* courtilière^s (pour une lecture *uppu/attu* cf. CAD, Ḫ, 46 a):
UB-NIGIN-NA *minâtu* membres^s

ÁR *karmu* tell, dévastation;
ÁR-i-i *rīštu* joie. 306

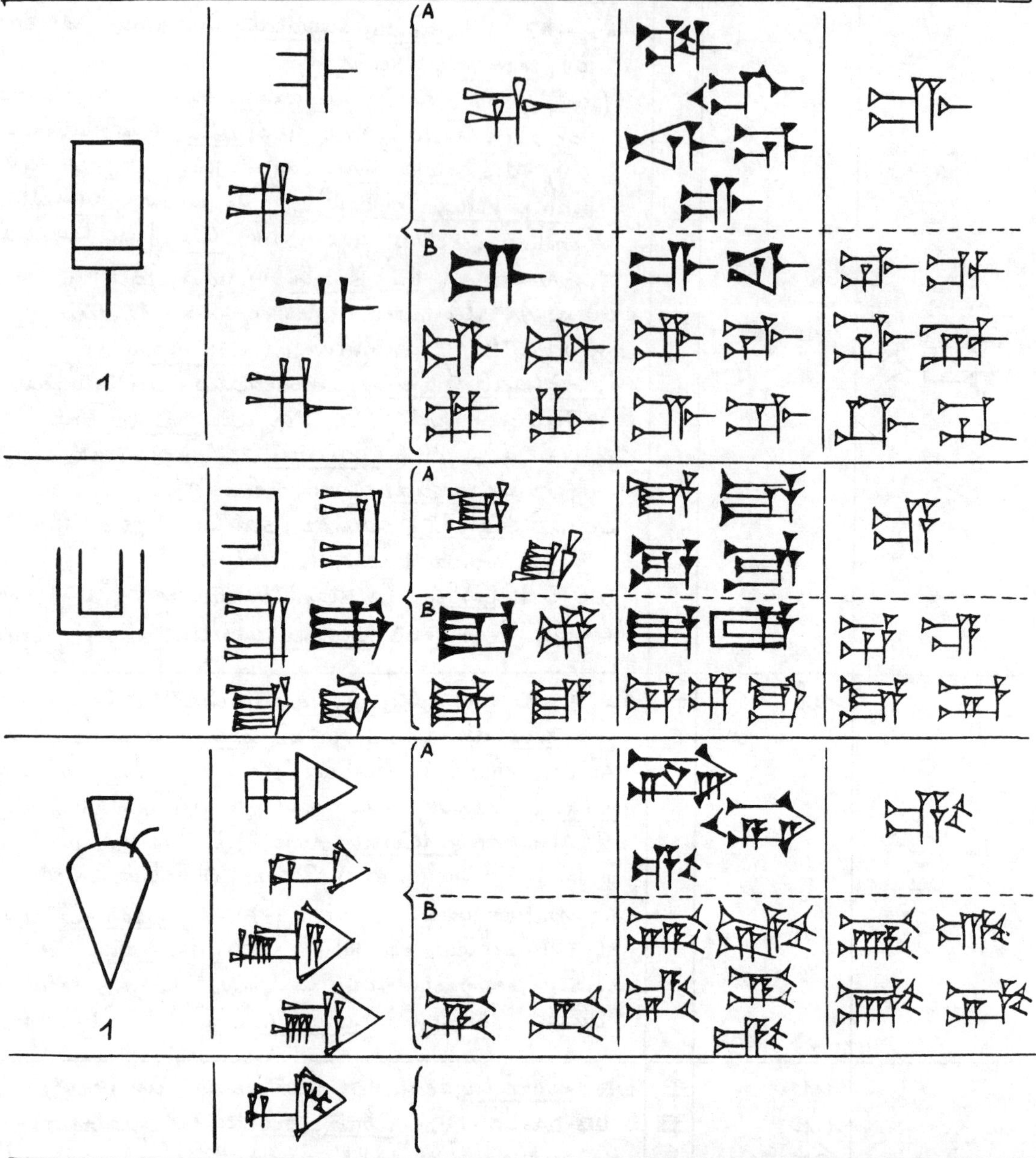

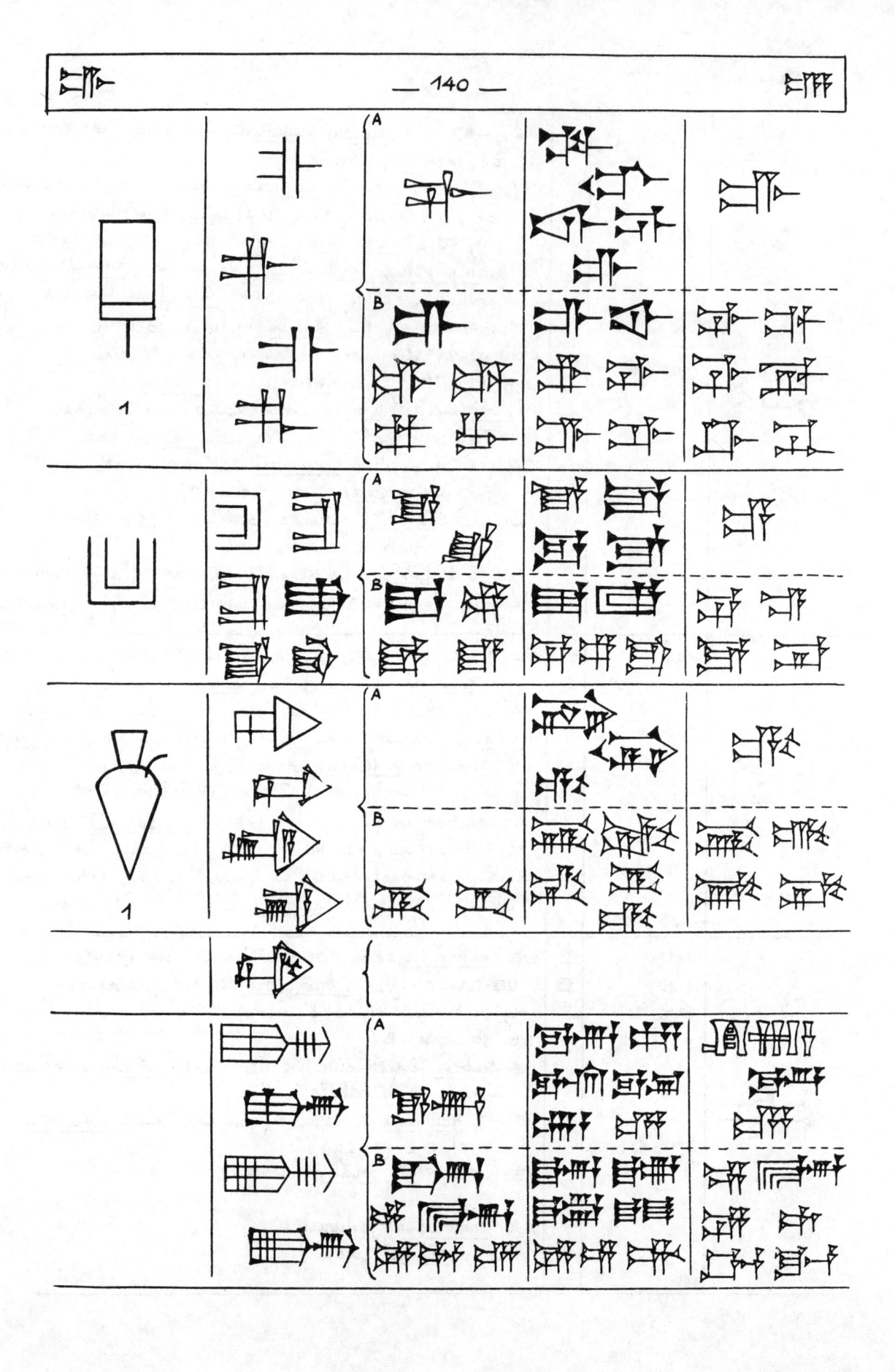
1
A
B
A
B
1
A
B
A
B

mar — wár

(giš/urudu)MAR *marru* marre, houe; gišMAR-SAHAR-RA *išqarrurtu* (outil de jardinier); gišMAR-ŠUM *majjaltu* litière; gišMAR *narkabtu* char; gišMAR-GÍD-DA *ereqqu*, *ṣumbu* chariot; mulMAR-GÍD-DA la Grande Ourse; mulMAR-GÍD-DA-AN-NA *eriq šammê* petit chariot; MAR-RU₁₀ *abūbu* déluge; tu₁₅MAR-TU *amurru* ouest; kurMAR-TUki le pays d'Amurru; d« le dieu Amurru; gišMAR-ŠE-RA-AH *narpasu* fléau (à battre); MAR-ZA *parṣu* prébende. MAR *eqû* appliquer, *zarû* enduire, répandre; MAR-TE *išpatu* carquois; MAR-MAH *pašīšu* prêtre; MAR-GAL, (MAR-DIB, MAR-TAB) *išqippu* ver de terre; (MAR sumérien dialectal pour GAR *šakānu*, etc.)

162 — 307

e — i₁₅, ji

E *iku* (terrain entouré d'une) digue; E *abru* de *elēn* au-dessus (de); E *qabû* parler; E-ZI-MUŠEN = ? (un oiseau) (CAD G, 96b); E-SÍR (, E-SIR) *sūqu* rue, *šulu* ruelle, chemin; E-SÍR-SIG *sūqāqu* ruelle; E-SÍR-(KA)-LIMMU₂-MA/BA *sūq erbetti* carrefour; E-SÍR-DAGAL-LA *sūqu rapšu* grand-rue, place; kušE-SÍR *šēnu* chaussure; E-ZI-ZU-SAR *ezizzu* (légume à bulbe); kuš(e-íb =) ŠURU₇/GURU₁₉ *miserru* ceinture; Eki *Bābilu* Babylone; — E-NE suffixe sumérien de pluriel.

163 — 308

dugkg — tùkg, **lud**, (lít)

DUG *karpatu* pot, vase; Déterminatif précédant les noms de vases. LUD *luttu* vase à boire; *nalpattu* cassolette; Idéogramme de nombreuses sortes de récipients dont les noms sumériens URRUB, URSUB, LÙM, ZURZUB, etc. sont passés en akkadien : *urrubu*, *ursuppu*, *lummu*, *zurzuppu*, etc. (dug-ga-bur =) BAHAR₂ *pahāru* potier; dBAHAR₂ le dieu Ea.

164 — 309

(Variantes graphiques du n° 69x)

310-311

un

KALAM *mātu* pays (spécialement, le Pays (de Sumer)).

UN *nišū* peuple, les gens; túgUN-ÍL *nāramu* (un habit); UN-MEŠ-SAG-GE₆-GA *nišē ṣalmāt qaqqadi* les Têtes Noires, les humains; míUN-É-GAL *sekertu* femme du harem.

165 — 143 — 312

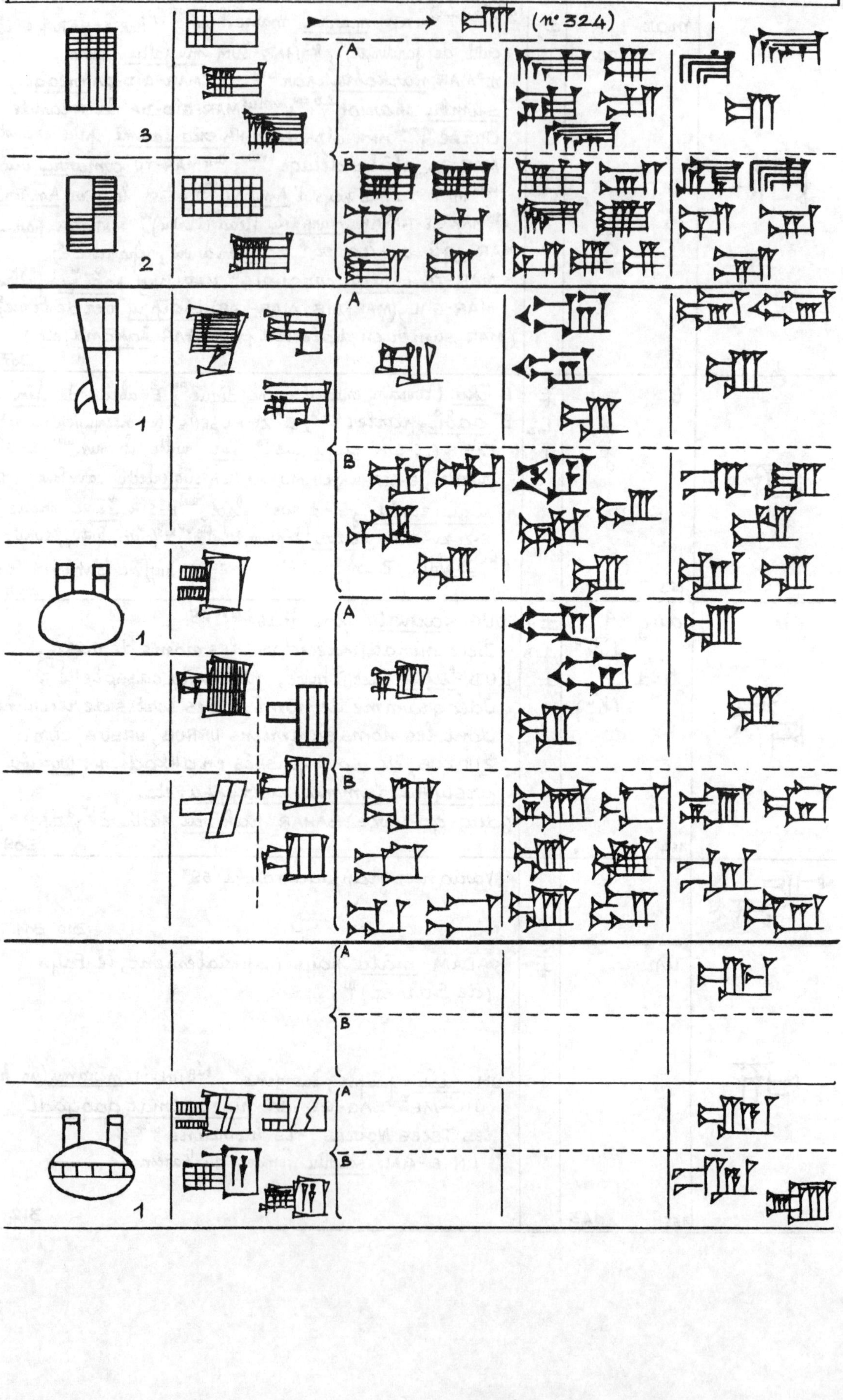
(n° 324)
3
2
1
1
1
A
B

gitdṭ · kitdṭ · gitd · sah̬ · sih̬ · lil · suh̬$_4$ · gi$_5$ · ših̬

LÍL zāqu souffler (sc); šāru vent (sc);
(lú) LÍL-LÁ(-EN-NA) lilû démon +v$; mí LÍL-LÁ ardat lilî (une démone)+;
LÍL-LÁ-DA-RA namtaru (génie de la) mort, peste b;
LÍL sili'tu maladie, déficience physique $; lú KID-BAR šangû prêtre;
giš KID(-MÁ)-MAH̬, KID-MÁ-ŠÚ-A burû natte de roseaux;
SAH̬ salā'u II être contaminé, infecté $v;
gi GÉ kītu natte de roseau +.

166 144 — 313

šid tṭ · lag kq · ? (sìn) · (liqk) · sìd t · (laka)

ŠITA$_5$, ŠID manû compter, réciter v+o; minûtu compte, récitation +o;
ŠID-DÙ paqādu inspecter b; ŠID-SI-GA bugūmu (ou susikku?) (moment de la) tonte; síg ŠID itqu toison o+;
SANGA šangû (v) prêtre +o$ v wm; iššakku prince-vicaire w;
UMBISAG ṭupšarru scribe nB;
SILx lâšu délayer, pétrir $; NÌ-SILx(-GÁ) līšu pâte; LAG kirbānu motte, morceau +v$; LAG-MUN kirbān ṭabti bloc (poignée) de) sel +v$ o; (ú/giš) LAG-GÁN/A-ŠÀ(-GA) kirbān eqli camomille $; d(LAG=) MEZ le dieu Kirbān v, Marduk;
lú LAG-RI-RI-GA lāqit kirbāni ramasseur de mottes.

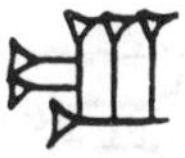

167 145

PISAN$_2$ pišannu (v) récipient, bac o.

rid tṭ · miš · mis · miṣ · mèš

KIŠIB upnu poing; KIŠIB(-LÁ) rittu paume de la main vc$+; zá KIŠIB kunukku cylindre-sceau +owo, vertèbre v$. KIŠIB-GÁL kišibgallu possesseur du sceau oB; zá KIŠIB-GÚ kunuk kišādu nuque;
KIŠIB-ÍB-RA ibrû quittance scellée o
(Confusion de signe avec DUB).

MEZ eṭlu héros, homme (sc); giš MEZ mēsu cèdre (?, micocoulier?) +w$ ov; giš MEZ-GÀM šaššugu (un arbre v);
giš MEZ-MÁ-GAN(-NA) mus(uk)kannu arbre de Magan +wv o;
giš (ú, šem) MEZ-DUB-RA-AN daprānu genévrier $.

168 146 — 314

EME$_2$, UMMEDA tārītu gardienne d'enfant.

315

PISAN$_3$ pišannu (v) récipient (sc).
lú UMBISAG$_2$ ṭupšarru scribe nB.
A Ugarit, à lire ŠEN!

317

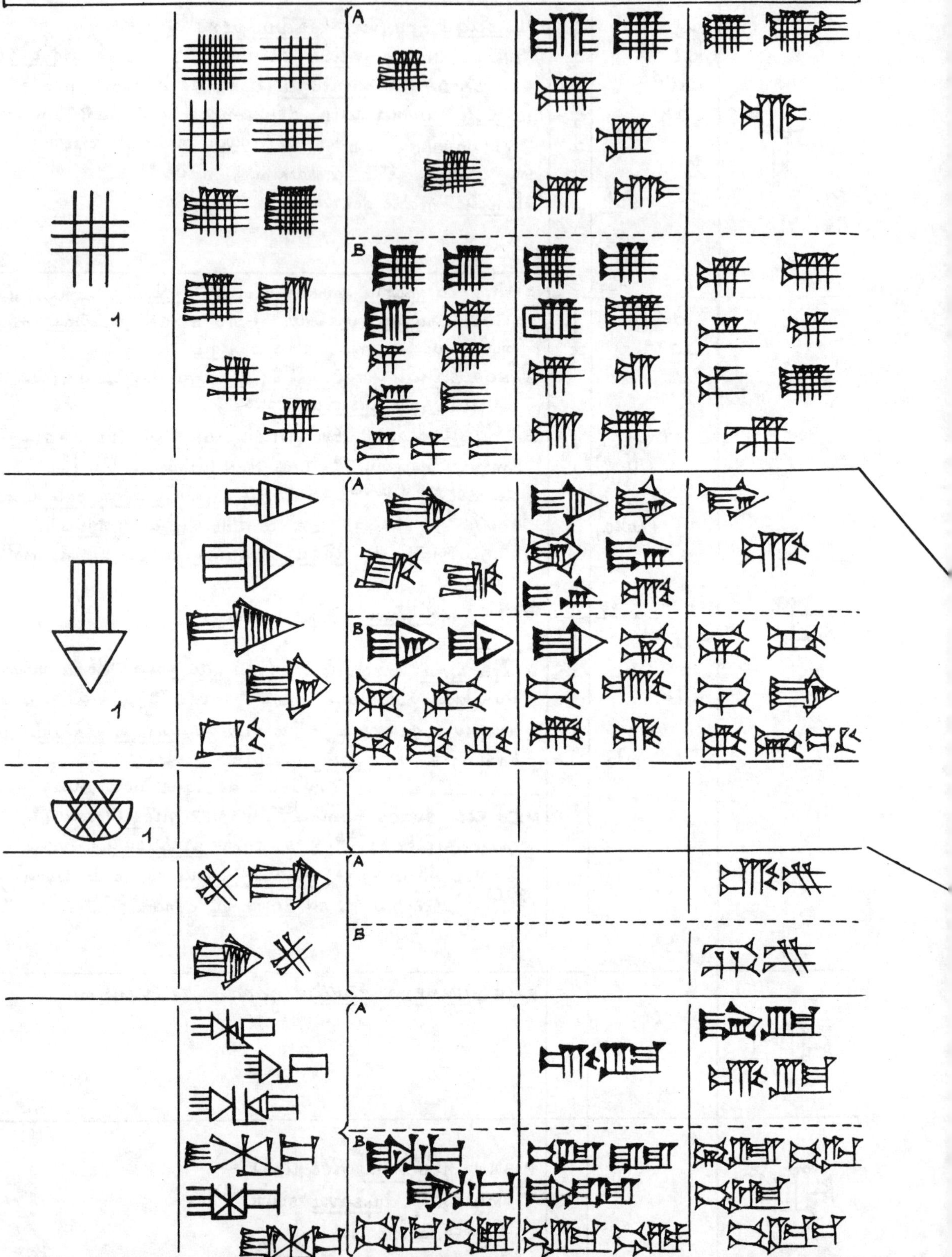
A
B
1
A
B
1
1
A
B
A
B

ú, šam, (sam), ša$_{17}$, ^{r}bu$_{8}$, ba$_{6}$

KÙŠ ammatu avant-bras^{SV}, coudée (petite coudée, env. 40 cm., grande coudée, env. 50 cm.)$^{\circ W+}$

Ú Déterminatif précédant les noms de plantes.

Ú šammu plante, herbe^{W}, drogue^{S+} ; rîtu pâturage^{W}, akalu pain, aliment ;

Ú-A zāninu pourvoyeur, Ú-AN-KI-NU-DI aš-qulālu (plante grimpante), Ú-AŠ šammu ēdu (plante médicinale), Ú-DA var. de U$_{4}$-DA ṣētu (une maladie), Ú-DÚL utullu pâtre$^{\circ\circ}$, ^{giš}(ú-gír =) KIŠI$_{16}$ ašāgu acacia^{WV+B}, $^{(giš)}$– « – . ATTU eṭṭettu épine, nerprun^{VS} ; Ú-GÍR umṣatu marque de naissance, (une plante), ^{giš}Ú-GÍR-ḪAB dâdānu faux caroubier. Ú-GÙ...DÉ nābutu s'enfuir$^{\circ}$, Ú-GUG sunqu famine^{V}, (Ú-ḪAB cf. ^{ú}ḪAB), Ú-ḪUB sukkuku sourd^{V}, ^{lú}Ú-ÍL zābil iṣi porteur de bois à brûler.

Ú-KI-KAL (šammu nidûti$^{!}$) mauvaise herbe, Ú-KI-KAL-ḪI-RÍ/RI(-IN) lardu plante utilisée comme savon^{S}, (ú-kur-ra =) ŠIMBIRIDA nīnû ammi^{SV}, Ú-NAM-TI-LA šammu balāṭi (une plante), Ú-NISSA arqū légumes$^{\partial V}$, Ú-NÌ-GÁN-GÁN egengiru saponaire, Ú-PAD ḫallulāja courtilière^{SV}, Ú-SAL(-LA) (abuvru,) ušallu pâturage, Ú-SIG/SIG$_{5}$ šammu mudammiqu simple, Ú-TAR-MUŠ šammi nipši chardon, ^{mul}(ú-tè-ga =) UGA^{kakkab}āribu Corvus^{V}, Ú-TIR kamūnu cumin^{VA}, Ú-^{d}UTU (une plante), Ú-ZUG (m)usukku, (m)usukkatu prostitué(e)$^{V+}$.

318

ga, gá, kà — 170 — 148 (Am, Bg, Bo, Anf, El)

GA šizbu lait$^{+W\circ S}_{\circ V}$, $^{(ú)}$GA-a-nu šizbānu (une plante)^{S}, GA-ARA$_{3}$ eqīdu^{nA}, gubnatu^{nB} fromage, GA-ḪAB kisimmu lait sûri$^{\circ}$, GA-BA-AL...DÙ gerû engager un procès ; $^{(giš)}$GA-ZUM (/ZU^{Nuji}) muštu peigne^{+S}, $^{(síg)}$GA-ZUM-AK-A pušikku$^{(v)}$ laine effilochée, bourre, charpie, GA-KAL dannu, dunnu fort^{Am} ; GA-MÁ-SIG$_{7}$-MAḪ šangamaḫḫu$^{(v)}$ grand-prêtre^{+}, GA-AN-DÚR aššābu locataire, GA-AB-SÌ nādinānu vendeur^{C}, ^{im}GA-LI kalû minerai jaune, GA-NU$_{11}$^{mušen} lurmu autruche (?)$^{+S}$.

GÁR lildu lait gras (SC).

319

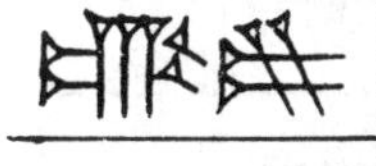

GA-RAŠ$^{(sar)}$ karašu poireau$^{OVSV(ú)}_{\circ}$, GA-RAŠ-SAG$^{(sar)}$ geršānu (variété de poireau)$^{+\circ\circ}$.

319a

íl, gíl — 149

ÍL našû lever$^{+\partial\circ S}_{V}$, nīšu excitation^{+}, šaqû être haut^{W}, (íl-má-dúb-dúb =) SANGA$_{2}$ mullilu prêtre purificateur^{+}, SANGA$_{2}$-MAḪ šangamaḫḫu$^{(v)}$ grand-prêtre (SC) ; ^{lú}ÍL nāgiru héraut. ^{giš}ÍL (arme divine)^{VA} ;

GÙR malû être plein (SC).

320

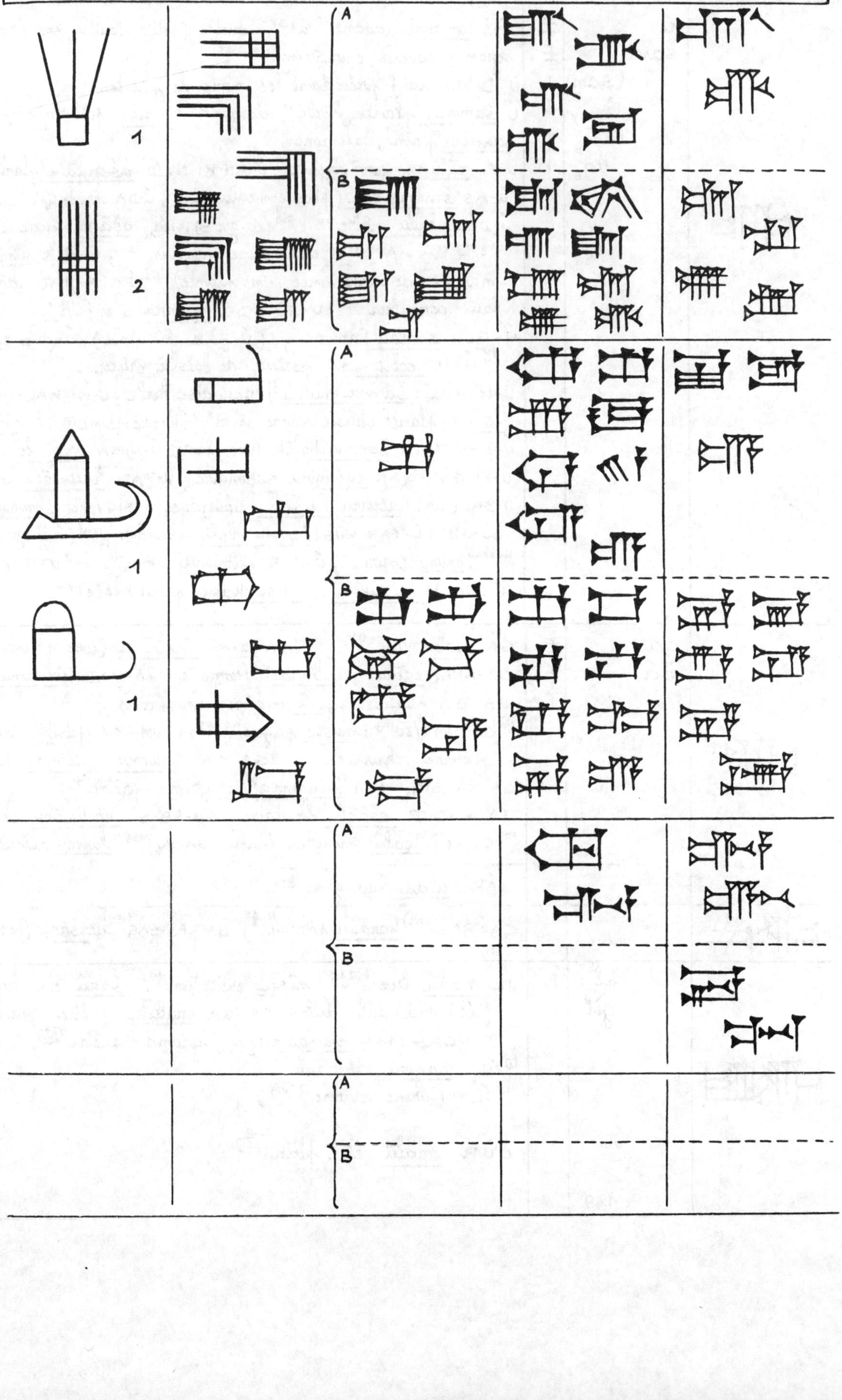

luḫ, làḫ, lìḫ, raḫ, riḫ, ruḫ, naḫ, luḫu

LUḪ, (LÀḪ) *mesû* laver[+V$] ; *mesû* lavé[+] ;
LUḪ-KA *mīs pî* lavage rituel de la bouche[+] (KA-LUḪ (-Ù-DA) ;
[ú]LUḪ-MAR-TU *šibburratu* rue (plante)[$] :
LUḪ *galātu* s'effrayer, trembler[+V$]
LEL (ré) SUKAL, SUKKAL *šukallu* vizir[+ШC Ψ V□], messager[Ψ□] ;
pašīšu prêtre, oint ; SUKAL-MAḪ *sukalmaḫḫu* grand vizir[+Ψ] ; SUKKAL GIR5 *sukkallu šanû* vice-vizir ;
[d]SUKAL *Sukal*, *Papsukal*[+□] ;
[d]SUKAL-AN-NA *Ninšubur*[+] .

172 150 321

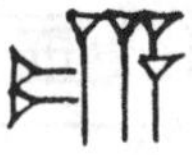

kal, rib, rip, lab, lap, dan, tan, líb, líp, gal_4, kala, gal_9, rub, tana, tan, (rab_4), (dín)?

KAL (-GA) *danānu* être fort, puissant[V□] ; *dunnu* force, violence, sol dur ;
dannu fort[Ш+$□ ΟΨ] ; *danānu* "fort" (partie du foie), supériorité[V] ; (mí)/NAM KAL — GA *dannatu* situation difficile, calamité[ШV +] ; KAL *danniš* fortement[Am] ; SIG_{15}/SI_{18} *damāqu* amabilité[□] ; *damqu* favorable[V] bon[□] ; KAL (-LA) *aqāru* être précieux[□] ;
[d]KAL-KAL un dieu (portier des dieux) ;
KAL-LAB pseudo-idéogr. *kallāpu* courrier .
[zá]ESIG, ESI *ušû* diorite[ШV] ; (im)KAL-LA *kalû*[$], (im)KAL-$KU_7$-$KU_7$, (im)KAL-GUG *kalgukku*[+] (une pâte).
[giš]ESIG, ESI *ešû*, *ušû* érable[Ш+V$] ;
GURUŠ *eṭlu* homme, héros[V$+], GURUŠ-DIL *ēdu* solitaire, individuel ; GURUŠ-TAB/-TUR *batūlu* jeune homme, adolescent[+V] ; [mí]GURUŠ (-TUR) *batultu* jeune fille, adolescente[V+] ;
[d]$ALAD_2$ *šēdu* génie (protecteur)[ШCΨV+] ; [d]$LAMA_2$ *lamassu* dieu/déesse protecteur/trice, (force vitale) ; *lamassatu* déesse protectrice[+ШD□VC] ;
[d]$LAMA_2$-MAḪ *lamamāḫu* figure apotropaïque ;
[d]$LAMA_2$(-at)-IGI^2 *lamassat īne* pupille[V$].

173 151 322

[d]$ALAD_3$ *šēdu* génie (protecteur)[+V□] ;
le dieu *Išum*[+V] ;
[d]$ALAD_3$-[d]LAMMA *aladlammû* taureau à tête humaine[Ш]
(ou *šēdu lamassu* ?) ; [zá d]LAMMA (pierre à) amulette[+].

323

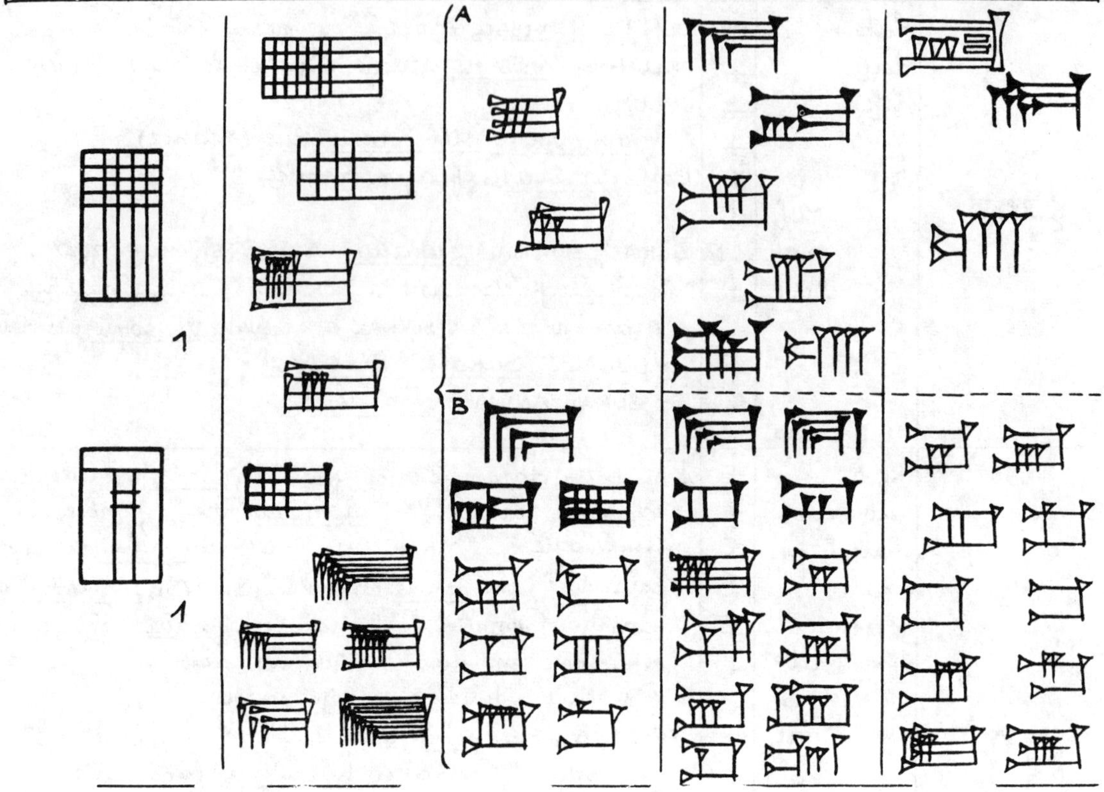
A
B
1
1

bit, biṭ ± | É, (É-DÙ-A, É-A-NI[El.]) bītu maison, demeure[∞]
bid ⊥ | marque de naissance (sur le front)[v].
pid | [kuš]É bītu contenant de cuir;
pit ⊥

é | É-a-nu bītānu intérieur;
biti ⊥ | É-A-BA, É-AD(-DA) bīt-abi patrimoine.
'à, 'à' | É-AN-NA ajjakku construction sacrée, É-AZAG[w]/É-Á-SÀG bīt
'è ⊥ | asakki pièce interdite[+v].

É-BÀD bīt dūri ville fortifiée[w], É-BAR sangû prêtre,
É-BAR-RA barakku passage, bâtiment extérieur,
É-BUR-BAL burubalû terre inculte, É-DA edakku
aile d'un bâtiment, É-DANNA[ki] bīt bēri lieu
d'étape; É-DI-KU$_5$ bīt dīni cour (de justice);
É(-DINGIR) bīt (ili) temple[w,+c]. É-DINGIR(-MEŠ)
ašīrtu sanctuaire[w□]. É-DÙ-A bītu epšu maison construite;
É-DUB-BA bīt ṭuppi école;
É-DURU$_5$ kapru bourg. eduru métairie, hameau;
É-ENGUR(-RA) bīt apsî océan, abîme[+],
É-ÉŠ-DAM aštammu auberge[v].
É-GAL ekallu palais[∞], pièce principale; [mí]« ša ekalli reine;
E-GAL-TUR-RA egalturru petit palais[w];
É-GÁ-NUN ganūnu grenier, É-GAR$_6$ kummu chambre,
cella, INGAR (=é-gar$_8$) igāru mur[+cwor];
É-[(giš)]GEŠTIN bīt karāni taverne, cave;
É-GI$_4$-A kallātu fiancée?, bru?[vca+];
É-GIBIL bītu eššu nouveau temple; É-GI-GUN$_4$-NA gegunû
grand temple
É-GIŠ-APIN bīt epinni champ labouré;
É-GIŠ-GU-ZA bīt kussî propriété royale; (service royal);
É-GIŠ-NÁ bīt erši chambre, É-GU$_4$ bīt alpi étable;
[lú]« ša bīt alpi officier en charge des étables, É-GÚ-NA gunû
entrepos (p.ê abrév. de É-NÌ-GÚ-NA bīt unāte réserve des outils
de cuisine); É-Ì-DUB našpakūtu, našpaku (ou bīt n.) entrepôt,
É [lú]KAŠ-DIN-NAM bīt sabī taverne[v]. É-KI-GÁL maškanu aire,
É-KI-NÁ bīt ēgi chambre intérieure du temple d'une
déesse[+]
É-KISAL bīt kisalli bâtiment extérieur.
É-[za]KIŠIB(-BA) bīt kunukki magasin scellé;
(é-kur-bad=) ARALI arallû enfers
É-KUR(-RA) ekurru temple, ekur monde souterrain[+];
[giš]É-MÁ-RA = ? (YOS 5, 231, 3).
[kuš]É-MÁ-URU$_5$, É-AMAR-RU[m] išpatu carquois.

174 152

(Suite de la page précédente)

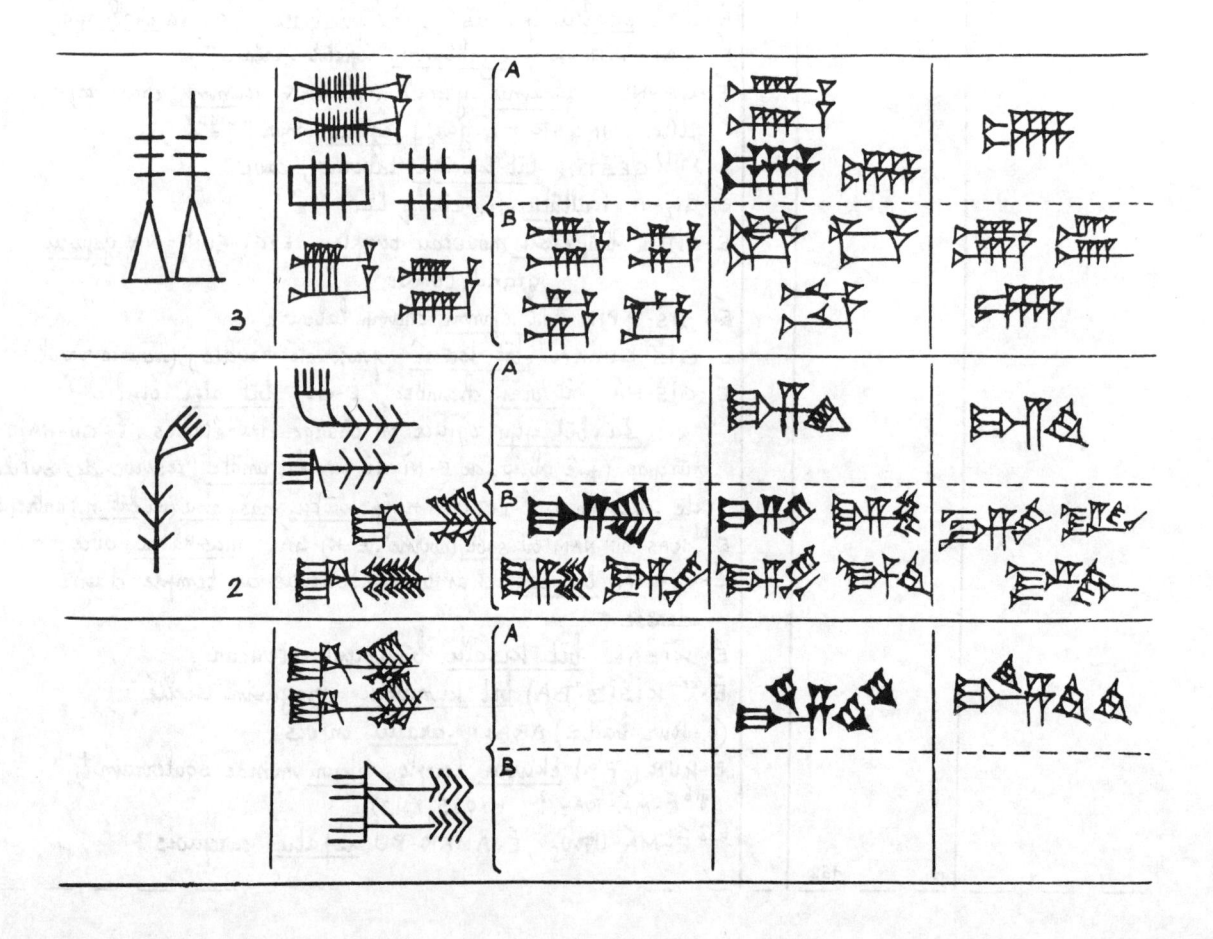

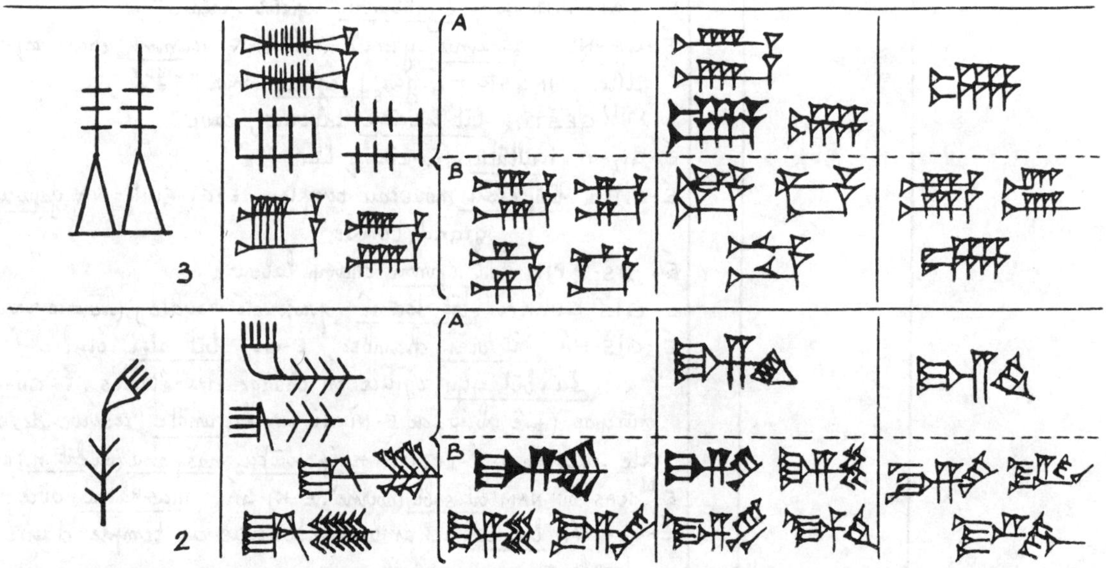

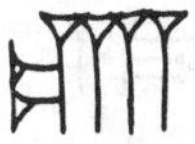 (suite) 174				É-[lú]MUḪALDIM bīt nuḫatimmi cuisine ; É-MUN bīt ṭābti désert salé[ш] ; É-MUŠEN bīt iṣṣuri basse-cour ; É-NÌ-GA nakkamtu, bīt makkūri trésor[+] ; É-NIM étage supérieur ; É-NIR-GÁL bīt etelli maison princière[v] ; É-SAL-A esallû = ? (cf. CAD/AHw s. v.) ; É-SAG bīt rēš(i) sanctuaire[+v] ; É-ŠÀ-SIG-GA pāpaḫu chapelle[b] ; É-SISKUR$_2$ bīt nīqē lieu de sacrifice ? ; É-ŠUB-BA, cf. KI-ŠUB-BA[°] ; É-TAR-RA bīt parsi pièce separée ; É-UDU-NITA$_2$ bīt immeri enclos à moutons ; É-ÙR-RA rugbu étage sous le toit ; É-UR$_5$-RA bīt ḫubulli prison pour dettes[v] ; É-URU[ki] bīt āli maison de ville ; É-UR$_4$-UR$_4$ bīt ḫammūti appartements ; É-UŠ(-ti) bīt redûti maison de succession (cf. CAD, B, 279 b) ; (par jeu idéogr.) splendide. (é-uš-gíd-da =) AŠLUG ašlukkatu entrepôt, araḫḫu grenier ; É-UZ-GA bīt marî lieu d'engraissement ; É-UZU[meš] bīt nasri ? étal de boucherie ; É-ZI igāru mur[°] ; É-ZU-AB bīt apsî partie du temple[a] ; É-ZÚ-SI-GA, É-SU-SI-GA, É-ŠID-SI-GA bīt buqūmi, susikki endroit de la tonte ; É-2 bītu šanû quartier des domestiques. 324
 175	nir nàr 153	⫶ ⊥[B]		NIR, NIR-GÁL etellu altier, héros[ш°] ; malku prince ; NIR tukultu aide[°] ; NIR-GÁL tarālu (un)fier ; NIR-GAL-BÚR anduḫallatu (sorte de lézard)[+] ; NIR-DA pseudo-idéogr. nertû faute[+]. 325
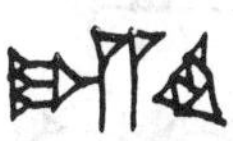 176	gi$_4$ ge$_4$ qi$_4$ qe$_4$ (ki$_4$) 154	⫶ ⫶ r r i		GI$_4$ târu se tourner, revenir (en arrière)[ψш+] ; GI$_4$(-GI$_4$) apālu répondre[+] ; (GIŠ)-GI$_4$-GÁL(-BI) meḫer (zamāri) répons, antiphon[ψ+]. (cf. n° 296) 326
 177	gigi 155	⅃		326 a

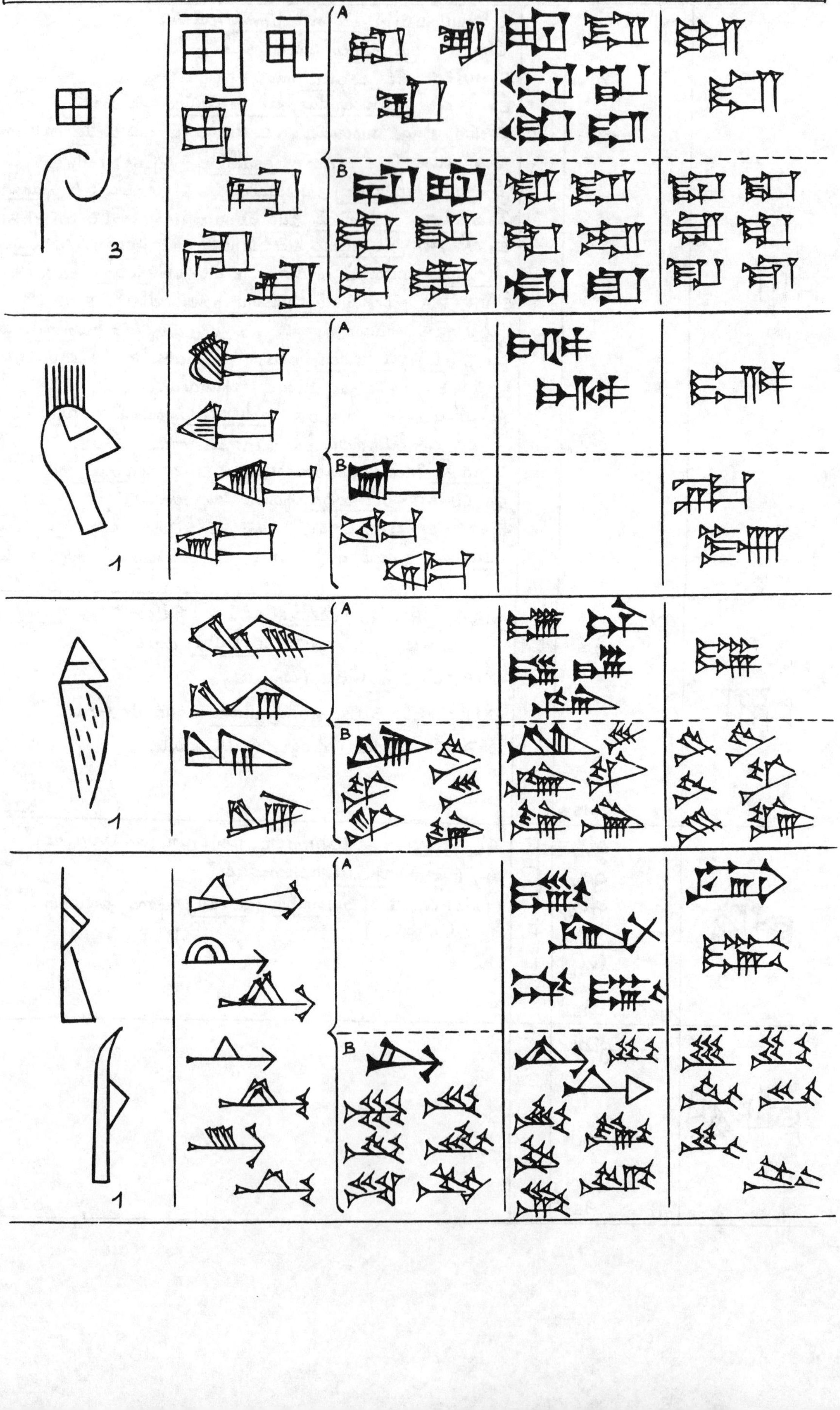
A
B
3
A
B
1
A
B
1
A
B
1

ra

RA *maḫāṣu*[IV] être frappé, *miḫṣu* coup[v], *dâku*[v], (*nêru*) tuer; *nērtu* meurtre (cf. SAG-GIŠ-RA), *raḫāṣu* laver, tremper (dans l'eau), submerger, inonder[vo+], piétiner[v], *riḫṣu*, *riḫiṣtu* inondation[+], *marḫaṣu* rinçage[$];
NAM-RA(-AK) *šallatu* butin[vw];
[lú]RA-GAB *rakbu* émissaire, cocher[w];
RA *zaqātu* piquer[v]; *barāmu* sceller.

RA suffixe nominal sumérien (datif)°.

178 — 328

(dùl)
šúr

ŠÚR *ezzu* furieux[w]; ŠÚR(-BI) *ezziš* furieusement[w]; *ezzetu* fureur, *ezēzu* être furieux[+]; SÚR-DÙ-(MUŠEN) *šurdû* faucon[vws+]; ŠÚR-ḪUN-GÁ troubles de la parole[$];
KÚŠ *nâḫu* être tranquille°; KÚŠ-Ù *anāḫu* se fatiguer, gémir, (III2 se tourmenter);

ANDUL, DÙL *ṣulūlu*, *andullu* aide, protection°; (cf. AN-DÙL).

179 — 329

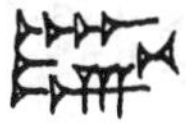

lú
na_6
ad_5

LÚ°, (LÚ-U_{17}-LU) *amīlu* homme, (NAM-)LÚ-U_{17}(-LU), NAM-LÚ-LÚ, LÚ-ḪI-A, LÚ-tu *amīlūtu* humanité, [ú](NAM-)LÚ-U_{17}-LU, [giš/ú]LÚ-a-nu, [ú]LÚ-[d]A-nu *amīlānu* (plante médicinale)[$]; LÚ-MAḪ *lumaḫḫu* (un prêtre) (cf. n°57), LÚ-GEŠTIN-NA *sābû* cabaretier[+vs], LÚ-KI-INIM-MA témoin, LÚ-1-E par homme, [d]LÚ-ḪUŠ(-A) *luḫušu* Nergal[+v], [d]LÚ-LÀL *Latarak*, LÚ-MAŠ(-ši) *lumāšu* étoile; (lú-úš =) AD_5 *pagru*, *šalamtu* cadavre, [mul]AD_5 (étoile).
(lú-ne =) DU_{14} *ṣaltu* rivalité, lutte, *muṣṣālu* adversaire,
LÚ *ša* qui[v], LÚ-NA-ME *mamma* quelqu'un[v].
(lú-še = $NIGA_2$ cf. n°367)

180
181 157 — 330

šiz[$]
šiš
sis, siš
šaš[$]
áḫ(a)
uri_3
šaš
nam

ŠEŠ *aḫu* frère[o], ŠEŠ-GAL *šešgallu*, (*aḫu rabû*) scribe-enseignant,
ŠEŠ, URU_3 *marāru* être amer, *marru* amer[+vs];
ŠEŠ-MUŠEN *marratu* (un oiseau)[+wv], [šem]ŠEŠ *murru* myrrhe[o+vs];
ŠEŠ (= ŠÉŠ) *pašāšu* frotter[$], ŠEŠ *annû* celui-ci[sv],
[mí]SIŠ *sekertu* femme du harem[sc]; [mí]SIS *niṣirtu* secret[vy];
$MUŠ_5$ dans ŠE-$MUŠ_5$ *šegušu* (une céréale)[ov+s];
URU_3 *naṣāru* garder, protéger[wro].
[lú]URI_3-GAL *urigallu* trésorier[w+], [d]« Nergal, [gi]URI_3-GAL *urigallu* hutte (pour lustrations rituelles)[+ovs], emblème, étendard[w],
[d]URU_3-INIM-su *Uṣur-amassu* (divinité d'Uruk)[°+],
(šeš-unug-ki) = URI_2, $URIM_2$ la ville d'Ur[corw].

182

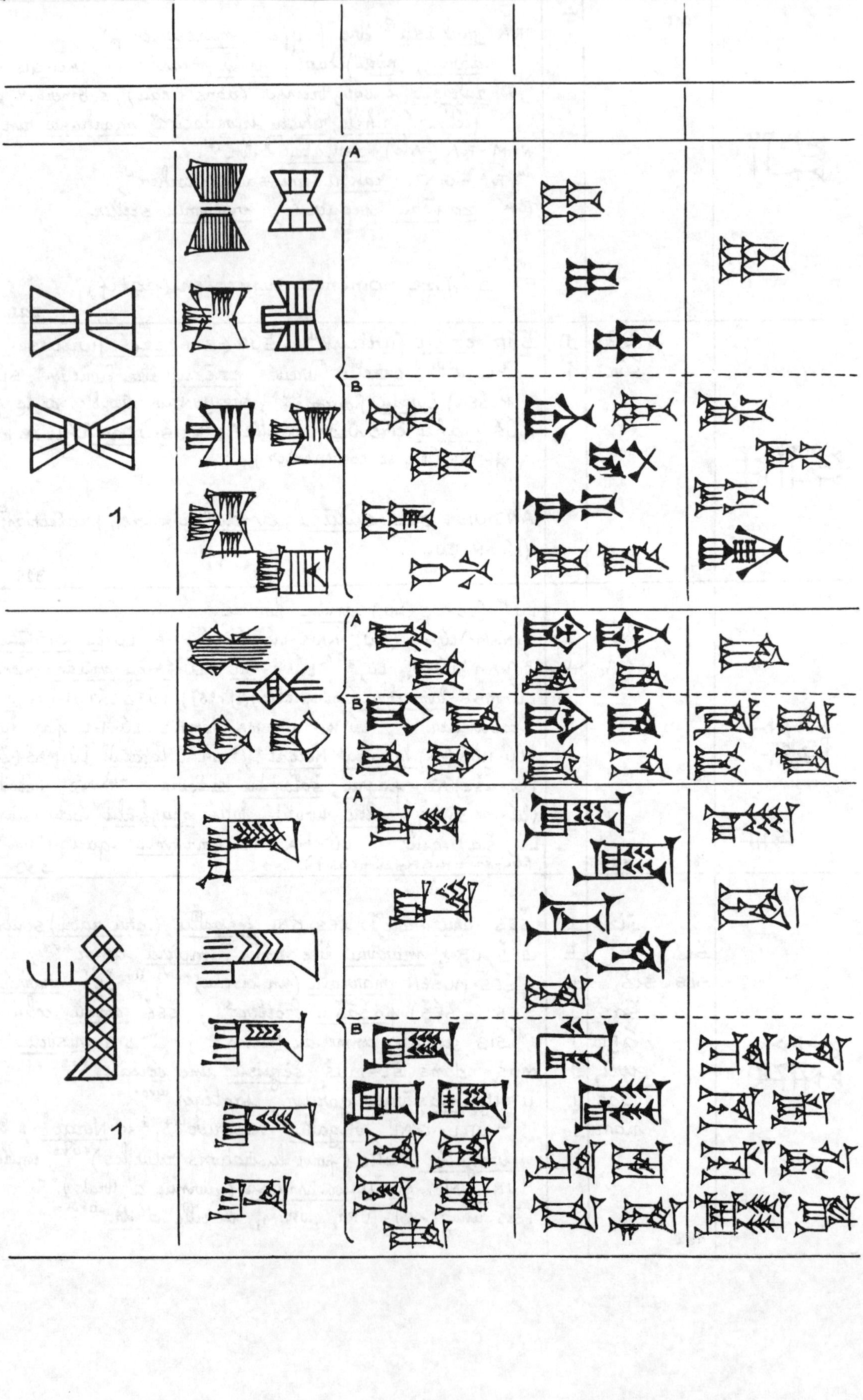

183 nanna₄

$^{(d)}$NANNA₄, NANNAR nannāru dieu de la nouvelle lune[□Δ+], sîn le dieu-lune[□+v]. (phon. i-nanna₄); 331

184

Cf. n° 152.

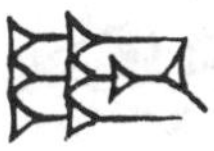

185 160 zag, zak, zaq, bputu[?], zà, sak₆, ṣak

ZAG, ZÀ idu, aḫu bras, côté[vw]; pāṭu frontière[wv], bord[w+v], territoire[wv], pātu bord[Am.]; emūqu force[b]; pūtu front, face[w+];
ZAG adi jusqu'à[•vB], imittu droite[+wv$]; imitta, imna à droite;
$^{(uzu)}$ZAG(-UDU) imittu épaule[•]; rendement d'un champ[•], appui[+];
ZÀ-1-ÀM adi išten pour la 1re fois; ZAG-10 ešrētu dîme;
ZAG, (É-)ZAG-GAR-RA, (zag-dingir=) UZUG aširtu sanctuaire[+v];
^{uzu}ZAG-UDU-A-RI-A nisḫu morceau de choix; ZAG-GA kanzūzu gencive[v], (birku genou).
ZAG-DU₈ sippu seuil, embrasure[w+v$];
ZAG-MU, ZAG-MUG zagmukku, rēš šatti début de l'année, nouvel-an[qw+v]; ZAG-NU-U-ME non brûlé[vA] (cf. CAD, E, p. 408 a).
ZÀ-MÍ tanittu louange, laudes; ^{giš}ZÀ-MÍ sammû harpe[w+]; ZÀ-PEŠ₁₁/PEŠ mākisu percepteur.
ZAG-TIL-LA(-BI-ŠE) (pour sa) totalité, complètement[S];
ZÀ-ḪI-LI(-A) seḫlû ivraie ?, cresson[□•vw$+]. 332

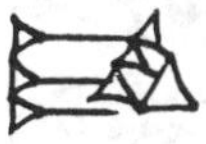

186 161 gar, gàr, kàr, qer₅

GÀR dans GÀR-BA karru pommeau[v];
^{mí}GÀR cf. ^{mí}ZÉḪ[vB];
GÀR abbuttu coiffure propre aux esclaves.
*GÀR-GÀR forme aberrante du signe ALAM (n° 358). 333

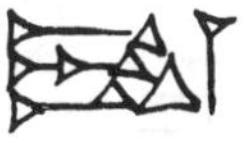

187 id, it[?], ed, et[?], á

Á idu, aḫu bras, côté[wv+s γ]; kappu aile; Á-MEŠ dāt(u) ensuite[n]; itti à côté de, avec[+]; tēḫ à côté de; Á-ZI-DA imittu, droite, imnû droit; Á-zi imitta à droite; Á-GÙB-BA šumēlu gauche[$+];
Á, $^{(bi)}$(á-kal=)USSU₃ emūqu force (armée)[+w$]; Á[(2)] ittu signe, présage;
Á-GÁL lē'û fort[°], lē'ûtu force[w]; Á-TUG nēmelu gain[v];
Á-DAḪ rēṣu (un) aide[w], rēṣūtu aide, secours[w]; Á-ÁŠ ṣibûtu besoin, désir; Á-ÚR, (Á-ŠU-GÌR[b]) mešrêti membres[+v$];
Á-GÚ-ZI-GA šēru, šērtu matin[+v$]; ^{giš}Á-LÁ alû tambour de bois; Á-DAM nammaššû bêtes, troupeaux[v]; Á-KÁM šeḫānu géant[v];
Á-KI-IT/TI akītu (jour et temple du) nouvel-an[+wv□];
Á-SÀG asakku démon, maladie[+cv$]; Á(-BI) idū louage, gages;
Á-GU₄ inītu loyer d'un bœuf; Á-KÁR-^{giš}GIGIR sikšu partie du char;

187a 162 ṭi₈

TE₈^{mušen} erû aigle[vw$]; par homophonie erû cuivre;
^{mul}TE₈ erû Aquila (constellation)[v□];
$^{(giš)}$(á-suḫ=) AŠKUD aškuttu verrou[v]. 334

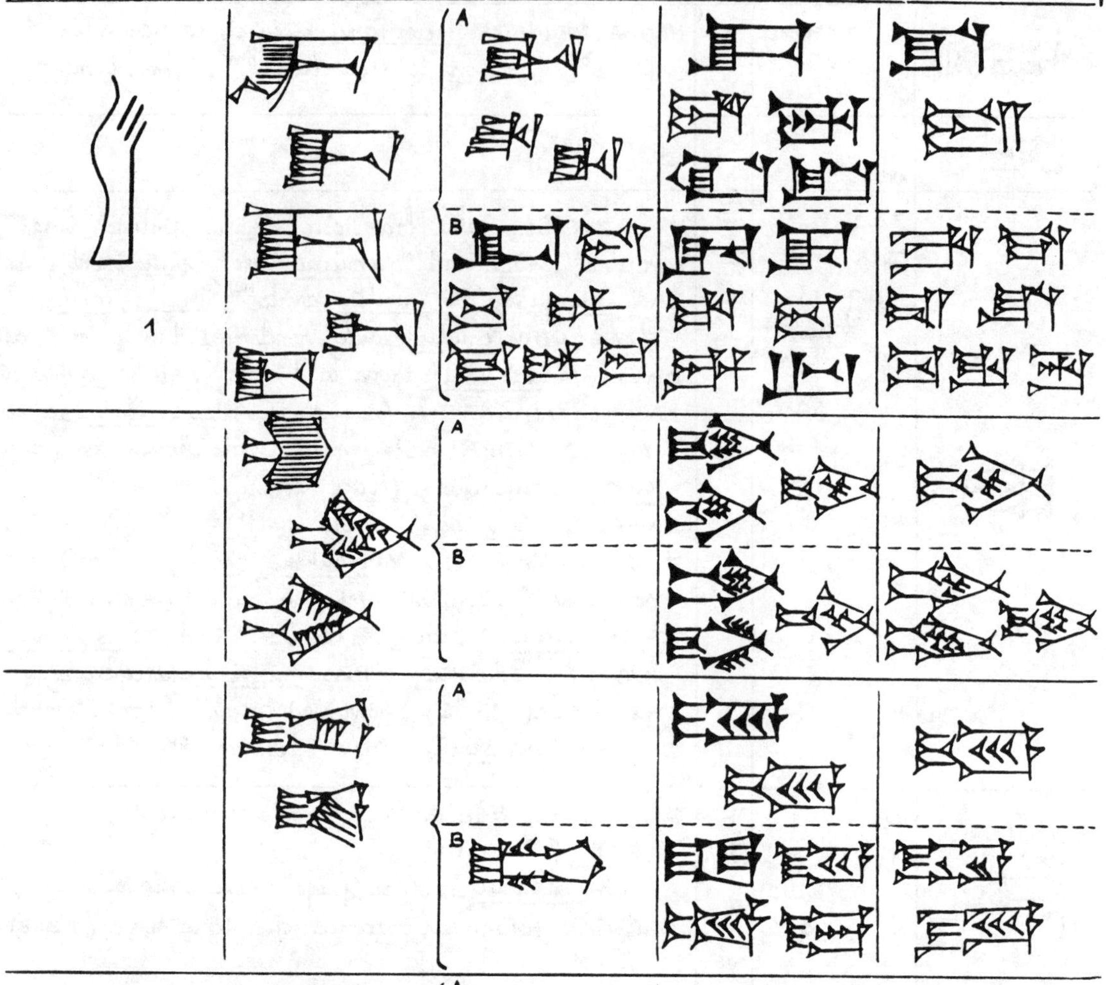
1
A
B
1
a)
b)
gunû
a)
b)
b)
a)
3

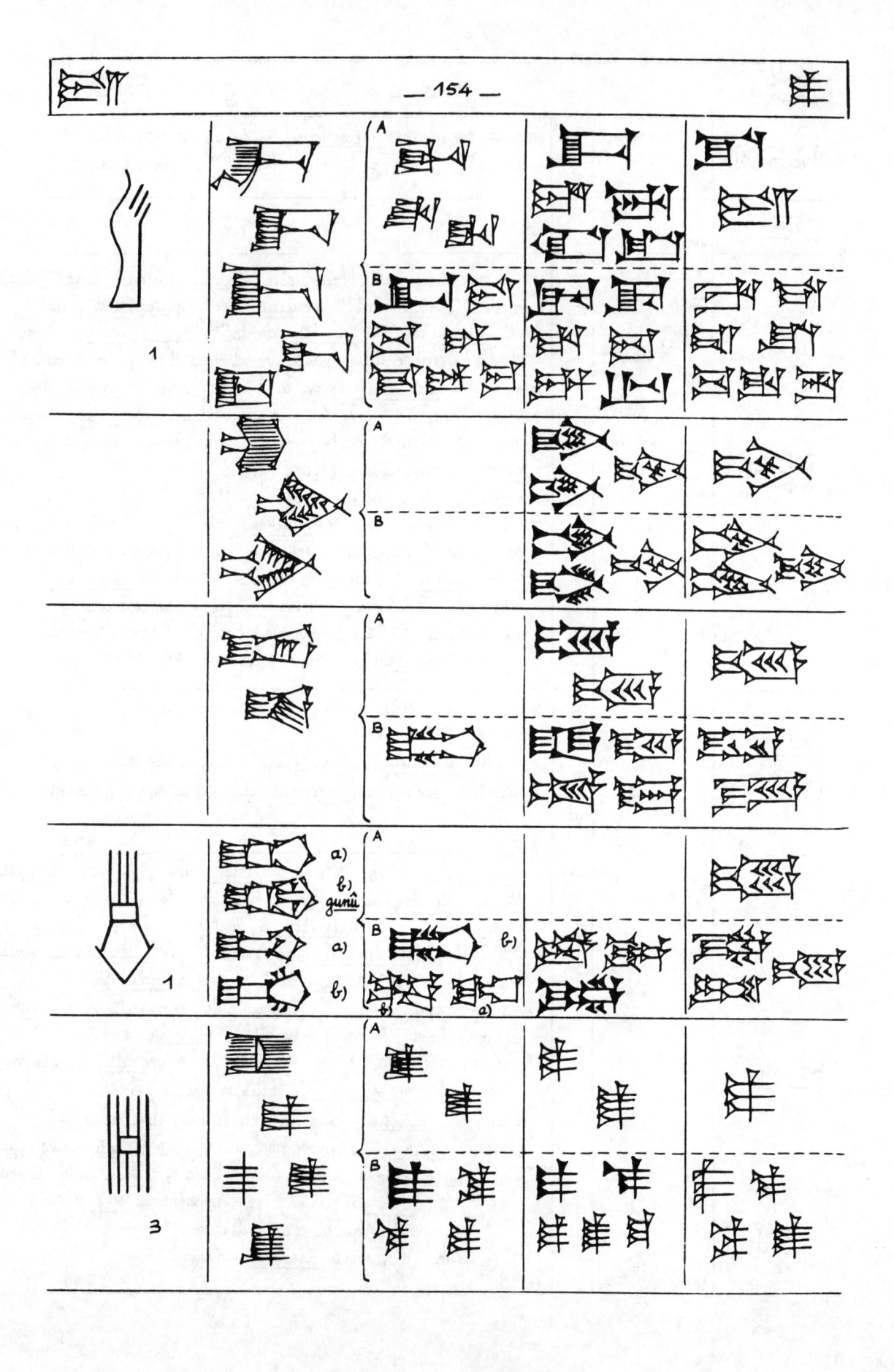

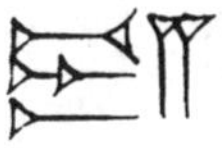	da ṭa tá 191	 166	⊥̇ ⊥̇ ⅰ Bg Am El	DA idu côté; idātu, šāḫātu abords, environs⁺; DA (confusion avec id) ṭēḫ près de, itti avec; le'û pouvoir°; lē'û capable; DA-NA (= DANNA) bēru double-lieue°; ᵍⁱˢDA lē'u tablette, registre; ᵐᵘˡ ᵍⁱˢDA cf. n° 296; ⁽ˡᵘ⁾GIŠ-DA a'lu bande, confédération; DA-RÍ dārû durable; dār(īt)u durée, éternité; DA-RA-TA permanent;	335
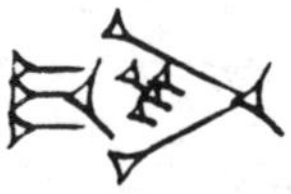	lil 188	 163	⊥̇	⁽ˡᵘ⁾LIL lillu dégénéré, sot. ᵐⁱLIL lillatu sotte.	336
	 189	muru₂ muri múr 164	⊥̇ ° ⊥ ⊢	MURUB₄, MÚR qablu, qabaltu taille, milieu; qablû qui est au milieu, médian; qablu combat, ressentiment⁺; MÚR^meš qablê hypocondres; ᵍⁱˢMURUB₄ (un objet); NISAG šakkanakku gouverneur, nīqu libation; UNU₇ (confusion de signe avec UNU).	337
	 190	ṭe₅ 165	⊢	SIMUG nappāḫu forgeron; SIMUG-GUŠKIN nappāḫ ḫurāṣi orfèvre; DE šasû crier° (cf. GÙ-DÉ); abālu apporter; tabālu emporter⁺; UMUN₂ šapāku verser⁺.	338
	áš 192	 ás áz ᵈtàš áṣ (á)s aša₂ 167	⊥̇ ⊤ ⊥ ⅰ Bg Am ⊥̇ Γ ⅃	ÁŠ, (ÁŠ-BAL) arāru maudire, arratu malédiction⁺; ṣibûtu (ḫišeḫtu) désir; ᵘÁŠ-DUG₄-GA ararû pavot; ᵘÁŠ-GI-GI, ᵘÁŠ-GI₄-GI₄ ašgikû (plante); (phon. áš-har une plante); ZÍZ kunāšu épeautre⁺; IMGAGA (= zíz-àm, zíz-a^Mari; zíz-an-na) kunāšu épeautre. ⁱᵗⁱZÍZ arah šabāṭu 11ᵉ mois (janv.-février).	

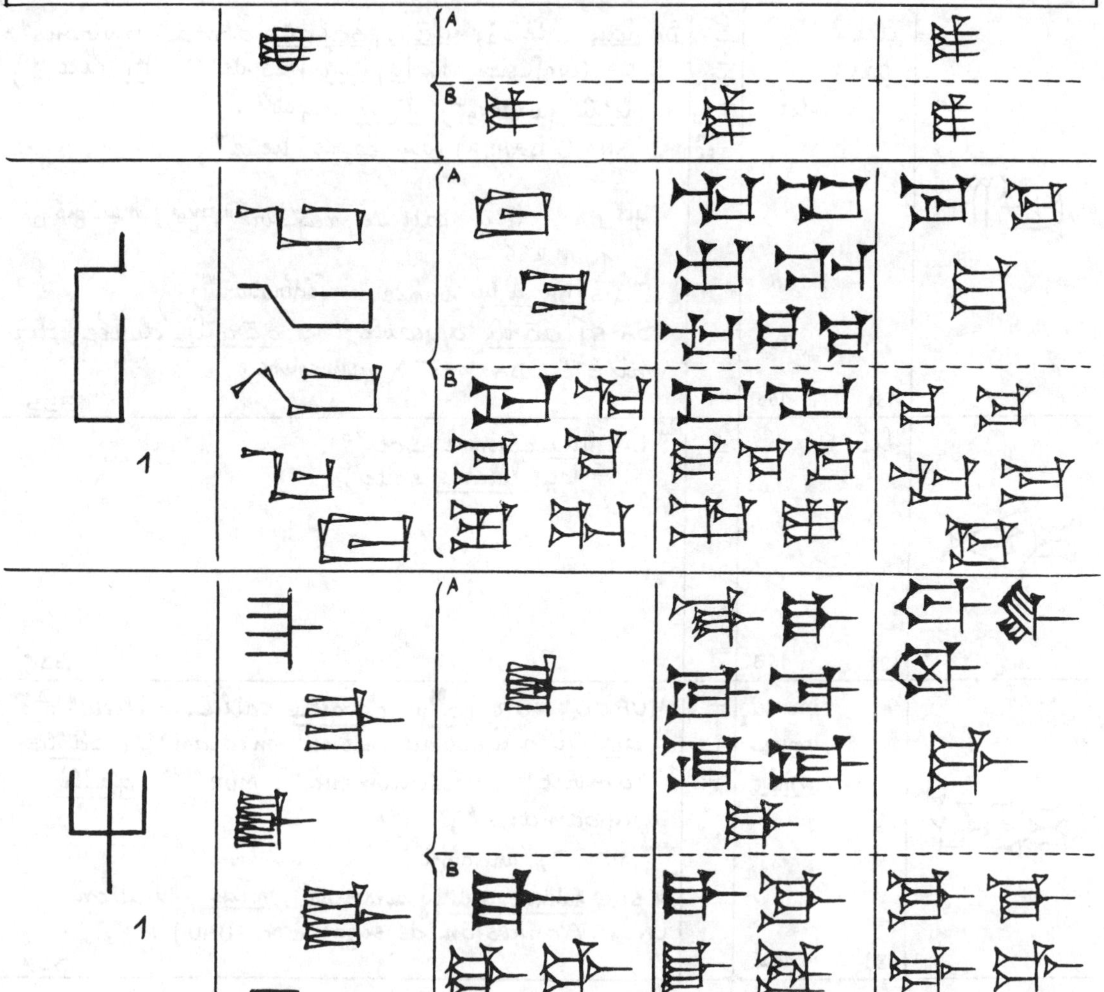
A
B
A
B
1
A
B
1
A
B
3

BANEŠ ṣimdu mesure de capacité (= 3 sicles) et mesure de superficie (3/30e de gur) [°□], cf. n°s 74 et 111; BANEŠ-ú ṣindû récipient de 1 ṣimdu.

339

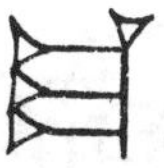

ma, wa$_6$ — ǂ A, ! A

MA-NA (et par abréviation MA) manû mine (mesure pondérale = 60 sicles = 505 gr.) [□ш•$+]; MA-(A)-DA mātu pays [V]; MA-DA chef d'escadron [ш]; MA-DAM ḫiṣbu produit (abondant), richesse, abondance [V]; MA-MÚ-DA šuttu rêve [+], ^{d}MA-MÚ dieu des rêves [+], ^{giš}MA-NU ēru (un arbre) [+VB], ^{gi}MA-SÁ-AB masabbu corbeille (à grains) [ш+]; MA-SÌL eqbu talon, sabot [V]; ^{giš}MA-AN-SIM nappītu, ^{giš}MA-AN-SIM-NÌ-ḪAR-RA maḫḫaltu tamis; ^{giš}PÈŠ tittu figue, figuier [шV°$]; PÈŠ-ḪÁD-A uliltu figue sèche.

193 168 — 342

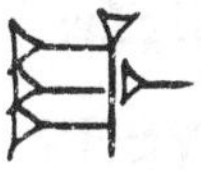

gal, gal, kál, gala, ráb^ — ǂ, ǂ, I$^B_{Am}$, ⌋, ⊥

GAL rabû grand [∞]; GAL-GAL rabbû très gros; GAL-É rab bīti majordome [□]; GAL ^{giš}GAG rab sikkati dignitaire [V]; GAL-ZU mūdû savant [□+]; GAL ^{lú}SAG rab rēši général [V□]; GAL forme de multiples mots composés : chef de ...

GAL-10 emantuḫlu [N], rab ešerti [bd] chef de 10 hommes, etc.

GAL rabû être grand [V□]; rabû se coucher (étoile), ^{dug}GAL rabītu [BB], kāsu grande cruche (cf. CAD, K, 255a); ^{d}GAL une divinité : Aia [Ω+], Humban [EL];

(gal-ušum =) UŠUMGAL ušumgallu dragon [ΔшC+], monarque [°]; — (gal-šaḫ =) UKUR$_2$ ṭābiḫu boucher [°ш]; (gal-te =) TIRU, TIRUM mār ekalli, tīru garde du palais; GAL-UKKIN(-NA) mu'erru chef de l'assemblée (ou abi ṣābē cf. CAD, s.v.); (gal-ni =) SANTANA saddanakku arboriculteur [□•].

194 169 — 343

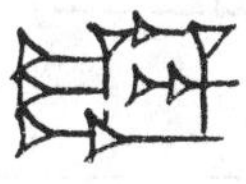

bár, bara$_2$, par$_6$, para$_2$, ša$_{23}$ — ⊥, ⌋, ⌋, ⌋, ⊢

BARA$_2$(-GA) parakku trône divin, sanctuaire, (šarru) roi [ш•V+$□]; BARA$_2$-MAḪ paramaḫḫu saint des saints [ψ+]; BARA$_2$-SI, BARA$_2$-SIG$_5$/SI-GA barasiggû autel de la maison [V+B], socle bas; ^{iti}BÁR(-ZAG-GAR) nisānu, Nisan, 1^{er} mois [∞]; (^{uru}BÁR-ZI-BA, BÁR-SÍB phon. pour la ville de Barsippa [CDш]); BARA$_2$-GA/AG/GÉ/GÁ ḫalṣu purifié, pressé [+];

(BÁR-RA šaqqu, bašāmu sac, vêtement de pénitent [SC]; BÁR-TAG-GA ēpiš bašāmi fabricant de sacs [SC];)

195 170 — 344

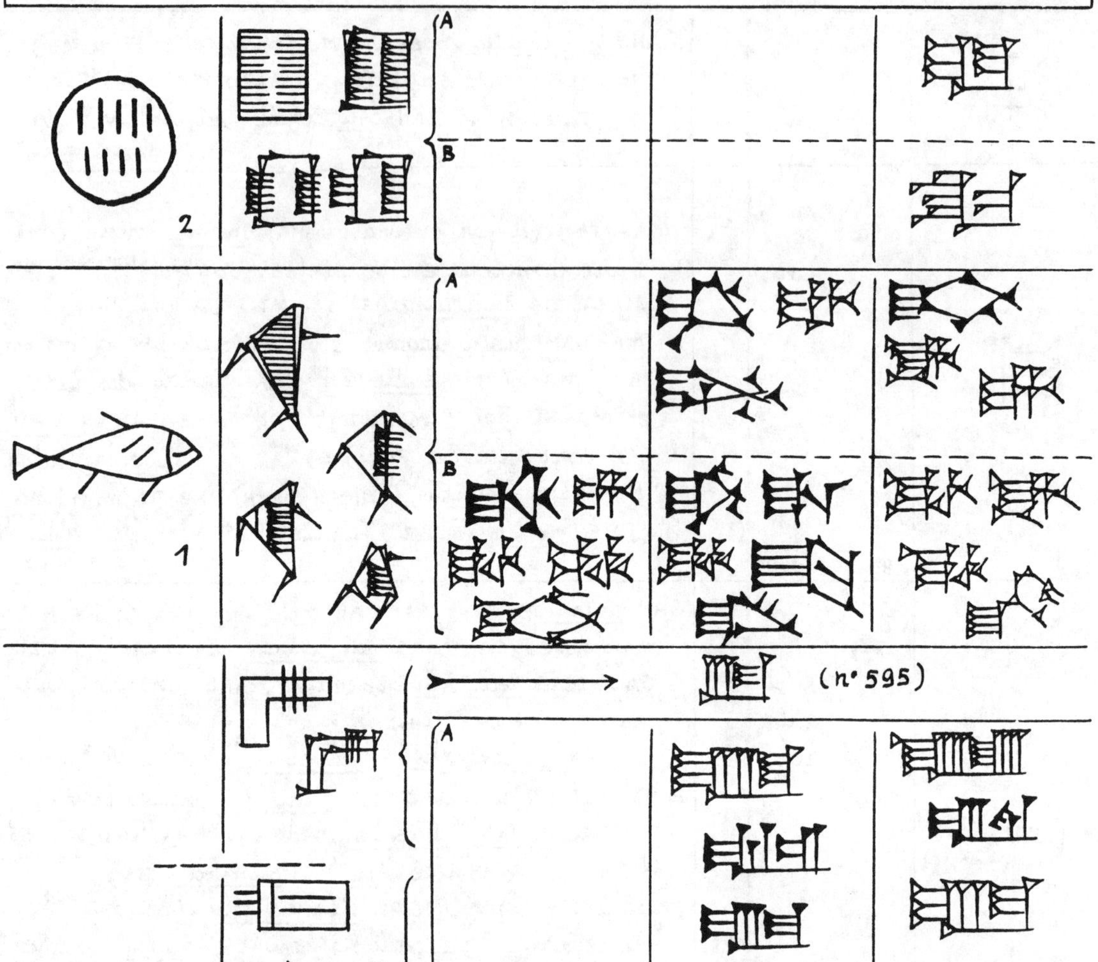

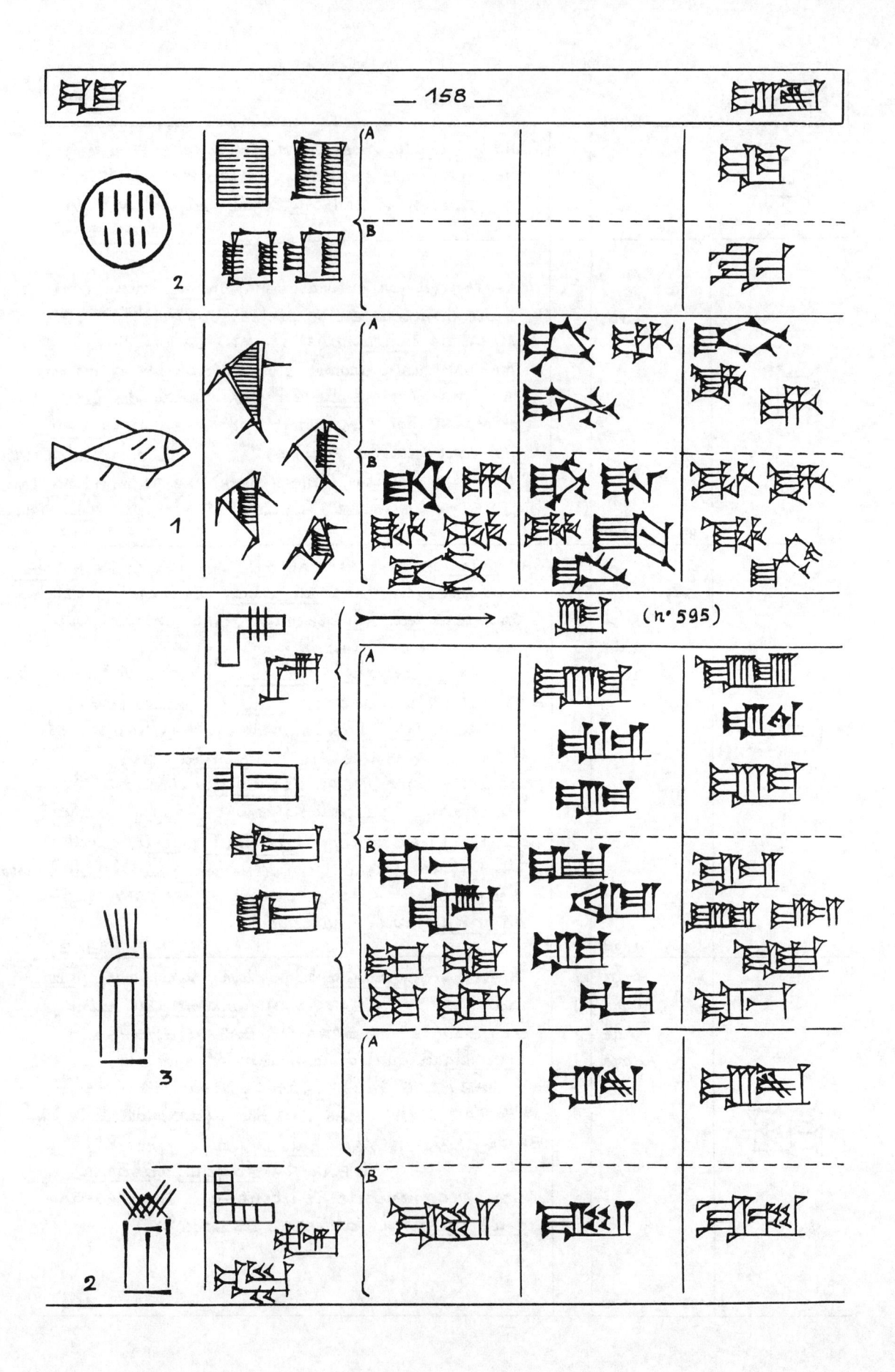
A
B
2
A
B
1
(n° 595)
A
B
3
A
B
2

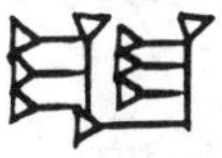

kuk, lù

LÙ(-LÙ) dalāḫu troubler, duluḫḫû trouble, confusion; adāru être sombre(sc),
LÙ-LÙ bullulu mélanger(sc);
GÚG kukku (une patisserie)+;
(giš)šem GÚG-GÚG kukru plante aromatique.
(Confusion de signe avec HAŠHUR, n°146).

196 171 345

gir, qir, kir, biš, piš, pis, piša, bis, puš, giškiri, kar₄

PEŠ-(GAL) aplu fils ✓;
PEŠ rapāšu être large ✓+;
PEŠ-GIŠIMMAR libbi gišimmari bourgeon du palmier;
PEŠ-GIG kurāru? furoncule ✓;
dug GIR kirru (un grand pot)°;
GIR ku₆ šaḫû (poisson), GIR-GI₆ ku₆ cf. AHw., p. 1133 a.

197 172 346

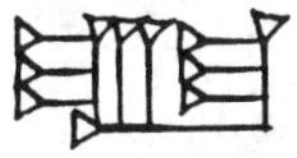

mir, miri, mere, aga

AGA dans AGA-ÚS rēdû soldat, gendarme CDW°;
AGA-ÚS-SAG qaqqad rēdî soldat de 2ème classe;

AGA agû couronne, tiare, disque lunaire WCJ(gi̇š); AGA-SILIG aga-salakku, kalmakru hâche; symbole divin ✓
MER agāgu être en colère; ezzu furieux b;
šāru vent; tu₁₅MER(-RA) ištānu nord, vent du nord(sc); MIR-sis hurbāšu frisson+
mul AGA-AN-NA is lê Hyades.

(lú) NIGIR, NIMGIR nāgiru héraut;
NIMGIR-SI (v) šusapīnu introducteur des femmes b;

198 173 347

(lú) NIGIR₂, NIMGIR₂ (mêmes sens que NIGIR) nāgiru"";
NIGIR₂-É-GAL nāgir ekalli intendant du palais ⌂□;

(giš) DUN₄ têpu une "arme", une marque omineuse sur le foie ✓.

348

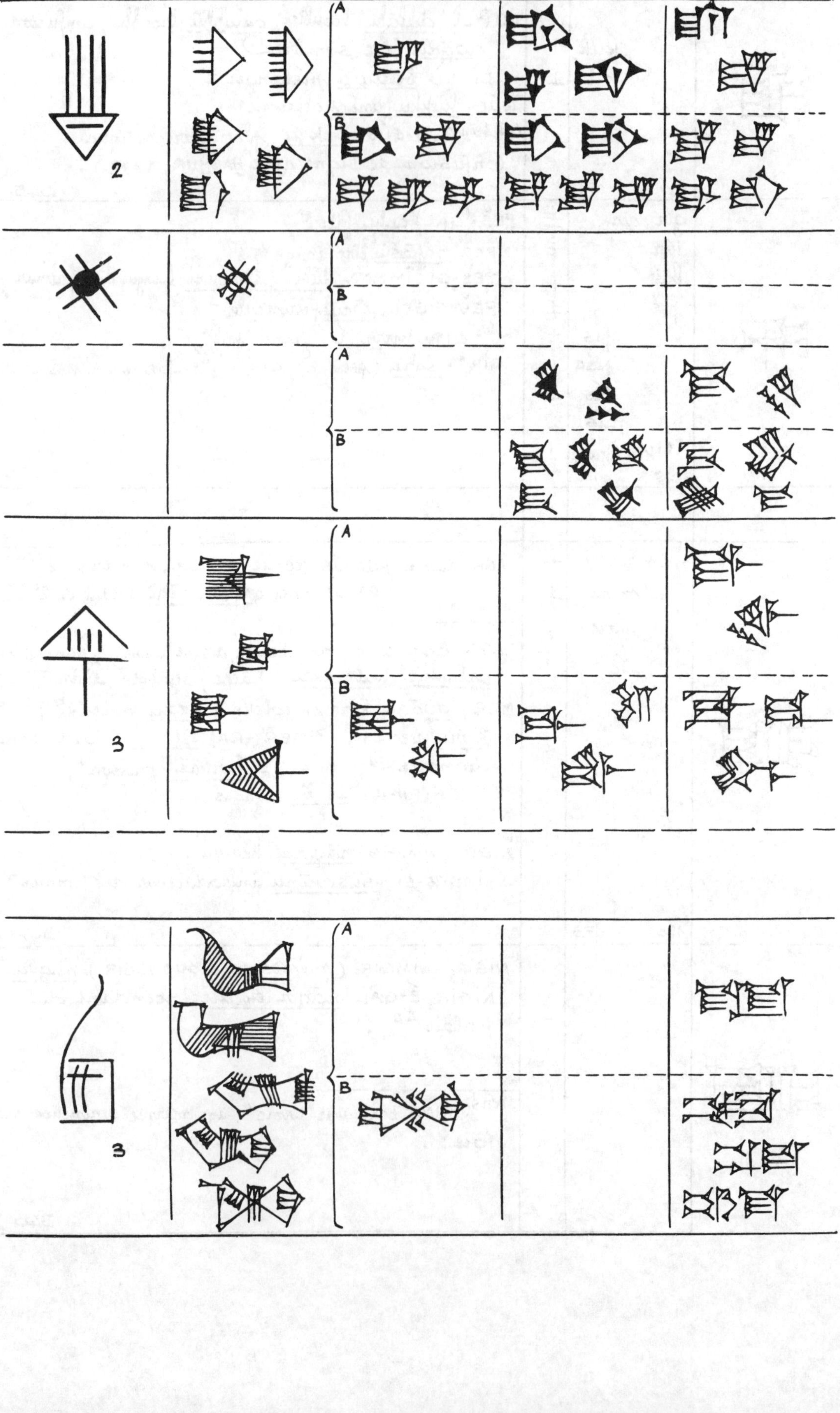
A
B
2
A
B
A
B
A
B
3
A
B
3

bur
pur
↑buru

BUR *naptanu* repas; (É-)BUR-BAL *burubalû* terrain non cultivé[•]; dug, [zá]BUR *pūru* vase (en pierre)[+wv]; premier élément de nombreux noms de récipients : [dug]BUR-zi *pursītu*, vase votif[+v•]: [dug]BUR-ZI-BANDA$_5$ (*burzibandû*), *saḫḫaru* pot[+]; [(dug)]BUR-ZI-GAL-SAR = ?[w] (un pot). [dug]BUR--ZI-GAL *burzigallu*, *kallu* chaudron; [lú]BUR-GUL *pa/urkullu*[×] graveur, lapicide[°c]; BUR-SAG-GÁ *bursangû* offrande de nourriture[w].

199 174 349

BUR-U mesure de surface (= 10 bur).

- - - - - - - - -

GAŠAN *bēltu* dame, souveraine[v•w+]; *šarratu* reine[w+]; [d]GAŠAN la déesse *Bēlet*[+△•w]; et premier élément de nombreux noms divins féminins. [d]GAŠAN-KUR-ḫa *Belāt-na/ipḫa*

350

ši$_7$

SIG$_7$ *arāqu* être vert (jaune ou pâle)[v$]; *arqu* vert (jaune)[v$]; *urqu* jaunâtre[v$]; *banû* former (harmonieusement)[b]; SIG$_7$ *banû* brillant[b]; (SIG$_7$-SIG$_7$ *amurriqānu* jaunisse[v,b] cf. IGI-SIG$_7$-SIG$_7$); SIG$_7$-IGI *šūr īni* partie du visage (iris de l'œil ?) UKTIN (= sig$_7$-alam) (*bunnannû*[b]), *nabnītu* forme, stature; [d]SIG$_7$-PAB-NUN Isimmud; ([nim]SIG$_7$-SIG$_7$ *kuzāzu*, (*ḫanzizītu*) guêpe des bois, [(n)]*zassuru* mouche verte (sc.)).

- - - - - - - - -

10.000 (Bg. et Am.).

200 351

túb↑
túb
dúb↑
búm

BALAG(-DI) *balaggu* instrument de musique, sorte de chant; BALAG-DI *ṣāriḫu* chanteur, lamentateur (sc.); *ṣirḫu* lamentation, mélopée[v+]; (balag-nar, nar-balag =) TIGI *tigû* instrument de musique ;

DÚB-DÚB *napāṣu* lacérer[b]; *tarāku* battre, marquer en creux (sc).

201 175 352

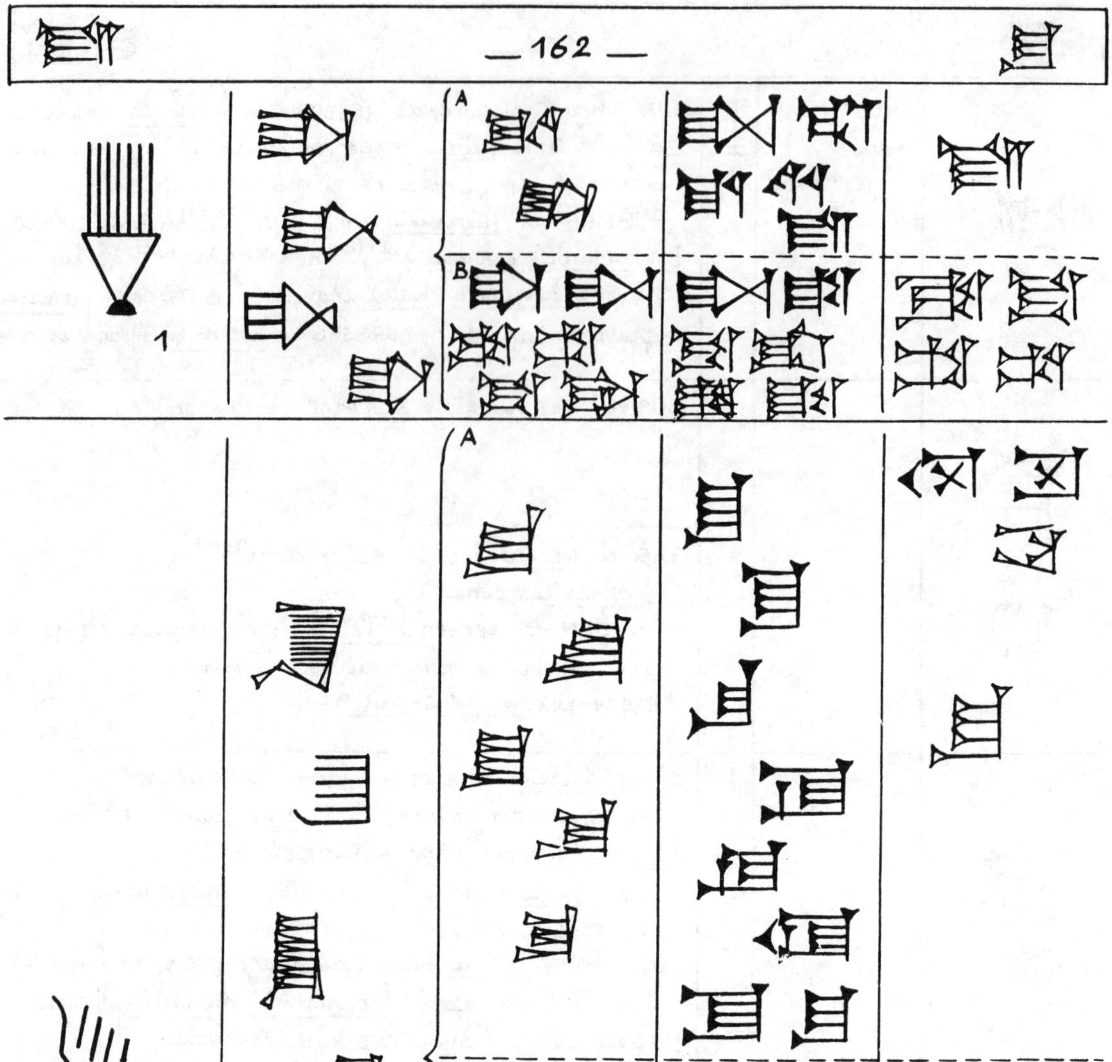
A
B
1
A
B
1

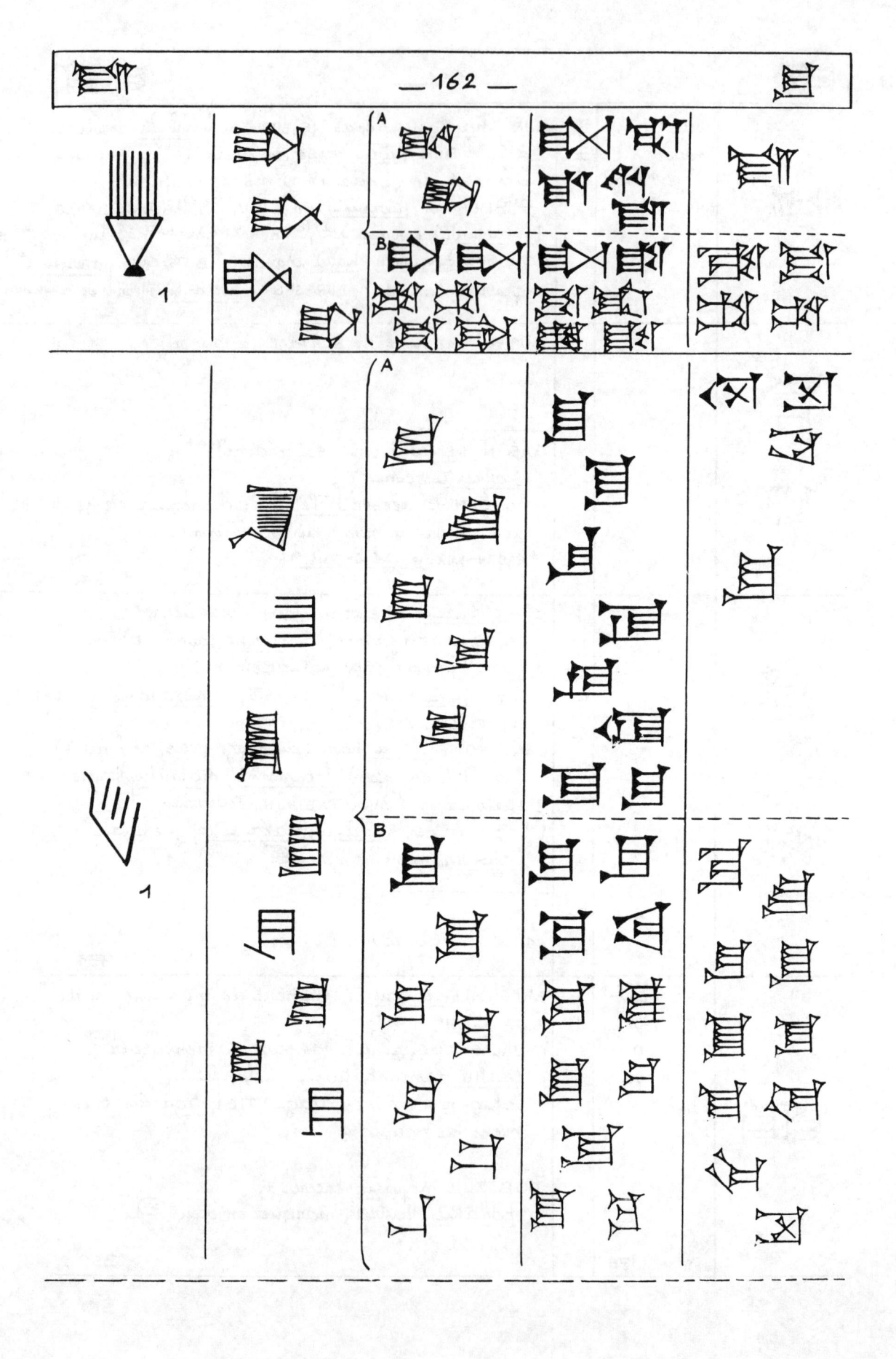

ša
zur$_8$
na$_5$

^{giš}NA$_5$ pitnu caisse (de résonnance)[+];
ŠA manû mine[•].

202 176

353

ŠU$^{(2)}$ qātu main[∞], poignée[s], mesure de longueur (ampan) = 1/16e de la coudée;
gamālu être favorable, préserver[+], gimillu bienfait[□•],
ŠU-AN-NA Bābilu Babylone[Ψ•]; ŠU-BAL šupêlu changer,
ŠU-BI-DIL-ÀM, ŠU-BI-GIN$_7$-NAM dito, idem[VS], ^{giš}ŠU-DIŠ,
(SAḪAB) mēdelu verrou; ŠU-DU$_7$ šuklulu parfait, adulte[ω•+],
asāmu convenir[+]; ŠU-DU$_8$-A kamû lier[ω]; ŠU-DÙ,
ŠU-DU$_8$-A qātātu garantie[•]; ŠU-DÙ/DU$_8$...ŠU-TI assumer la garantie de[•];
$^{(lú)}$ŠU-GI šību vieux, ancien[V+S]; ^{mí}« ancienne, ^{mul}« māḫiru Persée (constellation)[V]; ^{mí}ŠU-GI šugitu (une prêtresse); ^{giš}ŠU-GI$_4$
naprakū barre de la porte[+];
Premier élément de plusieurs noms de maladies "main-du-dieu":
ŠU-GIDIM$_{2-4}$-MA šugidimakku, qāt eṭemmi, ŠU-^{d}EŠ$_{18}$-TÁR/^{d}INANNA,
ŠU-NAM-ERIM$_2$/RIM-MA qāt māmīti, ŠU-^{d}DÌM-ME etc.
ŠU-GUR unqu anneau[Vω•], ŠU-ÙR, ŠU-GUR-GUR kapāru^{II}
extirper, effacer.
ŠU-ḪA/ḪA$_5$ bā'iru[x] pêcheur, chasseur, sorte de soldat
ŠU-ḪA-ḪÁD-DA šuḫadakku saleur de poisson[□•].
$^{(lú)}$ŠU-I gallābu[x] barbier[+SV], ŠU-ÍL-LÁ nīš qāti prière[+Vω S];
^{giš}ŠU-KIN šūru bâton[+]. ŠU-LÁ qīptu prêt, confiance[•];
ŠU-LÁL lupputu sale, abîmé, ŠU-LÚ(-MUŠEN) ḫāzû (un oiseau)[V],
ŠU-LUḪ(-ḪA) mesû laver[+], šuluḫḫu lustration[+]
ŠU-MÚ-MÚ karābu prier, bénir[+],
ŠU-NIGIN ištēniš ensemble[VÀS], napḫar napḫari[9] grand total, ŠU-NIGIN$_2$ napḫaru total;
$^{(d)}$ŠU-NIR šurinnu emblème, ^{iti}ŠU(-NUMUN-A) du'ūzu, dûzu 4ème mois (juin-juil.)[∞].
^{mul}ŠU-PA šūpû Arcturus[+V]; ŠU-RI-A mišlānu moitié,
ŠU-ŠÈR pitiltu pelote, noeud[+V];
ŠU-SI ubānu doigt[∞], cime[ωV], suppositoire[3], (mesure de longueur: 1/24e de la coudée)[•], angulaire (S?)[VO], partie du foie (lobus caudatus);
ŠU-SI-UR$_5$-MURU$_4$ ubān ḫašî qablitu lobe médian du poumon (lobe azygos)[V], ŠU...TAG lapātu toucher, ŠU...TI leqû prendre[a].
ŠU-TI-A (mekqītu une taxe), namḫartu réception[•];
^{é}ŠU-TÙM šutummu entrepôt,
ŠU-ÙR cf. ŠU-GUR-GUR, ^{sa}ŠU-UŠ-GAL šuškallu filet[V].
ŠU-ZI nadāru^{II} être furieux[V], sauvage, nadru furieux[b, comm.]

šu
qat
qad
qata
kat$_6$

203 177

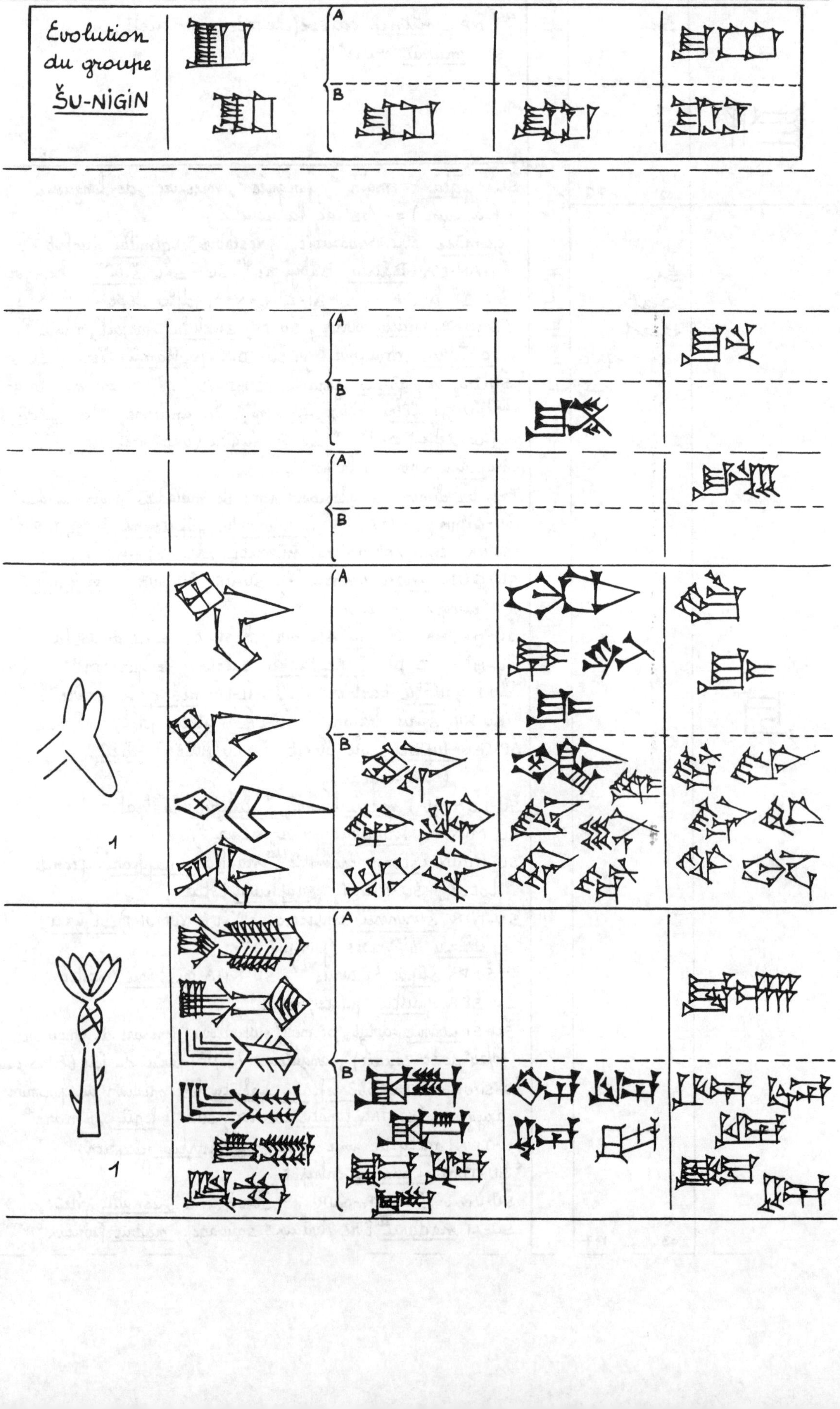
Evolution du groupe ŠU-NIGIN
A
B
1
1

Signe	Valeurs		Sens
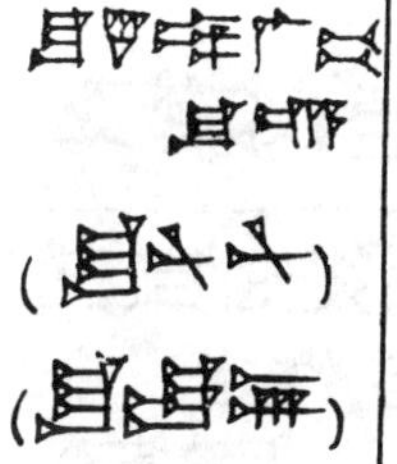			(šu-gar-tur-lal-bi =) TUKUMBI <u>šumma</u> si [$]. (šu-kal =) LIRUM <u>umāšu</u> force, violence [□]; <u>abāru</u> force physique (šu-dim₄ =) GEŠPU₂ <u>umāšu</u> force, lú« <u>ša umāši</u> athlète [□]. (šu-naga =) TU₅ <u>ramāku</u> baigner, plonger [+$□]; <u>rimku</u> lavage, ablution [+$];
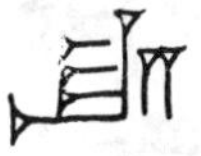	-qád [t] qa₄ 204 178	⊥ !	
ŠU²-MEŠ	204a qati	!	
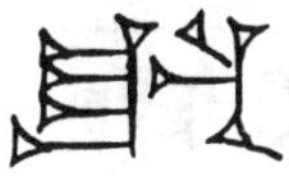	kad₄ qat₅ 205 179	! -!	PEŠ₅ <u>napāšu</u>? (souffler), s'étendre [*]; KAD₄ <u>kaṣāru</u> renforcer [°].
	kad₅ kat₅ 206 180	⊥ ±	KAD₅ <u>kaṣāru</u> nouer, attacher [°]. (KÀM <u>kammu</u> [•] cf. AHW. s.v.) 354 b
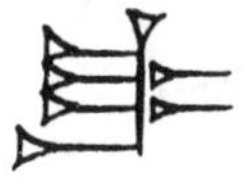	lul lib, lip lup nar paḫ láb lu₅ bàḫ b puḫ piḫ (lulu) 207 181	± ± ⊥ ± ⊥ L I ° ⊥ ⊥ ┘ ┘	NAR, lúNAR <u>nāru</u> chanteur [ш+□v•]; <u>nārūtu</u> office de chanteur [•]; mí NAR <u>nārtu</u> chanteuse [ш+□]; NAR-GAL <u>nargallu</u> chef-chantre [□]; lú NAR <u>batūlu</u> [$], mí NAR <u>batultu</u> [•] jeune (homme, fille). LUL <u>sarru</u> fictif [Δ]; <u>parriṣu</u> rebelle, menteur [□nA]. ; <u>sartu</u> faux, mensonge [+]; KA₅ dans KA₅-A <u>šēlibu</u> renard [vo$$]; mul KA₅-A étoile (g de la Grande Ourse) [v]; mul LUL-LA <u>sarru</u> en parlant de Mars ŠATAM <u>šatammu</u> administrateur provincial [se]. 355
	sa₆ 208	Γ	GIŠIMMAR <u>gišimmaru</u> palmier-dattier [∞]; giš GIŠIMMAR-U₄-ḪI-IN <u>uḫīnu</u> régime de dattes (pas encore mûres) [+v•ш]; giš GIŠIMMAR-BUR <u>labbu</u>? datte médiocre [•]; (giš gišimmar-tur(-ra)) = SUḪḪUŠ <u>suḫuššu</u> palmier nain (?), palmette [$v•] giš GIŠIMMAR-TUR <u>tālu</u> jeune palmier-dattier [•]; giš GIŠIMMAR-KUR-RA <u>gurummadu</u> palmier-dattier sauvage; SA₆-GA (<u>damāqu</u> être bon, doux, favorable [+]); <u>dumqu</u> faveur [$]. 356

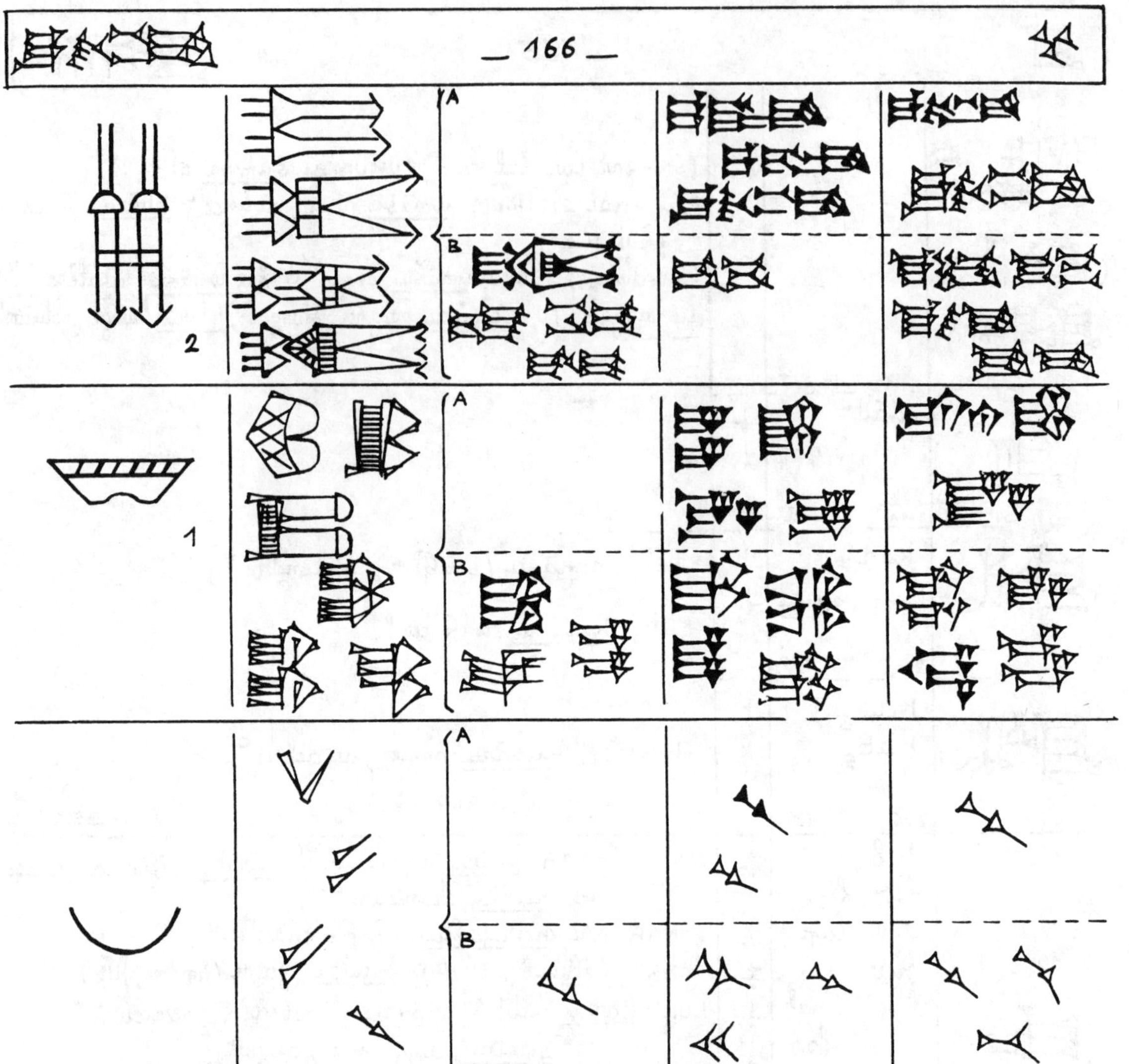
A
B
2
1
1

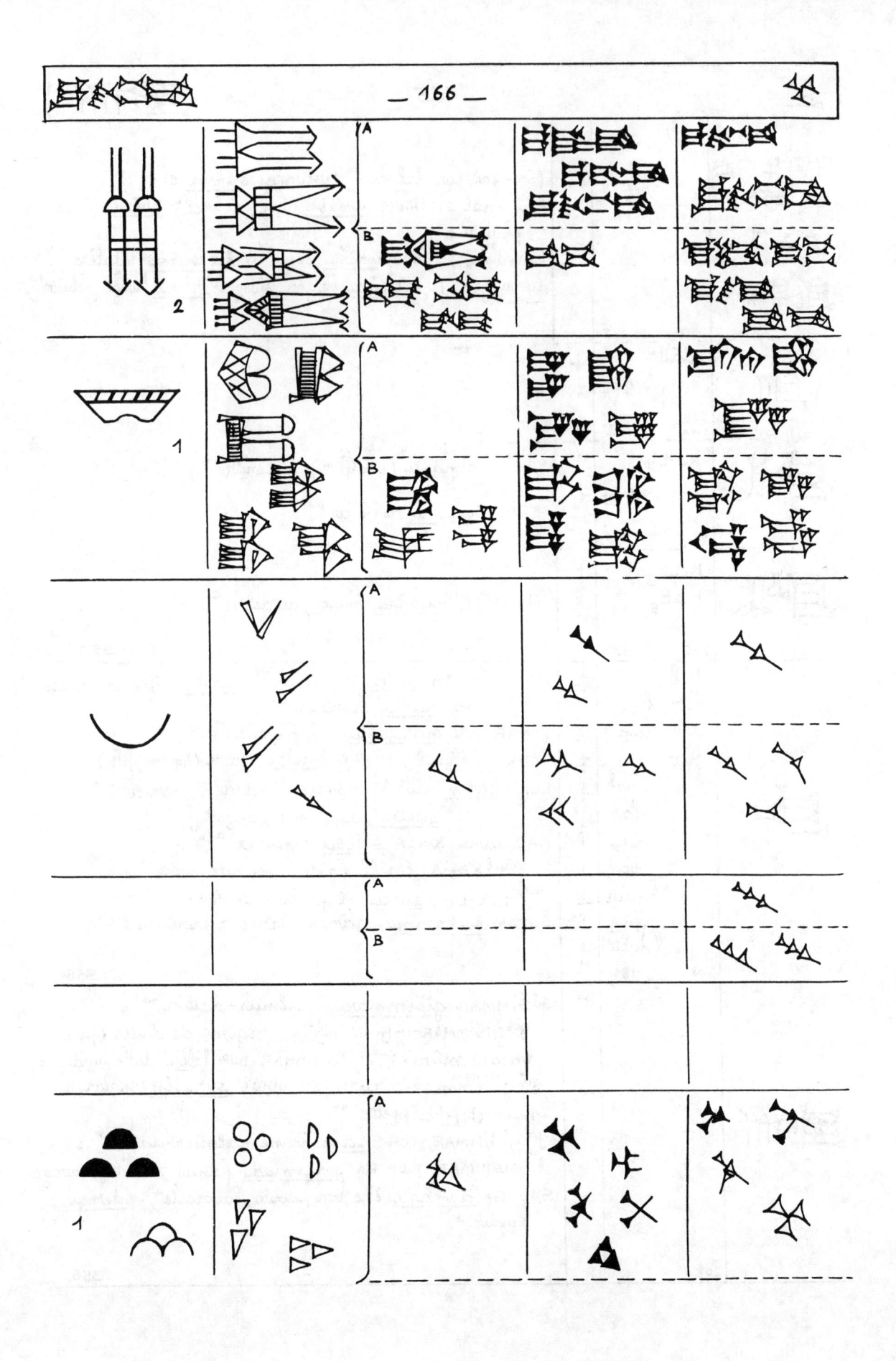

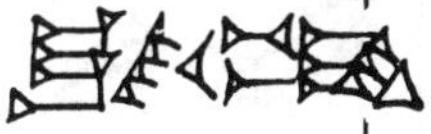			ALAN <u>lanu</u> forme, aspect[v, DÂm], figure ; <u>ṣalmu</u> statue, figurine[vwc+] ; ALAN-DÍM-MA <u>alandimmû</u> forme, stature[v] ; ALAN-ZÚ <u>aluzinnu</u> (une profession : acrobate ?) (ALAN-ZU_5[Bg]).	358
			URI <u>Akkadû</u> akkadien[wɑ] ; [kur]URI[ki] / UR_3-RA[ki] <u>akkadû</u> le pays d'Akkad[vwɑ] ; giš, šemTILLA <u>urṭû</u> (arbrisseau aromatique) ; TILLA <u>māt Urarṭi</u> le pays d'Urartu[w] ; [giš]URI <u>ṣinnitān</u> guides, rênes[sc]	359
	209 $eš_{18}$ $iš_8$	! ‡	Sous-multiple de l'<u>eblu</u> (corde).	362'
	gam qam gúr gum_4 gar_{17} ? ar_5 $guru_2$ qùr 210 182	‡ A ‡ ‡ ‡ L o ! ⅃ ⅃	GAM <u>kapāpu</u>, <u>kepû</u>, (<u>gadādu</u>) (se) courber, (s')incurver[v+], <u>kamāsu</u> s'agenouiller (giš)GAM <u>kippatu</u> cercle, rond[+]. <u>qiddatu</u> inclinaison, déclin dans U_4-GAM-MA <u>qiddát ūmi</u> après-midi ; GAM <u>mâtu</u> mourir[+s] ; <u>mītu</u> mort ; (giš/)šemGAM-MA (/ME) <u>sumlalû</u> (plante aromatique)[w sv] ; pseudo-idéogr. (anše) GAM-MAL <u>gammalu</u> chameau[•] ; GÚR <u>kanāšu</u> se courber, se soumettre, <u>palāšu</u> percer, forer[v]. <u>pilšu</u> brèche, trou[v]. (giš)šem GÚR-GÚR <u>kukru</u> térébenthine de sapin[sv+] ;	362
			ILIMMU <u>tēšu</u> neuf (9) ; Signe de répétition.	363
			(cf.  (n° 350).  (n° 351).	
	kur gúr mad mat[†] nad nat ---	‡ ‡ ‡ ‡ ‡ ‡ ‡	KUR <u>šadû</u> montagne[∞] ; [d]KUR-<u>na</u> <u>Šadâna</u> ; [zá]KUR-<u>nu</u> <u>šadânu</u> hématite ; KUR <u>mātu</u> pays[∞], KUR-NU-GI_4 /GI-A <u>māt lā târi</u> enfers ; KUR-ANŠE-<u>šu</u> <u>māt immeri-šu</u> région de Damas ; Déterminatif précédant les noms de pays et de montagnes. KUR <u>kašādu</u> prendre, atteindre[+wv] ; <u>kašdu</u> réussi[v] ; <u>kišittu</u> prise, butin[zv] ; [d]KUR	

(voir page précédente)

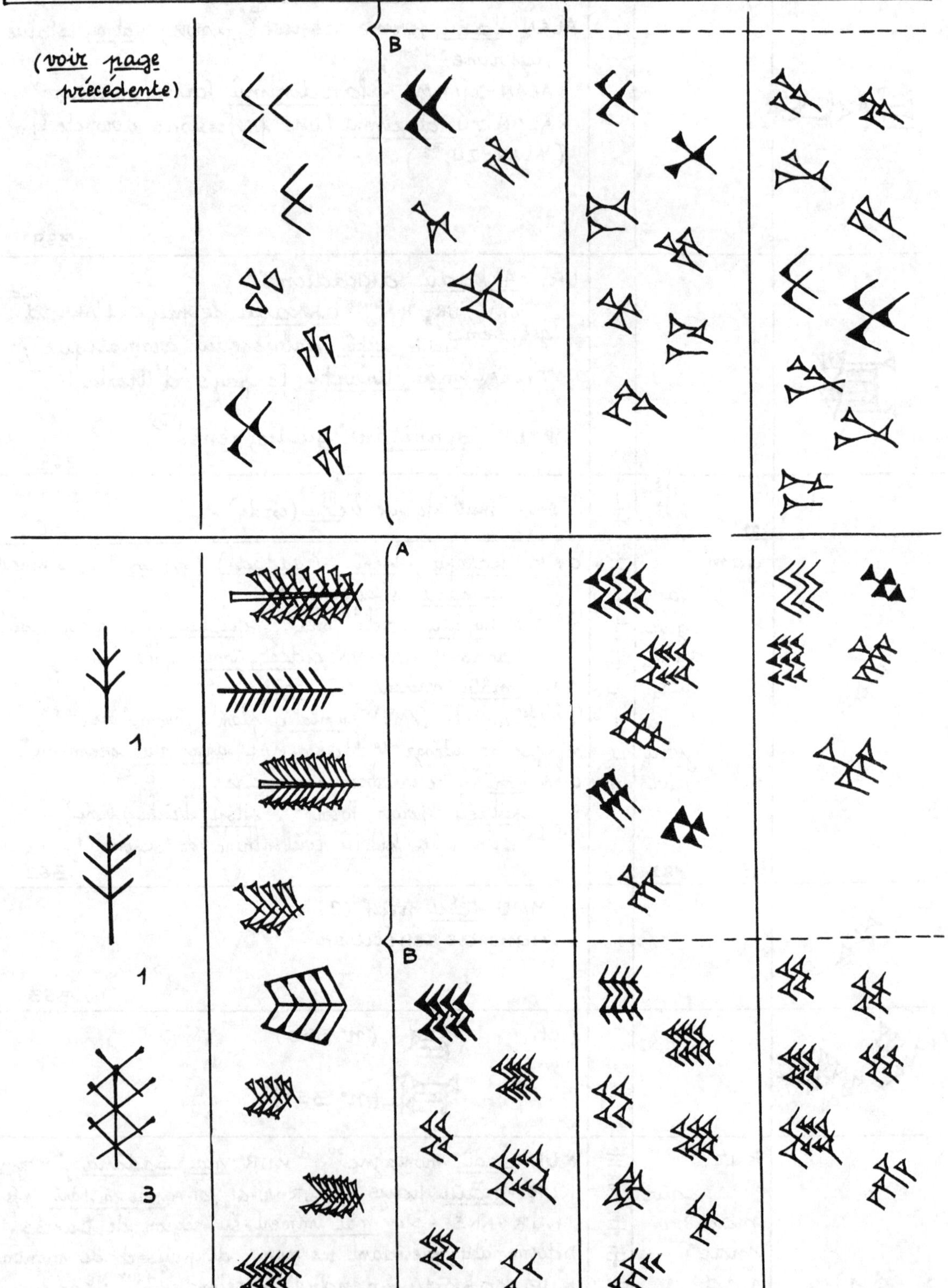

lad, lat$_5$, šad, šat$_5$, sad, sat$_5$, gin, kin, šadi, gur$_{16}$, šat

KUR napāḫu briller, apparaître[+$]; nipḫu flam-boiement, lever d'un astre[+]; KUR ekallu palais[WV];
KUR-GIBIL ekallu eššu[NA] nouveau palais; [mí]KUR ša ekalli reine;
KUR (abrév. pour ANŠE-KUR-RA) sīsû cheval[N-A];
KUR-GI-MUŠEN kurkû poule[W+V$]; [ú]KUR-RA nīnû ammi[V$]; [ú]KUR-GI-RIN / RÍN-NA kurkanû cumin?, safran?[$]; [ú]KUR-KUR atā'išu (une plante médicinale)[$];
([túg]KUR-RA cf. TÚG- n° 536); [ú]KUR-ZI samīnu (une plante de jardin)[V];
[d]KUR-GAL surnom des dieux Enlil[+], Amurru[+];
[lú]KUR-GAR(-RA) kurgarrû prostitué[+V];

(kur-kur =) GUDIBIR$_2$ nukurtu hostilité, pays ennemi[V];
SAT-TUG (pseudo-idéog.) sattukku offrande régu-lière[•] (cf. n° 457).
kur-ti = ESA cf. n° 152[8]

211 183 366

še

ŠE déterminatif précédant les noms de graines.
še'u grain, orge[VAOcWS+];
uttetu mesure de poids (1/180e du sicle)[•S];
kittabru? grain de beauté[V].
ŠE-BA epēru entretenir. ipru ration d'orge.
ŠE-BAR uṭṭatu orge[a•o]; (ŠE-BI-DA ḫiṭu[V] péché?);
ŠE-NE (une maladie)
ŠE-BIR-BIR-RE-DA šebirbirredû graines; ŠE-BÚR(-RA) napšartu orge à embarquer[V] (CAD, A$_1$, 17a); pišertu vente de l'excédent d'orge[•];
([gi]še-dù =) HENBUR$_2$ ḫabbūru tige[V], šiltu rameau, ziqpu pousse, (jeune) tige, hauteur, zénith[+VS•a]; udittu pousse tendre; [giš]ŠE-DÙ-A šūšu réglisse[VS];
ŠE-EŠTUB arsuppu (une céréale)[+];
ŠE-GA šemû écouter, exaucer[o], šēmû obéissant, favorable; mugiru, mitgāru favorable[+WVS]; magāru être favorable[V•W];
(ŠE)-GIG-BA/BI kibtu froment cf. n° 446
ŠE-GÍN šindu / šimtu peinture, vernis[+];
ŠE-GIŠ-Ì, ŠE-Ì-GIŠ šamaššammu sésame[V+•Oa];
ŠE-GÚ-NÌ-ḪAR-RA cf. n° 106.
ŠE-GÙN-NU šegunû orge tachetée;

212 184

(Suite de la page précédente)

(suite)

ŠE-GUR$_{10}$-KU$_5$ eṣēdu moissonner[□], moisson[w],
lú « ēṣidu moissonneur.
iti ŠE (-GUR$_{10}$-KU$_5$) Addaru 12ème mois (fév. mars).
(iti ŠE-DIR/MIN supplémentaire, iti ŠE-IGI / EGIR
premier / second mois d'Addar. ŠE-IN-NU šibšu (une taxe)[°];
ŠE-IN-NU-ḪA ennēnu gruau[v];
ŠE-IR-ZI šarūru éclat[bv], (glosé [v] qutru fumée)
ŠE-ḪAR-AN (sorte d'orge)[V.ARK.] (cf. OAIC 36, 10).
(šim) ŠE-LI / LÁ kikkirānu (substance aromatique)[s+];
(ú) ŠE-LÚ (sar) kisibirru coriandre[s•+];
lú ŠE-ÍL-ÍL zabbilu porteur de gerbes[v];
(še-lugal =) LILAN lilānu grain à son plus haut degré de développement[s];
ŠE-MUŠ$_5$ šigūšu orge amère[+v•], giš ŠE-NU,
giš ŠE-NÁ-A šunû vitex[sv]; (še-naga =)
d NIDABA nissabu grain, céréales, la déesse Nisaba, cf. n° 374';
ŠE-NUMUN zēru semence[wv], emblavure, terre
arable[co•v];
ŠE-PAD še'u grain[w];
(NÌ-) ŠE-SA-A lābtu grain grillé; qalû grillé (pour le saḫlu, le kasû);
ŠE-SAG jaraḫḫu orge fine;
ŠE-ŠE-GA mitgurtu (ou mitanguru) obéissance[v];
(d) (ŠE-TIR =) EZINU ašnan grain, céréale.
(zá) (AN.) EZINU pendû (ašnan?, ezennû) (cf. CAD, A$_2$ 452 a) silex.
ŠE-ḪÁD-E-DÈ še'u pūṣi grain mûr.
ŠE-Ù-SUḪ$_5$ tornatu pomme de pin[s].
ŠE-ZA-GÌN-DURU$_5$ abahšinnu céréale moissonnée
encore verte;

NIGA marû gras[+•].

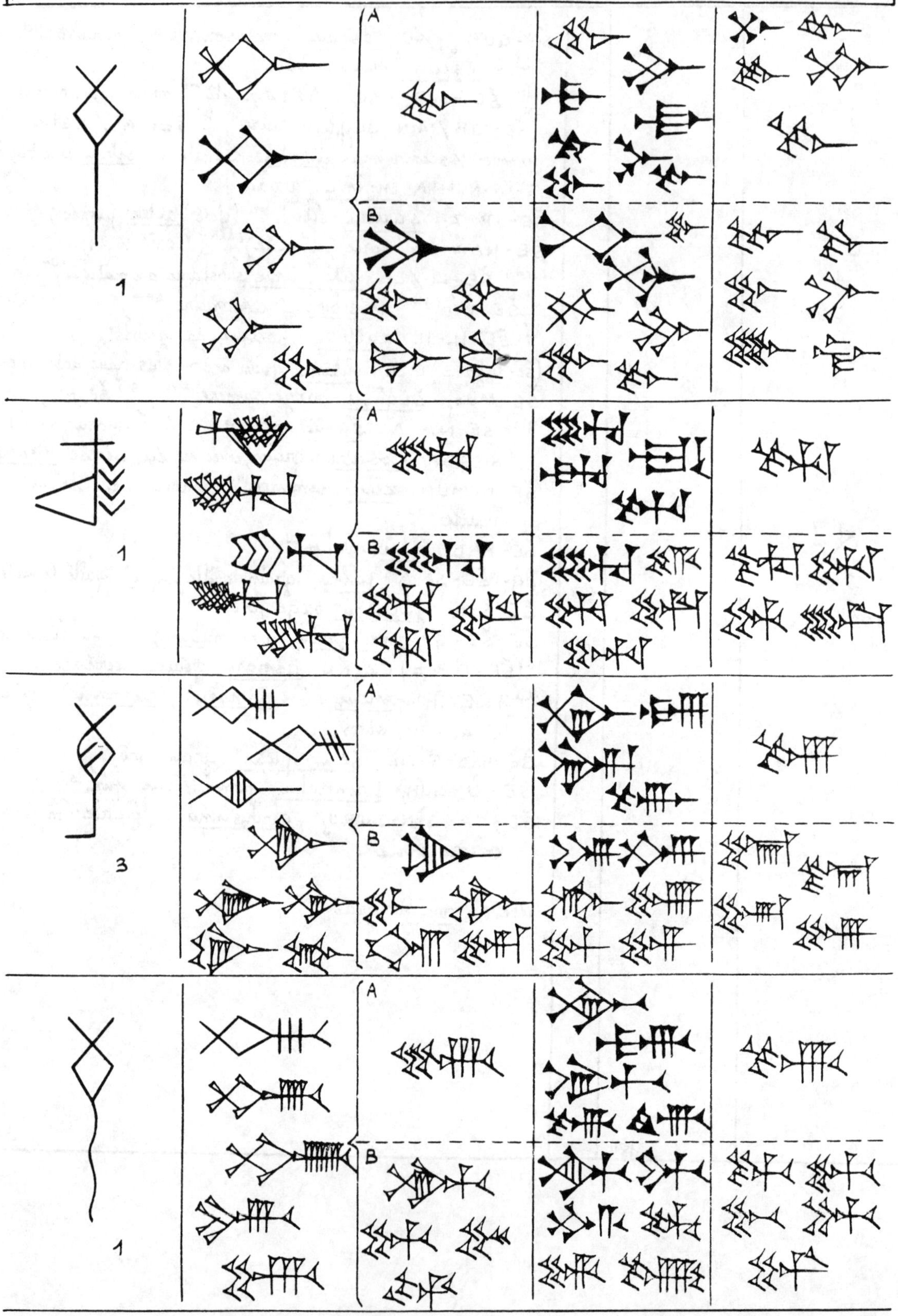

1
A
B
1
A
B
3
A
B
1
A
B

bu, pu, sír, šír, gít[!], gíd, git, gid, šúd, za₅

GÍD(-DA) _arāku_ être long, allongé, loin[+vш•o$]; _arku_ long, lointain[v+•]; GÍD-DA _mūraku_ longueur[•]; _šadādu_ tirer[+], mesurer[v], aspirer[$], hâler; [lú]GÍD-DA _šādidu_ hâleur[•]; [(im)]GÍD-DA _gittu_ tablette (en long), _u'iltu_, _nibzu_[v] tablette, _liginnu_[!] tablette d'extraits[v]; (cf. n°399 IM-GÍD-DA)
GÍD-DA-GÍD-DA _giddagiddû_ maladie des yeux[$];
BU-BU-UL _bubu'tu_ inflammation, pustule[$v];
[giš]KÌM _hilēpu_ saule cf n° 296 GIŠ-KÌM

MUNU₅ _buqlu_ malt vert[$o], MUNU₅-MÚ _baqqilu_ malteur[$]; MUNU₇ _buqlu_ malt vert[ш].

213 185 371

uz, us, uṣ, uš₁₁, (u)z, (u)s

UZ-MUŠEN _usu_ oie[•ω] (sauvage ?)
(uz-tur-mušen =) BIBE _paspasu_ canard[ш+•o];
UZ-TUR-MUNUS _paspastu_ cane.

214 186 372

šud, šut[!], sir, sù, sar₄, šuz, šù

SUD(-DA) _arāku_ être long, loin; _rêqu_ être loin, éloigné[v]; _rūqu_ lointain[+шv]; _râqu_ être vide[v]; _rīqu_ vide[v]; _rīqūtum_ le vide[v]; _salāhu_ asperger, verser;
SÙ(-GA) _râšu_ se réjouir[+o]; _ṭebû_ s'enfoncer, couler[b];
SÙ-(UD)-ÁG _elmēšu_ diamant[?+].

215 187 373

muš, ṣir, wuš, zìr, šir₁₀, ṣúr

MUŠ _ṣerru_ serpent[+v$]; MUŠ-TUR _nirāhu_ couleuvre, symbole-serpent[+]; MUŠ-GE₆ _ṣalamtu_ serpent noir[v$]; [d]MUŠ dieu _Nirah_; MUŠ-GAL _mušgallu_, MUŠ-MAH _mušmahhu_ (grands) serpents[vψ+];
MUŠ-HUŠ _mušhuššu_ dragon[шvψ]
MUŠ-UŠUM-GAL, MUŠ-ŠÀ-TÚR/TUR _bašmu_ dragon[vψ],
MUŠ-HUL _hulmiṭṭu_ serpent ou lézard; MUŠ-IDIM _mušidimmu_ puissant serpent, (titre divin)[+], _kurṣindu_ écaille[(bc)]. MUŠ-DÍM-GURIN-NA, MUŠ-DA-GUR₄-RA _piz/ṣallur(t)u_ gecko; MUŠ-DÍM-KUR-RA _piṣallurtu_ (un rumide)[$]; [zá]MUŠ-GÍR _muššarru_ (pierre précieuse)[ш+$]; [lú]MUŠ-LAH₄ _mušlahhu_ prêtre, charmeur de serpents.
[mul]MUŠ _ṣerru_ Hydre; ZÁ-MUŠ _aban ṣerri_ (une pierre).

216 188 374

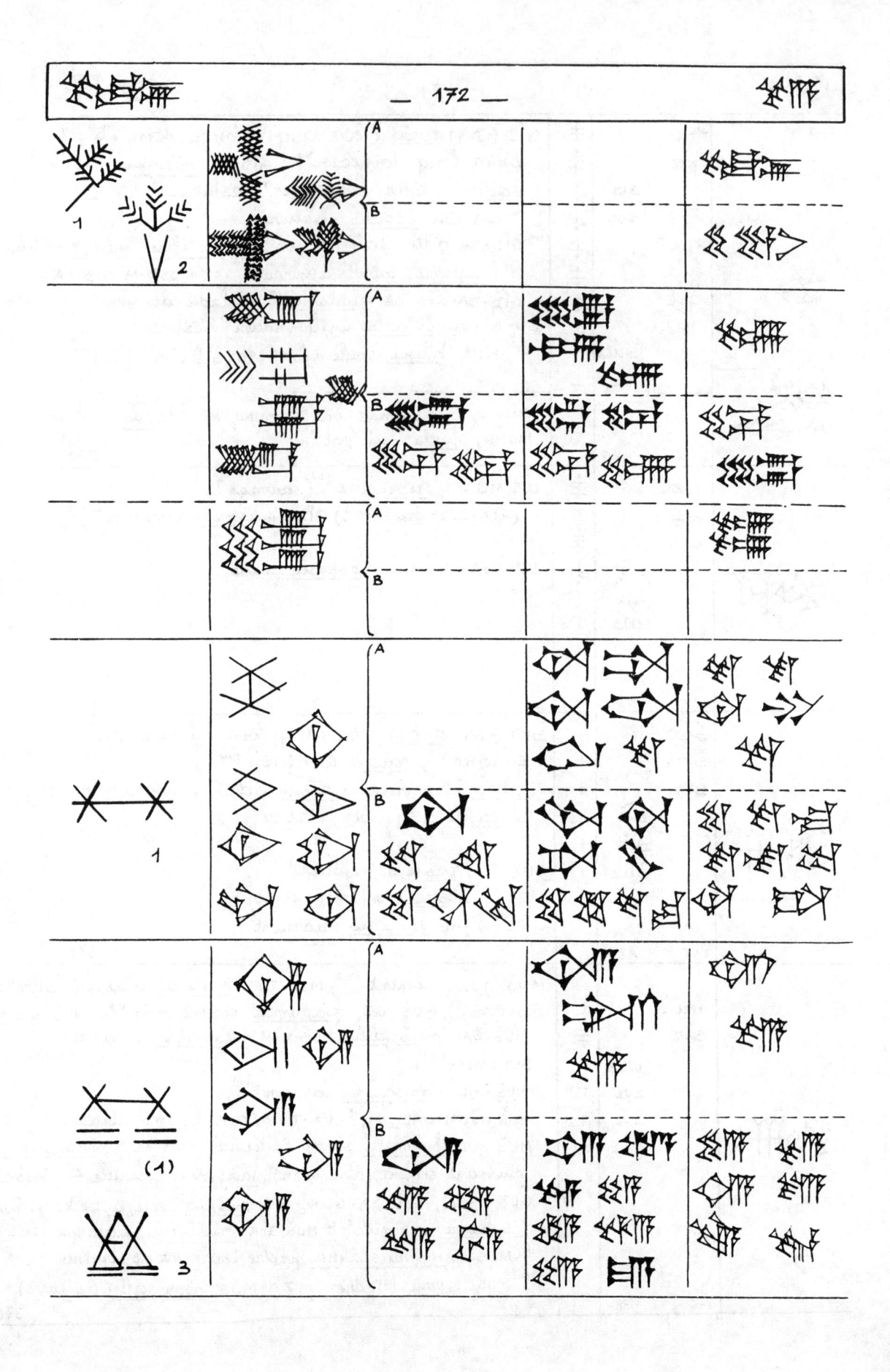

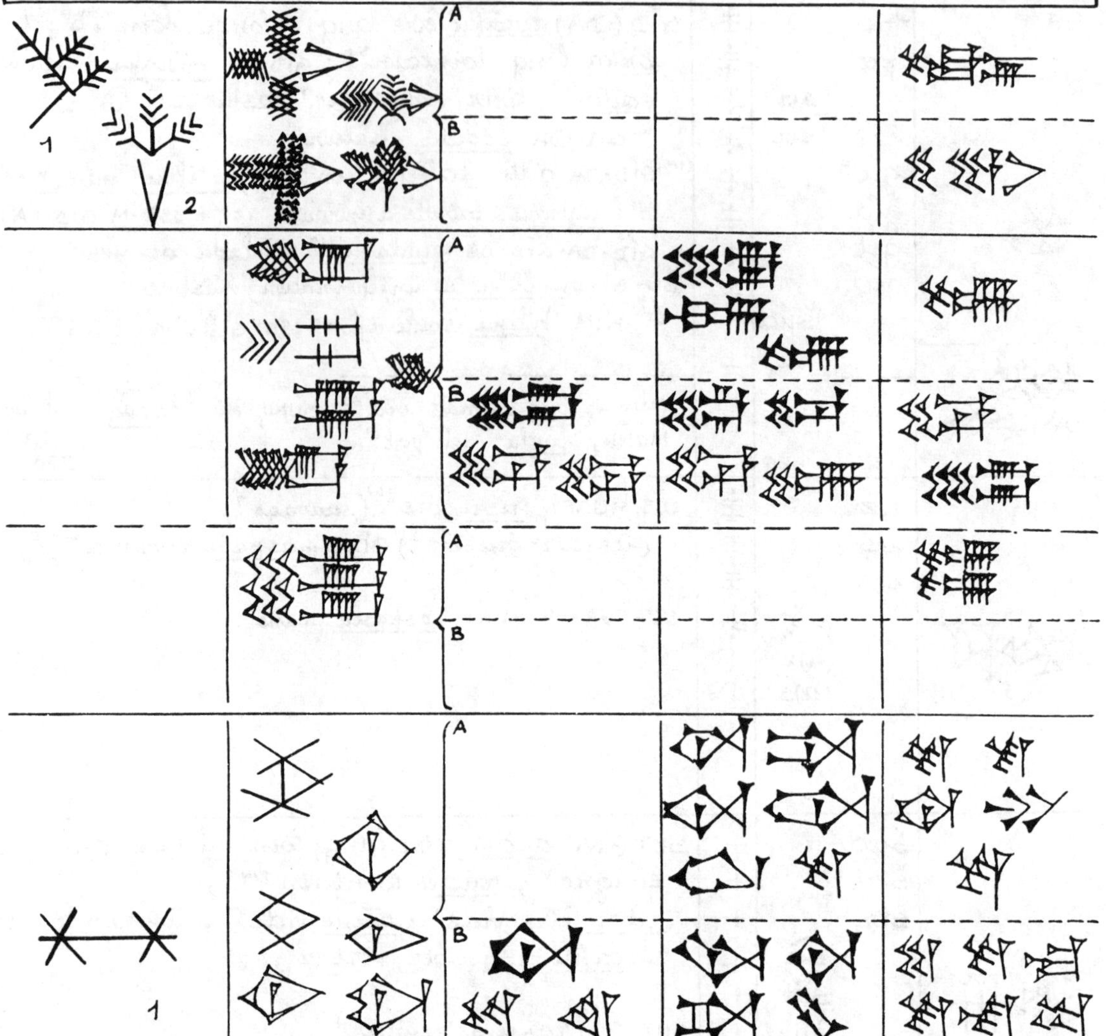

^{d}NIDABA <u>Nissaba</u> déesse du grain ;
NIDABA <u>nissabu</u> grain.

tir ; ṭir$_5$; dir$_4$ — Bg

GIŠ-TIR <u>qištu</u> forêt, bosquet$^{V\triangle Ш\psi}$;
(Ú-TIR <u>kamūnu</u> cumin° cf. n° 318).

^{d}TIR-AN-NA ^{d}<u>Manzât</u> arc en ciel^{ШV}.

217 189

NINNI$_5$ <u>ašlu</u> jonc$^{\infty}$.

375

MUNU$_8$ <u>buqlu</u> malt vert.

375'

te ; ṭe$_4$ (N) ; de$_4$ (Am, u) ; ṭi$_7$ (B, A) ; ṭi$_4$; di$_{12}$ (N)

TE <u>ṭehû</u> s'approcher$^{V+\$\square}$; <u>ṭēh</u> près de^{V+} ;
TE <u>lētu</u> joue$^{V+\$}$; (te-unu =) UNU$_2$ <u>usukku</u> joue^{+} ;

TE-EN-TE-EN <u>bullû</u> éteindre^{b}, <u>pašāhu</u>$^{I-II}$ (s')apaiser^{b} ;
TEMEN <u>temennu</u> terrasse, terre-plein, fondations^{ШV} ; document de fondation^{Ш} ;

MÚL <u>kakkabu</u> étoile, constellation^{V} ;
MÚL-BABBAR <u>peṣû</u> "l'astre blanc", Jupiter^{V} ;
GAL$_5$ dans GAL$_5$-LÁ <u>gallû</u> un démon$^{+VШ\$}$.

218 190 376

kar ; kara ; qár (Bg) ; (ka(r)) ; gar$_{14}$ (Bg.) ; kir$_8$

KAR <u>kāru</u> quai, digue$^{Ш°}$, entrepôt, centre commercial$^{\square C}$;
KAR <u>eṭēru</u> payer, emporter, (dé)livrer$^{ШV+\$°}$, épargner$^{Ш°}$;
<u>ēṭiru</u> sauveur° ; <u>ekēmu</u> ravir, déjeter, <u>ekmu</u> ravi, perdu^{V},
<u>nēkemtu</u>? déportation, dévastation, <u>arbu</u> non cultivé^{V}, <u>arbūtu</u>
fuite, dévastation, statut d'une personne sans famille^{V} ;
<u>mašā'u</u> piller^{VШ} ; <u>šūzubu</u> sauver° ;

^{mí}KAR-KID <u>harimtu</u> courtisane$^{C+Ш}$.
^{túg}<u>kar-BAL</u>$^{(meš)}$/ZI (= <u>balat</u>) <u>karballatu</u> turban de soldat° ;
KAR^{ki} <u>Sarrar</u>^{ki} (ville)^{V}.

219 191 376*

— 174 —

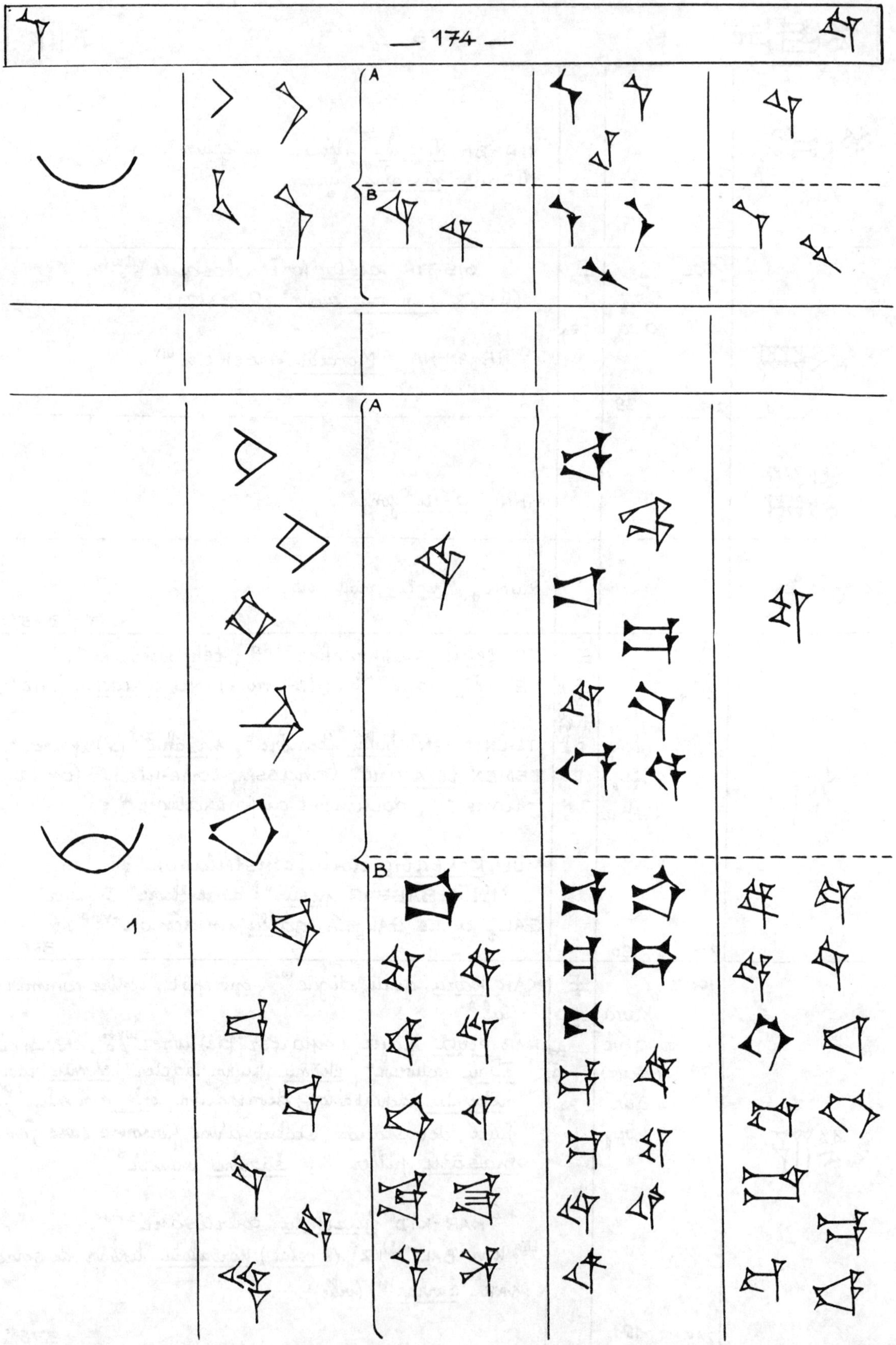

Valeurs		Sens	N°
liš, lis, liz, liḫ₄, mal₄(?) (220, 192)		$^{(giš)}$DILIM₂ itqur(t)u écuelle, spatule+°. ^{giš}DILIM₂(-RÍN)« (ša zibānīti) plateau (de balance). ^{giš}DILIM₂-TUR nalpattu, tannu cuillère°. ^{giš}DILIM₂-Ì-ŠÉŠ napšaštu godet, spatule (à onction). ^{giš}DILIM₂-GAL mākaltu plat°T	377
		Variante néo-assyrienne pour n° 348.	377*
		Signe de séparation.	378
ud, utᵗ, tam, tú, par, pir, laḫ, liḫ, ḫiš, u₄, bir, ṭám, dám, úm, ḫúd, ḫútᵗ, ta₅, (para₁₁), ? sa₁₅, ? a₁₂, ḫàš (221)	Â N. ; A ; B ; B Âm ; Eg ; N ; o	^{d}UTU le dieu Šamaš°, šamšu soleil°; (Ú ^{d}UTU šammi šamši cf. n° 318). ^{d}UTU-È ṣīt šamši lever du soleil vw+. ^{d}UTU-ŠÚ(-A) ereb šamši coucher du soleil +wv; ^{d}UTU(-ši) šamši "Majesté" 3g. Ug. UD, U₄ ūmu jour°, temps°, tempête+ U₄-1-KAM ūm(u) ak(k)al tout le jour; U₄-3-KAM šalšūmi avant-hier; U₄-15-KAM šapattu pleine lune+. U₄-20-KAM-a-a Ešrū'a (= fils du 20ème jour); U₄-30-KAM šalāšū le 30; U₄-SA₉-ÀM ūm mašil après-midi; U₄ e/inūma lorsque +vg; (U₄-AN-^{d}EN-LÍL série enūma Anu, Enlil+), anumma maintenant nâ; $^{mul/d}$U₄-AL-TAR dapinu le "puissant" (planète Jupiter)v U₄-BA/ŠUR, U₄-DU₁₁-GA, U₄-DA-ni adannu terme fixe+B U₄-BI(-A) inūšu alors Δ+; U₄-BÚ-BÚ-UL, U₄-BU-BU-UL bubu'tu pustuleª; U₄-DA u(d)dû (mal). U₄-DA-KAR-RA (un démon)ª; U₄-DA-ZAL-LA uddazallû dateª. U₄-ÈŠ-ÈŠ eššešu, ūmu eššešu (jour de) fête+; U₄-GAL-LA ugallu grand lion+; U₄-GAMMA qiddat ūmi après-midi U₄-ḪUL-GÁL ūmu lemnu, (uḫulgallu?) jour néfaste +w 3o; ^{mul}U₄-KA-DUḪ-A ūm nā'iri constellation (Cygnus + Lacerta)v; U₄-KUR-ŠÈ ana matīma à jamais, U₄-ME-DA matīma quand, jamais e°; U₄-MU-AN-NA ūmu šatti jour de l'an; U₄-NÁ-ÀM/A ūm bubbuli, bubbulu jour sans lune (30ème jour du mois), inondation+D;	

(Suite de la page précédente)

U_4-SAKAR$_3$ *u/askaru* croissant de lune⁺; *nannāru* croissant de lune;
giš U_4+SAL+ḪÚB *algamišu* améthyste ?, stéatite ? S, *kūtu* (un vase) Bg. V;

lú U_4-SAKAR$_3$-ŠE-GA *simmāgir* résident du roi nB (par jeu idéogr.);
U_4-ŠÚ-UŠ *ūmišam* chaque jour V;
U_4-ŠÚ-UŠ-RU *hašû* sombre; U_4-ŠÚ-ŠÚ-RU, U_4-ŠÚ-UŠ-RU *ūmu dāmu* V
U_4-TEN-NA cf. EN-TEN-NA; d U_4-U_{17}-lu *Uta'ulu*⁺ (surnom de Nergal);
U_4-UL-DÙ-A *ṣâtu* commentaire (de mots);
U_4-ZAL-LA/LI *šât urri* aube⁺ (cf. n° 99);

(suite)

ḪÁD-A *abālu* être desséché S; ḪÁD-A/DU *šābulu*, *ablu*, sec, desséché aS. ḪÁD-DA *ṣētu* sécheresse, fièvre; *urru* rougeur (du matin et du soir), clarté SV. ḪÁD-DA-TAB-BA *himit ṣēti* fièvre desséchante.
BABBAR *peṣû* (être) blanc ∞; *pūṣu* (le) blanc, tâche blanche S
— BABBAR-MEŠ "les blancs" en parlant des moutons (cf. CAD, E, 183a). Ú-BABBAR *šammu peṣû* = *mê ṣarbati* tisane de peuplier cf. Ú — n° 318.
ZA BABBAR(-DIL)-DILI *pappar(dil)dilû* pierre blanche S
BABBAR-ḪI SAR *papparhû* pourpier
BABBAR-IGI *pūṣ ēni* blanc de l'œil VS;
(phon. *ut*-zi *Utanapištim* Ψ)

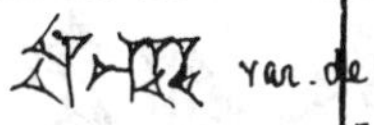 var. de n° 89 = *hùb* | è | i (El, N)
 | i_{10} | i

È *aṣû* sortir ∞; *elû* perdre ses droits sur °B; *barû* collationner, voir, revoir ω φ; *ṣītu* sortie, émission, perte, lever (soleil), taxe de sortie ω+; *āṣîtu* (taxe d') exportation, force expéditionnaire; -*āṣû* sortant (È dans ITI È mois finissant); *šakāku* enfiler⁺S,
ARA$_2$-BU-MUŠEN *arabû* volatile aquatique VO.

222 194

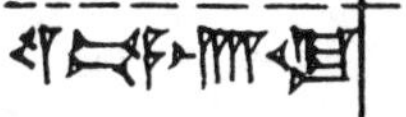
(ud-kib-nun-ki =) ZIMBIR la ville de *Sippar* CoV°;
i_7 « ——— =) BURANUN *purattu* l'Euphrate CωV;
mul « ———) *sinuntu* Aquarius V;

(ud-unug-ki =) LARSA(M) la ville de *Larsa* °V ω;
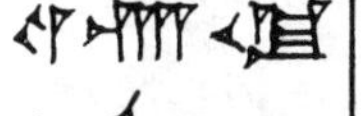
(ud-nun-ki =) ADAB la ville d'*Adab* V°;
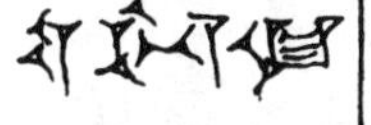
(« =) ARAB la ville d'*Usab* V;
UPE-ki la ville d'*Opis* °VOω; AKŠAK-ki = la ville d'*Akšak*

381

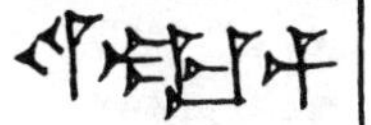
ZABAR *siparru* bronze ∞; ZABAR-DAB(-BA) *zabardabbu* (un fonctionnaire) ΨV;

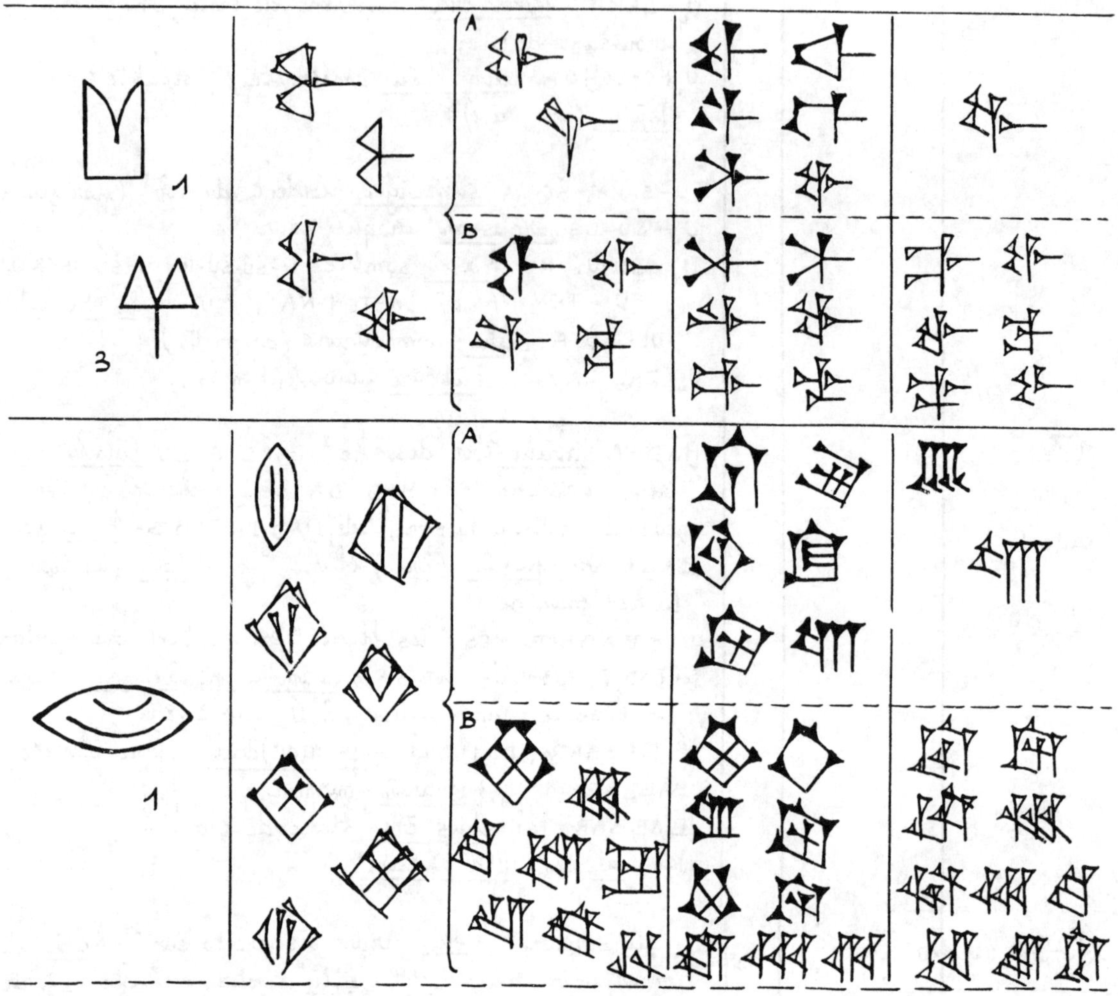
A
B
1
3

pi, pe · tál · be₆, bì · i₁₆, ᵢaw, mi₅, me₈ · ma₉ · wa^(i, e, u) · ia₈ · i/ju^(i, a) · tala₂ · u₁₇ · à · pa₁₂

GEŠTU^(II) *uznu* oreille, entendement [ш+□□ •V$]; anse [ш•];
TÁL *rapāšu* être large [Sc.];
PI *pānu* corbeille [•], mesure de capacité
(cf. *paršiktu*[(v)] mesure de capacité (36 *qa*) et de surface [•□+ш]);
ú TÁL-TÁL *urānu* (une plante)[VS];
(ú PI-PI-PI-*šum* à lire ú *à-ta₇-wi-šum* = *atā'išu*)

383

lib · lip · šà

ŠÀ *libbu* cœur[∞], ventre[VS], intérieur[∞], (ŠÀ-*nu* *libbānu* intérieur), (*gerbu*) milieu, intérieur, sein[V□$ш+Y]; ŠÀ-BA *ina libbi* y compris[•], dedans[•];
(uzu) ŠÀ (meš) (*karšu*?), *gerbû* entrailles[VS], *erru* intestins[$];
ŠÀ-BAL-BAL *šabalbalû* irrésolution[+], *liblibbu* descendance[V];
(d) ŠÀ-DIB-BA *kimiltu* courroux divin[+], lú ŠÀ-É-GAL *ekallû* domestique[ш•]
mí « *sekertu*, *ekallītu*? femme du harem, ŠÀ-GAL *ukullû* nourriture[co], ŠÀ-GAL inclination[Δ], ŠÀ-GAR *bubūtu* famine[V], túg ŠÀ-GA-DÙ(-A) *šakattû* (ceinture),
ŠÀ-GIG (*šagiggu*,) *ṭulīmu* rate[V]; ŠÀ-GÌŠ *muštinnu*[•] urèthre[$];
ŠÀ-GI / GI₈-GURU₆ *šagikarû* don,
(lú/erim) ŠÀ-GU₄ *kullizu* bouvier[□c], ŠÀ-ḪA *šaḫḫû* linge[+];
ŠÀ-ḪUL(-GÁL) *lumun libbi* malheur, mélancolie[V+$ш] (éclipse[V]);
ŠÀ-ḪÚL-LA *ḫūd libbi* contentement[V];
giš ŠÀ-KAL *sakkullu* osier, ŠÀ-MAḪ *šammāḫu* gros intestin;
ŠÀ-MUD *pirittu*, *gilittu* effroi[+V], ŠÀ-MUD *irri dāmi* intestins rouges de sang[$];
ŠÀ-MUL *libbi šiṭri* (sorte de document)[•];
ŠÀ-NE-ŠA₄ *unnīnu* lamentation, supplication[b];
(uzu) ŠÀ-NIGIN *errū sāḫirūtu*, *tīrānu* colon spiral[V];
ŠÀ-SI / SÌG-GA *papāḫu* sanctuaire[V];
ŠÀ-SI-SÁ *šūšur libbi* diarrhée,
ŠÀ-SIG *erru qatnu* intestin grêle[V];
ŠÀ-SÌG-GA *ṣurup libbi* oppression cardiaque, angoisse[V$+]
ŠÀ-SÙ *nušurrû* diminution[V], *nebrītu* portion congrue[V], (*mērēnu* dénuement[V]); ú ŠÀ-ŠÀ šar (une plante),
giš ŠÀ(-ŠÀ)-GIŠIMMAR *uqūru*[$+], *gamḫurû*[Sc] moelle de palmier;
(phon. *šà* ŠÀ *šà* *ša libbi-ša* fruit de ses entrailles)
ŠÀ-SÌ-SÌ(-KI), (ŠÀ-GI-NA) *bibbil libbi*, *ṣummirātu* désir[+шV$];

(Suite de la page précédente)

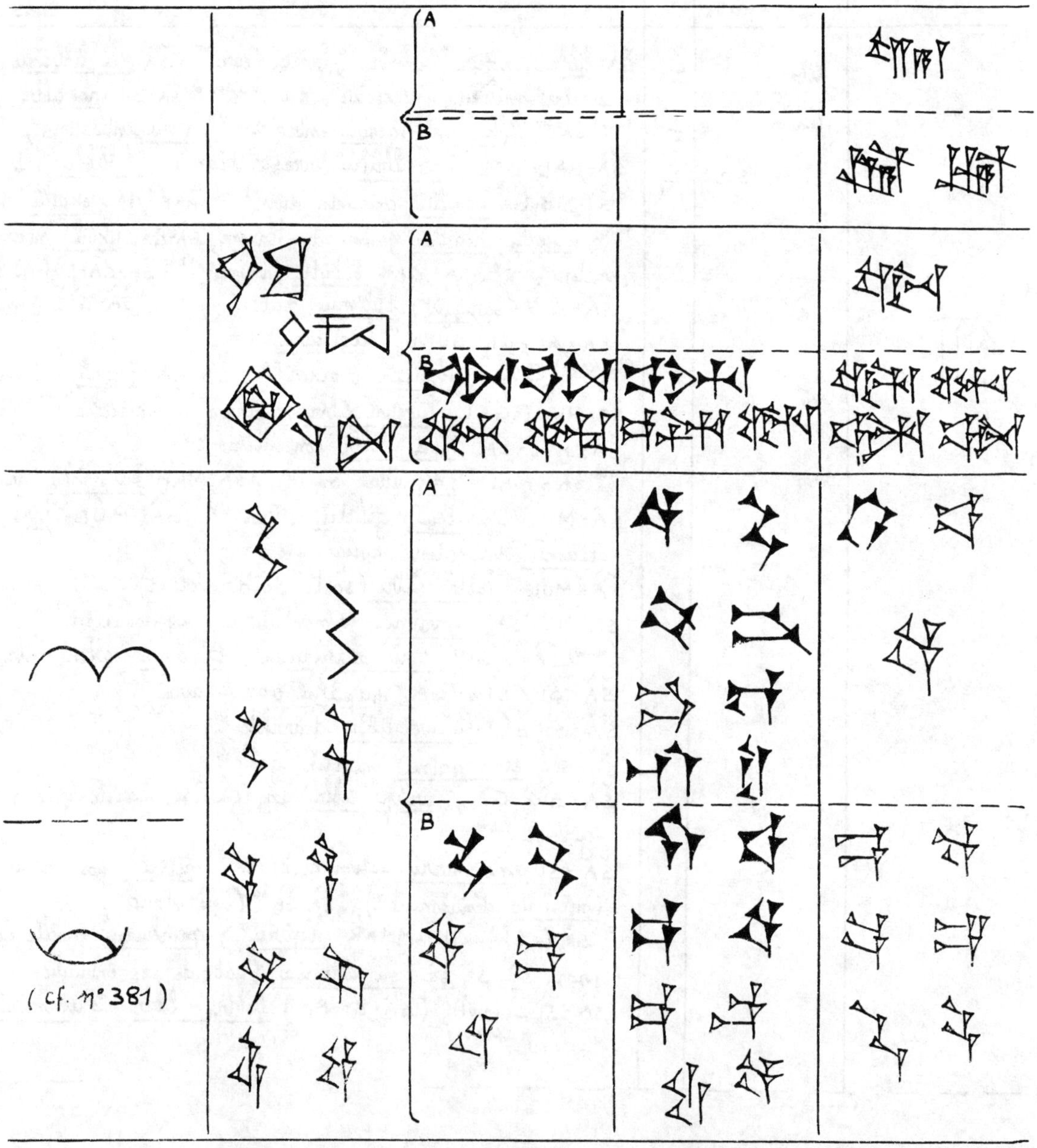

(suite)

ŠÀ-TAM <u>šatammu</u> intendant[wavo];
ŠÀ-TÙR/SUR <u>šaturru</u>, <u>šassuru</u> matrice[vs], larve[v];
(uru) ŠÀ-URU la ville d'<u>Aššur</u>[wo], <u>lib āli</u>[v]; <u>ša libbi āli</u> citadin[+v];
ŠÀ-TI(-LA) <u>bulut libbi</u> bonheur, prospérité, luxuriance[v]; ŠÀ-ZI-GA <u>nīš libbi</u> érection[+vs];
mí ŠÀ-ZU <u>š/tabsutu</u> sage-femme; dŠÀ-ZU le dieu <u>Marduk</u>[o];
zá PEŠ$_{12}$-ANŠE <u>bişşūr atāni</u> (coquillage).
384

PEŠ$_4$ <u>a/erû</u> être enceinte; <u>alādu</u> enfanter[sc]; mí PEŠ$_4$ <u>erītu</u> femme enceinte[v]; zá PEŠ-ANŠE <u>bişşūr atāni</u> (un coquillage);
ZÁ(-NU)-PEŠ$_4$ <u>aban (lā) erê</u> pierre de (non) conception, géode[v$];
zá IŠKILLA <u>iš(v)qillatu</u>, <u>(is)sillatu</u> caillou; zá IŠKILA-A-AB-BA <u>i. tamti</u> galet de mer; zá IŠKILA-I$_7$-DA <u>i. nāri</u> caillou de rivière).
390

úḫ	⫶	ÚḪ <u>ru'tu</u> crachat, rejet[+v$] (ou <u>rupuštu</u> salive, bave);
uḫu$_2$	⊥	
u'$_4$	⌐	ÚḪ-LUḪ <u>guḫḫu</u> toux[b]; ÚḪ-dÍD <u>ruttītu</u> soufre jaune[v$];
		(úḫ-ki =) AKŠAK la ville d'<u>Akšak</u>[□]; } cf n°378.
		(« =) UPE <u>upî</u> la ville d'Opis[vш]. }

225 197 392

ṣab	⊥)	ERIN$_2$ <u>ṣābu</u> soldat, mercenaire, troupe[шc□];
ṣap	⊥)	(premier élément de plusieurs expressions composées: lú ERIN$_2$ gišBAN <u>ṣāb qašti</u> archer; etc.);
zab	⊥	<u>ummānu</u> armée, troupe[vшc□+];
zap	⊥	ERIN$_2$-LUGAL/MAN <u>ṣāb šarri</u> soldat du roi[ш□];
sáp	El.	ERIN$_2$-ŠU^{a} <u>ṣāb qātē</u> assistant;
bìr	⊥	ERIN$_2$-ḪUN-GÁ <u>agru</u> (un) journalier; mí ERIN$_2$-É-GAL <u>sekretu</u> femme du harem;
nuru$_a^i$	!	ERIN$_2$-DUḪ/DAḪ <u>ne/a'raru</u>, <u>nērarūtu</u> aide, secours[+]

226 198

púr	⊐	(Simple variante graphique de 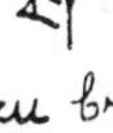)
par$_5$	⊐	ZALAG$_2$ <u>namāru</u> briller[ov]; <u>namru</u> brillant[ш+]; <u>nummuru</u> illuminer, <u>namirtu</u>, <u>nūru</u> lumière, clarté[+шov];
láḫ	⊐	zá ZALAG$_2$ <u>zalāqu</u> (une pierre)[+s] (<u>namru</u> (?) cf. CAD, Z, 33b);
líḫ	⊐	
ḫìš	⌋	
tam$_5$	E	dUTU le dieu <u>Šamaš</u>[+]

227 199 393

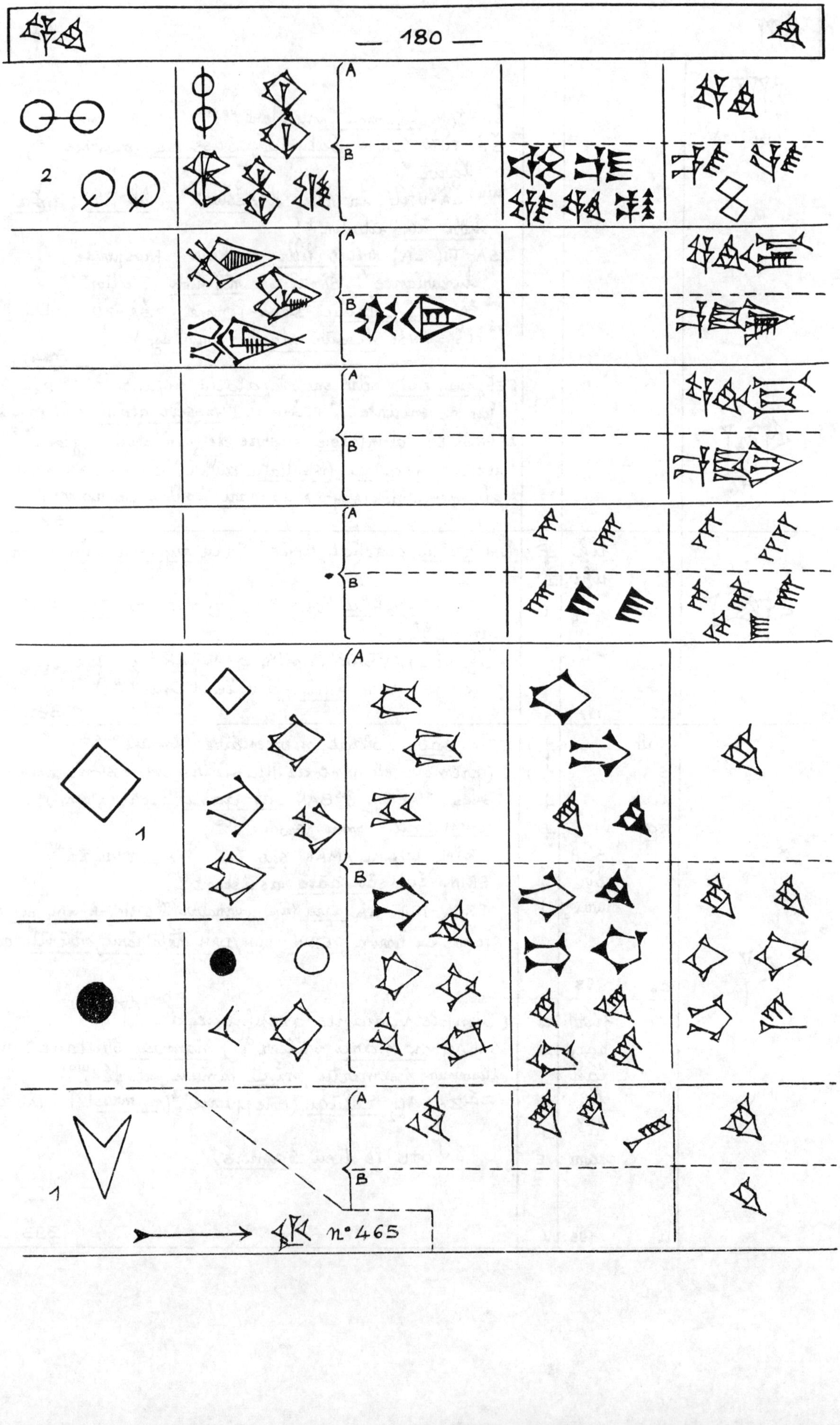
A
B
2
1
n° 465

Signe	Valeurs	Sens	N°
 		NUNUZ *pelû* oeuf[+V$], petit[+V$]; *per'u* rejeton[VO•]; *lipu* descendance[o]; (zá) NUNUZ *erimmatu* perle ovoïde, collier de perles[•]; NUNUZ-UZ-TUR-MUŠEN *nahtu* (ou *pel paspasi*) petit, oisillon[+•ш]; (dug) LAHTAN *lahtānu* vase à bière[V•].	394
		kušUSAN₃ *qinnāzu* fouet, lanière[b]; lú kušUSAN₃-SUR corroyeur[•].	394c
		dugMÙD *hubūru* pot à bière[□ V.Bab.].	394d
	zib, zip ‡ ṣib, ṣip ∔ sip ∔ ṣibi ⊥ 228 zúb 200 !	ZIB(-ME) abrév. pour *zibbātu*, constellation des Poissons.	395
	ḫi, ḫe ‡ ṭà T A i_{11} ⊥ du_{10} o 'i ‡ ta_8 A da_{10} ⌐ 229	DÙG/DU_{10} *birku* genou[b]; DU_{10}, DÙG(-GA) *ṭâbu* être bon, doux[V+ш□$ □•o$]; *ṭābu* bon, doux[+V$ •]; *ṭābtu*, *ṭūbu* bonheur, amélioration[$]; DU_{10}-ŠÀ *ṭūb libbi* bonheur[V]; DU_{10}-BAD *pīt purīdi* ouverture des jambes; kušDÙG-GAN *tukkānu* sacoche[□7o]; DU_{10}-ÚS-SA *narmaku* baignoire[+V]; DU_{10}-GÚR *kamāṣu* s'agenouiller, *kimṣu* mollet[$]; ḪI (-ḪI) *balālu* mélanger[+V$]; *šutābulu* discuter, calculer[+]; ḪI *maššītu* mélange d'ingrédients; ḪI-ḪI *barāqu* fulgurer[V]; ḪI-LI *kuzbu* jouissance, vénusté[шo]; (zá) ḪI-LI-BA *ḫulibû* (une pierre)[+]; ú ḪI-IS sar *ḫassū* salade; ḪI-A *mādû* nombreux[ш]; ḪI-GAR *bâru* se rebeller[V]; *bārtu* complot, révolte[V+]. ḪI-GAR-KI *Damru*.	
	šár ‡ sár ⊢ 230	ŠÁR (v) *šāru* (σάρος) 3600[V•ш]; *kiššatu*[ш$] *kiššūtu*[+] totalité (ŠÁR dans AN-ŠÁR 1) dieu primitif [?] 2) le dieu *Aššur*[ш+o]).	
	ṭí, ṭé ∃ Am Bg tí ⊐ Am té ⌝ " de_8, dí ∃ A 231		396

(Suite de la page précédente)

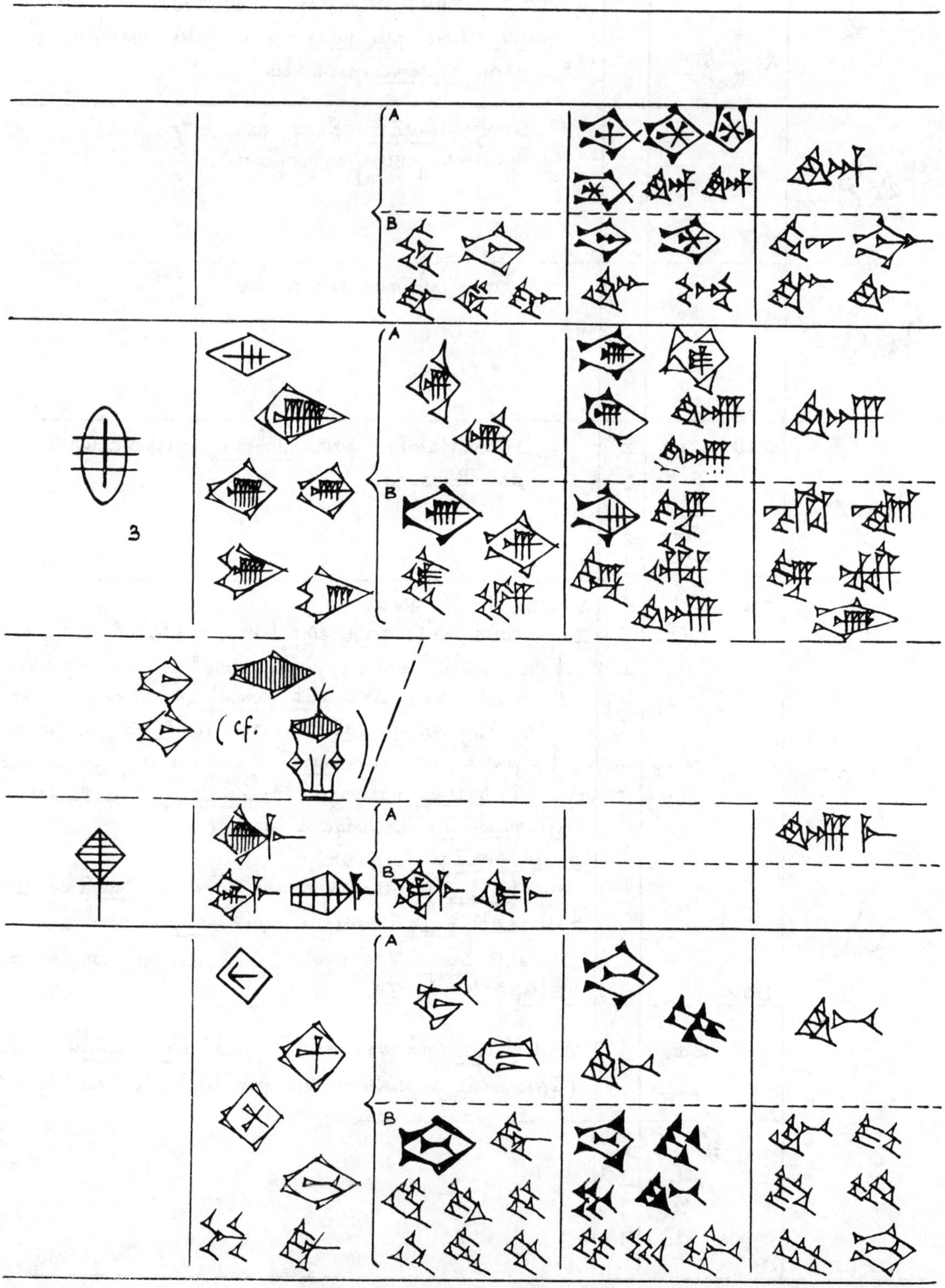

	tàp	N°	Pour les valeurs idéographiques du groupe DÙG-GA, cf. ci-dessus, sous .
			Cf. n° 405.
	a', u' i', e' 'a, 'u 'i, 'e -aḫ₄, éḫ íḫ, uḫ₅ } N 233 204		(Ce signe est un doublet du signe suivant dont il ne s'est différencié que tardivement) 397
	aḫ eḫ iḫ uḫ -aḫa -á', é' í', ù' 234 205		UḪ, UḪU *kalmatu* insecte, parasite, vermine[s]; (*mūnu* chenille ; *perša'u* puce ; *nābu* lente ; SC) UḪ-ŠE-KÙ *kalmat še'i* charançon SC (cf. *kalmat*... pour les noms de parasites SC).
			GUDU₄ *pašīšu* prêtre, oint[a]; GUDU₄-ABZU *gudapsû* (un prêtre)[a+] (lú IM-ME[Bg]) 398
	kam gám qám kama ka₁₃ 235 206		KAM déterminatif suivant les nombres ordinaux[∞]; *erēšu* désirer[o] ; ú KAM-ti-GÁN/A-SÀ *erišti eqli* (une plante); *erištu* désir, demande[v], marque sur le corps ("envie"!). UDUL₂, UTUL₂ *diqāru* vase, cruche, *ummaru* soupe[ω+V$]; UTUL₂-ZÌ-DA *rabīku* décoction[$]. Premier élément de plusieurs noms de vases. 406

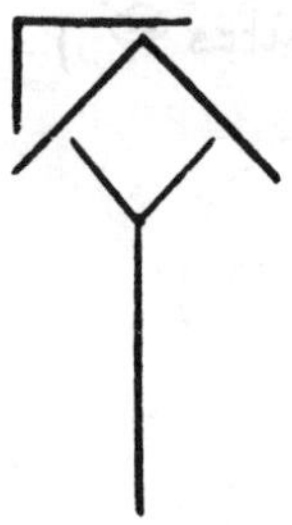

2

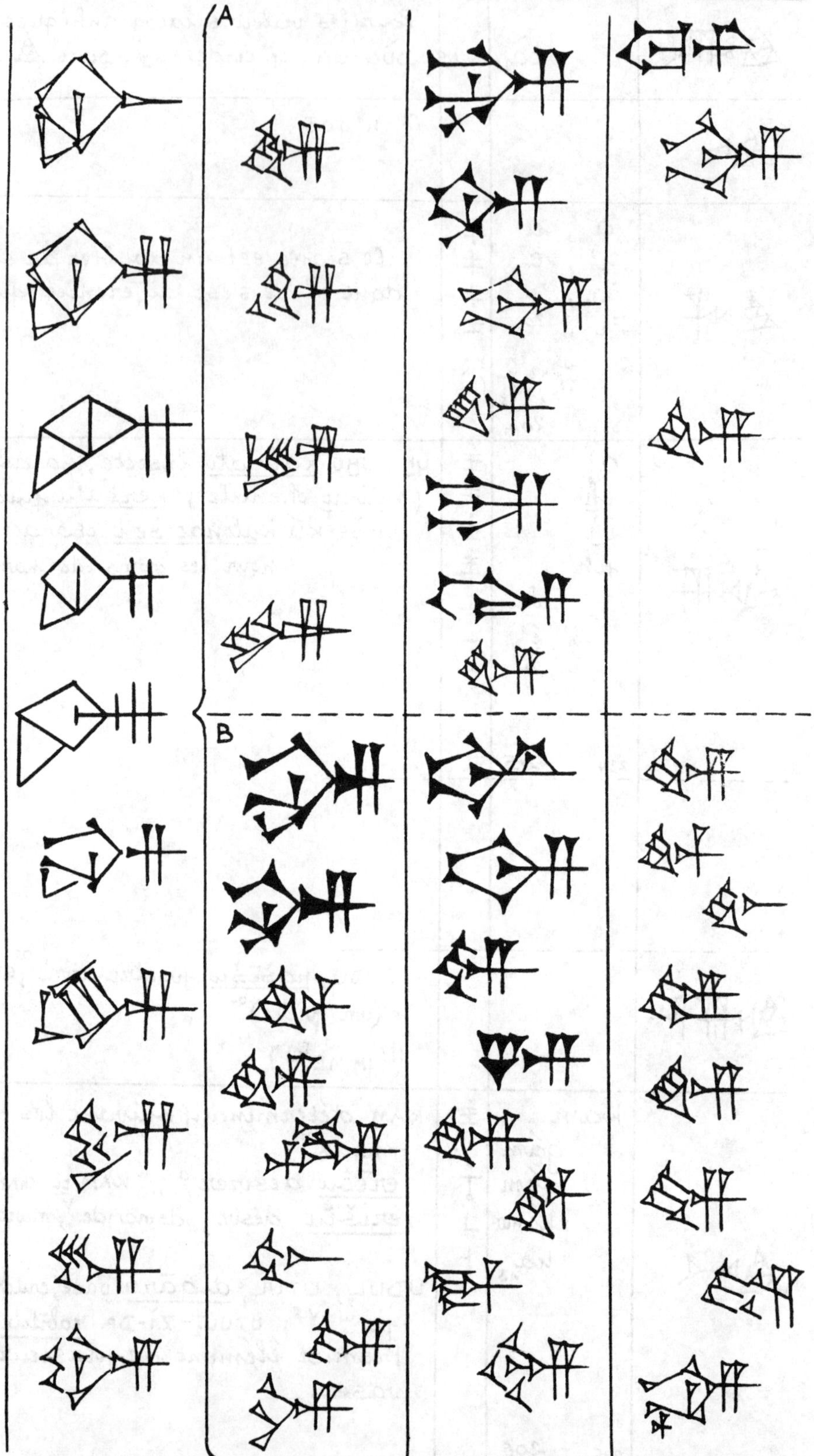

im
em
ní
šar$_5$

^{d}IŠKUR le dieu Adad$^{\infty}$, Tešub, Addu (dieux de l'orage);
Déterminatif précédant le nom des quatre points cardinaux :
$^{tu_{15}}$U$_{19}$-LU, $^{tu_{15}}$ULU$_{31}$(TU$_{15}$-I) šūtu sud, $^{tu_{15}}$SI-SÁ, (TU$_{15}$-II) ištānu nord,
$^{tu_{15}}$KUR-RA, (TU$_{15}$-III) šadû est, $^{tu_{15}}$MAR-TU, (TU$_{15}$-IV) amurru ouest.
TU$_{15}$-LIMMU$_2$-BA tubqāt erbetti (dans) les quatre directions VΨ;

TU$_{15}$, IM šāru vent$^{\infty}$; IM ṭiddu argile$^{\infty}$, ṭuppu tablette ω Δ V S;
IM-BABBAR gaṣṣu gypse; IM-BAD sîru? enduit, crépi;
IM-BAL nappaltu argile de décombres?
(im-dir:) DUNGU erpetu nuage, erpu nuageux VWS
IM-DÙ(/DUḪ)-A pitqu travail, maçonnerie; IM-DÙ-A, (IM-AK-A) (SC)
pitiqtu mur, gros-œuvre; IM-DUGUD kubtu motte (d'argile).
(im-dugud:) MURU$_9$ imbaru brouillard WV; (im-dugud:) ANZU: Anzu aigle divin,
IM-EDIN vent du désert (diagnostic d'une maladie) S CAD, E, 28a;
(im-gá) DALḪAMUN ašamšūtu, (mehû) ouragan ΨV; IM-GE$_6$ = ? (une pâte).
IM-GI/GI$_4$ hammû usurpateur WV;
IM-GÍD/GÍ(-DA) imgiddû tablette (nibzu, giṭṭu, u'iltu, tiginnu cf. GÍD-n° 371); IM-GÚ qadūtu boue, dépôt V S, vase V, chassie, cérumen S.
IM-GÚ-LÁ, IM-LÁ-A gerginakku bibliothèque ω Ψ; IM-GUR imgurru enveloppe de tablette V; $^{(ú)}$šem IM-MAN-DU V cf. ^{ú}MAN-DU

TU$_{15}$/IM-ḪUL imhullu (ou tuhullu) vent mauvais Ψ, tempête dévastatrice,
(IM-KAL(-LA), IM-KAL-GUG, cf ^{im}KAL, n° 322); IM-KI-GAR ṭiddi kullati argile de potier,
^{zá}IM-KIŠIB kunukku tablette scellée °; IM-KÙ-GI cf. KÙ- n° 468,
IM-LÁ imlû cône Δ.
^{zá}IM-MA(-AN)-NA imm/na(na)kku (pierre ou sable Δ). ^{ú}IM-ME cf. n° 398 Δg,
IM-RI-A kimtu famille +2 V, salātu parenté par la femme +°, nišūtu parenté par le mari° (en séquence IM-RI-A x3); IM-RI-A šibit šāri (une maladie) S.
IM-SA$_5$ šaršarru argile rouge, oxyde ferreux S.
IM-SAḪAR-BABBAR-KUR-RA aluharu alun blanc + S;
IM-SAḪAR-GE$_6$-KUR-RA qitmu alun noir + S; IM-SAḪAR-ZÁ-KUR-RA gabû alun + V S
IM-SIG$_7$-SIG$_7$ dāmātu argile rouge sombre,
(pour egû cf. CAD, E, 48 a);
IM-SIS marratu arc en ciel +.
IM-SÙH imsuhhu vent violent (arme divine) Ψ,
IM-ŠÈG zunnu pluie.
IM-ŠE-IN-BUL+BUL argile mêlée de paille,
IM-ŠU-RIN-NA tinūru réchaud; IM-U$_{17}$-LU mehû? tempête ΨV;

NÍ ramānu (soi-) même V S.
puluhtu effroi +; NÍ-ḪUŠ rašubbatu splendeur redoutable.

236 207

(Suite de la page précédente)

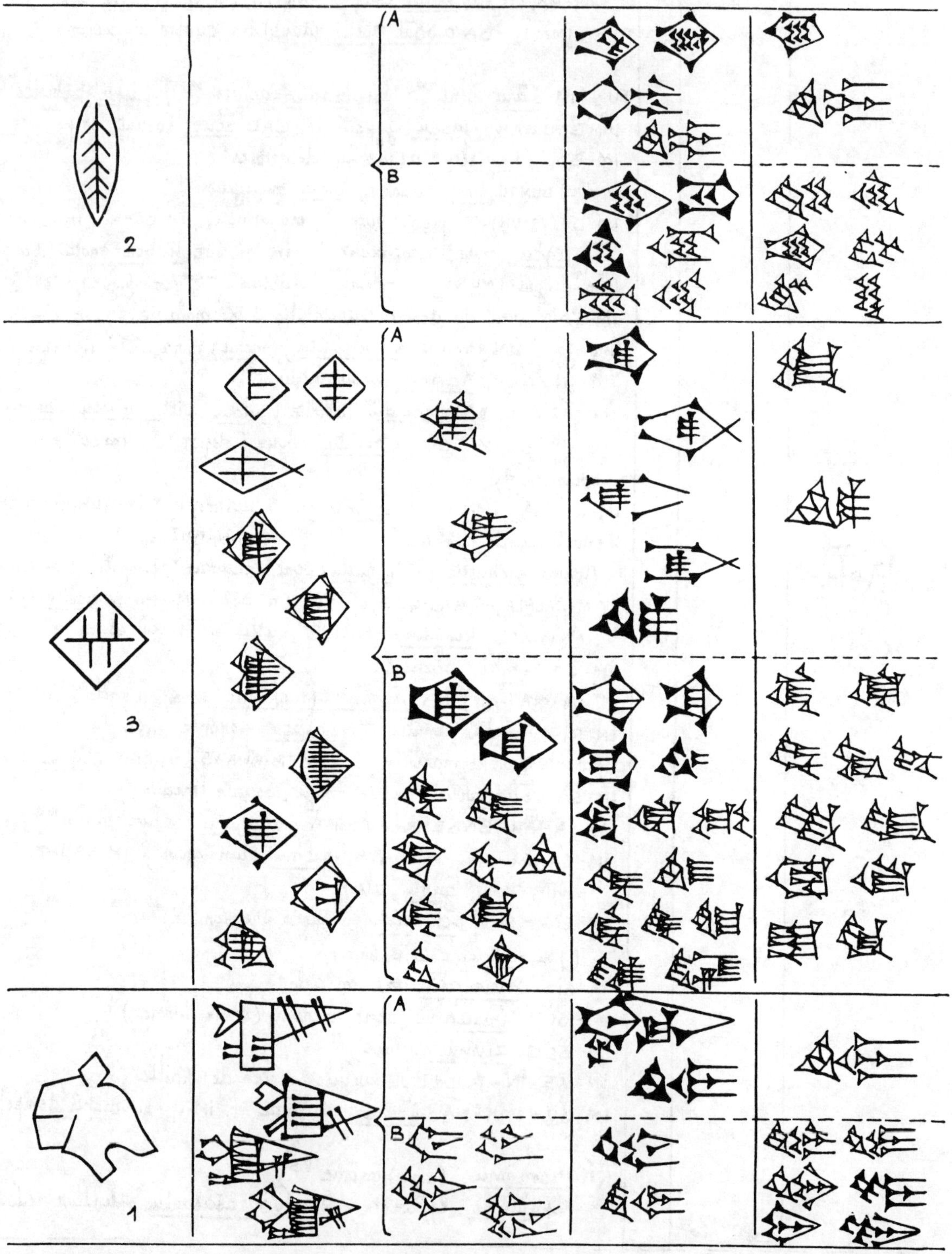

(suite)

NÍ-TUK nâdu révérer °;
NÍ-ZU-UB zabbu (un extatique) v

IMxIM rādu averse torrentielle.

399

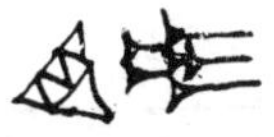

bir
pìr

(uzu) ELLAG₂ kalītu rein vs□;
ELLAG₂ birki = kalīt birki testicules s;
mul ELLAG₂ kalītu 1) une constellation
2) nom de la planète Mercure v;
GIRIŠ kurṣiptu papillon b;
BIR (-BIR) sapāḫu disperser, effondrer v+□;
BIR abrév. en nA de biršu une couverture •;
(cf. DÙG-GAN).

237 208 400

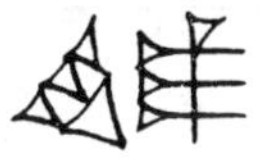

ḫur
ḫar
ḫír
mur
kín
ur₅
ḫara₄
muru
(ḫuru)

zá HAR semēru / sa'eru nA anneau w+;
HAR-HAR ḫarḫaru chaîne •; giš/ú HAR-HAR (sar) ḫašûtu) thym? s;
HAR-HAR mušen ḫarḫaru cf. MSL VIII² p. 141, 278; ú HAR-HUM-BA-ŠIR
ḫarmunu (une plante), HAR-MUŠEN-NA ḫuḫāru trappe, emblème de Šamaš;
HUR(-RA) eṣēru dessiner, graver w+;
GIŠ-HUR uṣurtu, (gišḫuru) dessein +w, dessin v□, borne w. HUR-SAG
ḫuršānu, (šadû) montagne +wv; ḫuršānu lieu de l'ordalie (par l'eau);
ú (ḫur-sag=) AZUKNA azupir(ān)u crocus, safran sv+;
d GADIBDIM, d SAGGAR₂ le dieu Bunene e;
UR₅ ḫašû poumons vs, (kabattu foie (sc));
UR₅ ŠÚ, šuātu ce, celui-ci wvs, UR₅ šanānu être égal w;
UR₅-ÚŠ têrtu exta, oracle +wv; UR₅-RA ḫubullu intérêt, obligation,
dette v•; UR₅-GIN₇ kīam ainsi +;
ú MUR-DÙ-DÙ murdudû (une plante) s;
(zá) KÍN-KÍN erû meule, mortier +vs•,
(ÀR, ÀR-ÀR(>ARA₃) ḫašālu (sc), pâṣu (sc) piler, broyer);
ARA₃ (ou KÍN-KÍN) ṭênu moudre vs;
ÀR(-ÀR) ararru, ṭēnu? meunier +.

238 209 401

ḫuš
ḫiš₄
ruš

HUŠ ezēzu être en colère w□; ezzu furieux w
ezzētu fureur.
RUŠ / HUŠ-A ruššû, ḫuššu rouge feu ws;
túg HUŠ-A ḫuššû vêtement écarlate +•.

239 210 402

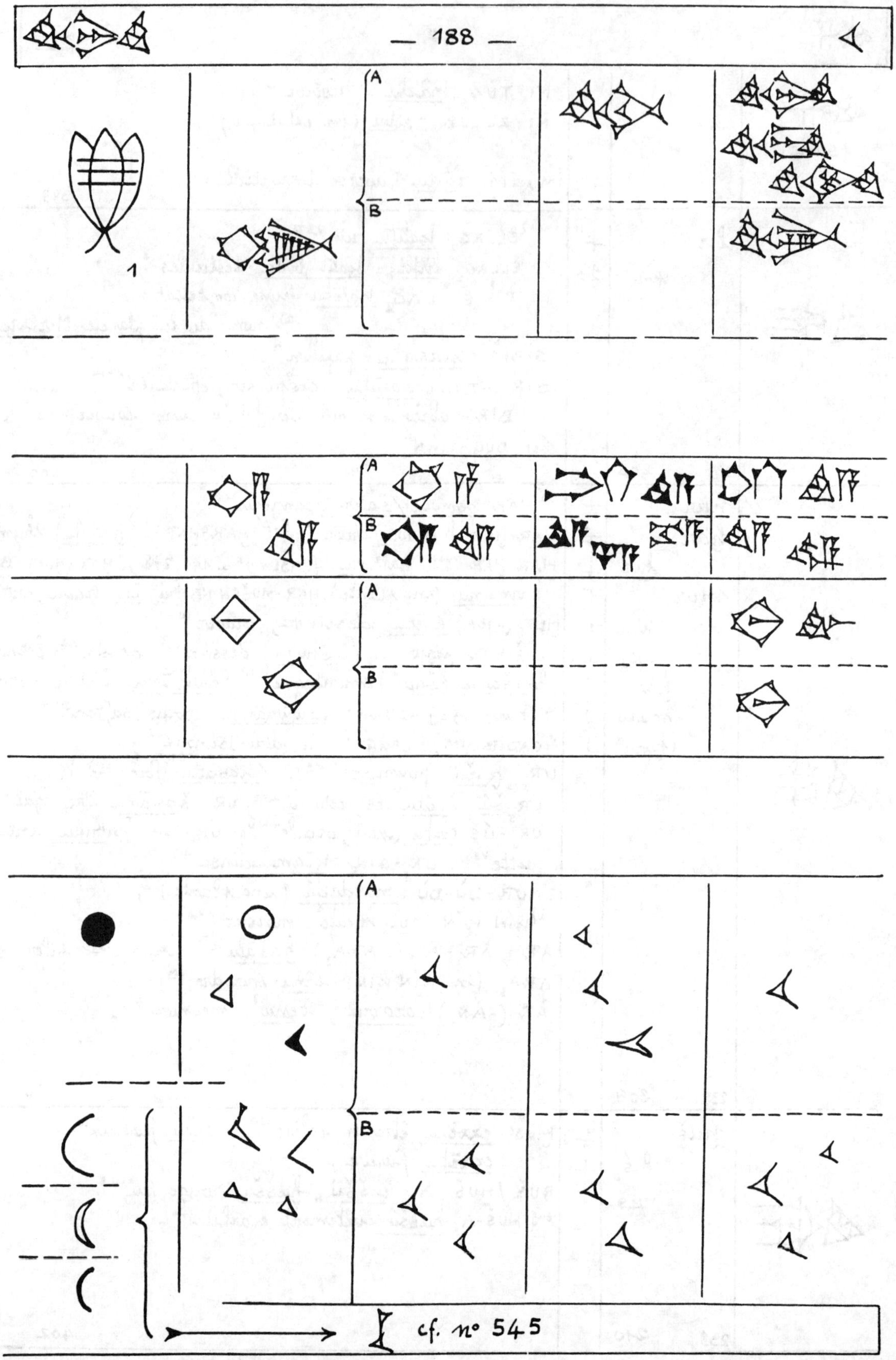
1
A
B
A
B
A
B
A
B
cf. nº 545

súḫ | SUḪUR *qimmatu* cheveux[+v], bouquet de feuilles à la cime des arbres[v];
[mí]SUḪUR-LÁ *kezortu* prêtresse ("la frisée")[v], [lú]SUḪUR-LÁ *kezru* (prêtre);
SUḪUR[KU6] *purādu* grosse carpe[□•$];
SUḪUR-MÁŠ[KU6] *suḫurmāšu* (un poisson)[□•];
[mul]SUḪUR-MÁŠ[(KU6)] *suḫurmāšu* constellation (queue (γ+δ) du Capricorne)[v□];

240 211 403

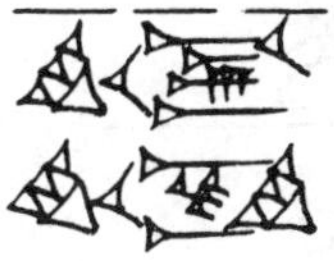

(Variantes graphiques du signe précédent).

ḫá | ḪÁ déterminatif postposé indiquant le pluriel ou le collectif (primitivement, pour les choses). ḪÁ *mâdu* être nombreux, *mādu* nombreux.

241 212 404

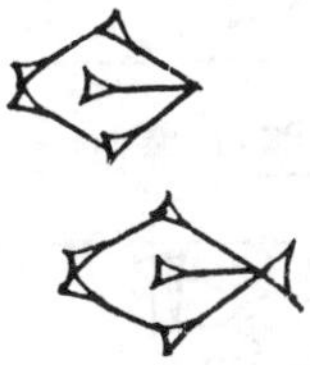

SÙR *ḫarru*, *sūru*[b] dépression, cours d'eau, oued, large canal[•○].

405

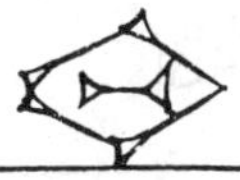

(Variante graphique de ; rangé après le n° 398).

eš₁₆, iš₈, u, šu₄, guru₁₂, bu₁₂

209 (variant)

U *ešer*, *ešeret* dix[∞]; [d]U le dieu *Adad*[ω+]; le dieu *Tešub*[Bg, M, Ug]; *Addu*[VAss.];
U *ešrū-šu* dix fois[VAss.]; U-*ú* *ešrû* (un) dixième; U-GÍN *ešartu* 10 sicles (d'argent).
(NAM-)U, 10-*tu* *eširtu* dizaine;
[d]U-*te* *Ešartu*, U-BU-BU-UL *bubu'tu* inflammation, pustule[$];
U *ubānu* doigt, lobus caudatus (foie)[v], suppositoire[$];
BÙR *būr(t)u* citerne, fontaine[SC]; *palāšu* creuser, forer; *pilšu* brèche, mine[v]; *šīlu* cavité, creux[v];
BÙR *būru* mesure de superficie (18 *ikû*);

BUZUR *puzru* secret, mystère[SC];

ŠU₄ *abātu* détruire, emporter[SC];
UMUN *bēlu* seigneur[□□•];

ŠUŠ *šuššu* un sixième.
GIGURU *gigurû* le signe U[v]

242 213 411

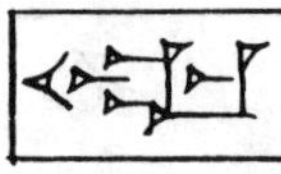

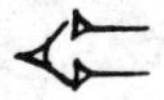

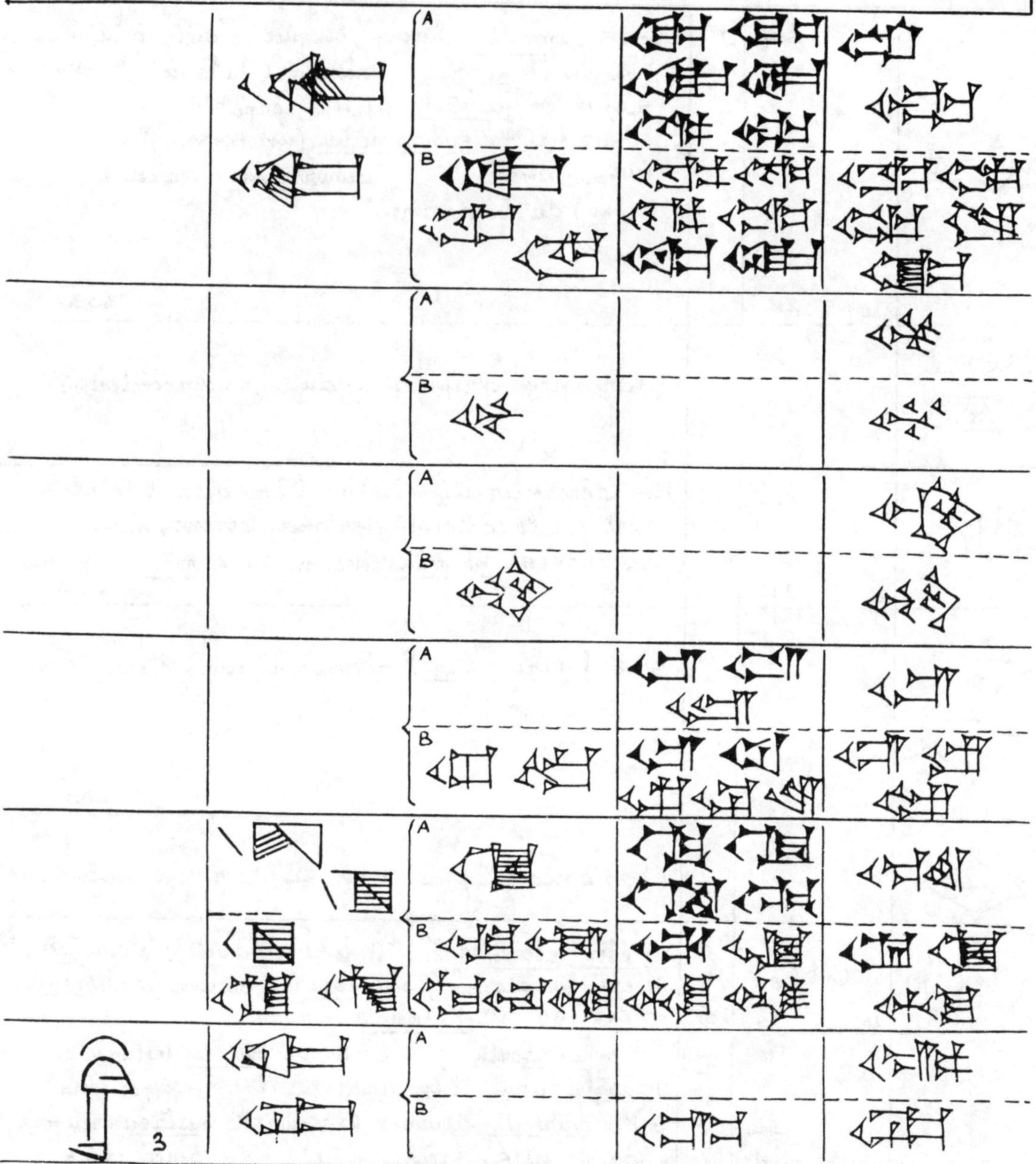
A
B
A
B
A
B
A
B
A
B
3
A
B
1
A
B

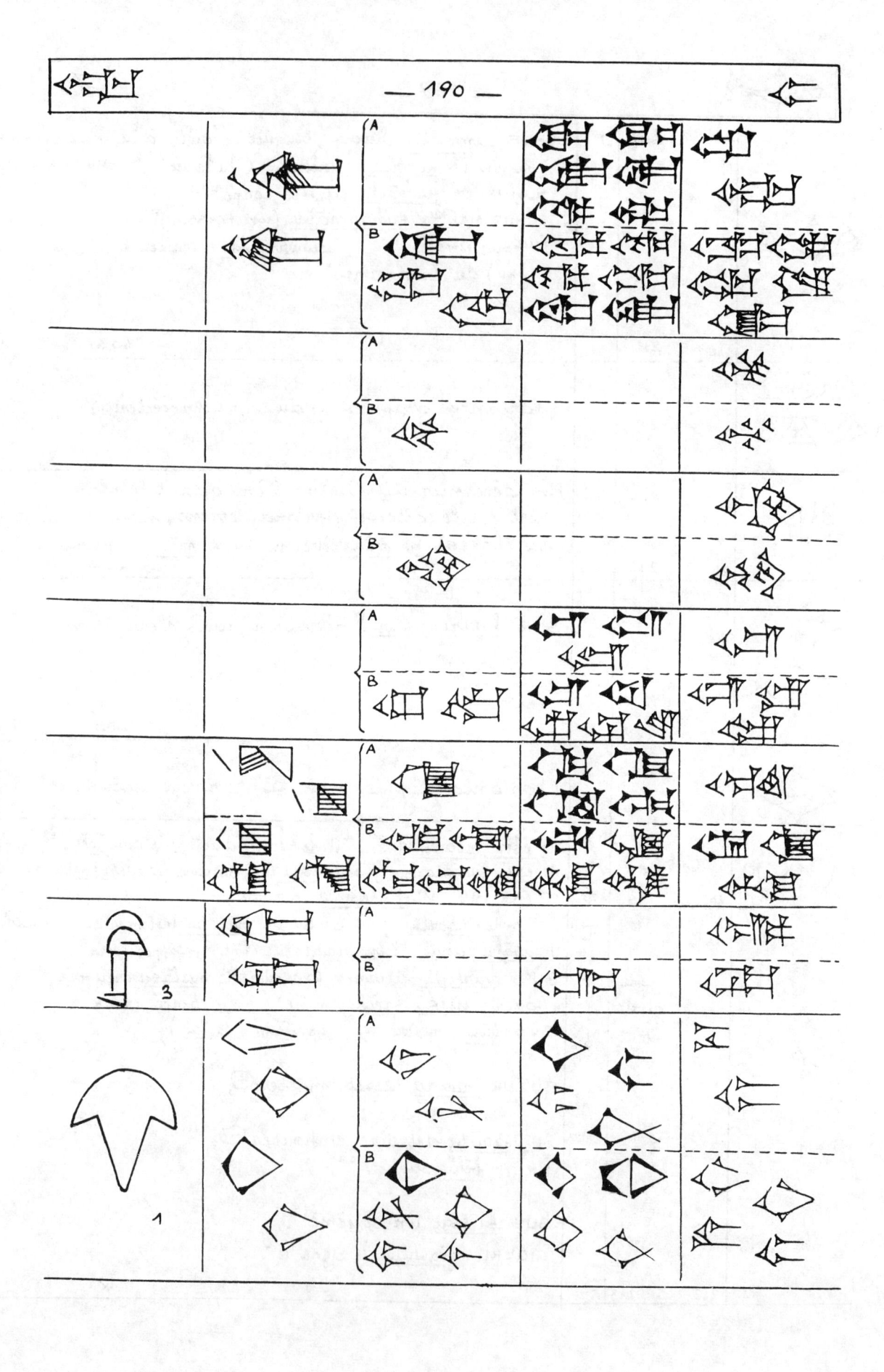

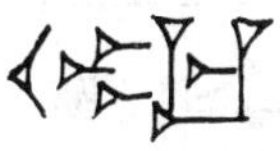	muḫ màḫ? eli 243 214	┼̣ ꝺ ⊥	UGU, *muḫḫu* crâne[šV]; *eli* sur[∞]; *elēn*, (*ina*) *muḫḫi* sur, au-dessus[∞]; *elēnu* supérieur[V]; *elû* supérieur[Am., Bg.]; [zá]UGU-AŠ/ÁŠ-GÌ/GI$_4$ = ? (une pierre); UGU-DILI *ugudilû* tache; UGU-kul-la *elkulla* (une plante)[s]; UGU *ašgigû* (un minéral)[šφ]; UGU-DUL(-BI) *uqūpu*, *pagû* singe[Vš]; *ša* UGU-É *ša muḫḫi bīti* intendant; UGU-GAL *gugallu* inspecteur des canaux (titre royal ou divin)[+]. 412
			UDUN *utūnu* fourneau, four[V•+ š]; *tinūru* réchaud[SC]. 415
			GAKKUL *kakkullu* récipient, (*namzītu* cuve). 416
			U-GUR *namṣāru* épée[SC]; [d]U-GUR le dieu *Nergal*[∞]. 417
			UGUN *iḫzētu* incrustation[•]; [d]eš$_{18}$-tár la déesse *Ištar*[+□V°] (ou, sous son épithète de) *Massât*[□]; *ištaru* déesse; *ištarūtu* type de chanson. 418
			SAGŠU *kubšu* turban, coiffure[V], « le bonnet », partie du *ḫašû* (poumons)[V]; túg SAGŠU *kubšu* id.[V]. 419
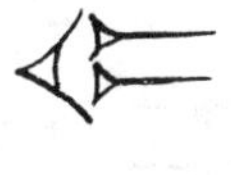 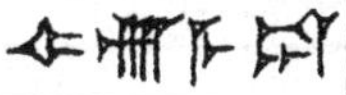	lid lit? rím áb[+] reme$_2$ liti li$_8^e$ 244 215	┼̣ ┼̣ ┤ Ǝ ⊥ ┘ ┘ Hf	ÁB *arḫu* vache (mois[AS]); *littu* vache sauvage[V□W]; (ÁB-ḪÁ *lâtu* gros bétail); ÁB[ku6] *dādu* (un crustacé)[V], partie du corps[š]; ÁB-GU$_4$-ḪÁ *sugullu* troupeau; *lâtu* bêtes à cornes, gros bétail[VCW]; (áb-ku/lu =) UDUL *utullu* pâtre, bouvier[□]; ÁB-AL/MAḪ *būrtu* vache, génisse; ÁB-RI-RI-GA *šalquttu* cadavre de vache[S•]; [d]RI-RI-GA. ÁB-ZA-ZA *apsasû* (zébu[V]), sphinx[W]; [ú]ÁB-DUḪ *kamantu* sumac[+S]. ÁB-ZÀ-MÍ *apsa(m)makku* trapèze[VA]; (áb-nun-me-du =) ABRIG$_2$ *abriqqu* (un prêtre). 420

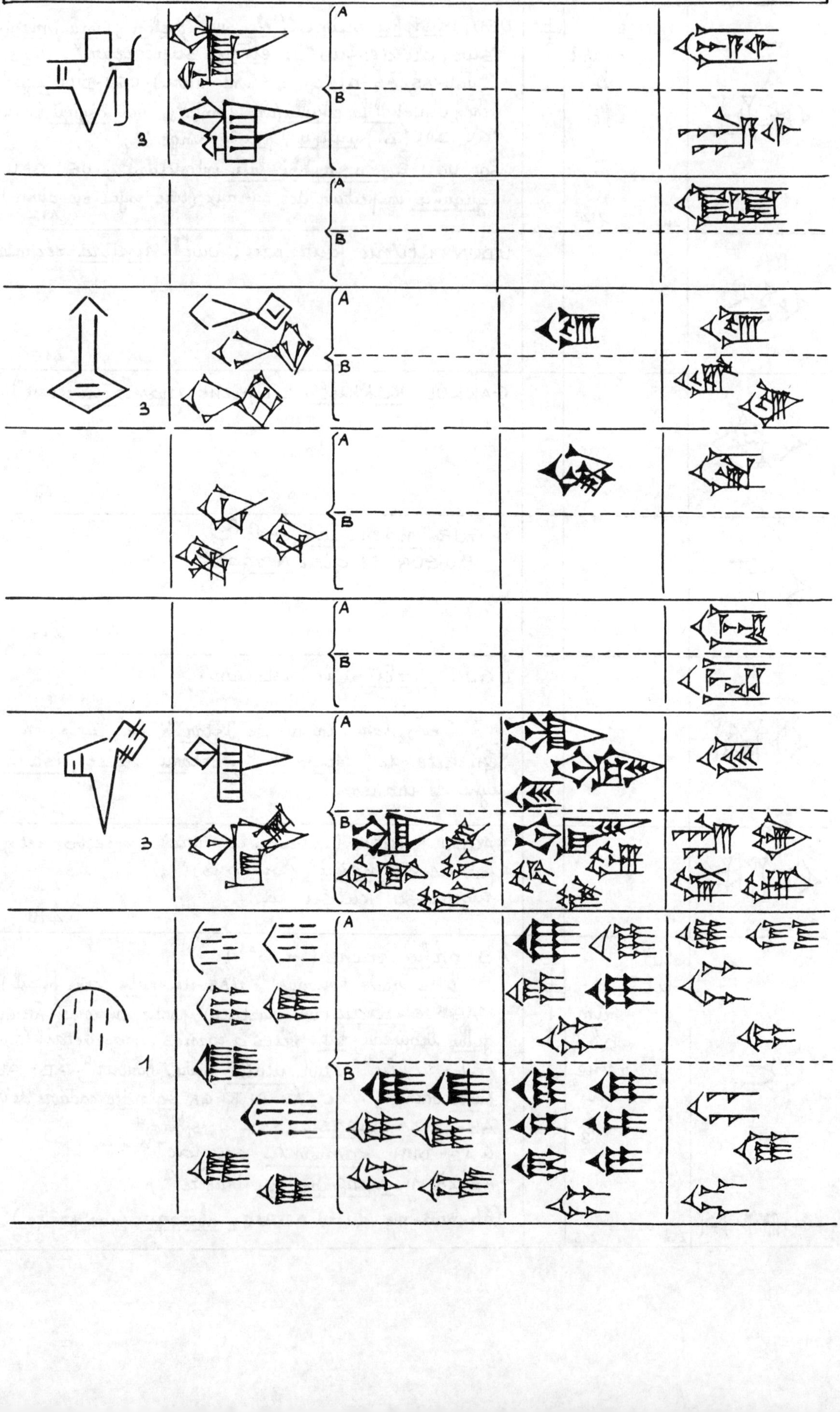
A
B
3
1

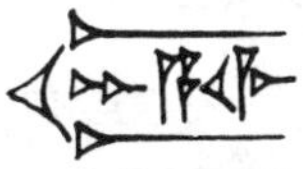

^{GU_4}ALIM *kusarikku* bison (animal mythologique et constellation), (*ditānu* bison (SC.)).
kabtu lourd, pesant+.

421

LILIS *lilissu* tympanon, timbale+.
^{d}LILIS +

422

kìr — ÙB *uppu* timbale+•;
LIPIŠ *libbu*, *ṣurru* cœur b;

246 — KÍR / (KIR$_6$) — $^{(dug)}$*kirru* un récipient (pour la bière)•.
kir$_6$, qir$_6$

(ŠÈM) / ŠEM$_4$ — *halhallatu* sorte de tambour+;

245 216 — 424

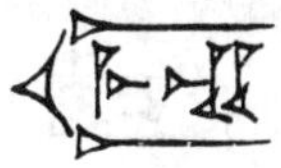

MEZE *manzû* timbale + (cf. ME-ZÉ)

426

kiš, kis, qiš, qis

KIŠ *kiššatu* totalité, universalité+cΔw;
kiššūtu puissance v;

KIŠ-KI la ville de Kiš cΔ.

247 217 — 425

mi, mé, ṣíl, gi$_6$, wi$_4$

GÍG. GE$_6$ *ṣalāmu* être noir v+‡; *ṣalmu* noir ∞; *mūšu* ∞
mušītu +v nuit; GE$_6$-ZAL *šumšû* passer la nuit;
GE$_6$ *ṣulmu* point noir, GE$_6$-IGI² *ṣulum īni* iris? (*tirik pani* bleu, cf. AfO 18, 415);
GI$_6$-PÀR *gipāru* résidence de la grande prêtresse, partie d'une maison privée +w; ^{giš}GI$_6$-PÀR *lipāru* un arbre ᐃv;
$^{(lú)}$GE$_6$(-A)-DU-DU *ḫā'itu* veilleur de nuit; GE$_6$-DU-DU *ḫā'iṭūtu* office de ḫ.
KU$_{10}$(KU$_{10}$) *ekēlu* être sombre b, *ekletu* obscurité +; (cf. AN-KU$_{10}$);
KU$_{10}$ *tarāku* être sombre ᐃ+; *tarku* sombre v; *tirku* un bleu
GE$_6$-MEŠ "les noirs" (boucs) cf. CAD, E, 183a.
SÍL, GISSU (= giš-mi) *ṣillu* ombre. (LUḪUMMU *luḫummû* boue)
^{mul}MI cf. AHw 1078 b. (phon. MI-URU: *muš(u)-ālu* = *mušālu* miroir).

248 218 — 427

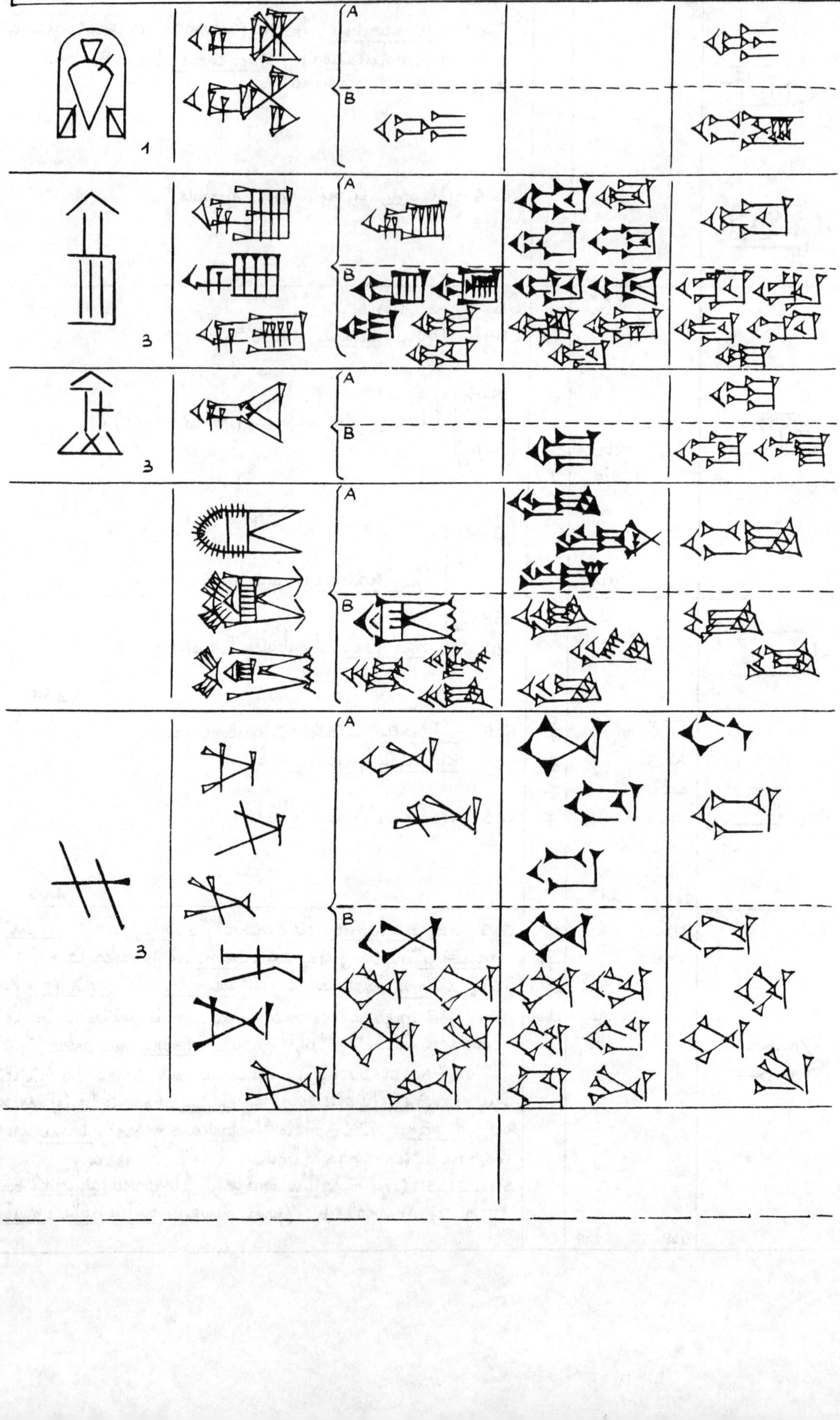

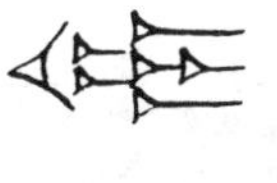

ŠAKAN *šiqqatu* fiole[+];
ŠAMAN₂ *šappatu* cruche
lú ŠAMAN₂ *šamallû* novice apprenti
(devin, etc.)[+C□φ].

428

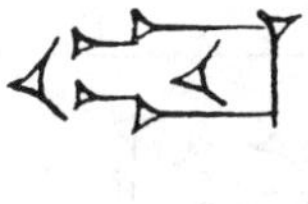

gul — GUL *abātu* détruire[WΠV] (IV s'écrouler, *na'butu*
qúl — s'enfuir); *habātu* piller, razzier[WV]; (*kalû* tenir);
sún — (pseudo idéogr.: *gul*-IGI[II] *gulēnu* un manteau[•]);
kúl — GUL-GUL *nagāru*[I/3] détruire, *abtu* détruit[Ω];
šùn — SÚN *rīmtu* vache sauvage[V]; (dug) *marṭabu* (vase à) moût de bière[•].
249 gulu

429

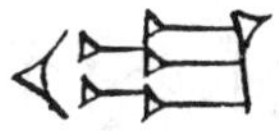

GIR₄ *kīru* fourneau[ΨΔ]; dGIR₄-KÙ *Nergal*.

430

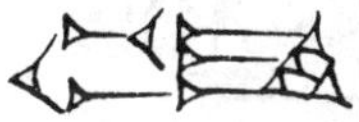

ná — NÁ *itūlu*, *nâlu*[III], *ṣalālu* se coucher[VS]; *rabāṣu* gîter, se coucher[W+V];
nú — gišNÁ *eršu* (*majjālu*) lit, couche[W+VS□•] (É-GIŠ-NÁ *bīt erši* chambre à coucher); gišNÁ (*nēmettu* lit de repos);
gišNÁ-TAB lit double[Nuzi]; gišNÁ-AŠ-NÁ/NE *dinnû(tu)* endroit du lit;
gišNÁ-KI-NÁ *eršu ša majjalti* couche de litière[•];
U₄-NÁ-ÀM/A *ūm bubbuli* (cf. sub UD, n°381).

250

431

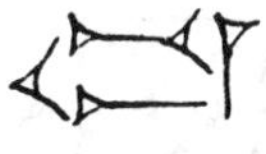

nim — NIM *zumbu* mouche[V•]; NIM-LÀL *nūbtu* (ou *zumbi dišpi*!) abeille[+];
num — NIM-SAHAR-RA *lamṣatu* (une mouche); NIM-UR₄-UR₄
nù — *ḫāmītu* sorte de guêpe[SC]; NIM-SIG₇-SIG₇, NIM-BUBBU
tum₄ — *kuzāzu* guêpe des bois[SC];
NIM-Ì-NUN *zumbi ḫimēti*, NIM-UR-GE₇ *zumbi kalbi*, NIM-A *zumbi*
tu₈ — *mê*, NIM-ZÁ *zumbi abni*, NIM-KÙ-GI *zumbi ḫurāṣi*: variétés de mouches.
ni₆
nàm — (NIM-SA₄-A (-MUŠEN), cf. SA₄-A-(MUŠEN) n°82;)
NIM *elû* (être) haut[OV]; *ḫarāpu* être précoce, *ḫarpu* précoce;
šēru matin[+VS]; NIM-GÍR *birqu* (objet en forme d') éclair[•];
gišDÍḪ *baltu* câprier[V+$];

ELAM (-MA-KI) *elamtu* l'Elam[WVO]; *elamû* (soldat) élamite[•□].
251 220 433

kúr
qúr — (Variante graphique du n° 424 assyrien moyen et récent)
252 216

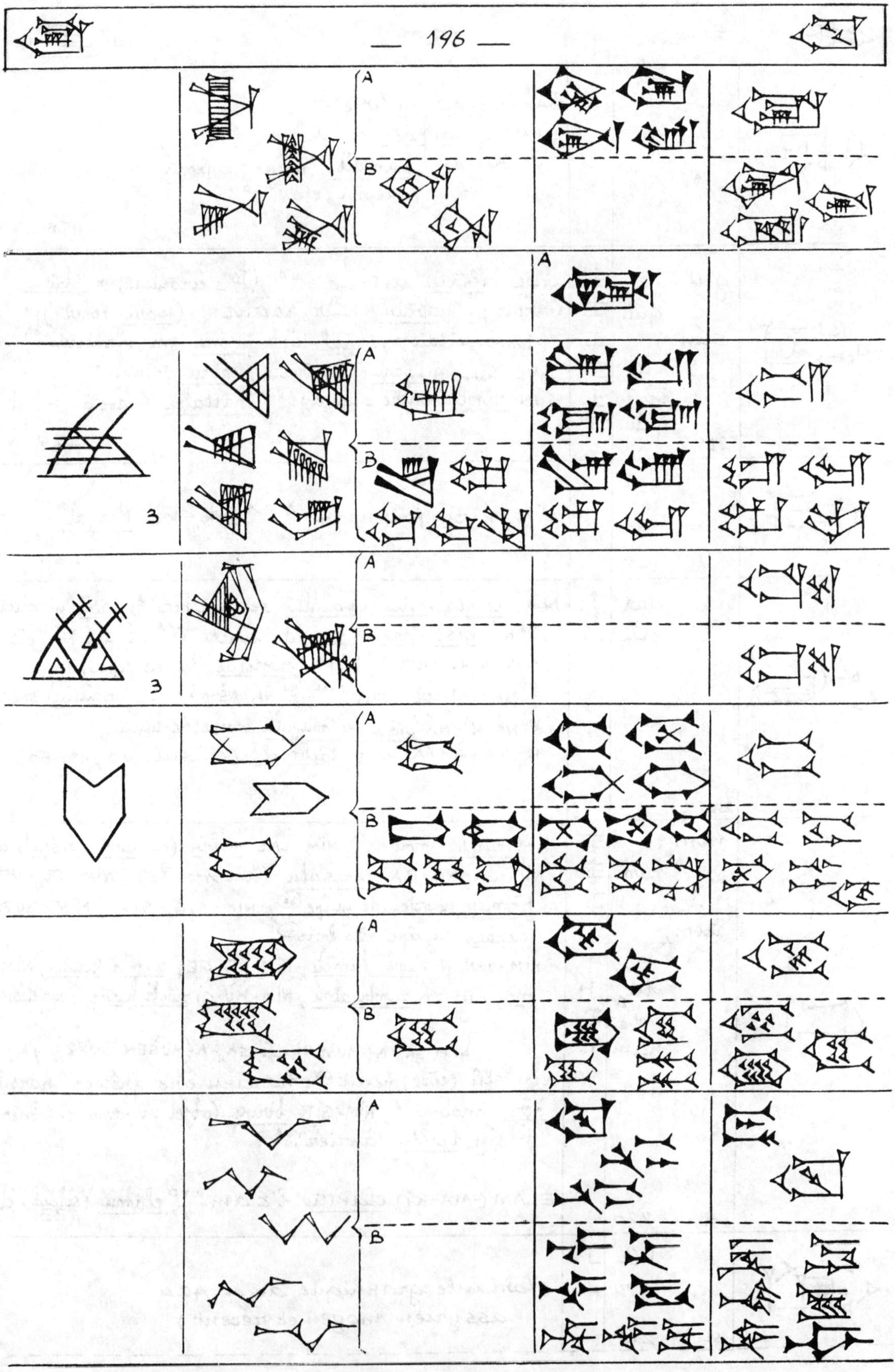

Signe	Valeurs		Sens	N°
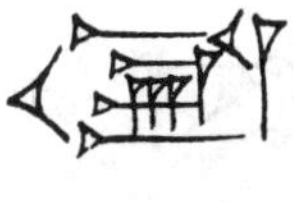 252 · 221	tùm	⊥	TÙM abālu porter, apporter[V]; tabālu emporter[VWΩV].	434
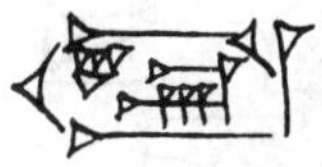 253	kir₇ ; tum₁₁	⊣ ; ⊥	Variante graphique du n° 424 et du n° 434 (époque d'Aššurnāṣirpal)	434a
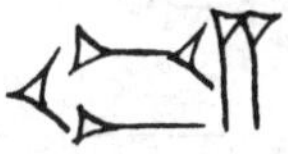 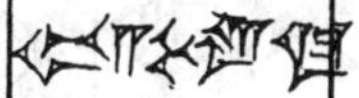 254 · 222	lam ; la₁₁ ; (lama)	ǂ ; ⊥ ; ⊥	^{dug}LAM-IR-UŠ? lamsisû (un vase); ^{giš}LAM-MAR allānu suppositoire (en forme de gland)[B] ^{giš}LAM-GAL buṭuttu pistachier[B]; ^{giš}LAM-GAL-BIL-LÁ buṭuttu emṣu; ^{giš}LAM-TUR turazu (/šer'azum) lentisque[B]; ARATTA^{ki} la ville d'Aratta°-	435
 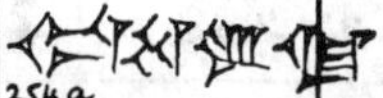 254a	lam₇ ; iš₁₁	i ; i	(iš₁₁-ar šâru vaincre[W]). ARATTA₂^{ki} = la ville d'Aratta.[W°]	436
 255 · 223	zur ; ṣur ; ṣuru ; ṣár	ǂ ; ǂ ; ⊥ ;)	${}^{(GU_4)}$AMAR būru petit (d'animal), veau[VW+□] (atmu jeune animal); AMAR-MAŠ-DÀ (h)uzālu huzālatu jeune gazelle; AMAR-GA būr šizbi veau de lait°; AMAR-GA-KU₅ veau de lait sevré!; MÁR-DA-KI la ville de Marad; ^{d}AMAR-UTU le dieu Marduk[×°]	437
			(SISKUR) SISKUR₂ karābu, sup(p)û, ikribu prière, bénédiction°; nīqu libation, sacrifice[WV+□ ¤fia]; UDU-SISKUR nīqu (animal de) sacrifice[+°]	438
256 · 224	ban ; pan	ǂ ; ⊥	^{giš}BAN qaštu, (tilpānu) arc[WVΩ □¥]; ^{lú}(GIŠ-)BAN qaštu archer[+□]; ${}^{te/mul}$BAN qaštu constellation (ε, σ, δ, τ Canis majoris + χ, λ Puppis); Vénus[V] (^{mul}GAG-BAN cf. n° 230); ${}^{lú(giš)}$BAN-TAG-GA māhisu fonctionnaire pour le bétail°.	439

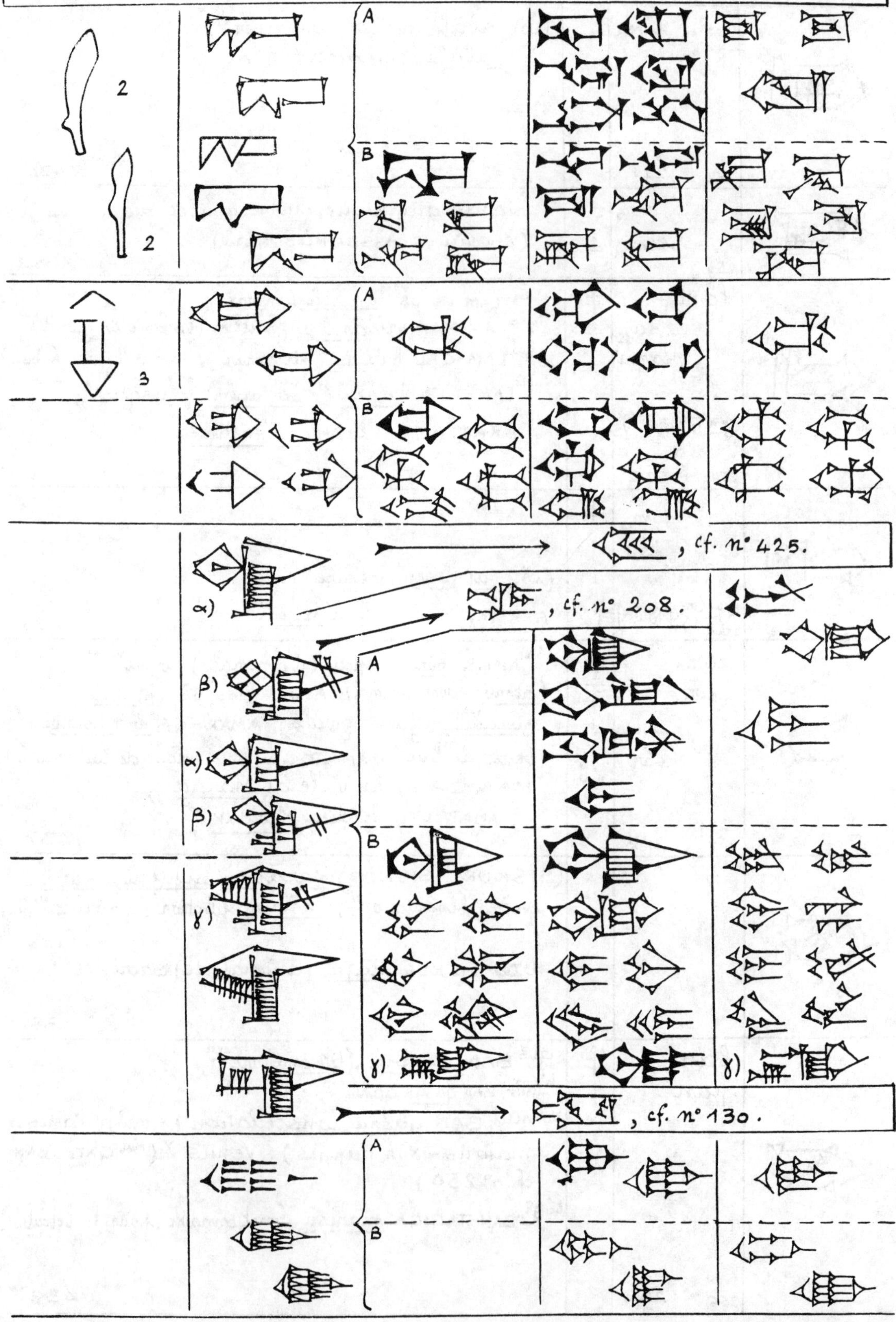

2
2
A
B
3
A
B
, cf. n° 425.
α)
, cf. n° 208.
β)
A
α)
β)
B
γ)
γ)
γ)
, cf. n° 130.
A
B

Signe	Valeurs	Sens
 257	gim kim qim -dím ṭím, ṭém gimi tam₆ El. 225	DÍM *banû* créer ; *epēšu* faire [+] ; DÍM-DÍM-MA *nēpešu* rite [+] ; ^{lú}DÍM *bānû* constructeur ; GIN₇ *kīma* comme [∞] ; ^{lú}ŠIDIM *itinnu*, (*mubannû* [nB]) maçon, entrepreneur [+C∨□○] ; *itinnūtu* art du maçon ; ^{lú}ŠIDIM MAḪ *šitimmaḫu*, ^{lú}ŠIDIM-GAL *šitimgallu* maître-maçon [○]. ^{d}MUŠDA le dieu Ea (*ša itinni*). 440
 258	ul (ru₅) du₇ 226	UL *kakkabu* étoile [$∨] ; UL *ṣâtu* passé, commentaire [$∨] ; UL-GAR *kumurrû* somme [Δ], *kamāru* ajouter [Δ] ; - - - - - - - - - - - - DU₇-DU₇ *nakāpu* (I,3) frapper (de la corne), culbuter [+$] ; DU₇ *asāmu* convenir [+] ; (*šuklulu* parfait, accompli [+] ; cf. ŠU-DU₇-) 441
		UTU₂ *diktu* produit laitier
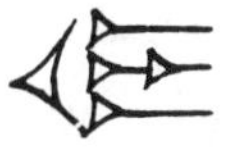 259	gìr gèr qir₇ kir₁₀ wir úg	GÌR *šēpu* pied [∞], *šēp* garanti par [•] ; (GÙ-)GÌR *padānu* chemin [∨] ; ^{giš}GÌR *kurṣû* entraves [∨] ; GÌR-PAD-DU *eṣemtu* os [∨шC] ; ^{giš}GÌR-GUB(-BU) *gerseppu*/*kersappu*, *kiltappu* tabouret, podium [∨□∞], partie du foie [∨] ; GÌR-GIN *tallaktu* chemin ; GÌR-GÍD-DA-MUŠEN *sagātu* (un échassier) [∨] ; GÌR-BAL/RA-RA *riḫṣu* inondation ; ^{dug}GÌR-GÁN/KIŠ *kirru* grand vase [+ Bg.K] ; $^{(lú)}$GÌR-SÌ/SIG₅/SIG₆/SIG-GA *gerseqqû* serviteur du roi ou d'un temple ; GÌR *parû* mulet, onagre [+] ; $^{(anše)}$GÌR(-NUN-NA) *kūdanu* mule [∨+ш□] ; - - - - - - - - - - - - ÚG *labbu* lion [b] ; *aggu* furieux [SC] ; *umāmu* animal ; PIRIG-TUR *nimru* léopard [∨], (un démon) [+] ; ^{d}SUMUKAN *Šakkan* [+□∨] ; NÈ *emūqu* force [b], ^{d}NÈ-IRI₁₁-GAL le dieu *Nergal* [+C□∨] ; ^{lú}(gìr-nita₂ =) ŠAGAN *šakkanakku* commissaire royal, gouverneur [ш+∨□Δ]. 444
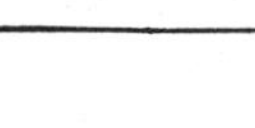		DUGUD *kabātu* être lourd, pénible [∨$] ; *kabtu* lourd, noble [∨], important [+∨ш□•○$] ; *kabittu* corps principal de l'armée ; *nakbatu* puissance, supériorité [+] ; *miqtu* chute [∨], accès (de maladie) [○∨] ; 445

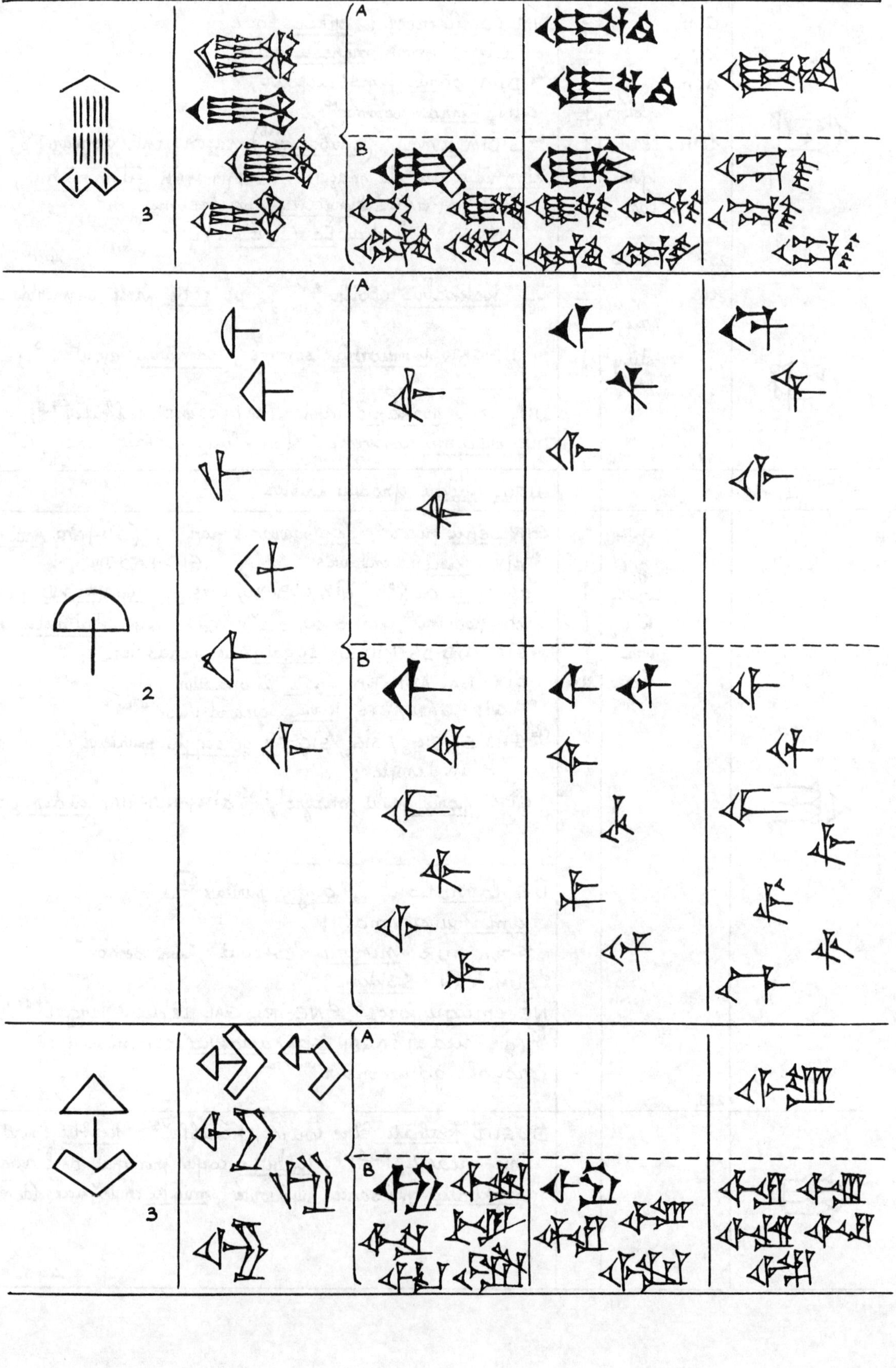
A
B
3
A
B
2
A
B
3

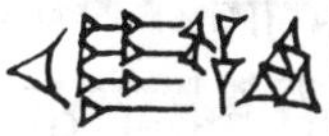

gig, gig ┴

260 227

GIG, $^{(še)}$GIG(-BA/BI) kibtu (bab.), aršātu^{VA} froment^{VWS}; (NÌ-) GIG ikkibu^{+} tabou, $^{giš/šim}$GIG kanaktu opoponax$^{+VO\$}$; GIG ḫirṣu bûche, GIG-PEŠ kurāru pustule; GIG marāṣu être malade^{+VWS}; marṣu malade^{VWS}, (simmu), murṣu^{+SRW}, ^{mí}GIG maruštu maladie; GIG-iš marṣiš douloureusement^{V}; 446

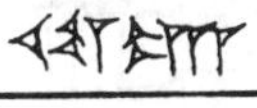

NIGIN$_3$ (= u+ud+kid) kūbu foetus, un démon^{+}. 447a

ši, lim, lem, lì, lúm, lam$_5$, ínu, ína, íni, limi, gi$_8$, si$_{17}$, še$_{20}$, igi, bat$_5$, pàn, ini$_4$ (N, Am, Bg)

IGI īnu oeil; ^{zá}IGI$^{(2)}$(-MEŠ) īnu galet en forme d'oeil; ^{zá}IGI-KU$_6$ īni nūni "oeil-de-poisson", ^{zá}IGI-ŠAḪ īni šaḫê "oeil-de-cochon", ^{zá}IGI-MUŠ īni ṣēri "oeil-de-serpent" (des pierres précieuses); IGI šību témoin^{+O}; maḫāru recevoir, accepter, affronter$^{WSO V+}$; maḫru, pānu, (būnu) face^{+WVOS}, maḫrû antérieur, précédent, premier^{VW+}, (ina) maḫar devant, meḫretu, panātu^{nA} devant, pānû antérieur^{V}; IGI amāru, naṭālu voir; IGI: igû fraction, nombre réciproque (IGI-(x)-GÁL = IGI-3-GÁL šaluštu 1/3; IGI-4-GÁL rebûtu 1/4^{CS}, etc.

IGI-BAR palāsu^{IV} voir, naplastu "oeillère" (sillon sur le foie)^{V}

IGI-BI igibû réciproque de l'igû^{A};

IGI-DU ašarēdu, ālik pāni qui va en tête, prédécesseur^{WO}; ^{d}IGI-DU le dieu Palil;

IGI-DU$_8$(-A) tāmartu observation, examen^{W}, cadeau, apparition (d'un astre)$^{+V}$.

^{giš}(igi-dù =) DALA ṣillû épine^{V}, aiguille^{S}; (igi-dù =) ŠUKUR šukurru lance^{V}, IGI^{2}-DUB abarakku cf. n° 452, U$_6$-DI tabrātu admiration, (igi-é =) U$_6$; U$_6$-DU$_{11}$-GA/AG-A barû collationner$^{V(E)}$; U$_6$-NIR ziqqurratu tour à étages, IGI-GÁL mūdû, igigallu sage^{AWC};

IGI-GUB(-BA) igigubbû coefficient^{A}, IGI-GU-LÁ g/qūqānu (VER), (une maladie)^{S}.

(igi-igi =) BAD$_5$-BAD$_5$ dabdû défaite, massacre^{W+}, (abiktu), taḫtû défaite^{WV+},

IGI-LÁ-BI amirānu eau stagnante, IGI-LÁ-ŠÚ ḫajjjattu panique, timidité maladive^{S+},

IGI-LÁ/DU$_8$ amāru voir^{W+OS}, barû collationner^{V};

^{ú}IGI-LIM imḫur-līmi (une plante médicinale), ^{ú}IGI-MUŠ (une plante); IGI-NIGIN-NA sūd pani vertiges, ^{ú}IGI-NIŠ imḫur-ešrā (plante médicinale)$^{S+}$, IGI-NU-TUK/GÁL lā nāṭilu aveugle^{V+WS}; IGI-SÁ igisû impôt^{WO}, offrande, taxe (annuelle)$^{\circ}$;

IGI-SIG$_7$-SIG$_7$ amurriqānu jaunisse, IGI-TE(-EN) igitēnu fraction, proportion, quotient^{A}; ŠI-TIR pendû braise$^{S.Am}$; IGI-ZAG(/SAG$_5$)-GA/GÁ egizaggû (une pierre)$^{S+O}$; LIM = līmu "1000". (phon. NU-IGI lā amāri endroit où l'on ne doit pas aller). 449

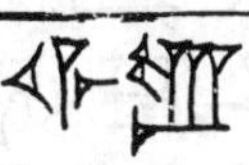

pà

262 229

PÀD tamû réciter, (con)jurer$^{+WS V}$, zakāru appeler, nommer^{V}. 450

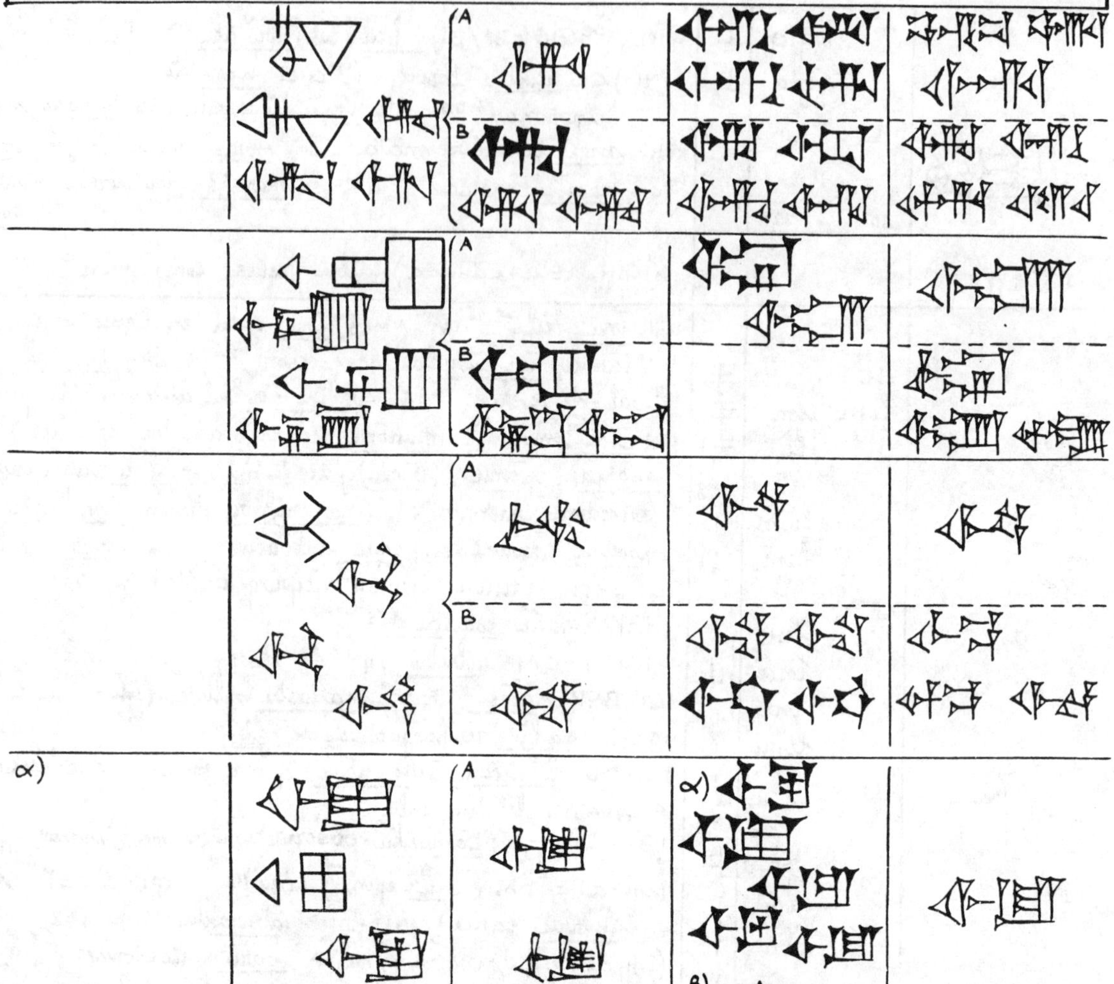
A
B
α)
β)
3

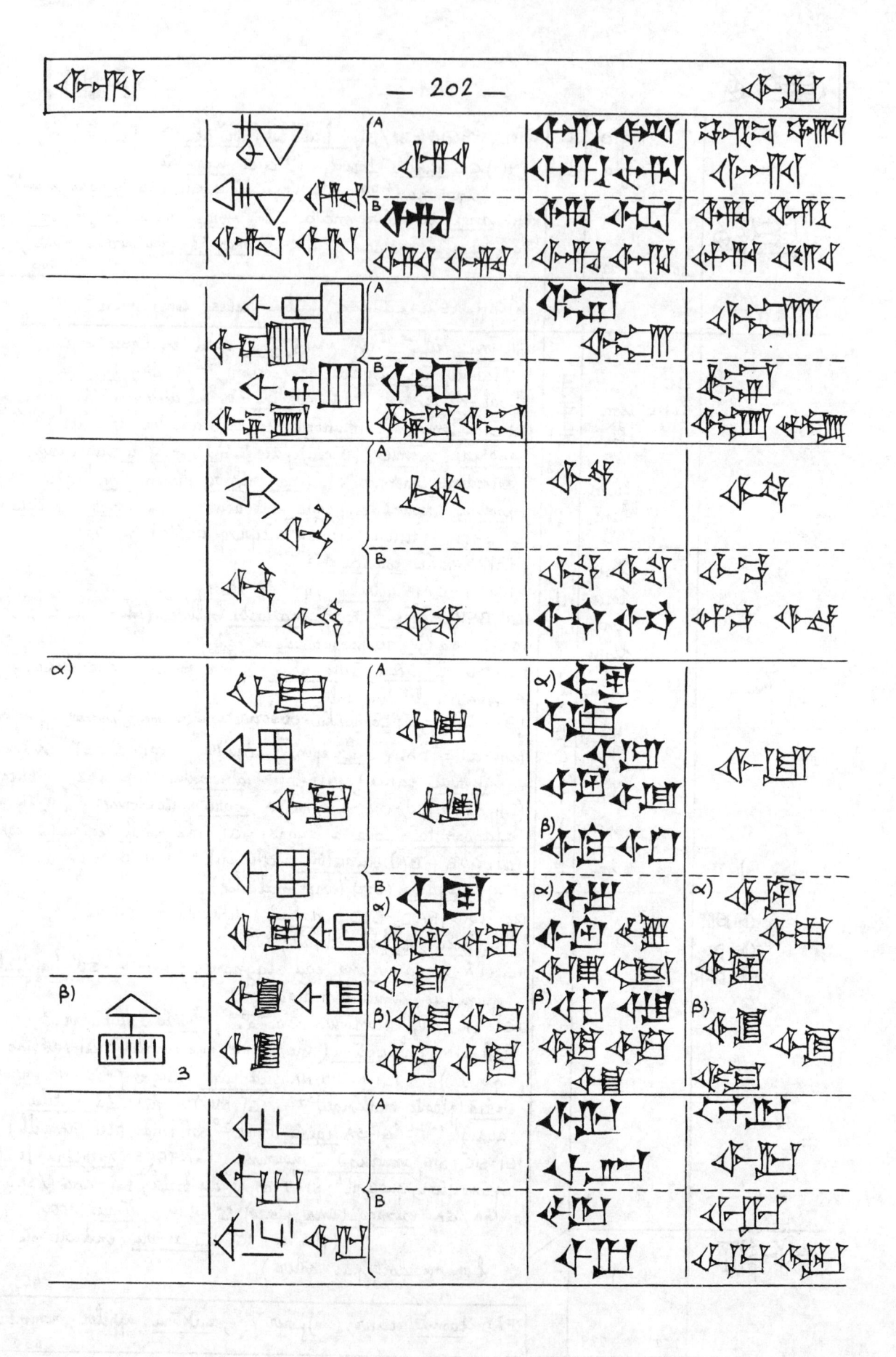

N°	Lecture		Ù u et	dormir
263	ar	230	AR *namāru* briller, apparaître (SC); *tanittu* louange (SC) (phon. pour ÁR). AR-ZA-NA *arsānu* bouillie d'orge (V).	451
			(lú)ÁGRIG *abarakku* (*), *mašennu* (?*) intendant (du palais, du temple, etc.) (WOV), míAGRIG *abarakkatu* intendante; GISKIM *ittu* caractéristique, présage (WOV), signe (WV) (par confusion: *itātu* alentours (V), cf AHw, 407a); *tukultu* protection, aide (°Y).	452
			SIG_5 *damāqu* être bon, expert (°), favorable (+VOS°) (*mudammiq-/udammiq* °); lú SIG_5-MEŠ *damqūtu* notables (Bg. Am); *damqu* bon, favorable, doux, canonique (+VO); *dummuqu* très bon, bien fait, *dumqu* faveur, beauté (VO); *damqu* bonne fortuné; SIG_5-MEŠ *damqātu* (bonne) chance, bonnes relations bonnes nouvelles; míSIG_5 *damiqtu* prospérité, renommée, faveur (+VW); NU (mí)-SIG_5(MEŠ) *lā damiqti* malchance. SIG_5-iš *damqiš* avec soin (Am.) bien (WV), pieusement (+$); KUR_7 *ṣuruppu* purifier; lúSIG_5 (un type de soldat).	454
264	ù ? $ša_{19}$	231	Ù *u* et (∞); *annû* celui-ci; Ù, Ù-KU-KU, Ù-NÁ *ṣalālu*, *na'ālu* s'étendre, dormir (SC); Ù-KU-KU *ṣallalu*, Ù-KU-KU-BA-UG_7 *ittil-imūt* (oiseaux nocturnes); Ù(-DI) *šittu* sommeil, *kūru* détresse ($); Ù-MA *ernittu* désir de victoire, triomphe (+); Ù-TU *alādu* enfanter (V$); *tālittu* croît, petits (V); *ālidu* engendreur, père; *ilittu* progéniture, naissance (V°); Ù-ŠUB, gišÙ-ŠUB *nalbantu* moule à brique (WV); gišÙ-LUH *uluhhu* sceptre (+); Ù-BÚ-BÚ-UL, (Ù-BU-BU-UL) *bubu'tu* pustule, éruption, inflammation ($V); gišÙ-$SUH_5$ *ašūhu* sapin ($V); LIBIR(-RA) *labāru* être, devenir vieux (V); LIBIR-RA *labiru* vieux (WS$V); (*libir-ra-di-šum labiri-šu* son original (Y)). SI_5 *agalu* âne de selle ($).	455
265	hul	232	HUL *lemnu* méchant, malfaisant (HUL-GÁL, cf. U_4-HUL-GÁL); *lemēnu* être méchant; HUL-MEŠ mauvais sort; (mí)HUL *lemuttu* mal, méchanceté (VW+Y); *lumnu* mal, malheur (+VW$); *šalputtu* ruine (+); *gallû* démon ($); mulHUL *lumnu* Mars; HUL-A-BI *lemniš* méchamment; *lapātu* III frapper, détruire. HUL-DÚB *hultuppû* fouet du conjurateur; HUL-DÚB-BA-E/È = Addar, (MUŠ-HUL *hulmittu* (V), cf. n° 374), HUL-GIG *zīru* haine.	456

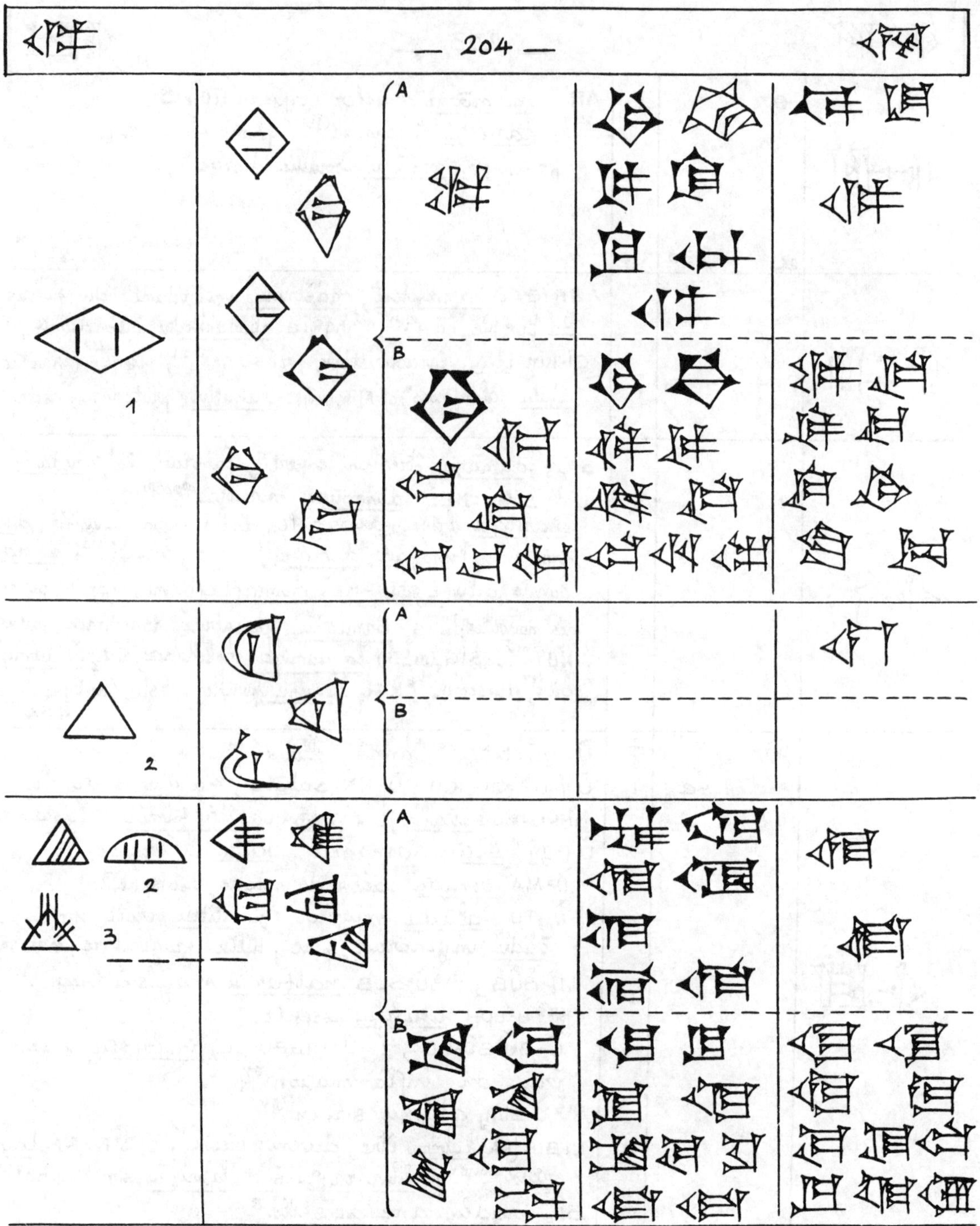
A
B
1
2
3

di, de, ṭi, ṭe, sá, šá, ti₄, šùl

DI *dīnu* jugement; DI-KU₅ *dânu* juger°, *dīnu* jugement;
(lú)DI-KU₅ *dajjānu* juge; ᵈDI-KU₅ *Madānu*, *Dajjānu*°,
ᵈDI-KU₅-MEŠ *dajjānê* les divins Juges; DI-KU₅-GAL
diqu(g)gallu grand juge; ša IGI-DI-KU₅ *ša pān dajjāni* président de tribunal;
DI-TIL-LA *ditillû* sentence judiciaire•; DI-BAL-A
dipalû chicanes (cf. CAD, K, 31 a);
SÁ *šanānu* égaler^v, disputer^v;
SÁ-SÁ *kašādu* atteindre, prendre;
SÁ-DUG₄ *sattukku* mesure, offrande régulière°;
SILIM *šalāmu* être intact, être en bon état;
šulmu bon état, bonne santé, salut; "apaisement", partie du foie^v; *šalmu* guéri, sincère, favorable^v;
SILIM-MA *šalmiš* en bon état[b]; ᵈSILIM-MA *Šulmānu*° mB;
SILIM *salāmu* être favorable, faire la paix;
salīmu faveur, paix; *salmu* ami^v ? - (ᵘ DI-ŠUM cf. n°318).

266 233 457

LAGAR *lagar(r)u*, *lagallu* un prêtre (sc).

458

til, dul₆, tul₅, ṭùl

DU₆ *tillu* colline, tas, amas; *mūlû* hauteur;
DU₆-KÙ -*d/tu* socle (dans une cella);
iti DU₆-KÙ, iti DU₆ *tašrītu* le mois de Tešrît (7ᵉ mois : sept.-octobre);

268

dul, tul

DUL *katāmu* couvrir, fermer; *katmu* couvert, secret;
(giš) DUL-DUL (-GIŠIMMAR) *mangāgu* fibre de palmier;

e

(dul-du =) E₁₁ *elû* être haut, monter, s'élever contre, contester•; *aṣû* sortir; *arādu* descendre^v.
giš E₁₁ *namzāqu* clé•.

267 234 459

SU₇ *nidûtu* jachère, espace inculte, non construit (sc);
maškanu aire (sc).

460

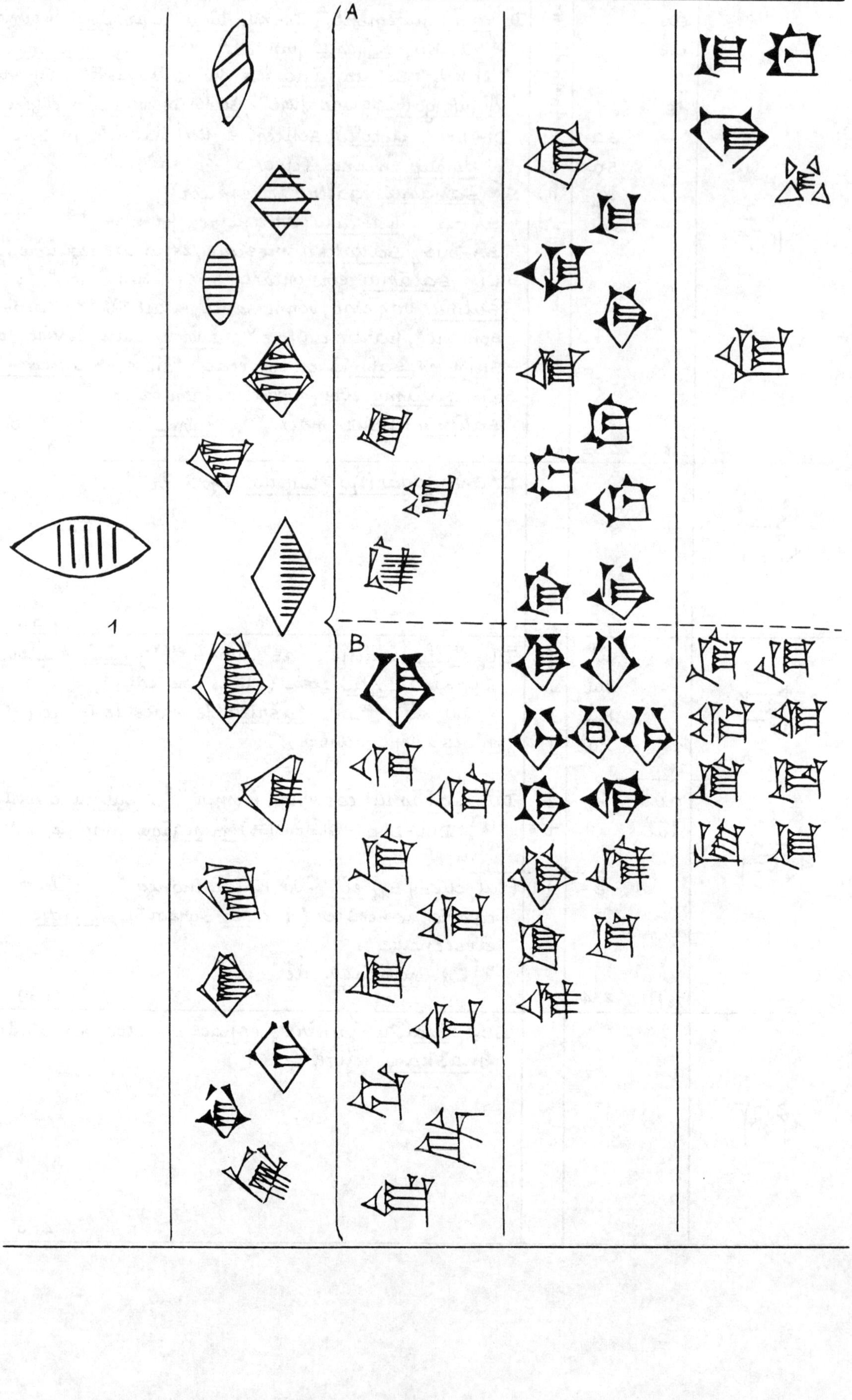
A
B
1

ki
ke
qí
qé
gi₅

Déterminatif suivant les noms de contrées.
KI *erṣetu* terre [v], *ašru* lieu [+v.a], *qaqqaru* sol; *itti* avec [vo], *ašar* pendant que, au cas où; [mul]KI *absinnu* une étoile (partie de la Vierge);
KI-A *kibru* rive, bord [wvs]; KI-A-[(d)]Í₇ *kibrītu* soufre noir [svt]; KI-ÁG *râmu* aimer [+w]; KI-BAD, KI-BUR-BAL *burubalû* terre inculte, KI-BAL *nabalkattu* renversement, révolte, transgression [w], *nabalkutu* révolté [on]; KI-BI-GAR, (KI-BA-GAR-RA) *pūhu* substitut [+w], KI-DAG *mazzaltu*? affectation°;
KI-DU-DU *kidudû* cérémonies, rites [+].
KI-DÚR *šubtu*, (*mūšabu*? *kitturru*?) siège, demeure [+v];
KI-DURU₅ *rutibtu* humidité;
KI-EN(/IN)-GI le pays de Sumer [w]; (KI-GAL *bērutu*, *kigallu* cf. SUR₆ profondeur, monde souterrain). KI-GÁL(-LÁ) *kikallû* terre inculte;
KI-GAR *kullatu* argile (de potier) [+s]; KI-GAR(-RA) *šikittu* place [v], KI-GIN(-GIN) *tallaktu* chemin, visite.
KI-GIŠKAL *dakkan(n)u* ouverture de la porte°;
KI-GUB *manzāzu* lieu, emplacement [vs], KI-HUL *giḫlû* emplacement funeste [+vw], *kiḫullû* rites de deuil [+vw]; [ú]KI-[d]IM *qudr(at)u* (une plante) [s]
KI-IN-DAR *nigissu* crevasse, fissure [v], [lú]KI-INIM-MA *šību* témoin;
(KI-KAL cf. ci-dessous KARAŠ, KI-KAK cf. SUR₇);
KI-LÁ *kalakku* excavation, (terme de géométrie) [Δ]; *šuqultu* poids [wo]; (KI-LAH, KI-LAM, cf. ci-dessous KISLAH, GANBA);
KI-LI *rīštu* joie. KI-MAH *kimaḫḫu* tombeau [wov+];
[ú]KI-[d]NANNA *supālu* genévrier [s], KI-NÁ *majjālu* lit [+vso]; (KI-NE-NE *kinūnu* réchaud, (un démon) cf. GUNNI);
KI-NE(-NE) *kinūnû* né au mois de Kinūnu [□o]; (KI-NE cf. IZI₂)
KI-RU-GÚ *šēru* (partie d'un) chant [Ψ],
KI-SÁ, KI-ŠEŠ-KAK-A *kisû* soubassement, mur de soutien [w+v].
KI-SAG *kaspu* (placage d') argent; (KI-SAG-SAL[mušen] =) IGIRA₂ *igirû* héron; *laqlaqqu* cigogne [s]

(Suite de la page précédente)

(suite)

(Suite de la page précédente)

KI-SÌ-GA kispu offrande funéraire [a s + o]
KI-SIKIL ardatu jeune femme [+v], KI-SIKIL-LÍL-LA ardat lilî (une démone)[+vs]; KI-SIKIL-TUR batultu adolescente[+v].
KI-SUR(-RA) kisurrû frontière[w v];
KI-ŠÁR-RA kiššatu totalité[+ψ]; KI-ŠÚ kīlu lien, emprisonnement (magique)[+v].
KI-ŠÚ(-BI-IM) kišubû partie finale d'un hymne[+];
KI-ŠUB-BA kišubbû jachère, terre non construite; ú « nidûtu terrain non construit;
KI-ŠU-PEŠ$_5$ / PEŠ$_{11}$ māḫāzu ville sainte[+];
KI(-TA) šaplû inférieur[w v s ψ]; túg « šaplītu habit de dessous; šapliš en bas[+v a];
KI-ÙR kiūru chaudron[w];
KI-ÚS kabāsu fouler aux pieds[v]; kibsu pas, trace[v + s];
KI ^{d}UTU(-KAM) ki'utukku prière bilingue à Šamaš[+];
KI-ZA-ZA šukēnu se prosterner[+v].

(ki-ne =) IZI$_2$ išātu feu (sc)
pendû braise (sc)
« =) GUNNI, GENE kinūnu brasero, endroit sacré, (un démon)[v + s]
« =) NIMUR idrānu potasse[+];

(ki-kal =) BAD$_4$ dannatu (dunnu, dannu) calamité, situation difficile[o v + w a], partie du foie[v]
« =) KANKAL kankallu / kagallu, nidûtu friche, terre non construite[+ c v o]
terik/qtu (type de terrain),
sassu base[o];
ú « šammu nidûti, sassatu, ḫirinnu (herbe)[v].
ú KI-KAL(-ḪI-RI/RI-IN) lardu variété d'herbe[+s]
(ki-kal / kal$_x$ × bad =) KARAŠ karāšu camp[w v];

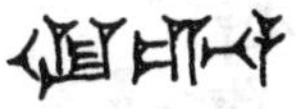

— — — — — —

(Suite de la page précédente)

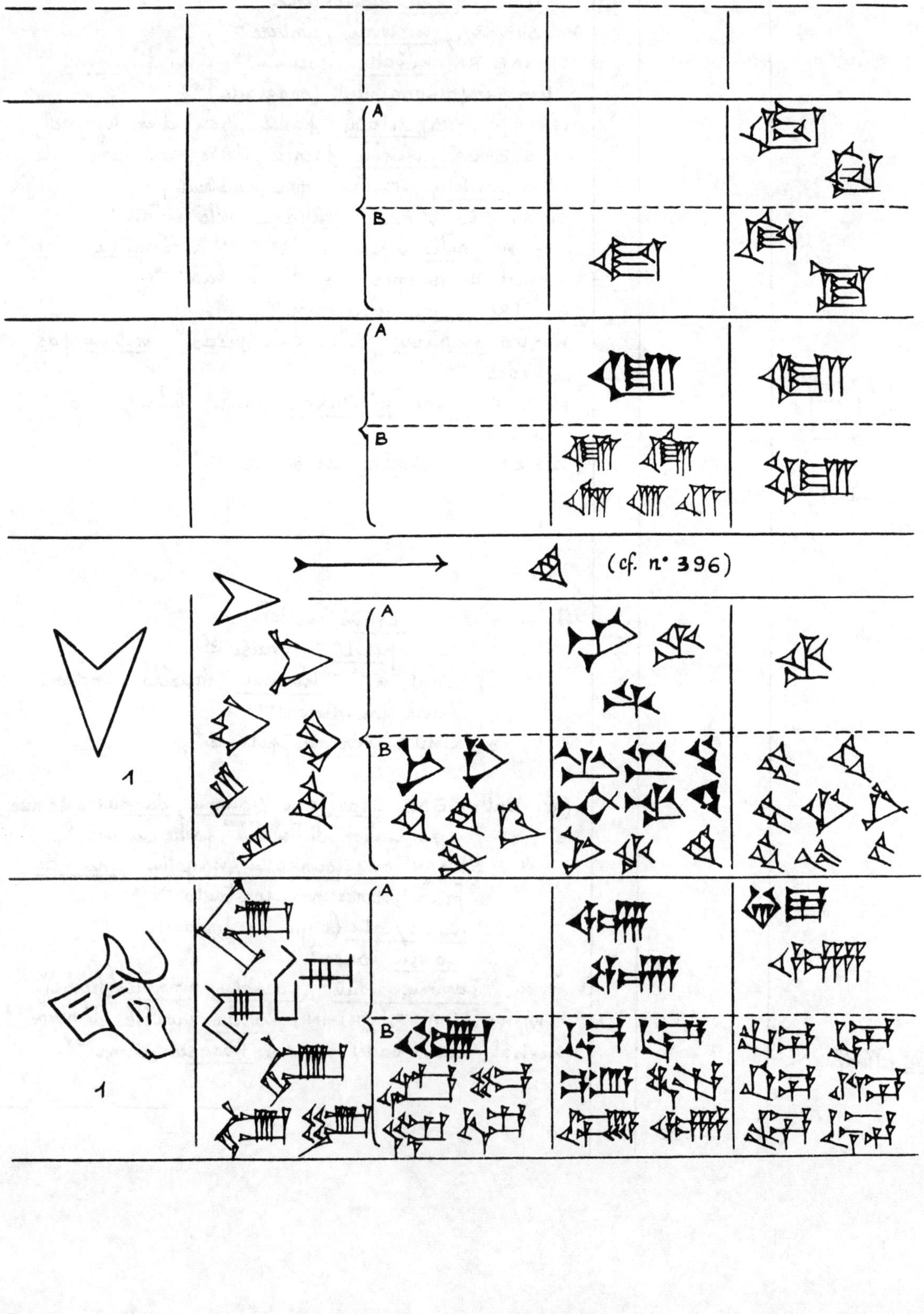

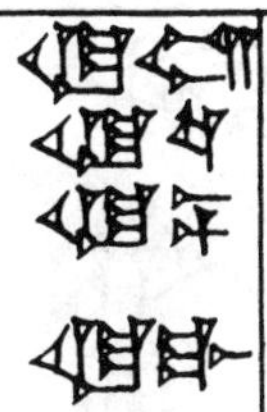

(ki-lam =) GANBA maḫīru prix, cours[c v △ • ш], maḫirtu id.
(ki-laḫ =) KISLAḪ maškanu aire, entrepôt[c v +] ; nidūtu terrain en friche,
(ki-kak =) SUR_7 bērūtu (puits de) fondation, profondeur ;
[ú](ki-kak-še =) ...... ? (une plante)[v] (cf. CT 39,11,33 ...)
(ki-gal =) SUR_6 bērūtu[!] monde souterrain, KI-GAL kigallu plate-forme[+], monde souterrain[ш].
461

(Variante graphique de ki-laḫ = KISLAḪ) $KISLAḪ_2$
463

ḪABRUD (-DA) ḫurru trou[v] ;
(ḪABRUD-DA-MUŠEN cf. $BURU_5$-ḪABRUD-DA-MUŠEN n° 79x).
462

KIMIN (signe de répétition) ditto[v + ∮] ;

u_7 | ⅃ | Variante graphique de Ù u et .

269a — 464

tin ǂ | TIN balāṭu vivre[ш • v +], guérir[∮ v +] ; TIN-ZI-MEŠ bul(l)ut napšāti, balāṭ napišti (bonne) santé[□] ; TIN baltūtu état vivant[∮] ;
din ǂ | [lú] $KURUN_2$(-NA) sābû cabaretier[ш + v ∮ fm] ; sābītu cabaretière ;
dún L | TIN-TIR-KI Bābilu Babylone[ш △ • □] ; bābilû babylonien[△ □] ;
tén ǂ | [ú](tin-tir (-ki)/(-šar) GAMUN kamūnu cumin[v △ ∮ +] ;
tin ⅃ | ([ú] tin-tir-ge_6 =) GAMUN-GE_6[(sar)] zibû cumin noir[v ∮] ; [lú] TIN itinnu maître d'œuvre,
dini ⅃ | [lú] DIN ḫajjāṭu inspecteur (cf. AHw s.v.), dajjālu inspecteur, éclaireur (CAD, s.v.)
dan_6 (?) ⅂

270 — 236 — 465

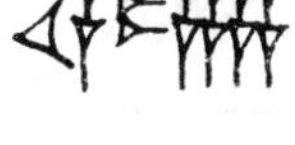

dun | ŠÁḪ-TUR kurkizannu porcelet ;
šul | (GI-ŠUL-ḪI qan šalāli cf. n° 85) ;
sul | ŠUL eṭlu homme, héros[b] ;
šáḫ | [d] ŠUL-PA-È un dieu[∮ +] ;
tun_4 | [mul] ŠUL-PA-È un astre (Jupiter)[v □] ;
[bàd] ŠUL-ḪI šulḫû mur extérieur ;
(DUN (-DUN) ḫerû creuser, fouir[(sc)]).

271 — 237 — 467

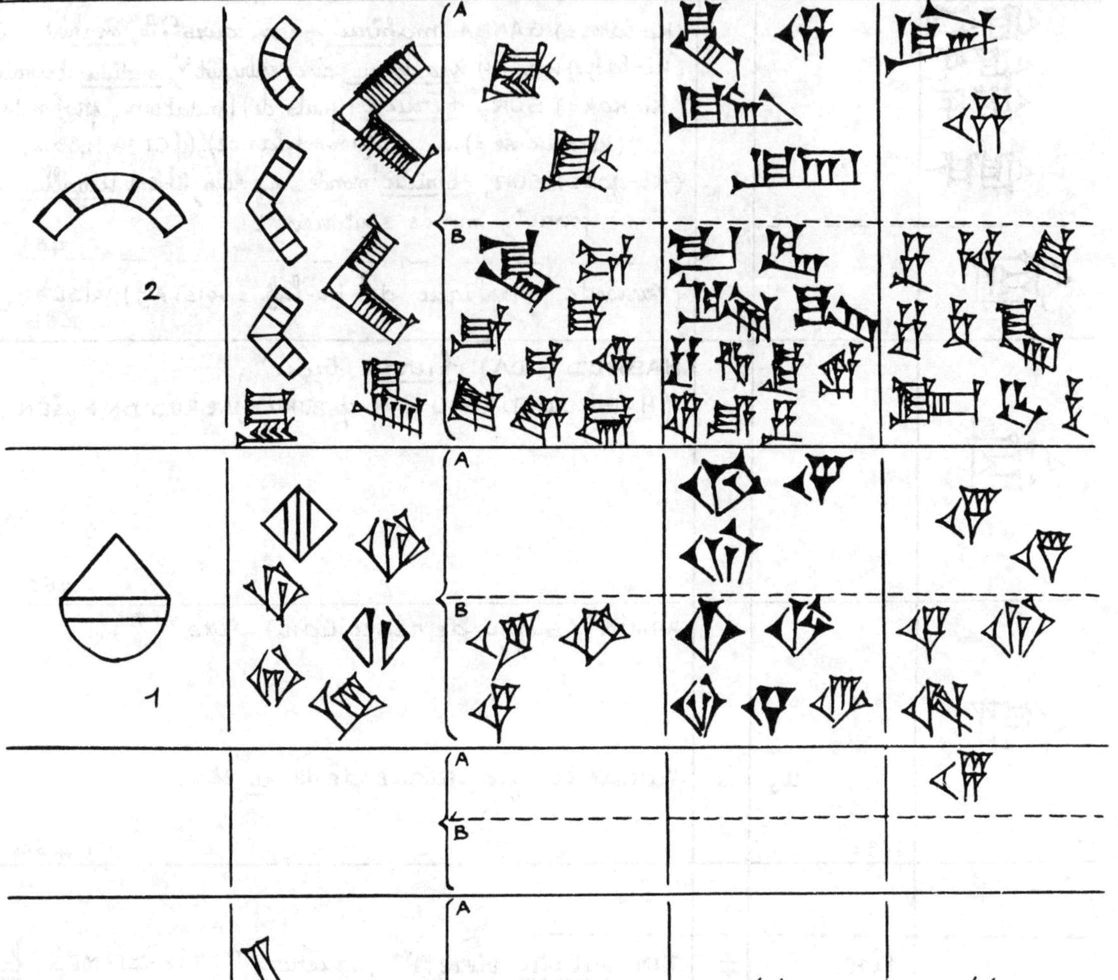
2
A
B
1
A
B
A
B
A
B
A
B

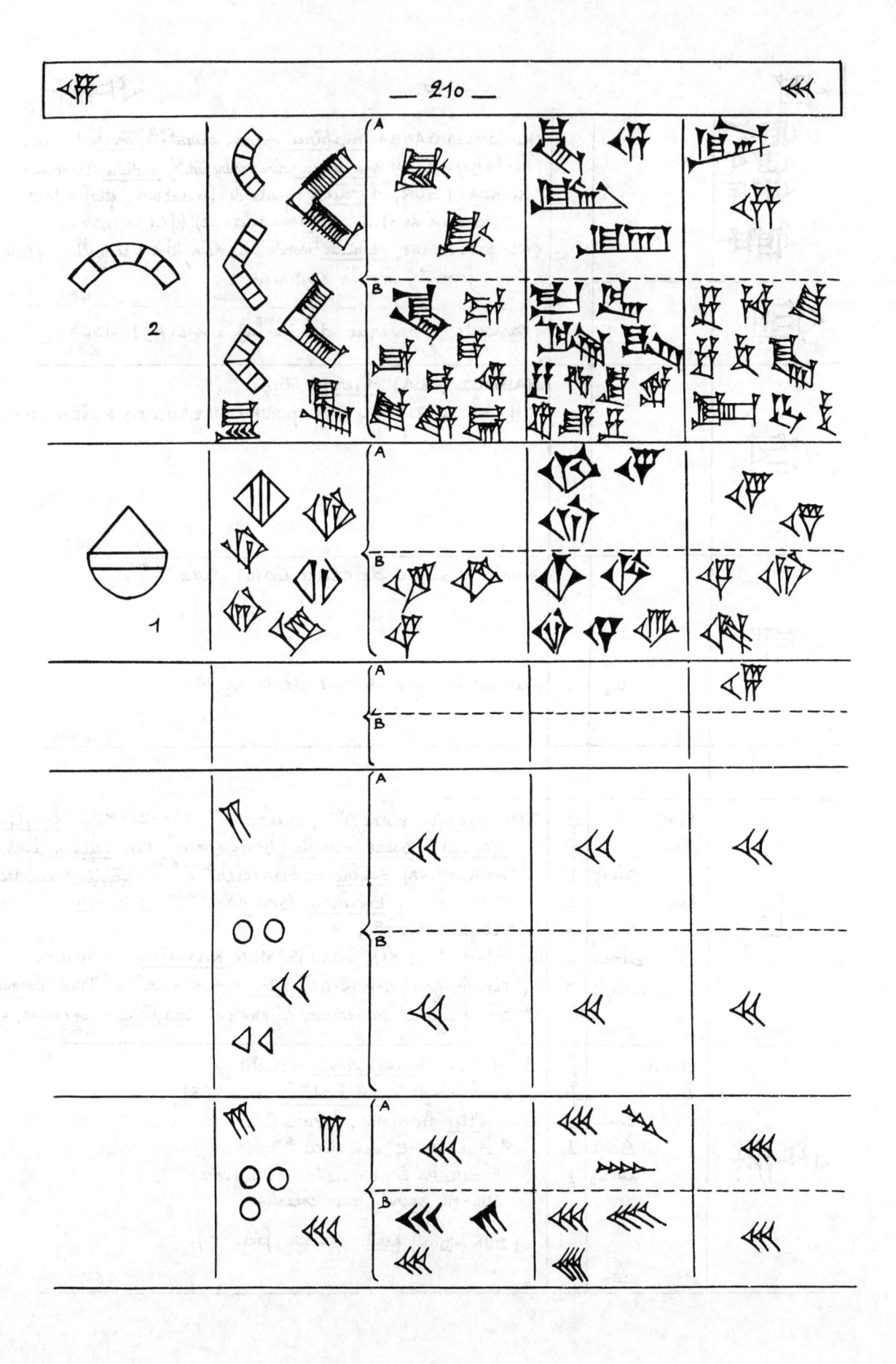

Signe	Valeurs		Sens	
	kù kúk qu_5 272	⫶ ⊢ ⊥	KÙ *ellu* pur, saint ᵚ⁺ ; *elēlu* être pur⁺ ; KÙ abrév. pour *kaspu* (monnaie d') argent ᴼᴬᴷ·, ᴱᴱ· ; KÙ-AN *amūtu* fer météorique (et *aši'um*) KÙ-ZU *emqu* sage ᵛ ; NAM-KÙ-ZU *nēmequ* sagesse ᵚ ; ᵈKÙ-DU/BU_{13} *Kūbu* foetus, (un démon) ; KÙ-GAN/ÁM *lulû* antimoine ; ˡᵘ́KÙ-DÍM/DÍM *kutīmu* orfèvre ⁺ᵒ ; KÙ-GAL *gugallu* inspecteur des canaux (OB.), KÙ-PAD-DU *šibirtu* bloc, morceau ᵛ·ˢᴮ ; KÙ-BABBAR *kaspu* argent ⊗ ; KÙ-GI *hurāṣu* or ⊗ ; ŠEM-KÙ-GI *šību* fard ⁺ ; (kù-an=) AZAG *asakku* interdit, tabou ⁺ᵚᵛˢ ; (cryptogramme KÙ-GI = qu_5-*tāru*, KÙ-GUR = qu_5-*tāru* fumigation ˢ.)	468
	pat pad šuk šug bát 273 239	⫩ ⫩ ⫩ ᴬ/ᴮ ⊥ ⊣	PAD *kusāpu* (un gâteau)⁺ ; *kurummatu* (une sorte de gâteau)⁺ ; *pattû* corbeille⁺ ; ŠUG/KURUM/KUR_6 *kurummatu*, *kurmatu* (ration de) nourriture ⁺ᵛᴼᵚˢ ; (ŠUG-ᵈINANNA) NIDBA *nindabû* offrande, nourriture rituelle ᵚᵛ⁺.	469
			UIA *hamiššeret* quinze : XV *imittu* droite ᵛˢ ; *imitta*, *imna* à droite ˢ ; ᵈXV la déesse *Ištar* ⁺ᵚᵛˢ ; ᵈXV-i-tú *ištarītu* une prêtresse.	470
 - - - - 	man mìn niš nis mìm mam $šar_4$ wan maš šarru 274 240	⫩ ᴷ ⫩ ⫩ ⊥ ⊣ ⊥ ⊥ ⫰ ⊥ ⊥	NIŠ *ešrā* vingt ; MÌN, MAN *šinā* deux ; *šanû* second, autre ᵛˢ ; *šanû* faire pour la deuxième fois, changer ᵛˢᵚ· ; *kilallān* les deux ; *kašādu* atteindre ᵛ ; ᵍⁱˢ/ᵘ́(ŠIM)MÌN-DU (ou ÍM-MÌN-DU) *suādu* arbuste aromatique ; (ˡᵘ́)MAN-DI-DI (pseudo-id.) *mandidu/mādidu* mesureur• ; ŠUŠANA₂ *šuššānu* un tiers ; $BUZUR_2$ *puzru* secret ˢᶜ (en ass.) ; (d) 20 le dieu *Šamaš* ⁺ᵛˢᵚ ; *šarru* roi ⁺ᵚᵛ• (*abu* MAN-MEŠ-*ni*, cf. nº 151) (ᵈ) 21 le dieu *Anu* (cf. *pa-lih* 21, 50 u 40 qui honore *Anu*, *Enlil*, *Ea*).	471
	eš sin és bà iš is_5 275	⫩ ⊥ ⊥ Bg ⊥ ⫩ Am ⊣	$UŠU_3$ *šalāšā* trente (aussi BÀ, EŠ) ; EŠ *šalāšu'u* 1/30ᵉᵐᵉ ; *pašāšu* frotter, oindre ˢ ; EŠ-BAR *purussû* décision ⁺ᵚᴰ ; BÀ *amūtu* présage, foie ᵛ ᵛᵚ⁺ ; *muttatu* moitié• ; EŠ-DÉ-ŠÈ/A *hubutt(āt)u* prêt sans intérêt ; (d) 30 le dieu *Sin* ⁺ᵛᵚᴰˢ (30 u 20 lune et soleil ᵛ).	472

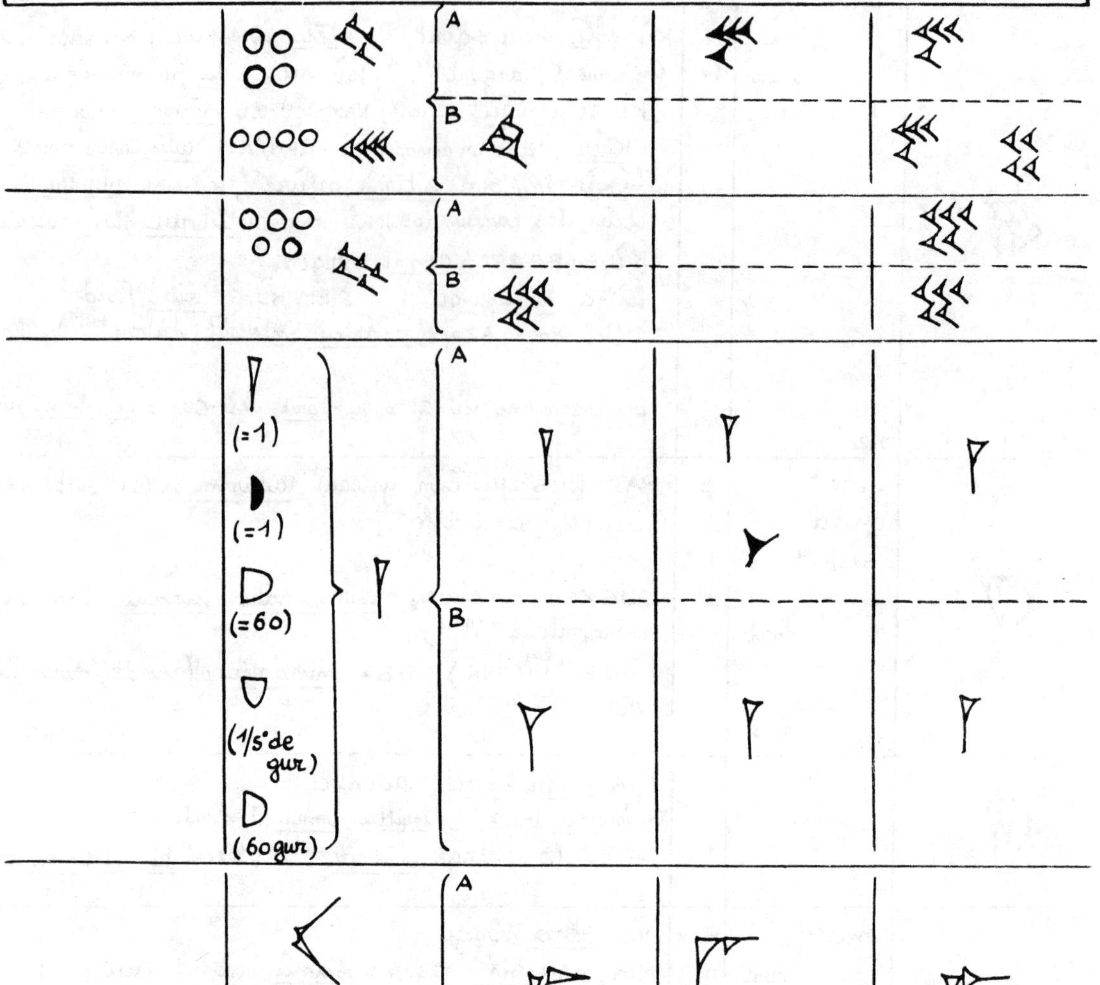

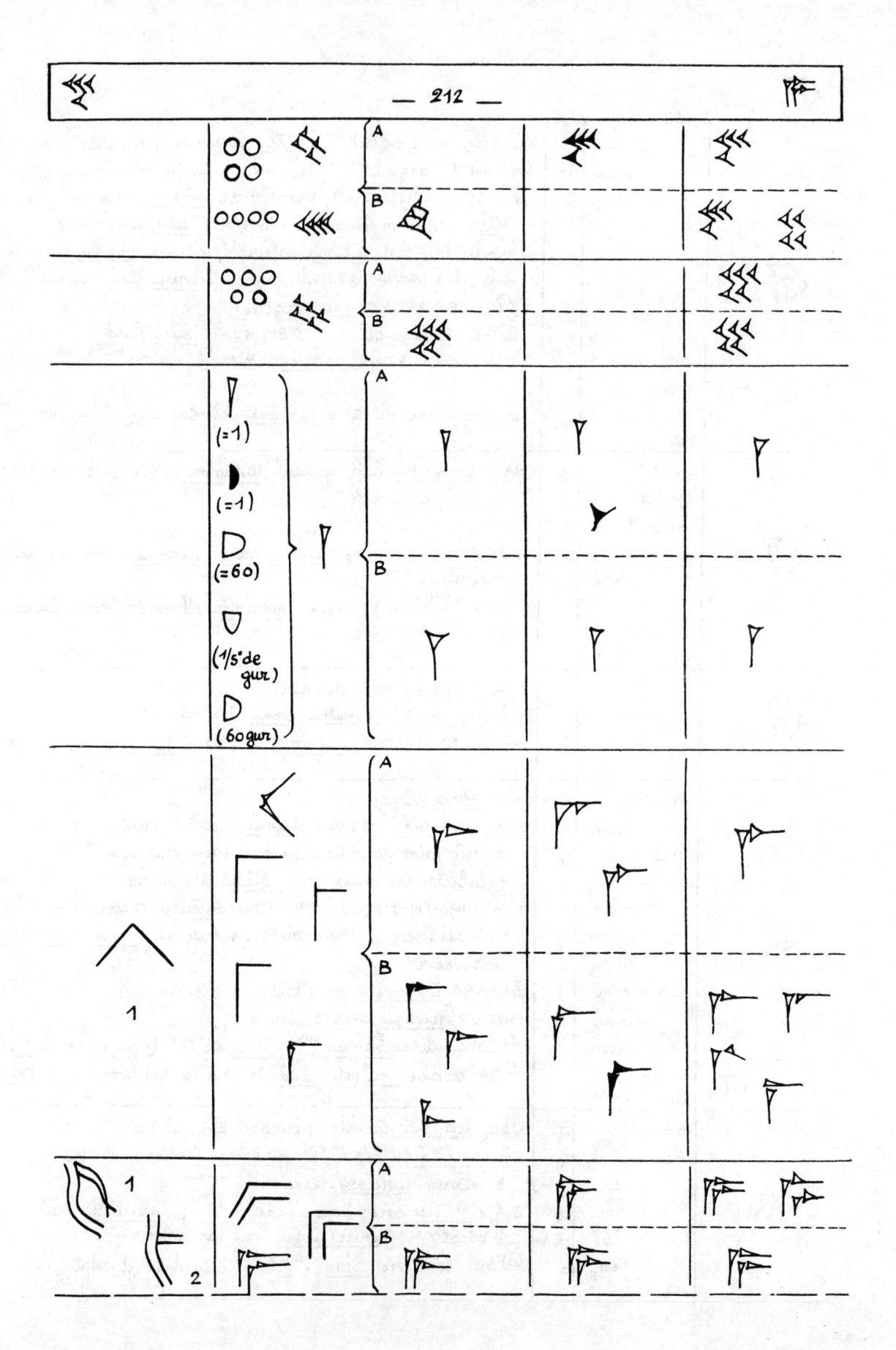
A
B
(=1)
(=1)
(=60)
(1/5e de gur)
(60 gur)
1
2

NIMIN <u>erbâ</u> quarante ;
d 40 le dieu <u>Ea</u>+ ;
LIMMU <u>erbe</u> quatre ;
ŠANABI$_2$ <u>šinipu</u> deux-tiers .

473

NINNU <u>ḫanšā</u> cinquante ;
d 50 le dieu <u>Enlil</u> ψ+ ;
KINGUSILLA$_2$ <u>parasrab</u> cinq-sixièmes .

475

diš, ṭiš, tiš, tiz, -gì, ana, dáš, táš, eš$_4$, dúš, il$_4$, li$_6$, ana

Désigne l'unité : GÍŠ <u>šuššu</u> soixante ш• ;
DIŠ <u>ištēn</u> un шνD• ;
Déterminatif précédant les noms propres (= m –)
— Indique le début d'un paragraphe, d'une sentence, etc. (dans les présages = <u>šumma</u> si) ; — Signe de ponctuation.
SANTAK$_4$ <u>santakku</u> signe cunéiforme ; im GÌ-DA <u>giṭṭu</u> tablette ;
DIŠ <u>ginâ</u> constamment+ ; <u>ana</u> vers, à, pour ;
d 60 le dieu <u>Anu</u>+ ; d DIŠ le dieu <u>Ea</u> ;
DIŠ(-<u>en</u>)-<u>šu</u> <u>ištēn-šu</u> une première fois ; DIŠ-EN-UŠU$_3$ <u>ištēn adi šalāšā</u> jusqu'à 30 fois ; DIŠ-TA-ÀM <u>ištēnâ</u> (un) par un• ;
MAKKAŠ, TAL$_4$ <u>šišītu</u> cri, <u>ikkillu</u> plaintes (SC) ;
EŠ$_{18}$-TAR (-<u>sà-at</u>) <u>massātu</u> princesse ; d GÍŠ-U <u>Anunnakkū</u>ν

276 242 480

lal, lá

LÁ <u>kamû</u> faire prisonnier, enchaîner ν ; <u>kamû</u> captif ;
<u>ḫatû</u> manquer, pécher ; <u>ḫâṭu</u> surveiller, peser, payer ;
<u>tarāṣu</u> tendre νш° ; <u>tarṣu</u> direction ш ;
<u>ṣamādu</u>, (<u>sarādu</u>) atteler шν ; faire un pansement, un cataplasme $; (NÌ-)LÁ <u>ṣimittu</u>, <u>naṣmattu</u> pansement, enveloppement, cataplasme •+$; <u>ṣimdu</u> attelage, lien ;
<u>šaqālu</u> peser, payer ν• ; <u>kasû</u>x prisonnier + ;
<u>maṭû</u> être moindre, être en moins ν$• ; <u>maṭû</u> moins Δш ;
(<u>pašāṭu</u> supprimer, annuler, effacer) ; <u>qalālu</u> être léger, II mépriser ;
<u>naḫāsu</u> reculer, rétrograder шν, être rare ν ;

277

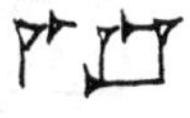

šur$_5$

<u>šaqû</u> (être) élevé+ ; <u>taqānu</u> être ordonné, soigné ш•o ; ú LAL <u>ašqulālu</u> (une plante) $;
giš LAL <u>tuquntu</u> combat ш ; LÁ <u>rūṭu</u> demi-aune• ;

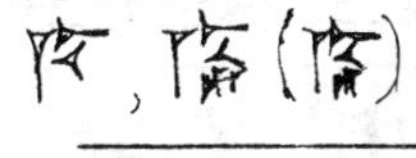

LÁ+U, LÁ+NI <u>ribbātu</u> arriérés .

277a 243 481

lál

LÁL <u>ṣamādu</u> faire un pansement un cataplasme $

<u>šaqālu</u> peser, payer•, se faire contre-poids Δ.

LÁL-ḪÁ <u>ribbātu</u> arriérés .

244

LÁL+NI, LAL+U <u>ribbātu</u> arriérés .

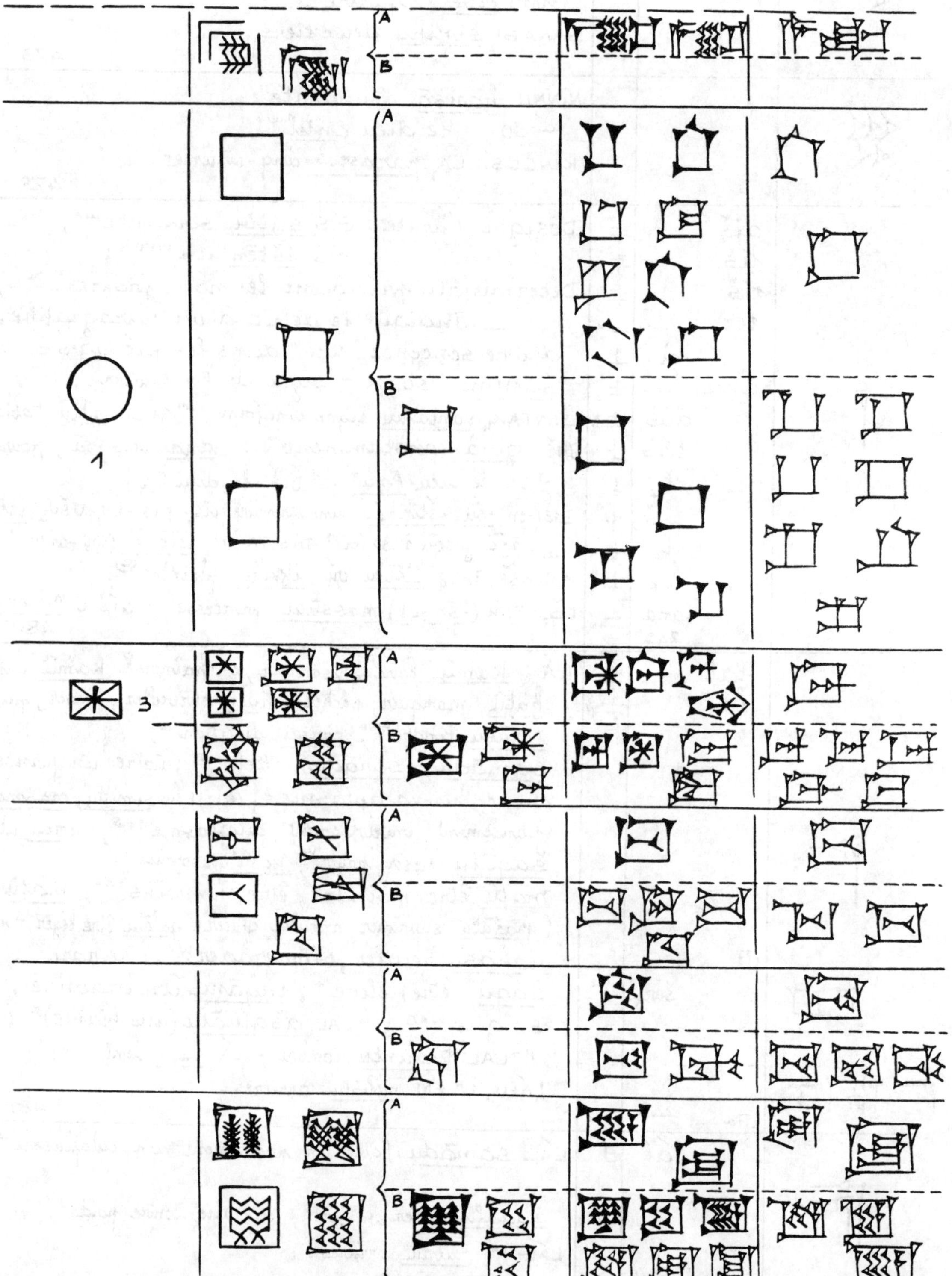
A
B
1
3

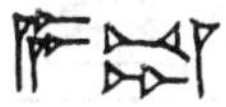		UKU$_2$ lapānu être pauvre[v]; $^{(lú)}$UKU$_2$ lapnu pauvre; ṣamādu (LÁL-du)
	šur$_4$	(dans A-šur$_4$ notamment) 482
	kìr kil gil -gíl rim rin ḫab[r] ḫaba rè, rì reme gili$_4$, kele qìr -gir$_8$ ḫaba 280 245	LUGUD$_2$(-DA) karû être court[v+]; kurû court[v]; NIGIN$_2$ lamû entourer. NAM-RIM māmītu serment, anathème; ḪAB, GIG-ḪAB būšānu mauvaise odeur, une maladie[s], bīšu puant, mauvais[s]; ^{šem}ḪAB ṭīrû gomme du pin d'Alep[sv]; ^{ú}ḪAB būšānu (une plante)[s]; LAGAB lagabbu bloc, motte[sc.]; nom du signe cunéiforme[v]. ^{giš}LAGAB-MAR pīsu? van ; $^{šim/giš}$LAGAB ḫūratu sumac de corroyeur[sv]; LAGAB mitḫāru (se) correspondre[Δ]; mitḫartu (côté d'un) carré[Δ]; (GIRAG kerṣu, GIRIN kirinnû bloc, motte d'argile; karāṣu modeler[sc];) KUR$_4$(qarāru ramper (de peur)[com.v]) kabru épais[s]; (ebû?) epēqu. kabāru être épais. KUR$_4$-KUR$_4$ kabbaru très épais, ^{ú}KUR$_4$-GI-RIN-NA kurkanû (plante médicinale). ^{dug}KUR$_4$-KUR$_4$ kurkurru (un vase)[Hitt.]; KUR$_4$ ba'ālu être dominant[v]. ^{giš}KUR$_4$ puquttu (un épineux)[+vs]; kiškibirru[(v)] une sorte de piège, bois à brûler[s] 483
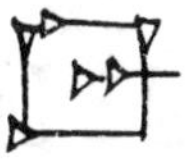		ENGUR apsû abime, océan[+.]; ^{d}ENGUR le dieu Nammu; ZIKUM šamû ciel[sc]. (abrév. pour I$_7$, n° 579c). 484
		$^{(giš)}$GIGIR narkabtu char[+wα]; (nubālum? [Mari], mugerru?) ^{mul}GIGIR narkabtu la constellation du Chariot: Persée + A, υ, χ, φ, ψ du Taureau[v□]. ^{lú}GIŠ-GIGIR ša mugerri? conducteur de char[nA]. 486
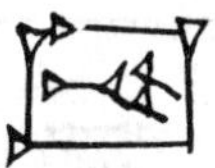		ESIR$_2$(-RA) ittû bitume[sv]; ESIR$_2$-ḪÁD-DU/A, ESIR$_2$-ḪÁ kupru asphalte. (cf. a-esir$_2$ = ESIR). 487
	zar ṣar ṣara sar$_6$ 281 246	ZAR ṣarāru filer, jaillir, couler[sc]. 491

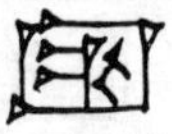

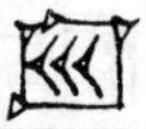

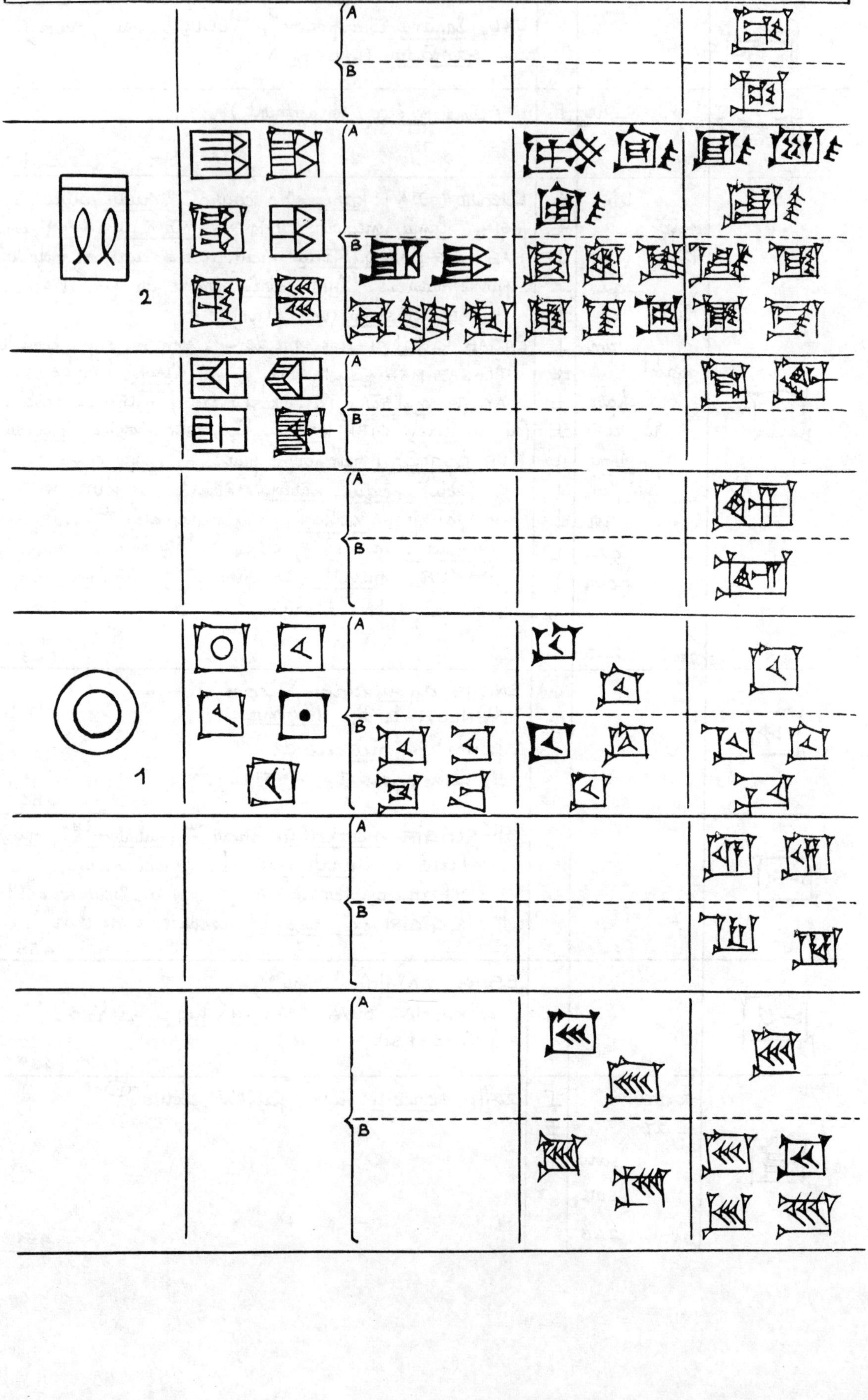

			GANAM₅ *immertu* brebis (sc.) ; GANAM₅-NITA (*immeru* mouton ?)[□] . 493
	ú' ; 'ú ; u₈ ; 282 247	⊥ ; ⊥ ; ⊥	[d] LAḪAR divinité bucolique ; troupeaux (poét.)[ш] ; U₈ / US₅ *laḫru* brebis adulte[va·] ; (us₅-udu-ḫá =) USDUḪA *ṣēnu* petit bétail[ш·cд] ; ŠURUN *rubṣu* litière, bouse[$v] ; *tarbaṣu* enclos (à bétail), étable[ш] ; *kabūtu* (*kabû*) excrément, bouse. [(zá)]ŠURUN-ANŠE *kabūt imēri*, [(zá)]ŠURUN-[d]GUD *kabūt alpi* / [d]*šeriš* (noms de pierres)[*] ; (— ú'-a *u'a* hélas !, aïe ![$+ш]). 494
			AGAR₂ *ugaru* champ (sc.). 500
			DILIM₅, NINDA₃ *tinūru* fourneau[sc.] ; BUN *nappaḫ(t)u* vessie (ou prostate (?))[$] ; ELAMKUŠ *ellambuḫu* / *lebbuḫu*, *ellabbuḫu* poche anatomique, réservoir (sc). 510
	pú ; ṭul ; túl ; bu₄ ; ḫáb[+] ; 283 248	⊥ ; ⊥ ; ⊣ ; ⌐ ; ∷ N	PÚ, TÚL *būrtu* fontaine, puits, citerne[ш+vсд$; uru] PÚ-ḪÁ[ki] *Bērutu* Beyrouth. TÚL-LÀL puits de l'Ekur[ш] ; TÚL(-LÁ) *kalakku* silo, entrepôt[:] (« TÚL-LÁ = ú-túl-lá) ; TÚL-LÁ *esû*[!] fosse[v], (*mušpalu*[?] bas-fonds[b]). ḪÁB *bu'šu*, *būšānu* mauvaise odeur, (une maladie)[$] ; [giš]GIGIR₂ *narkabtu* char[ш]. 511
 			UMAḪ *agammu* marécage (sc.) ; UMUN₅ *ḫammu* marais (sc.) ; 512 — GARIN *tamirtu* étang[•]. 513
	bul ; pul ; (bu₅) ; mussu ; 284 249	⊥ ; ⊥ ; ⌐ ; ⌐	NINNA₂ *eššebu* chouette[v+] (cf. MUŠEN-NINNA₂ n° 78 et NIN-MUŠEN n° 556) ; BUL *napāḫu* souffler (sc.). TUKU₄ *nâšu* trembler, II ébranler[+]. (ninna₂-ninna₂ =) NENNI *annanna* un tel[+ш$v]. 515

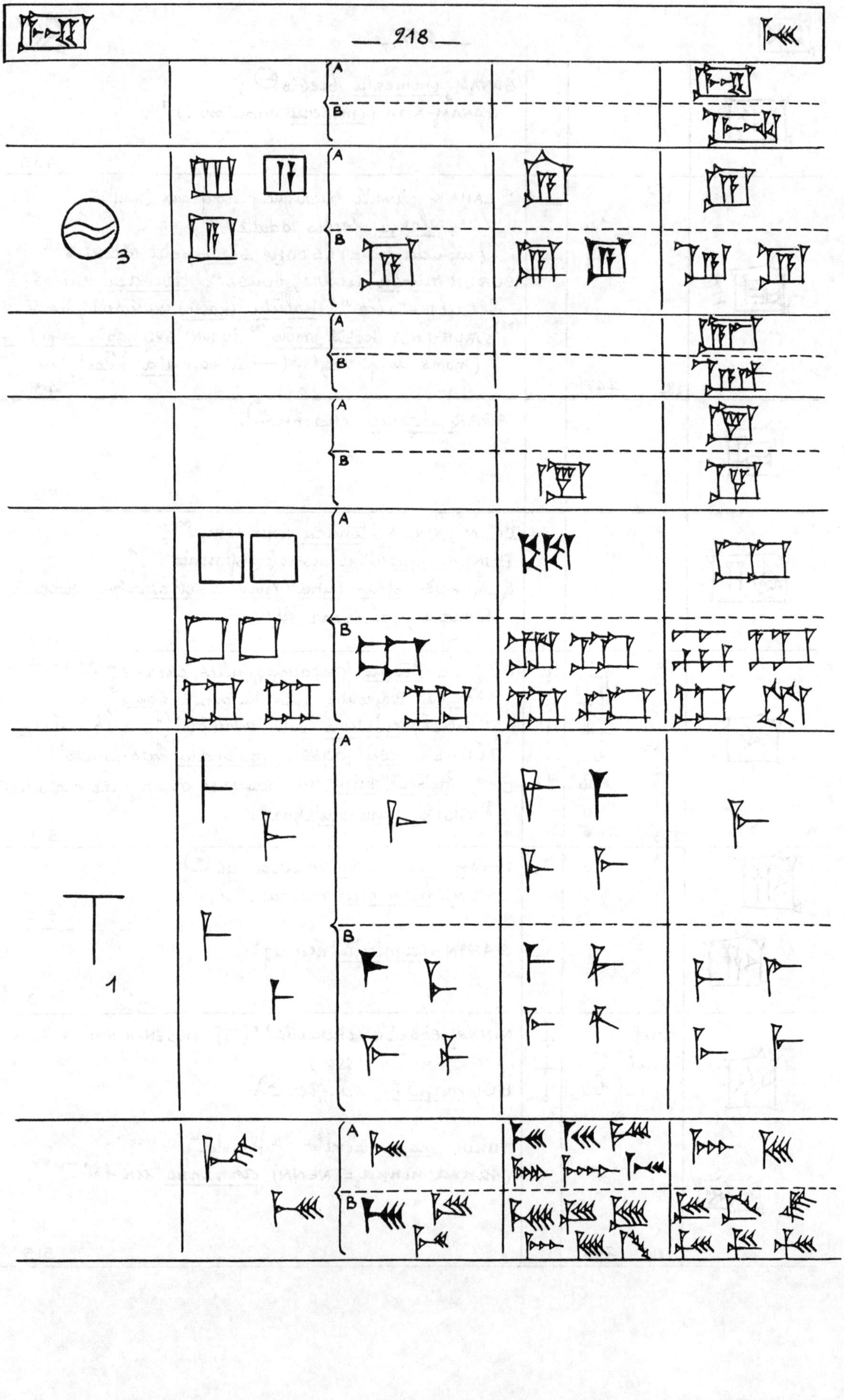

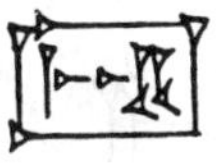			MEN$_4$ *agû* couronne, tiare (sc); *halhallatu* sorte de tambour; BARA$_6$ *šarru* roi (sc); ^{za}BAR$_6$-BAR$_6$-DILI *papardilû* pierre blanche [al]. 517
	suk^{9g} zuk^{9} -as$_4$ 285 250	‡ ⊥ ⊥.	AMBAR *appāru* marais [•a]; MUŠEN-AMBAR *iṣṣūr appāri* poule d'eau; AS$_4$-LUM *pasillu* (un ovin); *aslu* (une mesure); SUG *ṣuṣû* cannaie, roselière [b]; $^{(giš)}$BUNIN *bug/ninnu* baquet (sc); ^{giš}BUGIN-TUR *sussullu* coffre [+]. 522
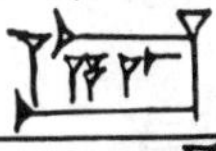			ABLAL *qinnu* nid (sc) 525
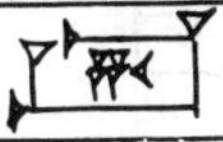			ELAMKUŠ *ellabbuhu* vessie. 526
			NINDU *tinūru* réchaud [šV]. BUNIN$_2$ *bug/ninnu* baquet (sc); ^{giš}BUNIN$_2$-TUR *sussullu* coffre; 528
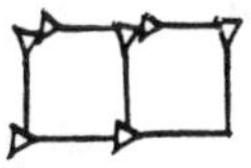	286		NIGIN *lamû* entourer [V+S]; *saḫāru* se tourner [ᵂ+VS]; *siḫirtu* ronde; *ṣâdu* faire des mouvements désordonnés, chasser [šV]; *limītu* périmètre, limite, proximité; *paḫāru* rassembler [V•] (II: renforcer°); *napḫaru* totalité, total [+V•]; *maḫāru* III/2 mettre au carré [Δ]; *mitḫartu* côté d'un carré [Δ]. ^{uru}NIGIN-tu$_4$ la ville de *Kabbartu*. 529
	me mì šib šip sib sip ? meš 287 251	‡ ‡ ‡ ‡ ⊥ ┼ ┼	ME *parṣu* rite, prescription [ᵂ+S]; *têrtu* décision [V+] (ou ME-A) [S]; ME *me'atu* centaine; ME-ME *qâlu* faire attention [V+]; ^{d}ME-ME la déesse *Gula*; ME-A *qibu* ordre, parole; ME-A-BI *ajjikâ* où?; ME-DÍM *binâtu* membres [TV]; *binîtu* création, créature, stature; croissance anormale [V]; ME-TE *simtu* parure, (bel) aspect; ME-LÁM *melammu* splendeur [+WS]; ME-ZÉ *manzû* cornemuse; ^{uzu}ME-ZÉ *issu*, *mesû* mâchoire, joue [VS]; ^{uzu}ME-HÉ *ḫimṣu* tissu gras (autour des intestins) [S•VW]; IŠIB *ellu* pur (sc); *āšipu* exorciste [ᵂ+]; *išippu* lustrateur [+VS]; (*me*-UGU = *me-elu* *mêlu* cataplasme); (ME-NI cryptidéogr. pour KÁ-E-GAL *bābu* une partie du foie [V]). ME, MEŠ déterminatif postposé exprimant le pluriel. 532
	meš eš$_{17}$ miš wiš, mès 288 252	⊥ Bg ‡ ⊥.	MEŠ Déterminatif postposé exprimant le pluriel. MEŠ *mādūtu* nombreux. 533

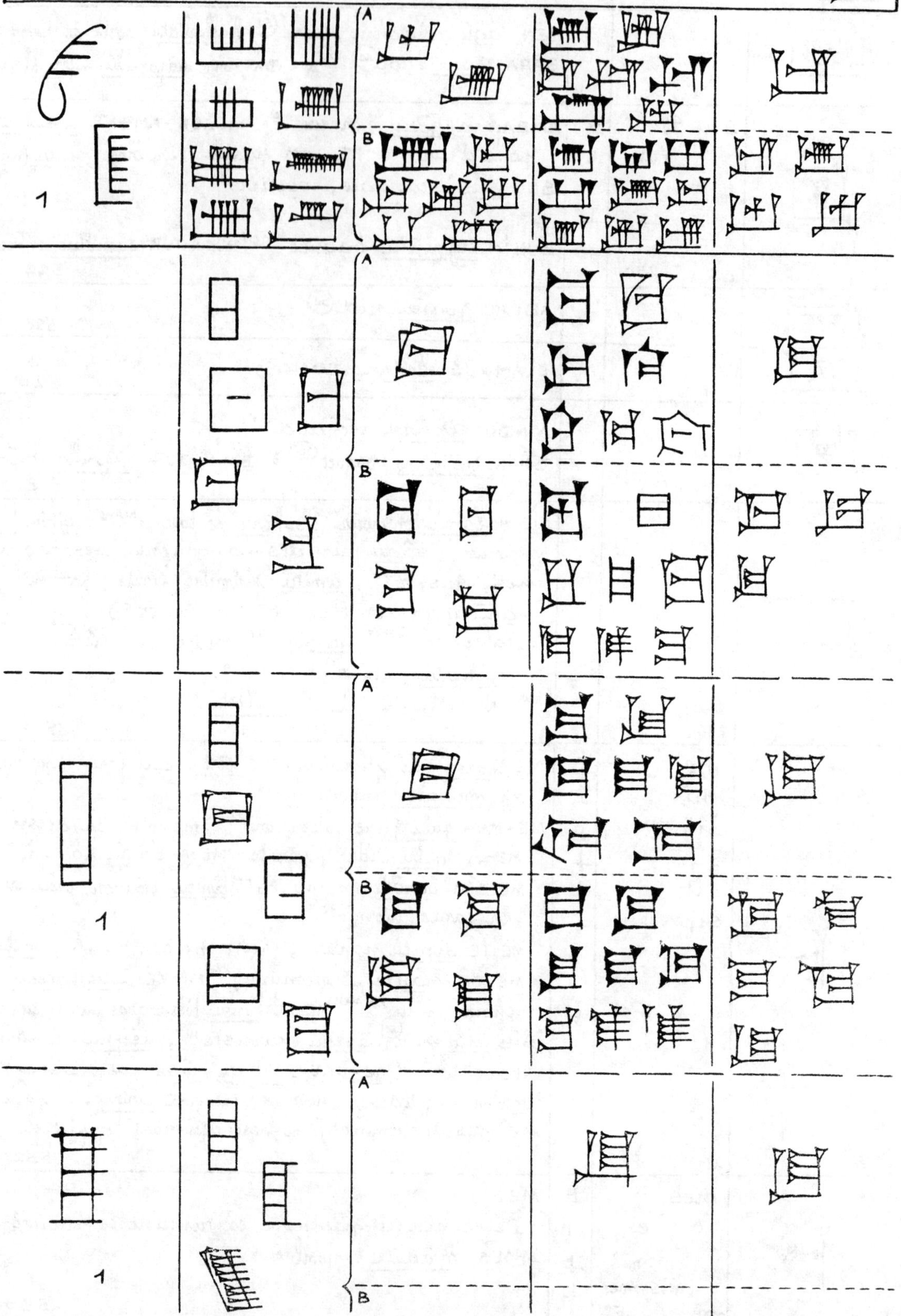
1
A
B
A
B
A
B
1
A
B
1

ib
ip
eb
ep

289 253

^{d}URAŠ a) déesse primordiale, b) dieu de Dilbat;
IB tubqu intérieur (sc.);
^{túg}DARA$_2$ nēbettu une ceinture°.

535

ku
qú
dúr
tuš
gu$_5$
tukul
ṭúr
duš
záp
tur$_7$

254

DÚR, TUŠ ašābu être assis, se trouver, habiter^{w+v} •;
šubtu demeure, siège, fondement°; ^{lú}DÚR(-A) āšibu habitant; išdu racine^{s}; uššušu fonder;
šuburru anus^{vs}; DÚR-GIG šuburru marṣu / durugiqqu maladie de l'anus;

(u)DÚR-DÚR-BA-UG$_7$ ittil-imūt une chouette^{v};
^{ú}DÚR-GIG-GA-KE$_4$ ašdānu (une plante médicinale, médication pour l'anus)^{s};
^{zá}DÚR-MI-NA turminû (une pierre)^{w}; ^{zá}DUR-MI-NA-BÀN-DA turminabandû (une pierre)^{w};

254

KU nadû jeter, fonder (sc.)

(^{ú}KU-DÙ à lire tuš-rú?; cf. CAD K, p. 60b);

KU-LI ibru ami$^{\psi}$;
KU-NU sanāqu jouxter, qerēbu (s')approcher^{v+s};
(pseudo-idéogr. = ku-UZU kušīru bonheur, réussite);
^{giš}TUKUL kakku arme$^{w v c+}$ ◻; tukultu aide^{w+o};
^{giš}(tukul-dingir) MITTA mittu harpè, arme divine$^{+\psi}$;

254

túk

TÚG subātu vêtement$^{+\square w s}_{v \circ}$, étoffe;
déterminatif ou premier élément des noms de vêtements : TÚG-BAR-SI (cf. sub BAR);
TÚG-BARA$_4$ habit royal; TÚG-DUGUD subātu kabtu habit lourd. TÚG-GÍD(-DA), TÚG-GUD$_8$-DA grande couverture (CAD, A^2, 284b);
TÚG-KUR-RA couverture?
TÚG-MAH nalbašu manteau; TÚG-NÌ-LÁM lam(a)huššû vêtement d'apparat en laine;
TÚG-NÌ-DARA$_2$ ŠU-LÁL ulāp lupputi chiffon sale;

(suite)

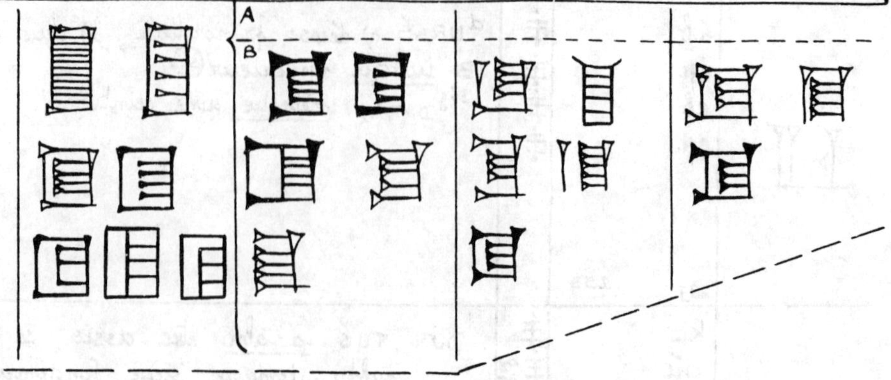

(Se confond pratiquement avec les formes ci-dessus)

TÚG-NÌ-MU$_4$, TÚG-BA *lubūšu* vêtement[•]
(-túg (-níg) - sag-íl - šìr - nita / -geme =) BALLA /
BALLA$_2$ *upur zikari* / *sinništi* bonnet ?
d'homme / de femme[v];
TÚG-SÍG *sissiktu* lisière, frange[+wv], *ulinnu*
ceinture;
TÚG-U$_4$-1-KAM habit journalier[□s];
giš(tug =) TAŠKARIN *taškarinnu* buis[w+vs];
lú TUG-DU$_8$ (-A) *kāmidu*? (un tisserand);
lú TÚG KA-KÉŠ *kāṣiru* (une sorte de tisserand);
lú TÚG-KAL (-KAL) *mukabbû* ravaudeur.
lú (túg-ud =) AZALAG, lú TÚG *ašlāku*, *pūṣāja*[NB]
foulon, blanchisseur[•□];
MU$_4$ (-MU$_4$) *labāšu* se vêtir[+], [II] vêtir;

ZÍD, ZÌ-DA *qēmu* farine[□+vw•s], poudre[s] (*sīku*? poudre cf. AHW p. 1043a);
ZÌ-(a-tir =) EŠA (ZÌ-TER-A) *sask/-qû* farine fine[+],
ZI-DUB-DUB-(BU/BA) *zidubdubbû* petit tas de farine[+s];
(ZÌ-GAL-GAL-LA *qalqātu* cf. n° 343);
ZÌ-KUM *isqūqu* une sorte de farine[s],
ZÌ-MAD (/MA-AD)-GÁ *mashatu* farine fine[+],
upuntu semoule[+];
(ZÌ-ŠE =) DABIN *tappinnu* farine d'orge[•s]; ZÌ-(NI)
-ŠE-SA-A *labtu*, *qalātu* farine de grain grillé;
ZÌ-SUR-RA *zisurrû* traînée (circulaire) de farine[+vs];
ZÌ-TUR-TUR *sehheru* farine finement moulue;

(suite)

hun · nah

(HUN *nâhu* être calme); HUN-GÁ *agāru* louer[c];
lú « *agru* journalier, *āgiru* loueur;
mul(lú) HUN(-GA) *agru* Aries[v□]

ŠÈ *zû* excréments, cérumen; ŠE - BAHAR$_2$
zē paḫāri "rejet du potier", ŠÈ-MÁ-LAH$_4$ *zē*
malāḫi (une plante)[s]; ŠÈ-MUNU$_4$ *zē bugli* (ou *qēm*
bugli) "rejet de malt". ŠÈ-TU-MUŠEN-MEŠ *zē*
summati (une plante)[s]; ŠÈ-dNIDABA (une plante)[s];
ŠÈ-GUR$_4$ *anzūzu* araignée[s]

---

uš$_4$ · iš$_8$

ÉŠ *ana* vers, à[v•], *ina* dans. ÉŠ *eblu* corde[sc];
ÉŠ-DAM *aštammu* taverne (cf. É-ÉŠ-DAM). ÉŠ-GÀR
iškaru chaîne, série (littéraire)[+vs], tâche[•], ÉŠ-GÍD *šādid*
ašli hâleur,
ÉŠ-LÁL *šummānu* laisse, longe[+]
NÁM, UMUŠ *ṭēmu* raison, nouvelle[vwsψ];

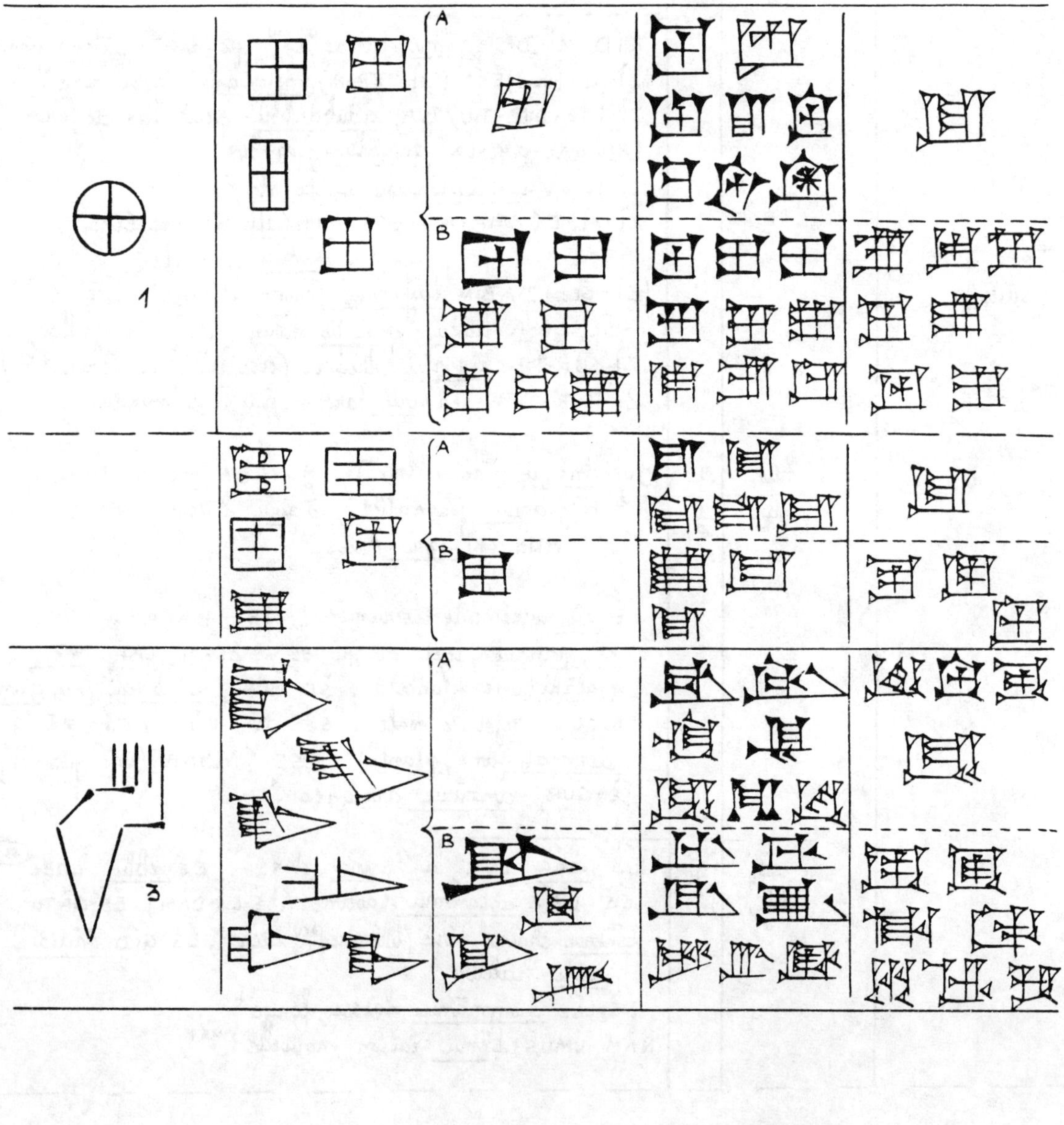
1
A
B
A
B
3
A
B

Ligature pour [sign] šuššu soixante[•Ω]
subbā(n) 60 coudées
ÉS-ÉS-ÉŠ 180 coudées.

536

lu | ⊥ (with dots)

UDU immeru mouton[✓], ṣēnu petit bétail[v○]; UDU(-MUNUS) immertu brebis; (UDU-BALAG immeru balagi mouton pour la harpe sacrée, cf. UDU-DIM₈; UDU-NIGA₂ immeru marû mouton gras; UDU-Ú immeru šammû agneau nourri d'herbe; -[lu]BAR₁₂ i. dūši agneau de printemps; -HAB habhajā etc.)
UDU (-NITA₂) immeru, šu'u bélier[v ω s o+Ω], UDU-NIM hurāpu (ass.), UDU-BAR-GAL parru agneau, UDU-DIM₈-MA takmisu (un mouton); (UDU-TI-LA udutilû mouton vivant);
(udu-hul =) GUKKAL k/gukkallu mouton "grosse-queue";
[d]UDU-IDIM/[mul]UDU-IDIM(-GU₄-UD) bibbu planète, étoile;
[mul]UDU-IDIM-GU₄-UD muštarilu(?) sihtu la planète Mercure[vωu]; [mul]UDU-IDIM-SA₅ ṣalbatānu? la planète Mars[vo]; [mul]UDU-IDIM-SAG-UŠ kajjamānu la planète Saturne[v].
UDU-UD₅ enzu chèvre, UDU-US₅ lahru brebis,
LU(-LU) duššû abondant, gras(ÉC), LU-LIM lulimu cerf;
[mul] « planète Saturne[v]. LU-MAŠ lumāšu étoile;
LU-ÚB-SAR laptu navet[v s];
[kuš]LU-ÚB luppu sac de cuir.

257

ṭàb | ⊥
dib, dip | ⊥ A
tib, tip | ⊥
ṭib, ṭip | ⊥
dab, dap | ⊥

293 | 258

DIB ṣabātu saisir[v+s], kâlu[II] (con)tenir[ωs], ba'û, etēqu passer, franchir[v+o]; ([lu]DIB-KUŠ-MEŠ mukil appāti cocher[ω])
DIB = kimiltu colère divine[+s], lamû faire le tour de,
DIB ṣibtu prise; DIB(-it/bit)-GIDIM ṣibit eṭemmi (etc.) aggression d'un spectre (etc.). [lu]DIB ṣabtu pris[v],
DIB-DIB tisbutu attaché[v], teṣbutu engagement (militaire)[v]; [giš]DIB-DIB dibdibbu clepsydre[A], maštaqtu écrasement[A]; DIB-BA dibbu plateau.

537

kin | ⊥
qin | ⊥
qi, qe | ⊥ A B
kun₁₀? | ⊥

294 | 259

KIN šipru travail, envoi, message[v+ω], še'û chercher, regarder[+v];
KIN(-GI₄-A) šapāru envoyer; têrtu message, oracle, consultation, mission[vv]; [urud]KIN niggallu faucille[•];
[giš]KIN-GEŠTIN iš(v)hunnatu grappe de raisin[•]; KIN-GAL-U₄-DA muttelû rôdeur[v]; [uzu]KIN = tertu foie,
[lú]KIN-GI₄-A mār šipri messager[•]; KIN-NIM šēru matin[v+];
KIN-SIG naptānu repas[+]; lilâtu, kinsikku après-midi, soir[v+s]; lilâtan vers le soir; [ú]KIN-TUR epitātu ortie[s]; KIN-TUR-KU₆ kitturu grosse grenouille[+s]; [iti]KIN(-[d]NINNI) ulūlu (6e mois, août-sept.)[∞];
GUR₁₀, GUR₁₀-KUD-DA esēdu moissonner(ÉC) ([iti]šerhi ša esēdi/ebūri mois du sillon, prêt pour la moisson[EP.]).

538

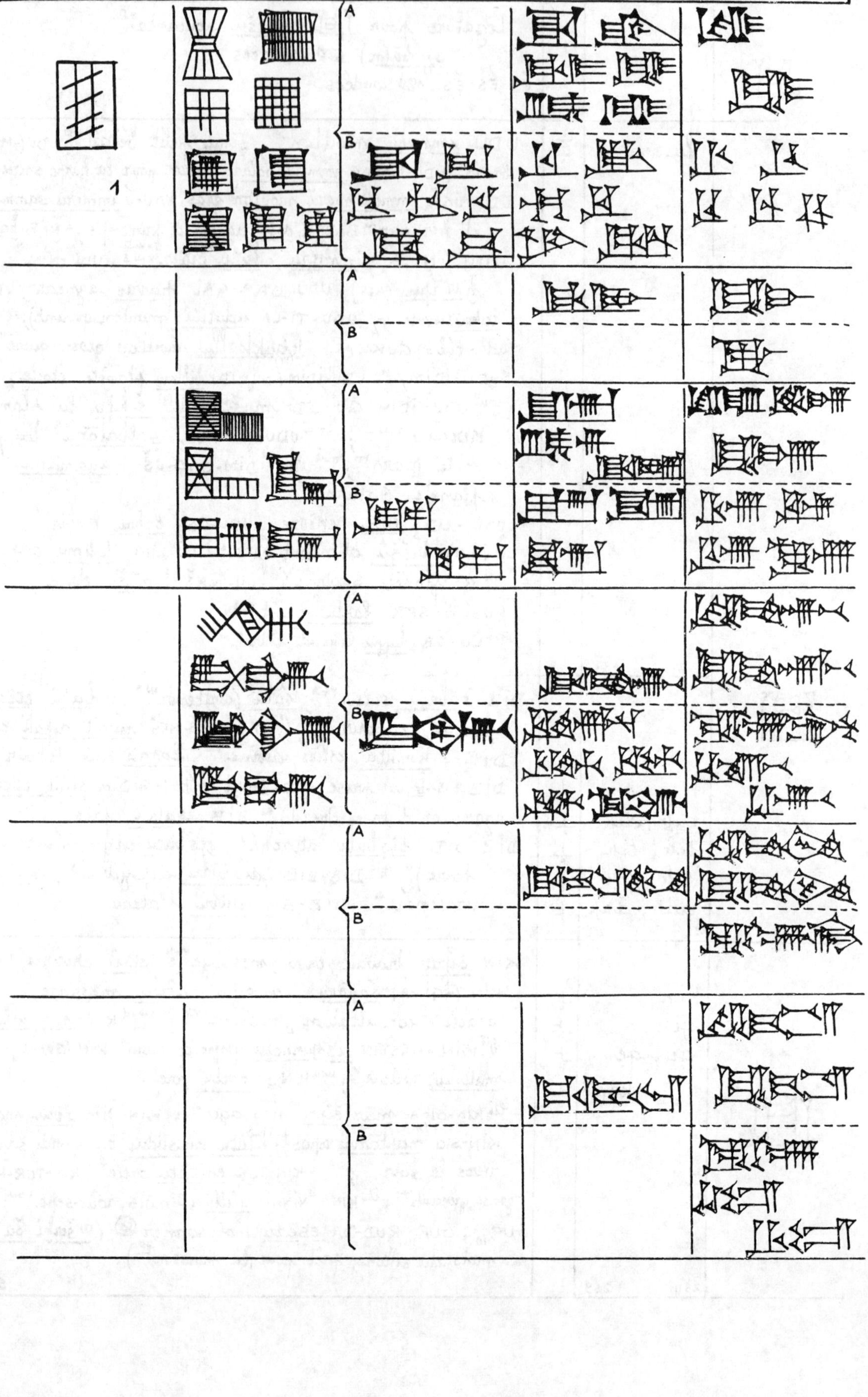
1
A
B

šík ⊥
šíg ⊥
260

SÍG šipātu laine[∞], šārtu poils, chevelure[+VS]; [túg]SÍG sissiktu frange, ulinnu? châle, Déterminatif précédant le nom des objets en laine et de sorte de laines : SÍG-GAN-ME-DA, SÍG-GAN-MID tabarru, nabāsu[$+•]; SÍG-GA-ZUM-AK-A pušikku (v) laine peignée, charpie[+V$]; SÍG-ZA-GÌN-NA takiltu laine bleue ; SÍG-SAG argamannu laine rouge ; SÍG-BA lubuštu vêtement ; SÍG-BAR sigbar(r)û cheveux flottants ; SÍG-ŠAB mušāṭu démêlures (de cheveux)[VS]; SÍG-AKA₃/ŠID-MA itqu toison[+VS]; SÍG-BAR-RA lukšû serviteur du temple.

539

DARA₄ da'mu rouge (sombre), congestionné.
GANA₆ immertu brebis[SC]; U₁₀ laḫru brebis adulte[SC];
ÌNNA, NINA₂ itqu toison[SC].

540

ERIN erēnu cèdre[+•ωα¥ •$V*];
[giš]ERIN-SUMUN šupuḫru juniperus oxycedrus (?, bois de cèdre vermoulu ?)[$];
[giš]ERIN-SÍG lukšu?
ŠEŠ₄ pašāšu frotter, oindre (confusion avec le signe n° 544) époque vieux-bab.) —

541

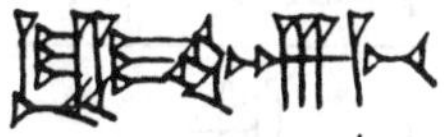

GUR₇ karû tas, tonne, silo, plate-forme de bois[CV•];
(É-GUR₇ bīt karû entrepôt, silo[•V], cf. n° 324).

542

(MUNŠUB (v) šārtu poils, cheveux

MUNŠUB₂ (v) šārtu poils, cheveux[b]; šappartu crinière[b];
AŠ₅ ettūtu araignée[V+].

543

ŠÉŠ bakû pleurer[SC];

ŠÉŠ pašāšu frotter, oindre[+V□$];
(Ì-ŠÉŠ piššatu onction[VS]).

544

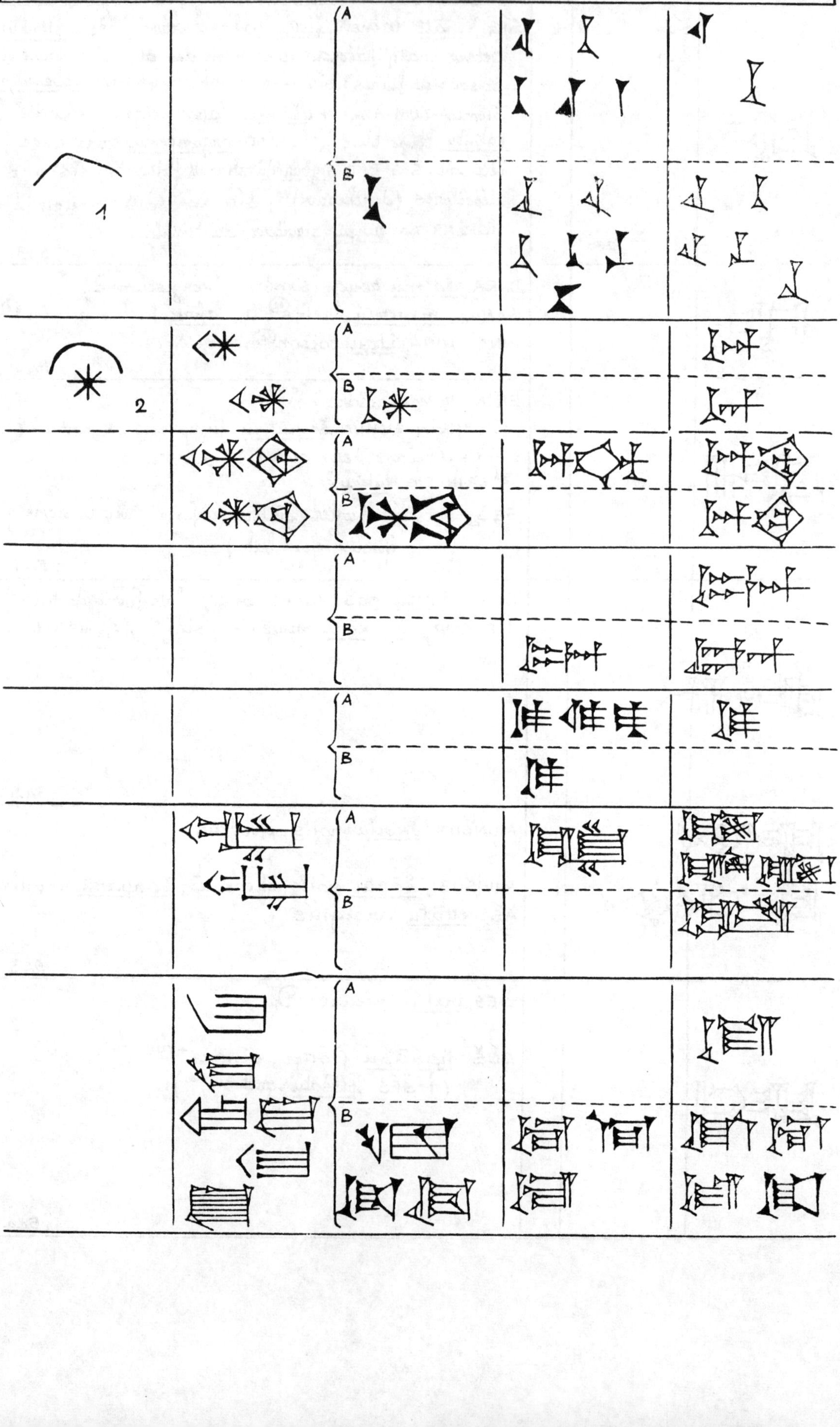
1
2
A
B

šú 

ŠÚ erēpu devenir sombre[+]; ŠÚ-A erpu sombre[+]; ᵈUTU-ŠÚ-A, ŠÚ-MAN ereb šamši coucher du soleil[ωv+$];
ŠÚ kiššatu totalité, univers[v+ω]; kiššūtu suprématie, pouvoir, despotisme[v]; râbu trembler, vaciller; rabû se coucher[ωΔ];
(lú)ŠÚ kalû chantre[+]; ᵈŠÚ le dieu Marduk[°];
ŠÚ (-ŠÚ) saḫāpu jeter à terre[+ω$]; katāmu couvrir[$];
sihiptu fait de terrasser[$];
? ŠÚ (= ŠU) kidennu protection, aide[°];
ŠÚŠ (= ŠUŠ) šuššu 1/6[°Ω$];
gišŠÚ-A littu tabouret (?)[vΔ].

296 — 545

ÉN šiptu incantation[+ωv$ψ].

KÈŠ[ki] la ville de Keš[ω+v].

546

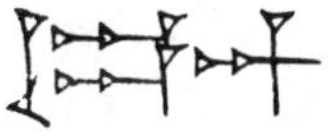

ŠUḪUB kabāsu fouler, marcher[sc];
KUNGA₂ parû mulet[ωv];
cf. ANŠE-KUNGA₂

547

KIBIR kibirru copeau[sc];
GIBIL₂ qilûtu brasier, brandon; qalû brûler[+];
šarāpu faire brûler; maqlûtu combustion[ω].

548

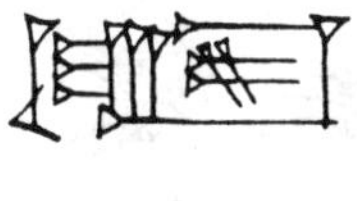

ŠUDUN nīru joug[ω];
mulŠUDUN nīru α Arcturus;
mulŠUDUN-ANŠE nadd/ttullu (?) une partie d'Arcturus.
(Confusion de signe avec le n° 348)[Δ].

549

ḫúl ⊥×

ḪÚL ḫadû être joyeux[ω+v]; ḪÚL(-MEŠ) ḫidûtu, ŠÀ-ḪÚL-LA ḫūd libbi joie[v+ω];
UKUŠ₂ qiššû concombre[v]; UKUŠ₂-ḪAB errû coloquinte[$v];
naUKUŠ₂ (une pierre)[$]; UKUŠ₂-LI-LI-GI (-SAR) liliqû / lalikkû coloquinte[$v];
UKUŠ₂-TI-GI/GIL-LU/LA (-SAR) tigilû melon, concombre[v];
(UDU-ḪÚL = GUKKAL k/gukkallu mouton "grosse queue", cf. n° 537)
BIBRA (-MUŠEN) bibrû (un oiseau)[v].

550

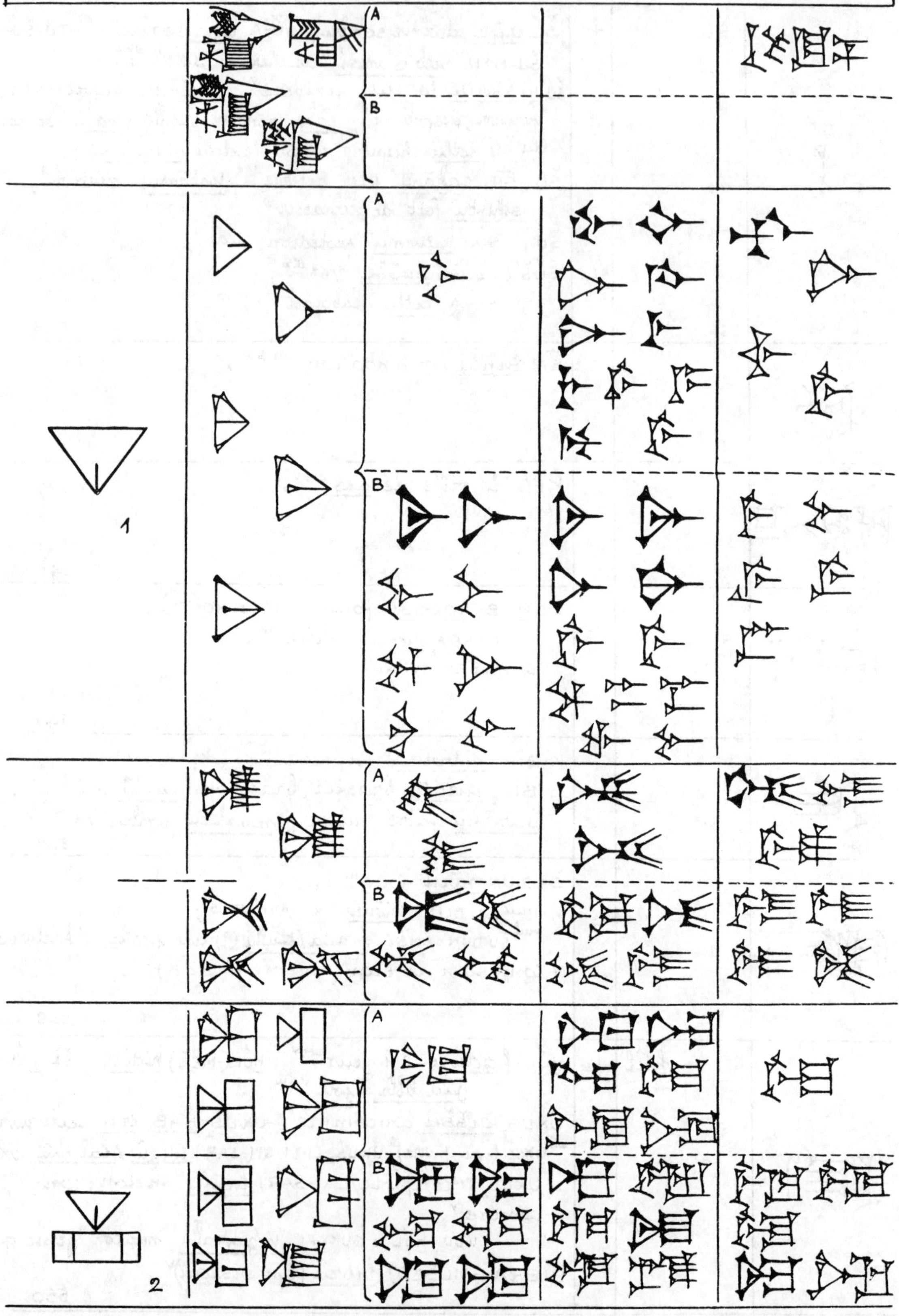
A
B
1
2

ŠEG$_9$ atūdu jeune bouquetin ;
ŠEG$_9$-BAR (= ŠENBAR) šapparu sorte de sanglier ;
ŠEG$_9$ šurīpu glace (sc.);
KIŠI$_6$ kulbābu fourmi (sc.).

551

sal, šal, rag, rak, raq, mín, mán, mim, mám, sala, šel$_4$

262

MUNUS, MÍ sinništu femme ; amīltu femme [N];
déterminatif précédant les noms de femmes (noms propres et et noms communs) : [mí]ŠU-GI šībtu vieille femme, [mí]DAM aššatu épouse [Mari, Al.],
— les noms de femelles : [mí]SILA$_4$ puhattu agnelle, [mí]HÚB atānu ânesse, [mí]ANŠE-KUR-RA urītu jument ; etc., et les mots abstraits :
— des noms d'abstraits [mí]HUL lemuttu méchanceté, [mí]SIG$_5$ damiqtu prospérité [+V]; etc.
MUNUS-GURUŠ-TUR, MÍ-NAR batultu, MÍ-TUR ṣihirtu, MÍ LÚ-TUR-RA
ṣuhārtu jeune femme, adolescente ; (mí-áš-gàr =) [mí]ÁŠ-GÀR unīqu chevrette [+VS];
(mí-nita) NIDLAM$_2$ sekertu femme du harem [ШП]; (mí-nita-lam =)
NIDLAM hā'iru époux, hīrtu épouse [+Ш V] (— MÍ-É-GAL, MÍ-KUR cf. n° 366) ; (mí-lagar =) MURUB$_2$ amīltu dame, femme libre ;
pû teneur (d'une tablette) ; (mí-me =) LUKUR nadītu
(sorte de prêtresse), MUNUS-NU-Ù-TU lā alittu femme stérile [V] ;
(mí-ud-edin =) MURU$_2$ emu rabû beau-père (sc.) ;
GAL$_4$ (-LA) ūru, biṣṣūru sexe féminin, SAL-LA raqāqu être mince, grêle, raqqu grêle, mince, ruqqu "endroit grêle", TÚG-SAL-LA raqqatu (habit léger ?) ; [zá]SAL-LA muš-taṣhip(t)u (une pierre) [VS];
RAG-RAG-MUŠEN l/raql/raqqu cigogne [VS]; (— [šem]ŠAL cf. sub. ŠEM).

554

zum, ṣum, súm, ṣu, rík 99, zù, sim, sim$_6$

239 263

ZUM (mašādu peigner, cf. GA-ZUM) ;
šassuru matrice, giron [*] ;
hâlu laisser suinter [V].

555

nin, min$_4$, ereš, nim, in$_5$

300 264

NIN$_9$ ahatu sœur [+VШП ЗОП];
NIN bēltu dame, souveraine [CVШП], (bēlu seigneur [O]); šarratu ? reine ;
rubātu princesse [V] ;
NIN-DINGIR(-RA) entu, uqqurtum grande prêtresse [COVШБ] ;
NIN-HUL bēlet lemutti ennemie [+] ; [d]NIN-KA$_6$ šikkû mungo [+Ч].
[d]NIN-LÍL ellilitu déesse suprême ; [d]NIN-NINNA eššebu chouette, NIN-KILIM-EDIN-NA ajjaṣu belette [s] ;
NIN- premier élément du nom de nombreuses divinités (NIN-NINNI-ERIN Inšušinak, [d]NIN-ERIM$_2$ Bēlet erum, [d]NIN-TIN-UG$_5$-GA Bēlet muballiṭat mīti = Gula etc.), de diverses étoiles ou constellations.
EREŠ bēltu, cf. le nom de la déesse [d]Ereš-ki-gal [+Ч].
erištu désir, eršu désiré.

556

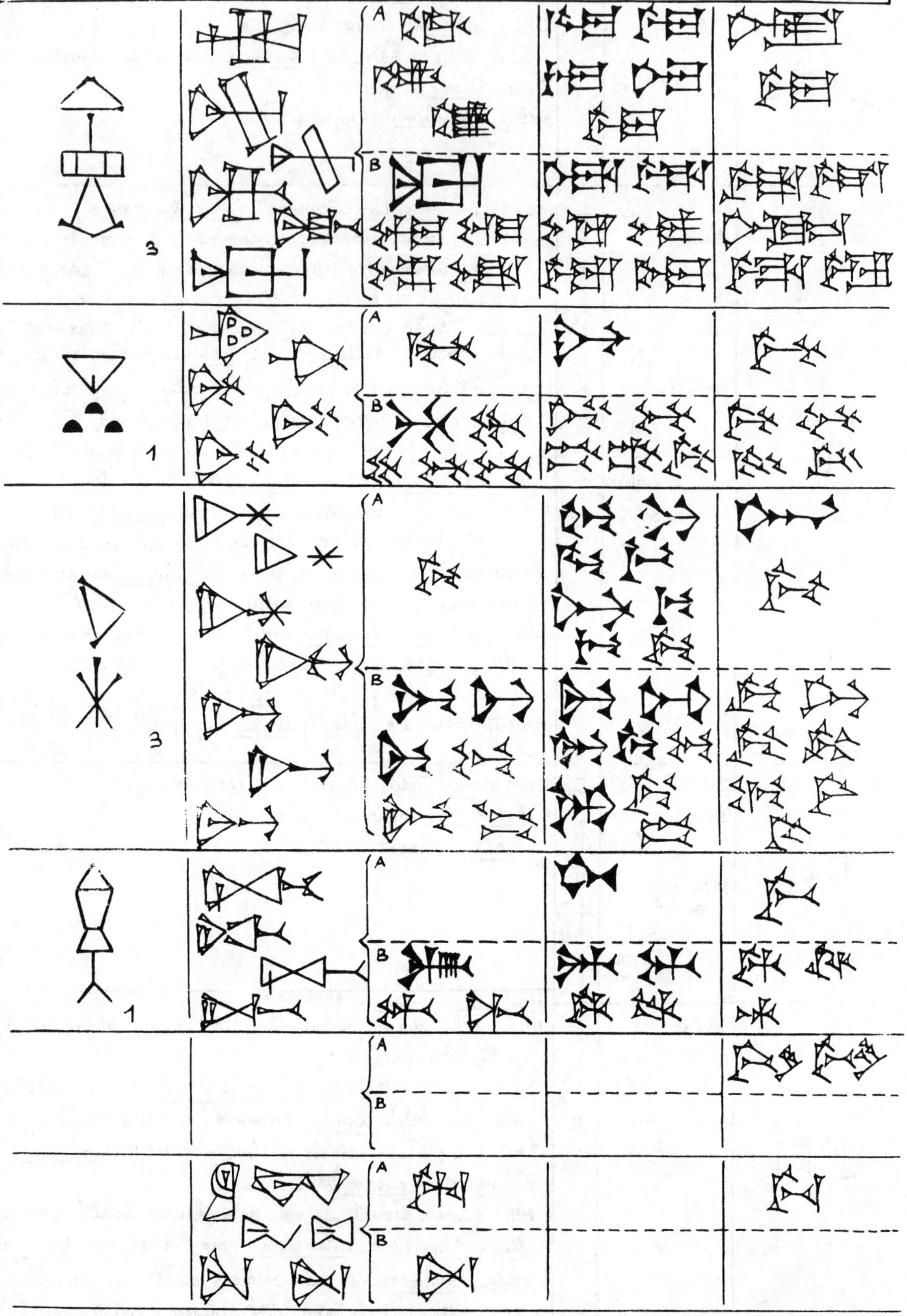

A
B
3
1
3
1

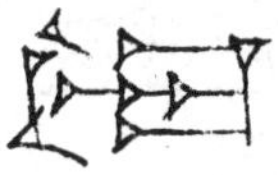	dam ṭam tám ta₄ ṭa₄ da₄ tum₉ ? dùm 301 265		DAM *mutu* époux, homme[v]: (MÍ-)DAM *aššatu* épouse. DAM-TUK(-A) *ḫâru*, (*aššata*) *aḫāzu* prendre femme[+ov]; DAM-TAG/TAG₄ (*aššuta*) *ezēbu* répudier (une épouse)[v o +]; (NAM-)DAM *aššūtu* mariage; DAM *u* DAM *mūtu u aššatu* mari et femme; DAM-TAB-BA (*ṣerretu*), *tappattu* concubine, rivale[v]; DAM-GÀR, DAM-GA-AR *tamkāru* marchand, négociant, commanditaire[c o •];	557
	amat amtu 303 267		GEME₂, GÌM, SAG-GÌM, MÍ-GEME₂ *amtu* servante, esclave[+o c v] GEME₂ ᵈSUEN-NA *amat Sin* vache sacrée, fille de Sin[+]; *amūtu* état d'esclave femme (GEME₂-MEŠ à Nuzi); par jeu idéogr. *amūtu* foie, présage; (*Ti-amat*); GEME₂(-SAG)-ARAD *aštapīru* domesticité, esclaves[o c].	558
	gu gù ku₈ 302 266	Am AL B EL Am	GU *qû* cordon, fil, filament[+v]; *qû* plante potagère[v]; GU-DU/DI *qinnatu* fesse, anus[v $]; IGI-GU-LAL *qūqānu* maladie des yeux[v $]; ᵍⁱˢGU-ZA *kussû* siège, trône[∞]; partie du foie[v]; ᵍⁱˢGU-ZA-ZAG-BI-UŠ *kussû(ša)nemedi* fauteuil[ш]; ˡúGU-ZA-LÁ *guzalû* (un fonctionnaire "Porte-siège"); GU-LA *rabû* grand (sc.); ᵐᵘˡGU(-LA), ᵐᵘˡGU-AN-NA Aquarius[v]; ᵃʳᵃᵈᵘ GU-ZI *kāsu* coupe[•]; GU-ZI-DA *kusītu* un beau vêtement[•]; GU-UN (=GÚ) *biltu* fardeau, charge[Ω]; GU-ŠÌR *pitiltu* pelote[v].	559
	alla		NAGAR *nagāru*[x] charpentier[+ov.ψ]; ᵐᵘˡ/ᵗᵉ *allutu*, (*kušû*) (signe du zodiaque, étoile:) Cancer; ALLA dans ALLA-*nu* (pseudo-id.) *allānu* suppositoire[$]; ᵈALLA (une divinité)[+].	560
	303-a		TUḪUL *gilšu* hanche, flanc[v ϐ].	561
	ùḫ 304 268		KUŠU₂ *kušû* crabe (!); *alluttu* Cancer (signe du zodiac); ᵍⁱˢKUŠU₂-KI la ville d'*Umma*.	562

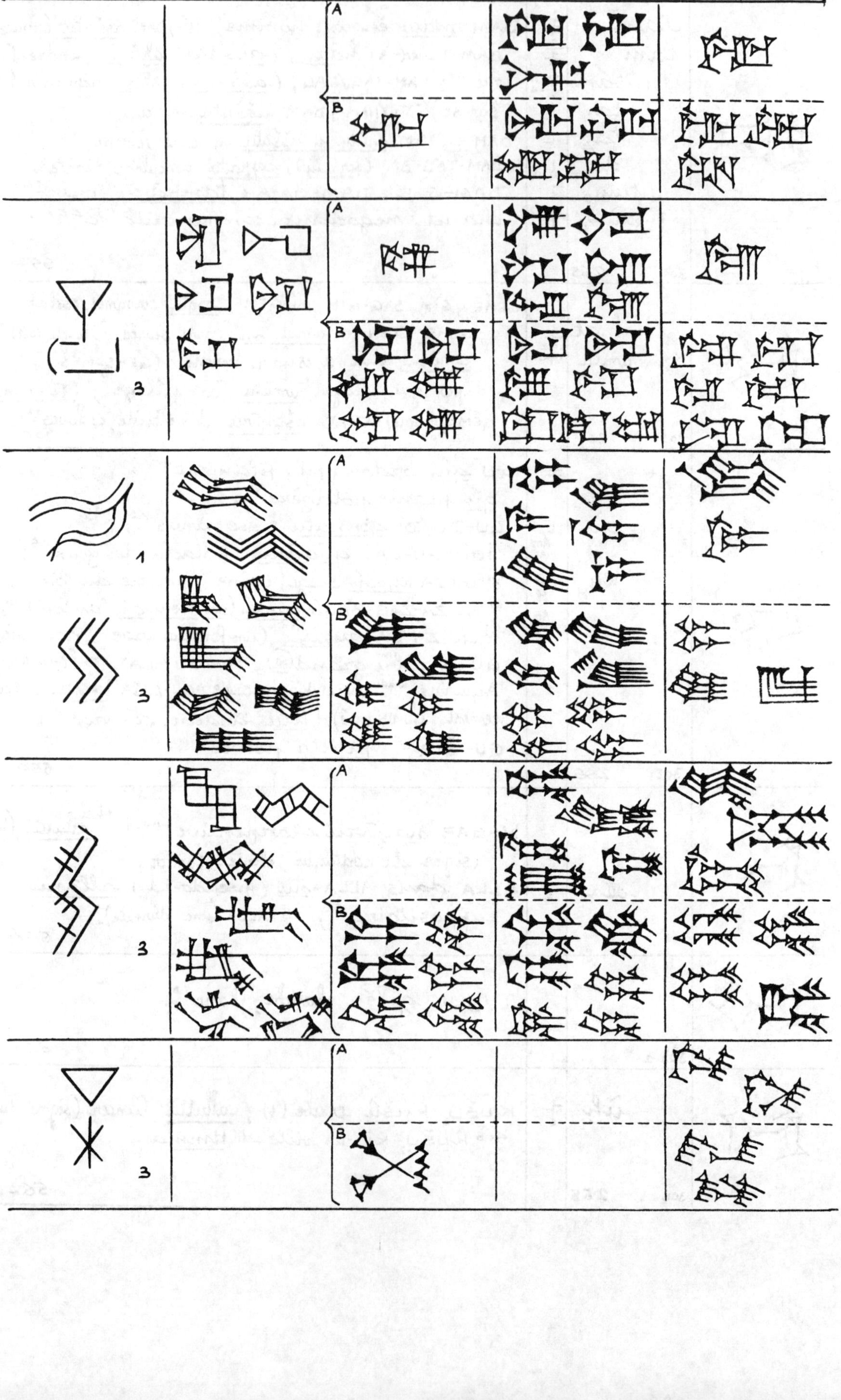

nig, nik, niq — ǂ ǂ ǂ

NIG *kalbatu* chienne[v].

305 — 269 — 563

el; il_5; ili_5 — [Bo, Am]

SIKIL *ebēbu* être pur[+]; *elēlu* être clair[+o]; *ellu*[Y], *ebbu*[b] pur, clair; *tēliltu* purification[+]; *ilu* dieu[aA];
ú SIKIL *sikillu* (une plante)[+VS];
zá SIKIL *sikillu* (une pierre)[$+];

306 — 270 — 564

lum; hum; -gúm; lu_4; núm [El]; nu_4; kús[?]; kus; lumu

HUM *hamāšu* écraser, broyer[$]; *hummušu* un cinquième (1/5°)[$]; *rubṣu* litière, fumier[SC];
giš LUM-HA *barīrātu* sagapenum (?)[$];
túg GUZ-ZA *i'lu* (un vêtement)[•];
(ZÚ-)GUZ *gaṣāṣu* grincer des dents.
LUM(-LUM) *unnubu* porter des fruits, fructifier[SC].

(gi LUM / LUM + ŠÚ-A =) GUHŠU *guhšû* autel de roseau.
(var. d'écriture pour SIG_4)

565

307 — 271

SIG_4 *libittu* brique[ω+•cv], mur[v]; iti SIG_4(-GA) *Simānu* 3ème mois (mai-juin)[∞]; SIG_4-AL-LU-RA[El], SIG_4-AL(-LÚ)-ÙR-RA *agurru* brique cuite[ωv]; SIG_4-ANŠE *amaru* pile de briques[Δ•]; SIG_4-TAB-BA-TUR_5-RA *urubātu* (couche de briques), rituel[+v]; SIG_4-ÁB/MI *arhu* demi-brique[•A]; SIG_4-ZI *igāru* mur; SIG_4-NA_4 inscription sur brique (cf. CAD, s.v. *abnu*); SIG_4-GÌR *libnat šēpi* plante du pied[v$];
MURGU *eṣenṣēru* épine dorsale[v$]; *arkatu* dos[$]; *būdu* épaules (MURGU-UDU *imittu* épaule[vB]).
d KULLA *Libittu* le dieu-brique[+v]; — SIG_4 var. phon. de SÍG[A]; var. pour LUM dans túg GÙZ-ZA[Am., RS.] —

gi(SIG_4 - ŠÚ / SIG_4) : $GUHŠU_2$ *guhšû* autel de roseau[+].

567

sah_4 — ⊥

SÙH *ešû* troubler[Ψ], *tēšû* trouble[vo], *ešû* troublé[o], *bārtu* complot, révolte[v], *šahmaštu* bouleversement[SC. v].

308 — 569

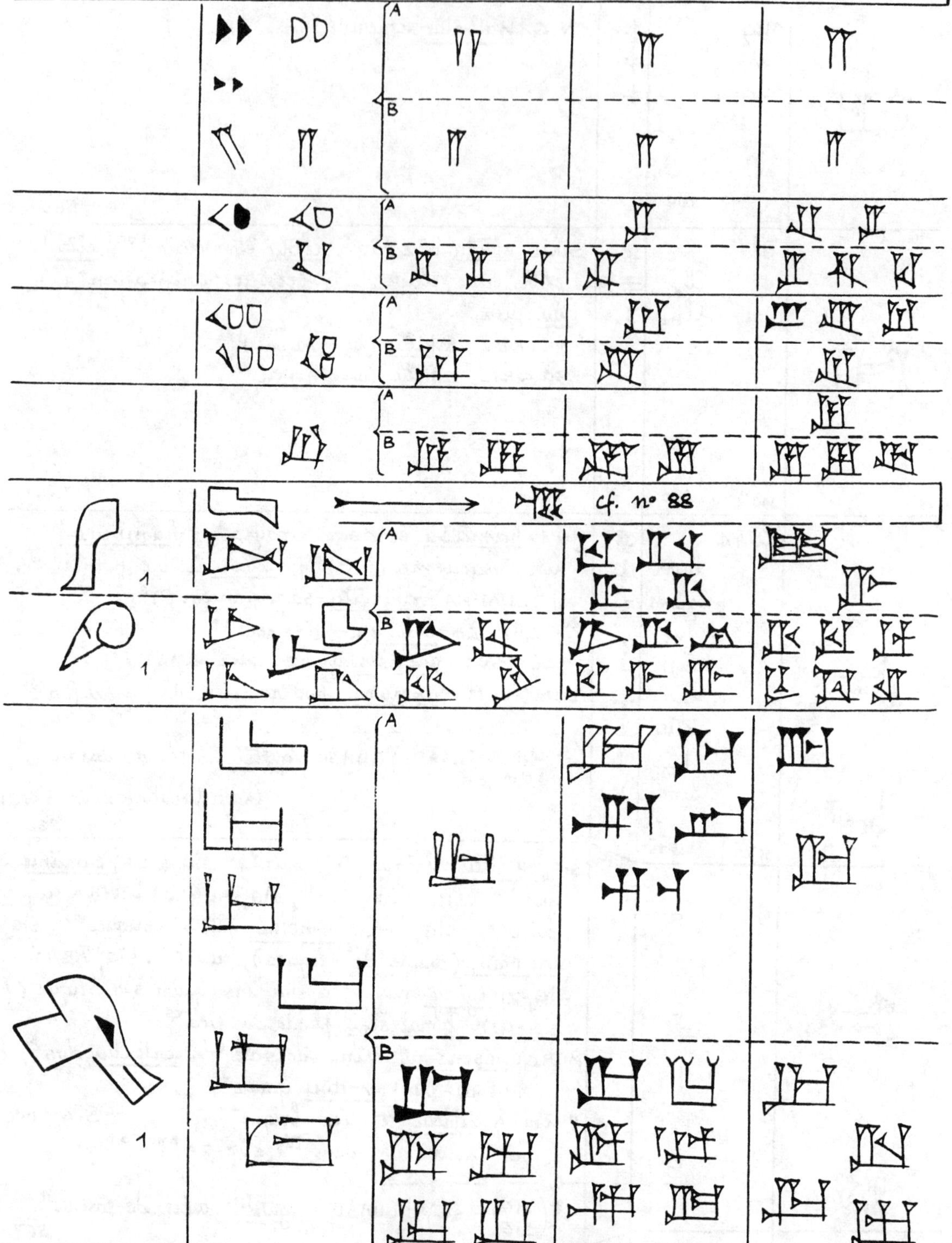
A
B
cf. n° 88
1

	šina 308a	N	MIN *šinâ* deux[∞] ; *šunnû* âgé de deux ans[•] ; MIN (-A-KAM) *šanû* second, autre[•] ; (par jeu idéogr. *šānû* courrier) ; [lú]MIN *šanû* (fonctionnaire) suppléant[□] ; Déterminatif postposé du duel — Signe de ré- -pétition (dito). 570
			ŠUŠANA *šuššānu* un tiers[•$+] ; 571
			ŠANABI *šinipu* deux tiers[•ш$+] ; 572
			KINGUSILA *parasrab* cinq-sixièmes[•ш+$] ; 573
	tuk, tug tug dúk ráš 309 272	∓ ± ∔ ǃ	TUG *aḫāzu* saisir[v+$], épouser[v•] : *rašû*, *išû* avoir, *bašû* être[+v·Ω•$] ; NÌ-NU-TUK *lapnu* pauvre[•] ; [lú]TUK *rāšû* créancier[•c] ; TUK *rašûtu* (les) biens[•] ; DU_{12} *zamāru* faire de la musique, jouer (d'un instrument à cordes)[ψ] ; 574
	ur lik lig liq daš, das taš, tas tíš tís, tíz téš tàn taša 310 neša 310a 273	∓ ∓ ∓ ∓ ∓ ∓ ± ∔ ± N ⊥ ⅃ ǃ	UR, UR-GI_7 (UR-GI_7-RA[nuri]) *kalbu* chien[шvΩψ+$•] ; [mul]UR(-$GI_7$) *Kalbu* Hercules[v] ; UR-TUR *mērānu* chiot[v] ; UR-A *kalab mê* loutre (castor)[v] ; UR(-GI_7)-[d]UTU *kulab Šamaš* (un insecte) ; UR-KI *kalab* *ursi* taupe (blaireau ?) ; UR-IDIM *uridimmû*, *kalbu šegû* chien enragé[+ψ] [mul]UR-IDIM *uridimmû* Lupus[v] ; UR-MAH *nēšu* lion[ш$•□cψ] ; [mul/tc]UR-A *nēšu* Leo Minor[v]. UR-KA-E *maḫāru*[III/2] élever au carré[Δ]. UR-BI *dūssu* UR-BAR-RA *barbaru* loup[шvψ] ; [mul]UR-BAR-RA α Trianguli[v] ; UR-GUG_4 *mindinu* un félin (ti- -gre ?)(Sc.) ; UR-GUG_4-KUD-DA *dumāmu* un félin (guépard ?)(Sc.) ; UR-BI-KÚ *ākilu*, *zîbu* chacal[+] ; [mul]UR-GU-LA *urgulû* Leo Major[v]. [d]UR-SAG (un dieu) ; UR-ME *sāsu* mite[v] ; UR-TÁL-TÁL *uzun lalî* plantago[$] ; UR *eṭlu* homme, héros ; UR-SAG *qar(rā)du* vaillant, héros[+шvcoψ] ; [lú]UR-MUNUS *assinnu*, *kulû* prostitué, castrat[+v] ; [lú]UR-GAM *mukabbû* raccomodeur ? TÉŠ-BI/BA *ištēniš*, *mitḫariš* ensemble[vψ$•] ; *mitḫāru* semblable, NU-TÉŠ-A *lā mitḫāru* divers[•] ; TÉŠ *bâšu* avoir honte[oy], *būštu* honte, TÉŠ-NU-TUKU sans honte[+]. *bāltu* sexe, vigueur, force vitale[+] ; 575

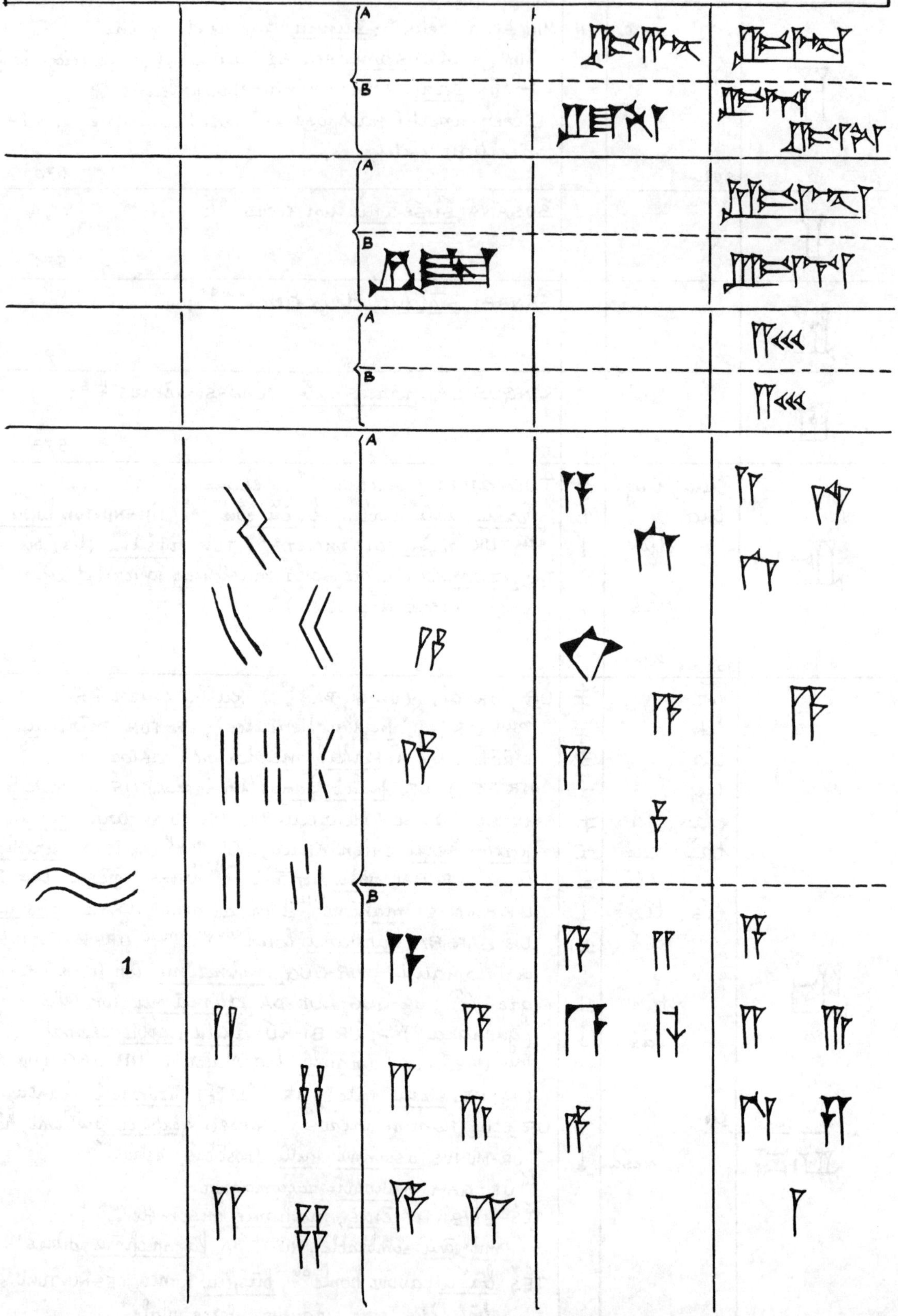
A
B
1

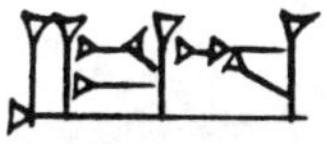

GIDIM *eṭemmu* spectre, esprit (d'un mort)[+ωcv$]; (au plur.) les manes[ω+];

576

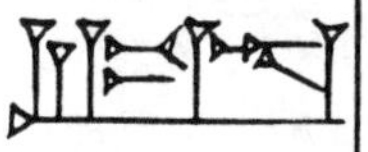

UDUG *utukku* démon[+v$];
GIDIM$_4$ *eṭemmu* spectre (confus. avec 576)

577

šumēlu gauche[v$+];
šarru roi[V Suse].

578

a

tur$_5$
me$_5$
'u$_4$

A *mû* eau[∞]; (A(-MEŠ) *mû* infusion, décoction[$]);
A^{meš} *ma'ūttu* terrain irrigué[nA];
A *abu* père[c+], (*māru*, *aplu*) fils[ωov•+];
A-A *ab abi* grand-père[ωA];
A-AB-BA *tāmtu* mer[ωv•□Ω ψ]; (A-AM cf. ILDAG$_2$)
A-BA *abu* père; ^{lú}A-BA *ṭupšarru*? scribe[ω□•], *ummānu*?[n. Ass.] artisan[n. Ass.];
^{d}A-BA$_4$ le dieu *Ambá*;
^{lú}A-BAL *dālû*, *nāq mê* jardinier, irrigateur[ω•], *sepīru*[NB] scribe traducteur[•]; A-BIL *apillû* (une profession); A-BÁR/GAR$_5$ *abāru* plomb[•ωΔ$□+]; (A-BUL *iṭṭû* bitume);
^{dug}A-DA-GUR$_4$/GUR$_5$/GUR[Bsk.] *adagur(r)u* cruchon[+]
A-DAM *nammaššû* animaux.
^{d}A-É le dieu *Mār bīti*[o]; ^{kuš}(a-edin-lá =) UMMU *nādu* outre[+];
^{kuš}A-GÁ-LÁ *naruqqu* poche de cuir[+]
^{lú}A-GAR *agru* journalier[•];
(A-GAR$_5$(-A) cf. A-BÁR.)
A-GAR-GAR *pi(q)qannu* excrément[+$], A-GAR-GAR, A-KÁR-KÁR[ky] *agargarû* (un poisson), *agargarūtu* frai;
A-GAR-GAR-^{d}ÍT *agargarūtu* (un minéral)[$];
(A-GA-RI-NU-UM pseudo-idéogr. *agarinnu* moût de bière[•]).
A-GA-NU-TIL/TI-LA *aganutillû* hydropisie[v+Ω];
A-GÀR *ugaru* plaine[vcω□•].
A-GEŠTIN-NA, A-BIL-LÁ *ṭābāti* vinaigre[+$•],
A-GE$_6$-A, A-GU$_4$[v], A-GA *agû* flot[ω];
A-GÚB-BA *egubbû* eau bénite[+]; ^{dug}A-GÚB-BA *egubbû* bénitier[+v$]
^{u}A-NUMUN$_2$ *elpetu* alpha (cf. no 66);

311 274

(Suite de la page précédente)

𒀀 (suite)

lú A-IGI-DU₈ sēkiru constructeur de barrage;
A-IM-BABBAR mê gaṣṣi eau de chaux;
(a-kal =) E₄-LA, ILLU mīlu crue ᵛʷ⁺, ḫīlu suintement,
crue, résine, suc ᵃˢ, ILLU LI-DUR ḫīl abukati
(une résine hémétique)ˢ⁺, ILLU-URUDU ḫīl erî car-
bonate de cuivreˢ; lú A-KIN mār šipri messager;
A-KU-ZI-IG-GA šērtu matin ᶜᵍ;
A-ᵈLAMA-IGI² pleurs cf. Dreams p. 328.
ú A-LA-MÚ-A alamû (une plante aquatique)⁺ˢᵒ; zá A-LAL/
LÁL-LUM elallu (une pierre)ˢ⁺;
(A-LU/LUM pseudo-idéogr. ālu une race de mouton; un arbre;
un ornement).
A-LÁ alû (un démon)⁺ʳˢ, A-MAN mār šarri prince;
A-MA-RU/URU₅, A-MÁ-RU/URU₅ abūbu déluge ᵛʷ⁺;
A-MAH butuqtu crue dévastatrice, inondation, écluse,
conduite d'eau, brèche ᵛʷ⁺;
A-MUŠEN iṣṣur mê oiseau aquatique;
A-NAG mašqītu boisson;
A-NUN-NA šiḫiltu peur;
ᵈA-NUN-NA les dieux Anunnaki ᶜʷ;
(.a-pa-bi-iz-pad-dir =) ADDIR igru salaire (rakkābu matelot).
A-RÁ arû produit ᴬ, alaktu voie, parcours, démarche,
conduite; adi (x) fois ᶜ⁺ʷ (A-RÁ-2-KAM(-MA-ŠÈ adi šina 2 fois)⁺;
A-RÁ-ḪI arahû coefficient ᴬ. A-RÁ-KARA arakarû facteur ᴬ.
A-RAK-MUŠEN laqlaqqu cigogne⁺; (-amurriqānu moineau, cf. CAD s.v.)
A-RA-LI arallû enfers, A-RA-ZU karābu, teslītu prière°.
A-RI-A reḫû procréer, riḫûtu procréation, descendance ᵛ⁺ˢ;
A-RI-A-GURUŠ riḫût eṭli semence de jeune homme ˢ; A-RI-A-
ᵈŠUL-PA-È riḫût šulpae paralytique⁺;
A-RI-A ḫarābu être désert, dévasté ᵛ; A-RI-A namû
espace inculte, environs ⁰; A-RI-A-NAM-U₄-LU maštakal tragacanthe ˢ.
A-RU šarāku donner, vouer (A-MU-RU) ᵘʷ, A-RU-A širku don;
A-SIG mašqû vase à boire;
A-SIG/SIG₅ (mār kallê messager rapide ou māru damqu
soldat d'élite ᵃʷ?);
túg(a-su:) AKTUM saphu (un vêtement)ᴺ, ᵈᵘᵍ A-SÙ mašlaḫu vase à aspersion⁺.
A-SUR -asurrû (une partie de l'exta) ᵛ;
A-ŠÀ eqlu champ ᵛᵗˢ, A-ŠÀ-É-AD-DA eqil bīt abi, A-ŠÀ-
ÉŠ-GÀR eqil iškari, A-ŠÀ-ŠUK šukkussû champ de
subsistance ˢ; ᵍⁱˢ ASAL₂ (=a-tu-gab-liš) ṣarbatu peuplier de l'Euphrate ᵛᵃˢ;
A-TU rimku ablution⁺, A-TAB atappu rigole, A-U₅ KA lìq
pî "palais"; (A-UGU pseudo-idéogr. me₅-eli cataplasme).
A-ZA-AN azannu carquois. A-ZA-LU-LU amēlūtu humanité ʳˢ
namaššû bêtes⁺; ú A-ZAL-LÁ azallû (plante médicinale)ᵛᵃˢ;

Suite de la page précédente

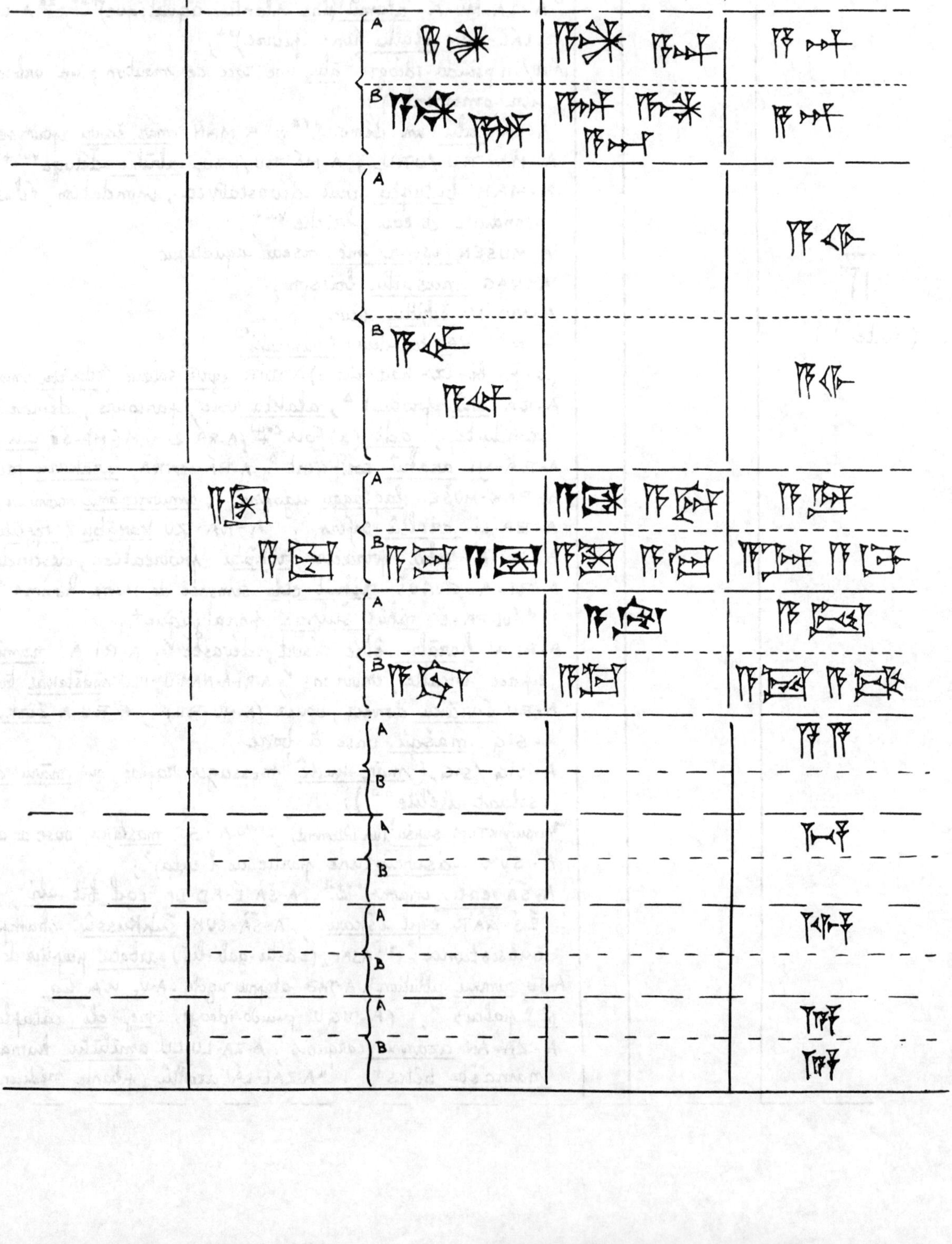

(suite)

A-ZI-GA *mīlu* crue[VW];
A-ZU *asû* médecin[+CVSOŠ], *bārû* devin[V]; A-ZU-GAL *azugallu* médecin-chef[•]; ^{giš}A-ZU, A-AZ *asu* myrthe
^{d}A-USAR le dieu *Aššur*[W]; ^{uru}A-USAR-ki la ville d'*Aššur*[CW] (= ^{d}A-ŠUR$_4$?);
^{mul}(a-edin =) ERU$_4$ constellation de la Vierge[V];
(a-tir =) EŠA *šasqû* farine d'amidonnier[+V$];
^{giš}(a-am =) ILDAG *ildakk/qqu* (variété de) peuplier[+VS]; *adaru* (un arbre)[VS].

àm — a_4

ŠÈG (*zanānu* pleuvoir); *zunnu* pluie[VW]; *nalšu* rosée (nocturne).
ÀM (*kīma* comme[SC]);
déterminatif suivant les noms de nombres ordinaux.

312

ér

ÉR, ŠEŠ$_5$ *dimtu* larme, *bikītu* pleurs[+V], *taqribtu* lamentation, plaintes[+]; ÉR *bakû* pleurer[SÖV];
ÉR-ŠÀ-ḪUN-GÁ *eršaḫungû* psaume de pénitence[WÖV+];
ÉR-ŠEM$_4$-MA *eršemmû* chant lugubre[+];
ESEŠ, isiš$_2$ *tazzimtu* lamentation[+], *šigû* psaume de pénitence, confession[+]; isiš$_2$ (ou ÉR ?)-ŠÈM-MA *šigû*;

(Cf. le n° 581).

313

ít[d]

ÍD, i$_7$(-DA) *nāru* fleuve, canal[×]; sillon (repère omineux) sur le foie[V]; *nāriš* comme un fleuve[W]; ^{d}i$_7$ le dieu-fleuve; ^{uru}i$_7$-ki la ville de *Ḫīt*[WV];
déterminatif précédant les noms de cours d'eau.

314

ESIR *ittû* bitume[W•+V$]; ESIR-ḪÁD-A *kupru* bitume solide, asphalte[W$V];
Ì-ESIR *šaman ittî* naphte[V•].

aiia[u] — ajji[•] — ai

E$_4$-DURU$_5$ *apil apli* / *mār māri*
^{d}E$_4$-RU$_6$-ú-a Erua (= *Zarpanītu*)

315 — 579

AGAM *agammu* marais[SC].

580

ìR$_6$ *bakû* pleurer;
cf. ci-dessus ÉR (*dimtu* larmes).

581

EDURU *aplu* fils (Cf. ci-dessus n° 579 fin.).

583

ZÀḪ *ḫalāqu* s'enfuir, disparaître.

584

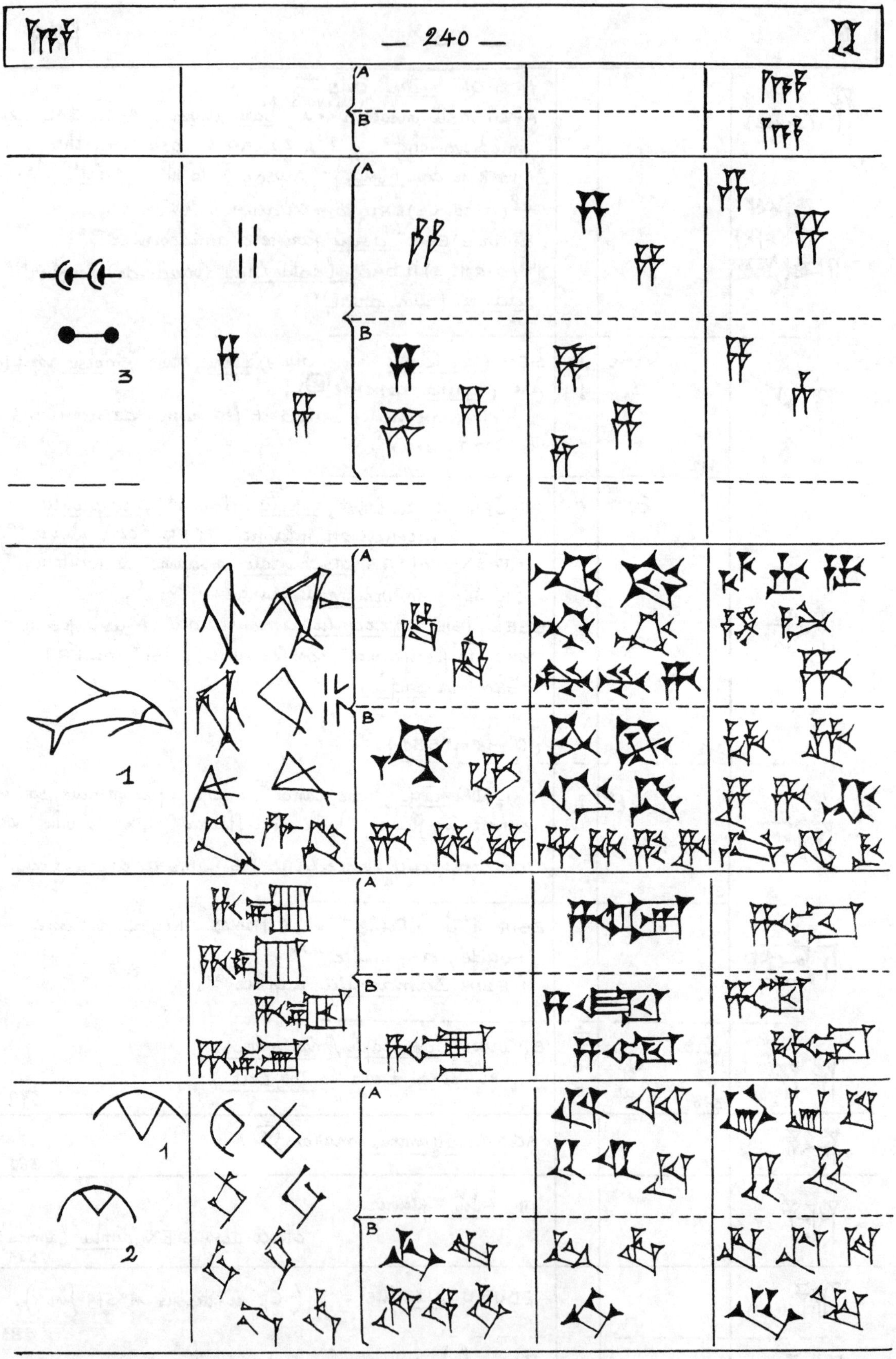
A
B
3
1
2

za, ṣa, sà (Bg)

ZA-BA-LAM/LUM *supālu* genévrier, ZA-E *atta* toi [Δ], ZA-NA *mūnu* chenille [V]; *passu* poupée [S O], ZA-MÙŠ/MÙŠ-UNUG[ki] *Zabalam*; [d] *Za-ba₄-ba₄*; ZA-DÍM *zadimmu* lapidaire [O]; ZA-ḪA-DA *zaḫatû* massue [+];
ZA-ḪUM *šaḫu* (un vase);
[zá] ZA-GÌN *uqnû* lapis-lazuli [+VШ S];
[(zá)] ZA-GÌN-DURU₅ *zagindurû*, *uqnu namru* lazuli;
[zá] ZA-GÌN-KUR *uqnî šadi* lapis naturel, ZA-GÌN-KUR-RA *takiltu* minéral bleu, teinture bleue, [síg] ZA-GÌN-SA₅ *argamannu* laine pourpre [O Ш]; [zá] ZA-GÌN-!-EDIN-NA *serremānu* sorte de lapis
[zá] (za-suḫ=) ŠUBA *šubû*, *halpû* (une pierre) [S]; (za-suḫ=) HALBA *halpû* glace, puits; [zá] (za-tùn=) NÍR *ḫulālu* (une pierre précieuse) [T S Ш];
[zá] NÍR-MUŠ-GÍR *muššarru* malachite, [zá] NÍR-ZIZ *sāsu* (une pierre) [S Ψ]
316 — 278 — [zá] NÍR-BABBAR-DIL(-DÌL) *nurpappardil(dil)û* (une pierre); — cf. 591

LIMMU *erbettu* quatre. — 586

ḫa, ku₆ (V), 'a₄, a₇, gìr₁₄, kir₉

KU₆ *nūnu* poisson [O]. Déterminatif suivant les noms de poissons.
[mul] KU₆ *nūnu* constellation Piscis austrinus [V]; KU₆-LÚ-U₁₈-LU *kulilu* / *kulullu* homme-poisson [+ΨΩ]; [ú] KU₆ *šemru*, *šemrānu* fenouil [+VS], *urānu* (une plante) [S]; HA-NA[ki] *hanû* hanéen;
ḪA-LA/LÁ *zittu* part [SO]; HA-ZA-NU-UM[sar] *(h)azannu* (une plante);
ḪA-ZI-IN *ḫassinnu* hâche [O]; [giš] ḪA-ŠUR *ḫašurru* sorte de cèdre [V S];
[giš] ḪA-LU-ÚB *ḫaluppu* chêne [? VO† S];
ḪA-LAM, (ḫa-a=) ZÁḪ *ḫalāqu* [+VШ]; *nābutu* [V] aller à sa perte, *ḫalqu* perdu, manquant, ruiné [O]; *ḫalqūtu* destruction [V];
ZÁḪ-u *ḫuluqqû* pertes financières, NÌ-ḪA-LAM-MA *šaḫluqtu* destruction [V]
(Ḫ)A-ḪA-ḪA-tu = a₄-ku₆-ku₆-tu *akukūtu* rougeur. — 589

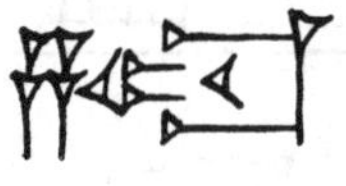

Ligature traditionnelle pour ZA-GUL *sāmtu* cornaline [+VШΨS O].

-gug⁹

GUG *ellu* pur, clair (SC); *guqqû* offrande mensuelle [OΩ];
umṣatu, *pendû* marque cutanée [V];
318 — 280 — [zá] GUG-ZÚ *ṣurrānītu* (une pierre) [S]; [zá] GUG-GAZI-SAR *kasānītu* pierre rouge [S]. — 591

sik⁹⁹, šik⁹, pik⁹, ši, bik, zik⁹, si₁₆, ? šak₆ — 281

SIG *enēšu* être faible; *enšu* faible [VШO]; *ṣeḫru* petit [+],
šaplu bas, inférieur [b], *šapliš* en bas, *ipqu* grâce [O]
qatānu être mince, effilé [V]; *qatnu* mince, étroit [VO];
qutnu partie mince, effilée [V]; *našpu* (bière) légère [O]
ēdu particulier, seul (AHw), *edû* connu, notable (CAD);
maṣrāḫu "socle" (= canal cholédoque);
uppulu faire une action plus tard, être tardif;
SIG *zaqtu* pointu [V], [ú] SIG (une plante (?)) [S].
[lú] SIG *damqu* riche [H]. — SIG = SIG₇ [Δ], SIG₅ —
592

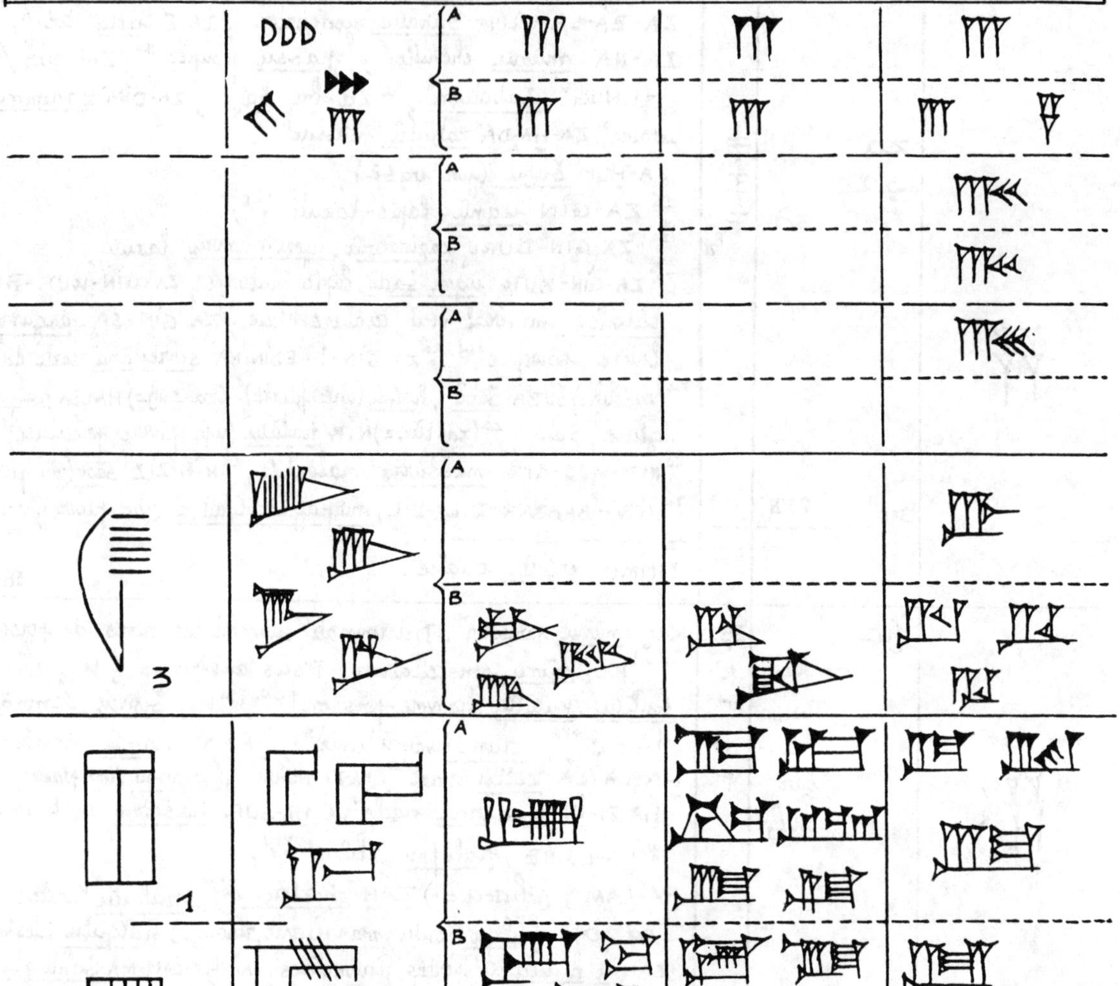

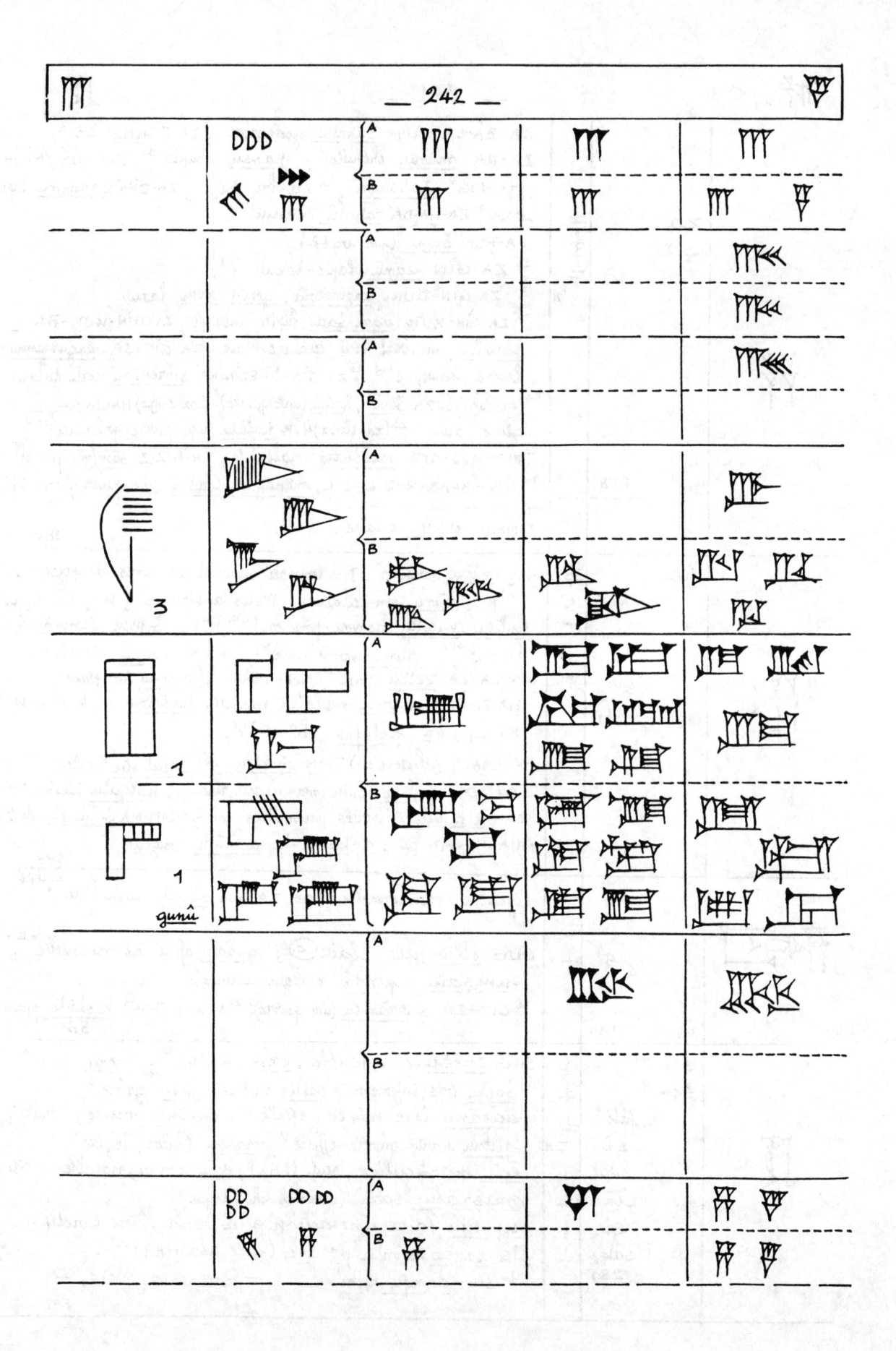
A
B
3
1
1
gunû

EŠ$_5$ šalāš, šalāšat trois$^{+ш;\circ □}$; 3-KAM(-MA) šalšu troisième, šalāši 3 fois ;
lú 3-U$_5$ tašlišu "troisième" (sur un char).

EŠŠANA šinâ mētān deux cents (sc.)
šarru roi$^{Vш\ El.}$

Signe de répétition.

593

ur$_4$ | UR$_4$ eṣēdu récolter, moissonner (sc.) ;
ḫamāmu ramasser, collecter (sc.) ;
UR$_4$-UR$_4$ (ḫ)arāru trembler (avoir une convulsion ?)^{V} ;
num UR$_4$-UR$_4$ ḫamītu guêpe des sables (sc.).
UR$_4$ šugruru effrayer.

321 — 594

ṭu, puš$_4$, ṭun | AGA$_2$, TÙN pāš(t)u hache (sc.) ;
urud TÙN-SAL ḫzu herminette$^{□}$.
TÙN šuplu profondeur (sc.) ; ḫubbu trou, fontaine (sc.) ;
šupultu partie basse ;
TÙN-LAL mušpalu bas-fonds^{V} ;
TÙN-BAR šaptu šaplītu, šapsaptu lèvre inférieure (= prépuce)^{V} ;
TÙN takāltu récipient, estomac$^{+\Phi V}$; gaine$^{\circ □}$;

GÍN šiqlu : sicle (mesure de poids).

322 — 282 — 595

PÉŠ ḫums(i)ru souris, rat, (KIŠI$_5$ piazu souris)$^{шVΨ\$}$;
PÉŠ(-KI)-ḪUL, PÉŠ-SILA$_4$-GAZ/KUM ḫulû musaraigne$^{V□+\$}$; PÉŠ-KI-BAL akbaru gerboise (?)^{V} ;
PÉŠ(-GIŠ)-ÙR(-RA) arrabu loir (?)$^{+V\$}$;
PÉŠ-A-ŠÀ-GA ḫarriru une sorte de souris$^{\$}$.
PÉŠ-TÚM-TÚM-ME asqūdu un rongeur, un serpent$^{\$}$;
PÉŠ-GIŠ-GI-KÚ-E iškarissu rat de canaie^{V} ;
PÉŠ-TUR pirurūtu souris.

596

LIMMU erbettu, erbe, erbet quatre$^{\infty}$.

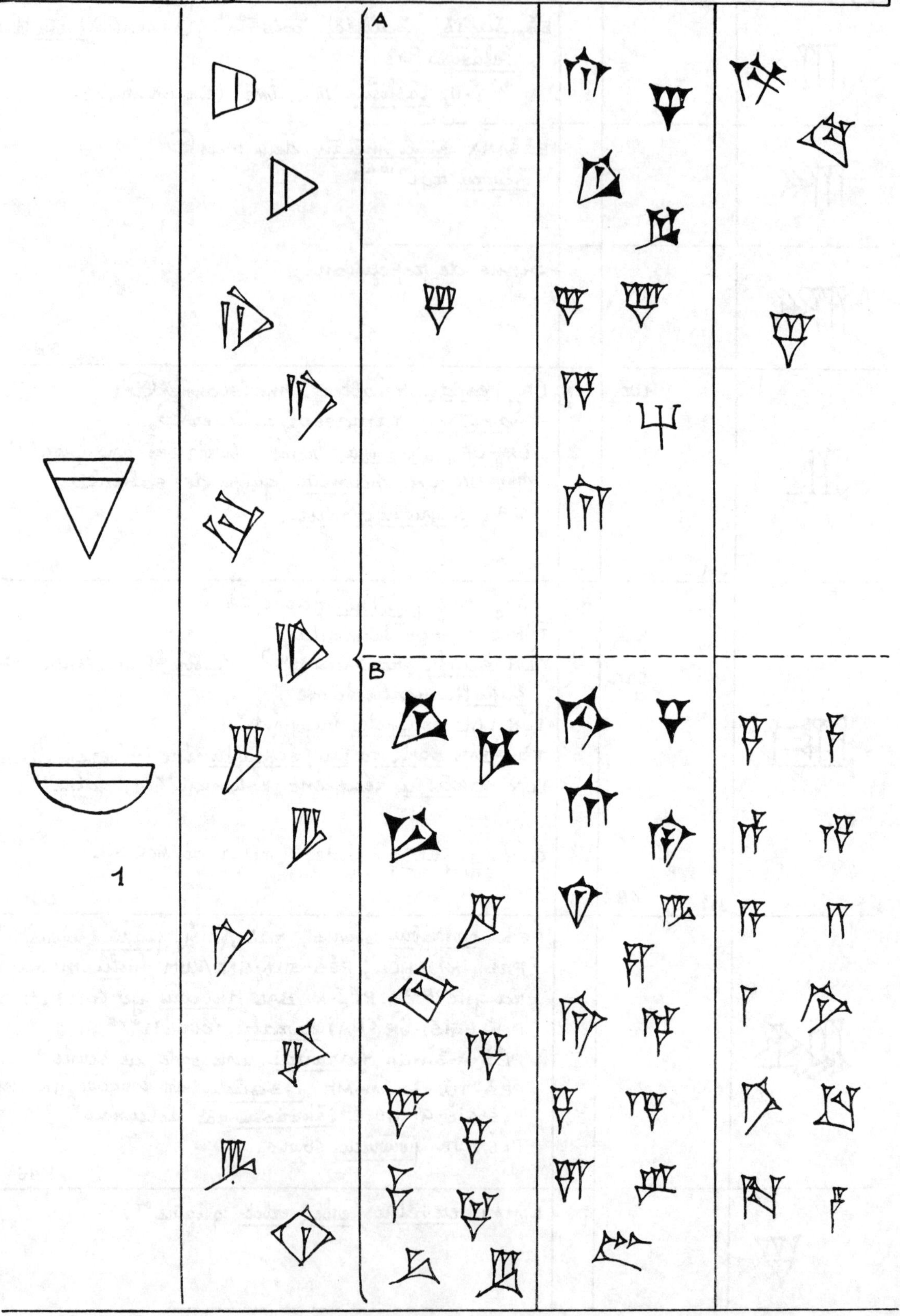
A
B
1

šá
ník
níq[8]
gar
nì
ga_4
sa_{16}
gara
gàr
kar_5
$garak_5$

NINDA(-ḪÁ) akalu pain, nourriture, ration d'orge (remplacé à époque perse par kurummatu, cf. n° 469)[w+vs oo];
Mesure de capacité (1/10e du qa)[°], de superficie[°], de temps (1/60e du degré-temps) et de marche (12 coudées);
[lú]NINDA hunduraja?, (a)lahhinu? un officiel du palais/temple (cf. CAD, A, 296; K 43a);
NINDA(-A)-MEŠ kusāpu morceau de gâteau;
NINDA-DÌM (-DÌM) pannigu un gâteau[+nA]; NINDA-GUR_4-RA kerṣu (préparation de céréales), NINDA-ḪÁD-DA aklu ablu pain sec, biscuit (et cf. NÌ-ḪAR-RA);
pain grillé; NINDA-Ì-DÉ-A(-AN) mersu (une pâtisserie);
NINDA-IZI(-NÌ)-ḪAR-RA akal tumri pain cuit sous la cendre, NINDA-(ka-dù:)GUG_6 kukku (une sorte de gâteau ou de pain); NINDA-KASKAL ṣidītu, (akal ḫarrāni) provisions de route, viatique[+°]; NINDA-KU_7-KU_7 mutqû pain doux[°]; [lú]« ša mut(t)āqi(-šu) pâtissier;
NINDA-KUM (aklu ḫašlu), isqūqu farine; NINDA-IMGAGA akal kunāši pain d'épeautre;

GAR šakānu poser, placer, mettre[∞];
šiknu forme, aspect (physique)[v+s]
[lú]GAR šaknu préposé, lieutenant; "glaebae adscriptus"[w°a];
[mí]GAR šakintu préposée, šaknūtu gouvernorat,
[lú]GAR-UMUŠ šakin ṭēmi[×] préfet; [lú]GAR-KUR šakin māti gouverneur d'Aššur.
GAR kamāru amasser[A]; GAR-GAR kumurrû somme, total[A].
GAR-IB-MUŠEN (un oiseau: chauve-souris?)[v] (TCS 2, 25.)
GAR-RA uḫḫuzu plaqué;

NÍG, NÌ (= chose; sert en sumérien à former des mots abstraits).
NÌ ša appartenant à[°], mimma tout[v];
NÌ-AG-A upīšu, upšāšû maléfice; NÌ-BA kimiltu colère (divine)[v]; qâšu donner, qīštu don[w°],
NÌ-BÚN-NA[ku6] šeleppû tortue[voa]; [túg]NÌ-$DARA_4$-ŠU-LÁL ulap lupputi chiffon sale[sv]; NÌ-DÉ-A biblu crue dévastatrice[+v]; NÌ-DÍB matériaux.
NÌ-DÍM-DÍM-MA epištu rituel[+], NÌ-DÍM-DÍM-MA nigdimdimmû physiognomancie[v]; bunannû forme, aspect[v];
NÌ-DU kudurru borne cadastrale[ou], rejeton, progéniture[o], NÌ-DÚR-BÙR nam/nzītu cuve[+]; NÌ-È lītu victoire[wvo];
NÌ-GA namkūru, makkūru biens, trésor[v+w ooo].
NÌ-GAG-TI namzāqu clé, NÌ-GAL-GAL-LA kabbaru très épais[+]. NÌ-GÁL(-LA) bušû (cf. aussi NÌ-ŠU) biens, trésor;
(adi NÌ-NU-GÁL adi lā bašê jusqu'à ce qu'il n'y ait plus rien);

323

(Suite de la page précédente)

(suite)

NÌ-GÁL (-LA) niggallu faucille°;
ú NÌ-GÁN-GÁN egengīru roquette[s]; NÌ-GAR
šukunnû apport, produit;
NÌ-GIG ikkibu part du dieu, tabou; maruštu mal[+v];
NÌ-GI-NA kittu justice, vérité[+], d « (un dieu). (cf. NÌ-ZI)
NÌ-GUB naptanu repas; (giš)NÌ-GUL aqq/kkullu
sorte de marteau[w vo]; NÌ-ÀR-RA mundu farine fine[+];
NÌ-ḪUL lemuttu méchanceté, malheur[+v]; túg NÌ-ÍB-LÁ
ḫuṣannu ceinture; NÌ-KALA-GA tigû, (nig̃kalagû) timbale[+];
NÌ-KA/KA₉ nikkassu comptes°; NÌ-KA₉-TIL-LA
nikkassu gamru comptes apurés°;
NÌ-LÁ/KÉŠ (-DA) riksu lien, attache, obligation;
NÌ-KI/KU-GAR iškinū paiement supplémentaire°;
NÌ-KI (-GAR-RA) zērmandu vermine;
NÌ-KU₅-DA miksu taxe°, lú « mākisu percepteur°;
NÌ-LÁ ṣimittu attelage, ligature, attache; ṣimdu
pansement[s]
túg NÌ-LÁM lubūšu un habit; lam(a)ḫuššû habit de fête[+];
NÌ-ME-GAR išdiḫu profit, prospérité, activité commerciale, qūlu silence, tranquillité; NÌ-MÍ-US-SA terḫatu "prix de la mariée";
túg NÌ-MU₄ lubūšu vêtement; NÌ-NA nig̃naqqu brûle-parfum, cassolette; NÌ-NA-GÚB nig̃nagubbû encensoir[+];
NÌ-NA-ME mimma tout; NÌ-NAM
mimma (šum-šu) quoi que ce soit, tout;
NÌ-NIGIN sīdānu vertiges[s]; (lú) NÌ-NU-TUK lapnu pauvre[v];
(nì-pa=) NINGIDAR ḫaṭṭu bâton, sceptre; ú NINGIDAR (-SIPA) ḫaṭṭu rē'i (une plante)[s]
NÌ-PÀD-DA mukallimtu commentaire; NÌ-SAG-ÍL (-LA)
rigsagilû, dinānu, pūḫu substitut, remplaçant[w+];
(túg NÌ-SAG-ÍL-MÚ-NITA₂/MUNUS, cf. n° 536
NÌ-SÁ-SÁ-ḪÁ mutḫummu fruit[w]; NÌ-ŠÁM šīmu prix;
NÌ-ŠE-SA-A lābtu grain grillé; NÌ-SILA₁₁-GA lēšu
pâte; NÌ-SI-SÁ mēšaru droit, équité; NÌ-ŠU bušû biens;
NÌ-ŠU-LUḪ-ḪA ne/amsû cuvette[Gl. Am.]; NÌ-ŠU-ZABAR mušālu
métal; NÌ-TAB naṣraptu "creuset" (partie du foie)[v];
NÌ-TAB-TUR-RA ḫuluppaqqu braséro; dug NÌ-TA-KUR₄ kurkurru
(un vase)[+]; NÌ-TAG liptu maladie; NÌ-TAG-ŠU² lipit qāti extispicine;
NÌ-TUK mašrû richesse, vigueur[v]; lú NÌ-TUK šarû (le) riche[+];
NÌ-ÚR-LIMMU₂-BA būlu troupeau, bétail[v];
kuš NÌ-ZÁ kīsu bourse[+] (cf. ZÁ); NÌ-ZI kittu (le) droit;
NÌ-ZI-GÁL-EDIN-NA nammaššû bêtes[v]; NÌ-ZU iḫzu (le) savoir.
— phon. šá-AN šā'ilu oniromancien —

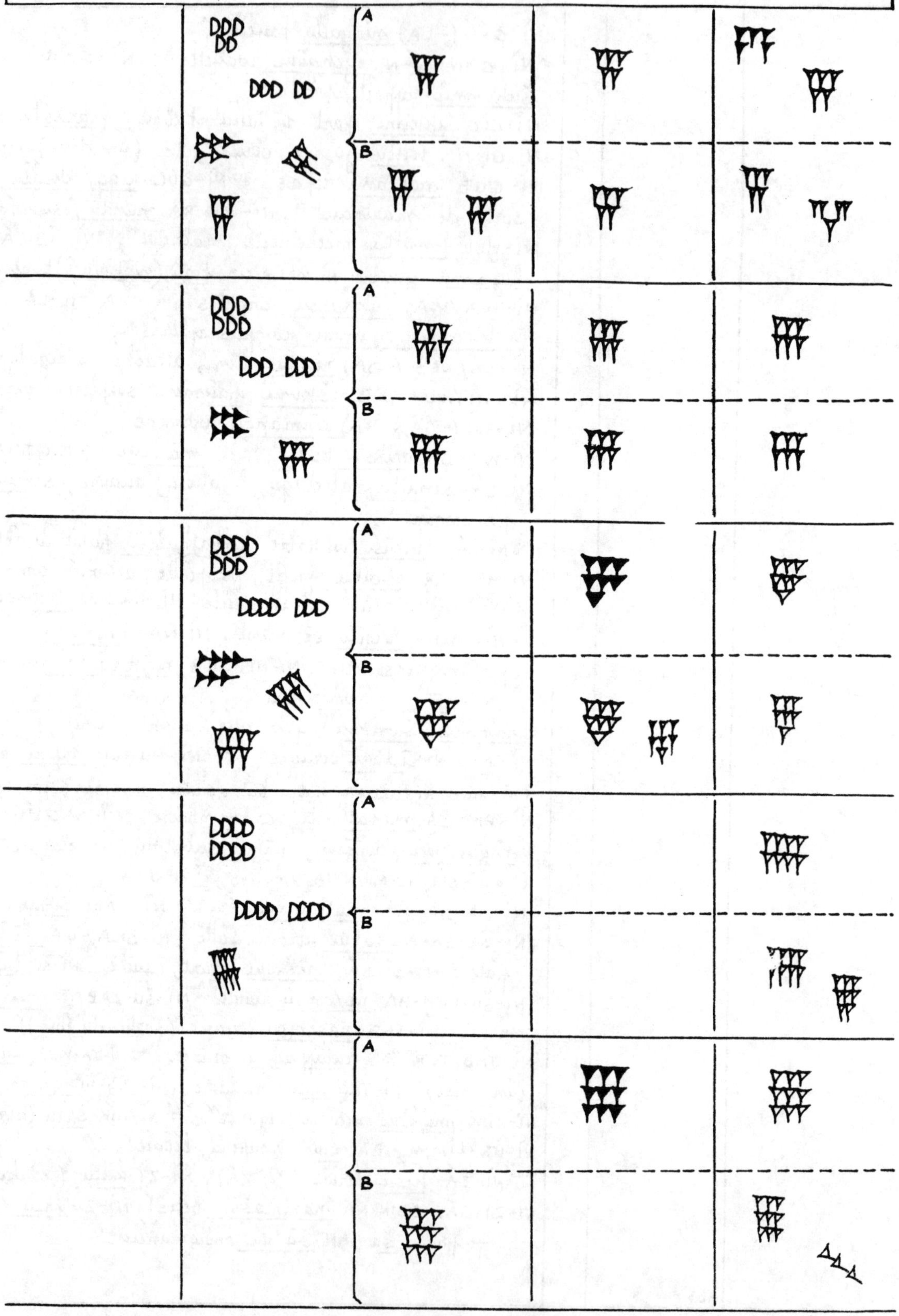
A
B
A
B
A
B
A
B
A
B

	iá í 284 324		IÁ hamiš, hamša/et cinq°; hamšu cinquième; GEŠIA 5 šušši (5×60 =) 300. ^{d}Í-gi-gi les dieux Igigi. 598a
	àš 285 325	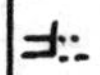	ÀŠ šeššu six°; GEŠAŠ 6 šušši (6×60 =) 360. 6-su 1/6 598b
			IMIN, UMUN sebe sept°; (kiššatu totalité, cf. LUGAL-IMIN n° 151) ^{d}IMIN(-BI) ^{il}sibitti les dieux Sept +°; GEŠUMUN 7 šušši (7×60 =) 420. IMIN-KAM sebû septième. 598c
			USSU šamānû huit°; GEŠUSSU 8 šušši (8×60 =) 480. 598d
			ILIMMU têšu, teltu neuf (9)°; GEŠILIMMU 9 šušši (9×60 =) 540. 598e

— Liste alphabétique des valeurs —

Cette liste comprend toutes les valeurs akkadiennes, toutes les valeurs communes au sumérien et à l'akkadien, et les valeurs purement sumériennes auxquelles un assyriologue peut avoir à se référer, notamment celles qui entrent dans la composition des séries d'homophones ou qui représentent la lecture sumérienne des idéogrammes employés dans l'écriture akkadienne.

Etant donné ce caractère composite (sumérien-akkadien), ces différentes valeurs sont classées d'après l'ordre alphabétique suivant : a, b, d, e, g, ḫ, i, j (y), k, l, m, n, p, q, r, s, ṣ, š, t, ṭ, u, w, z. (Pour la prononciation de ces sons, cf. ci-dessus, p. 15).

— Ne sont pas soulignées : les valeurs purement sumériennes.
— Sont soulignées d'un trait plein : les valeurs akkadiennes ou communes à l'akkadien et au sumérien.
— Sont soulignées d'un pointillé : les valeurs sumériennes dont la lecture reste problématique.
— Est soulignée d'un petit trait : toute consonne akkadienne qui, à une certaine époque, a pu avoir, accidentellement, une prononciation spirante (k̲ur = ḫur, lit̲ = lis, etc.).
— Sont entre crochets : les valeurs restituées, mais certaines.
— Sont entre parenthèses : les valeurs encore hypothétiques.

— Sur les principes de classement des homophones, cf. ci-dessus, p. 33. —

a	579
á	334
à	383
a$_{4}$	579
a$_{5}$	97
a$_{6}$	411
a$_{7}$	589
a$_{8}$	575
a$_{9}$	522
a$_{10}$ (?)	356
a', 'a	397
á', 'á	398
'à	324
'a$_{4}$	579
ab, ap	128
áb, áp	420
àb, àp, aba$_{3}$	145
ab$_{4}$, aba$_{4}$	195
abgal	87
ablal	525
ablal$_{2}$	522
ablal$_{3}$	512
abni	461
abrig	87
absin ?	461
absin$_{2}$?	128
absin$_{3}$	56
abzu	6
ad, at, aṭ	145
ád, át, áṭ	10, 537
àd	
ad$_{4}$	381
adab	
adama	69
adamen	330
adamen$_{2}$	151
adamen$_{3}$	228
adan	381, 579
addir	
adkin	538
ag, ak, aq	97
ág	183

àg	314
aga	347
agam	580
agan	63a
agan$_{2}$	
agar	291, 379
agar$_{2}$	500
agar$_{3}$	526
agar$_{4}$?	501
agar$_{5}$?	579
agargara	87
agargara$_{2}$	87
agarin	199
agarin$_{2}$	198
agarin$_{3}$	
agrig	237, 452
aḫ	398
áḫ	331
àḫ	381
aḫ$_{4}$	60
aḫulab	102
ai, aia	579
ak, aka	97
aka$_{2}$	183
aka$_{3}$	314, 241
akani	
akar	87c, 92
akkil	
akkil$_{2}$	145
aktum	579
al	298
ál	358
al$_{5}$	381
al$_{7}$	13
alab	297
alad$_{2}$	322
alad$_{3}$	323
alal	317
alal$_{2}$	314, 356
alala	
alala$_{2}$	373

alala$_{3}$	381
alam	358
alammuš	141
alan	358
al'al	228
al'al$_{2}$	105
alim	421
alla	560
alu, ali, ala	38
am	170
ám	183
àm	579
am$_{4}$	251
am$_{5}$	271
am$_{6}$	13
ama	237
ama$_{2}$	170
ama$_{3}$	85
ama$_{4}$	251
ama$_{5}$	271
amagi	583
amam	103 b
amar	437
amaš	293
amat	558
ambar	522
amedu	237
amma	366
amme ?	51
amna	381
amna$_{2}$	471
an	13
ana	480
ana$_{2}$	13
ana$_{3}$	1
andul	329
anše / anšu	208
ap	cf. ab 128
apin	56
aq	cf. ag 97
ar	451

ár, ara$_2$	306
àr, ara$_3$	401
ara$_4$	48
ara$_5$	401
ara$_9$	24
arab	381
arad	50
arad$_2$	51
araḫ	52
araḫ$_2$	52
araḫ$_3$	261
arala	324
arali	381
ararma	
aratta	436
ari	359
ari$_2$	69
arḫuš	271
arḫuš$_2$	87b
arḫuš$_3$	87
aru	335
as, aṣ, az	131
ás, áz	339
às, àz	1
as$_4$	522
asal, asar, asari, asaru	44
asi	579
asila, asilal	156
asila$_2$, asilal$_2$	215
aṣ cf. as	131
aš	1
áš	339
àš	548b
aš$_4$	543
aš$_5$	
aš$_6$	128
aš$_7$	71
aša	1
aša$_2$	579
ašgab	104

ašlag	296
ašnan	367
ašša	1
ašša$_2$? (ašta!)	296
ašte	334
ašte$_2$	522
ašugi	103b
ašugi$_2$	586
at cf. ad	145
az cf. as	131
azag	468
azag$_2$	334
azalag	536
azu	181
azu$_2$	182
azukna	401
ba	5
bá	295
bà	472
ba$_4$	233
ba$_5$	30
ba$_6$	318
ba$_7$	74
ba$_8$	152
ba$_9$	69
ba$_{10}$	439
ba$_{11}$	19
ba$_{12}$	26
bab, bap	60
báb ?	381
bàb, baba$_3$	133
babbar	381
babbar$_2$	381
bad, bat, baṭ	69
bád, bát, báṭ	469
bàd	152
bad$_4$	461
bad$_5$, badi	449

baeš	339
(baḫ=) bak	78
bàḫ	355
báḫ	126
baḫar	297
baḫur$_2$	309
bak, bak	78
bal, bala	9
balag	352
balla	597
balla$_2$	597
ban	439
bán, banda$_2$	74
bàn, banda$_3$	144
banda$_4$	69
banda$_5$	567
baneš	339
banšur	41
banšur$_2$	227
banšur$_3$(?)	354b
bap cf. bab	60
bappir	225
bappir(u)$_2$	215
bar	74
bár, bara$_4$, para$_2$	344
bàr, bara$_5$	280
bar$_4$	229
bar$_5$	567
bara$_2$	69
bara$_3$, para$_3$	485
bara$_6$, para$_6$	517
bara$_7$, para$_7$	500
bara$_8$, para$_8$	490
bara$_9$, para$_9$	502
bara$_{10}$	260
bar$_{11}$	381
barag	344
barana cf. buranun	579
barun cf. šurun	494
bat cf. bad	69

batu	472
be	69
bé	214
bè	231
be$_4$	5
be$_5$	536
be$_7$	173
be$_8$	172
bel	172
belili	358
bi	214
bí	172
bì	383
bi$_4$	69
bi$_5$	173
bi$_6$	5
bi$_7$	536
bibe	372
bibra	550
bid	cf. bit 324
bil, pil	172
bíl, píl	173
bìl, pìl	296
bil$_4$, pil$_4$	296
billudu	295
bilti, biltu	108
bir	400
bír	381
bìr	393
bir$_4$	168
bir$_5$	79
bir$_6$	388
bir$_7$	390
biš	346
bit, bid, biṭ	324
bít, bíṭ	69
bìt, bìd	536
biti	324
bu	371
bú	166
bù	26
bu$_4$	511

bu$_5$	515
bu$_6$	19
bu$_7$	536
bu$_8$	318
bu$_9$	96
bu$_{10}$	60
bu$_{11}$	352
bu$_{12}$	411
bubbu	515
bube	110
bugin, bunin	522
bugin$_2$, bunin$_2$	528
bugin$_3$, bunin$_3$	516
bugin$_4$, bunin$_4$	512
bul	515
búl	11
bùl	9
bula	536
bulug	96
bulug$_2$	11
bulug$_3$	60
bulug$_4$	60
bulug$_5$	367
bulug$_6$?	216
bulug$_7$?	218
bulug$_8$?	220
buluḫ	2
bum	26
búm	352
bun	510
bún	30
bunin	cf. bugin 522
bur	349
búr, buru$_2$	11
bùr, buru$_3$	411
bur$_4$, buru$_4$	71
bur$_5$, buru$_5$	79
	79
	79
bur$_6$	249
buru$_7$	311
buru$_8$	2

buru$_9$	227
bur$_{10}$	515
bur$_{11}$, buru$_{11}$	461
bur$_{12}$	371
bur$_{13}$	60
buranun, burunun	381
buš	166
búš	60
buzur	411
buzur$_2$, puzur$_2$	471
buzur$_3$	446
buzur$_4$, puzur$_4$	26
buzur$_5$	19
da	335
dá	139
dà	230
da$_4$	557
da$_5$	132
da$_6$	126
da$_7$	381
da$_8$	280
da$_9$	338
dab, dap	537
dáb, dáp	124
dàb	396
dab$_4$	138
dab$_5$?	536
daban	110
dad, dat	63
dag, dak, daq	280
dág	379
dàg, dàk, dàq	229
dagal	237
daggan	461
dagrin ?	512
daḫ	169
dáḫ	167
dak	cf. dag 280

dakan	cf. daggan 461↓
dal	86
dál, dalla	74
dàl	1
dam	557
dám	381
dàm	207
damal	237
damu (?)	cf. edamu 579↓
$damu_2$	449
dan	322
dán	270
dàn	255
dan_4	248
dana, danna	166↓
dap	cf. dab 537
dapar	297
daq	cf. dag 280
dar	114
dár, $dara_2$	535
dàr, $dara_3$	100
dar_4, $dara_4$	540
dar_5	351
dari, daru	228
darri	114
darum	535
das	575
daš	575
dáš	480
dàš	114
dat	cf. dad 63
de	457
dé	338
dè	172
de_4	376
de_5	86
de_6	206
del	cf. dil 1
dellu	122a↑
deš	cf. diš 480
deššu	339
di	457

dí	396
dì	73
di_4	144
di_5	86
di_6	206
di_7	172
di_8	338
di_9	15
dib, dip	537
díb	536
dida	214↓
didli	1
dig, dik, diq	231
digi	231
dìg (?)	60
$digi_2$ (?)	536
dik	138
diki	69
dil, del, dili, dele	1
dél, $dili_2$	377
$dilim_2$	377
$dilim_3$	510
dilib	314
$dilib_2$	24
$dilib_3$	118
dilim	cf. dil 1
dilina	cf. kilina 510↓
dim	94
dím	440
dìm	150
dim_4	60
dim_5	12
dim_6	338
dim_7	69
dimgul	122a↑
din	465
dingir	13
dinig	461
$dinig_2$	532
dip	cf. dib 537
dipar	297
dir, diri(g)	123

dír	114
dìr	13
dir_4	375
diš, deš	480
díš, déš	1
$deš_4$	332
du	206
dú	58
dù	230
du_4	207
du_5	595
du_6	459
du_7	441
du_8	167
du_9	11
du_{10}	396
du_{11}	15
du_{12}	574
du_{13}	144
du_{14}	330
du_{15}	406
du_{16}	52
du_{19}	338
du_{20}	335
du_{23}	579
dub, dup	138
dubba	138
dúb	352
dùb	396
dubad (?)	461
dubul	354
dubur	400
$dubur_2$	409
dug, duk, duq	309
dúg, dúk, dúq	574
dùg	396
dug_4	15
dug_5 (?)	
duggan	400
dugud	445

Reading		No.
dugud$_2$ (?)		427
duḫ		167
duk	cf. dug	309
dul		459
dúl		511
dùl		329
dul$_4$		348
dul$_5$		536
dul$_6$		459
dum		207
dùm		557
dumgal		224
dumu		144
dun		467
dún		465
dùn		595
dun$_4$		348
dun$_5$ (?)		11
dunga		115
dunga$_2$		355
dunga$_3$		130
dup	cf. dub	138
duq	cf. dug	309
dur		108
dúr, duru(m)$_2$		536, 208
dùr		
dur$_4$, duru$_4$		128
dur$_5$, duru$_5$		579
duru$_7$		324
duri		71
durku		146
durun, duruna		536
duruna$_2$		510, 320
dusu		
dusu$_2$		208
duš		536
duššu		320
e		308

Reading		No.
é		324
è		381
e$_4$		579
e$_5$		556
e$_6$		7
e$_8$		381
e$_9$ (?)		427
e$_{10}$		560
e$_{11}$		459
e', 'e		397
é', 'é		398
'è		324
'e$_4$		579
eb	cf. ib	535
ebiḫ		99
ebla		579
ed, et		334
éd		381, 273
edakua		
edakua$_2$		524
edamu		579
edim		69
edin		168
eg	cf. ig	80
ega		579
ega$_2$		63
egar		324
egi		536
egir		209
egir$_3$		207
eḫ	cf. iḫ	398
ek	cf. ig	80
el		564
èl		13
él		205
ela		579
elal		317
elam, elamu		433
elamkuš		510
elamkuš$_2$		518
elamkuš$_3$		527
elamkuš$_4$		522

Reading		No.
ellag		183
em		399
èm		183
em$_4$		32
eme		32
eme$_2$		315
eme$_3$		554
eme$_4$		237
emedu		237
emedu$_2$		237
emedub		250
emedub$_2$		252
emeš		562
en, eni, enu		99
én		546
èn		59
en$_4$		15
endib		99
(endur)	cf. ḫendur	295
enem		15
engar		56
engima		99
engur		484
enigin		579
enim		15
enim$_2$		433
enkum		99
enna (?)		229
enni		399
ennigi		99
ennin		103
ensi		99
ensi$_2$		295
enšada		296
entemena		175
ep	cf. ib	535
epig		592
epig$_2$		309
epir		309
epir$_2$		214
eq	cf. ig	80

er	cf. ir	232
era		50
erem	cf. erim	393
eren	cf. erin	541
ereš, eriš		556
$ereš_2$		147
$ereš_3$		232
$ereš_4$		56
$ereš_5$		343
eri	cf. ir	232
erib		104
erida, eridu(g)		87
erim		393
$erim_2$		172
$erim_3$		49
$erim_4$		262
$erim_5$		195
erin, erina, eren		541
$erin_2$, $eren_2$		393
$erin_3$		49
$erin_4$		262
$erin_5$		356
eru, erum		50
eru_2		115
eru_3, $erum_3$		120
eru_4, $erum_4$	---54)	579
es, eṣ, ez		296
és		472
ès, èz		128
es_4		339
esa		366
esag		585
eseš		579
esi, esig		322
esibir		239
esir		579
$esir_2$		487
$esir_3$		354
eš		472
éš		536
èš		128

$eš_4$		480
$eš_5$		593
$eš_6$		
$eš_7$		69
$eš_8$		166
$eš_9$		579
$eš_{10}$		579
$eš_{11}$		86
$eš_{12}$		174
$eš_{13}$		175
$eš_{14}$?		564
$eš_{15}$		296
$eš_{16}$		212
$eš_{17}$		533
eša		579
$eša_2$		472
ešda		233
$ešda_2$		129
eše		472
$eše_2$		536
$eše_3$		69
$eše_4$		579
ešemen	cf. ešemin	461
ešemin		
$ešemin_2$		
$ešemin_3$		536
$ešemin_4$		200
$ešemin_5$		214
ešgal		194
eškiri		413
ešlug		152
eššad		332
eššadu		129
ešša		545
$ešša_2$		85
eššana		593
eššu		13
eštub		297
et	cf. ed	334
eze		537
ezen		152
ezinu		367

ga	319
gá	233
gà	105
ga_4	597
ga_5	62
ga_6	320
ga_{14}	15
ga-a-a-u	494
ga'eš, ga'iš	319
gab, gap, gaba	167
gáb, gáp	88
gaburra	259
gad, gat, gaṭ, gada, gadu	90
gadub	250
gag	230
gaggu	383
gagia	256
gagig	265
gagirsu	236
gagri	326
gaḫalla	235
gaḫili	263
gaḫurin	506
gakkul	416
gal	343
gál	80
gàl	49
gal_4	554
gal_5	376
gal_8 ?	381
gala	211
$gala_2$, $galla_2$	554
$gala_3$	511
$gala_4$	498
$gala_5$	514
$gala_6$	330
gaila	376
galga	278
gal[am]	190h
galilla	251

gam	362
gám	406
gàm	60
gam$_4$ (?)	143
gam$_5$	69
gamar	231
gambi	554
gamme	149
gamun	465
gan, gana	143
gán, gana$_2$	105
gána$_3$	202
gana(m)$_4$	494
gana(m)$_5$	493
gana(m)$_6$	540
ganba	464
ganmuš	140
ganmuš$_2$	141
ganun	244
ganzer	449
ganzer$_2$	172
gap	cf. gab 167
gar	597
gár	
gàr	333
gar$_4$	297
gar$_5$	345
gar$_6$	87
gar$_7$	307
gar$_8$	567
gar$_9$	319
gar$_{10}$	319
gar$_{11}$	319
gar$_{12}$	319
gar$_{13}$	376
gar$_{14}$	376*
gar$_{16}$ (ou ša$_7$?)	86
gar$_{17}$	362
garak (?)	105
garak$_2$	498
garak$_3$	511
garak$_4$	514

garaš	247
garaš$_2$	461
garaš$_3$	319
garim	484
garin	513
garsu	295
garza	295
garzu	295
gasikilla	272
gaš	214
gašam	87
gašan	350
gat	90
gàt	63
gaz, gas, gaṣ	192
gazag	269
gazi	257
gazibu, gazinbu/i	371
ge	cf. gi 85
geltan	383
geme	554
geme$_2$	558
gen	cf. gin 206
genna, gena	144
gešpu	296
gešpu$_2$	354
geštin	210
geštu, gešdu, geštug	383
geštu$_2$, gešdu$_2$	296
geštu$_3$, gešdu$_3$	296
gešdu$_4$ 62)	449
gi, ge	85
gé	313
gì, gè	480
gi$_4$, ge$_4$	326
gi$_5$, ge$_5$	461
gi$_6$, ge$_6$	427
gi$_7$ ge$_7$	536
gi$_8$	449
gi$_9$	172

gi$_{10}$, ge$_{10}$	173
gi$_{12}$, ge$_{12}$	558
ge$_{14}$	411
ge$_{15}$	1
gi$_{16}$, ge$_{16}$	67
gi$_{17}$, ge$_{17}$	446
ge$_{19}$	596
ge$_{20}$	319
ge$_{22}$	360
ge$_{23}$	361
ge$_{24}$	51
ge$_{25}$ (?)	(?) 84
gi$_{27}$	132
gíb, gíp	cf. kib 228
gibil	173
gibil$_2$	548
gibil$_3$	461
gibil$_5$	190h
giburu(m)	411
gid, git, giṭ	313
gíd, gít, gíṭ	371
gìd (?)	104
gid$_4$	90
gidim	576
gidim$_2$	74
gidim$_3$, gidi$_3$	371
gidim$_4$,	577
gidi$_5$	373
gidi$_6$	381
gidri	295
gig	446
gíg	427
gìg (?)	67
gigi	326a
gigir	486
gigir$_2$	511
gigir$_3$	503
gigir$_4$	459
gigri	201
gigri$_2$	202
giguru	411
giguru$_2$	74

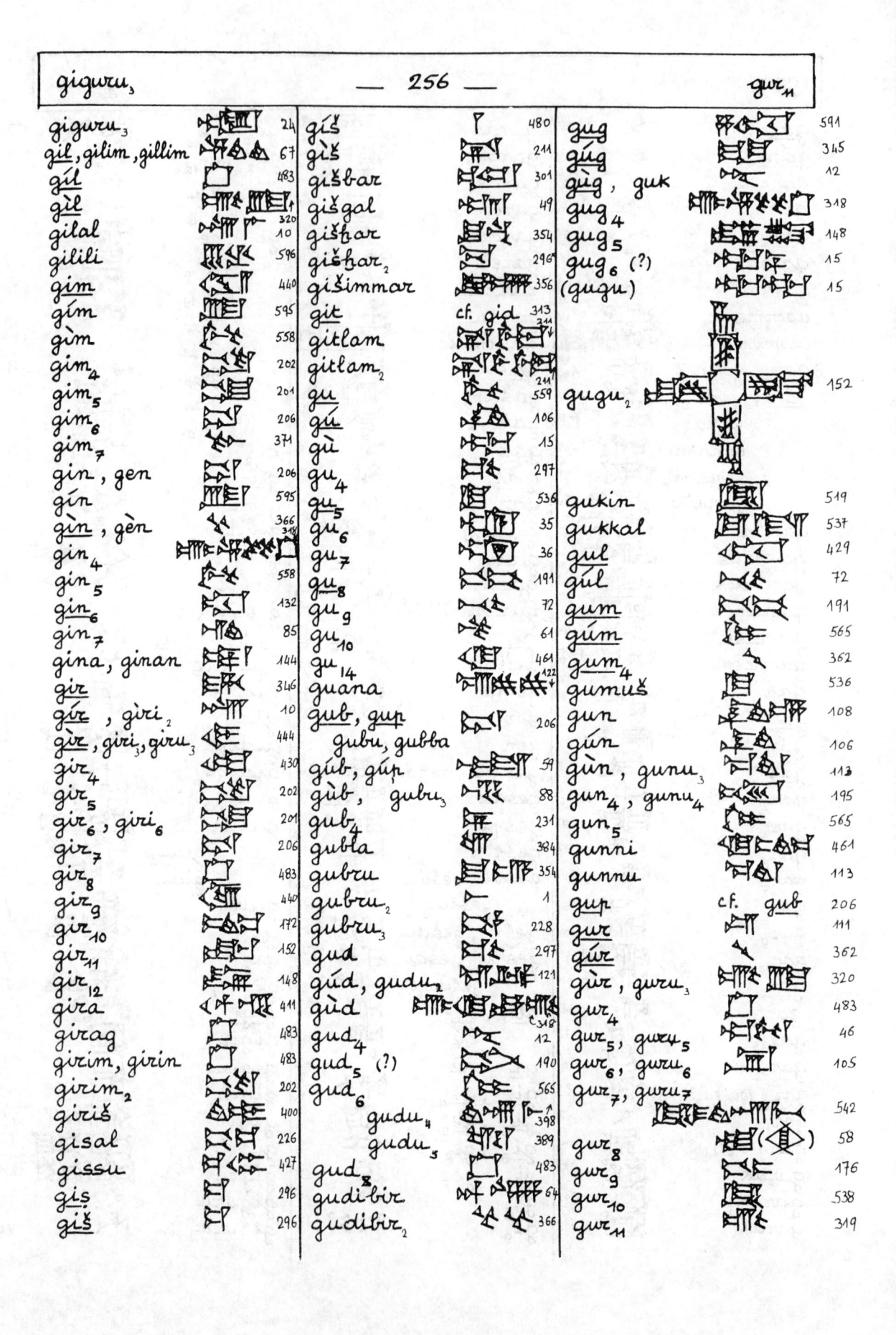

giguru$_3$	24
gil, gilim, gillim	67
gíl	483
gìl	320
gilal	10
gilili	596
gim	440
gím	595
gìm	558
gim$_4$	202
gim$_5$	201
gim$_6$	206
gim$_7$	371
gin, gen	206
gín	595
gìn, gèn	366
gin$_4$	318
gin$_5$	558
gin$_6$	132
gin$_7$	85
gina, ginan	144
gir	346
gír, giri$_2$	10
gìr, giri$_3$, giru$_3$	444
gir$_4$	430
gir$_5$	202
gir$_6$, giri$_6$	201
gir$_7$	206
gir$_8$	483
gir$_9$	440
gir$_{10}$	172
gir$_{11}$	152
gir$_{12}$	148
gira	411
girag	483
girim, girin	483
girim$_2$	202
giriš	400
gisal	226
gissu	427
giṣ	296
giš	296

gíš	480
gìš	211
gišbar	301
gišgal	49
gišḫar	354
gišḫar$_2$	296
gišimmar	356
git	cf. gid 313
gitlam	311
gitlam$_2$	211
gu	559
gú	106
gù	15
gu$_4$	297
gu$_5$	536
gu$_6$	35
gu$_7$	36
gu$_8$	191
gu$_9$	72
gu$_{10}$	61
gu$_{14}$	461
guana	122
gub, gup / gubu, gubba	206
gúb, gúp	59
gùb, gubu$_3$	88
gub$_4$	231
gubla	384
gubru	354
gubru$_2$	1
gubru$_3$	228
gud	297
gúd, gudu$_2$	121
gùd	318
gud$_4$	12
gud$_5$ (?)	190
gud$_6$	565
gudu$_4$	398
gudu$_5$	389
gud$_8$	483
gudibir	64
gudibir$_2$	366

gug	591
gúg	345
gùg, guk	12
gug$_4$	318
gug$_5$	148
gug$_6$ (?)	15
(gugu)	15
gugu$_2$	152
gukin	519
gukkal	537
gul	429
gúl	72
gum	191
gúm	565
gum$_4$	362
gumuš	536
gun	108
gún	106
gùn, gunu$_3$	113
gun$_4$, gunu$_4$	195
gun$_5$	565
gunni	461
gunnu	113
gup	cf. gub 206
gur	111
gúr	362
gùr, guru$_3$	320
gur$_4$	483
gur$_5$, guru$_5$	46
gur$_6$, guru$_6$	105
gur$_7$, guru$_7$	542
gur$_8$	58
gur$_9$	176
gur$_{10}$	538
gur$_{11}$	319

gur$_{12}$	60
gur$_{13}$	231
gur$_{14}$	401
gur$_{15}$	594
gur$_{16}$	366
guru$_{17}$	296
gur$_{18}$	15
gurin, guru / gurun	311
gurun$_2$	694
gurun$_3$	483
guruš	322
guruš$_2$	211
guruš$_3$	46
guruš$_4$	126
guškin	468
guz	565
gúz	371
ḫa	589
ḫá	404
ḫà	411
ḫa$_4$	396
ḫab, ḫap	483
ḫáb	511
ḫabrud(a)	462
ḫabrud(a)$_2$	462
ḫad, ḫat, ḫaṭ	295
ḫád	381
ḫàd	356
ḫada	290
ḫal, ḫala	2
ḫál	555
ḫalba, ḫalbi	1036
ḫalba$_2$, ḫalbi$_2$	586
ḫalba$_3$, ḫalbi$_3$	586
ḫalba$_4$, ḫalbi$_4$	482
ḫalba$_5$, ḫalbi$_5$	482
ḫalubba	277
ḫaman	295
ḫamanzer ?	539
ḫanburuda	462
ḫaniš	69
ḫaniš$_2$	151
ḫar	401
ḫár	297
ḫara$_3$	330
ḫara$_4$	288
ḫara$_5$	293
ḫar$_6$	480
ḫaru	288
ḫarub	290
ḫaršu	29
ḫas, ḫaṣ, ḫaz	12
ḫaš	12
ḫáš	190
ḫàš	381
ḫaš$_4$	555
ḫašḫur	146
ḫat	cf. ḫad 295
ḫe, ḫi	396
ḫé, ḫí	143
ḫegal	237
ḫenbur	230
ḫenbur$_2$	367
ḫendur	295
ḫenzer	444
ḫibira	305
ḫibis, ḫibiz	144
ḫibis$_2$, ḫibiz$_2$	300
ḫil	67
ḫíl	1
ḫilibu	308a
ḫir	152
ḫír	401
ḫir$_4$	55
ḫir$_5$	405
ḫirim, ḫirin	461
ḫiš	381
ḫíš	190
ḫu	78
ḫú	58
ḫù	411
ḫub, ḫup	89
ḫúb, ḫúp	88
ḫud	295
ḫúd, ḫút, ḫúṭ	381
ḫùd	408
ḫud$_4$	356
ḫul	456
ḫúl	550
ḫùl	228
ḫum	565
ḫun	536
ḫunin	228
ḫur	401
(ḫur = kur)	366
ḫus, ḫuz	565
ḫuš	402
ḫúš	444
i	142
í	598a
ì	231
i$_4$	229
i$_5$	15
i$_6$	536
i$_7$	579
i$_8$	484
i$_9$	233
i$_{10}$	381
i$_{11}$	396
i$_{12}$	59
i', 'i	397
í', 'í	398
'ì	396
'i$_4$	579
ia	142
iá	598a
ià	231
ia$_4$	229
ia$_5$	61

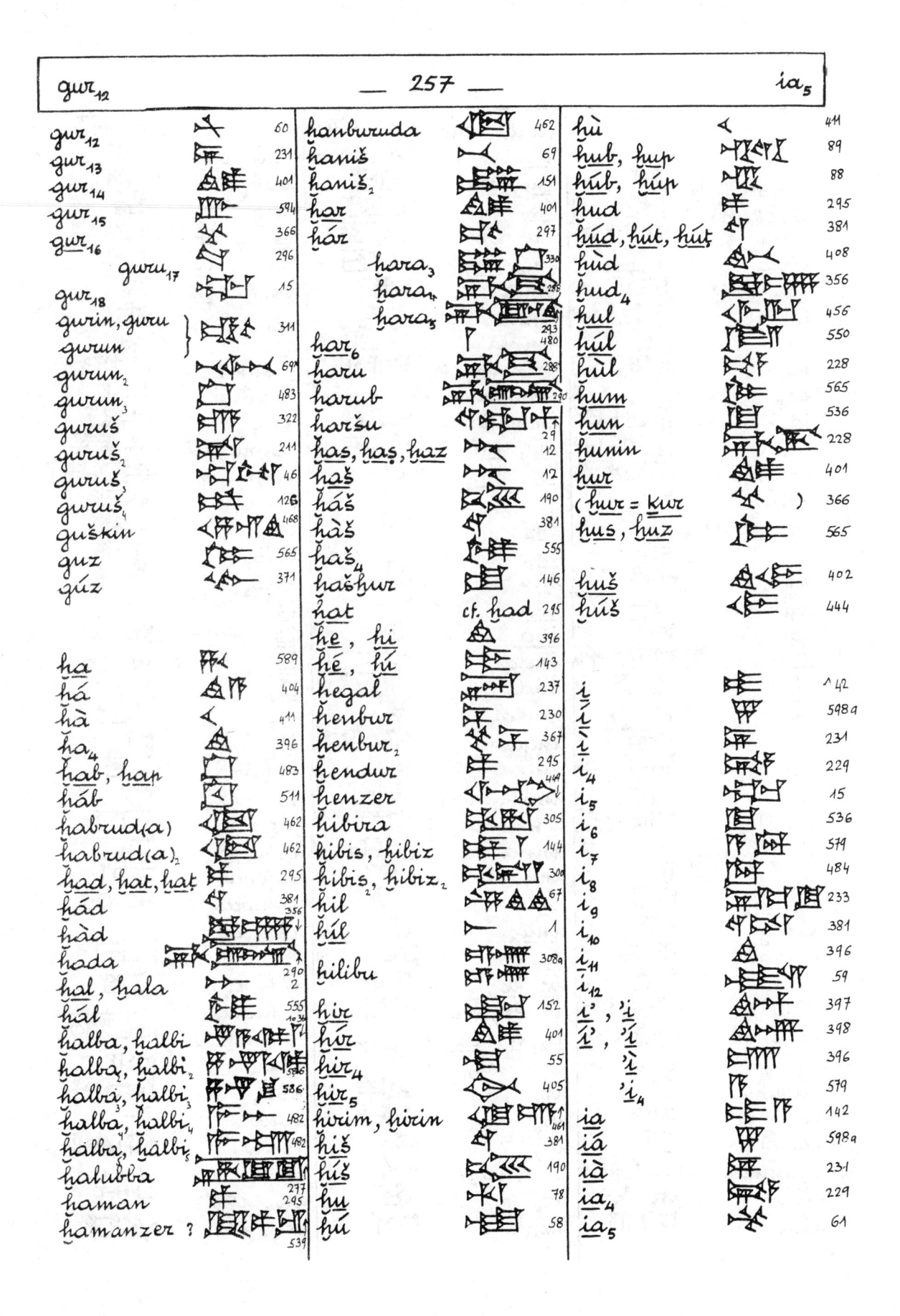

ib, ip, eb, ep 535
íb, íp, éb, ép 207 144
ibila
ibira 22
id, it, iṭ 334
íd, ít 579
ìd 484 381
id$_4$
id$_5$ 574 574
id$_6$
idi 265
idigna 74
idim 69
ig, ik, iq, eg 80
ég 308
iga (449)
igi 449
igi$_2$ 351
igira$_2$ 461
iḫ 398
ik cf. ig 80
iku 105
iku$_2$ 234
il 205
íl, ili$_2$ 320
ìl, ili$_3$, ilu$_3$ 13
il$_4$ 480
il$_5$, ili$_5$ 564
ildag 83
ildag$_2$ 579
ildag$_3$ 170 441
ildu
ildu$_2$ 449
ili cf. il 205
ilimmu 598
ilimmu$_2$
illag 483
illamma 30
illat 166
illu 579

illulu, illuru 384
ilu cf. il 205
im, em 399
ím 202
èm 183
im$_4$, em$_4$ 32
imin 598
imin$_2$
imma 28
immalmal 339 510
immandu (plutôt nimandu)
immeli 35
in, ini 148
ín, ini$_2$ 449
1
in$_4$ 99
in$_5$ 556
in$_6$ 1
ina 1
ina$_2$ 449
inda 176
inda$_2$ 523
inda$_3$ 597
ingar 324
ini cf. in 449
inim, enem 15
inimma
inna 540
innana 103
inu 15
inu$_2$ 449
ir, er 232
ír, ér 579
ìr, èr, eri$_3$ 50
ir$_4$, er$_4$, eri$_4$
iri$_4$ 38
ir$_5$ 401
ir$_6$ 581
ir$_7$ 166
iri$_8$ 69
ir$_9$ 444
ir$_{10}$ 206

iri$_{11}$ 195
irib, erib 104
irib$_2$ 502
irig 232
is, iṣ, iz 296
ís, íz 212
ìs, ìz 128
is$_4$ 339
is$_5$ 472
(isak ? 295
isi 212
isi$_2$ 429
isimu, isima 60
isimu$_2$ 429
isim$_3$ 430
isiš 212
isiš$_2$ 579
isiš$_3$ 581
iš 212
íš 166
ìš 472
iš$_4$ 480
iš$_5$ 15
iš$_6$ 296
išḫara 278
išḫara$_2$ 384
išḫara$_3$ 529
išḫara$_4$ 252
išḫuru 278
išḫuru$_2$ 44
išḫuru$_3$
išḫurum$_3$ 105
išḫur$_4$ 252
išḫuru$_5$
išḫurum$_5$ 250i
iši 212
iši$_2$ 547
išib 532
iškur 399
it cf. id 334
iti, itu 52
iti$_2$, itu$_2$ 52

iti$_3$	166
itima	265
itima$_2$	26
itud (?)	52
iz, ez — cf. is	296
izi, izu	172
izí$_2$	461
izib	532
izin, izun — cf. ezen	152
ja, ji, ju	383
ka	15
ká	133
kà	319
ka$_4$	62
ka$_5$	355
ka$_6$	596
ka$_7$	202
ka$_8$	406
ka$_9$	314
kab, kap	88
kad, kat, kaṭ	90
kád, kát	63
kàd, kàt	63
kad$_4$, kat$_4$, kaṭ$_4$	354
kad$_5$, kat$_5$, kaṭ$_5$	354
kad$_6$	395
kad$_7$	354
kad$_8$	365
kak	230
kák	296
kaku	202
kakkuda	206
kal	322
kál	343
kàl	230
kal$_4$	554
kala, kalag	322

kala$_2$	554
kala$_3$	511
kala$_4$	498
kala$_5$	514
kalam	312
kalama	312
kalam$_2$	400
kam	406
kám	143
kàm	354
kam$_4$ (?)	60
kamaš	202
kamuš	297
kan	143
kán	105
kàn --90)	119
kanam	312
kankal	461
kap — cf. kab	88
káp	167
kar, kara	370
kár, kara$_2$	105
kàr	333
kara$_4$	354
karadin	375
karadin$_2$	369
karadin$_3$	370
karadin$_4$	375, 529
karadin$_5$	
karadin$_6$	375
karaš	461
kas	166
kás	214
kàs	192
kas$_4$	202

kas$_5$	201
kasbi	318
kaskal	166
kaṣ	192
kaš	214
káš	166
kàš	211a
kaš$_4$	202
kašbir	214
kaššeba	151
kaššeba$_2$	358
kat — cf. kad	90
kaz	405
káz (?)	381
kazab	318
kazab$_2$ (?)	318
kazabur	318
kazaza	405
ke — cf. ki	461
kel — cf. kil	483
keš — cf. kiš	425
kešda	152
ki, ke	461
kí, ké	85
kì	97
ki$_4$, ke$_4$	313
ki$_5$	440
ke$_6$	206
kib, kip	228
kibaš	51
kibir	548
kid, kit, kiṭ	313
kíd	63
kìd	97
kid$_4$	314
kid$_5$	354
kid$_6$	354
kid$_7$ (?)	399
kid$_8$ (?)	554
kid$_9$, kit$_9$	90
kigalla	461
kikken, kikkin	401

kil, kel / kili, kilib	483
kíl	67
kìl, kèl / kili$_3$, kilib$_3$	529
kilibu	318
kilim	596
kilina (?)	510
kim	440
kím	354
	354
kìm	371
kimin	464
kin	538
kín	401
kìn	366
kin$_4$	529
kin$_5$	40
(kin$_6$?	) 132
kin$_7$	206
kinbur	525
kingal	343
kingusil(l)a/i	573
kingusilla$_2$	475
kinda	91
kinme	440
kir	346
kír	424
kìr	483
kir$_4$	15
kir$_5$	69
kir$_6$	424
kir$_7$	434(?)
kiraši	339
kiri	346
kiri$_2$	105
kiri$_3$	15
kiri$_4$	390
kis	425
kisal	249

kisi	309
kisim	290
kisim$_2$	285
kisim$_3$	293
kisim$_4$	281
kisim$_5$	404
kisim$_6$	461
kislaḫ	461
kislaḫ$_2$	463
kissa	461
kiš, keš, kiši	425
kíš, kéš	152
kìš, kèš, kiši$_3$, keši$_3$	546
kiš$_4$, keš$_4$, kiši$_4$	466
kiš$_5$, kiši$_5$	596
kiši$_6$	591
keš$_7$, kiši$_7$	284
keš$_8$, kiši$_8$	281
keš$_9$, kiši$_9$	290
kiši$_{10}$	448
kiši$_{11}$	227
kiši$_{12}$	87
(?) kiši$_{13}$	4
--93)	398
kiši$_{15}$	
kiši$_{16}$	318
kišib	314
kišib$_2$	596
ku	536
kú	36
kù	468
ku$_4$	58
ku$_5$	12
ku$_6$	589
ku$_7$	110
ku$_8$	558
ku$_9$	72
ku$_{10}$	427
ku$_{11}$	461
ku$_{12}$ (?)	294
ku$_{13}$	191

ku$_{14}$	17
kua	589
kub, kup	206
kúb, kúp	88
kùb, kùp	88
kubabbar	468
kud, kut, kuṭ	12
(kúd), kút, (kúṭ)	90
kùd (?)	536
kug	468
kuia	562
kuk	345
kukku	110
kukku$_2$	427
kukku$_3$	461
kukkuda	110
kukki	110
kuksu	12
kuksu$_2$	335
kul	72
kúl	429
kulla	567
kum	191
kúm	172
kun	77
kún	295
kùn	191
kun$_4$	142
kun$_5$	144
kun$_6$	76
kun$_7$	172
kunga	295
kungil	29
kunigara	579
kunigara$_2$	579
kunigara$_3$	579
kunigara$_4$	579
kunin	487
kunin$_2$	522
[kunin]$_3$(?)	496

Value	No.
kup cf. kub	206
kur	366
kúr	60
kùr	111
kur_4, $kuru_4$	483
kur_5, $kuru_5$, $kurum_5$	12
kur_6, $kurum_6$	469
kur_7, $kuru_7$, $kurum_7$	454
kur_8	36
kur_9 (?)	58
kur_{10} (?)	295
kurku	532
kuruda	87d
kurun	214
$kurun_2$	465
$kurun_3$, $kurum_3$	309
$kurun_4$ (?)	210
kuruš	110
kus	7
kús, kúz	565
kuš	7
kúš	329
kùš	318
$kuš_4$	295L
$kuš_5$	448
$kuš_6$	110
kušu	448
$kušu_2$	562
kušlug	461
kušum	214
kut cf. kud	12
kutu	12
$kutu_2$	330
kuz cf. kus	7
kuzu	448
la	55
lá	481

Value	No.
là	75
la_4	206a
la_5	482
la_6	322
la_7	381
la_8	168
la_{11}	435
lab, lap	322
láb (?)	355
lad, lat, lat̩	366
lae	55
lag, lak, laq	314
lagab	483
$lagab_2$	511
lagar	458
lagaš	71
lah̬	381
láh̬	393
làh̬	321
$lah̬_4$	206a
lah̬ar	494
$lah̬ar_2$	540
lah̬ra	339
lah̬rum	494
$lah̬rum_2$	539
lah̬ta	282
lah̬tan	394a
lak cf. lag	314
lal	481
lál	482
làl	109
lal_4	141
lalla	482
$lalla_2$	449
la'u,	
$la'u_2$, $lal'u_2$	482
$la'u_3$, $lal'u_3$	482
$la'u_4$, $lal'u_4$	482
$la'u_5$, $lal'u_5$	482
lam, lama	435
lám	172

Value	No.
làm	557
lam_4	124
lam_5	449
lam_6	79
lamah̬uš	536
(lambi)	152
lamga	560
lamma	322
lammu cf. limmu	597
lammubi	398
lan (?)	336
lap cf. lab	322
lat cf. lad	366
li, le	59
lí, lé	231
lì	449
li_4, le_4	13
li_5	480
li_6	143
li_7 (?)	575
li_8	420
lib, lip	355
líb, líp	322
lìb, lìp	384
lib_4	449
libir	455
libiš cf. lipiš	424
lid, lit, lit̩	420
líd (?)	231
lidda	233
$lidda_2$	384
lidim (?)	302
lig, lik, liq	575
líg, lík, líq	314
lih̬	381
líh̬	393
lìh̬	321
lik cf. lig	575
lil	336
líl, lél	313
lìl	553
lel_4	249

lil$_5$	552	lum	565		
lil$_6$	106	lúm	449	marduk	437
liliz	422	lùm	309	*marum (lire šurun)	494
lillan	151	lumgi	225	mas, maṣ	74
lillu	309	lumḫa	352	maš	74
lim, limi	449	lup cf. lub	355	máš	76
lím	124	lut cf. lud	309	màš	74
limmu, lammu	597			maš$_4$	295
limmu$_2$, lammu$_2$	124			mašda	74
limmu$_3$	473	ma	342	mašda$_2$	74
lammu$_4$	494	má	122	mašdu	74
lip cf. lib	355	mà	233		
lipiš	424	ma$_4$	152	maškim	295c
liru cf. gubru	354	ma$_5$	33	maškim$_2$	295d
lis, liṣ, liz	377	ma$_6$	532	mat	366
(lis = lit)	420	mabi cf. mammi	103b	(mát ?	69
lisi	172	mad, mat, maṭ	366	me	532
liš	377	madal, madlu	296	mé	427
lit cf. lid	420	maganza	294b	mè	98
lu	537	maḫ	57	me$_4$	69
lú	330	máḫ	449	me$_5$	579
lù	345	makaš, makkaš	480	me$_6$	97
lu$_4$	565	makkaš$_2$	1	me$_7$	250d
lu$_5$	355	mal	233	(me$_8$?)	383
lu$_6$	575	mál	123	me$_9$	497
lu$_7$	49	màl	80	meddu	296
lub, lup	355	malala	373	meddu$_2$	296
lubud	440	malga	278	megida, megidda	125
lubun (?)	157	mam	471	mel	461
lud, lut, luṭ	309	mám	554	men	270
luga	295	mammi, mabi	103b	mén	532
lugal	151	mammi$_2$, mabi$_2$	586	mèn	206
lugud	69	man	471	men$_4$	517
lugud$_2$	483	mán	554	men$_5$	471
lugud$_3$	566b, 330	màn	2	menbulug	134
		mar, mara	307	mer, mir, miri	347
luguruš		már, marad	437	mér	399
luḫ	321	màr, mara$_3$	597	mèr, mìri	10
luḫummu	296	mar$_4$	567	mes, mez	314
luḫša	348	mar$_5$, mara$_5$, maru$_5$	144	més	138
lukur (?)	554			meš	533
lul, lulu	355	marad$_2$	437	méš	532

mèš 314
meze 426
meze₂, mezer 61
mi 427
mí 554
mì 532
mi₄ 270
mid, mit, miṭ 69
míd, mét 324
midda cf. meddu 296
middu cf. meddu 296
midra 295
migir cf. nigir 347
mih̬, meh̬ 57
mil, mili 212, 16
milí 16
milla 536
mim 554
mím 103
mìm 471
min 570
mín 554
mìn 471
min₄ 556
min₅ 2
min₆ 124
min₇ 270
mir, miri cf. mer 347
mis, miṣ, miš 314
míš 533
mìš 296
mit cf. mid 69
mu 61
mú 152
mù 33
mu₄ 536
mu₅ 231
mu₆ 295
mu₇ 16
mu₈ 597

mu₉ 296
mu₁₀ 554
[mu₁₁ ?] 106
mu₁₂ 81
mua, muia, muati, muatu 295
mud, mut, muṭ 81
múd, mút 69
mùd 344
mud₄ 483
mud₅ 245
mudul, mudlu 371
mudra ? 61
mudru 295
mudru₂ 99
mudru₃ ? 536
mudru₄ ? 540
mudru₅ ? 539
(Ces valeurs sont peut-être à lire muparra/u, cf. ci-dessous.)
mug, muk, muq 3
múg 554
mùg, mùk, mùq 4
muh̬ 412
múh̬ 116
muk cf. mug 3
mul, mulu 129a
múl 376
mùl 405
mulu₄ 105
mun, munu 95
munu₂ 461
munu₃ 246
mun(v)šub 543
munsub₂ 543
munsub₃ 107
muparra/u 536
mur, muru 401
múr, múru₂ 337
mùr, mùru₃ 399
muru₄ 185

muru₅ 554
muru₆ 461
mur₇ 567
muru₈ 471
murgu 567
murub 554
murub₂ 554
murub₃ 99
murub₄ 337
murub₅ 554
mussa 554, 554, 554
muš 374
múš 102
mùš 103
muš₄ 405
muš₅ 331
(muš₆ 96
(muš₇ 480
mušen 78
muššа cf. mussa 554
muššagana 507
muššagana₂ 497
muštabtin 296
mut cf. mud 69

na 70
ná 431
nà 97
na₄ 229
na₅ 353
na₆ 330
nab, nap 129
náb 366
nàp 129a
nad, nat, naṭ 366
nád, nát, náṭ 142
(nàd 431

nag, nak, naq 35
naga (…) 165a
nagar 560
nagga 13
naḫ 321
nak cf. nag 35
nam 79
nám 536
nam_4 433
nammu 484
nanam 385
nanga 482
$nanna_4$, nannar 331
nanše 200
nap cf. nab 129
nar, nari 355
nàr 325
nat cf. nad 366
ne 172
né 231
nè 444
ne_4 552
ne_5 461
ne_6 70
neš 471
ni 231
ní 399
nì 597
ni_4 556
ni_5 172
ni_6 433
nib 444
níb 131a
nibri, nibru 99
nid cf. nit 211
nidaba 374
nig, nik, niq 563
níg, ník, níq 597
nìg, nìk, nìq 323
niggi 13

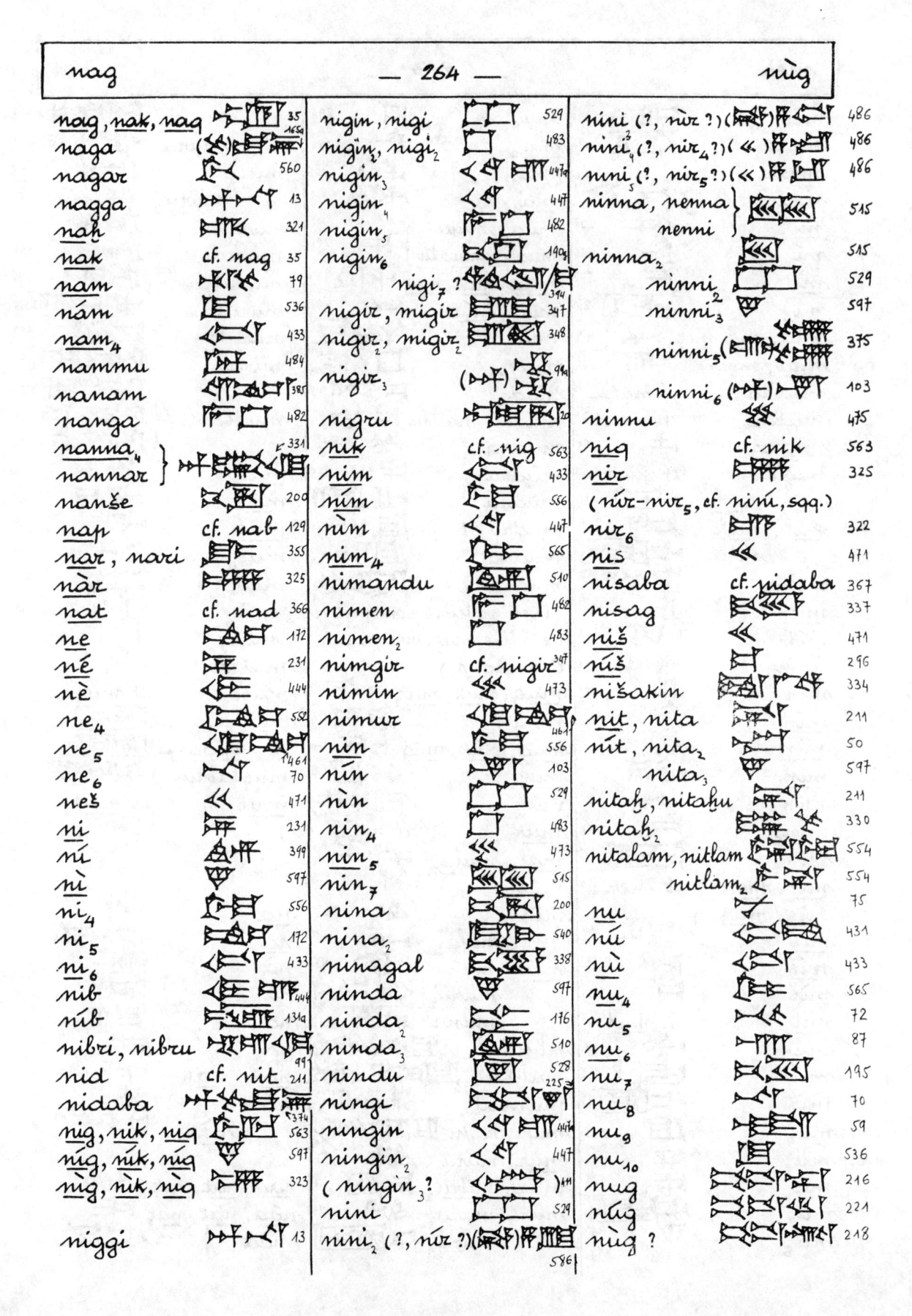

nigin, nigi 529
$nigin_2$, $nigi_2$ 483
$nigin_3$ 447a
$nigin_4$ 447
$nigin_5$ 482
$nigin_6$ 190a
$nigi_7$? 394
nigir, migir 347
$nigir_2$, $migir_2$ 348
$nigir_3$ (…) 94a
nigru 20
nik cf. nig 563
nim 433
ním 556
nìm 447
nim_4 565
nimandu 510
nimen 482
$nimen_2$ 483
nimgir cf. nigir 347
nimin 473
nimur 461
nin 556
nín 103
nìn 529
nin_4 483
nin_5 473
nin_7 515
nina 200
$nina_2$ 540
ninagal 338
ninda 597
$ninda_2$ 176
$ninda_3$ 510
nindu 528
ningi 225
ningin 447a
$ningin_2$ 447
($ningin_3$?) 411
nini 529
$nini_2$ (?, núr ?)(…) 586

$nini_3$ (?, nùr ?)(…) 486
$nini_4$ (?, nir_4 ?)(…) 486
$nini_5$ (?, nir_5 ?)(…) 486
ninna, nenna, nenni 515
$ninna_2$ 515
$ninni_2$ 529
$ninni_3$ 597
$ninni_5$ (…) 375
$ninni_6$ (…) 103
ninnu 475
niq cf. nik 563
nir 325
(núr-nir_5, cf. nini, sqq.)
nir_6 322
nis 471
nisaba cf. nidaba 367
nisag 337
niš 471
níš 296
nišakin 334
nit, nita 211
nít, $nita_2$ 50
$nita_3$ 597
nitaḫ, nitaḫu 211
$nitaḫ_2$ 330
nitalam, nitlam 554
$nitlam_2$ 554
nu 75
nú 431
nù 433
nu_4 565
nu_5 72
nu_6 87
nu_7 195
nu_8 70
nu_9 59
nu_{10} 536
nug 216
núg 221
nùg ? 218

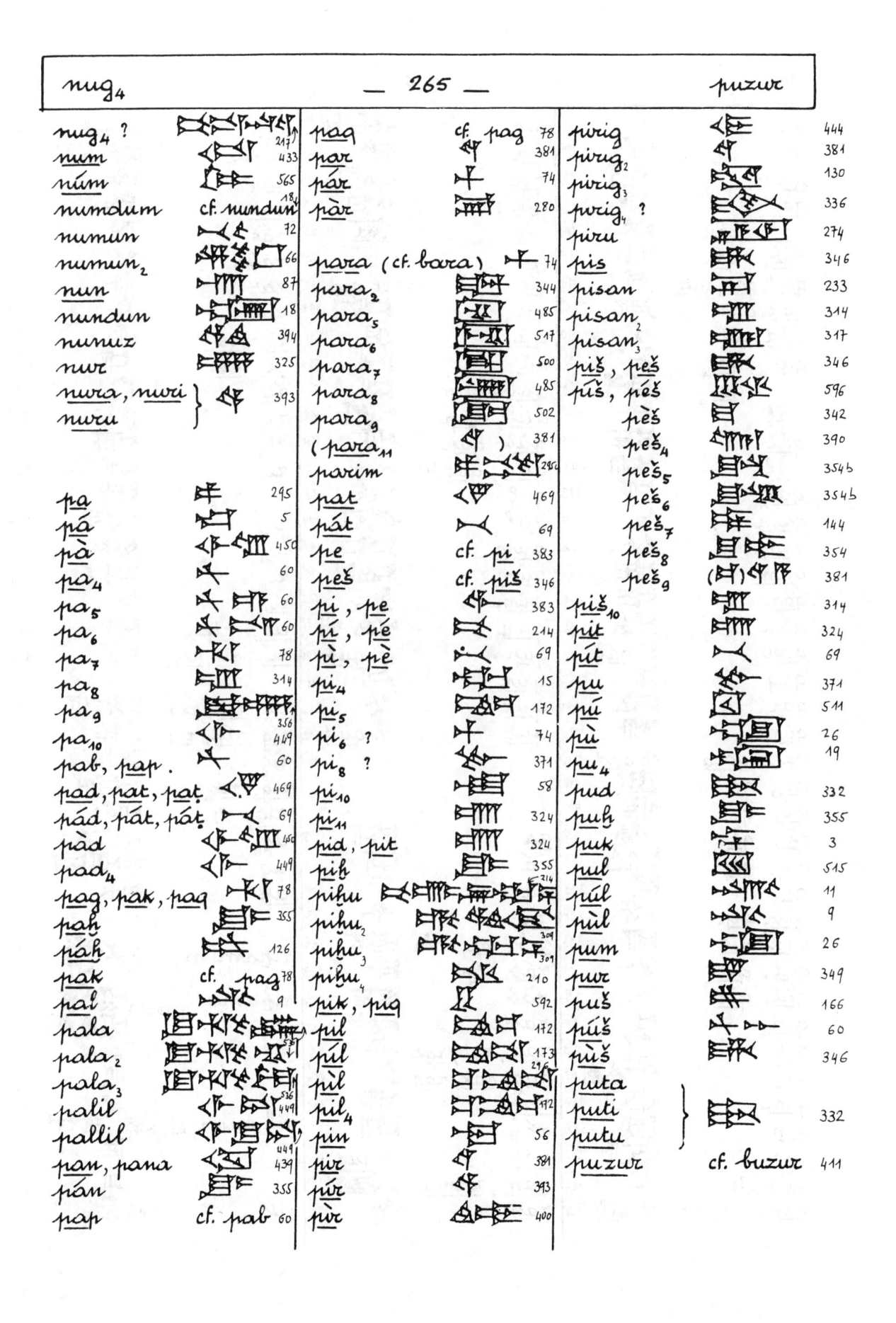

Reading	Note	No.
nug$_4$?		217
num		433
núm		565
numdum	cf. nundun	18
numun		72
numun$_2$		66
nun		87
nundun		18
nunuz		394
nur		325
nura, nuri, nuru		393
pa		295
pá		5
pà		450
pa$_4$		60
pa$_5$		60
pa$_6$		60
pa$_7$		78
pa$_8$		314
pa$_9$		356
pa$_{10}$		449
pab, pap.		60
pad, pat, paṭ		469
pád, pát, páṭ		69
pàd		450
pad$_4$		449
pag, pak, paq		78
paḫ		355
páḫ		126
pak	cf. pag	78
pal		9
pala		536
pala$_2$		536
pala$_3$		536
palil		449
pallil		449
pan, pana		439
pán		355
pap	cf. pab	60

Reading	Note	No.
paq	cf. pag	78
par		381
pár		74
pàr		280
para	(cf. bara)	74
para$_2$		344
para$_5$		485
para$_6$		517
para$_7$		500
para$_8$		485
para$_9$		502
(para$_{11}$	)	381
parim		295a
pat		469
pát		69
pe	cf. pi	383
peš	cf. piš	346
pi, pe		383
pí, pé		214
pì, pè		69
pi$_4$		15
pi$_5$		172
pi$_6$?		74
pi$_8$?		371
pi$_{10}$		58
pi$_{11}$		324
pid, pit		324
piḫ		355
piḫu		214
piḫu$_2$		309
piḫu$_3$		309
piḫu$_4$		210
pik, piq		592
pil		172
píl		173
pìl		296
pil$_4$		172
pin		56
pir		381
pír		393
pìr		400

Reading	Note	No.
pirig		444
pirig$_2$		381
pirig$_3$		130
pirig$_4$?		336
piru		274
pis		346
pisan		233
pisan$_2$		314
pisan$_3$		317
piš, peš		346
píš, péš		596
pèš		342
peš$_4$		390
peš$_5$		354b
peš$_6$		354b
peš$_7$		144
peš$_8$		354
peš$_9$		381
piš$_{10}$		314
pit		324
pít		69
pu		371
pú		511
pù		26
pu$_4$		19
pud		332
puḫ		355
puk		3
pul		515
púl		11
pùl		9
pum		26
pur		349
puš		166
púš		60
pùš		346
puta, puti, putu		332
puzur	cf. buzur	411

qa		62
qá		319
qà		15
qa_4		354
qab, qap		167
qáb, qáp		88
qad, qat, qata		354
qád, qát		354
qàd, qàt		90
qad_4, qat_4		532
qat_5		354
qal		343
qál		330
qàl		49
qal_4		322
qam		362
qám		406
qàm		143
qan		143
qán		85
qap	cf. qab	167
qaq		230
qar		333
qár		376a
qat, qata	cf. qad	354
qi, qe		538
qí, qé		461
qì, qè		85
qi_4, qe_4		326
qi_5		313
qib, qip		228
qid, qit		313
qíd, qít		371
qìd, qìt		69
qid_4		90
qil		583
qíl		67
qim		440
qin		538
(qín (?)		440
qìn (?)		366
qip	cf. qib	228

qiq		446
qir		346
qír		434
qìr (?)		430
qis		425
qiš		425
qit	cf. qid	313
qu		191
qú		536
qù		559
qub, qup		206
qúb, qúp		89
qùb, qùp		88
qud, qut(u)		12
qul		72
qúl		429
qum		191
qúm (?)		172
qùm		565
qun		77
qup	cf. qub	206
qur		111
qúr		366
qut	cf. qud	12
ra		328
rá		206
rà		381
ra_4		83
rab, rap, raba		149
ráb, ráp		343
ràb		151
rabita		168
rad, rat, raṭ		83
raq, rak, raq		554
raḫ		321
ráḫ		328
rak	cf. raq	554
ram, rama		183
ramanu		366

rap	cf. rab	149
rapil		282a
ras		166
raš		166
ráš		574
rašu		366
rat		83
rát ?		554
ri, re		86
rí, ré		38
rì		483
ri_4		555
ri_5		325
ri_6		206
re_7		206a
ri_{10}		168
ri_{11}		401
ri_{12}		191
ri_{13}		230
rib, rip		322
rid, rit, riṭ		314
rig, rik, riq		215
ríg, rík, ríq		555
rìg		233
rig_4, rik_4, riq_4		8
(rig_5 (?)	)	86
rig_6		190
rig_7		295c
riḫ		321
$riḫamun_2$	( )	99a
$riḫamun_3$	( )	99a
$riḫamun_4$		16.5a
rik	cf. rig	215

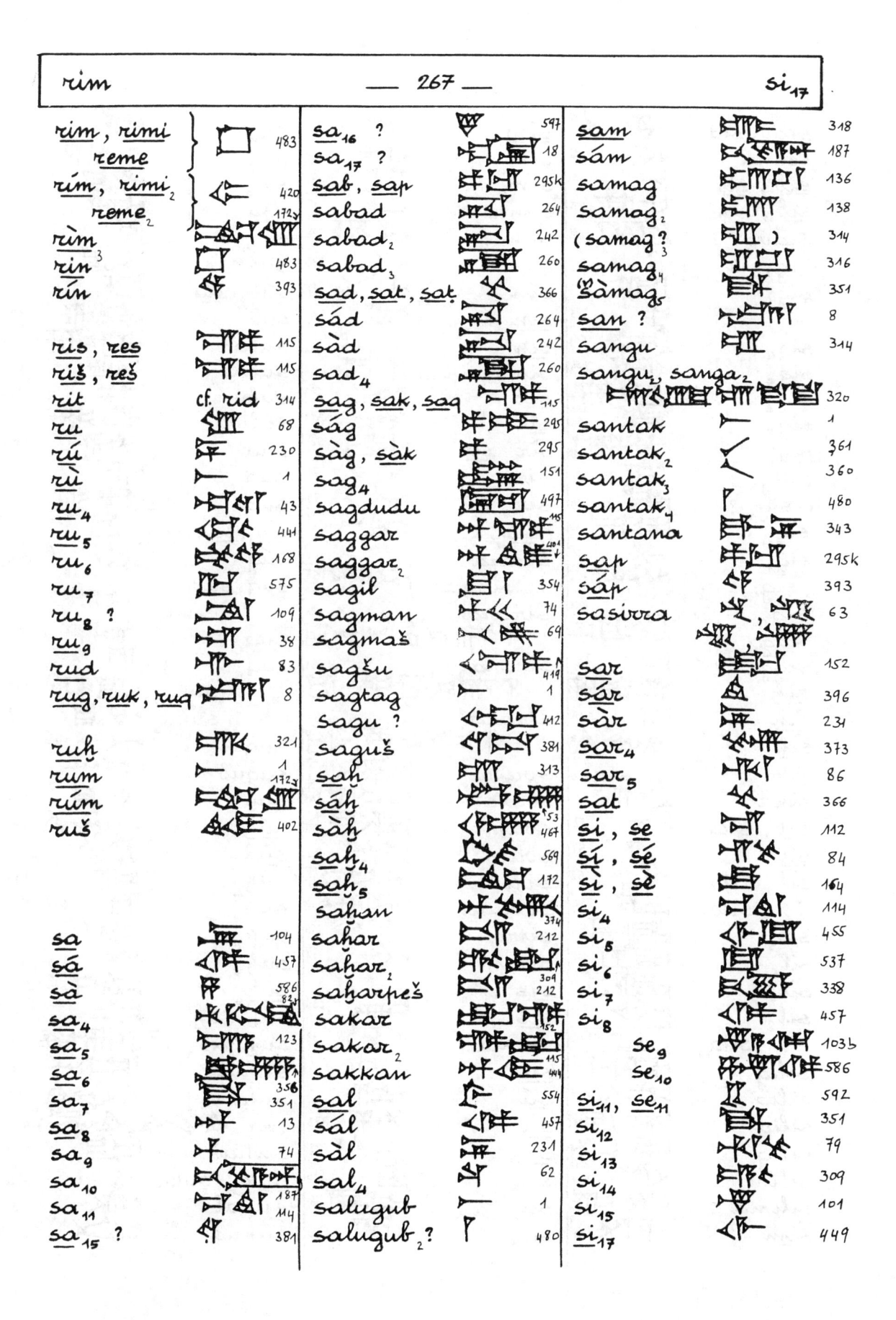

rim, rimi / reme	483
rím, rimi$_2$ / reme$_2$	420
rìm	172
rin	483
rín	393
ris, res	115
riš, reš	115
rit	cf. rid 314
ru	68
rú	230
rù	1
ru$_4$	43
ru$_5$	441
ru$_6$	168
ru$_7$	575
ru$_8$?	109
ru$_9$	38
rud	83
rug, ruk, ruq	8
ruḫ	321
rum	1
rúm	172
ruš	402
sa	104
sá	457
sà	586
sa$_4$	82
sa$_5$	123
sa$_6$	356
sa$_7$	351
sa$_8$	13
sa$_9$	74
sa$_{10}$	187
sa$_{11}$	114
sa$_{15}$?	381

sa$_{16}$?	597
sa$_{17}$?	18
sab, sap	295k
sabad	264
sabad$_2$	242
sabad$_3$	260
sad, sat, saṭ	366
sád	264
sàd	242
sad$_4$	260
sag, sak, saq	115
ság	295
sàg, sàk	295
sag$_4$	151
sagdudu	497
saggar	115
saggar$_2$	404
sagil	354
sagman	74
sagmaš	69
sagšu	419
sagtag	1
sagu ?	412
saguš	381
saḫ	313
sáḫ	53
sàḫ	467
saḫ$_4$	569
saḫ$_5$	172
saḫan	374
saḫar	212
saḫar$_2$	309
saḫarpeš	212
sakar	152
sakar$_2$	115
sakkan	444
sal	554
sál	457
sàl	231
sal$_4$	62
salugub	1
salugub$_2$?	480

sam	318
sám	187
samag	136
samag$_2$	138
(samag$_3$?)	314
samag$_4$	316
(?) sàmag$_5$	351
san ?	8
sangu	314
sangu$_2$, sanga$_2$	320
santak	1
santak$_2$	361
santak$_3$	360
santak$_4$	480
santana	343
sap	295k
sáp	393
sasirra	63
sar	152
sár	396
sàr	231
sar$_4$	373
sar$_5$	86
sat	366
si, se	112
sí, sé	84
sì, sè	164
si$_4$	114
si$_5$	455
si$_6$	537
si$_7$	338
si$_8$	457
se$_9$	103b
se$_{10}$	586
si$_{11}$, se$_{11}$	592
si$_{12}$	351
si$_{13}$	79
si$_{14}$	309
si$_{15}$	101
si$_{17}$	449

sedi, sid	103b
sennu	472
sib, sip	532
síb, síp	295m
sidug	489
sig, sik, siq	592
síg,	539
sìg	295
sig_4	567
sig_5	454
sig_6	356
sig_7	351
sig_8	92
(sig_9 ?)	112
(sig_{10} ?)	164
sig_{11}	295
sig_{12}	61
(sig_{13} ?)	373
sig_{14}, sigga }	551
$sigga_2$	295
siḫ	53
síḫ	313
sìḫ	403
sik	cf. sig 592
sikil	564
sil, sila	12
síl	87
sìl, $sila_3$	62
$sila_4$	252
sil_5	152
sil_6	158
sil_7	159
sil_8 ?	71
$sila_{10}$	252
silig	44
$silig_2$	126d
$silig_3$	126
$silig_4$	126b
silim	457
silima ?	309
sim	79
sím	164
sìm	457
sim_4	483
simed	1
simug	338
sin	472
sín	79
sìn ?	314
sip	cf. sib 532
sipa, sipad	295m
sir	373
sír	371
sìr, sèr	152
sir_4	71
sir_5	75
(sir_7 ?)	171
sirara, siraran }	200
$sirara_2$	381
$sirara_3$	381
$sirara_4$	381
$sirara_5$	
siraš	225
sirim	288
$sirim_2$	152
siris	215
sirrida	381
sirru	296
sirum	71
sis, siš }	331
sizkur	438
su	7
sú	6
sù	373
su_4	113
su_5	536
su_6	18
su_7	460
su_8	206a
su_9	114
su_{10}	102
su_{11}	15
su_{14} ?	
sub	26
súb, súp	206a
sùb	107
subar	53
$subar_2$	182
subu	126
subur	53
sud	373
súd	83
sùd	7
sug, suk, suq	522
súg	206a
sùg, sùk	49
$suku_3$	373
sug_4 ?	
sug_5, $suku_4$	461
$suku_5$	102
sugin	69
sugub	129a
suḫ	102
súḫ	403
sùḫ	569
$suḫ_4$	313
$suḫ_5$	536
$suḫ_6$	201
$suḫ_7$	61
$suḫ_8$	172
su[...]uḫ	126
suḫḫus	356
suḫul	547
suḫur	403
(var. ... , ...)	403
suḫuš	201
suk, suku	cf. sug 522
sukal	321
sukud	190h

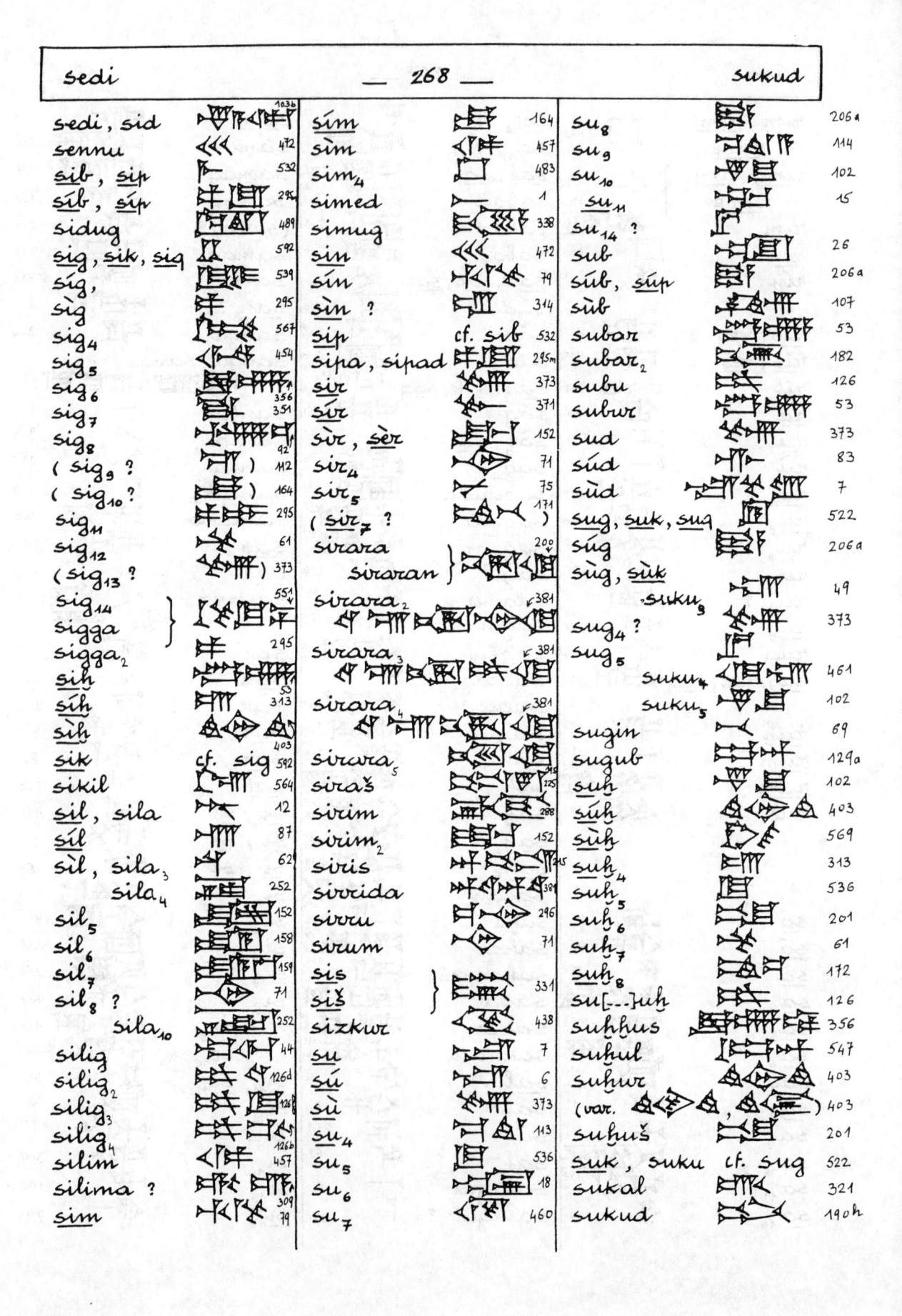

sul	467
súl	231
sulgar	547
sullat	69
sullat$_2$	295
sullim	
sulug	355
sum	164
súm	555
sùm	7
sum$_4$	18
sum$_5$	395
sumaš (?)	cf. subár 182
sumug	135
sumug$_2$	138
sumun	69
sumuqan	444
sun	69
sún	429
sùn	164
sun$_4$	8
súp	cf. súb 206a
sur	101
súr	329
sùr	405
sur$_4$	390
sur$_5$, suru$_5$	481
sur$_6$	461
sur$_7$	461
sur$_8$	491
sur$_9$, surru	128bis
sur$_{10}$, surru$_2$	122d
(sur$_{11}$ (?))	536
sura	122d
surru	cf. sur 101
surum	87a
suslug	354
suš	536
súš	231
sùš	371
sutu	74
suzbi	102

ṣa	586
(ṣá (?))	231
ṣab, ṣap	393
ṣaḫ	172
ṣáḫ	53
ṣal	231
ṣap	cf. ṣab 393
ṣar	491
ṣi, ṣe	147
ṣí, ṣé	84
ṣeri, ṣeru	168
ṣib, ṣip	395
ṣíb, ṣíp	190
ṣeḫ	172
ṣéḫ	53
ṣil	87
ṣíl	427
ṣìl	12
ṣir, ṣiri	374
ṣiṣ	69
ṣu	555
ṣú	6
ṣum	555
ṣur	437
ṣúr	374
ša	353
šá	597
šà	384
ša$_4$	206
ša$_5$	97
ša$_6$	356
ša$_7$	86
ša$_8$	152
ša$_9$	191
ša$_{10}$	104
ša$_{16}$ (?)	536
ša$_{17}$	318

ša$_{18}$	457
ša$_{19}$	455
šab	295
(šáb (?))	384
šabra	295
šad, šat, šaṭ, šada	366
šád, šát	61
šàd ?	396
šag, šak, šaq	115
šàg, šàk, šàq	295
(šag$_4$ (?))	384
(šag$_5$ (?))	356
(šag$_6$ (?))	424
šagan	428
šagil	354
šagub (?)	208
šaḫ	53
šáḫ	467
šàḫ	375
šaḫan	366
šakan	428
šakan$_2$	428
šakan$_3$	208
šakan$_4$	208
šakan$_5$	394e
šakar	304
šakir, šakira	46
šakira$_2$	461
[šakir]$_3$ (?)	42
šakir$_4$ (?)	34
šal	554
šál	62
šàl	231
(šal$_4$ (?))	271
šalambi	cf. lambi 152
šallam (?)	87m
šam	318
šám	187
šàm	176'
šam$_4$?	79

(ᵛ)šamag	351
(šaman)	231
$šaman_2$	428
šambilla	427
šan	180
šán	126
šanabi	572
$šanabi_2$	473
šanga	356
$šangu_2$, cf. sangú(?)	314
šantak	480
šap	295
šáp	295m
šaqa	214
$šaqa_2$	219
šar	152
šár	396
šàr	151
$šar_4$	471
$šar_5$	399
$šar_6$	344
$šar_7$	12
šara	344
$šara_2$	500
$šara_3$	490
$šara_4$	494
$šara_5$	399
šaran	292
šarin	290
šarru	151
šas	331
(šaš(?) = šat	366
šat	366
šát	61
šatam	355
še	367
šé	112
šè (= …)	536
$še_4$	436
$še_5$	586
$še_6$	172
$še_7$	579

$še_8$	543
$še_9$	546
$še_{10}$ (= …)	536
$še_{11}$	355
$še_{12}$	103a
$še_{13}$	206
$še_{14}$	314
$še_{15}$ (? …)	439
$še_{16}$	579
$še_{18}$	82
$še_{19}$	592
$še_{20}$	449
$še_{21}$	164
($še_{22}$?)	166
šed cf. šid	314
šedu	322
$šedu_2$	577
$šedu_3$	582
šedur	508
šeg cf. šig	592
šem, šim	215
šém, ším	79
šèm	424
$šem_4$	426
$šem_5$	423
šembulug	96a
$šembulug_2$	216
$šembulug_3$	220
$šembulug_4$	217
šembirida	318
šemešal	222
šemkaš (ou šembi ?)	219
šemkašzi	215
šemlilla	222
šemmug ?	217
šen, šin	8
šén	132
šèn	79
$šen_4$?	138
šenbar	551
šennu	99

šennur	228
šer cf. šir	71
šerid	126
šerim	126
$šerim_2$, šerin	491
šerinsur	491
$šerinsur_2$	492
šeru	399
šeš, šes	331
šéš	544
šèš	581
$šeš_4$	541
šešlam	65
ši	449
ší	112
šì	592
$ši_4$	536
$ši_5$	113
$ši_6$	215
šib, šip	532
šíb	68
(ᵛ)šibir	413
(ᵛ)$šibir_2$	54
šed } šid, šit, šiṭ	314
šíd, šít, šíṭ	63
šèd } šìd, šìt, šìṭ	63
$šid_4$, $šed_4$	63
$šed_5$	354b
$šed_6$	536
$šed_7$	103b
$šed_8$	586
šidi, šidim	440
šig, šik, šiq	592
šíg, šík, šíq	539
šèg	579
$šeg_4$	579
$šeg_5$	39
$šeg_6$	172
$šeg_7$	399
$šeg_8$	545

Value		No.
šeg$_{9}$		551
šiḫ		53
šika		55
šikanga		104
šikin		309
šikin$_{2}$		544
šil		12
šíl		62
šìl		411
šilam		87b
šilig		44
šim	cf. šem	215
šin	cf. šen	8 (110)
šindilib		
šinig		93
šip		532
šìp		395
šiq	cf. šik	592
šir		71
šír, šér		371
šìr		152
šir$_{4}$		171
šir$_{5}$		75
šir$_{6}$	[ ]	144
šer$_{7}$		325
šir$_{8}$		373
šer$_{9}$		152
širi		171
šis, šiš, šiz		331
šita		233
šita$_{2}$		233
šita$_{3}$		83
šita$_{4}$		442
šita$_{5}$		314
šiten		461
šitim	cf. šidi	440
šitim$_{2}$		314
šu		354
šú		545
šù		536
šu$_{4}$		411
šu$_{5}$		520

Value		No.
šu$_{6}$		521
šu$_{7}$		113
šu$_{11}$		7
šub, šup		68
šúb		26
šùp		1, 586
šuba	( )	
šubartin		545
šubul		13
šubur		53
šud, šut, šuṭ		373
šúd, šút, šúṭ		371
šudug	( )	469
šudug$_{2}$	( )	392
šudul		548
šudul$_{2}$		459
šudun		549
šug, šuk, šuq		469
šuḫ		102
šuḫub	... 161)	547
šuk, šuku		469
šúk		3
šùk		522
šukkal		321
šukum		297
šukur		449
šul		467
(šúl ?)		231
šum		126
šúm		164
šùm		61
šum$_{4}$, šum(m)a		69, 461
šumer ?		
«		461
šumug		138
šumun		69
šumunda	( )	459
šun		8
šún		128
šùn		429

Value		No.
šup	cf. šub	68
šuq	cf. šug	469
šur		101
šúr		329
šùr		71
šur$_{4}$		482
šurim / šurun, šuru		494
šurun$_{2}$, šuru$_{2}$		490
šurun$_{3}$, šuru$_{3}$		493
šurun$_{4}$ / šurin$_{4}$		286
šurun$_{5}$ / šurin$_{5}$		290
šuru$_{6}$		89
šurupak		7
šuš		411
šúš		545
šùš		212
šuš$_{4}$		126
šuš$_{5}$		520
šušana		571
šušana$_{2}$		471
šušbar ?		300
šušgim		297
šušur		364
šušur$_{2}$		365
šuššub		60
šut	cf. šud	373
šuta		520
šutug	cf. šudug	469
šuzbu		102
ta		139
tá		355
tà		126
ta$_{4}$		557
ta$_{5}$		381

ta$_6$ (?, ou tl ?)		86
tab, tap, taba		124
táb		10
tàp		396
tad, tat		63
tag, tak, taq		126
tág, ták, táq		280
tàg, tàk, tàq		229
tag$_4$ } tak$_5$		63
taga		138
taḫ		169
táḫ		167
tak	cf. tag	126
tal, tala		86
tál, tala$_2$		383
tàl		1
tal$_4$		480
tal$_5$		← 393
tam		381
tám		557
tàm		94
tam$_4$		207
tan		322
tán		270
tàn ?		575
tap	cf. tab	124
taq	cf. tag	126
tar, tara		12
tár		114
tàr, tara$_3$		100
targul		← 579
tas, taṣ, taz		575
taš		575
táš		480
tàš		339
tat	cf. tad	63
tattab, tattam		124
te		376
té		396
tè		165
te$_4$		172

te$_5$		536
te$_6$		314
(te$_7$		151
tebira	cf. tibira)	132
teḫi		134
teḫi$_2$		69
temen		376
ten		376
ter	cf. tir	375
téš (cf. tíš)		575
tešlug		
ti		73
tí		396
tì		94
ti$_4$		457
ti$_5$		69
tib, tip		537
tibnu		73
tibir		126
tibir$_2$		126f
tibir$_3$		126e
tibir$_4$		126f
tibir$_5$		126a
tibira		132
tibira$_2$		23
tidinu, tidnu		← 444
tik, tiq		106
tíq		231
tigi		← 352
tik	cf. tig	106
tikkin		410
til		69
tíl		459
tìl		73
til$_4$		1
til$_5$		480
til$_6$		← 354b
til$_7$		383
til$_8$		242
tilla		359
tilla$_2$		13

tilla$_3$		13
tilla$_4$		13
tillu		459
tilmun		231
tim		94
tím		12
tìm		207
tin		465
tinur		510
tip	cf. tib	537
tiq	cf. tik	106
tir		375
tír		12
tìr, tèr		114
tiru, tirum		343
tis, tiš, tiz		480
tís, tíš, tíz		575
tiširu		29
tišpak		102
tu		58
tú		381
tù		206
tu$_4$		207
tu$_5$		354
tu$_6$		16
tu$_7$		406
tu$_8$		433
tu$_9$		536
tu$_{10}$		89
tu$_{11}$		88
tu$_{12}$		574
tu$_{13}$		515
tu$_{14}$		314
tu$_{15}$		399
tu$_{16}$		352
tu$_{18}$		595
tub, tup		138
túb		352
tuba		532
tuba$_2$		579
tubašin ?		110
tud		58

Reading	No.
tug, tuk, tuq / tuku	574
túg, túk, túq / tuku$_2$	536
tùg, tùk, tùq	309
tug$_4$ / tuku$_4$	515
tuk$_5$ / tuku$_5$	126
tuku$_6$	483
tug$_8$	
tuk$_9$	280
tuḫ	167
túḫ	169
tuḫul	561
tuk, tuku	cf. tug 574
tukul	536
tukun	354
tukur	483
tukur$_2$	27
tul	459
túl	511
tùl	229
tul$_4$	144
tum	207
túm	206
tùm	434
tum$_4$	433
tum$_5$	536
tum$_7$	79
tum$_8$	94
tum$_9$	557
tum$_{10}$	399
tuma	536
tun	89
tún	99
tùn	595
tunda	171
tuq	cf. tug 574
tur	144
túr	108
tùr	87a

Reading	No.
tur$_4$	228
tur$_5$	58
tur$_6$	483
tur$_7$	← 536
tuš, tus	(=)
(túš	(=))
tuše	579
ṭa	335
ṭá	139
ṭà	396
ṭa$_4$	557
ṭab, ṭap	124
ṭad, ṭat	63
ṭaḫ	169
ṭáḫ	167
ṭal	86
ṭam	557
ṭám	381
ṭap	cf. ṭab 124
ṭar	12
ṭár	114
ṭàr	100
ṭat	cf. ṭad 63
ṭe	457
ṭé	396
ṭè	172
ṭe$_4$	376
ṭe$_5$	338
ṭi	457
ṭí	396
ṭì	73
ṭib, ṭip	537
ṭil	1
ṭíl	69
ṭim	440
ṭir	123
ṭír	12
(ṭìr ?)	101
ṭir$_4$	114

Reading	No.
ṭir$_5$	375
ṭiš	480
ṭu	595
ṭú	58
ṭù	206
ṭu$_4$	207
ṭub, ṭup	138
ṭúb, ṭúp	352
ṭuḫ	167
ṭul	511
ṭùl	459
ṭum	207
ṭúm	94
ṭun	595
ṭur	108
ṭúr	536
ṭùr	144
ṭur$_4$	228
ṭur$_5$	579
ṭur$_6$?	12
ṭuš	536
u	411
ú	318
ù	455
u$_4$	381
u$_5$	78
u$_6$	449
u$_7$	464
u$_8$	494
u$_9$	152
u$_{10}$	540
u$_{11}$	78
u$_{12}$	312
u$_{13}$	398
(u$_{14}$?)	443
u$_{15}$	539
u$_{16}$	134
'u, u'	397
'ú, ú'	494
'ù, ù'	398

'u$_4$	579
'u$_5$	78
ua	494
ua$_2$	540
ua$_3$	539
ub, up	306
úb, úp	536
ùb	424
ub$_4$	511
(ub$_5$?	) 78
ubara	152^4
ubi	191
ubilla	296
ubilla$_2$	296
ubu	1
ubur	291
uburu	361
ud, ut, uṭ	381
úd	339
(ùd ?	) 78
ud$_4$	126f
udu	537
udub	495
udug	577
udug$_2$	234
udul	cf. utul 420
udun	415
ug, uk, uq	130
úg	444
ùg	312
ug$_4$	381
ug$_5$	152
(ug$_6$?	452
(ug$_7$?	69
uga	318
uga$_2$	579
ugab ?	403
ugnim	461
ugra	499
ugu	412
ugu$_2$	579
ugu$_3$	579
ugu$_4$	536
ugud ?	cf. gud 297
ugudili	185
ugula	295
ugun, ugunu	418
ugun$_2$, ugunu$_2$	350
(ugun$_3$?	412
u-gur	417
ugur$_2$	
uḫ, uḫu	398
úḫ, úḫu$_2$	392
ùḫ	562
('uḫ$_4$-'uḫ$_6$, cf. uš$_{12}$-uš$_{14}$?)	
uḫḫur	449
uḫḫur$_2$	449
uḫḫur$_3$	449
uia	470
uk	cf. ug 130
ukkin	40
uku	347
uku$_2$	482
uku$_3$	312
uku$_4$	130
ukum	212
ukur	10
ukur$_2$	343
ukurin	99
ukuš	345
ukuš$_2$	550
ul, ulu	441
úl	75
ùl	228
ul$_4$	10
ul$_5$	152^4
ul$_6$	381
ul$_7$	354
ul$_{10}$	129a
ul$_{11}$?	13
ulal	69
uli	32
ulil	361
ulu	441
ulu$_2$	398
ulu$_3$	49
ul'ul	229
ul'ul$_2$	229
ullu$_2$	229
ullu$_3$	441
ulušin	214
ulutin	461
um	134
úm	381
(ùm ?	) 314
uma	361
umaḫ	512
uman ?	398
umbin	92b
umma	296
ummeda ?	315
ummeda$_2$	315?
umu	134
umu$_2$?	237
umun	411
umun$_2$	338
umun$_3$	398
umun$_4$	397
umun$_5$	512
umun$_6$	509
umun$_7$	598c
umun$_8$	"
umun$_9$?	337
[u]mun$_{10}$	415
umun$_{11}$	522
umun$_{12}$?	66c
umuš	536
un	312
ún	411
unu	195
unu$_2$	376
unu$_3$	420
unu$_4$	312
unu$_5$	129
unu$_6$	376
unu$_7$	337

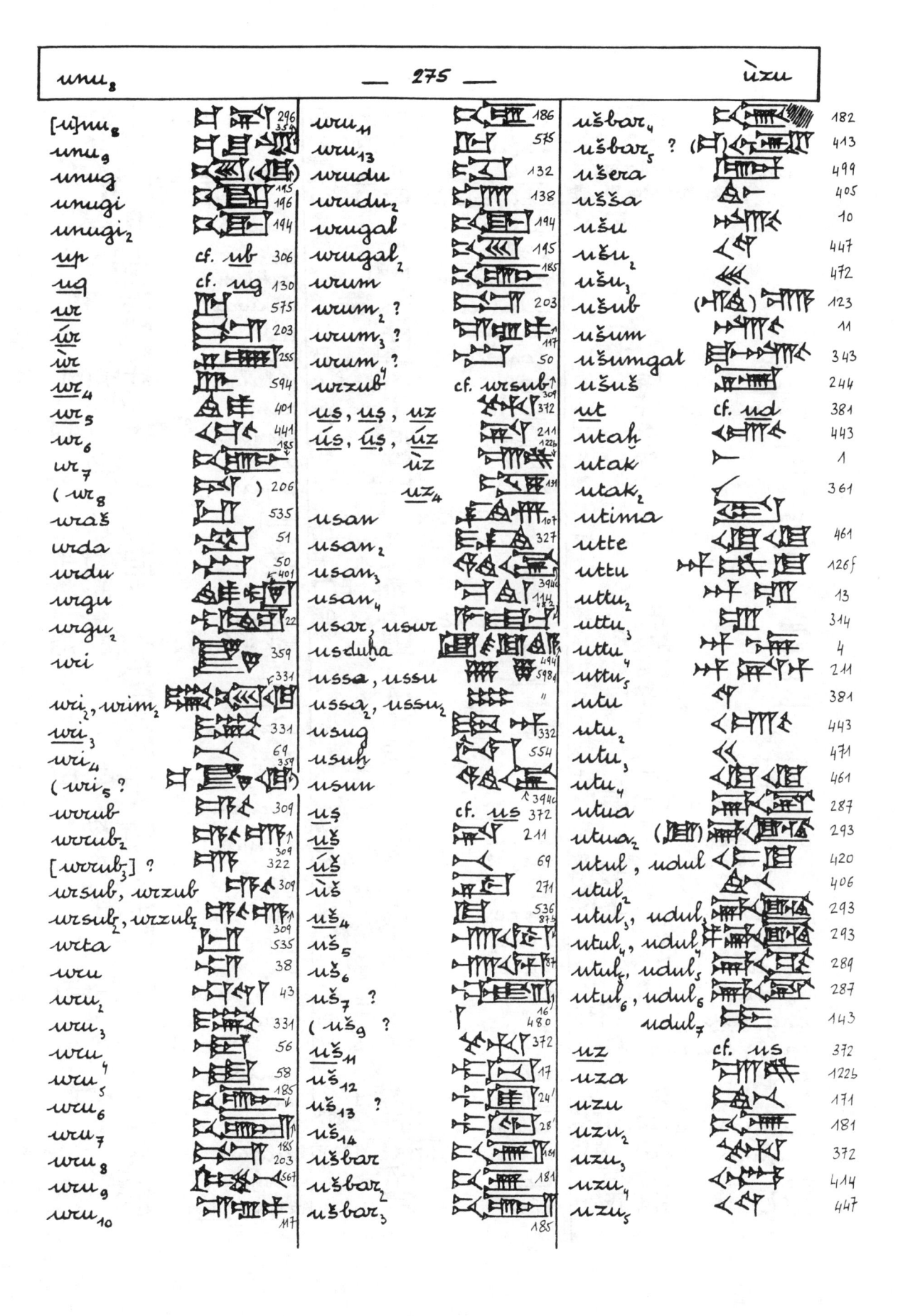

[u]nu$_8$	296 354
unu$_9$	
unug	195
unugi	196
unugi$_2$	194
up	cf. ub 306
uq	cf. ug 130
ur	575
úr	203
ùr	255
ur$_4$	594
ur$_5$	401
ur$_6$	441
ur$_7$	185
(ur$_8$)	206
uraš	535
urda	51
urdu	50
urgu	401
urgu$_2$	22
uri	359
uri$_2$, urim$_2$	331
uri$_3$	331
uri$_4$	69
(uri$_5$?)	359
urub	309
urub$_2$	309
[urub$_3$] ?	322
ursub, urzub	309
ursub$_2$, urzub$_2$	309
urta	535
uru	38
uru$_2$	43
uru$_3$	331
uru$_4$	56
uru$_5$	58
uru$_6$	185
uru$_7$	185
uru$_8$	203
uru$_9$	567
uru$_{10}$	117

uru$_{11}$	186
uru$_{13}$	575
urudu	132
urudu$_2$	138
urugal	194
urugal$_2$	195
urum	185
urum$_2$?	203
urum$_3$?	117
urum$_4$?	50
urzub	cf. ursub 309
us, uṣ, uz	372
ús, úṣ, úz	211
ùz	122b
uz$_4$	131
usan	107
usan$_2$	327
usan$_3$	394c
usan$_4$	114 433
usar, usur	
usduḫa	494
ussa, ussu	598a
ussa$_2$, ussu$_2$	"
usug	332
usuḫ	554
usun	394c
uṣ	cf. us 372
uš	211
úš	69
ùš	271
uš$_4$	536
uš$_5$	873
uš$_6$	87
uš$_7$?	
(uš$_8$?	16 480
uš$_{11}$	372
uš$_{12}$	17
uš$_{13}$?	24'
uš$_{14}$	28'
ušbar	181
ušbar$_2$	181
ušbar$_3$	185

ušbar$_4$	182
ušbar$_5$?	413
ušera	499
ušša	405
ušu	10
ušu$_2$	447
ušu$_3$	472
ušub	123
ušum	11
ušumgal	343
ušuš	244
ut	cf. ud 381
utaḫ	443
utak	1
utak$_2$	361
utima	
utte	461
uttu	126f
uttu$_2$	13
uttu$_3$	314
uttu$_4$	4
uttu$_5$	211
utu	381
utu$_2$	443
utu$_3$	471
utu$_4$	461
utua	287
utua$_2$	293
utul, udul	420
utul$_2$	406
utul$_3$, udul$_3$	293
utul$_4$, udul$_4$	293
utul$_5$, udul$_5$	289
utul$_6$, udul$_6$	287
udul$_7$	143
uz	cf. us 372
uza	122b
uzu	171
uzu$_2$	181
uzu$_3$	372
uzu$_4$	414
uzu$_5$	447

uzug 332
uzug$_2$ 318
uzug$_3$ 318
uzug$_4$ 318
(uzug$_5$?) 372

wa 383
(wa = ba) 5
(wá ? 231
(war = bar) 74
we 383
wi 383
(wí ? 295
wr
wu 383

za 586
zá 229
zà 332
za$_4$ 87
za$_5$ 13
(za$_6$?) 28
(za$_7$?) 231
(za$_8$? 18
zab, zap 393
zababu, zabalam 586
zabar 297
zabar$_2$ 364
zadim 4
zadru 314
zag, zak, zaq 332
zág, zák, záq 295
zàg 314
zagga 231
zagin 586
zagindur 586
zah 172
záh 589

zàh 584
zahan 443
zak cf. zag 332
zal, zalli 231
zalag 381
zalag$_2$ 393
zanarum 103
zanbur 69
zanga 231
zansur 515
zap cf. zab 393
zaq cf. zag 332
zar 491
zár 231
zàr 164
zara$_2$ 69
zara$_3$ 69
zar$_4$ 72
zarah 115
zararma 381
zarih 491
zaz 69
ze, zi 84
zé, zí 147
zì 536
zi$_4$ 200
zi$_5$ 449
(ze$_6$? 579
(ze$_7$? 461
zer cf. zir 72
zeze 396
zeze$_2$ 467
zeze$_3$ 371
zi cf. ze 84
zib, zip 395
zíb 190
zìb 297
zib$_4$ 15
zibin 283
zibin$_2$ 290
zid 84
zíd 536

? zèd 295
(zíg ? 84
zig, zik, ziq 190
zík, zíq 592
zigabab 579
zik cf. zig 190
zikum 484
zikura 166f
zil 87
zíl --- 191) 126
zilulu 295
zim 79
zimbir 381
zip cf. zib 395
zipaz 74
ziq cf. zig 190
zir 72
zír 536
zèr 374
ziru 99
ziz 69
zíz 339
zìz 405
ziz$_4$ 1
ziz$_5$, zizu 126
zizanu 366
zizna 144f
zu 6
zú 15
zù 555
zu$_4$ 69
zub, zubi 60
zubu, zubud
zubud$_2$ 590
zubur 364
zuen 99
zug 15
zugud 590
zuh 15
zuk, zuq 522

zuku	373	zúr	4 322	(zur$_8$ (?))	353
zul	467	zùr	4	zurzub	309
zum	555	zur$_4$	491	zurzub$_2$	322
zuq	cf. zuk 522	zur$_5$, zuru$_5$	481	zurzub$_3$	309
zur	437	zur$_6$	26	zušu	83

Addendum n° 1

279

-abrig$_2$	420
-ad$_5$	69
-adda	69
-agarin$_4$	237
-agarin$_5$	237
(ahi ?	334)
-ala$_2$	38
-am$_7$	383
-anbir	13
-anu	13
-ari$_5$	295
-asal$_2$	581
-aški	66
-aškud	334
-ašlug	324
-at$_6$	69
-attu	318
ba$_{14}$	60
bál	11
ban$_4$	230
baš	74
be$_6$	383
bik	592
bin	56
(bu$_{13}$?	11)
buk	3
buru$_{15}$	54
butu	332
da$_{10}$	396
-dabin	536
-dadag	381
-dala	449
-dalhamun	399
-dar$_6$	12
-de$_9$	73
-dehi	134
-di$_{11}$	94
-didala	
-dih	433 356
-dimu	15
-dungu	399
-dur$_6$	8
-dur$_8$	152
-dúš	480
-eduru	583
-eli	412
-ellag$_2$	400
-eme$_5$	88
-en$_6$	148
-es$_5$	212
-esag$_2$	261
-eš$_{18}$	362'
-gal$_9$	322
-gar$_{19}$	105
(-gel$_5$?	343)
gíb, -gíp	228
-giskim	452
-gizzal	471
gudu$_4$	398
-guhšu	565
-guhšu$_2$	566
-guru$_{12}$	411
-guru$_{19}$	308
-gurušda	110
guš	7
hás, hás	295
hiš	393
hiš$_4$	402
hu$_5$	565
i$_{14}$	61
igira	115
ih	397
il$_8$	205
illar	68
imgaga	339
innin	103
ir$_{11}$	50
iš$_7$	128
iš$_8$	362
iš$_9$	536
iškilla	390
itu$_4$, iti$_4$	13
ka$_{10}$ (!)	90
kar$_4$	346
kar$_5$	597
kir$_8$	554
kiri$_6$	152
kiša	318
kud$_6$	63
kúk	468
kunga$_2$	547
kunu	77
kur$_{12}$	46
kuš$_7$	212
lam$_7$	436
le$_{10}$	335
li$_9$	172
ligidba	215
lih$_4$	377
lir	325
ma$_7$	74
maś	74
màt	81
mi$_5$	383
mitta	536
muhaldim	61
munu$_4$	60
munu$_5$	371
munu$_7$	371
munu$_8$	375'
munu$_9$	399
muš$_8$	78

Value	No.
na$_{7}$	79
naga$_{2}$	192
náḫ	536
nák	165
nan	331
nán	13
nàn	472
naš	471
neša	575
nidlam, cf. nitlam	
niga$_{2}$	367
nik$_{5}$	35
nimgir$_{2}$, cf. nigir$_{2}$	
nina	200
ningidar	597
nissa	152
nussu	515
par$_{4}$	249
par$_{5}$	393
par$_{6}$	344
pir$_{6}$	79
pu$_{11}$	318
púq	78
puš$_{4}$	595
(qa$_{5}$?	233)
qad$_{6}$, qat$_{6}$	63
qat$_{7}$	63
qati	354b
qi$_{6}$	230
qir$_{7}$	444
qu$_{5}$	468
qu$_{6}$	106
qùr	362
qur$_{4}$	60
rám	1
(ràm ?	307)
rút	83
ru$_{11}$	43
rub	322
sa$_{18}$	214
sagi	62
saḫab	354
sàk	295
sak$_{6}$	332
san	115
sar$_{6}$	491
síd, sít	314
siḫ$_{4}$	102
sil$_{11}$	314
sim$_{5}$	555
sìp	395
sip$_{4}$	295k
su$_{12}$	123
su$_{15}$	214
ṣár	437
ṣí	112
ṣim	555
ša$_{21}$	214
ša$_{22}$	82
ša$_{23}$	344
ša$_{24}$	115
šarru$_{2}$	471
šel$_{4}$	554
ši$_{7}$	351
šimbirida	318
šiq$_{4}$	24
šita$_{6}$	62
šiz	331
šu$_{10}$	61
šu$_{13}$	214
šu$_{14}$	126
šu$_{15}$	164
šul	457
šum$_{4}$	69
šur$_{5}$	481
ta$_{7}$	383
ta$_{8}$	396
tak$_{5}$	63
tam$_{5}$	393
tar(u)$_{5}$	84
taškarin	536
te$_{8}$, ti$_{8}$	334
te$_{9}$	73
tén	465
tilla$_{5}$	1
tukul$_{2}$	296
tukumbi	354
tul$_{5}$	459
(tum$_{12}$?	381)
tun$_{4}$	467
ṭab	537
ṭan	322
ṭe$_{6}$	73
ṭi$_{5}$	172
ṭim	94
ṭin	465
u'$_{4}$	392
ubudil	185
ud$_{5}$	122b
uḫ$_{5}$	397
uktin	351
umbin	92b
umbisag	314
umbisag$_{2}$	317
ummu	581
utua	287
utua$_{3}$	281
wa$_{6}$	342
wan	471
war	74
wár	307
wàr	50

waš		74
wi$_5$	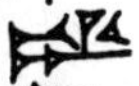	210
wir	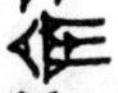	44
wiš	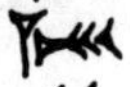	533
wu$_4$		61
wuh		3
zeḫ		554
zúḫ		395

ADDENDUM 2

Idéogrammes inusités relevés dans MDP 57, *Textes littéraires de Suse*, R. LABAT

5 : BA-UG$_7$ *mūtu* mort (1a) (cf. p. 107)
: BA-ZA *bānû* créateur (par homophonie avec *banû* beau) (cf. p. 48)
10 : GÍR = ? lyre ou une de ses parties (cf. p. 106)
13 : AN-AN-SAG *ṣillūlu* abri, protection (ou)
ekallu palais (ou)
ṣulultu couverture, partie omineuse du poumon
(var. phon. de AN-DÙL-DÙL ou de AN-DÙL cf. p. 76 et p. 80)
: DINGIR UGU *ilu rāgimu* «le dieu rugissant», Adad. (cf. p. 212)
61 : MU-I-KAM *šattu* année (cf. p. 150)
69 : SILA$_3$ *qû* fil, filament (par homoph. de *qû* unité de mesure) (cf. p. 110)
74 : MAŠ-EN *muškēnu* (par abrév. de MAŠ-EN-KAK) (cf. p. 78)
: BAR *nakāsu* couper (cf. p. 105)
84 : BAR *bâru* se révolter (pseudo-idéogr.) (cf. p. 107)
84 : ZI-GA *aṣû* sortir (cf. p. 155)
99 : EN-NU-UN *ṣibittu* prison (cf. p. 155)
101 : SUR *maṣrāḫu* partie inférieure d'un organe, «Socle» (cf. p. 124)
112 : ŠÍ *pānu* face (phon. pour ŠI = IGI) (cf. p. 152)
115 : SAG-KAL *ašarēdu* chef, avant-garde (cf. p. 210)
123 : DIR *nasāḫu* extirper (maladie, démon) (cf. p. 105)
: DIR *maṣû* être autant (cf. p. 104)
124 : DÁB *ṣabātu* (phon. pour DAB$_5$) (cf. p. 75)
128 : AB-ZU *apsû* abîme (cf. p. 47)
143 : ḪÉ-DU *asmu* beau (cf. p. 47)
167 : DU$_8$ *alāku* aller (?) (phon. pour DU ?) (cf. p. 48)
170 : AMA$_2$ *ummu* mère (phon. pour AMA) (cf. p. 209)
192 : GAZ *dekû* faire lever, faire partir (homoph. partielle avec *dâku* tuer) (cf. p. 156)
206 : ŠA$_4$ *libbu* intérieur (phon. pour ŠÀ) (cf. p. 78)
: ŠA$_4$-SILA *asīdu* talon ? (cf. p. 215)
: DU *redû* hériter (cf. p. 106)
: ŠA$_4$-SÙ *nebrītu* famine ou *mērênu* dénuement (phon. pour ŠÀ-SÙ) (cf. p. 211)
206 : TÙ *erēbu* entrer (phon. pour TU) (cf. p. 79)
207 : ÍB *agāgu* être en colère (cf. p. 78)
237 : AMA *ummatu* Base (cf. p. 81)
: DAGAL *rapaštu* épaule (homoph. de *rapaštu* large) (cf. p. 232)
295 : PA *padanu* chemin (par acrographie)
295^{m} : SIPA *re'û* «Berger» = la vésicule biliaire (cf. p. 108)
296 : GIŠ-BABBAR *ḫil ṣarbati* suc de peuplier (pour Ú-BABBAR?) (cf. p. 255).
: GIŠ-GÍR (*-a-na*) *patarānu* «plante-glaive» (cf. p. 256)
: GIŠ-TUR-KU *simmiltu* escalier, rampe (d'assaut) (cf. p. 150)

308: E *erû* aigle (approximativement phon. pour Á?) (cf. p. 48)
: [E-ME-]NI-IM-ḪU-UŠ nom d'un temple de Girru (NI-IM=NIM=LAM=LÁM) (cf. p. 49)
318: lú/míÚ-KU *kašapu/kašaptu* sorcier/sorcière (cf. p. 48-9)
322: KALA-SAL *dannatu* période de crise, place-forte (cf. p. 78)
330: LÚ-GÍD(-DA) *šādidu* hâleur (cf. p. 173)
331: ŠEŠ *martu* «l'amère», la vésicule biliaire (cf. p. 152)
334: Á-DAM *nawû/namû* environs (d'une ville), espaces libres (phon. pour A-DAM) (ch. p. 212)
335: DA-GAN *kullatu* (l')ensemble (cf. p. 50) (phon pour A-DAM)
346: GIR *šaḫû* cochon (cf. p. 230)
354: ŠU-GA *maḫāṣu* frapper? (cf. p. 156)
: ŠU-ḪA *bâru* se révolter, *bā'iru* révolté (homoph. avec *ba'iru* pêcheur) (cf. p. 110 et 150)
362: GAM-*mu kamû* lier, enchaîner (pseudo-idéogr.) (cf. p. 76).
: GAM *šebēru* briser (cf. p. 154)
367: ŠE-BI-DÙ-A *gillatu* faute (cf. p. 51)
: dŠE$_{10}$-RI$_5$-DA Aja «Flambeau» (cf. p. 51)
: -ŠE *ana* vers (phon. pour -ŠÈ) (cf. 49)
: ŠE-(*ri*) (= *uštebri*) de *šebēru* traverser de part en part? (cf. p. 105)
375: TIR *sâmu* être rouge (cf. p. 210)
381: U$_4$-SAR *nannaru* (croisant de) lune (au lieu de *uskaru*) cf. p. 105
: U$_4$-DU$_8$-RA *ina ūmi peḫi* «à la fin du jour» (cf. p. 123)
384: ŠÀ-TIR *ṣeltu/ṣaltu* hostilité, bataille? (cf. p. 229)
401: ḪUR *uṣurtu* «Figure géométrique» (par abrév. de GIŠ-ḪUR) (cf. p. 108)
411: BÙR *šīlu* cavité (p. 104)
412: UGU *kubšu* «bonnet» du poumon (= SAGŠU?) (cf. p. 81)
: UGU *ragāmu* crier (approximativement phon. pour GÙ) (cf. p. 109)
: UGU *akālu* manger, dévorer (phon. approximativement pour KÚ) (cf. p. 109)
437: SUR$_x$ *maṣrāḫu* «Socle» (phon. pour SUR) (cf. p. 153)
440: DÍM *epēšu* faire, *ipšu* fait (cf. p. 77)
: DÍM-MA *ēpištu* (ou **dimmû*) pratique magique, maléfice (par abrév. de NÌ-DÍM-DÍM-MA ?) (cf. p. 191)
: (DÍM *ezēbu* abandonner s'éloigner)? (cf. p. 125)
445: DUGUD *nakbatu* le gros des forces (cf. p. 174)
449: IGI-DÁB *naplas(t)u* «Regard» (= IGI-BAR) (cf. p. 123)
: IGI-DILI *igidalû* «monocule» «seul œil» (cf. p. 210)
456: ḪUL *rêsu* se réjouir (phon. pour ḪÚL) (cf. p. 49)
: ḪUL-ŠA$_4$ *lumun libbi* malheur (phon. pour ḪUL-ŠÀ) (cf. p. 212)
457: DE *ṭēḫ* près de (phon. pour TE?)? (cf. p. 152)
: DI-GI *narbu, nurrubu* mou, flasque (graphie monnayée de DIG) (cf. p. 109)
470: 15 *imittu* épaule (homoph. de *imittu* droite) (cf. p. 214)
471: MAN *kašādu* prendre (cf. p. 75)
: PUZUR$_2$, PUZUR$_5$ *puzru* «le Secret», site hépatoscopique (cf. p. 125)
472: EŠ *martu* «l'amère», la vésicule biliaire (cf. p. 152)
481: LAL-DU *lapānu* «être pauvre» (phon. pour LÁL-DU) (cf. p. 193)
532: ME-A *tērtu* oracle (cf. p. 79), *parṣu* rites, pouvoir (cf. p. 80)
536: KU-KU *rubû* prince (pl. ?) (cf. p. 77)
537: LU-ÚŠ *pagru* corps (phon. pour LÚ-ÚŠ) (cf. p. 232)
556: NIN-MEŠ *aḫâti* (pl. de *aḫītu*) fausseté, secret (homoph. avec *ahāti* «sœurs») (cf. p. 150)
558: GÌM *amūtu* foie, oracle (homoph. *amūtu* état de servante) (cf. p. 106)

559 : GU *kišadu* cou, nuque (phon. pour GÚ) ? (cf. p. 232)
574 : TUK *šarû* être, devenir riche (cf. p. 209)
: *lapānu* être, devenir pauvre? (cf. p. 210)
575: UR (*-em*) *ṭēmu* nouvelle, opinion (NIŠ UR *šanī ṭēmi* changement d'opinion) (cf. p. 104 et 123)
577: 2.30 *šarru* roi
579 : A-KA *epēšu* se livrer à des pratiques magiques (cf. p. 230)
: A *ina*, *uštu* (hors de) (cf. p. 110)
: I_7 *mû* eau (cf. p. 51)
: A-ŠI *ubānu* doigt (cf. p. 75)
586 : ZA-KI *imittu* droite (graphie monnayée de ZAG) (cf. p. 156)
: ZA-ḪA-A *ḫalqu* perdu (graphie monnayée de ZÁḪ) (cf. p. 191)
589 : ZÁH *z/ṣiḫḫu* pustule (phon. pour ZAḪ) (cf. p. 109)
: ḪA-LA *zâzu* partager (cf. p. 83)
597 : GAR *nasāḫu* exiler (cf. p. 82)

ADDENDUM 3

Valeurs phonétiques rares des textes littéraires de Suse

12: TAR = dar_6 (cf. p. 104)
13: AN = sa_8 (cf. p. 210) et ṣà (cf. p. 213)
69: LI = ni_8 (?) cf. p. 82
75: NU = u_x (?) cf. p. 124
206: DU = ri_6 (?) cf. p. 107, $ša_4$
381: TÚ = du_{24} (p. 82)
536: KU = $ṣi_9$ (p. 79)

ADDENDUM 4

Noms des mois Assyriens

Nisânu	=	mars-avril	(^{iti}BÁR(-ZÀ-GAR))
aiaru	=	avril-mai	(^{iti}GU$_4$(-SI-SÁ/SU))
simânu	=	mai-juin	(^{iti}SIG$_4$(-GA))
dûzu	=	juin-juillet	(^{iti}ŠU(-NUMUN-NA))
abu	=	juillet-août	(^{iti}NE(-NE-GAR))
ulûlu	=	août-septembre	(^{iti}KIN(-^{d}INNIN-NA))
tašrîtu	=	septembre-octobre	(^{iti}DU$_6$(-KÙ))
araḫsamnu	=	octobre-novembre	(^{iti}APIN(-DU$_8$-A))
kislimu	=	novembre-décembre	(^{iti}GAN(-GAN-NA))
tebêtu	=	décembre-janvier	(^{iti}AB(-BA-È))
šabattu	=	janvier-février	(^{iti}ZÍZ(-A-AN))
addaru	=	février-mars	(^{iti}ŠE(-KIN-KU$_5$))

Il existe, en outre, deux mois «intercalaires»: un second *ulûlu* et un second *addaru* (KIN-II-KAM(-MA)), (ŠE(-KIN-KU$_5$)-DIRI).

ADDENDUM 5

DIEUX ET DEMONS[1]

LES DIEUX

Adad/Addu	DARA$_3$ (100)
	IŠKUR (399)
	LUGAL (151)
	U (411)
Aia	GAL (343)
Alla	ALLA (560)
Alammuš	LÀL (109)
Amba	A-BA$_4$ (579)
Amurru	GU$_4$ (-AN-NA) (297)
	KUR-GAL (366)
	MAR-TU (307)
Anšar	AN-ŠÁR (13, 396)
Anu	AN (13)
	21 (471)
	60 (480)
Anunnakū	A-NUN-NA (579)
	GÍŠ-U (480)
	DIŠ + U (534)
Anzû	AN-IM-DUGUD (399)
Arkajītu	UNU (G)-KI-i-tu (195)
Apladda	IBILA DINGIR IM (144)
Ašnan	AŠNAN (=še-tir) (367)
Aššur	AŠ (1)
	AN-ŠÁR (13, 396)
	A-USAR (579)
Baba	BA-BA$_6$ (5)
Bānītu	DÙ (230)
Bēl	EN (99)
	IDIM (69)
Bēlet	GAŠAN (350)

[1] Noms divins précédés de l'idéogramme DINGIR (sauf ceux commençant par AN).

Bēlet-erum	NIN-ERIM$_2$ (556)
Bēlet-ilī	MAḪ (13)
Bēlet-muballiṭat-mīti	NIN-TIN-UG$_5$-GA (556)
(= Gula)	
Bēlet-napḫa	GAŠAN KUR-ḫa (350)
Bēl-labrē	EN-LIBIR-RA (99)
/libria/ibria	
Bēl-ṣarbi	EN-ASAL$_2$ (99)
Bunene	GADIBDIM/SAGGAR$_2$ (401)
Dagan	KUR (366)
Dajjanū	DI-KU$_5$ (457)
Ea	BAHAR$_2$ (309)
	DARA$_3$ (100)
	DIŠ (480)
	EN-AN-KI (99)
	EN-TI (99)
	MUŠDA (440)
	NU-DÍM-MUD (75)
	40 (473)
	IDIM (69)
Enki	NUN-GAL (87)
Enlil	AB (128)
	EN-LÍL (-LÁ) (99)
	KUR-GAL (366)
	50 (475)
Era	ÌR (-RA) (50)
Ereškigal	EREŠ-KI-GAL (556)
Erua	E$_4$-RU$_6$ -ú-a (579)
(= Zarpanītum)	
Ešartù	U-te (411)
Gibil, cf. Girru	
Gilgameš (héros)	GIŠ (296)
	GIŠ-GÍN-MAŠ/MEZ (296)
	GIŠ-BÍL-GA-MEŠ (296)
Girru	BIL-GI (172)
	GIŠ-BAR (296)
	MURGU$_2$ (22)
Gula	ME-ME (532)
(Cf. Bēlet-muballiṭat-mīti)	
Ḫaniš	LUGAL (151)
(= Adad)	

Ḫumban	GAL (343)
I_7 (Nāru)	I_7 (579)
Igīgū	Í-GÌ-GÌ (598a)
	NUN-GAL (-MEŠ) (87)
	DIŠ + U (534)
Inšušinak	NIN-NINNI-ERIN (556)
	MÚŠ-EREN/ŠÉŠ (102)
Isimmud	SIG_7-PAB-NUN (351)
Ištar	DILI-BAD (1)
	INANNA (418)
	INNIN (103)
	15 (470)
	cf.IŠHARA (252)
	(AN-)ZÍB (13)
	Massât (418)
	tēlītu (ZÍB) (190)
	Iš-tar/šar/šár (212)
Ištaran	GAL (13)
	KA-DI (15)
Išum	$ALAD_3$ (323)
Kabta	ALAMMUŠ (109)
	KI-DU_8-MEŠ (461)
KALKAL	(322)
Kirbān	MEZ (314)
Laḫar	LAḪAR (494)
Lāsimù	$KAŠ_4$ (202)
Latarak	LÚ-LÀL (330)
Libittu	KULLA (567)
LILIS	(422)
LUGAL-BÀN-DA	(151)
Luhušû	LÚ-huš(-a) (330)
Madānu	DI-KU_5 (457)
MA-MÚ (dieux des rêves) (342)	
Manzât	TIR-AN-NA (375)
Mār-bīti	A-É (579)
	DUMU-É (144)
Marduk	AMAR-UTU (437)
	ASAR-LÚ-HI (44)
	EN (99)
	MEZ (314)

	ŠÀ-ZU (384)
	ŠÚ (545)
	TU-TU (58)
Massât, cf. Ištar	
Nabû	MUATI (295)
	NÀ (97)
Nammu	ENGUR (484)
Nanše	NANŠE (200)
Nergal	GIR$_4$-KÙ (430)
	MAŠ-MAŠ (74)
	NÈ-IRI$_{11}$-GAL (444)
	U-GUR (417)
	URI$_3$-GAL (331)
	cf. DINGIR LÚ-HUŠ(-A) (330)
	U$_4$-U$_{17}$-lu (381)
Ninlil	(556)
Ningublaga	NIN-EZENxLA (556)
Ninšušinak, cf. Inšušinak	
Ninšubur	SUKAL-AN-NA (321)
Ninurta	MAŠ (74)
	PA-BIL/BÍL-SAG (295)
	Nin-urta (556)
Niraḫ	MUŠ (374)
Nisaba	NIDABA (367)
	(= še-naga) (367)
	NAGA (165)
Nusku	ENŠADA (295 I)
Palil	IGI-DU (449)
Papsukal	SUKAL (321)
Pû-lišāni	KA-EME (15)
Raman	KUR (366)
Rīmē	AN-MEŠ (170)
Sibittû	IMIN (-BI) (598 c)
Sin	ZU (6)
	AŠ-ÍM-BABBAR (1)
	NANNA (R) (331)
	ZUEN (99)
	30 (472)
Siris	SIRIS (224)
	(225)
Sukal, cf. Papsukal	

Sumukan	SAKKAN (444)
Šadâna	KUR-na (366)
Šakkan, cf. Sumukan	
Šamaš	GIŠ-NU$_{11}$ (-GAL) (296)
	(71)
	UTU (381)
	(393, var. de 381)
	20 (471)
Šeriš	GUD (297)
Šerua	EDIN (168)
Šullat	PA (295)
	ŠU-PA (353)
Šulmānu	SILIM-MA (457)
Šulpae	ŠUL-PA-È (467)
Šušinak	MÚŠ-EREN/ŠÉŠ (102)
	MÙŠ-EREN/ŠÉŠ (103)
Tammuz	DUMU-ZI (144)
Tēlītu, cf. Ištar	
Tešub	IŠKUR (399)
	U (411)
Tiamat	TI-GEME$_2$ (558)
Tišpak	TIŠPAK (102)
Uraš	URAŠ/URTA (535)
UR-SAG	(575)
Usmû	DINGIR ARA (353)
Uṣur-amassu	URU$_3$-INIM-su (331)
(Utanapištim)	ut-ZI (381)
Uttu	UTTU (126)
Zababa	ZA-BA$_4$-BA$_4$ (586)
Zaqīqu	AN-ZA-GAR/GÀR (13)
Zarpanītu, cf. Erua	
Zû, cf. Anzû	

LES DEMONS

alû	U$_{18}$-LU (49)
	A-LÁ (579)
aluhappu	AL-ḪAB (298)
ardat lilî	LÍL-LÁ (313)
asakku	Á-SÀG (334)
gallû	GAL$_5$-LÀ (376)
	ḪUL (456)

kinūnu	GENE (= ki-ne) (461)
kūbu	$NIGIN_3$ (447 a)
	kù-bu/bu_{13} (468)
lamamāḫu	$LAMA_2$-MAḪ (322)
lamassu, lamassatu	$LAMA_2$ (322)
lamaštu	DIM_8± $_{11}$/DÌM-ME (150)
lilītu	MUNUS-LÍL-LÁ (319)
lilû	(LÚ-)LÍL-LÁ(-EN-NA) (313)
namtaru	NAM-TAR (79)
rābiṣu	MAŠKIM (295 e)
	$MAŠKIM_2$ (295 d)
	$MASKIM_3$ (295)
šēdu	$ALAD_2$ (322)
	$ALAD_3$ (323)
utukkù	UDUG (577)
LUGAL-AMAŠ-PA-È	(151)
U_4-DA-KAR-RA	(381)

ADDENDUM 6

LES NOMS GEOGRAPHIQUES

Adab (ville)*	ADAB (= ud-nun-ki) (381)
Akkad (pays)	URI (359)
	UR_5-RA (359)
Akšak (ville)	AKSAK (= úḫ-ki) (381)
	(= u_4-kušu$_2$-ki) (392)
Amurru (pays)	MAR-TU (307)
Arbèles (ville)	$LIMMU_2$-DINGIR (124)
Arrapha (ville)	$LIMMU_2$-ḫa (124)
Aratta (ville)	ARATTA (435)
	$ARATTA_2$ (436)
Aššur (ville/pays)	A-USAR (579)
	BAL-TIL(-LA) (9)
	BAL-TI-LA (9)
	AN-ŠÁR (13)
	ŠÀ URU (384)
Babylone (ville)	E-KI (308)
	KÁ-DINGIR(-RA) (133)
	KÁ-DINGIR(-MEŠ) (133)
	KÁ-DIŠ(-DIŠ) (133)
	NUN (87)
	ŠU-AN-NA (354)
	TIN-TIR (465)
	(UD-)KIB-NUN (228)
cf. rikis mātāti	DIM-KUR-KUR-RA (94)
Bàd-tibira (ville)	BÀD-TIBIRA (132)
	(= 152 8)
Baliḫ (fleuve)	BALIH (166)
	(= kaskal-kur) (-a/ra)

---

* Avec déterminatifs URU devant les noms de villes, KUR devant les noms de pays, I_7 devant les noms de fleuves. L'idéogramme KI est le plus souvent postposé après les noms de pays et de villes.

Borsippa (ville)	BÀD-SI-AB-BA (158 b)
	Bár-síb (344)
	Bár-si-pá (344)
Beyrouth (ville)	PÚ-ḪÁ (511)
Damas (ville)	ša ANŠE-šu/šú (208)
	ša-DÙR (-ANŠE-šu) (208)
(la région de Damas)	KUR ANSE-šú (366)
Damru (ville)	DU_{10}-GAR (396)
Dēr (ville)	
BÀD-DINGIR (152 8)	
Dilbat (ville)	DILI-BAD (1)
Dilmun, cf. Tilmun	
Diyālā (fleuve = Turnat)	DUR-ÙL (108)
Dūr-Kurigalzu (ville)	BÀD-ESA(152 8)
Ebiḫ (montagne)	EN-TI (99)
Elam (pays)	ELAM(-MA) (433)
Emutbal (pays)	GI-IN-SAG-6 (85)
Ereš (ville)	$EREŠ_2$ (165)
Eridu (ville)	ERI_4-DU_{10}(-GA) (38)
	NUN KI(-GA) (87)
Ešnunna (ville/pays)	ÈŠ-NUN-NA (128)
Euphrate, cf. Purattu	
Girsû (quartier de Lagaš)	GÍR-SU(10)
Ḫarrān (ville/province)	KASKAL (166)
Ḫit (ville)	I_7-KI (579)
Idiglat (fleuve)	HAL-HAL (2)
	IDIGNA (74, 238 f)
Isin (ville)	IN (148)
	PA-ŠE(295)
Itu/i/a_5 (ville)	ÍD (579)
Jamutbal, cf. Emutbal	
Karkara	IM (399)
Kabbartu (ville)	NIGIN-tu_4 (529)
Kīš (ville)	GÚ-DU_8-A (106)
	KIŠ (425)
Kullab (ville)	KUL-ABA_4/AB (72)
Kutû (ville)	GÚ-DU_8-A (106)
Lagaš (ville)	LAGAS (= šir-bur-la) (71)

Larsa (ville)	LARSA (= ud-unug) (381)
Marad (ville)	MÁR-DA (437)
Mari (ville/pays)	ḪA-NA (589)
Mésopotamie, cf. Subartu	
Ninive (ville)	NINA (200)
Nippur (ville)	DUR-AN (108)
	NIBRU (99)
Opis (ville)	
UPE (= ud-kušu$_2$-ki) (381)	
	(= úḫ-ki) (392)
Purattu (fleuve)	BURANUN (381)
Saḫritu	NIGIN-tu (529)
Sarrar (ville)	KAR KI (376)
Sippar (ville)	ZIMBIR(381)
Sirara (ville)	SIRARA (200)
Subartu (pays)	SUBAR(53)
	SU-BIR$_4$ (7)
Sumer (pays)	KI-EN(/IN)-GI (461)
cf. mātu	KALAM (312)
Šušan (= Suse) (ville/pays)	MÚŠ-EREN (102)
	MÚŠ-ŠÉŠ(102)
	MÚŠ-EREN/ŠÉŠ (103)
Šuruppak (ville)	SURUPPAK (7)
Tilmun (ville)	DILMUN(= ni-tuk) (231)
Turnat̀, cf. Diyala	
Tigre, cf. Idiglat	
Umma (ville)	<u>KUSU$_2$</u>(562)
Ur (ville)	URI$_2$/URIM$_2$ (331)
Urarṭu (pays)	TILLA (359)
Uruk (ville)	UNU(G) (195)
Usab (ville)	ARAB (381)
Zabalam (ville)	ZA-MÚŠ-UNUG (586)
	ZA-MÚŠ-UNUG (586)

ADDENDUM 7

ETOILES, CONSTELLATIONS ET PLANETES[1]

Aldébaran		BUN_x (22)
Andromède	*epennu* (?)	APIN (56)
Aquarius		GU-AN-NA (559)
		GU(-LA) (559)
	sinuntu (381)	
		(= ud-kib-nun-ki)
Aquila	*erû*	TE_8 (334)
Arcturus	*nīru*	MU-GÍD(-KÉŠ-DA) (61)
		ŠUDUN (549)
	šūpû	ŠU-PA (354)
(une partie)	*naddullu*	ŠUDUN-ANŠE (549)
Aries	*agru*	ḪUN-GÁ (536)
Auriga	*gamlu*	ZUBI (60)
Balance	*zibānītu*	ZI-BA-AN-NA (84)
"Bison"	*kusarikku*	GU_4-ALIM (421)
"Brillante"	*ṣāriru*	AN-TA-SUR-RA (13)
Cancer	*alluttu*	AL-LU_5 (298)
Canis major	*qaštu*	BAN (439)
Capricorne (queue)	*suhurmāšu*	SUHUR-MÁŠ (= KU_6) (403)
Carré de Pégase	*ikû*	IKU (105)
Cassiopée	*epennu* (?)	APIN (56)
Chariot	*narkabtu*	GIGIR (486)
"Chevelure de Bérénice"		ḪÉ-GÁL-LA (143)
Chèvre (= Lyre)		UD_5 (122 b)
Corvus	*āribu*	UGA (318)
Corvus + Crater		UG_5-GA (152 8)
Couronne boréale	*bāštu*	BAL-TÉŠ-A (9)
Cygnus + Lacerta	*ūm nā'iri*	U_4-KA-DUḪ-A (381)
Gémeaux	*māšātu*	MAŠ(-TAB-BA) (74)
Grande ourse		MAR-GÍD-DA (307)
g de la Grande Ourse	*šelibu*	KA_5-A (355)

[1] Généralement précédées de l'idéogramme MUL ou TE.

Grue	*namaššû (ša Adad)*	NU-MUŠ-DA (75)
Hercules	*kalbu*	UR(-GI_7) (575)
Hyades	*is lê*	AGA-AN-NA (347)
		GIŠ-DA (296)
Hydre	*ṣerru*	MUŠ (374)
Jupiter	*dapinu*	AL-TAR (298)
		U_4-AL-TAR (381)
	gamlu	ZUBI (60)
	nēberu	SAG-ME-GAR (115)
"l'astre blanc"	*kakkabu peṣû*	MUL BABBAR (376)
Leo minor	*nēšu*	UR-A (575)
major	*urgulû*	UR-GU-LA (575)
Libra		ZI-BA-AN-NA (84)
Lupus	*uridimmû*	UR-IDIM (575)
Lyre	*barbaru*	UR-BAR-RA (575)
Mars		ḪUL (456)
	ṣalbatānu	UDU-IDIM-SA_5 (537)
Mercure	*bibbu*	DAH (169)
		ELLAG (400)
	šiḫṭu	UDU-IDIM-GU_4-UD (537)
	muštarîlu (?)	
Orion	*šitādālu*	SIPA-ZI-AN-NA (295 m)
Pégase	*iku*	AŠ-IKU (1)
Persée	*māhiru*	ŠU-GI (354)
Petit chariot		MAR-GÍD-DA-AN-NA
(307)		
Pléiades	*zappu*	MUL-MUL (129 a)
Poissons	*zibbātu*	KUN-MEŠ (77)
		ZIB(-ME) (395)
(pisciš austrinus)	*nūnu*	KU_6 (589)
Regulus	*šarru*	LUGAL (151)
Sagittaire		PA-BIL/BÍL-SAG (295)
Saturne	*kajjamānu*	GENNA (144)
		LU-LIM (537)
		SAG-UŠ (115)
		UDU-IDIM-SAG-UŠ (537)
Scorpion	*zuqaqīpu*	GÍR-TAB (10)
Sirius	*šiltahu*	GAG-SI-SÁ (230)
		GAG-BAN (230)
		KAK-BAN (439)

Taureau	*alap šamê* (= *is lê*)	GU(-AN-NA) (297)
Vénus	*qaštu*	BAN (439)
		DILI-BAD (1)
Verseau, cf. Aquarius		
Vierge	*sisinnu*	AB-SÍN (128)
		ERU_4 (579)
		(= a-edin)
(une étoile de la Vierge)	*absinnu*	KI (461)

AUTRES ETOILES :

	AD_5 (330)
haṣīrānu	EN-TE-NA-BAR-LUM/SIG
(99)	
"l'astre noir"	MUL GE_6 (129 a)
	UG_8-GA (17)
lišān kalbi	EME-UR-GE_7 (32)
lumāšu	LÚ-MAŠ(-<u>ši</u>) (330)

Lexique

A

ababdû taxe due à un administrateur de temple 128 (AB-(A-)AB- -DU$_7$/DU).

abaḫšinnu céréale moissonnée encore verte 357 (ŠE-ZA-GÌN-DURU$_5$).

abāja volatile d'eau 237 (AMA-A-(A)^{mušen} (sc)).

abālu (ap)porter 206 (TÚM), 338 (DÉ), 434 (TÙM).

abālu IV être desséché 381 (ḪÁD-A).

abarakkatu intendante 452 (^{mí}AGRIG).

abarakku intendant (du palais, du temple) 449 (IGI^2-DUB), 452 (^{lú}AGRIG).

abarakkūtu fonction d'intendant 452 (^{lú}AGRIG).

abāru force physique 354 (LIRUM)(sc), (sorte de crochet cf. AHw).

abāru plomb 579 (A-BÁR/GAR$_5$).

abašmû pierre précieuse verte 145 (AD-*aš-mu*).

abātu détruire, emporter 411 (ŠU$_4$)(sc), IV fuir 429 (GUL), aller à sa perte 589 (ZÁḪ).

abbuttu coiffure propre aux esclaves 333 (GÀR).

abbūtu puissance paternelle 145 (AD-)[1].

abdu? esclave (cf. CAD, A$_1$, 51a) 115 (SAG-MUNUS).

abiktu défaite 449 (BAD$_5$-BAD$_5$).

ablu sec, desséché 381 (ḪÁD-A/DU).

abnu pierre, poids, verre, grêlon, noyau, calcul, pépin, sceau, kudurru 229 (ZÁ/NA$_4$) (poids : ZÁ-DAM-GÀR[2], ZÁ-LUGAL, ZÁ-^{d}UTU, ZÁ-GI-NA, ZÁ-SI-SÁ ZÁ+noms de villes, etc.).

aban (la) alādi pierre de (non) enfantement (ZÁ(-NU)-Ù-TU).

aban (la) erê pierre de (non) conception 390 (ZÁ (-NU)-PEŠ$_4$).

aban kasî (une pierre) 252 (ZÁ-GAZI$_2^{sar}$).

aban kissî poids de sacoche 229 (ZÁ-KUŠ-NÌ-ZÁ).

aban marti calcul 147, 229 (ZÁ-ZÉ).

aban râmi pierre d'amour, talisman 57 (ZÁ-MAḪ).

aban ṣerri (une pierre) 374 (ZÁ-MUŠ).

aban šamê grêle 229 (ZÁ-AN).

aban šadî roc 229 (ZÁ-KUR).

aban urriqqu pierre verte 229 (ZÁ-SIG$_7$-SIG$_7$).

abriqqu un prêtre 420 (ABRIG$_2$).

abru pile de bois, bûcher 172 (IZI-ḪA-MUN).

absaḫurakku (un poisson) 128 (AB-SUḪUR$^{ku}{}_6$).

ab(š)innu sillon 128 (AB-SÍN).

(une constellation) 128 (^{mul}AB-SÍN), 461 (^{mul}KI).

abtu détruit 429 (GUL(-LA/GUL)).

abu père 128 (AB), 145 (AD), 579 (A(-BA)).

sheikh 128 (AB-BA), 145 (AD(-DA));

[1] Le tiré après l'idéogramme indique que celui-ci est le plus souvent suivi d'un complément phonétique.

[2] Dans ce lexique, nous avons relié d'un tiré tous les éléments d'un sumérogramme même si ceux-ci correspondent à des éléments distincts de l'akkadien.

abbû (pl.) 145 (AD-AD);

ab abi grand-père paternel 145 (AD-AD), 579 (A-A);

ab ummi grand-père maternel 145 (AD-AMA);

abi ab(i)-abi arrière grand-père 145 (AD-AD-AD);

ab šarrānī nom d'un mois 151 (^{iti}LUGAL(-MEŠ/ME)).

abu 5e mois (juil.-août) 172 (^{iti}NE(-NE-GAR)).

abūbu déluge 43 (URU$_2$)(sc), 38 (URU$_5$)(sc), 307 (MAR-RU$_{10}$), 579 (A-MA-RU/URU$_5$, A-MÁ-RU/URU$_5$).

abukkatu andropogon 59 (^{ú}LI-DUR/TAR).

(a)bulīlu pois 106 ($^{ú/še}$GÚ-GAL).

abullu grand'porte, partie du foie (porta hepatis) 133 (KÁ-GAL).

abul kutu(m) libbi partie de l'exta 133 (KÁ-GAL-DUL-ŠÀ).

ša abulli gardien de la porte 133 (^{lú}KÁ-GAL).

abulmaḫḫu porte principale de Nippur 133 (KÁ-GAL-MAḪ).

abultannu gardien de la porte 133 (^{lú}KÁ-GAL).

abunnatu ombilic, cordon ombilical, partie centrale (d'un arc) 59 ((^{uzu})LI-DUR), 108 (^{uzu}DUR).

aburru pâturage 318 (Ú-SAL(-LA)).

aburru arrières 104 (SA-DUL/DUL$_5$).

abūtānu/abūdanum (un poisson) 176 (NINDA$_2$-DIL^{ku_6}) (sc), 185 (UBUDILI)(sc).

adagur(r)u cruchon 579 (^{dug}A-DA-GUR/GUR$_4$/GUR$_5$).

adamatu sang noir 69 (ADAMA)

adammūmu guêpe 433 (NIM-Ì-NUN-NA)(sc).

adannu terme fixé, période déterminée 13 (AN-*ni*), 86 (RI), 381 (U$_4$-DU$_{11}$-GA, U$_4$-ŠUR, U$_4$-BA, U$_4$-DA-*ni*).

adāru s'assombrir 119 (KÀN), 345 (LÙ(-LÙ))(sc).

adaru (un arbre) 579 (^{giš}ILDAG$_2$).

adattu partie comestible du roseau 85 (GI-ÚR).

adi jusqu'à (ce que), y compris 99 (EN(-NA)), 332 (ZÀ), 579 (A-RÁ).

adi balṭu tant qu'il vit 99 (EN-TI-LA).

adi išten pour la première fois 332 (ZÀ-1-ÀM).

adi libbi jusqu'à 99 (EN-ŠÀ).

adi šina 2 fois 579 (A-RÁ-2-KAM(-MA-ŠÈ)).

adirtu obscurité, calamité, tristesse 31 (KAN$_4$), 119 (KÀN).

agāgu être en colère 207 (ÍB(-BA)), 347 (MER)(sc).

agalu âne de selle 208 (DUSU$_2$), 455 (SI$_5$).

agammu marais 512 (UMAḪ)(sc), 580 (AGAM)(sc).

aganutillû hydropisie 579 (A-GA-NU-TIL/TI-LA).

agargarītu (un minéral) 597 (A-GAR-GAR-^{d}I$_7$)

agargarūtu frai 579 (A-GAR-GAR-^{d}I$_7$).

agargarû (un poisson) 579 (A-GAR-GAR, A-KÁR-KÁR^{ku_6}).

agarinnu creuset, moût de bière 237 (AGARIN$_{3-5}$), 579 (A-GA-RI-NU-UM).

agāru louer 148, 536 (IN-ḪUN(-*un*/GÁ).

agasala/ikku hâche, symbole divin 347 (AGA-SILIG).
aggu furieux 444 (ÚG)(sc).
āgiru loueur 536 (^{lú}ḪUN-GÁ).
agru journalier (un) 148, 536 (^{lú}ḪUN-GÁ), 393 (ERIN$_2$-ḪUN-GÁ), 579 (^{lú}A-GAR).
Aries 536 ($^{mul\,(lú)}$ḪUN-GÁ).
agû couronne, tiare, disque lunaire 270 (MEN), 347 (AGA), 517 (MEN$_4$)(sc).
agû imbari couronne de brouillard 347 (AGA-IM-DUGUD).
agû urpati couronne de nuages 347 (AGA-IM-DIRI).
agû flot 579 (A-GE$_6$-A, A-GU$_4$/GA).
agurru brique cuite 567 (SIG$_4$-ÙR-RA, SIG$_4$-AL-ÙR(-RA), SIG$_4$-AL-LÚ-ÙR-RA).
aḫātu sœur 556 (NIN).
aḫātu abords, environs 74 (BAR).
aḫāt āli faubourgs 38 (URU-BAR-RA).
aḫāzu saisir, prendre (femme) 574 (TUK).
II : monter un objet sur un métal précieux 597 (GAR).
aḫê séparément 1 (AŠ-*e*).
aḫḫāzu un démon 150 (^{d}DÌM-ME-ḪAB).
aḫḫūtu fraternité 60 (PAB), 331 (ŠEŠ-).
aḫītu (l')extérieur 74 (BAR).
aḫu frère 60 (PAB), 331 (ŠEŠ).
aḫu bras, côté, rive 74 (BAR), 106 (GÚ), 332 (ZAG/ZÀ), 334 (Á).
aḫû étranger, ennemi, non-canonique 60 (KÚR), 74 (BAR).
aḫulap miséricorde! 102 (AḪULAP).
a/eḫzu binette cf. *eḫzu*.
ai que ne ... pas 75 (NU).
ajjābu ennemi 172 ($^{(lú)}$ERIM$_2$).
ajjak(k)u construction sacrée 324 (É-AN-NA).
ajjalu daim 100 (DARA$_3$-MAŠ).
ajjartu corail, coquille 295 (^{zá}PA).
ajjaṣu belette 556 (NIN-KILIM-EDIN-NA).
ajjikâ (d')où 532 (ME-A-BI).
ajjumma quelqu'un 70 (^{lú}NA-ME).
akalu pain, nourriture 597 (NINDA(-ḪÁ/MEŠ))
mesure de capacité 597 (NINDA)
aliment 318 (Ú).
aklu ablu biscuit, pain sec 597 (NINDA-ḪÁD-DA, (cf. CAD, A$_2$, 154b)).
akal ḫarrāni provisions de route 597 (NINDA-KASKAL).
aklu ḫašlu farine 597 (NINDA-KUM).
akal kunāši pain d'épeautre 597 (NINDA-IMGAGA).
akal tumri pain cuit sous la cendre 172, 597 (NINDA-IZI(-NÌ)-ḪAR-RA).
akālu manger, avoir en usufruit, ravager, faire souffrir 36 (KÚ).
akbaru gerboise (?) 596 (PÉŠ-KI-BAL).
ākilu «mangeur» (un insecte, surnom du chacal, chenille(?)) 11 (UŠU(NAM-MA)), 405 (MÙL), 575 (UR-BI-KÚ).
akītu (jour et temple du) nouvel an 334 (Á-KI-IT(/TI)).
akkadû le pays d'Akkad 359 ($^{(kur)}$URI^{ki}(-RA)).
akk/qqullu sorte de marteau 597 (^{giš}NÌ-GUL).
aklu chef, surveillant 295 ($^{(lú)}$UGULA).
akil amurru général 295 (UGULA-MAR-TU).
aktam/atkam (une plante) 97, 145.
akû cable, amarre 122a (DELLU)(sc).
akukūtu brandon, lumière, rougeur 589 ((Ḫ)A-ḪA-ḪA-*tù*).
aladlammû taureau à tête humaine 323 (^{d}ALAD$_3$-^{d}LAMMA).
alādu enfanter 58 (TU), 390 (PEŠ$_4$)(sc), 455 (Ù-TU).
alaḫḫinu meunier 597 (^{lú}NINDA) cf. CAD, A$_1$, 296.
alaktu voie, parcours, démarche, conduite 579 (A-RÁ).
alāku aller, remuer, s'en aller 206 (GIN/RÁ/DU), 232 (IR)(sc).
alandimmû forme, stature 348 (ALAN-DÍM(-MA)).
alamû (une plante aquatique) 579 (^{ú}A-LA-MÚ-A).
(a)lappānu bière légère 214 (KAŠBIR).
alātu avaler 24 (GIGURU$_3$))(sc).
aldû provisions de grains 298 (AL-DÙ).
algamišu améthyste(?), stéatite(?) 381 (U$_4$-SAL-ḪÚB).
ālidu engendreur, père 50 (TU), 455 (Ù-TU).
ālik pāni prédécesseur, chef 206 (DU-IGI), 449 (IGI-DU).
la ālittu femme stérile 75, 554 ($^{(mí)}$NU-Ù-TU).
alla au-delà 298 (AL).
allānu chêne 298 (^{giš}AL-LA-AN)
suppositoire (en forme de gland) 435 (^{giš}LAM-MAR), 560 (NAGAR-*nu*).
allu pioche 298 ($^{(giš)}$AL(-LA)).
alluḫappu filet, démon 298 ($^{giš\ sa}$AL-ḪAB).
alluḫaru alun blanc 13 (AN-NU-ḪA-RA), 399 (IM-SAḪAR-BABBAR-KUR-RA).
alluttu (un crustacé) 298 (AL-LU$_5$).
Cancer (signe du zodiac) 298 (^{mul}AL-LU$_5$), 560 ($^{mul/te}$NAGAR), 562 (KUŠU$_2$).
almattu veuve 75 (NU-MU-SU, NU-KÚŠ-Ù).
alpu bœuf 176 (GU$_4$-NINDA$_2$), 297 (GU$_4$).
alap ša arka bœuf attelé en queue 297 (GU$_4$(-DA)-ÙR-RA, GU$_4$-EGIR(-RA)).
alap kullizi bœuf de labour 297 (GU$_4$-ŠÀ-GU$_4$).
alap niri bœuf de joug 297 (GU$_4$-GIŠ).
altaru? (qui fait) le travail des champs 298 ($^{(lú)}$AL-KU$_5$(-DA)).
a'lu bande, confédération 296 (GIŠ-DA), 335 (^{lú}GIŠ-DA).
alu ornement 579 (A-LU),
alu race de mouton 579 ($^{(udu)}$A-LUM).
ālu ville, «manoir»(?) 38, 41', 43 (URU).
ālu arkû vieux quartier 38 (URU-EGIR).
āl bīt abi siège familial 38 (URU-É-AD).
āl dūri citadelle 38 (URU-BÀD).
ālu elû citadelle, acropole 38 (URU-BÀD, URU-AN-NA).
āl palê résidence royale 38 (URU-BAL).
āl paṭi ville-frontière 38 (URU-ZAG).
āl qašti village sur une «terre d'arc» 38 (URU-GIŠ-BAN).
alû tambour 7 (KUŠ-GU$_4$-GAL), 297 (^{kuš}GU$_4$-GAL), 334 ($^{(giš)}$Á-LÁ).

alû taureau céleste 297 (GU$_4$-AN-NA).
alû démon 49 (U$_{17}$-LU), 579 (A-LÁ).
aluzinnu une profession (acrobate?) 358 (ALAN-ZÚ/ZU$_5$)).
amāmû antimoine 215 (ŠEM-BI-ZI(-DA)).
amāru voir 449 (IGI(-LÁ/DU$_8$).
amaru pile de briques 567 (SIG$_4$-ANŠE).
amašpû jaspe(?) 293 (^{zá}AMAŠ-PA-È, ^{zá}AMAŠ-MA$_4$-A).
amāšu écraser, être chaud, être cataleptique (?) 565 (ḪUM).
amātu parole 15 (INIM).
amāt adirti (INIM-KA×MI) nouvelle sinistre.
amāt damiqti (INIM-SIG$_5$) bonne nouvelle.
amḫāra (une plante) 170 (^{ú}AM-ḪA-RA), 252 (^{ú}GAZI$_2^{sar}$).
amīltu dame, femme libre 554 (^{mí}MURUB$_2$).
amilānu (une plante médicinale) 70 (^{ú}NA-*a-nu*), (^{ú}(NAM-)LÚ-U$_{17}$-LU), 330 (^{ú}LÚ-U$_{17}$-LU, $^{giš/ú}$LÚ-*a-nu*, ^{ú}LÚ-^{d}A-*nu*).
amīlu homme 70 (NA), 75 (NU), 330 (LÚ(-U$_{17}$-LU)).
amīlūtu humanité 79 (NAM(-LÚ)-U$_{17}$-LU, NAM-LÚ-U$_{17}$/LÚ), 330 (LÚ-U$_{17}$(-LU)), LÚ(-*ti*), LÚ-ḪÁ), 579 (A-ZA-LU-LU).
amirānu eau stagnante 449 (IGI-LÁ-BI).
ammatu avant-bras, coudée 318 (KÙŠ).
amtu esclave-femme 115 (SAG-GEME$_2$), 558 ($^{(mí)}$GEME$_2$).
amurdinnu ronce, (rose? cf. AHw s.v.) 210 (^{giš}GEŠTIN-GÍR(-RA)).
amurriqānu jaunisse 351 (SIG$_7$-SIG$_7$), 449 (IGI-SIG$_7$-SIG$_7$-).
(moineau 579 (A-RAK^{mušen})? Cf. CAD, s.v.).
amurru ouest 307 (^{tu15}MAR-TU), 399 (TU$_{15}$-3).
amūtu état d'esclave-femme 558 (GEME$_2$).
amūtu foie, oracle, consultation, mission 472 (BÀ), 558 (GEME$_2$).
amūtu fer météorique 468 (KÙ-AN).
ana à, vers, pour 1 (A̤Š̤), 79 (NAM), 480 (DIŠ), 536 (ÉŠ).
anāḫu se fatiguer, gémir, se tourmenter (II/2) 329 (KÚŠ-Ù).
anaja bateau 122 (^{giš}MÁ).
anāku je 233 (GÁ-E).
anāku/annaku plomb 13 (AN-NA).
andaḫšu (légume à bulbe) 13 (AN-DAḪ-ŠUM).
anduḫallatu agame 32 (EME-DIR/ŠID-ZI-DA), 77 (KUN-DAR-GURIN-NA), 325 (NIR-GAL-BÚR).
andullu protection, abri 13 (AN-DÙL/DUL$_7$), 329 (DÙL).
andunānu substitut 115 (^{lú}(NÌ-)SAG(-ÍL-LA))ⓢ.
andurāru liberté, indépendance, manumission, rémission des dettes 237 (AMA-AR-GI).
angubbû divinité, classe sociale 13 (AN-GUB-BA).
anḫullû/u (plante à usages magiques) 13 (^{ú}AN-ḪÚL(-LA/LÚ)).
ankurû (cf. CAD, A$_2$, 124b) divinité protectrice 13 (A̤N̤-K̤Ṳ-A).
annanna un tel 515 (NENNI).
annû celui-ci 172 (NE), 331 (ŠEŠ), 455 (Ù).
annuḫara alun blanc 399 (IM-SAḪAR-BABBAR-KUR-RA).
anpatu autruche? 71 (GIŠ-NU$_{11}^{mušen}$).
anqullu phénomène lumineux 172 (IZI-AN-BIR$_8$).
antalû éclipse 13 (AN-TA-LÙ).
antaššurrû (une pierre) 13 (^{zá}AN-TA-SUR-RA).
anu nom du signe AN 13 (AN).
an(n)umma maintenant 381 (U$_4$(-*ma*)).
anzaḫḫu pâte de verre 13 (^{zá}AN-ZAḪ).
anzūzu araignée 536 (ŠÈ-GUR$_4$).
apālu répondre 326 (GI$_4$(-GI$_4$)).
apillu (une profession) 579 (A-BIL).
apkallu sage 87 (NUN-GAL, ABGAL).
aplu fils héritier 1 (AŠ), 144 (IBILA), 346 (PEŠ(-GAL)), 579 (E$_4$-DURU$_5$), 582 (EDURU).
aplūtu situation d'héritier, héritage 144 (IBILA-).
appāru marais 522 (AMBAR).
appātu rênes 128 (AB), 295 (PA).
appu nez, bec, bout 15 (KIR$_4$).
apsam(m)akku trapèze 420 (ÁB-ZÀ-MÍ).
apsasû/apsasītu (sculpture de) bovin exotique (zébu, sphinx?) 420 ($^{(mí)}$ÁB-ZA-ZA).
apsû abîme, océan 6, 128 (ABZU), 484 (ENGUR).
aptu fenêtre, trou 128 (AB(-LÁ)).
apu roselière, cannaie 85 (^{giš}GI).
aqāru être précieux 323 (KAL(-LA)).
aqqurtu grande prêtresse 556 (NIN-DINGIR(-RA)).
arabû volatile d'eau 381 (ARA$_2$-BU^{mušen}).
arādu descendre 459 (E$_{11}$).
araḫḫu grenier 324 (AŠLUG).
araḫsamnu 8e mois (oct.-nov.) 56 (^{iti}APIN(-DU$_8$-A)).
araḫû coefficient 579 (A-RÁ-ḪI).
arakarû facteur 579 (A-RÁ-KARA$_4$).
arāku être long, allongé, loin 371 (GÍD(-DA)), 373 (SUD(-DA)).
arallû enfers 324 (ARALI), 579 (A-RA-LI).
arāqu être vert 351 (SIG$_7$).
arariānu (une plante médicinale) 295 (PA-PA(*a*)-*nu*).
ararru meunier 401 (^{lú}ḪAR(-ḪAR)).
arāru maudire 339 (ÁŠ(-BAL)).
ararû (une plante médicinale) 339 (^{ú}ÁŠ-DUG$_4$-GA).
arbu fuyard 376* (KAR).
arbūtu fuite, dévastation, statut d'une personne sans famille 376* (KAR).
ardadillu (une plante) 1 (^{ú}AŠ-TÁL-TÁL).
ardat lilî démon (femelle) 313 (^{mí}LÍL-LA), 461 (KI-SIKIL-LÍL-LA).
ardatu jeune femme 461 ($^{(mí)}$KI-SIKIL).
ardu esclave, serviteur 50 (IR$_{11}$, ÈR, (SAG)-ARAD), 53 (ŠUBUR).
argamannu laine rouge 539 (SÍG-SAG), 586 ($^{(síg)}$ZA-GÌN-SA$_5$).
arḫâ mensuellement 52 (ITI-ÀM, ITI-A-TA(-ÀM), ITI-TA-ÀM, ITI(-A-TA-')).
arḫu mois, nouvelle lune 52 (ITI), 420 (ÁB).
arḫu āṣû mois finissant 52 (ITI-È).
arḫu ēribu mois commençant 52 (ITI-KU$_4$).

arḫu vache 420 (ÁB).

arḫu demi-brique 567 (SIG$_4$-ÁB/MI).

arḫussu par mois 52 (ITI(*-us-*)*su*, ITI-*ut-su*, ITI-(*ḫu-us-su*)).

āribu corbeau 71 (BURU$_4$), 79 (BUR$_5$). (une constellation) 152 (^{mul}UG$_5$-GA), 318 (^{mul}UGA).

ārib zēri (un corbeau) 79* (BUR$_5$-ŠE-NUMUN).

ārib šâdî = ? 79 (BUR$_5$-KUR-RA)

arka après, derrière 209 (EGIR).

arkaītu d'Uruk 195 (^{d}UNUG^{ki}*-a-a-i-tu*).

arkānu ensuite 209 (EGIR).

arkâtu derrière, fesses 209 (^{uzu}EGIR-)

arkatu dos 567 (MURGU); dos, suite, fonds d'une affaire.

arki derrière, après 209 (EGIR)

arki-šu ensuite 209 (EGIR-BI).

arkītu suivant, futur, dernier-né 209 (EGIR).

arkû futur, second, inférieur, derrière 209 (EGIR), troupe de remplacement 209 (^{lú}EGIR).

arku loin, lointain 371 (GÍD(-DA)).

armannu abricot 146 (^{giš}ḪASḪUR-KUR-RA).

arnu/annu péché, châtiment 79 (NAM-TAG-GA).

arqu verdure 152 (NISSA); légumes 318 (Ú-NIGA).

arqu vert(-jaune) 351 (SIG$_7$(-SIG$_7$)).

arqūtu verdure, fraîcheur 351 (SIG$_7$(*-su*)).

arrabu loir(?) 596 (PÉŠ(-GIŠ)-ÙR(-RA)).

arratu malédiction 339 (ÁŠ).

arsānu bouillie d'orge 451 (AR-ZA-NA).

arsuppu carpe 297 (EŠṬUB^{ku6}); (une céréale) 297 (EŠṬUB), 367 (ŠE-EŠṬUB).

aršātu froment 446 ($^{(še)}$GIG(-BA/BI)).

ar(t)u rameau, feuille, feuillage 295 (PA).

arû produit (math.) 579 (A-RÁ).

arû vomir 2 (BURU$_8$).

âru (un poisson) 185 (UR$_7$)^{sc}.

asakku démon, maladie 334 (Á-SÀG); interdit, tabou 468 (AZAG).

asāmu convenir 143 (ḪÉ-DU$_7$), 354 (ŠU-DU$_7$), 441 (DU$_7$).

a$^{(š)}$*ḫaru* (un minéral) 339 (phon. *áš-ḫar*).

askuppu / *aksuppu* / *askuppātu* seuil 142 (KUN$_4$), 144 (KUN$_5$).

aslu jeune mouton 522 (Ẹ-UDU) (rejeté par CAD, A$_2$, 336b).

aslu corde 522 ($^{giš/kuš}$SUK-LUM ou *as*$_4$*-lum*).

asnû/assanû 15, 231 ((ZÚ-LUM(-MA)-DILMUN).

a$^{(š)}$*qūdu* (un rongeur ou un serpent) 596 (PÉŠ-TÚM-TÚM(-ME)).

assammu (un grand récipient) 13 (AN-ZA-AM).

assinnu castrat, prostitué 575 (^{lú}UR-MUNUS).

asu myrte 10 ($^{giš\ šem}$GÍR), 131 ($^{giš/šem}$AZ), 215 ($^{(giš)šem}$GÍR/AZ), 579 (^{giš}A(-AZ/ZU)).

asu ours 131 (AZ).

asû médecin 579 ($^{(lú)}$A-ZU).

asurrû soubassement 203 (ÚR(-É-GAR$_8$)). une partie de l'exta 579 (A-SUR).

aṣābu ajouter, augmenter 169 (DAḪ).

aṣītu (taxe d')exportation, force expéditionnaire 381 (È).

aṣû sortir 381 (È), 459 (E$_{11}$).

āṣu sortant 381 (È).

ašābu être assis, se trouver, habiter 536 (DÚR).

ašāgu (une plante) 10 (^{ú}GÍR), 318 (^{giš}KIŠI$_{16}$/KIŠA).

ašamšūtu ouragan 86 (DAL-ḪA-MUN), 399 (IM-DALḪAMUN).

ašarēdu premier 74 (MAŠ), 115 (SAG-RIB), 449 (IGI-DU).

ašarittu troupe de choc 115 (SAG-RIB).

(a)šarmadu (une plante médicinale) 46 (^{ú}GUR$_5$-UŠ).

ašāšu (s')affliger 84 (ZI-IR).

ašdānu (une plante médicinale) 536 (^{ú}DÚR-GIG-GA-KE$_4$).

ašgikû/ašgigû/ašqiqû (un minéral) 339 (^{zá}ÁŠ-GI$_4$-GI$_4$, ÀŠ-GÌ-GÌ), 412 (^{zá}UGU-AŠ/ÁŠ-GÌ-GÌ/GI$_4$-GI$_4$) (une plante) (^{ú}AŠ-GÌ-GÌ), 339 (^{ú}ÁŠ-GI$_4$-GI$_4$, ^{ú}ÁŠ-GÌ-GÌ).

ašibu bélier de siège 297 (^{giš}GU$_4$-SI-AŠ).

āšibu habitant 536 (^{lú}DÚR(-A)).

āšipu exorciste 15 (KA-PIRIG, KA-PIRIG$_3$), 16 (^{lú}MU$_7$-MU$_7$), 20 (NIGRU), 74 ($^{(lú)}$MAŠ(-MAŠ)), 532 (^{lú}IŠIB).

aširtu sanctuaire 1 (AŠ), 324 (É-DINGIR(-MEŠ)), 332 (ZAG, (É-)ZAG-GAR-RA, UZUG).

aši'u? fer météorique 468 (KÙ-AN).

aškāpu corroyeur 104 ($^{(lú)}$AŠGAB).

aškāpūtu métier de corroyeur 104 (^{lú}AŠGAB(*-u-tu*)).

aškuttu verrou 334 ($^{(giš)}$AŠKUD).

ašlāku blanchisseur 536 (^{lú}TÚG, ^{lú}AZALAG).

ašlu jong 375 (^{ú}NINNI$_5$).

ašlukkatu entrepôt 324 (AŠLUG).

ašnan grain 367 (^{d}EZINU) (une pierre?) 367 (ZÁ-^{d}EZINU, cf. CAD, A$_2$, 451-452).

ašnugallu (une pierre, albâtre(?)) 1 (^{zá}AŠ-NU$_{11}$-GAL).

ašqulālu (une plante grimpante) 318 (Ú-AN-KI-NU-DI), 481 (Ú-LAL). (un phénomène atmosphérique) 1 (AŠ).

ašru lieu, aire 461 (KI).

ašar pendant que, au cas où 461 (KI).

aššābu locataire 319 (GA-AN-DÚR).

aššatu épouse 554, 557 ($^{(mí)}$DAM).

(aššata) ezēbu répudier (une épouse), 557 (DAM-TAG/TAG$_4$).

aššata aḫāzu prendre femme 557 (DAM-TUK).

aššu(m) à cause de, pour 61 (MU).

aššūtu mariage 557 ((NAM-)DAM).

aštammu auberge 128, 324 ((É-)ÉŠ-DAM), 536 (ÉŠ-DAM).

aštapiru domesticité 115 (SAG-GEME$_2$-ÌR), 558 (GEME$_2$(-SAG)-ÌR).

ašūḫu sapin 455 (^{giš}Ù-SUḪ$_5$).

ašuštu tracas, dépression, douleur 84 ((NÌ-)ZI-IR), 123 (DIRI(-GA)).

atā'išu 383 (phon. PI-PI-PI-*šum* = *à-ta*$_7$*-wi-šum*), 366 (^{ú}KUR-KUR).

atānu mule 88 (EME$_5$), 208 (EME$_3$, ANŠE-MÍ/ḪÚB), 554 (^{mí}ḪÚB).

atappu fossé, petit canal, rigole 60 (PA$_5$(-LÁ/SIG)), 579 (A-TAB).

atartu excès, contenu 123 (DIR).

atāru être en excédent 123 (DIR).
atartu/ḫasarratu (une plante médicinale) 257 (GAZI-AMḪARA), 579 (A-TAR).
atbaru basalte 145 (^{zá}AD-BAR).
atkam cf. *aktam*.
atkuppu vannier 145 ($^{(lú)}$AD-GUB_5).
atkuppūtu état de vannier 145 (^{lú}AD-GUB_5-).
atmu jeune animal 437 (AMAR).
atmû parole 15 (DU_{11}(-DU_{11})).
atru additionnel, excessif 112 (SI(-BI)), 123 (DIR).
atta toi 586 (ZA-E).
attalû cf. *antalû*.
attaru remplacement 112 (SI(-BI))
paiement supplémentaire 112 (SI(-BI)), 123 (DIR).
atû portier 231 ($^{(lú)}$NI-DU_8).
atūdu jeune bouquetin 551 ($ŠEG_9$).
aṭartu (une plante) 252 ($^{ú}GAZI_2{}^{sar}$), 257 (GAZI-AMḪA-RA).
awiḫaru charrue, mesure agraire 56 (^{giš}APIN).
azallû (plante médicinale) 579 (^{ú}A-ZAL-LÁ(/LA)).
azamillu/asa'īlu sac 298 ($^{giš\ sa}$AL-KAD/KAD_5).
azannu carquois 579 (A-ZA-AN).
azaru lynx 104 (SA-A-RI-RI).
azugallu médecin-chef 579 (A-ZU-GAL).
azupīru / azupir(ān)u / azupirānītu / azukirānu safran 401 (^{ú}AZUKNA).

B

bābānu (l')extérieur, personne extérieure au palais 133 (KÁ-*a-ni/nu*, KÁ-*an-na*).
bābilu babylonien 465 (TIN-TIR-KI).
bābtu quartier, biens non payés, déficit 133 (KÁ-*tu*), 280 (DAG-GI/GI_4-A).
bābu porte, écluse, anus 133 (KÁ), 532 (ME-NI).
bābu kamû porte extérieure 133 (KÁ-TILLA2-4, KÁ-BAR-RA).
baḫru fumant, chaud 172 (KÚM).
**baḫrūtu* état (d'un liquide) fumant 172 (KÚM).
bā'iru pêcheur, chasseur, sorte de soldat 354 (ŠU-ḪA/$ḪA_5$).
bā'irūtu état de *bā'iru* 354 (ŠU-$ḪA_5$-).
bakû pleurer 544 (ŠÉŠ), 579 (ÍR), 581 (IR_6).
balaggu instrument de musique, sorte de chant 352 (BALAG(-DI)).
balālu II mélanger 345 (LÙ-LÙ)Ⓢ, 39 (ḪI(-ḪI)).
balāṭu guérir, être en bonne santé, vivre 73 (TI(-LA)), 298 (AL-TI(-LA)), 465 (TIN);
vie 79 (NAM-TI-LA).
balāṭ napišti bonne santé 465 (TIN-$ZI^{meš}$).
ballukku (substance aromatique) 3, 9, 215 (^{šem}MUG/BAL).
baltu (un épineux, caprier?) 72 (^{ú}NUMUN-GI)Ⓢ, 433 (^{giš}DÍḪ).
balṭu vivant 73 (TI(-LA)).
**balṭūtu* état (d'être) vivant 73 (TI(-LA)-), 465 (TIN).
balu, ina bali sans 75 (NU(-ME-A)).
bâlu être dominant 483 (KUR_4).
baluḫḫu galbanum 2 (^{šem}BULUḪ), 215 ($^{(giš)}$ŠEM-BULUḪ).
bāmātu steppe 168 (EDIN).
bamtu région des côtes 73, 171 ($^{(uzu)}$TI-TI), 104 (SA-TI),
banduddû baquet 5 ($^{(gi/giš)}$BA-AN-DU_8-DU_8).
bannu mesure de capacité (6*qa*), fermage 74 (^{giš}BÁN).
banû former (harmonieusement), être beau 230 (DÙ), 351 (SIG_7).
banû créer, procréer, bâtir 78 (U_5), 230 (DÙ), 351 (SIG_7), 440 (DÍM).
banû brillant 351 (SIG_7).
bānû créateur, constructeur 5 (BA-DÍM), 230 (DÙ), 440 (^{lú}DÍM).
bappiru pain à bière, malt 215 ($BAPPIR_2$), 225 (BAPPIR).
baqāmu couper, tondre 295k (ŠAB(-BA)).
bāqilu malteur 60 ($MUNU_6$-MÚ), 371 ($MUNU_5$-MÚ).
barakku passage, construction extérieure 324 (É-BAR-RA).
barāmu sceller 328 (RA).
barāqu fulgurer 10 (GÍR(-GÍR-RI/AG)), 396 (ḪI-ḪI).
barārītu veille du soir 99, 107 (EN-NUN(-AN)-$USAN_2$/USAN, EN-NUN-AN-TA, EN-NUN-BAR-RA),
barasi(g)gû autel de la maison 344 ($BARA_2$-SI/SIG_5-GA).
barbaru loup 575 (UR-BAR-RA).
α Trianguli 575 (^{mul}UR-BAR-RA).
barīrātu sagapenum(?) 565 ($^{ú/giš}$LUM-ḪA), 586 (^{ú}ZA-ḪUM).
barmu bigarré 113 (GÙN(-A)).
bārtu révolte, complot 60 (KÚR-BAL-BAL), 396 (ḪI-GAR), 569 (SÙḪ).
barû collationner, voir 5 (BA-IGI, BA(-AN)-É), 381 (È), 449 (U_6--DU_{11}-GA/AG-A, IGI-LÁ/DU_8); pratiquer la divination 76 (MÁŠ).
bâru se révolter 396 (ḪI-GAR).
bārû devin 2 (^{lú}ḪAL), 72 ($^{(lú)}$KUL-LUM), 76 (MÁŠ-ŠÚ-SU_{15}-SU_{15}), 144 (DUMU-^{lú}ḪAL), 145 (^{lú}AD-ḪAL), 181 ($^{(lú)}UZU_2$), 579 (A-ZU).
bārûtu acte du devin, divination 2 ($^{(lú)}$ḪAL-), 79, 181 (NAM-UZU_2).
basû racine (carrée ou cubique) 5 (BA-SI/SI_8), 207 (ÍB-SI_8).
bašālu cuire 172 ($ŠE_6$).
bašāmu sac, vêtement de pénitent 344 (BÁR(-RA))Ⓢ.
bašlu cuit, mur 172, 298 ((AL-)$ŠE_6$-GÁ).
bašmu dragon 11 (UŠUM), 374 (MUŠ-ŠÀ-TÙR/TUR).

bāštu sexe, vigueur, force vitale 575 (TÉŠ); (une constellation) 9 (^{mul}BAL-TÉŠ-A).
bâšu avoir honte 575 (TÉŠ).
lā bâšu impudent 75 (NU-TÉŠ).
bašû être 80 (GÁL), 574.(TUK).
adi lā bāšê jusqu'à ce qu'il n'y ait plus rien 597 (*adi* NÌ-NU-GÁL).
batultu jeune fille, adolescente 322 (^{mí}GURUŠ(-TUR)), 355 (^{mí}NAR)?, 461 (KI-SIKIL-TUR), 554 (^{mí}GURUŠ--TUR).
batūlu jeune homme 322 (GURUŠ-TAB/TUR), 355 (^{lú}NAR?).
ba'û passer, franchir 537 (DIB).
bēltu dame, souveraine 99 (^{mí}EN), 350 (GAŠAN), 556 (NIN).
bēlet lemutti ennemie 556 (NIN-ḪUL).
bêlu régner, avoir en sa possession 69 (BE), 99 (EN).
bēlu seigneur 69 (IDIM), 99 (EN), 411 (UMUN), 556 (NIN).
bēl akali commensal, hôte 99 (EN-NINDA).
bēl āli chef d'un bourg étranger, un fonctionnaire, un notable (CAD, A, 389a) 99 (EN-URU^{meš}).
bēl amāti adversaire (en justice) 99 (EN-DU$_{11}$ (-DU$_{11}$)).
bēl bēlê seigneur des seigneurs 99 (EN-EN-EN).
bēl bīti chef de tribu 99 (EN-É).
bēl dabābi adversaire en justice, conjuré 99 (EN-DU$_{11}$-DU$_{11}$).
bēl dâki tourmenteur 99 (EN-GAZ).
bēl dāmi meurtrier 99 (EN-ÚŠ^{meš}).
bēl damiqti ami 99 (EN-SIG$_5$).
bēl egerrê calomniateur 99 (EN-I$_5$-GAR).
bēl lemutti ennemi, adversaire 99 (EN-$^{(mí)}$ḪUL).
bēl narkabti conducteur de char 99 (^{lú}EN-^{giš}GIGIR).
bēl piḫāti gouverneur 99 (^{lú}EN-NAM/NA).
bēl qātāte garant, caution 99 (^{lú}EN-ŠU^2).
bēl ṣarbi 99 (^{d}EN-ASAL$_2$).
bēl ṭābti bienfaiteur 99 (EN-MUN).
bēl ṭābtūtu amitié 99 (^{lú}EN-MUN-).
bēl ūmi possesseur des revenus d'une prébende d'un jour 99 (EN-U$_4$).
bēl zitti partenaire, co-propriétaire 99 (EN-ḪA-LA).
bēlūtu seigneurie 99 (EN-).
bennu épilepsie 13 (AN-TA-ŠUB-BA), 69 (BE), 214 (BÉ).
berû III/2 persévérer 231 (ZAL(-ZAL)).
bēru choisir (perm. sélectionné) 74 (BAR).
bēru mesure de temps, de distance 166 (DANNA), 335 (DA-NA).
bērūtu (puits de) fondation, profondeur?, monde souterrain? 461 (SUR$_{6-7}$).
bibbu planète, comète 129a (MUL)$^{Ⓢ}$, 297 (^{mul}GU$_4$-IDIM), 537 ($^{d/mul}$UDU-IDIM).
biblu crue dévastatrice 597 (NÌ-DÉ-A).
biblu dans *bibil libbi* désir 384 (ŠÀ-GI-NA).
bibrû (un oiseau) 550 (BIBRA$^{(mušen)}$).
bikītu pleurs 579 (ÉR).
bille/atu sorte de moût 214 (DIDA).
billu (une pierre) 214 (^{zá}BI-LA).
biltu tribut, charge, fardeau, loyer, imposition 106 (GÚ(-UN)), 108 (GUN), 559 (GU-UN).
bināti membre 532 (ME-DÍM).
binītu création, créature, stature, croissance anormale 532 (ME-DÍM).
bīnu tamaris 93 (^{giš}ŠINIG).
binûtu création, créature 230 (DÙ).
birīt entre 86 (DAL-BA(-AN)-NA).
birītu intervalle, zone médiane 86 (DAL-BA(-AN)-NA).
birku genou 332 (ZAG-GA), 396 (DÙG).
birmu tissage bigarré 113 (GÙN(-A)), 114 (DAR(-DAR/A)).
birqu (objet en forme d')éclair 433 (NIM-GÍR).
biršu couverture 400 (BIR).
bīru divination 76 (MÁŠ).
bīru jeune taureau 176, 297 (GU$_4$-NINDA$_2$).
biṣṣūru vulve, utérus 554 (GAL$_4$(-LA)).
biṣṣur atāni (un coquillage) 384 (^{zá}PEŠ$_{12}$-ANŠE), (^{zá}PEŠ$_4$-ANŠE).
bīšu mauvais, puant 483 (ḪAB).
bītānu intérieur 324 (É-*a-nu*).
bītu demeure, maison, pièce, enclos, marque (sur le front) 128 (ÈŠ), 233 (GÁ), 324 (É, É-DÙ-A, É-A-NI).
bīt ābi patrimoine 324 (É-AD(-DA), É-A-BA).
bīt āli maison de ville 324 (É-URU$^{(ki)}$).
bīt alpi étable 324 (É-GU$_4$).
ša bīt alpi officier en charge des étables 324 (É-GU$_4$).
bīt apsî (partie du temple) 128 (ÈŠ-ZU-AB), 324 (É-ZU-AB);
océan, abîme 324 (É-ENGUR-RA)).
bīt asakki pièce interdite 324 (É-Á-SÀG/AZAG).
bīt bēri lieu d'étape 324 (É-DANNA^{KI}).
bīt buqūmi/susikki endroit de la tonte 324 (É-ZÚ-SI-GA, É-SU-SI-GA, É-ŠID-SI-GA).
bīt dīni cour (de justice) 324 (É-DI-KU$_5$).
bīt dūri ville fortifiée 324 (É-BÀD).
bīt epinni champ labouré 324 (É-^{giš}APIN).
bītu epšu maison construite 324 (É-DÙ-A).
bīt ēqi chambre intérieure du temple 324 (É-KI-NÁ).
bīt erši chambre à coucher 324, 431 (É-^{giš}NÁ).
bītu eššu nouveau temple 324 (É-GIBIL).
bīt etelli maison princière 324 (É-NIR-GÁL).
bīt ḫammuti appartements 324 (É-UR$_4$-UR$_4$).
bīt ḫubulli prison pour dettes 324 (É-UR$_5$-RA).
bīt (ili) temple 324 (É(-DINGIR)).
bīt immeri enclos à moutons 324 (É-UDU-NITA$_2$).
bīt iṣṣuri basse-cour 324 (É-MUŠEN).
bīt karāni taverne, cave 324 (É-$^{(giš)}$GEŠTIN).
bīt karê entrepôt, silo 324, 542 (É-GUR$_7$/KAR).
bīt kisalli bâtiment extérieur 324 (É-KISAL).
bīt kunukki magasin scellé 324 (É-^{zá}KIŠIB(-BA)).
bīt kussi propriété royale 324 (É-^{giš}.GU-ZA).
bīt makkūri trésor 324 (É-NÌ-GA).
bīt marî lieu d'engraissement 324 (É-UZ-GA).
bīt nasri étal de boucherie 324 (É-UZU).
bīt niqê lieu de sacrifice? 324 (É-SISKUR$_2$).

bīt nuḫatimmi cuisine 324 (É-^{lú}MUḪALDIM).
bīt parsi pièce séparée 324 (É-TAR-RA).
bīt pirišti (une salle du temple) 324 (É-BAR-RA).
bīt qašti «terre d'arc» 324 (É-^{giš}BAN).
bīt qēmi moulin? 324 (É-ZÌ-DA).
bīt ridûti maison de succession 324 (É-UŠ-*ti*).
bīt rēši sanctuaire 324 (É-SAG).
bīt rimki pièce des ablutions 324 (É-TU$_5$).
bīt sabē taverne 324 (É-^{lú}KAŠ-DIN-NAM).
bīt sinniš(ā)ti harem 324 (É-MÍ^{meš}).
bītu šanû quartier des domestiques 324 (É-II-*e*).
bīt ṣēri tente 324 (É-EDIN).
bīt ṭuppi école, archive 233, 324 (GÁ-DUB-BA= É-DUB-BA).
bīt ṭabti désert salé 324 (É-MUN).
bīt unāte? entrepôt 324 (É(-NÌ)-GÚ-NA).
bīt za/iqīqi steppe 324 (É-LÍL-LÁ, ELLA).
bubbulu jour sans lune, inondation 381 (U$_4$-NÁ-ÀM/A).
bubu'tu inflammation, pustule 166 (BÚ-BÚ-UL), 371 (BU-BU-UL), 381 (U$_4$-BÚ-BÚ-UL, U$_4$-BU-BU-UL), 411 (U-BU-BU-UL), 455 (Ù-BÚ-BÚ-UL, Ù-BU-BU-UL).
bubūtu famine 7 (SU-KÚ), 384 (ŠÀ-GAR).
būdu épaule 567 (MURGU).
buginnu/buninnu 522 ($^{(giš)}$BUNIN), 528 (BUNIN$_2$).
bukānu pilon 143 (^{giš}GAN(-NA)).
bullu éteindre 376 (TE-EN-TE-EN).
bulṭu vie, remède, temps de vie 73 (TI(-LA)).
bulụṭ libbi bonheur, luxuriance 73 (TI(-LA)-ŠÀ), 384 (ŠÀ-TI(-LA)).
buluṭ napšāti bonne santé 465 (TIN-ZI^{meš}).
būlu troupeau 76 (MÁŠ-UDU/ANŠE), 597 (NÌ-ÚR-LIMMU$_2$-BA).
būl šaqan (les) troupeaux 76 (MÁŠ-ANŠE-^{d}GÌR).
būl ṣēri animaux sauvages 76 (MÁŠ-ANŠE-EDIN).
bunnannû/bunānû forme, aspect, stature 351 (UKTIN), 597 (NÌ-DÍM-DÍM-MA).
būnu (bel) aspect, face 230 (DÙ), 449 (IGI).
buqāmu agneau tondu 252 (SILA$_4$-UR$_4$).
buqlu malt (vert) 60 (MUNU$_{4,6}$), 371 (MUNU$_{5,7}$), 375 (MUNU$_8$).
buqūmu (moment de la) tonte 15 (ZÚ-SI(-GA)), 314 (ŠID-SI-GA).
burāšu genévrier 59 ($^{(ú)giš}$LI), 93 (^{giš}ŠINIG-KUR-RA), 215 (^{giš}ŠEM-LI).
burrumu bigarré 113 (GÙN(-A)), 114 (DAR(-A/DAR)).
bursangû offrande de nourriture 349 (BUR-SAG-GÁ).
būrtu fontaine, puits, citerne 411 (BÙR)$^{(sc)}$, 511 (PÚ/TÚL).
burtu vache, génisse 420 (ÁB-AMAR, ÁB-AL, ÁB-MAḪ).
būru (mesure de superficie) 411 (BÙR).
burû natte de roseaux 85, 313 (GI-KID(-MÁ)-MAḪ, GI-KID-MÁ-ŠÚ-A).
būru veau, petit (d'animal) 437 ($^{(gu4)}$AMAR).
būr šizbi veau de lait 297 (GU$_4$-AMAR-GA), 437 (AMAR-GA).
burubalû terre inculte 324, 349 ((É)-BUR-BAL), 461 (KI-BAD, KI-BUR-BAL).
burzibandû pot 349 (^{dug}BUR-ZI-BANDA$_3$).
burzigallu chaudron 349 ($^{(dug)}$BUR-ZI-GAL).
bussurtu (bonne) nouvelle (inattendue) 15 (KA-DÙ-A).
būṣu hyène 15 (KIR$_4$).
būšānu (une grave maladie, scorbut?) 15 (KIR$_4$-ḪAB), 318, 483 ((GIG-)ḪAB), 511 (ḪÁB).
(une plante) 483 (^{ú}ḪAB).
buštu honte 575 (TÉŠ).
lā buštu sans honte 575 (TÉŠ-NU-TUK).
bušṭītu termite 13 (AN-TI-BAL).
bušu cf. *būšānu*.
bušû biens, trésor 597 (NÌ-ŠU, NÌ-GÁL-LA).
butuqtu crue dévastatrice, inondation, écluse, brèche 579 (A-MAḪ).
buṭuttu/buṭnatu pistachier 435 (^{giš}LAM-GAL).
buṭuttu emṣu 435 (^{giš}LAM-GAL-BIL-LÁ).

D

dabābu parler, plaider, conspirer 15 (DU$_{11}$-DU$_{11}$).
dabdû défaite, massacre 69 (BAD-BAD), 449 (BAD$_5$-BAD$_5$).
dâdānu nuque 106 (^{uzu}GÚ-SA)
faux caroubier 318 (^{giš}Ú-GÍR-ḪAB).
dādu (un crustacé) 420 (ÁB^{ku6}).
dajjālu inspecteur, éclaireur 465 (^{lú}DIN).
dajjānu juge 457 (^{lú}DI-KU$_5$).
dajjānūtu état de juge 457 ($^{(lú)}$DI-KU$_5$-).
dakkan(n)u ouverture de la porte 461 (KI-GIŠKAL).
dâku tuer, vaincre 69 (ÚŠ), 192 (GAZ), 328 (RA).
dalāḫu troubler 345 (LÙ(-LÙ)).
dalālu louer 15 (KA-SIL).
dalīlu louange 15 (KA-SIL).
daltu vantail, vanne 80 (^{giš}IG).
dalat kišši vantail de roseaux tressés 80 (^{giš}IG-GI-SA).
dalat parissi vantail fait de petits panneaux 80 (^{giš}IG-MI-RÍ-ZA).
dalat zinê vantail en fibre de dattier 80 (^{giš}IG-ZÉ-NA).
dālû irrigateur 9 (^{lú}BAL), 579 (^{lú}A-BAL).
dâlu courir, circonvenir, errer çà et là 11 (DU$_9$(-DU$_9$)), 206 (DU-DU).
damāqu être bon, doux, favorable 298 (AL-SA$_6$), 356 (SA$_6$-GA), 454 (SIG$_5$).
damāqu amabilité 322 (SIG$_{15}$), 454 (SIG$_5$).
dāmātu pâte, argile rougeâtre sombre 215 (^{šem}KÙ-GI), 399 (IM-SIG$_7$-SIG$_7$).
damdammu mulet 208 (ANŠE-NUN-NA).
damiqtu prospérité, renommée, bonheur 454 (^{mí}SIG$_5$)
pl. *damqāti* bonnes nouvelles, chance 454 (SIG$_5$^{meš})
lā damiqti malchance 454 (NU-$^{(mí)}$SIG$_5$$^{(meš)}$).
damqiš bien, pieusement, avec soin 454 (SIG$_5$-).

damqu bon, favorable, doux, canonique 322 (SIG_{15}), 356 (SA_6(-GA)), 454 (SIG_5), riche 592 ($^{(lú)}$SIG).
damqūtu notables 454 ($^{lú}SIG_5^{meš}$).
damtu destruction 172 ($ERIM_2$).
damu (laine) rouge sombre, congestionné 81 (MUD), 540 (DAR_4).
dāmu sang 69 ($^{(uzu)}$MÚD/ÚŠ), 81 (MUD).
dām erinni baume de cèdre 69 (MÚD-^{giš}ERIN).
danānu être fort, puissant 322 (KAL(-GA)) «fort», partie du foie, supériorité 322 (KAL(-GA)).
dannatu situation difficile, calamité, partie du foie 322 ($^{(mí)}$NAM-KAL-GA), 461 (BAD_4).
danniš fortement 322 (KAL-).
dannu/dunnu fort 319 (GA-KAL), 322 (KAL(-GA)).
dannu cuve 62 ($^{(dug)}SILA_3$-BUR).
dânu juger 12, 457 (DI-KU_5).
dāpinu puissant, planète Jupiter, «le puissant» 298 (^{mul}AL-TAR), 381 ($^{mul}U_4$-AL-TAR).
daprānu genévrier 138 (^{giš}DUB-RA-AN), 314 (^{giš}MEZ-DUB-RA-AN).
dārû durable 335 (DA-RÍ).
dārītu durée, éternité 335 (DA-RÍ).
dašpu doux 110 (KU_7(-KU_7)).
daššu bouquetin 74 (MAŠ-DÀ/NITA)(sc), 76 (MÁŠ-GAL/MU-TIN).
dāt(u) ensuite 334 (Á-MEŠ).
dekû déplacer, lever, soulever 84 (ZI).
dēkû veilleur, mobilisateur 84 (^{lú}ZI-ZI).
dēpu (une «arme», une marque omineuse sur le foie) 348 (DUN_4).
dibbu plateau 537 (DIB-BA).
dibdibbu clepsydre 537 (^{giš}DIB-DIB).
dikmēnu/dihmennu/tikmēnu cendres (brûlantes) 172 (DÈ).
diktu (un laitage) 411 (UTU_2).
dīktu défaite, massacre 192 ($GAZ^{(meš)}$).
dimmu mat(?), amarre 94 (DIM)(sc).
dimtu district, tour 13 (AN-ZA-GÀR), 93 (DIM)(sc).
dimtu larme 579 (ÍR), 581 (ER_6).
dinānu substitut, remplaçant 115 (^{lú}SAG(-ÍL-LA)), 597 (NÌ-SAG-ÍL(-LA)).
dingir gubbû extatique céleste 13 (DINGIR GUB-BA).
dinnû, dinnūtu ornement (ou endroit) de lit 1, 431 ((GIŠ-NÁ-)AŠ-NÁ).
dīnu jugement 457 (DI(-KU_5)).
dipalû chicane 457 (DI-BAL(-A)).
dipāru torche 85 (^{gi}IZI-LÁ), 172 (IZI-GAR).
diqāru cruche 143 ($^{(dug)}UDUL_7$), 406 ($UDUL_2$).
diqdiqqu roitelet 78 (MUŠEN-TI-IRI-$GA^{(mušen)}$), 298 (AL-TI/DI-RÍ-$GA^{mušen}$).
diqugallu grand juge 457 (DI-KU_5-GAL).
dirig(g)u/dīru (mois) intercalaire 123 (DIRIG).
dišpu miel 109 ($LÀL^{(meš)}$).
dišpu pēṣu miel blanc (LÀL-BABBAR).
dišip šadî miel de montagne 109 (LÀL-KUR-RA).
dīšu herbe 54, 318 ($^{ú}BAR_{12}$).
ditallu torche, flambeau 172 (DÈ-DAL(-LA)).
ditānu bison 421 (^{gu}4ALIM)(sc).
ditillû sentence judiciaire 457 (DI-TIL-LA).
di'u/diḫu céphalée, variole(?) 115 (SAG-GIG).
dû/ṭû piédestal 459 (DU_6-KÙ).
dubbubu délirer 11 (DU_9(-DU_9)).
duluḫḫû trouble, confusion, éclipse 13 (AN-TA-LÙ), 115 (SAG-LÙ), 345 (LÙ(-LÙ)).
dumāmu (un félin) 575 (UR-GUG_4-KU_5-DA)(sc).
dummuqu très bon, bien fait 454 (SIG_5).
dumqu faveur, beauté 356 ($ŠA_6$-GA), 454 (SIG_5).
dumugabītu enfant-fille non sevrée 144 (DUMU-MUNUS-GAB).
dumugabû enfant-mâle non sevré 144 (DUMU-GAB).
dunnu force, violence, sol dur, partie omineuse du foie 319, 322 (KAL-GA).
duprānu cf. *daprānu*.
durugiqqu maladie de l'anus 536 (DÚR-GIG).
dūru mur (d'enceinte), forteresse 152[8] ($^{(giš)}$BÀD(-KI), $^{(é)}$BÀD).
dūr libbi diaphragme 152[8] (BÀD-ŠÀ).
dūr appi joue 152[8] (BÀD-KIR_4).
dūr šinni gencives 152[8] (BÀD-ZÚ).
dūssu 575 (UR-BI) cf. CAD 144a.
duššu abondant, gras 537 (LU(-LU))(sc).
dūšu cristal, (une teinture) 167 ($^{zá}DU_8$-ŠI-A).

E

ebbu pur 8 (ŠEN)(sc), 564 (SIKIL).
ebēbu être pur, propre, II purifier 381 (DADAG(-GA)), 564 (SIKIL).
eberta sur l'autre rive 9 (BAL-RI).
ebertu rive (opposée) 9 (BAL-RI), 86 (RI-BAL).
ebēru franchir 9 (BAL(-BAL)).
eblu «corde» (= 6 *iku*) 69 ($EŠE_3$), 362', 536 (ÉŠ).
ebû être épais 483 (GUR_4).
ebūru moisson, récolte, été 54 ($BURU_{15}$/EBUR).
edakku aile d'un bâtiment 324 (É-DA).
edēlu verrouiller 124 (TAB).
ēdēnu personne seule 1 (^{lú}AŠ).
edēru étreindre 106 (GÚ-DA-RI).
edēšu[II] restaurer 173 (GIBIL).
ēdu solitaire, particulier, seul 1 (^{lú}AŠ), 322 (GURUŠ-DIL), 592 (SIG) cf. AHw, s.v.
edû connu, notable 592 (SIG) cf. CAD s.v.
edû connaître, savoir (ZU).
edurû métairie, hameau 324 (É-$DURU_5$).
egalturru petit palais 324 (É-GAL-TUR-RA).
egemgiru/gergirû saponaire 318, 597 (^{ú}NÌ-GÁN-GÁN).
egerrû parole ominale, pensée, formule 15 (I_5-GAR(-RA)).
egēru (en)rouler, (s')enchevêtrer, être confus 67 (GIL).
egibû réciproque (d'un nombre) 449 (IGI-BI).
egizaggû (une pierre) 449 (^{zá}IGI-ZAG-GA/GÁ).

egû cf. *eqû*.
egubbû eau bénite 579 (A-GÚB-BA)
  bénitier 579 (^{dug}A-GÚB-BA).
a/eḫzu herminette 132, 595 (^{urud}TÙN-SAL).
ekallu palais 13 (AN-AN-DÙL), 324 (É-GAL), 366 (KUR).
  ekallu eššu nouveau palais 366 (KUR-GIBIL).
  ša ekalli reine 324 (^{mí}É-GAL), 366 (^{mí}KUR).
ekallītu? femme du harem 384 (^{mí}ŠÀ-É-GAL).
ekallû domestique 384 (^{lú}ŠÀ-É-GAL).
ekēlu être sombre 427 (KU$_{10}$(-KU$_{10}$)).
ekēmu ravir, déjeter 376* (KAR).
ekletu obscurité 140 (GANSIS)$^{(sc)}$, 427 (KU$_{10}$(-KU$_{10}$)).
ekmu ravi, perdu 376* (KAR).
ekû(?) orphelin (cf. AHw s.v.) 75 (NU-SÍG).
ekûtu orpheline, fille déchue (cf. CAD, s.v.) 75 (NU-SÍG).
ekurru monde souterrain, temple 324 (É-KUR(-RA)).
elallu (une pierre) 579 (^{zá}A-LAL/LÁL-LUM).
elamû (soldat) élamite 433 (ELAM(-MA-KI)).
elātu partie supérieure 13 (AN-PA, AN-TA^{meš})
  dépense additionnelle 13 (AN-PA), 295m (SÍB-TA (/DA)).
  elāt šamê zénith 13 (AN-PA, AN-TA^{meš}), 295 (PA).
  elāt īnē partie du visage 13 (AN-TA-IGI).
elēlu être pur 468 (KÙ), 564 (SIKIL).
elēn(*u*) au-dessus (de), sur 13 (AN-TA), 308 (E), 412 (UGU).
elēnû en haut 13 (AN(-NA/TA)), 412 (UGU).
eleppu bateau 122 (^{giš}MÁ).
  elep Marduk barque processionnelle du dieu Marduk 122 (^{giš}MÁ-TUŠ-A).
eli sur 13 (AN-TA), 123 (DIRI), 412 (UGU).
eliš en haut 13 (AN(-NA/TA)), 115 (SAG).
elītu partie supérieure 13 (AN-TA), 75 (NU-UM-ME), vêtement de dessus 13 (^{túg}AN-TA).
elkulla/eligulla (plante médicinale) 13 (AN-*kul-la*), 412 (UGU-*kul-la*).
ellambuḫu/lebbuḫu poche anatomique, réservoir 510 (ELAMKUŠ), 526 (ELAMKUŠ$_2$).
e/illila/ītu déesse suprême 99 (^{d}EN-LÍL(-LÁ)), 556 (^{d}NIN-LÍL-).
e/illilu dieu suprême 99 (^{d}EN-LÍL(-LÁ)).
e/illilūtu souveraineté divine 69 (^{d}IDIM), 99 (^{d}EN-LÍL(-LÁ-*tu*)).
ellu saint, pur, clair 8 (ŠEN)$^{(sc)}$, 59 (GÚB), 74 (MAŠ)$^{(sc)}$, 468 (KÙ), 532 (IŠIB)$^{(sc)}$, 564 (SIKIL), 591 (GUG)$^{(sc)}$.
ellu huile (végétale) 231 (Ì-GIŠ) (249, var. de 231).
elmēšu diamant 373 (SÙ(-UD)-ÁG).
elpetu jonc 66 (^{ú}NUMUN$_2$), 579 (^{ú}A-NUMUN$_2$).
elû être haut, monter, s'élever contre 13 (AN(-NA/TA)), 381 (È); perdre ses droits sur 459 (E$_{11}$).
elû haut 190h (SUKUD), 433 (NIM); supérieur 412 (UGU).
emantuḫlu chef de 10 hommes 343 (GAL-10).
embūbu flûte, chalumeau 85 (^{giš}GI-GÍD).
  embūb ḫašê larynx 85 (GI-GÍD-UR$_5$$^{(meš)}$).

emdu soutien 211 (ÚS-SA)$^{(sc)}$.
emēdu se tenir (près de), s'appuyer, être tangent 211 (ÚS(-SA)).
emēmu être chaud, fiévreux 172 (KÚM(-MA)).
emesallu dialecte sumérien, bon goût 32 (EME-SAL).
emmu chaud 172 (KÚM(-MA)).
emqu sage 468 (KÙ-ZU).
em/nṣu aigre 172 (BIL-LÁ), 173 (BÍL-LÁ).
emu rabû beau-père (UŠBAR$_6$) 185 (MURU$_2$), 554 (MURU$_3$)$^{(sc)}$.
emūqu force (armée) 106 (GÚ)$^{(sc)}$, 332 (ZAG), 334 (Á, $^{(lú)}$USSU$_3$), 444 (NÈ).
emūtu parenté, (maison de la) belle-famille 185 (MURUM).
enēšu être faible 592 (SIG).
engis/šu (une pierre) 99 (^{zá}EN-GI-SA$_6$/ŠA$_6$).
engiṣu/engûm cuisinier d'un temple 99 (EN-ME-GI$_4$).
enkummu trésorier d'un temple 99 (ENKUM).
ennēnu sorte de gruau 148, 367 (^{še}IN-NU-ḪA).
enšu faible 592 (SIG).
entu grande prêtresse 556 (NIN-DINGIR(-RA)).
enû changer 9 (BAL(-BAL)).
enu prêtre, seigneur 99 (EN).
enūtu office de EN 79 (NAM-EN-NA), 99 (EN-).
enūma lorsque 381 (U$_4$).
enzu chèvre 122b (UD$_5$/ÙZ), 537 (UDU-UD$_5$).
  enzu constellation de la Lyre 122b (^{mul}UD$_5$).
epēqu être épais 483 (GUR$_4$).
ep(*e*)*ru* sable, poussière, volume 212 (SAḪAR).
epēru se soucier de, entretenir 367 (ŠE-BA).
epēšu faire 97 (AG), 230 (DÙ), 440 (DÍM).
epinnu charrue 56 (^{giš}APIN).
  epinnu Andromède 56 (^{mul}APIN).
ēpiš bašāmi fabricant de sacs 344 (^{lú}BÁR-TAG-GA).
ēpiš ipši vannier 7 (^{lú}SU-TAG-GA).
epištu rituel, ouvrage 97 (KÌ(D)-KÌD(-DA/BI)), 597 (NÌ-DÍM-DÍM-MA).
ēpišu sorcier 230 ($^{(lú)}$DÙ).
epitātu ortie 85 ($^{ú giš}$GI-ZÚ-LUM(-MA)), 435 (^{ú}LAM-MA), 538 (^{ú}KIN-TUR).
eppesu expert 230 (DÙ).
epšu fait, construit, cultivé 230 (DÙ-A).
epuš nikkassi compte 230 (DÙ-NÌ-KA$_9$).
epuštu rituel 97 (KÌD-KÌD-BI), 230 (DÙ-DÙ(-BI)).
eqbu talon, sabot 81 (MUD), 342 (MA-SÌL).
eqīdu fromage 319 (GA-ARA$_3$).
eqlu champ 105 (GÁN), 579 (A-ŠÀ).
  eqil bīt abi 579 (A-ŠÀ-É-AD-DA).
  eqil iškari 579 (A-ŠÀ-ÉŠ-GÀR).
eq/gû antimoine 215 (ŠEM-BI-ZI(-DA)).
eqû appliquer 307 (MAR).
erbâ quarante 473 (NIMIN).
erbe, erbettu quatre 124 (LIMMU$_2$(-BA)), 473, 586, 596 (LIMMU).
erbu présents, revenus, croît, apport 58 (TU/KU$_4$), 76 (MÁŠ-DA-RI-A).
erbu dans *ereb šamši* coucher du soleil 381, 545 (^{d}UTU-ŠÚ(-A)), 411 (ŠÚ-MAN).

erbû/aribu sauterelle 79^x (BUR$_5$$^{(mušen)}$).

erib nāri (un crustacé) 79^x (BUR$_5$-I$_7$-DA).

erib tāmti (un crustacé) 79^x (BUR$_5$-A-AB-BA).

erib turbu'ti sauterelle de sable 79 (BUR$_5$-SAḪAR-RA).

erēbu entrer 58 (KU$_4$(-RA)).

erēnu cèdre 38 (*iri*-IGI), 541 (^{giš}EREN).

erēpu devenir, être sombre 545 (ŠÚ).

ereqqu chariot 307 ($^{(giš)}$MAR-GÍD-DA).

ereqqu la grande ourse 307 (^{mul}MAR-GÍD-DA).

eriq šammê le petit chariot 307 (^{mul}MAR-GÍD-DA-AN-NA).

erēšu désirer 56 (URU$_4$), 143 (KÁM), 406 (KAM).

erēšu planter, cultiver 56 (URU$_4$(-LÁ)).

erēšu parfum, résine aromatique 232 (ÍR-SIM/SI-IM).

ērib bīti personne admise dans le temple 58 ($^{(lú)}$KU$_4$-É).

ērib bītūtu fonction d'une personne admise dans le temple 58 (^{lú}KU$_4$-É-).

ēribu commençant 58 (KU$_4$(-RA)).

erimmatu perle ovoïde, collier de perles 394 ($^{(zá)}$NUNUZ).

erinnu cage, caisse 131 (^{giš}AZ-BAL(-LÁ-E))(sc).

erištu désir, demande, envie sur le corps 143 (KÁM), 406 (KAM), 550 (EREŠ).

erišti eqli (une plante) 406 (^{ú}KAM-*ti*-GÁN/A-ŠÀ).

erītu femme enceinte 390 (^{mí}PEŠ$_4$).

erkû cable 232 (^{giš}IR-KU$_5$/DIM)(sc).

ernittu désir de victoire, triomphe 455 (Ù-MA).

erpetu nuage 399 (DUNGU).

erpu nuageux, sombre 399 (DUNGU), 545 (ŠÚ-A).

errēšu cultivateur, fermier 56 (^{lú}URU$_4$-LÁ), 128 (^{lú}AB-BA).

errēšūtu tenure d'un cultivateur 56 (NAM-^{giš}URU$_4$-LÁ).

erru lien 232 ($^{(giš)}$IR).

erru intestins 384 (^{uzu}ŠÀ^{meš}).

errū dāmu intestins rouges de sang 384 (^{uzu}ŠÀ-MÚD).

errū sāḫirūtu colon spiral 384 (^{uzu}ŠÀ-NIGIN).

erru qatnu intestin grêle 384 ($^{(uzu)}$ŠÀ-SIG).

errû coloquinte 79 (^{ú}NAM-TI-LA), 550 (UKUŠ$_2$-ḪAB) (une pierre) (79) (^{zá}NAM-TI-LA).

erṣetu terre 461 (KI).

eršaḫungû psaume de pénitence 579 (ÉR-ŠÀ-ḪUN-GÁ).

eršemmu chant lugubre 579 (ÉR-ŠEM$_4$-MA).

eršu désiré 556 (EREŠ).

eršu lit, couche 431 (^{giš}NÁ).

eršu ša majjalti couche de litière 431 (^{giš}NÁ-KI-NÁ)

erû aigle 334 (TE$_8$^{mušen}).

erû constellation Aquila 334 (^{mul}TE$_8$^{mušen}).

ēru/e'ru (un arbre) 342 (^{giš}MA-NU).

erû cuivre 132 (URUDU), 334 (TE$_8$).

erû dannu cuivre écroui 132 (URUDU-NÌ-KAL-GA).

erû meule, mortier 401 (^{zá}KÍN-KÍN).

(m)erû être enceinte 390 (PEŠ$_4$).

esittu pilon 192 ($^{(zá/)giš}$GAZ).

ešû? fosse, profondeur 511 (TÚL-LÁ).

eṣēdu moissonner 12, 367 (ŠE-GUR$_{10}$-KU$_5$), 538 (GUR$_{10}$(-KU$_5$-DA)), 594 (UR$_4$)(sc) moisson *id.*

eṣemtu os 444 (GÌR-PAD-DU).

eṣenṣēru quille, épine dorsale 106 ($^{(uzu)}$GÚ-MUR$_7$), 567 (MURGU).

eṣēnu sentir 232 (IR).

eṣēpu doubler, multiplier 124 (TAB).

eṣēru dessiner, graver 401 (ḪUR(-RA)).

ēṣidu moissonneur 367 (^{lú}ŠE-GUR$_{10}$-KU$_5$).

ēṣid pān mê (insecte aquatique) 202 (GANA$_5$).

ešartu 10 sicles 411 (U-GÍN).

ešer, ešeret dix 411 (U).

ešertu dizaine 411 ((NAM-)U(-*tu*)).

rab ešerti chef de 10 (^{lú}GAL-U).

ešēru être droit, réussir 112 (SI-SÁ), 296 (GIŠ).

ešgallu grand temple 128 (ÈŠ-GAL), 195 (UNU-GAL).

ešrā vingt 471 (NIŠ).

ešrētu dîme 332 (ZAG-10).

ešrī-šu 10 fois 411 (U-).

ešrû (un) dixième 411 (U-*ú*).

ešrūa (fils) né le 20e jour 381 (U$_4$-20-KAM-*a-a*).

eššebu chouette 78 (MUŠEN-NINNA$_2$), 515 (NINNA$_2$), 556 (^{d}NIN-NINNA).

eššēšu (jour de) fête (mensuelle) 128, 381 ((U$_4$-)ÈŠ-ÈŠ).

eššiš à nouveau 173 (GIBIL).

eššu neuf, nouveau, frais 172 (BIL), 173 (BÍL).

eššūtu nouveauté 173 (GIBIL).

e/ušū érable 322 (^{giš}ESI(G)).

ešû troubler 569 (SÙḪ).

ešû troublé 569 (SÙḪ).

etellu héros, altier 325 (NIR(-GÁL)).

ettūtu araignée 1 (AŠ), 126 (^{d}UTTU), 543 (AŠ$_5$).

etēqu passer 9 (BAL(-BAL)), 537 (DIB).

eṭemmu spectre, esprit (d'un mort) 74a (GIDIM$_2$), 297 (GU$_4$), 576 (GIDIM), 577 (GIDIM$_4$).

eṭēru payer, emporter, (dé)livrer, épargner 101 (SUR), 376* (KAR).

ēṭiru sauveur 101 (SUR), 376* (KAR).

eṭlu homme 314 (MEZ)(sc), 322 (GURUŠ), 467 (ŠUL), 575 (UR).

eṭṭetu alaterne 10 (^{giš}Ú-GÍR/ÁD), 318 (ATTU).

eṭūtu obscurité 140 (GANSIS)(sc).

ezēbu laisser, abandonner 63 (TAG$_4$).

ezennu (ou *asnan* ou *pendû*, cf. CAD, A$_2$, 452a) (une pierre) 367 (^{zá}EZINU).

ezēzu être en colère 329 (ŠÚR), 402 (ḪUŠ).

ezizzu (un légume à bulbe) 308 (E-ZI-ZU^{sar}).

ezzetu fureur 329 (ŠÚR), 402 (ḪUŠ).

ezziš furieusement 329 (ŠÚR(-BI)), 347 (MER), 402 (ḪUŠ-).

ezzu furieux 329 (ŠÚR), 347 (MER), 402 (ḪUŠ).

G

gabaraḫḫu rebellion 167 (GABA-RAḪ).
gab(a)rû réponse, équivalent, duplicat, copie 167 (GABA-RI).
gabbu tout 230 (DÙ).
gabû alun 399 (IM-SAḪAR-ZÁ-KUR-RA).
gadalallu (un fonctionnaire du temple) 90 (^{lú}GADA-LAL).
gada(la)lû vêtement de lin, velum 90 ((^{túg})GADA-LAL).
gadmāḫu vêtement de lin fin (vêtement à frange d'une *lamassu*) 90 (GADA-MAḪ).
gagû cloître 233 (GÁ-GI/GE$_4$-A), 256 (GAGIA).
galamāḫu chef des chantres 211 ($^{(lú)}$GALA-MAḪ).
galātu trembler, s'effrayer 78 (ḪU-LUḪ-ḪA), 321 (LUḪ).
galaturru élève- chantre 211 ($^{(lú)}$GALA-TUR).
gallābu barbier 354 (^{lú}ŠU-I)
gallû un démon 376 (GAL$_5$-LÁ), 456 (ḪUL).
gamālu être favorable, préserver 354 (ŠU).
gamāru être complet, achevé 69 (TIL).
gamgammu (un oiseau) 60 (GÀM-GÀM^{mušen}).
gamirtu totalité 69 (TIL(-LA)).
gamlu bâton crochu, arme divine 60 (^{giš}ZUBI).
gamlu Auriga 60 (^{mul}ZUBI).
gammalu chameau 208, 362 (ANŠE-GAM-MAL).
gamru complet, achevé, mûr 69 (TIL).
ganunmāḫu grenier principal 233 (GÁ-NUN-MAḪ).
ganūnu grenier 233 (GÁ-NUN(-NA)), 244 (GANUN), 324 (É-GÁ-NUN).
gapšu orgueilleux 57 (MAḪ).
garunnu petit vase cultuel 295k (^{dug}ŠAB-TUR).
gaṣṣu gypse 399 (IM-BABBAR).
gašīšu perche 371 (^{giš}MUDUL)(sc).
gašru fort 57 (MAḪ).
gerginakku bibliothèque 399 (IM-GÚ-LÁ, IM-LÁ-A).
germadû vaigres du fond d'un bateau 85 (GE-ER-MÁ-DÙ$^{(meš)}$).
gerru route, expédition 166 (KASKAL).
gerseqqû serviteur du roi ou d'un temple 444 ($^{(lú)}$GÌR-SÌ/SIG/SIG$_5$/SIG$_6$-GA).
gerṣeppu/kerṣappu tabouret, podium, partie du foie 444 (^{giš}GÌR-GUB(-BU)).
geršānu sorte de poireau 319 ($^{(ú)}$GA-RAŠ-SAG$^{(sar)}$).
gerû être hostile, engager un procès 319 (GA-BA-AL--DÙ).
gērû ennemi 9 (BAL).
giddagiddû maladie des yeux 371 (GÍD-DA-GÍD-DA).
gīdu muscle, tendon 104 (^{uzu}SA).
gigunû bâtiment sacré 324 (É-GI-GUN$_4$-NA).
gigurdû grand panier de roseau 85, 111 (GI-GUR-DA).
gigursallû grande corbeille 85 (GI-GUR-SAL-LA).
gigurû nom du signe U 411 (GIGURU);
giḫinnu grand panier 85 (GI-ḪA-AN, GI-ḪÉ-EN).
giḫlû expression d'affliction 85 (GI-ḪUL) emplacement funeste 461 (KI-ḪUL).
gilittu frisson, effroi 78 (ḪU-LUḪ-ḪA), 384 (ŠÀ-MUD).
gilšu flanc, hanche 561 (TUḪUL).
gimillu bienfait 354 (ŠU).
gimirtu totalité 69 (TIL(-LA)).
ginâ constamment 480 (DIŠ).
ginindanakku perche à mesurer 85 (GI-NINDA$_2$-*na-ku*).
ginû permanent, ordinaire, standart, offrandes régulières 85 (GI-NA).
giparu résidence de la grande prêtresse, partie d'une maison privée 427 (GE$_6$-PÀR).
girimḫilibû ou *girimmu ḫilibê* (une pierre précieuse) 85 ($^{(zá)}$GI-RIM-ḪI-LI-BA).
girtablillu «homme-scorpion» 10 (GÍR-TAB-LÚ-U$_{17}$-LU).
girru feu 172 (BIL-GI), 296 (GIŠ-BAR).
giš̓allû aviron 226 (^{giš}GISAL).
gišḫur(r)u dessin, décret, dessein, borne 296, 401 (GIŠ-ḪUR).
gišimmaru palmier-dattier 356 ($^{(giš)}$GIŠIMMAR).
giškanakku partie en bois du chambranle 296 (GIŠ-KÁ-NA).
gišnugallu albâtre 71 (^{zá}(GIŠ-)NU$_{11}$(-GAL)).
gišrinnu balance 296, 393 ((GIŠ-)ERIN$_2$).
gištallu croisillon 296 (GIŠ-DAL).
gištuppu plaquette 296 ($^{(zá)}$GIŠ-DUB(-DUB)).
giṭṭu tablette (en long) 371 ($^{(im)}$GÍD-DA), 399, 480 (^{im}GÌ-DA); document écrit sur parchemin 7 (KUŠ-GÍD-DA).
gizillû torche 85 (GI-IZI-LÁ).
gubāru nuque 106 (^{uzu}GÚ-BAR).
gubnatu fromage 319 (GA-ARA$_3$).
gudapsû (un prêtre) 398 (GUDU$_4$-ABZU).
gudikku cf. *kakikku*.
guennakku gouverneur de Nippur 106 ($^{(lú)}$GÚ-EN-NA).
gugallu inspecteur des canaux, titre royal ou divin 106 ($^{(lú)}$GÚ-GAL(-LA)), 412 (UGU-GAL), 468 (KÙ-GAL).
ša gugallūtu taxe due au *gugallu* 106 (*ša* ^{lú}GÚ-GAL-).
guḫalṣu/guḫaššu torque, partie d'un char 106 (GÚ-ḪAŠ).
guḫḫu toux 392 (ÚḪ-LUḪ).
guḫlu antimoine 215 (ŠEM-BI-ZI(-DA)).
guḫšû autel de roseau 565 (GUḪŠU), 567 (GUḪŠU$_2$).
gukkallu mouton «grosse queue» 537, 550 (GUKKAL).
gulēnu manteau 429 (*gul*-IGI^2).
gullubu raser 152 (SAR).
gum(m)āḫu bœuf gras 297 (GU$_4$-MAḪ).
gunnu masse? 106 (GÚ).
gunû entrepôt 324 (É-GÚ-NA).
g/qūqānu ver, une maladie 449 (IGI-GU-LÁ).
guqqû offrande mensuelle 591 (GUG).
g/qurg/qurru artisan travaillant le métal 132 (^{lú}TIBIRA).
gurummadu palmier-dattier sauvage 356 (^{giš}GIŠIMMAR-KUR-RA).
gušūru poutre 255, 296 (^{giš}ÙR(-RA)), 354 (^{giš}ŠU-ÙR).
guzalû fonctionnaire «porte-siège» 559 ($^{(lú)}$GU-ZA-LÁ).

Ḫ

ḫabaṣīrānu (une étoile) 99 (^{mul}EN-TE-NA-BAR-LUM/SIG).
ḫabātu voler, piller, razzier 152 (SAR), 232 (IR)(sc), 429 (GUL).
ḫabbātu pillard 104 (^{lú}SA-GAZ).
ḫabbilu pillard 105 (^{lú}KÁR-A).
ḫabbūru tige 367 (ḪENBUR$_2$).
ḫabḫajâ (un mouton) 537 (UDU-ḪAB).
ḫadû être joyeux 550 (ḪÚL).
ḫā'iru/ḫāmiru époux 554 (NIDLAM).
ḫā'iṭu veilleur de nuit 427 ($^{(lú)}$GE$_6$(-A)-DU-DU).
ḫā'iṭūtu office de veilleur de nuit 427 (GE$_6$-DU-DU-).
ḫaj(j)attu panique, timidité maladive 449 (IGI-LÁ-ŠÚ).
ḫajjāṭu inspecteur 465 ($^{(lú)}$DIN) (cf. AHw s.v.).
ḫalāpu s'envelopper 106 (GÚ-È).
ḫalāqu détruire, perdre, s'enfuir, disparaître 582 (ZÀḪ), 589 (ZÁḪ).
ḫalḫallatu sorte de tambour 206 (MÈN), 424 (SÈM), 426, 517 (MEN$_4$).
ḫalḫallu qualifie la bière ou la farine 2 (ḪAL-ḪAL-LA).
ḫallu cuisse 2 (ḪAL).
nom du signe ḪAL 2 (ḪAL).
ḫallulāja courtilière 306 (UB-PAD), 318 (Ú-PAD) (un démon) 295 d, e (MAŠKIM-GE$_6$-LÚ-ḪAR-RA-AN).
ḫallūru pois chiche 106 ($^{ú/še}$GÚ-GAL).
ḫalpû glace 586 (ḪALBA).
ḫalpû (une pierre) 586 (^{zá}ŠUBA).
ḫalqu perdu, manquant, ruiné 582 (ZÀḪ), 589 (ZÁḪ).
ḫalqūtu destruction 589 (ZÁḪ).
ḫalṣu purifié, pressé 344 (BARA$_2$-GA/AG/GÉ/GÁ).
ḫaltappānu (plante médicinale) 401 (UR$_5$).
ḫâlu laisser suinter, se dissoudre 555 (SAL+ÁŠ).
ḫaluppu chêne 78 (^{giš}ḪU-LU-ÚB), 589 (^{giš}ḪA-LU-ÚB).
ḫaluqqû pertes financières 589 (ZÁḪ-).
ḫamāmu ramasser, collecter 594 (UR$_4$)(sc).
ḫamāšu écraser, broyer 565 (ḪUM).
ḫamāṭu être en avance 124 (TAB).
ḫamāṭu brûler 124 (TAB).
ḫamiš, ḫamšat cinq 598a (IÁ).
ḫamiššeret quinze 470 (UIA).
ḫamištu groupe de 5 79 ((NAM-5).
ḫāmītu sorte de guêpe 433, 594 (NIM-UR$_4$-UR$_4$).
ḫammû usurpateur 399 (IM-GI/GI$_4$).
ḫammu marais 512 (UMUN$_{5,6,11}$)(sc).
ḫanšā cinquante 475 (NINNU).
ḫamšû/ḫaššu cinquième 449 (IGI-5-GÁL) 598a (IÁ).
ḫanû hanéen 589 (ḪA-NA^{ki}).
ḫanzizītu guêpe des bois 351 (^{nim}SIG$_7$-SIG$_7$).
ḫapirū nomades 104 (^{lú}SA-GAZ).
ḫarābu être désert, dévasté 579 (A-RI-A).
ḫarāpu être précoce 433 (NIM).
(*ḫ*)*arāru* trembler, (avoir une convulsion?) 594 (UR$_4$-UR$_4$).
ḫarāšu attacher 93 (DIM(-DÙ-DÙ))(sc).
ḫarbu charrue à défricher 56 ($^{(giš)}$APIN-TÚK-GUR$_{10}$).
ḫarḫaru chaîne 401 (ḪAR-ḪAR).
ḫarḫazinnu pavillon de l'oreille 102 (^{uzu}SUḪ-BAR-SÌL)(sc).
ḫarimtu courtisane 376* ($^{(mí)}$KAR-KID).
ḫarmunu (une plante) 401 (^{ú}ḪAR-ḪUM-BA-ŠIR), (une pierre) 401 (^{zá}ḪAR-ḪUM-BA-ŠIR).
ḫarpu précoce 433 (NIM).
ḫarrānu route, expédition, service militaire, entreprise collective 166 (KASKAL$^{(2}$/-KI/A)).
ḫarriru sorte de souris 596 (PÉŠ-A-ŠÀ-GA).
ḫarru dépression, oued, large canal, cours d'eau 405 (^{i_7}SÙR).
ḫarruḫāja vautour 75 (NU-UM-MA/MU^{mušen}).
ḫarû cuvette 290 (^{dug}ḪARUB).
ḫâru prendre femme 557 (DAM-TUK).
ḫârubu caroubier 290 (ḪARUB).
ḫasarratu cf. *aṭartu*.
ḫassū salade 396 (^{ú}ḪI-IS^{sar}).
ḫaṣ(ab)tu tesson 55 (ŠIKA).
ḫaṣab tinuri cendre, potasse, (tesson de fourneau?) 55 (ŠIKA-NINDU, ŠIKA-IM-ŠU-NIGIN$_2$-NA).
ḫaṣāṣu couper 97 (ŠA$_5$(-ŠA$_5$))(sc).
ḫaṣibaru (un oiseau) 77 (KUN-GUR$_4$^{mušen}).
ḫaṣṣinu hâche 589 (ḪA-ZI(-IN-NA)).
ḫašālu écraser, broyer, piler 191 (KUM(-KUM)), 192 (GAZ(-GAZ)), 401 (ÀR, ARA$_3$).
ḫašḫūru/šaḫšūru pomme, pommier 146 (^{giš}ḪASḪUR).
ḫašḫur abi pomme de cannaie 146 (^{giš}ḪASḪUR-^{giš}GI).
ḫašlu pilé 191 (KUM(-KUM)).
ḫašû poumons 401 (UR$_5$), 538 (^{uzu}KIN-GI$_4$-A).
ḫašû(tu) thym 401 ($^{giš/ú}$ḪAR-ḪAR$^{(sar)}$).
ḫašû sombre 381 (U$_4$-ŠÚ-UŠ-RU).
ḫašurru sorte de cèdre 589 (^{giš}ḪA-ŠUR).
ḫatû abattre 89 (TU$_{10}$).
ḫaṭṭu bâton, sceptre 295 (GIDRI), 597 (^{giš}NINGIDAR).
ša ḫaṭṭāti(m) (un officier) 295 (PA-PA).
ḫaṭṭu rē'î plante «houlette» 295, 597 (^{ú}NINGIDAR-SIPA).
ḫâṭu surveiller, peser, payer 481 (LAL).
ḫaṭû manquer, pécher 481 (LAL).
(*ḫ*)*azannu* (une plante) 589 (ḪA-ZA-NU-UM^{sar}).
ḫāzû ou *ḫūqu* (un oiseau) 354 (ŠU-LÚ^{mušen}).
ḫegallu (symbole de l')abondance 143 (ḪÉ-GÁL).
ḫepû casser 12 (SIL), 192 (GAZ).
ḫi/erṣu bloc 446 (GIG).
ḫerû creuser 5 (BA-AL), 9 (BAL), 467 (DUN(-DUN))(sc).
ḫidûtu joie 550 (ḪÚL$^{(meš)}$).
ḫilēpu saule, prairie 296, 371 (^{giš}KÌM).
ḫilibû (une pierre) 396 (^{zá}ḪI-LI-BA).
ḫīlu résine, suc, suintement 579 (ILLU).
ḫīl abukati (une résine hémétique) 579 (ILLU-LI-DUR).
ḫīl erî carbonate de cuivre 579 (ILLU-URUDU).
ḫimētu sorte de beurre 231 (Ì-NUN(-NA)).
ḫimṣu tissu adipeux 532 (^{uzu}ME-ḪÉ).

ḫimṭu fièvre, brûlure 124 (TAB).
ḫimiṭ ṣēti fièvre de sécheresse (ou desséchante) 124 (TAB-ḪÁD-DA), 381 (ḪÁD-DA-TAB-BA).
ḫin eleppi cabine de bateau 78^{x} (^{giš}U$_5$-MÁ).
ḫīpu rupture, ravin 192 (GAZ).
ḫīp libbi colique 192 (GAZ-ŠÀ).
ḫīqu bière légère 214 (KAŠBIR).
ḫirinnu herbe 461 (Ú-KI-KAL-ḪI-RÍ(-IN)).
ḫirṣu bûche 446 (GIG).
ḫīrtu épouse 554 (NIDLAM).
ḫiṣbu produit (abondant), richesse 342 (MA-DAM).
ḫišiḫtu désir 339 (ÁŠ).
ḫittu chambranle, épistyle 143 (^{giš}ḪÉ-DU$_7$).
ḫīṭu péché 367 (ŠE-BI-DA).
ḫubbu trou, fontaine 595 (TÙN)(sc).
ḫubtu vol, pillage 152 (SAR).
ḫubullu intérêt, obligation, dette 401 (UR$_5$-RA).
ḫubûru pot à bière 394 (^{dug}MÙD).
ḫubutt(āt)u prêt sans intérêt 472 (EŠ-DÉ-ŠÈ/A).
ḫūd libbi contentement 384, 550 (ŠÀ-ḪÚL(-LA)).
ḫuḫāru trappe, emblème de Šamaš 401 (ḪAR-MUŠEN-NA).
ḫulālu (une pierre précieuse) 586 (^{zá}NÍR).
ḫulāl īni œil de *ḫulālu* (^{zá}NÍR-IGI).
ḫulāl kappi iṣṣūri ḫulālu couleur aile-de-corbeau (^{za}NÍR-PA-MUŠEN-NA).
ḫullupu habillé de 201 (GIR$_6$).
ḫulmiṭṭu serpent ou lézard 374, 456 (MUŠ-ḪUL).
ḫultuppû fouet du conjurateur 456 (ḪUL-DÚB).
ḫūlu chemin 166 (KASKAL$^{(2)}$).
ḫulû musaraigne 596 (PÉŠ-SILA$_4$-GAZ/KUM).
ḫuluppaqqu braséro 597 (NÌ-TAB-TUR-RA).
ḫuluqqû pertes financières 589 (ZÁḪ-).
ḫummuru estropié 12 (KUD-KUD(-DU)).
ḫummušu cinquième 565 (ḪUM).
ḫummutu flamboyer 10 (TÁB-TÁB).
ḫumṣīru souris, rat 596 (PÉŠ).
ḫunduraja? cuisinier (CAD, K, 43a) 597 (^{lú}NINDA).
ḫuppu trou, fontaine 595 (TÙN)(sc).
ḫuppu corbeille 85, 111 (^{gi}GUR-ḪÚB).
ḫuppû acrobate, danseur 88 ($^{\text{(lú)}}$ḪÚB(-BI/BU)).
ḫūqu marche (d'un escalier) 78^{x} (^{giš}U$_5$-KUN$_4$)(sc).
ḫurāpu agneau de printemps 252 (SILA$_4$-NIM), 537 (UDU-NIM).
ḫurāṣu or 85 (GI), 468 (KÙ-GI).
ḫūratu sumac de corroyeur 483 ($^{\text{šem/giš}}$LAGAB).
ḫurbabillu caméléon? 74 (BAR-GÙN-GÙN-NU/NA).
ḫurbāšu frisson 103b (ŠED$_7$), 347 (MIR-SIS).
ḫurru trou 462 (ḪABRUD(-DA)).
ḫur(š)ānu lieu de l'ordalie par le fleuve 401 (ḪUR-SAG).
ḫuršanu montagne 401 (ḪUR-SAG).
ḫuṣannu ceinture 207 (^{túg}ÍB-LÁ), 597 (^{túg}NÌ-ÍB-LÁ).
ḫušaḫḫu famine 7 (SU-KÚ).
ḫuššu rouge feu 402 (ḪUŠ-A).
ḫuššû vêtement écarlate 402 (^{túg}ḪUŠ-A).
ḫuṭāru rameau 295 (^{giš}PA).
(ḫ)uzāl(at)u jeune gazelle 437 (AMAR-MAŠ-DÀ).

I

ibilu dromadaire 170 (AM-SI-ḪA-RA-AN, AM-SI-KUR-RA), 208 (ANŠE-A-AB-BA).
ibissû pertes financières, calamité 142 (I-BÍ-ZA).
ibratu niche cultuelle 306 (UB-LÍL-LÁ).
ibru ami 536 (KU-LI).
ibrû quittance scellée 314 (KIŠIB-ÍB-RA).
ibsû (côté d'un) carré 207 (ÍB-SÁ).
idātu abords, environs 335 (DA).
idrānu potasse 95 (MUN-NIMUR-RA), 461 (NIMUR).
idu côté, bras 106 (GÚ)(sc), 332 (ZÀ), 334 (Á), 335 (DA).
idū gages, louage 332 (ZÀ), 334 (Á-BI).
idû savoir 6 (ZU).
igāru mur, cloison 142 (I-IZ-ZI), 296 (IZ-ZI), 324 (INGAR, É-ZI), 567 (SIG$_4$-ZI).
igibû réciproque de l'*igû* 449 (IGI-BI).
igigallu sage 449 (IGI-GÁL).
igigallūtu/gigallūtu sagesse 449 (IGI-GÁL-).
igigubbû coefficient 449 (IGI-GUB(-BA)).
igirû héron?, cigogne? 115 (IGIRA^{mušen}), 461 (IGIRA$_2$^{mušen}).
igisû don, impôt, offrande, taxe 449 (IGI-SÁ).
igitēnu fraction, proportion, quotient 449 (IGI-TE(-EN)).
igru salarié 579 (ADDIR).
igû fraction, nombre réciproque 449 (IGI).
igulû huile fine 231 (Ì-GU-LA).
iḫzētu incrustation 418 (UGUN).
iḫzu connaissance, savoir 597 (NÌ-ZU).
ikkaru paysan 56 ($^{\text{(lú)}}$ENGAR).
ikkar ekalli paysan du palais 56 ($^{\text{(lú)}}$ENGAR-KUR).
ikkarūtu statut de paysan 56 (ENGAR-).
ikkibu tabou, part du dieu 446, 597 (NÌ-GIG).
ikkillu rumeur, cri, plainte 92 (AKKIL), 480 (TAL$_4$)(sc).
ik(k)ukku huile nauséabonde 231 (Ì-ḪAB).
ikribu prière, bénédiction 26 (SUD$_4$), 438 (SISKUR, SISKUR$_2$).
īku digue 1 (AŠ-IKU$_2$), 308 (E).
ikû canal 1 (AŠ-IKU)
arpent (mesure de surface) 105 (IKU).
ikû Carré de Pégase 1 (^{mul}AŠ-IKU), 105 (^{mul}IKU).
ilānû prospère, béni 13 (AN-).
ildakk/qqu (variété de) peuplier 579 (^{giš}ILDAG$_2$).
ilittu progéniture, naissance 455 (Ù-TU).
illatu clan, caravane 166 (ILLAT).
illilūtu, illilatu cf. *ellilūtu, ellilatu.*
illû variété de laine rouge 539 (SÍG-GAN-ME-DA, SÍG-GAN-MID), (SÍG-SAG-ME-GAN-DA?).

illūru anémone 176 (^{ú}NINDA$_2$).
iltu chaume, paille hachée 148 (IN(-NU)-RI).
iltu déesse 13 (DINGIR, DINGIR-MUNUS).
i'lu (un vêtement) 565 (^{túg}GUZ-ZA).
ilu dieu 13 (DINGIR), 231 (Ì), 564 (SIKIL).
lā ilu dieu hostile 75 (NU-DINGIR).
ilu ikkal peste 13 (DINGIR-KÚ).
ilūtu divinité 13 (DINGIR-).
imbaru brouillard 399 (MURU$_9$).
imbû fibre (de palmier) 15 (ZÚ(-GÍR)).
imbî tāmti 15 (ZÚ-A-AB-BA).
imēru âne, mesure assyrienne de capacité, partie du poumon 208 (ANŠE).
imēr kussi âne de selle 208 (ANŠE-GU-ZA).
imer bilti âne de bât 208 (ANŠE-GÚ).
imērūtu ensemble d'ânes 208 (ANŠE-ḪÁ).
imgiddû tablette 399 (IM-GÍD/GÌ(-DA)).
imgurru enveloppe de tablette 399 (IM-GUR).
imḫullu (ou *tuḫullu* TU$_{15}$-ḪUL) vent mauvais 399 (IM-ḪUL).
imḫur ešrā (plante médicinale) 449 (^{ú}IGI-NIŠ).
imḫur līm(i) (plante médicinale) 449 (^{ú}IGI-LIM).
imikānu jument 208 (ANŠE-AMA-GAN).
imitta, imna à droite 332 (ZÀ), 334 (Á-ZI), 470 (15).
imittu droite 332 (ZÀ), 334 (Á-ZI), 470 (15).
imittu épaule, rendement d'un champ, appui 332 ($^{(uzu)}$ZÀ(-UDU)), 567 (MURGU).
imlû cône 399 (IM-LÁ).
imm/na(na)kku (pierre ou sable) 399 ($^{(zá)}$IM-MA(-AN)-NA).
immertu brebis 493 (GANAM$_5$)Ⓢ, 537 (UDU (-MUNUS)), 540 (GANA$_2$)Ⓢ.
immeru mouton 493 (GANAM$_5$-NITA), 537 (UDU (-NITA$_2$)).
immeru balaggi mouton pour la harpe sacrée 537 (UDU-BALAG).
immeru dīši agneau de printemps 537 (UDU-^{ú}BAR$_{12}$).
immeru marû mouton gras 537 (UDU-NIGA$_2$).
immeru šammû mouton nourri d'herbe 537 (UDU-Ú).
imnu droit 84 (ZI(-DA)), 334 (Á-ZI-DA).
imsuḫḫu vent violent 399 (IM-SÙḪ).
imšu bas-ventre 190 (ḪÁŠ(-TIBIR$_2$-RA)).
imtu bave, venin 17 (UŠ$_{12}$).
ina dans, hors de 1 (AŠ), 139 (TA), 536 (ÉŠ).
inanna maintenant 142 (I-^{d}ŠEŠ-KI).
inbu fruit, la lune 69 (GURUN).
inib abulīli fausse caroube 69 (GURUN-^{giš}Ú-GÍR).
inītu loyer (d'un bœuf) 334 (Á-GU$_4$).
inninnu, cf. *ennēnu.*
inu (un instrument) 15 (GÙ-DÉ).
īnu œil 449 (IGI).
gallet en forme d'œil 449 (^{zá}IGI^{meš}).
īni nūni «œil de poisson» 449 (^{zá}IGI-KU$_6$).
īni šaḫî «œil de cochon» 449 (^{zá}IGI-ŠAḪ).
īnī ṣēri «œil de serpent» 449 (^{zá}IGI-MUŠ).
i/enuma quand 381 (U$_4$).
inūšu alors 381 (U$_4$-BI(-A)).
ipqu grace 592 (SIG).
ipru ration d'orge 357 (ŠE-BA).
ipšu acte 230 (DÙ).
ipiš pî parole ominale 230 (DÙ-KA).
ipṭeru rançon 15 (KA-DU).
ipu membrane, pellicule 271 (ÙŠ).
irbu, cf. *erbu.*
irtu poitrine 167 (GAB).
i'š'ḫunnatu grappe de raisin 538 ($^{(giš)}$KIN-GEŠTIN).
(i)simmanu/simmanû préparation de céréales 191 (ZÌ-MUNU$_{3,4}$).
isinnu fête 152 (EZEN).
i'š'qu part, bénéfice 68, 296 (GIŠ-ŠUB-BA).
isqūqu son 191, 536 (ZÌ-KUM), 597 (NINDA-KUM).
is(s)u mâchoire, joue 532 ($^{(uzu)}$ME-ZÉ).
is lê Constellation du taureau 297 ($^{te/mul}$GU$_4$(-AN-NA)), 335 (^{mul}GIŠ-DA), 347 (^{mul}AGA-AN-NA).
iṣṣurtu oiselle 78 (^{mí}MUŠEN), 237 (AMA^{mušen}).
iṣṣūru oiseau, volaille, terme d'extispiscine 78 (MUŠEN), 79^{x} (BUR$_5$).
iṣṣūr appari poule d'eau(?) 78, 522 (MUŠEN-AMBAR).
iṣṣūr ḫurri bartavelle(?) 78 (MUŠEN-ḪABRUD-DA), 79^{x} (BUR$_5$-ḪABRUD-DA).
iṣṣur kiri oiseau de verger 152 (KIRI$_6$^{mušen}).
iṣṣūr kis(s)i hirondelle 79^{x} (BUR$_5$-GI-ZI^{mušen}).
iṣṣūr mê oiseau d'eau 78 (MUŠEN-A), 579 (A-MUŠEN).
iṣṣūr qadî chouette 78 (MUŠEN-URU-ḪUL-A^{mušen}).
iṣṣūru rabu canard 78 (MUŠEN-GAL).
iṣṣūru sāmu oiseau rouge 78 (MUŠEN-SA$_5$).
iṣṣūr šadî oiseau de montagne(?) 78 (MUŠEN-KUR-RA).
iṣu bois, arbre 296 (GIŠ).
iṣ mešrê palmier 296 (GIŠ-NÌ-TUK).
iṣ qātē menottes 296 (GIŠ-ŠU^2).
išartu déesse 212.
išaru droit, normal, régulier 112 (SI-SÁ), 296 (GIŠ$^{(meš)}$).
išaru pénis 211 (GÌŠ).
išarūtu prospérité 112 (SI-SÁ).
išātu feu, inflammation 172 (IZI), 461 (IZI$_2$)Ⓢ.
ša išāti braséro 172 (*ša* IZI).
išbabtu mauvaise herbe 72 (^{ú}KUL-LA)Ⓢ.
išdiḫu profit, prospérité, activité commerciale 597 (NÌ-ME-GAR).
išdu fondations, base, fondement, racine, jambe 201 (SUḪ$_6$), 203 (ÚR), 206 (DU), 536 (DÚR).
išid appi base du nez 201 (SUḪ$_6$-KIR$_4$).
išid bukanni ver 290 (ŠARIN), 292 (ŠARAN)Ⓢ.
išid šamê horizon 13 (AN-ÚR).
išḫilṣu tesson 55 (ŠIKA-KU$_5$-DA).
išippu lustrateur 532 (IŠIB).
išittu grenier, entrepôt, trésor 49 (ERIM$_3$).
iškarissu rat de canaie 596 (PÉŠ-GIŠ-GI-KÚ-E).
iškaru chaîne, série (littéraire), tache, matériau de travail 296 (GIŠ-GÀR), 333 (IZ-GÀR), 536 (ÉŠ-GÀR).
iškinū paiement supplémentaire 597 (NÌ-KI/KU-GAR).
išku testicule 71 (ŠIR).
iškūru cire 167 (DUḪ-LÀL).
išpallurtu croix 74 (MAŠ).

išparu tisserand 181 ($^{(\text{lú})}$UŠBAR), 211 ($^{(\text{lú})}$UŠ-BAR).
išpar birmi qui tisse en plusieurs couleurs 211 (^{lú}UŠ-BAR-GÙN).
išpar kitê qui tisse le lin 211 (^{lú}UŠ-BAR-GADA).
išparūtu travail, science du tisserand (UŠ-BAR-).
išpatu carquois 307 (MAR-TE), 324 (^{kuš}É-MÁ-URU$_5$, É-AMAR-RU).
išpikū tas, produit, entrepôt 138, 231 (Ì-DUB).
išqarrurtu outil de jardinier 307 (^{giš}MAR-SAḪAR-RA).
išqillatu, *(is)sillatu* caillou 390 (^{zá}IŠKILLA).
išqillat nāri caillou de rivière 390 (^{zá}IŠKILLA-I$_7$-DA).
išqillat tāmti galet de mer 390 (IŠKILLA-A-AB-BA).
išqippu ver de terre 173 (GIBIL-TAB)ⓢ, 307 (MAR-GAL).
iššakku gouverneur civil, colon 295 (ENSI$_2$, PA), 314 (SANGA).
iššakkūtu fonction de gouverneur 295 (ENSI$_2$-).
ištānu nord 112 (^{tu}15SI-SÁ), 347 (^{tu}15MER(-RA)), 399 (TU$_{15}$-2).
ištarītu prêtresse 75 (NU-GIG), 470 (^{d}15).
ištaru déesse 103 (^{d}INNIN), 212 (^{d}IŠ-TAR), 418 (^{d}EŠ$_{18}$-TÁR).
ištarūtu type de chanson 418 (^{d}EŠ$_4$-TÁR-).
ištēn un 1 (AŠ), 480 (DIŠ).
ādi ištēn pour la première fois 332 (ZÀ-1-ÀM).
ištēn adi šalāšā jusqu'à 30 fois 480 (DIŠ-EN-UŠU$_3$).
ištēn-šu une première fois 480 (DIŠ(*-en*)*-šu*).
ištēnâ un à un 480 (DIŠ-TA-ÀM).
ištēniš ensemble 139 (TA), 354 (ŠU-NIGIN), 575 (TÉŠ-BI/BA).
ištu hors de, depuis 139 (TA).
išû avoir 574 (TUK).
ita contigu à 211 (ÚS(-SA-RÁ)).
itâtu alentours 452 (ISKIM).
itguru croisé, difficile 67 (GIL).
itinnu maître-d'œuvre, maçon, entrepreneur 440 (^{lú}ŠIDIN), 465 (^{lú}TIN).
itinnūtu art du maçon 440 (^{lú}ŠIDIM-).
itpušu expert 230 (DÙ).
itqu toison 314 (^{síg}ŠID), 539 (SÍG-AKA$_3$/ŠID-MA), 540 (INNA)ⓢ.
itqur(t)u écuelle, spatule 377 (^{giš}DILIM$_2$).
itqur ša zibānīti plateau (de balance) 377 (^{giš}DILIM$_2$(-RÍN)).
itti/issi avec 139 (TA), 334 (Á), 335 (DA), 461 (KI).
ittidû francolin 114 (DAR^{mušen}).
ittīl-imūt (une chouette, «il se couche, il dort») 455, 536 ((Ù-)KU-KU-BA-UG$_7$).
ittu signe, présage 452 (ISKIM).
caractéristique, signe 334 (Á).
ittû versoir (de charrue) 176 (^{giš}NINDA$_2$(-APIN)).
itu côté, limite 211 (ÚS-SA-RÁ).
itu voisin, contigu 211 (ÚS-SA-RÁ)
(un) voisin 211 (^{lú}ÚS-SA-RÁ).
itūlu se coucher 431 (NÁ).
iṭṭû bitume 487 (ESIR$_2$(-RA)), 579 (ESIR).
iutû plainte 142 (I-^{d}UTU).
izišubbû coup de foudre 172 (IZI-ŠUB-BA).
izūtu/zu'tu sueur 232 (IR).
i/uzuzzu se tenir debout, se trouver 206 (GUB).

J

jaraḫḫu/ajjaraḫḫu/urijaḫḫu orge fine 367 (ŠE-SAG).
jâsi à moi 233 (GÁ(-RA)).
jāšibum/wāšibum 297 bélier de siège (^{giš}GU$_4$-SI-AŠ).

K

-ka, -ki ton 6 (-ZU).
kabāru être épais 483 (GUR$_4$).
kabāsu fouler, marcher 66 (ZUKUM), 461 (KI-ÚS), 547 (ŠUḪUB)ⓢ.
kabattu foie 401 (UR$_5$)ⓢ.
kabātu être lourd, pénible 445 (DUGUD).
kabbaru très épais 483 (GUR$_4$-GUR$_4$), 597 (NÌ-GAL-GAL-LA).
kabittu corps principal de l'armée 445 (DUGUD).
kablu pied (d'un lit ou d'une chaise) 69 (^{giš}BAD-GU-ZA).
kabru épais, gras 231 (MU$_5$), 483 (GUR$_4$).
kabsu agneau 252 (SILA$_4$).
kabšarru graveur sur métal, joaillier 88 ($^{(\text{lú})}$KAB-SAR(-SAR)).
kabtu lourd, notable, puissant, pesant, important 69 (IDIM), 231 (Ì-TUK), 421 (ALIM), 445 (DUGUD).
kabtu edû (un) notable 69 (IDIM-SIG).
kabû, kabūtu excrément, bouse 494 (ŠURUN).
kabūt alpi (une pierre) 494 (^{zá}ŠURUN-$^{(\text{d})}$GU$_4$).
kabūt imēri (une pierre) 494 (^{zá}ŠURUN-ANŠE).
kadibbidû accès de mutisme 15 (KA-DIB-BI-DA).
kagurrû officiel chargé des silos 15 (KA-GUR$_7$).
kajjamānu constant, normal 115 (SAG-UŠ/ZI), 144 (GENNA).
kajjamānu la planète Saturne 115 (^{mul}SAG-UŠ), 144 (^{mul}GENNA), 537 (^{mul}UDU-IDIM-SAG-UŠ).
kajjāna constamment 144 (GENNA).
kakikku officier d'administration 15 (KA-KI) (cf. CAD, s.v.).
kakkabānu francolin 114 (DAR^{mušen}).
kakkabtu petite étoile 129a (MUL).
kakkabu étoile, constellation 129a (MUL), 376 (MÚL), 441 (UL).
kakkabu peṣû Jupiter 129a (MUL-BABBAR).
kakkabu (rabu) météore (MUL(-GAL)).

kakku arme 536 (^{giš}TUKUL, ^{giš}ŠITA).

kakkû pois 106 ($^{(ú/še)}$GÚ(-TUR), $^{(ú/še)}$GÚ-TUR(-TUR)).

kakkullu récipient 416 (GAKKUL).

kakkūtu lentille 106 (^{še}GÚ-TUR).

kakugallu exorciste 15 (KA-KÙ-GÁL).

kalakku silo, entrepôt, excavation, terme de géométrie 461 (KI-LÁ), 511 (TÚL(-LÁ)).

kalâma tout 230 (DÙ-DÙ-A, DÙ(-A-BI)).

kalbānu (une plante) 74 ($^{ú/giš}$MAŠ-ḪUŠ).

kalbatu chienne 563 (NIG).

kalbu chien 575 (UR(-GI$_7$), UR-GI$_7$-RA, UR-KU, UR-KU-RA)).

kalbu Hercules 575 (^{mul}UR).

kalab mê loutre 575 (UR-A, UR-GI$_7$-A).

kalab šamaš (un insecte) 575 (UR(-GI$_7$-)^{d}UTU)).

kalbu šegû chien enragé 575 (UR-IDIM).

kalab urṣi taupe, blaireau(?) 575 (UR-KI, UR-GI$_7$).

kalgukku (une pâte rougeâtre) 322, 399 ($^{(im)}$KAL-GUG, $^{(im)}$KAL-KU$_7$-KU$_7$).

kalîs tout 230 (DÙ(-*liš*)).

kalītu rein 400 ($^{(uzu)}$ELLAG$_2$).

kalītu (une constellation) 400 (^{mul}ELLAG$_2$).

kalīt (*birki*) testicules, scrotum 400 (ELLAG$_2$).

kallāpu courrier 322 (KAL-LAB).

kallatu fiancée?, bru 324 (É-GI$_4$(-A)).

kallat Šamaš libellule 324 (É-GI$_4$-A-^{d}UTU).

kallu chaudron 349 (^{dug}BUR-ZI-GAL).

kalmakru hache, symbole divin 347 (^{giš}AGA-SILIG).

kalmatu insecte, parasite, vermine 298 (UḪ).

kalmat še'i charançon 398 (UḪ-ŠE-KÚ)ⓢⓒ.

kalû tout 230 (DÙ).

kalû (une pâte jaune) 319 (^{im}GA-LI), 322, 399 ($^{(im)}$KAL(-LA)), 233 (GÁ-LI), (IM-GA/GÁ-LI), (IM-KÙ-GI).

kālû? barrage 152^{8} (BÀD-DINGIR-RA).

kalû tenir 429 (GUL), 537 (DIB).

kalû chantre 211 (GALA), 545 ($^{(lú)}$ŠÚ).

kalūmu agneau 252 (SILA$_4$).

kalûtu office de chantre 211 (NAM-GALA).

kamantu sumac 420 (^{ú}ÁB-DUḪ).

kamāru entasser, amasser, ajouter 88 (ḪÚB)ⓢⓒ, 89 (TUN), 411 (UL-GAR), 597 (GAR).

kamāru (un poisson) 15 (KA-MAR^{ku_6}).

kamāṣu s'agenouiller 362 (GÚR), 396 ((DU$_{10}$-)GÚR).

kameššaru poire 146 (^{giš}ḪAŠḪUR-GIŠ-DA)ⓢⓒ, 228 (^{giš}ŠENNUR-GAL/KUR-RA/BABBAR).

kāmidu tisserand 536 (^{lú}TÚG-DU$_8$(-A)).

kamkammatu anneau 74^{x} (DALLA).

kammu tablette 354b (KÀM).

kamû lier, enchaîner 354 (ŠU-DU$_8$-A), 481 (LÁ).

kamû captif 481 (LÁ).

kamû extérieur 1 (TILLA$_5$), 13 (TILLA$_{2-4}$), 74 (BAR), 133 (KÁ-TILLA$_2$, KÁ-BAR-RA).

kamūnu cumin 375 (^{ú}TIR), 465 (^{ú}GAMUN).

kamūnu (un champignon) 171 (UZU-DIR).

kamūn šadî champignon de montagne (ou étranger?) 171 ($^{(ú)}$UZU-DIR-KUR-RA).

kamūn ṣēri champignon agreste 171 (UZU-DIR-EDIN).

kamuššakku (qualification de lit ou chaise avec une décoration spéciale) 15 (KA-MUŠ).

kanaktu opoponax(?) 215, 446 ($^{(giš/)šem}$GIG).

kanāšu se courber, se soumettre 362 (GÚR).

kangiškarakku (une table) 296 (^{giš}KA-KARA$_4$).

kankallu friche, terre non construite 461 (KANKAL).

kannaškarakku, cf. *kangiškarakku*.

kannu (porte-)jarre 143 ($^{(giš)}$GAN).

kânu être stable 85 (GI(-NA)), 206 (DU).

kanzūzu gencive 332 (ZAG(-GA)).

kapāpu (se) courber, (s')incurver 67 (GILIM), 362 (GÚR).

kaparru jeune pâtre 15 ($^{(lú)}$KA-BAR), 295m ($^{(lú)}$SIPA-TUR).

kapāru frotter 111 (GUR(-GUR)), 255 ((ŠU-)ÙR), 354 (ŠU-GUR-GUR).

kapāṣu (un coquillage) 15 (^{zá}KA-BA/PA-ZA).

kappu aile 295 (PA), 334 (Á^{mušen}).

kappi ēni paupière 295 (PA-IGI$_2$).

kapru bourg 38 (URU-KI, URU-ŠE), 41^{x} (URUxŠE), 324 (É-DURU$_5$).

kaptukkû vase de 2 *sūtu* 295 (^{dug}BANMIN).

karābu prier, bénir 26 (SUD$_4$), 354 (ŠU-MÚ-MÚ).

karābu prière, bénédiction 438 (SISKUR(-SISKUR)), 579 (A-RA-ZU).

karānu vin 210 (GEŠTIN), 296 (GIŠ-TIN)
raisin, vigne 210 (^{giš}GEŠTIN).

karān šadî vin de montagne(?) 210 (GEŠTIN-KUR).

(*karānu*) *ṣaḫtu* jus de raisin 210 ($^{(giš)}$GEŠTIN-SUR-RA).

karānu sīmu(?) vin rouge 210 (GEŠTIN-MUD).

karān šēlibi solanum(?) 210 ($^{giš/ú}$GEŠTIN-KA$_5$-A).

karān ṭābu(?) bon vin 210 (GEŠTIN-DU$_{10}$-GA).

kararû ardeur du soleil, insolation 13 (AN-BIR$_8$).

karāṣu pincer, modeler (l'argile) 63 (KÍD), 483 (GIRIN)ⓢⓒ.

karāšu camp 461 (KARAŠ).

karašu poireau 319 (GA-RAŠ$^{(sar)}$).

karballatu turban de soldat 84 (*kar*-ZÍ=*kar-ballatu*), 376 (^{túg}*kar*-BAL$^{(meš)}$/ZI).

ka(r)kardinnu cuisinier 164 (^{lú}SÌ-NINDA).

karmu tell ruiné, dévastation 306 (ÁR).

karpatu pot, vase 309 (DUG).

karpat šināti vase de nuit 211a (^{dug}KISI)ⓢⓒ.

karru pommeau 333 (GÀR-BA).

karṣu calomnie 32 (EME-SIG(-GA)).

karṣa akālu calomnier, dénoncer 32 (EME-SIG-KÚ).

karšu entrailles 384 ($^{(uzu)}$ŠÀ$^{(meš)}$).

kartappu/kerdippu cocher, un officiel 15 ($^{(lú)}$KIR$_4$-DIB).

karû tas, silo, plate-forme 542 (GUR$_7$).

kāru quai, digue, entrepôt, centre commercial 376* (KAR).

karû être court 483 (LUGUD$_2$(-DA)).

karzillu scalpel 10 (GÍR-ZAL(/GAG)).

kasāmu couper 46 (GUR$_5$)ⓢⓒ.

kasanītu pierre rouge 591 (^{zá}GUG-GAZI^{sar}).

kaskasu bréchet 230 (GAG-ZÀ-GA).
kaspu (monnaie d')argent 461 (KI-SAG), 379 (BABBAR), 468 (KÙ, KÙ-BABBAR).
kasû (une épice, moutarde(?)) 252 (^{ú}GAZI$_{2}^{sar}$), 257 (GAZI^{sar}).
kāsu bol 106 ($^{(dug)}$GÚ-ZÍ), 343 (^{dug}GAL), 559 (^{urud}GU-ZI).
kasû prisonnier 481 (LÁ).
kasûtu état de prisonnier 481 (LÁ).
kaṣāru nouer, attacher 63 (KÁD, KÀD), 152 (KEŠDA), 354b (KAD4-5).
k/gaṣāṣu grincer des dents, déchirer 17 (ZÚ-GUZ), 46 (GURUŠ$_3$), 565 ((ZÚ-)GUZ).
kāṣiru tisserand 15 (^{lú}KA-KÉŠ), 536 (^{lú}TÚG-KA-KÉŠ).
kaṣṣidakku meunier 15 ($^{(lú)}$KA-ZÌ-DA), 192 ($^{(lú)}$GAZ-ZÌ-DA).
kaṣû être froid 103a (ŠE$_{12}$), 103b (ŠED$_7$).
kašādu prendre, atteindre 366 (KUR), 457 (SÁ-SÁ), 471 (MÌN).
kašdu réussi 366 (KUR).
kaškašu nom du signe KASKAL 166 (KASKAL).
kašmāḫu bière de 1re qualité 214 (KAŠ-MAḪ).
kaššaptu sorcière 17 (^{mí}UŠ$_{12}$(-ZU)).
kaššāpu sorcier 17 (^{lú}UŠ$_{12}$(-ZU)).
kataduggû parole, murmure 15 (KA-TA-DUG$_4$-GA).
katāmu couvrir, fermer 459 (DUL(-DUL)), 545 (ŠÚ(-ŠÚ)).
katappû bride (pour âne) 15 (^{kuš}KA-TAB(-ANŠE)).
katarru champignon 15 (KA-TAR).
katmu couvert, secret 459 (DUL).
kazallu (une plante) 15 (^{ú}KA-ZAL).
kēnu sûr, stable, normal 84 (ZI(-DA)), 85 (GI(-NA)), 206 (GIN).
lā kēnu faux 85 (NU-GI-NA).
kepû (se) courber, (s')incurver 362 (GAM).
kerṣu bloc, motte 483 (GIRAG).
kezertu (une prêtresse) «la frisée» 403 (^{mí}SUḪUR-LÁ).
kezru (un prêtre) 403 (^{lú}SUHUR-LÁ).
kīam ainsi 401 (UR$_5$-GIN$_7$).
kibirru copeau 548 (KIBIR)(sc).
kibrātu régions, parties de l'univers 65 (ŠEŠLAM)(sc), 306 (UB$^{(meš)}$).
kibrāt arba'i «les quatre régions» 13 (AN-UB-DA-LIMMU$_2$(-BA)), 306 (UB-DA-LIMMU$_2$-(-BA)).
kibrītu soufre noir 461 (KI-A-$^{(d)}$I$_7$).
kibru rive, bord 461 (KI-A).
kibsu trace, pas 66 (ZUKUM), 461 (KI-ÚS).
kibtu froment 367, 446 ((ŠE-)GIG(-BA/BI)).
kidinnu protection, aide 74 (BAR), 152[4] (UBARA), 545 (ŠÚ).
kidītu partie extérieure de l'exta 104 (SA-TI).
kidudû cérémonies, rites 461 (KI-DU-DU).
kigallu soubassement, socle, monde infernal (CAD), profondeur (AHw) 461 (SUR$_6$).
kiḫullû emplacement funeste, rites de deuil 461 (KI-ḪUL).
kikallû terre inculte 461 (KI-GÁL(-LÁ)).
kik(k)iṭṭû rituel 97 (KÌ(D)-KÌD(-DA/BI)).
kikkirānu, kis/l/rkir/lânu pignon(?) 215, 357 ($^{(šem)}$ŠE-LI/LÁ)).
kikkišu clôture 85 (GI-SIG).
kilallān tous les deux 74 (MAŠ-TAB-BA), 471 (MÌN).
kilibbu botte de roseaux 85 (GI-GIL).
kilīlu bandeau 67 (GILIM).
kīlu lien, emprisonnement (magique) 461 (KI-ŠÚ).
kīma comme, dès que, si 440 (GIN$_7$), 597 (ÀM)(sc).
kimaḫḫu tombeau 461 ($^{(é)}$KI-MAḪ).
kimiltu 384 (ŠÀ-DIB-BA), 537 (DIB), 597 colère (NÌ-BA).
kimilti ili colère divine 13 (DINGIR-ŠÀ-DIB-BA).
kimṣu mollet 396 (DU$_{10}$-GÚR).
kimtu famille 7 (SU), 399 (IM-RI-A).
kinattūtu domesticité 115 (SAG-GEME$_2$).
kinsikku/kinsigu après-midi, soir 538 (KIN-SIG).
kīnu cf. *kēnu*.
kinūnu braséro, endroit sacré, un démon 461 (GUNNI).
kinūnû né au mois de *kinunu* 461 (KI-NE(-NE)).
kippatu boucle, anneau 15 (KA-KÉŠ), 67 (GILIM) rond, circonférence 326 (^{giš}GAM).
kirbānu motte, morceau 314 (LAG).
kirbān eqli camomille 314 ($^{(ú/giš)}$LAG-GÁN/A-ŠÀ(-GA)).
kirbān ṭabti bloc, poignée de sel 314 (LAG-MUN).
kirimaḫḫu jardin (royal), parc 152 (KIRI$_6$-MAḪ).
kirinnû bloc, motte d'argile 483 (GIRIN).
kirissu spatule à fard 296 (GIŠ-EZEN).
kirru grand pot, (récipient standard pour la bière) 346 (^{dug}GIR), 424 (^{dug}KÍR(/KIR$_6$)), 444 (^{dug}GÌR-GÁN/KIŠ).
kirṣu (une préparation de céréales) 597 (NINDA-GUR$_4$-RA).
kirû jardin, verger 152, 296 (KIRI$_6$, GIŠ-KI-SAR).
kīru fourneau 430 (GIR$_4$).
kisallu parvis, vestibule 249 (KISAL).
kisalluḫḫatu balayeuse 249 (^{mí}KISAL-LUḪ).
kisalluḫḫu balayeur 249 (KISAL-LUḪ).
kisalluḫḫūtu fonction de *kisalluḫḫu* 249 (NAM-KISAL-LUḪ).
kisalmāḫu grand-cour du temple 249 (KISAL-MAḪ).
kisibirru coriandre 367 ($^{(ú)}$ŠE-LÚ$^{(sar)}$).
kisimmu lait sûri 319 (GA-ḪAB).
(une herbe) 290 (KISIM).
kiškibirru (sorte de piège), bois à brûler 483 (^{giš}KUR$_4$).
kispu offrande funéraire 461 (KI-SÌ-GA).
kīsu bourse 597 (^{kuš}NÌ-ZÁ).
kisû mur de soutien, soubassement 461 (KI-SÁ, KI-ŠEŠ-KAK-A).
kisurrû frontière 461 (KI-SUR(-RA)).
kiṣallu socle, cheville 84 (ZI-IN-GI).
kiṣru troupe, salaire, paiement de taxes, nœud, articulation 15 (KA-KÉŠ), 231 (Ì-KÉŠ), 152 (KEŠDA) troupe, paiement de taxes 152 (KÉŠ) trésor 152 (KÉŠ-DA).
kiṣir libbi colère 15 (KA-KÉŠ-ŠÀ).

kiṣṣu sanctuaire 265 (ITIMA).
kišādu nuque 106 ($^{(\text{uzu})}$GÚ).
kišattu totalité 396 (ŠÁR), 425 (KIŠ), 461 (KI-ŠÁR-RA).
kišibgallu possesseur du sceau 314 (KIŠIB-GÁL).
kišīru étaiement 85 (GI-GIL(-MÚ-A)).
kišittu prise, butin 366 (KUR-).
kiškanû (un arbre) 296, 401 (^{giš}KÍN).
kiškattû forgeron, fourneau 296 (GIŠ-KIN-TI).
kišpu sortilège 17 (UŠ$_{12}$(-ZU)).
kiššānu vesce 106 ($^{\text{ú/še}}$GÚ-NÌ-ÀR-RA).
kiššatu totalité, univers 396 (ŠÁR), 425 (KIŠ), 461 (KI-ŠÁR-RA), 545 (ŠÚ), 598c (IMIN).
kiššu botte de roseaux 85 (GI-NÌ-SA-ḪÁ, GI-SA-ḪÁ), cône tronqué 85 (GI-SA).
kiššūtu puissance, suprématie 396 (ŠÁR), 545 (ŠÚ) totalité 425 (KIŠ).
kišubbû jachère, terre non construite 461 (KI-ŠUB-BA), 324 (É-ŠUB-BA).
kišubû partie finale d'un hymne 461 (KI-ŠÚ/BI(-IM)).
kitītu habit de lin 90 (^{túg}GADA).
kittabru grain de beauté 367 (ŠE).
kittu justice, vérité 85 (GI-NA), 554 (SAL-GI), 597 (NÌ-ZI, NÌ-GI-NA).
kitturu grosse grenouille 537 (KIN-TUR$^{\text{ku}_6}$).
kitturru? siège, demeure 461 (KI-DÚR).
kītu natte de roseaux 313 (^{gi}GÉ).
kitû lin, étoffe de lin 90 ($^{\text{túg/giš}}$GADA).
  ša kitî porteur de lin (?) 90 (^{lú}KAD).
kiūru chaudron 461 (KI-ÙR).
kiutukku prière bilingue à Šamaš 461 (KI-^{d}UTU (-KAM)).
kizû valet 212 (^{lú}KUŠ$_7$).
k/gizzu bouc 76 (MÁŠ-ZU/ZI).
kubšu turban, coiffure, «bonnet», partie des poumons 419 ($^{(\text{túg})}$SAGŠU).
kubtu morceau de terre ou de métal 399 (IM-DUGUD).
kūbu foetus 447a (NIGIN$_3$).
kūdanu/kudinu mulet 208 (ANŠE-KU-DIN), 208, 444 ANŠE-GÌR(-NUN-NA)).
kuduppânu grenade 75 (NU-ÚR-MA-LÀL, ^{giš}NU-ÚR-MA-KU$_7$-KU$_7$).
kudurru borne cadastrale, mesure de longueur 597 (NÌ-DU).
kudurru fils 96 (BULUG).
kugurrû cf. *kagurrû*.
kukku (sorte de gâteau) 345 (GÚG), 15, 597 (NINDA-GUG$_6$).
kukkubu récipient en terre à col étroit 597 (^{dug}NÌ-TA-ḪAB).
kukru térébenthe 110 ($^{(\text{giš})\text{šem}}KU_7$-KU$_7$), 215, 362 ($^{(\text{giš})\text{šem}}$GÚR-GÚR), 345 ($^{(\text{giš})\text{šem}}$GÚG-GÚG),
kulbābu fourmi 281a (KIŠI$_8$), 284 (KIŠI$_7$), 290 (KIŠI$_9$), 292 (KIŠI$_{10}$), 551 (KIŠI$_6$).
  kulbābu muttaprišu fourmi ailée 281a (KIŠI$_8$-DAL-DAL).
kulīlu/kulullu homme-poisson 589 (KU$_6$-LÚ-U$_{17}$-LU).
kullatu argile (de potier) 461 (KI-GAR).
kullizu bouvier 384 ($^{(\text{lú/erin})}$ŠÀ-GU$_4$), bœuf de tête 297 (GU$_4$-ŠÀ-GU$_4$).
kullizūtu travail du bouvier 297 (GU$_4$-ŠÀ-GU$_4$).
kulmašītu prêtresse 75 (NU-BAR).
kulû prostitué, castrat 575 (^{lú}UR-MUNUS).
kummu chambre, cella 324 (É-GAR$_6$).
kumurrû somme, total 441 (UL-GAR), 597 (GAR-GAR).
kunāšu épeautre 339 (ZÍZ, ZÍZ-AN-NA, IMGAGA).
kunukku cylindre-sceau, vertèbre 152, 314 (^{zá}KIŠIB).
  kunuk kišādi nuque 314 (KIŠIB-GÚ).
kuppû anguille 106 (GÚ-BÍ$^{\text{ku}_6}$).
kupru asphalte 487 (ESIR$_2$-ḪÁD-A/DU, ESIR$_2$-ḪÁ), 579 (ESIR-ḪÁD-A).
kupsu résidu de sésame 167 (DUḪ-ŠE-GIŠ-Ì).
kupû cannaie, roseaux 85 (GI-GIL/ÚR/SÌG/ŠÚ-A)Ⓢ.
kurāru furoncle, pustule 346 (PEŠ-GIG), 446 (GIG-PEŠ).
kurgarrû prostitué 366 ($^{(\text{lú})}$KUR-GAR(-RA)).
kurītu devant de la jambe 444 (GÌR-PAD-DU-GU$_4$-DA).
kurkanû safran?, (une plante médicinale) 366 (KUR-GI-RIN/RÍN-NA), 483 (^{ú}KUR$_4$-GI-RIN-NA).
kurkizannu porcelet 53 (ŠAḪ-TUR-(RA)), 467 (ŠÁḪ-TUR).
kurkû poule 366 (KUR-GI^{mušen}, MUŠEN-KUR-GI).
kurkurru (un vase) 483 (^{dug}KUR$_4$-KUR$_4$), 597 (^{dug}NÌ-TA-KUR$_4$).
kurmatu (ration de) nourriture 469 (KUR$_6$).
kurru mesure de capacité 111 ($^{(\text{še})}$KÙR).
kurṣindu écaille 374 (MUŠ-IDIM)Ⓢ.
kurṣiptu papillon 400 (ĢIRIŠ).
  kurṣipti eqli ortie 85 ($^{(\text{giš})}$GI-ZÚ-LUM-MA).
kurṣû liens de pieds 444 (^{giš}GÌR).
kuršallu (ornement en forme de) panier 111 (^{gi}GUR-SAL-LA).
kurû court, nain, estropié 5 (BA-AN-ZA), 483 (LUGUD$_2$(-DA)).
kūru ortie (?) 85 (^{giš}GI-ZÚ-LUM-MA)).
kūru détresse 455 (Ù-DI).
kurummatu sorte de gâteau 469 (PAD), ration de nourriture 469 (KUR$_6$).
kurunnu vin ou bière de choix 210 (KURUN$_2$-MI/DIN)Ⓢ, 214 (KAŠ(-TIN-NAM/NA)).
kuruštu dans *ša kuruštê* engraisseur 110 (^{lú}GURUŠDA).
kusāpu (morceau de) gâteau 469 (PAD), 597 (NINDA (-A)^{meš}).
kusarikku bison, animal mythologique 297, 421 (GU$_4$-A-LIM, GU$_4$-ALIM), une constellation 297 (^{mul}GU$_4$-ALIM, GU$_4$-A-LIM).
kusītu (beau) vêtement 74 (^{túg}BAR-DUL$_5$), 559 (GU-ZI-DA).
kussû siège, trône, partie du foie 1 (AŠ-TE/TI) 559 (^{giš}GU-ZA).
  kussû (ša) nemedi fauteuil 559 (^{giš}GU-ZA-ZAG-BI-UŠ).
kuṣṣu froid, hiver 89 (ḪUB), 99 (EN-TE(-EN)-NA), 103a (ŠE$_{12}$), 103b (ŠED$_7$).
kušabk/šu (un épineux) 128, 296 (^{giš}(A-)AB-BA).
kušgugalû tambour 7 (KUŠ-GU$_4$-GAL).
kušīru bonheur, réussite 536 (*ku*-UZU).

kušmašgalû (un tambour) 7 (KUŠ-MÁŠ-GAL)?
kušû crabe 560, 562 ($KUŠU_2$),
cancer 560 ($^{mul/te}$ NAGAR) 562 ($KUŠU_2$).
kutallu dos, occiput 106 (GÚ-ḪAŠ/TÁL).
kutîmu orfèvre 468 ($^{(lú)}$KÙ-DIM/DÍM).

kutpû pâte de verre noire 13 (^{zá}AN-ZAḪ-GE_6).
kūtu (un vase) 381 ($^{giš}U_4$-SAL-ḪÚB).
kuzāzu (un insecte) 405 (MÙL)Ⓢ,
guêpe 351, 433 ($^{nim}SIG_7$-SIG_7, ^{nim}BUBBU)Ⓢ.
kuzbu jouissance, vénusté 396 (ḪI-LI).

L

la hors de 139 (TA).
lā négation 5 (BA-RA), 75 (NU).
la amāri (endroit ou l'on ne doit) pas aller 449 (NU-IGI).
la ilu dieu hostile 75 (NU-ILI).
la qaqqaru terre hostile (NU-KI).
la'ābu être fiévreux 138 (DIḪ).
labānu mouler des briques 167 (DU_8).
labânu (ligament de la) nuque 104 ($^{(uzu)}$SA-GÚ).
labānu (se) prosterner 15, 354 (KIR_4-ŠU-GÁL).
labāru être, devenir vieux 69 (TIL), 455 (LIBIR(-RA)).
labāṣu démon 150 (^{d}DÌM-ME-A).
labāšu (se) vêtir 536 (MU_4(-MU_4)).
labbu lion 444 (ÚG(-GA)).
labbu datte médiocre 356 (^{giš}GIŠIMMAR-BUR).
lābinu briquetier 167 ($^{(lú)}$(SIG_4-)DU_8-DU_8).
labīru vieux 69 (SUMUN), 455 (LIBIR-RA)
original 69 (SUMUN).
lābtu grain grillé 367 (ŠE-SA-A), 536 (ZÌ(-NÌ)-ŠE-SA-A),
— texte original 69 (SUMUN).
lagabbu bloc, nom du signe cunéiforme LAGAB 483 (LAGAB).
lagarru/lagallu (un prêtre) 458 (LAGAR)Ⓢ.
laḫannu coupe à boire 55 (^{uug}LA-ḪA-AN).
laḫru brebis adulte 494 (US_5), 537 (UDU-US_5), 540 (U_{10})Ⓢ.
laḫtānu vase à bière 394 (LAḪTAN).
lalgar abîme, eau souterraine 109 (LÀL-GAR).
lalikkû/liligû coloquinte 550 (UKUŠ-LI-LI-GI)
— (un oiseau) 59 (LI-LI-$GI^{mušen}$).
lallāru miel blanc 109 (LÀL-ḪÁD).
lallāru lamentateur 142 (I-LU-A-LI)Ⓢ.
lalû jeune chevreau 76 (MÁŠ-TUR).
lalû charme, plénitude 55 (LA).
lamādu apprendre, connaître 6 (ZU).
lam(a)ḫuššû vêtement de fête 66 (^{túg}LAMAḪUŠ)Ⓢ, 536, 597 (^{túg}NÌ-LÁM).
lamamāḫu figure apotropaïque 322 ($^{d}LAMA_2$-MAḪ).
lamassatu déesse protectrice 322 ($^{d}LAMA_2$).
lamassat īnē pupille 322 ($^{d}LAMA_2$(-*at*)-IGI^2).
lamassu génie protecteur, force vitale 322 ($^{d}LAMA_2$).
lamaštu démon 150 (^{d}DÌM-ME).
lamsišû (un vase) 435 (^{dug}LAM-IR-UŠ)?
lamṣatu (une mouche) 433 (NIM-SAḪAR-RA).
lamû entourer 483 ($NIGIN_2$), 529 (NIGIN), 537 (DIB).
la'mu cendres 172 (DÈ).
lānu forme, aspect, figure 358 (ALAN).
lapānu être pauvre 482 (UKU_2).
lapātu toucher, frapper, détruire; II : frotter, enduire, jouer (d'un instrument), rendre impur; III : asperger; st. *lupuṭ* anormal 126 (TAG), 354 (ŠU--TAG), 456 (ḪUL).
lapnu pauvre 482 ($^{(lú)}UKU_2$), 574, 597 ($^{(lú)}$NÌ-NU-TUK).
laptu endommagé, anormal 126 (TAG).
laptu navet 537 (LU-$ÚB^{sar}$).
laputtû chef 75 (^{lú}NU-BÀN-DA).
laqātu rassembler 86 (RI-RI-GA).
lāqitu (*kirbāni*) ramasseur (de mottes) 314 ((^{lú}LAG-RI-RI-GA).
laqlaqqu/raqraqqu cigogne 461 ($IGIRA_2$), 554 (RAG-$RAG^{mušen}$), 579 (A-$RAK^{mušen}$).
lardu plante utilisée comme savon 318, 461 (^{ú}KI-KAL-(ḪI-RI/RÍ(-IN)).
larû ramification, bifurcation (de la fausse côte) 295 (PA).
lasāmu courir 202 ($KAŠ_4$).
lāsimu courrier 166 (KASKAL), 202 ($^{lú}KAS_4$(-E/A)), 206 (^{lú}DU-E/A).
lasmu rapide 202 ($KAŠ_4$).
lâšu délayer, pétrir 314 (SIL_x).
la'û nourrisson 144 (^{lú}TUR).
lazāzu durer, persister 231 (ZAL(-ZAL)).
lazzu continuel 231 (ZAL(-ZAL)).
lebbuḫu cf. *ellambuḫu*.
lemēnu être méchant 456 (ḪUL).
lemniš méchamment 456 (ḪUL-A-BI).
lemnu méchant, malfaisant 456 (ḪUL).
lemuttu mal, malheur, méchanceté 456 (ḪUL-), 554 (^{mí}ḪUL), 597 (NÌ-ḪUL).
leqû prendre 73 (TI), 354 (ŠU-TI).
lēru pâte jaune 215 (SEM-BI-KÙ-GI).
lēšu pâte 231 (Ì-MURUB-A), 314, 597 (NÌ-$SILA_{11}$-GÁ).
letû scinder, fendre 114 (DAR)Ⓢ.
lētu joue 376 (TE).
lē'u tablette 6 (^{giš}ZU), 59 (^{giš}LI-U_5(-UM)), 335 (^{giš}DA).
le'û pouvoir 6 (ZU), 335 (DA).
lē'û capable, sage 6 (ZU), 334 (Á-GÁL), 335 (DA).
lē'ûtu force 6 (ZU), 334 (Á-GÁL).
libbānu intérieur 384 (ŠÀ-*nu*).
libbātu colère 22 ($MURGU_2$)Ⓢ.
libbu cœur, ventre, intérieur 384 (ŠÀ), 424 (LIPIŠ).
lib āli Aššur 384 ($^{(uru)}$ŠÀ-URU).
libbi gišimmari bourgeon de palmier 346 (PEŠ-GIŠIMMAR).
ša libbi āli villageois 384 (ŠÀ-URU).
libbi šiṭri sorte de document 384 (ŠÀ-MUL).
ina libbi y compris, dedans 384 (ŠÀ-BA).
libittu brique, mur 567 (SIG_4).

libnat šēpi plante du pied 567 (SIG$_4$-GÌR).
liblibbu descendance 384 (ŠÀ-BAL-BAL).
li'bu (une maladie) 103b (ŠE$_4$-DÈ), 138 (DIḪ).
liginnu tablette d'extraits 371, 399 ($^{(im)}$GÍD-DA).
lilâtan vers le soir 538 (KIN-SIG).
līlâtu après-midi, soir 107 (USAN), 538 (KIN-SIG), 592 (SIG).
lildu lait gras 319 (GÁR)(sc).
liligû, cf. *lalikkû*.
lilissu timbale 59 (LI-LI-ÌS), 422 (LILIS).
lilītu (un démon) 150 (^{d}DÌM-ME-GE$_6$).
lillânu grain à son plus haut degré de développement 151, 367 ($^{(še)}$LILLAN).
lillatu sotte 336 (^{mí}LIL).
lillidu brebis, croit, animal adulte 76 (MÁŠ-GUB), 252 (SILA$_4$-GUB).
lillittu agnelle adulte 252 (^{mí}SILA$_4$-GUB).
lillu sot, faible 336 (^{lú}LIL).
lilû (un démon), (une maladie) 313 (^{lú}LÍL-LÁ-EN-NA/NU).
ardat lilî (KI-SIKIL-LÍL-LÁ).
lim/w/bītu périmètre, limite, proximité 529 (NIGIN).
līmu mille 449 (LIM).
lipāru (un arbre) 427 (^{giš}GE$_6$-PÀR).
lipištu scrotum ?, moële épinière, membrane anormale 75 (^{uzu}NU).
liptu coup, blessure, maladie 126, 597 ((NÌ-)TAG).
lipit qāte travail 126 (TAG-ŠU), extispiscine 597 (NÌ-TAG-ŠU^2).
līpu descendance 394 (NUNUZ).
lipû suif 231 (Ì-UDU).
lipî nēši «suif de lion»? 231 (Ì-UDU-UR-MAḪ).
līq pî «palais» 579 (A-U$_5$-KA).
liqtu dans *liqit ṣupri* rognures d'ongles 92b (UMBIN-ŠA$_5$-A).
lišānu langue, lame, glose, série de synonymes 32 (EME).
lišān kalbi cynoglosse 32 (^{ú}EME-UR-GE$_7$).
lišān rēšēti rapporteur (à la Cour) 32 (^{lú}EME-SAG).
ša lišāni informateur 32 (*ša* EME).
littu tabouret ? 545 (^{giš}ŠÚ-A).
lītu victoire 597 (NÌ-È).
littu vache 87b (ŠILAM)(sc), 297 (GU$_4$-ÁB), 420 (ÁB, ÁB-AMAR, ÁB-SAL).
lâtu gros bétail 420 (ÁB(-GU$_4$)-ḪÁ).
litātu ša qabla bœufs attelés au milieu 297 (GU$_4$-ÁB-MURU$_4$-SAG).
lū (précatif) 143 (ḪÉ).
lubuštu vêtement 539 (SÍG-BA).
lubūšu vêtement 536 (TÚG-A-NE, TÚG-BA, TÚG-NÌ-MU$_4$), 597 (^{túg}NÌ-MU$_4$/LÁM).
luḫšu serviteur du temple 539 (SÍG-BAR-RA).
luḫummû boue 427 (LUḪUMMU);
(taie sur l'œil 297 (GIŠ-GE$_6$)).
luḫušu «le terrifiant» = Nergal 330 (^{d}LÚ-ḪUŠ(-A)).
lukšu? 541 (^{giš}ERIN-SÍG).
lulīmu cerf 537 (LU-LIM).
lulû antimoine 468 (KÙ-GAN/ÁM).
lumaḫḫu (un prêtre) 57, 330 (LÚ-MAḪ).
lumāšu (une étoile) 330 (LÚ-MAŠ(-*ši*)), 537 (LU-MAŠ).
lummû limace(?) 129a (MUL-DA-MUL).
lumnu mal, malheur 456 (ḪUL);
— Mars 456 (^{mul}ḪUL).
lumun libbi malheur 384 (ŠÀ-ḪUL(-GÁL)).
luppu sac de cuir 537 (^{kuš}LU-ÚB).
lupputu abîmé, sale 354 (ŠU-LÁL).
lurmu autruche 233 (GÁ-NU$_{11}$ (/NA)^{mušen}), 319 (GA-NU$_{11}$^{mušen}).
lušû huile 231 (Ì-SUMUN).
lūtu saleté, (une maladie de peau) 367 (ŠE-BIL).
luṭṭu vase à boire 309 (LUD)(sc).
luṭû dague 10 (GÍR-ZU).

M

madādu mesurer 183 (ÁG).
madagallû grand bateau 122 (^{giš}MÁ-DAGAL-LA).
madakku pilon 192 (^{giš}GAZ-ZÌ-GAZ).
madāru creuser des rigoles 255 (ÙR(-ÙR))(sc).
mādidu/mandidu mesureur 183 (^{lú}(Ì-)ÁG), 471 ($^{(lú)}$MAN-DI-DI).
mandidūtu fonction de mesureur 471 (MAN-DI-DI-).
mādu nombreux 404 (ḪÁ), 533 (MEŠ).
mâdû être nombreux 123 (DIR^{meš}), 404 (ḪÁ).
magal beaucoup, très, fort 10 (UL$_4$-GAL).
magallu grand bateau 122 (^{giš}MÁ-GAL).
magarru roue 92b ($^{(giš)}$UMBIN(-GIGIR))(sc).
magarrû provisions pour un voyage fluvial 122 (MÁ-GAR-RA).
magāru être favorable 367 (ŠE(-GA)).
māgiru favorable 367 (ŠE-GA).
magulû grand radeau 122 (^{giš}MÁ-GU-LA).
magurgurru arche 122 (^{giš}MÁ-GUR-GUR).
maḫāḫu gonfler (pour les yeux) 123 (DIR).
(*ina*) *maḫar* devant 449 (IGI).
maḫāru recevoir, affronter, accepter, 112 être réciproque, 73 (ŠU-TI), 167 (GABA-RI), 449 (IGI); III/2 élever au carré 207 (ÍB-SÁ), 529 (NIGIN), 575 (UR-KA-E).
maḫāṣu frapper 295 (SÌG), 328 (RA).
māḫāzu ville sainte 461 (KI-ŠU-PEŠ$_5$/PEŠ$_{11}$).
maḫḫaltu tamis 342 (^{giš}MA-AN-SIM-NÌ-ḪAR-RA).
maḫḫû extatique 206 (^{lú}GUB-BA).
maḫḫūtu extatique 206 (^{mí}GUB-BA).
māḫiru égal, rival 167 (GABA-RI).
maḫiru/maḫirtu récolte, cours, prix 105 (GÁN-BA), 461 (GANBA).

māḫiru constellation Persée 354 (^{mul}ŠU-GI).
māḫiṣu fonctionnaire pour le bétail 296, 439 (^{lú}GIŠ-BAN-TAG-GA).
maḫrašu amarre 93 (^{giš}DIM-GAL, ^{giš}DIM-DÙ-A, ^{giš}DIM-RA-AḪ)(sc).
maḫru face 449 (IGI).
maḫrû antérieur, précédent, premier 449 (IGI).
majjaltu litière 307 ($^{\text{(giš)}}$MAR-ŠUM).
majjâlu lit 431 (^{giš}NÁ), 461 (KI-NÁ).
majjāru terrassement, défrichement 56 (APIN-ŠU-GUR$_{10}$).
mākaltu plat 377 ($^{\text{(giš)}}$DILIM$_2$-GAL).
makaṣṣu bête de boucherie 122 (MÁ-GAZ).
mākisu percepteur 332 (ZÀ-PEŠ /PEŠ$_{11}$), 597 (^{lú}NÌ-KU$_5$-DA).
makkūru possessions, biens 597 (NÌ-GA).
makurru nef de procession 122 ($^{\text{(giš)}}$MÁ-GUR$_8$).
makūtu perche, pilier 150 (DÌM(-ME)).
mal(a) autant (que), plus (que) 123 (MÁL).
malāḫu batelier 122 (MÁ-LAH$_4$).
malāḫūtu fonction de batelier 122 (MÁ-LAH$_4$-).
malāku conseiller, délibérer 278 (GALGA).
malallû cargo 122 (^{giš}MÁ-LÁ).
māliku conseiller 145 (^{lú}AD-GI-GI, AD-GI$_4$-GI$_4$), 278 (^{lú}GALGA).
malīlu flûte, chalumeau 85 (^{giš}GI-GÍD).
mal(i)ku prince 325 (NIR(-GÁL)).
malû emplir 112 (SI-A), 320 (GÙR)(sc).
malê irti succès 112 (SI-A-GAB-BA).
malûti pleins 123 (DIR^{meš}).
māmītu serment, anathème 79 (NAM-ERIM$_2$), 115 (SAG-BA), 483 (NAM-RIM).
manman quelqu'un 70 (NA-ME), 330 (LÚ-NA-ME).
mandidu cf. *mādidu*.
mangāgu fibre de palmier 459 ($^{\text{(giš)}}$DUL-DUL (-GIŠIMMAR).
mangāru (une corbeille) 85, 111 (^{gi}GUR-IN-NU-DA).
mangu plante alcaloïde 165 ($^{\text{(ú)}}$TÈ).
maniduppû bateau de transport, chaland 122 (MÁ-NI-DUB).
mannu chacun 330 (LÚ).
manû mine 342 (MA(-NA)), 353 (ŠA).
manû compter, réciter 314 (ŠITA$_5$).
manzaztu/mazzaltu poste, affectation 461 (KI-DAG).
manzāzu lieu, emplacement, «station», (partie du foie) 49 (GIŠGAL), 70 (NA), 461 (KI-GUB).
  manzaz pāni familier de la cour, courtisan 206 (^{lú}GUB(-BA)-IGI).
  manzaz pānūtu fonction de courtisan 206 (^{lú}GUB (-BA)-IGI).
manzû timbale 426 (MEZE), 532 (ME-ZÉ).
maqātu tomber, s'abattre 68 (ŠUB), 86 (DE$_5$-DE$_5$-GA).
maqlūtu combustion 548 (GIBIL$_2$).
maqqītu vase à offrande 9 (BAL).
maqtu effondré 68 (ŠUB).
marāru être amer 331 (ŠIŠ).
marāṣu être malade 58 (TU(-RA)), 446 (GIG).
marḫaṣu rinçage 328 (RA).
markasu lien 108 (DUR).
marratu (un oiseau) 331 (ŠEŠ^{mušen}).
marratu arc-en-ciel 399 (IM-SIS).
marru amer 331 (ŠEŠ).
marru houe 307 ($^{\text{(giš/urud)}}$MAR).
marṣiš douloureusement 446 (GIG(-*iš*)).
marṣu malade 58 (TU-RA), 446 (GIG).
martu «l'amère» = vésicule biliaire 147 (ZÉ).
martu fille 144 (DUMU-MUNUS).
  marat irti enfant-fille non sevrée 144 (DUMU-MUNUS-GAB).
martūtu état de fille adoptive 144 (DUMU-MUNUS-).
marû gras 110 (GURUŠ)(sc), 367 (NIGA$_2$).
mārû engraisseur 110 (^{lú}GURUŠDA).
māru fils 1 (AŠ), 144 (DUMU), 346 (PEŠ(-GAL)), 579 (A).
  mār abulli portier 144 (DUMU-KÁ-GAL).
  mār banî homme libre, notable 144 (DUMU-DÙ).
  mār bīti famulus 144 (DUMU-É).
  mār bīt ṭuppi scribe 144 (DUMU-É-DUB-BA(-A)).
  māru damqu? soldat d'élite 579 (A-SIG/SIG$_5$).
  mār ekalli garde du palais 144 (DUMU-TIRU(M)), 343 (TIRU(M)).
  mār ikkari fermier 144 (DUMU-LÚ-ENGAR).
  mār irti enfant mâle non sevré 144 (DUMU-GAB).
  mār kallê messager rapide 144 (DUMU-SIG$_5$), 579 (A-SIG/SIG$_5$).
  mār šarri prince 579 (A-MAN).
  mār šipri messager 538 (^{lú}KIN-GI$_4$-A), 579 (^{lú}A-KIN).
maruštu maladie 446 ($^{\text{(mí)}}$GIG), 597 (NÌ-GIG).
mārūtu/mārtūtu état de fils/fille adoptif/ve 144 (DUMU-).
masabbu corbeille (à grains) 342 ($^{\text{(gi)}}$MA-SÁ-AB).
maslaḫ(t)u vase à aspersion 579 (^{dug}A-SÙ).
massātu princesse 480 (EŠ$_4$(-TAR)).
massû prince 74 (MAS-SU/SÙ).
maṣḫatu farine grillée 536 (ZÌ-MAD-GÁ, ZÌ-MA-AD-GÁ).
maṣrāḫu «source vive», socle 592 (SIG).
maṣṣartu veille, partie de la nuit, prison 99 (EN-NUN, EN-NU(-UN)).
maṣṣāru veilleur, sentinelle 99 (EN-NUN, EN-NU(-UN)).
mâṣu être peu nombreux 69 (BE).
mašādu fouler, écraser 104 (SA), peigner 555 (ZUM).
mašāḫu briller 101 (SUR).
mašā'u piller 376* (KAR).
mašdarû croit, apport 76 (MÁŠ-DA-RI-A).
mašennu intendant 452 ($^{\text{(lú)}}$AGRIG)?
mašgallu bouc 76 (MÁŠ-GAL, MÁŠ-MU-TIN).
mašgizilallû bête d'offrande 76 (MÁŠ-GI-IZI-LAL/LÁL).
mašḫulduppû bête d'expiation 76 (MÁŠ-ḪUL-DÚB (-BA)).
maškadu (nom d'une maladie) 104 (SA-GIG).
maškakātu herse 105 (^{giš}GÁN-ÙR).
maškanu aire, entrepôt, partie du foie 74 (MAŠ-KÁN), 324 (É-KI-GAL), 460 (SU$_7$)(sc), 461 (KISLAḪ).
mašku peau 7 (KUŠ).

mašlu midi 381 (U$_4$-BAR-ÀM).
mašma(š)šu prêtre conjurateur 74 ($^{(lú)}$MAŠ-MAŠ).
mašmaš(š)ūtu fonction de prêtre conjurateur 74 (MAŠ-MAŠ-).
mašqītu boisson 579 (A-NAG).
masqû vase à boire 579 (A-SIG).
ma/ešrû richesse 597 (NÌ-TUK).
maššītu mélange d'ingrédients 396 (ḪI).
maššû corbeille, hotte 85, 111 (^{gi}GUR-DA).
maštakal tragacanthe?, marguerite? 1 (^{ú}DILI-BAD), 148 ($^{(ú)}$IN-NU-UŠ), 579 (A-RI-A-NAM-U$_{17}$-ULU).
maštaku(?) chambre 237 (AMA).
maštaqtu écrasement 537 (DIB-DIB).
maštītu boisson 597 (NÌ-NAG).
maštu (une plante) 74 (^{ú}MAŠ-TAB-BA)?
māšu jumeau 74 (^{lú}MAŠ, MAŠ-TAB-BA).
māšātu les Gémeaux (^{mul}MAŠ). (^{mul}MAŠ-TAB-BA-GAL-GAL(-LA)). (^{mul}MAS-TAB-BA-TUR-TUR).
(im)matīma à jamais 381 (U$_4$-ME-DA).
ana matīma pour toujours (U$_4$-KUR-ŠÈ).
matqu (boisson) douce 110 (KU$_7$-KU$_7$).
matqūti dans *simmī matqūti* pédiculose 110 ((*simmī*) KU$_7$-KU$_7$).
mātu pays 312 (KALAM), 342 (MA(-A)DA), 366 (KUR).
māt lā târi monde infernal 366 (KUR-NU-GI$_4$/GI-A).
māt immēri-šu région de Damas 366 (KUR-ANŠE-*šú*).
mâtu mourir 69 (UG$_7$), 152^{8} (UG$_5$), 362 (GAM).
maturru petit bateau 122 (^{giš}MÁ-TUR).
maṭî/û moins 481 (LÁ).
ma'uttu terrain irrigué 579 (A^{meš}).
maṭû être moindre, en moins 481 (LÁ).
mazû pressurer 101 (ŠUR).
mazû bière bon marché 214 (KAŠ-SUR-RA).
mazzalṭu? affectation 461 (KI-DAG).
me'atu centaine 532 (ME).
mēdelu verrou 354 (^{giš}ŠU-DIŠ).
meḫretu face, côté opposé 167 (GABA-RI), 449 (IGI).
meḫru équivalent, réponse 167 (GABA-RI).
meḫer (zamāri) répons, antiphon 296, 326 ((GIŠ-) GI$_4$-GÁL(-BI)).
meḫṣu coup 295 (SÌG), 328 (RA).
meḫû tempête 49^{x} (U$_{17}$-LU), 399 (DALḪAMUN).
melammu splendeur 532 (ME-LÁM).
melqētu (une taxe) 354 (ŠU-TI-A).
mêlu cataplasme 532 (*me*-UGU), 579 (A-UGU = *me-elu*).
mēlû hauteur, éminence 190h (SUKUD), 532 (*me*-UGU).
mērānu chiot 575 (UR-TUR).
mērênu dénuement 384 (ŠÀ-SÙ).
mēreštu plantation, culture 56 (URU$_4$(-LÁ)), 105 (GÁN (-ZI)).
mersu (une pâtisserie) 597 (NINDA-Ì-DÉ-A/ÀM).
mēsu cèdre(?) 314 (^{giš}MEZ).
mesû laver 321 (LUḪ), 354 ((ŠU-)LUḪ(-ḪA)).
meṣû cf. *issu* mâchoire.
mešēltu meule 74 (^{zá}MAŠ-DÙ-E).
mešrêtu membre 334 (Á-ÚR, Á-ŠU-GÌR).
mešrû cf. *mašrû*.
midru plate-bande irriguée 244 (UŠUŠ)(sc).
miḫištu/miḫiṣtu inscription 15 (GÙ-SUM).
miḫṣu cf. *meḫṣu*.
miksu taxe 597 (NÌ-KU$_5$-DA).
milku conseil, décision 278 (GALGA).
mīlu crue 579 (E$_4$-LA, ILLU, A-ZI-GA).
mil'u salpêtre 13 ($^{(zá)}$AN-NE).
mimma tout 597 (NÌ, NÌ-NA-ME, NÌ-NU-ME-EN).
mindinu (un félin, tigre?) 575 (UR-GUG$_4$)(sc).
minītu mesure 314 (ŠID).
mīnu quoi? 99 (EN-NAM, EN(-NA)).
minûtu comptes, récitation 314 (ŠID/ŠITA$_5$).
miqittu chute, destruction, échec 68 (ŠUB), 86 (DE$_5$-DE$_5$-GA).
miqtu effondrement, averse 68 (ŠUB),
— épilepsie 13 (AN-TA-ŠUB-BA),
— chute, accès (d'une maladie) 445 (DUGUD).
miru bouvillon 297 (GU$_4$-ÁB).
mise/arru ceinture 308 (^{kuš}GURU$_{19}$).
mīsu dans *mīs pî* lavage (rituel) de bouche 15 (KA-LUḪ-Ù/ḪU/U$_4$-DA), 321 (LUḪ-KA).
mīšaru équité 112 (SI-SÁ), 597 (NÌ-SI-SÁ).
mīšarūtu équité 112 (NÌ-SI-SÁ).
mišeltu cf. *mešeltu*.
mišertu mesure normale 62 (SILA$_3$).
mišlānū moitié 354 (ŠU-RI-A), 449 (IGI-2-GÁL(-LA-ÀM)).
mišlu moitié 74 (SA$_9$).
mitgāru obéissant, d'accord 367 (ŠE(-GA)).
mitgurtu (ou *mitanguru*?) obéissance 367 (ŠE-ŠE-GA).
mitḫāriš ensemble 575 (TÉŠ-BI(/BA)).
mitḫartu (côte d'un) carré 207 (ÍB-SÁ), 483 (LAGAB), 529 (NIGIN).
mitḫāru (se) correspondre 483 (LAGAB),
— être réciproque 207 (ÍB-SÁ).
mitḫāru semblable 575 (TÉŠ-BI).
lā mitḫāru divers 75, 575 (NU-TÉŠ-A).
mītu (un) mort 69 (UG$_7$), 362 (GAM).
miṭṭu arme divine 536 (^{giš}MITTA).
mû eau, décoction 579 (A).
mê gaṣṣi eau de chaux 579 (A-IM-BABBAR).
mê kasê moutarde liquide 252, 579 (A-GAZI$_2^{sar}$).
mubannû maçon, entrepreneur 440 (^{lú}ŠIDIM).
mudasû liste 61 (MU-DA-SÁ).
mūdû savant, sage 6 (ZU), 343 (GAL-ZU), 449 (IGI-GÁL).
mu'erru administrateur 343 (GAL-UKKIN(-NA)).
mugerru char 486 (^{giš}GIGIR).
ša mugerri conducteur de char 486 (^{lú}GIŠ-GIGIR).
muḫḫu crâne 115 (SAG), 412 (UGU).
(ina) muḫḫi sur, au-dessus de 412 (UGU).
muḫru (une partie du) sanctuaire 77 (KUN-SAG(-GÁ)).
mu'irru rapide(?) 202 (KAŠ$_4$).
mukabbû raccommodeur 575 (^{lú}UR-GAM), 536 (^{lú}TÚG-KAL(-KAL)).
mukallimtu commentaire 597 (NÌ-PÀD-DA).

mukillu dans *mukil appāti* teneur des rênes 295 (^{lú}DIB-^{kuš}PA).
mukil napišti (un démon) 84 (ZI-ḪA-ZA).
mukil rēš lemutti (un démon) 115 (SAG-ḪUL-ḪA-ZA).
mukku étoupe 3 (MUG)ⓢⓒ.
mullilu prêtre purificateur 320 (SANGA$_2$).
mulmullu trait 129a (MUL(-MUL)), 230 (^{giš}GAG-KU$_5$).
mūlû hauteur 459 (DU$_6$).
mundu farine fine 597 (NÌ-ÀR-RA).
mūnu chenille 11 (UŠU(-NAM-MA))ⓢⓒ, 398 (UḪ)ⓢⓒ, 586 (ZA-NA).
munutukû sans enfant 61 (MU-NU-TUKU).
munutukûtu fait d'être sans enfant 61 (MU-NU-TUKU-).
mupattitu (un outil) 230 (^{giš}GAG-KU$_5$).
mūraku longueur 371 (GÍD-DA).
muraqqû parfumeur 231 ($^{(lú)}$Ì-RÁ-RÁ).
muraššû chat sauvage 104 (SA-(A-)RI).
murdudû (une plante) 401 (MUR-DÙ-DÙ).
murru myrrhe 215, 331 ($^{(giš)}$ŠEM-ŠEŠ).
murṣu maladie 58 (TU(-RA)), 446 (GIG).
muruṣ qaqqadi céphalée 115 (SAG-GIG).
murtappidu rôdeur? 228 (KIB(-*du*)).
mūru jeune quadrupède 208 (DÙR).
mus(uk)kannu arbre de Magan 314 (^{giš}MEZ-MÁ-GAN (-NA)).
(*m*)*usandu*, cf. *usandu*.
(*m*)*usukku* prostitué 318 (Ú-ZUG).
muṣa'irānu grenouille 172 (BIL-ZA-ZA).
muṣlālu (moment de la) sieste 13 (AN-BIR$_8$).
muṣṣalu adversaire 172, 330 (DU$_{14}$).
mūšabu? habitation, siège, demeure 280 (DAG), 461 (KI-DÚR).
mušaḫḫinu réchaud 8 (^{urud}ŠEN-DILI-KÚM-MA).
mušālu miroir (de métal) 29 (^{giš}ZABAR)ⓢⓒ, 597 (NÌ-ŠU-ZABAR), 427 (MI-URU = *muš(u)-alu*).
mūšaru verger, mesure de superficie, de volume 152 ((MU/MÚ-)SAR).
mušarû inscription 61 (MU-SAR).
(*m*)*ušāru* pénis 211 (GÌŠ).
mušāṭu demêlures (de cheveux) 539 (SÍG-ŠAB).
mušēniqtu nourrice 134 (UM-ME-GA-LÁ).
mušgallu grand serpent 374 (MUŠ-GAL, MUŠ-GAL (-LU-ULU$_3$)).
mušḫuššu dragon 374 (MUŠ-ḪUŠ).
mušidimmu puissant serpent (titre royal) 374 (MUŠ-IDIM).
mušītu nuit 427 (GE$_6$).
muškēnu humble, (une classe sociale) 74 (MAŠ-EN-KAK, MAŠ-KAK-EN).
muškēnūtu état de *muškēnu* 74 (MAŠ-EN-KAK, MAŠ-KAK-EN-).
mušlaḫḫu prêtre charmeur de serpents 374 ($^{(lú)}$MUŠ-LAḪ$_4$).
mušmaḫḫu grand serpent 374 (MUŠ-MAḪ).
mušpalu(?) bas-fond, profondeur 511 (TÚL-LÁ), 595 (TÙN-LÁ).
muššarru pierre précieuse, malachite(?) 374 (^{zá}MUŠ-GÍR), 586 (^{zá}NÍR-MUŠ-GÍR).
muštarīlu nom de la planète Mercure 537 (^{mul}UDU-IDIM-GU$_4$-UD).
muštinnu urèthre 384 (ŠÀ-GÌŠ)?
muštasḫip(*t*)*u* (une pierre) 554 (^{zá}SAL-LA).
muš/ltābiltu nom d'une série de commentaires de présages 129a (*mul-ta*-GUN = *biltu*).
mušṭu peigne 319 ($^{(giš)}$GA-ZUM(/ZU)).
mūšu nuit 427 (GE$_6$).
mūtānu épidémie, peste 5 (BA-UG$_7$), 69 (BAD^{meš}), 79 (NAM-ÚŠ).
muterrētu porte à deux battants 80 (^{giš}IG-MAŠ(-MAŠ/TAB-BA).
mutḫummu fruit 597 (NÌ-SÁ-SÁ-ḪÁ).
mutqû (pain) doux 597 (NINDA-KU$_7$-KU$_7$).
ša mut(*t*)*āqu* pâtissier 597 (^{lú}NINDA-KU$_7$-KU$_7$).
muttalliku agité, errant 60 (PAP-ḪAL).
muttaprišu volant 86 (DAL-DAL).
muttatu moitié 472 (BÀ).
muttellû rôdeur 538 (KIN-GAL-U$_4$-DA).
mutu homme, époux 557 (DAM).
mūtu (la) mort 69 (ÚŠ).
mu'uru envoyer 538 (KIN(-GI$_4$-A)).
munzīqu raisin blanc (ou sec?) 210 ($^{(giš)}$GEŠTIN-ḪÁD-A).

N

nabalkattu renversement, révolte, transgression (d'un traité) 461 (KI-BAL),
— inondation 9 (BAL-).
nabalkutu escalader, renverser, s'insurger 9 (BAL (-BAL)).
nabalkutu révolté 461 (KI-BAL).
nābalu terre sèche 295 (PA-RI-IM).
nabāru cage, caisse 131 (^{giš}AZ-BAL(-LÁ-E))ⓢⓒ.
nabāsu variété de laine 143, 539 (SÍG-GAN-MID).
nabāṭu briller 86 (DI$_5$), 129a (MUL).
nablu flambeau, torche 172 (DÈ(-DAL-LA)).
nabnītu forme, stature 351 (UKTIN).
nābu lente 398 (UḪ)ⓢⓒ.
nabû nommer, déclarer 15 (GÙ-DÉ(-DÉ)), 82 (SA$_4$).
nābutu aller à sa perte, s'enfuir 318 (Ú-GÙ-DÉ), 582 (ZÀḪ), 589 (ZÁḪ).
nadānu donner 1 (AŠ), 61 (MU), 164 (SÌ).
nadāru ^{IV} être furieux 354 (ŠU-ZI).
nadd/ttullu? une partie d'Arcturus 549 (^{mul}ŠUDUN-ANŠE).
nādinānu vendeur 164 (SÌ), 319 (GA-AB-SÌ).
nadītu (une prêtresse) 554 (LUKUR).
nadru furieux 354 (ŠU-ZI(-GA)).
nādu outre 579 (^{kuš}UMMU).

nâdu révérer, exalter 142 (I), 399 (NÍ-TUK).
nadû jeter à terre, placer, fonder 68 (ŠUB), 164 (SÌ)(sc), 536 (KU).
na'duru être sombre, nerveux, s'éclipser 31 (KAN$_4$).
nagāru charpentier 560 (NAGAR).
nagārūtu état de charpentier 560 (NAGAR-).
nagāšu être en mouvement, s'en aller 280 (DAG-DAG).
nagbu fonds, fontaine, eau souterraine, totalité 69 (IDIM).
nāgiru héraut 320 (^{lú}ÍL), 347 (NI(M)GIR), 348 (NI(M)GIR$_2$).
nāgir ekalli intendant du palais 348 (NIGIR$_2$-É-GAL).
naglabu hanche 74 (^{uzu}BAR-SÌL); rasoir 10 (GÍR(-ŠU-I)).
naḫāsu reculer, rétrograder, être rare 481 (LÁ).
naḫīru narine 15 (KIR$_4$-BÚN).
naḫlaptu chemise, cotte 106 (^{túg}GÚ-È(-A)).
naḫtu petit, oisillon 394 (NUNUZ-UZ-TUR^{mušen}).
nāḫu saindoux 231 (Ì-ŠAḪ).
nâḫu être tranquille 103a (ŠE$_{12}$)(sc), 329 (KÚŠ).
najjalu/nālu chevreuil 100 (DARA$_3$-MAŠ-DÀ).
nakālu faire preuve d'habileté, d'ingéniosité 190h (GALAM).
nakāpu frapper (de la corne), culbuter 441 (DU$_7$-DU$_7$).
nakāru être hostile 60 (KÚR), 429 (GUL-GUL).
nakāsu couper 12 (KU$_5$), 295k (ŠAB(-BA)).
nakbatu puissance, supériorité 69 (IDIM).
nakbu puissance, supériorité 69 (IDIM), 445 (DUGUD).
nakkamtu trésor 324 (É-NÌ-GA).
nakkaptu tempe 115 (SAG-KI).
naklu habile, artistique 190h (GALAM).
nakru ennemi 60 (KÚR)..
naksu coupé, abattu 12 (KU$_5$).
nalbašu manteau 57, 536 (^{túg}MAḪ).
nalbaš šamê nuée 13 (AN-MA).
nalbantu moule à briques 68, 445 ((GIŠ-)Ù-ŠUB(-BA)), 445 (Ù-ŠUB).
nalpattu cuillère 309 (LUD)(sc), 377 (^{giš}DILIM$_2$-TUR).
nalšu rosée (nocturne) 579 (ŠÈG).
nâlu se coucher 431 (NÁ), 455 (Ù-NÁ).
nālu, cf. *najjalu*.
namaddu mesure de capacité 176 (^{dug}NINDA$_2$).
namārītu veille de l'aube 99 (EN-NUN-ZALAG-GA).
namāru briller, luire 231 (ZAL)(sc), 393 (ZALAG$_2$), 451 (AR)(sc).
namburbû rites de délivrance 11, 79 (NAM-BÚR-BI).
namerimburrudû rites de délivrance 79 (NAM-ERIM$_2$-BÚR-RU-DA).
namḫartu réception 354 (ŠU-TI-A).
namirtu lumière, clarté 393 (ZALAG$_2$).
namkūru biens, trésor 597 (NÌ-GA).
nammaššû/štû bêtes, troupeaux 334 (Á-DAM), 579 (A-DAM, A-ZA-LU-LU), 597 (NÌ-ZI-GÁL-EDIN-NA).
namru brillant 393 (ZALAG$_2$).
namṣāru épée 10 (GÍR-GAL), 417 (U-GUR)(sc).
n/lams(at)u moucheron 433 (NIM-SAḪAR-RA).
namtaru (génie de la) mort, peste 79 ($^{(d)}$NAM-TAR), 313 (LÍL-LÁ-DA-RA).
namû qui habite la steppe 70 (NA-ME).
namû espace inculte, environs 579 (A-RI-A).
namzāqu verrou, clé 230, 597 (NÌ-GAG-TI), 459 (^{giš}E$_{11}$).
namzītu cuve 416 (GAKKUL)(sc), 597 (^{dug}NÌ-DÚR-BÙR).
nanbû (un vêtement) 74 (^{túg}BAR-DIB).
nannāru dieu de la nouvelle lune, croissant de lune 331 (NANNAR), 381 (U$_4$-SAKAR$_3$).
napāḫu briller, allumer, II attiser 30 (BÚN), 152 (MÚ), 366 (KUR), 515 (BUL)(sc).
napāṣu lacérer 352 (DÚB-DÚB).
napāšu souffler 354 (PEŠ$_5$).
napḫaru totalité, total 60 (PAP), 106 (GÚ-DIR), 354 (ŠU-NIGIN/NIGIN$_2$), 529 (NIGIN).
napištu vie, gorge 84 (ZI).
napīšu souffle 295 (PA-AN).
naplastu «regard», partie ominale du foie 70 (NA), 128 (AB-LÁ), 449 (IGI-BAR).
nappaḫ(t)u vessie(?) 510 (BUN).
nappaḫtu rebellion 30 (BÚN).
nappāḫu forgeron 338 ($^{(lú)}$SIMUG).
nappāḫ ḫurāṣi orfèvre 338 (SIMUG-KÙ-GI).
nappaltu argile de décombres 399 (IM-BAL).
nappillu chenille 283 (ZIBIN)(sc), 290 (ZIBIN$_2$).
nappītu tamis 85, 342 (^{gi}MA-AN-SIM).
napraku barre de la porte 354 (^{giš}ŠU-GI$_4$).
napšartu orge prête à être embarquée 367 (ŠE-BÚR(-RA)).
napšaltu godet, spatule 377 (^{giš}DILIM$_2$-Ì-ŠÉŠ).
naptanu repas 349 (BUR), 538 (KIN-SIG), 597 (NÌ-GUB).
napṭu naphte 231 (Ì-KUR-RA).
napû tamiser 79 (SIM).
napuštu vie, gorge (ZI).
naqāru détruire 280 (DAG-DAG), 429 (GUL-GUL).
nāqidu berger 70 (NA-KAD).
nāqidūtu état de berger 70 (NA-KAD-)
naqû verser (une libation) 9 (BAL(-BAL)).
nāq mê jardinier, irrigateur 479 (^{lú}A-BAL).
narābu être mou, flasque 231 (DIG).
nāramu manteau 312 (^{túg}UN-ÍL).
narāṭu trembler 295 (SÌG).
nargallu chef-chantre 355 (NAR-GAL).
nariš comme un fleuve 579 (I$_7$-).
narkabtu char 307 (^{giš}MAR), 486 (^{giš}GIGIR), 511 (^{giš}GIGIR$_2$);
— une constellation 486 (^{mul}GIGIR).
narmaku baignoire 396 (DU$_{10}$-ÚS-SA)
narpasu fléau (à battre) 307 (^{giš}MAR-ŠE-RA-AḪ).
nārtu musicienne 355 (^{mí}NAR).
narṭabu (vase à) moût de bière 429 (SÚN).
nāru fleuve canal, sillon 579 (I$_7$).
nāru chanteur, musicien 355 (^{lú}NAR).
narû stèle 70 ($^{(zá)}$NA-RU/RÚ-A).
naruqqu proche de cuir 579 (^{kuš}A-GÁ-LÁ).
nārūtu office de chanteur 355 (^{lú}NAR-).
nasāḫu arracher, extraire, soustraire, omettre 84 (ZI(-GA)), 102 (SUḪ)(sc).
issuḫ passé → au soir 231 (BA-ZAL).
nasḫu extrait, arraché 84 (ZI(-GA)).

našpantu destruction 15 (KA-ŠÚ-ŠÚ), 212 (KUŠ$_7$, KUŠ$_7$-SU).
naspuḫtu? dispersion 74 (BAR).
naṣāru garder, protéger 60 (PAB), 331 (URU$_3$).
naṣmattu pansement, enveloppement, cataplasme 481 ((NÌ-)LAL).
naṣraptu «creuset», partie ominale du foie 124, 597 (NÌ-TAB).
našāku mordre 15 (ZÚ-KU$_5$).
našallulu se glisser 433 (NIM-NIM).
našarbutu assaillir 166 (BÚ^{meš}).
našbaṭu rameau de palme détaché 295 (^{giš}PA-KU$_5$-^{giš}GIŠIMMAR).
našpaku/našpakūtu tas, entrepôt 231 (Ì-DUB), 324 (É-Ì-DUB-).
našpu (bière) légère 592 (SIG).
nâšu trembler, branler 515 (TUKU$_4$).
našû lever 320 (ÍL).
naš patri porte-glaive 10 (GÍR-LÁ).
natāku couler goutte à goutte, II instiller 214 (BI-IZ (-BI-IZ)).
nātiktu (un vase) 79 (^{dug}NAM-TAR).
naṭālu voir 449 (IGI).
lā nāṭilu aveugle 449 (IGI-NU-TUK/GÁL).
nēbeḫu ceinture 207 ($^{(túg)}$ÍB-LÁ).
nēberu bac 122 (^{giš}MÁ-DIRI-GA).
nēberu Jupiter 115 ($^{mul/d}$SAG-ME-GAR).
nēbettu ceinture 535 (^{túg}DARA$_2$).
nebrītu famine, portion congrue 384 (ŠÀ-SÙ).
nebû brillant 82 (SA$_4$).
nēḫtu calme, repos 172 (NE-ḪA).
nēkemtu déportation, dévastation 376* (KAR-).
nēmelu gain 334 (Á-TUG).
nemēqu sagesse 468 (NAM-KÙ-ZU).
nēmettu lit de repos 431 (^{giš}NÁ).
ne/amsû cuvette 597 (NÌ-ŠU-LUḪ-ḪA).
nēpeštu travail 230 (DÙ).
nēpešu rite 440 (DÍM-DÍM-MA).
neqelpû s'en aller, courir (nuages, lune) 123 (DIR).
ne/arāru, nerārūtu aide, secours 393 (ERIN$_2$-GAB/DAḪ).
nērebu entrée 58 (KU$_4$(-RA)).
nērtu meurtre 328 (RA).
nerṭû faute 325 (NER-DA).
nêru tuer 115 (SAG-GIŠ-RA), 152 (UG$_5$), 328 (RA).
nesû s'éloigner 69 (BE).
nesūtu? bateau amené de loin? 122 (^{giš}MÁ-DA-ZIL-LÁ).
nêšakku (un prêtre) 75 (NU-ÈŠ).
nēšu lion 130 (PIRIG$_3$), 575 (UR-MAḪ);
— une étoile «Leo minor» 575 ($^{mul/te}$UR-A).
nêšu vivre 84 (ZI).
nibzu tablette 371, 399 ($^{(im)}$GÍD-DA).
nidintu don 164 ((NÌ-)SÌ(-MA)).
nidītu terrain non construit 461 ($^{(é)}$KI-ŠUB-BA).
nīd kussî «position du trône», partie ominale du foie 68 (ŠUB(-BA)-^{giš}GU-ZA, ŠUB-AŠ-TE/TI).
nidu(ḫ)gallu chef-portier 231 (NI-DU$_8$-GAL).
nidûtu jachère, espace inculte, non construit 460 (SU$_7$)©, ($^{(é)}$ SU$_7$), 461 (KANKAL, KISLAḪ).
nigdimdimmû physiognomancie 597 (NÌ-DÍM-DÍM-MA).
niggallu faucille 231 (NI-GÁL(-LA)), 538 (^{urud}KIN), 597 (NÌ-GÁL(-LA)).
nigiṣṣu crevasse, fissure 461 (KI-IN-DAR).
šāt nigiṣṣi (une plante) 461 (KIN-DAR).
nigkalagû timbale 597 (NÌ-KALA-GA).
nignagubbû encensoir 597 (NÌ-NA-GÚB).
nignaqqu brûle-parfum, cassolette 597 (NÌ-NA).
nigsagilû substitut, remplaçant 597 (NÌ-SAG-ÍL(-LA)).
nikiltu sagesse, ingéniosité 190h ((NÌ-)GALAM).
nikiptu (une euphorbe) 74 (^{šem}MAŠ), 215 (^{giš}ŠEM-LIGIDBA, ŠEM-^{u}MAŠ, SEM-^{d}NINURTA).
nikkassu comptes 597 (NÌ-KA/KA$_9$).
nikkassu gamru comptes apurés 597 (NÌ-KA$_9$-TIL-LA).
niksu coupure, décapitation, abatage 12 (KU$_5$).
nikis napišti égorgement, tendances suicidaires? 84 (ZI-KU$_5$-RU-DA/DÈ).
nimru léopard 131a (NÍB), 444 (PIRIG-TUR).
nindabû offrande, nourriture rituelle 469 (NIDBA).
nindanu? boulanger 597 (^{lú}NINDA).
nīnû ammi 318, 366 (^{ú}ŠIMBIRIDA).
nipḫu éclat, embrasement, lever (d'un astre) 152 (MÚ), 172 (IZI-GAR), 366 (KUR).
niqû libation 172 (NE-SAG), 337 (NISAG), 438 (SISKUR (-SISKUR)); (animal de) sacrifice 438 (UDU-SISKUR).
nirāḫu couleuvre 374 (MUŠ-TUR).
nirpappardil(dil)lû (une pierre) 586 (^{zá}NÍR-BABBAR-DIL(-DIL)).
nīru joug 296 (GIŠ-GIŠ), 549 (ŠUDUN);
— Arcturus 61 (^{mul}MU-GÍD (-KÉŠ-DA)), 549 (^{mul}ŠUDUN).
nisḫu morceau de choix 332 ($^{(uzu)}$ZÀ-UDU-A-RI-A).
nisiḫtu choix 84 (ZI-GA).
nissabu grain (367), 374 (NIDABA),
— divinité 374 (^{d}NIDABA).
nissatu tristesse, trouble 115 (ZARAḪ).
niṣirtu trésor, secret 145 (AD-ḪAL), 331, 554 (^{mi}ŠIŠ).
nišku morsure 15 (ZÚ).
nišū peuple, gens 312 (UN), 330 (LÚ).
nišê ṣalmāt qaqqadi «les têtes noires», les humains 312 (UN-MEŠ-SAG-GE$_6$-GA).
nīšu élévation 84 (ZI), 320 (ÍL).
nīš libbi force sexuelle 384 (ŠÀ-ZI-GA).
nīš qāti prière 354 (ŠU-ÍL-LÁ).
nīšu serment 61 (MU).
nišūtu parenté (par le mari) 399 (IM-RI-A).
niṭu selles sanglantes 86 (DE$_5$-DE$_5$).
nubālum char 486 ((^{giš})GIGIR)?
nūbtu abeille 433 (NIM-LÀL).
nuḫatimmu boulanger 61 (^{lú}MUḪALDIM).
nuḫatimmūtu fonction de boulanger 61 (MUḪALDIM-).
nuḫšu richesse, abondance 143 (ḪÉ-NUN(-NA)).
nukaribbatu jardinière 75 (^{mí}NU-KIRI$_6$).
nukaribbu jardinier 75 ($^{(lú)}$NU-KIRI$_6$).
nukaribbūtu fonction de jardinier 75 ($^{(lú)}$NU-KIRI$_6$-).

nukkatu styrax? 215 (ŠEM-MUG/BAL).
nukurtu hostilité 60 (KÚR, ^{mi}KÚR, ^{lú}KÚR-), 366 (GUDIBIR$_2$).
nukuš(š)û partie de la porte 75 (NU-KÚŠ-Ù).
nullâtu vilenie 15 (INIM-NU-GAR-RA).
nummuru illuminé 393 (ZALAG$_2$).
nūnu poisson 589 (KU$_6$);
— piscis austrinus, une constellation 589 (^{mul}KU$_6$).
nurmû grenade 75 ($^{(giš)}$NU-ÚR-MA), 109 (^{giš}LÀL-DAR(-RA)).
nūru lumière, lampe 71 (NU$_{11}$), 130 (PIRIG$_3$)(sc), 172 (IZI-GAR), 393 (ZALAG$_2$).
nušurrû diminution 5 (BA), 384 (ŠÀ-SÙ).

P

padānu chemin 10 (GÍR), 15, 444 (GÙ-GÌR).
pādû dans *lā pādû* impitoyable 211 (UŠ-NU-KÚ).
pagru corps 69, 330 (AD$_5$).
pagû singe 412 (UGU-DUL(-BI)).
— instrument de musique 104 (SA-LI).
paḫāru potier 309 ($^{(lú)}$BAḪAR$_2$).
paḫāru rassembler; II renforcer 529 (NIGIN).
palāḫu craindre 81 (MUD).
palāsu voir 449 (IGI-BAR).
palāšu percer, forcer 362 (GÚR), 411 (BÙR),
palgu canal 60 (PA$_{5,6}$).
pallukku (un arbre) 96 (^{giš}BULUG)(sc).
palû (année de) règne, dynastie, insigne royal 9 (BAL).
pānātu devant 449 (IGI-).
pannigu (un gâteau) 597 (NINDA-DÌM(-DÌM)).
pānu face 449 (IGI).
pān šatti début de l'année 61 (IGI-MU).
pānu corbeille 85, 111 (^{gi}GUR).
mesure de capacité (1/5 du kôr) 383 (PI),
pānû antérieur 449 (IGI).
papāḫu cella 295 ((É-)PA-PAḪ), 324 (É-ŠÀ-SÌG-GA), 384 ((ŠÀ-SI/SÌG-GA).
pappar(dil)dilû (une pierre blanche) 381, 517 ($^{(zá)}$BABBAR(-DIL)-DILI).
papparḫû pourpier 381 (BABBAR-ḪI^{sar}).
pappasītu gypse blanc 5 (BA-BA-ZA-^{d}ÍT).
pappāsu bouillie, brouet 5 (BA-BA-ZA).
paqādu surveiller, confier 59 (ÈN-TAR), 75 (NU), 314 (ŠID-DÙ).
paqdu confié 164 (SÌ).
paqdu surveillant, mandaté 295 (^{lú}ENSI$_2$).
pāqidu surveillant 115 (SAG-ÈN-TAR).
parādu craindre 81 (MUD).
parakku trône divin, sanctuaire, roi 344 (BARA$_2$(-GA)), 522 (SUG(-KU)).
parāku barrer, faire opposition, aller transversalement 67 (GIB).
paramaḫḫu saint des saints 344 (BARA$_2$-MAḪ).
parasrab 5/6 475 (KINGUSILA$_2$), 573 (KINGUSILA).
parāsu séparer, trancher, interdire, décider 12 (KU$_5$), 291 (UBUR-ŠUB).
parāšu^{IV} s'envoler 86 (DAL(-DAL)).
parā'u rompre 12 (KU$_5$).
parkiš transversalement 67 (GIB).
pa/urkullu graveur, lapicide 349 ($^{(lú)}$BUR-GUL).
parratu brebis 74 ($^{(udu)}$BAR-MUNUS).
parriṣu rebelle, menteur 355 (LUL).
parru mouton, jeune brebis 74, 537 (^{udu}BAR-GAL).
parš(ī)iktu (récipient d'un) sicle 5 (BA-RÍ-GA), 383 (PI).
parsu séparé 12 (KU$_5$).
parṣu rite 196 (UNUGI)(sc), 295a (GARSU), 295b (GARZA), 295c (GARZA), 307 (MAR-ZA), 532 (ME).
lā parṣi anormalement 295b (NU-GARZA).
paršigu turban 74 ($^{(túg)}$BAR-SI/SIG).
parû mulet 208 (ANŠE-KUNGA$_2$), 444 (GÌR), 547 (KUNGA$_2$).
parzillu fer 13 (AN-BAR).
pasillu (un ovin) 522 (^{udu}AS$_4$-LUM).
papastu cane 372 (BIBE).
paspasu canard 372 (BIBE).
passu poupée 586 (ZA-NA).
pâṣu piler, broyer 114 (DAR), 401 (ÀR, ARA$_3$).
pašaḫu (s')apaiser 103b (ŠE$_4$), 376 (TE-EN-TE-EN).
pašāqu (être difficile), III avoir une crise 60 (PÚŠ^{meš}).
pašāru délivrer, rendre inefficace 11 (BÚR), 103b (ŠED$_7$).
pašāšu frotter, oindre 331 (ŠEŠ), 472 (EŠ), 541 (ŠEŠ$_4$), 544 (ŠÉŠ).
pašāṭu supprimer, annuler, effacer 255 (ÙR)(sc), 481 (LÁ).
pāšīšu prêtre 60 (PA$_4$-ŠIŠ), 307 (MAR-MAḪ)(sc), 321 (SUK(K)AL), 398 (GUDU$_4$).
pāšittu (une plante) 15 (^{ú}KA-MUŠ-Ì-KÚ-E).
paššurmāḫu grand plateau 41 (^{giš}BANŠUR-MAḪ).
paššūru plateau, table 41 (BANŠUR).
pāštu hâche 8 (^{urud}DUR$_6$-TAB-BA), 595 (TÙN).
patarru hâche 5 (BA-DA-RA), 8 (^{urud}DUR$_6$-TAB-BA-ZABAR).
patrānu (une plante) 10 (^{ú}GÍR-*a-nu*).
patru épée 10 (GÍR(-AN-BAR)).
pattu rigole 60 (PA$_5$).
pattû corbeille 469 (PAD).
patu bord 332 (ZAG).
paṭāru libérer, fendre 167 (DU$_8$).
paṭīru autel portatif 85 (GI-DU$_8$).
pāṭu frontière, bord, territoire 332 (ZAG).
peḫû fermer 69 (BE).
pelludû règles religieuses 295b (BILLUDA).
pelû rouge 113 (SI$_4$, SU$_9$).
pelû œuf, petit 394 (NUNUZ).
pel paspasi? oisillon 394 (NUNUZ-UZ-TUR^{mušen}).
pem/nu cuisse 190 (ḪÁŠ-GAL), 203 (ÙR).
pendû silex 13, 229 (^{zá}AN-EZINU), 214, 367 (^{zá}EZINU),

449 (ŠI-TIR), 461 (IZI$_2$)(sc), marque cutanée 138 (SAMAG$_2$-SA$_5$), 591 (GUG).
per'u/perḫu rejeton 394 (NUNUZ).
perša'u puce 398 (UḪ).
perūrūtu souris 596 (PÉŠ-TUR).
pessû estropié 5 (BA-AN-ZA).
peṣû être blanc 381 (BABBAR).
peṣû «l'astre blanc», Jupiter 129a (MUL-BABBAR), 376 (MÚL-BABBAR).
pêṣu frapper, briser 114 (DAR) cf. *pa'āṣu*, *pâṣu*.
(*lā*) *petîtu* (non) vierge 211 (GÌŠ(-NU)-ZU).
petû ouvrir 63 (TAG$_4$), 69 (BAD), 167 (DU$_8$).
petû ouvert 2 (ḪAL-ḪAL-LA).
petû portier? 90 (^{lú}KAD).
piazu souris 596 (KIŠI$_5$).
piḫātu/pāḫātu office, responsabilité, province 79 (NAM); gouverneur 79 ($^{(lú)}$NAM).
piḫatūtu office de gouverneur 79 ($^{(lú)}$NAM-).
piḫu vase à bière 15 (^{dug}PIḪU$_3$), 214 (^{dug}PIḪU).
pilakku fuseau 9 (^{giš}BAL).
pillû mandragore 79 ($^{giš\ ú}$NAM-TAR/TAL).
pilšu brèche, trou 362 (GÚR), 411 (BÙR).
pilû calcaire 70 (^{zá}NA-BUR).
piqittu fait de confier 112 (SI(-IL)-LA/LÁ, SI-LÁ).
piq(q)annu excrément 579 (A-GAR-GAR).
pirištu secret 2 (ḪAL), 145 (AD-ḪAL).
pirittu effroi 384 (ŠÀ-MUD).
pirsu section, troupe 12 (KU$_5$).
pīru éléphant 170 (AM-SI).
pišannu récipient, bac 233 ($^{(gi)}$PISAN), 314 (PISAN$_2$), 317 (PISAN$_3$)(sc).
pisu van 483 (^{giš}LAGAB-MAR).
piṣallurtu gecko 170 (^{ú}AM-SI-ḪAR-RA-AN), 374 (MUŠ-DÍM-GURIN, MUŠ-DA-GUR$_4$-RA).
pišertu délivrance (magique) 11 (BÚR-).
vente de l'excédent d'orge 367 (ŠE-BÚR(-DA)).
pišru interprétation 11 (BÚR).
piššatu onction 231, 544 (Ì-BA, Ì(-BA)-ŠE$_8$).
pištu outrage 148 (IN).
pitiltu pelote, nœud 353 (ŠU-ŠÈR), 559 (GU-ŠÌR).
pitiqtu mur, gros œuvre (de maçonnerie) 399 (IM-DÙ-A, IM-AK-A).
pitnu caisse (de résonance) 353 (^{giš}NA$_5$).
pitqu travail, maçonnerie 399 (IM-DÙ(/GAB)-A).
pitru fente 167 (DU$_8$).
pitrušlu situation ominale contradictoire 167 (DUḪ-UŠ(-A)).
pītu dans *pīt pî* ouverture (rituelle) de la bouche 15 (KA-DU$_8$-Ù/ḪU-DA).
pīt purīdi ouverture des jambes 396 (DU$_{10}$-BAD).
piṭru cf. *pitru*.
pû bouche, embouchure 15 (KA), 30 (KAxU); teneur (d'une tablette), langue (maternelle) 554 (MURUB$_2$).
pû bisu (une grave maladie, scorbut?) 15 (KA-ḪAB).
pû ṭābu «bonne bouche», partie du foie 15 (KA-DU$_{10}$-GA).
pû balle, (fétu de) paille 148 (IN-BUBBU).
puḫādu agneau 76 (MÁŠ), 252 (SILA$_4$).
puḫālu taureau adulte 281 (UTUA$_2$), 287 (UTUA).
puḫattu agnelle 252, 554 (^{mí}SILA$_4$).
puḫru assemblée 40 (UKKIN).
pūḫu substitut, remplaçant 115 (SAG(-ÍL-LA))(sc), 461 (KI-BI-GAR, KI-BA-GAR-RA), 597 (NÌ-SAG-ÍL-LA).
puluḫtu effroi 399 (NÍ).
pulukku frontière, borne, aiguille 96 (BULUG).
puqqudu livraison 112 (SI-LÁ).
puquttu (un épineux) 483 (^{giš}KUR$_4$).
purādu grosse carpe 403 (SUḪUR^{ku_6}).
purīdu jambe 60 (PAP-ḪAL).
pursītu vase votif 349 (^{dug}BUR-ZI).
puršu'u/perša'u puce 398 (UḪ)(sc).
puršumtu vieille femme 134 (UM-MA(-GAL))(sc).
puršumu vieillard 40 (UKKIN$^{(meš)}$)(sc), 128 (^{lú}AB-BA).
pūru vase (en pierre) 349 ($^{dug/zá}$BUR).
purussû décision, foie 472 (EŠ-BAR).
pušikku laine peignée, charpie, bourre 319, 539 (SÍG-GA-ZUM-AK-A).
pūṣāja foulon, blanchisseur 536 (^{lú}AZALAG, ^{lú}TÚG).
pūṣu (le) blanc, tache blanche 381 (BABBAR).
(*še'u*) *pūṣi* grain mûr 367 (ŠE-ḪÁD-E-DÈ).
pūṣ īnē blanc de l'œil 381 (BABBAR-IGI).
pušqu épine, resserrement, circonstance difficile 60 (PAB-ḪAL); en détresse 55 (LA-RA-AḪ).
pūtu front, face, largeur 115 (SAG(-KI)), 332 (ZAG).
pūt en face de 115 (SAG(-KI)).
pūt alpi trapèze 115 (SAG-KI-GU$_4$).
puzru secret 19 (PU$_4$-ZUR$_8$), 26 (BÙ-ZUR$_8$), 411 (BUZUR)(sc), 471 (BUZUR$_2$)(sc).

Q

qabaltu taille, milieu 337 (MÚR).
qablu milieu, taille, 207 (ÍB), 337 (MÚR).
qablê hypocondres 337 (MÚR^{meš}).
qablû médian 337 (MÚR).
fém. *qablītu* milieu, intérieur 337 (MÚR).
qablu combat, ressentiment 8 (ŠEN-ŠEN-NA), 337 (MÚR).
qabû dire 15 (DU$_{11}$(-DU$_{11}$)-GA), 308 (E).
qadādu (se) courber, (s')incurver 362 (GAM).
qadištu prêtresse 75 (NU-GIG).
qadû chouette 38 (URU-ḪUL-A^{mušen}).
qadūtu dépot, vase, cérumen 106, 399 (IM-GÚ(-EN-NA)).
qalālu être léger, de peu d'importance; II diminuer 481 (LÁ).
qalātu farine de grain grillé 536 (ZÌ(-NÌ)-ŠE-SA-A).
qallu médiocre, petit 49* (QÀL); serviteur, esclave 49* (^{lú}QÀL).
qâlu faire attention 532 (ME-ME).
qalû brûler 548 (GIBIL$_2$).

qalû brûlé, grillé 172 (IZI), 367 ((NÌ-)ŠE-SA-A).
qamḫurû moelle du palmier 384 (^{giš}ŠÀ(-ŠÀ)-GIŠIMMAR).
qanû roseau 85 (GI).
 qanû kabbaru roseau très épais 85 (GI-NÌ-GAL-GAL-LA).
 qan šalāli (sorte de roseau) 85 (GI-ŠUL-ḪI).
 qanû ṭābu acorus calamus 85 (GI-DU_{10}/DÙG(-GA)).
 qan ṭuppi/qanṭuppu stylet 85 (GI-DUB-BA).
qaqqadu tête 115 (SAG(-DU)).
 qaqqad rēdî simple soldat 347 (AGA-ÚS-SAG).
qaqqaru sol 461 (KI).
 lā qaqqaru terre étrangère 75 (NU-KI).
qāqullu cardamome 165 (^{ú}TÈ).
qarābu (s')approcher 536 (KU-NU).
qarāru ruisseler 2 (ḪAL-ḪAL-LA)); ramper (de peur) 483 (KUR_4).
qardu vaillant, héros 575 (UR-SAG).
qarītu entrepôt, grenier 261 ($ESAG_2$).
qarnānu cornu 112 (SI);
— salicorne 165 ($^{(\text{ú})}$NAGA-SI).
qarnu corne 112 (SI).
qarrādu fort, héros 297 (GU_4(-UD)), 575 (UR-SAG).
qaštu arc 67 (GE_{16})(sc), 439 (^{giš}BAN);
— archer 439 ($^{(\text{lú})\text{giš}}$BAN);
— une constellation 439 ($^{\text{te/mul}}$BAN).
qâšu donner, offrir 5 (BA), 597 (NÌ-BA).
qatānu être mince, effilé 592 (SIG).
qatāru noircir de fumée 152 (SAR).
qatnu mince, étroit 592 (SIG).
qatû être achevé 69 (TIL).
qātu main 126 (TIBIR)(sc), 354 (ŠU$^{(2)}$).
 qātātu garantie 354 (ŠU-DU_8-A).
 qāt eṭemmi/šugidimakku 354 (ŠU-GIDIM-MA, ŠU-GU_4). } noms de maladies.
 qāt Ištar 354 (ŠU-^{d}EŠ-TÁR). } noms de maladies.
 qāt māmīti 354 (ŠU-NAM-$ERIM_2$/RIM-MA) } noms de maladies.
qemû moudre 33 (MA_5), 33 (MÙ(-MÙ)).
qēmu farine, poudre 536 (ZÌ(-DA)).
qerbu milieu, intérieur, sein 384 (ŠÀ); entrailles 384 ($^{(\text{uzu})}$ŠÀ$^{(\text{meš})}$).
qerdu peau tannée 7 (KUŠ-TAB-BA).
qerēbu cf. *qarābu*.
qibītu parole, ordre 15 (DU_{11}(-DU_{11})-GA, DU_{11}).
qību parole, ordre 15 (DU_{11}-GA), 532 (ME-A).
qiddatu inclinaison, déclin dans *qiddat umi* 362, 381 (U_4-GAM-MA).
qilpu, *qulēptu* peau, écaille, écorce 74 (BAR).
qiltu alcali 165 (NAGA).
 qiltu qarni (une plante) 165 (^{ú}NAGA-SI).
qilûtu brasier, brandon, crémation 173 (^{giš}GIBIL)(sc), 548 ($GIBIL_2$).
qimmatu cheveux, bouquet de feuilles à la cime des arbres 403 (SUḪUR).
qinnatu anus, fesse, derrière 74 (^{uzu}BAR-KUN), 106 (GÚ-DU), 559 (GU-DU/DI).
qinnāzu fouet, lanière 394c (^{kuš}$USAN_3$).
qinnu nid 525 (ABLAL)(sc).
qīptu prêt, confiance 354 (ŠU-LÁ).
qīpu fondé de pouvoirs 69 (^{lú}TIL(-LA)-GÍD-DA).
qiššû concombre 550 ($UKUŠ_2$).
qištu forêt, bosquet 375 (^{giš}TIR).
qīštu cadeau 5, 597 ((NÌ-)BA).
qitmu alun noir 399 (IM-SAḪAR-GE_6-KUR-RA).
qītu fin 69 (TIL).
qû mesure de capacité 62 ($SILA_3$).
qû fil, cordon 3 (MUG)(sc), 559 (GU);
— (plante potagère) 559 (GU).
qubû lamentation 142 (I-LU).
qudr(at)u variété de manne 461 (^{ú}KI-^{d}IM).
qūlu silence, tranquillité 597 (NÌ-ME-GAR).
qūqanu maladie des yeux 559 (IGI-GU-LAL).
qurādu héros 575 (UR-SAG).
qurqurru artisan travaillant le métal, le bois, l'argile 111 (^{lú}GUR-GUR), 132 ($^{(\text{lú})}$TIBIRA).
qutāru fumigation 12 (*qut*-GI/PA/GUR), 468 (KÙ-GI/GUR).
qutnu partie mince, effilée 592 (SIG).
qutrēnu encens, fumée 70 (NA(-IZI)).
qutru fumée 367 (ŠE-IR-ZI).

R

rabāṣu gîter, se coucher 431 (NÁ).
rabbu très gros 343 (GAL-GAL).
ra/ebiat/rebūtu un quart 449 (IGI-4-GÁL).
rabīku décoction 406 ($UTUL_2$-ZÌ-DA).
rābiṣu (un démon), surveillant 295d, e (MAŠKIM, $MAŠKIM_2$).
rabîš grand 343 (GAL-*iš*).
rabītu grande cruche 343 (^{dug}GAL).
rabû se coucher 202 (GIR_5), 343 (GAL), 545 (ŠÚ),
— trembler, vaciller 545 (ŠÚ).
rabû (être) grand 60 ($BULUG_3$(-GÁ)), 343 (GAL), 559 (GU-LA)(sc).
 rab bīti majordome 343 (GAL-É).
 rab sikkati dignitaire 343 (GAL-^{giš}GAG).
 rab rēši général 343 (GAL-SAG).
 rab ešerti chef de 10 hommes 343 (GAL-10).
râbu donner comme remplaçant 7 (SU).
rabûtu grosseur 343 (GAL-).
rādu averse torrentielle 399 (IMxIM).
ragāmu crier 15 (INIM-GÁ-GÁ).
raḫāṣu laver, inonder, piétiner 328 (RA).
rakābu chevaucher, monter en char, en bateau 78* (U_5).
rakāsu lier 15 (KA-KÉŠ), 67 (GE_{16})(sc), 152 (KEŠDA).
rakbu estafette, cavalier 206 (RÁ-GAB), 328 ($^{(\text{lú})}$RA-GAB).

rakkābu matelot 579 (ADDIR).
raksu messager rapide 144 (DUMU-SIG$_5$).
raksu lié 481 (LÁ).
ramāku baigner, plonger 354 (TU$_5$).
ramānu (soi-)même 399 (NÍ).
ramku prêtre (purificateur) 102 (SUSBU), 165 (NAGA-TU$_{16}$).
râmu aimer 183 (ÁG); aimé 461 (KI-ÁG-GÁ).
ramû frapper 86 (RI).
rapādu courir çà et là 280 (DAG)(sc).
rapādu (une maladie) 104 (SA-AD-GAL).
rapaštu épaule 77 (^{giš}KUN), 203 (ÚR-KUN), 296 ($^{(uzu)}$GIŠ-KUN).
rapāšu être large; II élargir 237 (DAGAL), 346 (PEŠ), 383 (TÁL)(sc).
rappu entraves, anneau 149 ($^{(giš)}$RAB).
rapšu large 237 (DAGAL).
raqāqu être mince 554 (SAL-LA).
raqqatu vêtement mince 554 (^{túg}SAL-LA).
raqqu mince, grêle 554 (SAL-LA).
raqqu tortue 9 (BAL-GI^{ku}6).
raqqû pressureur d'huile 215 (^{lú}ŠEM-MÚ).
râqu être vide 373 (SUD(-DA)).
râṣu aider 169 (DAḪ).
rašû avoir 574 (TUK).
rāšû créancier 574 (^{lú}TUK(-*u*)).
râšu se réjouir 372 (SÙ(-GA)).
rašubbatu splendeur redoutable 399 (NÍ-ḪUŠ).
rašûtu (les) biens 574 (TUK).
ratuttu anémone(?) 85 (^{ú}GI-RIM-BABBAR).
rāṭu conduite d'eau, rigole 83 (ŠITA$_3$).
rebītu grand'rue, carrefour 12 (SILA-DAGAL(-LA)).
rebūtu cf. *rabiat*.
redû suivre la direction de, poursuivre, confisquer, persécuter 211 (ÚS); pousser, conduire 206a (LAḪ$_4$); II ajouter, augmenter 169 (DAḪ).
rēdû soldat 211 (^{lú}UKU-ÚS), 347 (AGA-ÚS); suivant, escorteur 211 (^{lú}ÚS).
rēḫtu reste, solde 63, 207 (ÍB-TAG$_4$).
reḫû féconder 211 (GÌŠ(-DU$_{11}$-GA))(sc), 579 (A-RI-A).
rē'ītu bergère 295m (^{mí}SIPA).
rēmēnû compatissant 271 (ARḪUŠ-SÙ).
rēmtu sein maternel 271 (ARḪUŠ).
rēmu sein maternel, pitié 271 (ARḪUŠ).
rêmu avoir pitié 271 (ARḪUŠ).
rêqu être loin, éloigné 373 (SUD(-DA)).
rēṣu (un) aide 334 (Á-DAḪ).
rēṣūtu aide, secours 334 (Á-DAḪ).
rēštu sommet, le plus haut point, la meilleure qualité 115 (SAG).
rēštû premier, meilleur 115 (SAG).
rēšu tête 115 (SAG); chef 115 (^{lú}SAG).
(*ša*) *rēši* eunuque 115 (^{lú}SAG); esclave 115 (^{lú}SAG(-ÌR)).
rēš libbi épigastre 115 (SAG-ŠÀ).
rēš makkūri inventaire des disponibilités 115 (SAG-NÌ-GA).
rēš šarri officier du roi 115, 151 (^{lú}SAG-LUGAL).
rēš šatti début de l'année 332 (ZAG-MU/MUG).
rēš šarrūti année d'accession 332 (MU-SAG).
rēšūtu état d'esclave, castration 115 ((NAM-)SAG).
rē'û pasteur 289 (UTUL$_5$)(sc), 293 (UDUL$_3$)(sc), 295m (SIPA); (un oiseau) 295m (SIPA^{mušen}).
re'û paître, régir 295c (RIG$_7$)(sc), 295m (SIPA).
rē'ûtu pastorat, souveraineté 295m ((NAM-)SIPA).
ribbātu arriérés 481 (LÁ+U/NI), 482 (LÁL+NI/U/ḪÁ).
ridûtu succession, accompagnement, escorte 211 (ÚS-).
rigmu cri 15 (GÙ(-DÉ-DÉ)), 296 (GIŠ).
riḫiṣtu inondation 328 (RA-).
riḫṣu inondation, piétinement 328 (RA), 444 (GÌR-BAL/RA).
riḫûtu sperme, procréation, descendance 579 (A-RI-A).
riḫût eṭli semence de jeune homme (A-RI-A-GURUŠ).
riḫût šulpae paralytique (A-RI-A-^{d}ŠUL-PA-È).
rikbu marche, fécondation, étage 78* (U$_5$).
rikibtu ergot 78* (U$_5$).
riksu lien, attache, apprêts (d'un sacrifice) 15 (KA-KÉŠ), 94 (DIM)(sc), 105 (KÁR)(sc), 108 (DUR), 152 (KEŠDA);
— lien, section d'un texte 108 (DUR); attaches, obligations 597 (NÌ-KÉŠ/LÁ(-DA)); lien, tendon 104 ($^{(uzu)}$SA).
rikis mātāti désignation de Babylone 94 (DIM-KUR-KUR-RA).
rimku lavage, ablution 354 (TU$_5$), 579 (A-TU$_5$).
rīmtu vache (sauvage) 429 (SÚN).
rīmu bœuf (sauvage), urus 170 (AM).
rīmu présent 170 (AM).
rîmu aimé 170 (AM), 183 (ÁG).
riqqu oblat 215 (^{lú}RIQ-QÍ).
rīqu vide 373 (SUD(-DA)).
riqqu aromate 215 (ŠEM).
rīqūtu vide 373 (SUD(-DA)).
rīštu joie 306 (ÁR-I-I), 461 (KI-LI).
ritkubu en rut 78* (U$_5$).
rittu paume (de la main) 126 (TIBIR)(sc), 314 (KIŠIB(-LÁ)).
rîtu pâturage 295m (SIPA-), 318 (Ú).
rubātu princesse 556 (NIN).
rubṣu litière, bouse 494 (ŠURUN), 565 (ḪUM)(sc).
rubû prince 87 (NUN).
rubāni (des fonctionnaires(?)) 87 (^{lú}NUN^{meš}).
rubûtu seigneurie 87 (NUN-).
rubu'û de quatre ans 61 (MU-4).
rugbu étage sous le toit 324 (É-ÙR-RA).
ruḫû sortilège, philtre 17 (UŠ$_{12}$(-ZU)).
rukūbu bateau (de procession) 78, 122 (^{giš}MÁ-U$_5$).
rupšu largeur 237 (DAGAL(-LA)).
rupuštu salive, bave 392 (ÚḪ).
ruqqu récipient en cuivre 8 ($^{(urud)}$ŠEN).
ruqqu membrane, endroit mince (partie omineuse du poumon) 554 (SAL-LA).

rūqu lointain 373 (SUD(-DA)).
rusû philtre, humidité 17 (UŠ$_{11}$).
ruššû rouge-feu 402 (ḪUŠ).
rūštu dans (*šaman*) *rūštu* (huile) fine 231 ((Ì-)SAG).
rušumtu boue, marais 7 (SU-BÚR-RA).
ruttītu souffre jaune 392 (ÚḪ-^{d}I$_{7}$).
ru'tu crachat, rejet 17 (UŠ$_{12}$), 392 (ÚḪ).
ruṭibtu humidité 461 (KI-DURU$_{5}$).
rūṭu $^{1}/_{2}$ aune 481 (LÁ).

S

sābītu cabaretière 210 (^{mí}GEŠTIN(-NA)), 465 (^{mí}KURUN$_{2}$(-NA)).
sābû cabaretier 210, 330 (^{lú}GEŠTIN-NA), 214 (^{lú}KAŠ-SA$_{10}$-SA$_{10}$), 465 (^{lú}KURUN$_{2}$(-NA)).
saddanakku arboriculteur 343 (SANTANA).
sadru 536.
sagallu (une maladie) 104 (SA-GAL).
sāgu (un habit grossier) 104 (^{túg}SA-GA).
saḫāpu jeter à terre 545 (ŠÚ(-ŠÚ)).
saḫaršuppû lèpre 7 (*su-ḫar-šu-šab*), 212 (SAḪAR-ŠUB-BA).
saḫāru se tourner 529 (NIGIN).
saḫḫaru (un pot) 349 (^{dug}BUR-ZI-BANDA$_{3}$).
saḫḫiru colporteur 295b (^{lú}ZILULU).
saḫlû cresson(?) 332 (ZÀ-ḪI-LI(-A)^{sar}).
sakikkû, *sagiqqu* (une maladie des muscles) 104 (SA-GIG).
sākinu préfet 597 (^{lú}GAR).
sakkuttu pipette 115 (SAG-KU$_{5}$).
sakrumaš officier de char 115 (SAG-RU-MAŠ).
salāḫu asperger, verser 373 (SUD(-DA)).
salāmu être favorable, faire la paix 457 (SILIM).
salā'u^{IV} être contaminé, infecté 313 (SAḪ).
salātu famille, (parenté par la femme) 399 (IM-RI-A).
salḫu (sorte d'agneau) 252 (SILA$_{4}$-BU-A).
salīmu faveur, paix 457 (SILIM).
salmu ami? 457 (SILIM).
samānu (une maladie) 115 (SAG-NUM-NUM).
(š)amīdu (une saponaire) 165 (^{ú}TÈ).
samīnu (une plante de jardin) 366 (^{ú}KUR-ZI$^{(sar)}$).
sammû harpe 332 (^{giš}ZÀ-MÍ).
samtu cornaline 591 (^{zá}GUG).
sāmu (être) rouge 112 (SA$_{5}$), 113 (SI$_{4}$)Ⓢ.
sanāqu s'approcher, jouxter 60 (DIM$_{4}$(-MÀ)), 536 (KU-NU).
sangû, cf. *šangû*.
sankallu (une pierre précieuse) 115 ($^{(zá)}$SAG-KAL).
sankidabbû (une maladie de la tête) 115 (SAG-KI-DAB-BA).
sankullu massue 115 (SAG-GUL/KUL-LA).
sankuttu sac 115 (SAG-KU$_{5}$).
sannigû inventaire des disponibilités 115 (SAG-NÌ-GA).
sanqu obéissant, éprouvé 60 (DIM$_{4}$(-MÀ)).
santakku triangle 115 (SAG-DÙ); nom du signe SANTAK 480 (SANTAK$_{4}$).
sapāḫu disperser 74 (BAR), 400 (BIR(-BIR)).
sapānu abattre 164 (SÌ), 255 (ÙR(-ÙR))Ⓢ.
saparru (un véhicule) 230 (^{giš}KAK+LIŠ(-LÁ)), KAK+QA, KAK+SI-LÁ), 104 (^{giš}SA-PAR).
sapāru filet 104 ($^{(giš)}$SA-PÀR).
(š)appu jatte 295k (^{dug}ŠAB).
saqātu (un échassier) 444 (GÌR-GÍD-DA^{mušen}).
sarādu atteler, faire un pansement, un cataplasme 481 (LÁ).
sarāqu verser, répandre 138 (DUB).
sarru fictif 355 (LUL); désignation de Mars 355 (^{mul}LUL-LA).
sartu faux, mensonge 355 (LUL-).
sāru, cf. *šāru*.
sasinnu fabriquant d'arc 4 ($^{(lú)}$ZADIM).
šask/qû farine fine 536 (ZÌ-EŠA, ZÌ-TER-A), 579 (EŠA).
sassatu (une herbe) 461 (^{ú}KI-KAL).
sassu base 461 (KANKAL).
(š)assuru mouche verte 351 (^{nim}SIG$_{7}$-SIG$_{7}$).
sāsu mite 69 (ZIZ)Ⓢ, 575 (UR-ME),
— (une pierre) 586 (^{zá}NÍR-ZIZ).
sattuku, cf. *šattukku*.
sebe sept 598c (IMIN); les dieux sept 589 (^{d}IMIN-BI).
sebû septième 598c (IMIN-KAM).
seḫpu (une ronce) 74 (^{giš}BAR-KÍN).
sekēru obstruer, faire bouillir, mettre au four 69 (BE).
sekertu femme du harem 84 (^{mí}ZE-E-EK-RUM), 312 (^{mí}UN$^{(meš)}$-É-GAL), 331 (^{mí}SIŠ)Ⓢ, 384 (^{mí}ŠÀ-É-GAL), 393 (^{mí}ERIN$_{2}$-É-GAL), 554 (NIDLAM$_{2}$).
se/illu corbeille 111 (^{gi}GUR-SAL-LA).
sēkiru constructeur de barrages 579 (^{lú}A-IGI-DU$_{8}$).
semeru/sa'eru bracelet, anneau 401 ($^{(zá)}$ḪAR).
sepīru scribe (araméen) 7 (^{lú}KUŠ-SAR), 579 (^{lú}A-BAL).
sēpû (un artisan) 3 (^{lú}MUG).
serdu olivier 85 (^{giš}GI-DÌM(-MA)).
serremānu (sorte de lapis) 586 (^{zá}ZA-GÌN-?-EDIN-NA).
serrēmu âne sauvage 208 (ANŠE-EDIN-NA).
sību bière 214 (KAŠ-TIN-NA).
sigbar(r)û cheveux flottants 539 (SÍG-BAR).
siḫiptu fait de terrasser 545 (ŠÚ(-ŠÚ)).
siḫirtu ronde 529 (NIGIN-).
sīḫu absinthe 586 (^{giš}ZA-ḪUM).
sikillu (une plante) 564 (^{ú}SIKIL);
— (une pierre) 564 (^{zá}SIKIL).
sikkānu gouvernail 84 (^{giš}ZI-GAN).
sikkatu lessive, saumure 298 (AL-ÚS-SA).
sikkatu cheville, piquet, couteau (de balance), pointe (de flèche) 230 ($^{(giš)}$GAG).
sikkat karri pommeau d'épée 230 (^{giš}GAG-GÀR-BA).
sikkat ṣēli (fausse) côte 84 (SÍ), 230 (GAG-TI).
sikkūru verrou 115 ($^{(giš)}$SAG-KUL).
sikkūr šaqīli (sortes de verrou) 115 ($^{(giš)}$SAG-KUL-LÁL, SAG-KUL-NIM-MA).

s/š/zikšu une partie du côté du char 334 (Á-KÁR-^{giš}GIGIR).
siku? poudre 536 (ZÌ(-DA)).
silagazû vase d'une capacité de 1 *qa* 62 (^{dug}SILA$_3$-GAZ).
silītu (une maladie) 313 (LÍL).
silītu sein maternel, secondines 271 (ÙŠ).
sillu corbeille 85 ($^{(giš)}$GUR-SAL-LA).
simēru/sa'eru cf. *semēru*.
simmagir résident du roi babylonien 381 (^{lú}U$_4$-SAKAR$_3$-ŠE-GA).
$^{(s)}$*šimmaḫḫu* (un oiseau) 79 (SIM-MAḪ^{mušen}).
simmiltu escalier 142 (^{giš}KUN$_4$), 144 (^{giš}KUN$_5$).
simmu (une maladie) 446 (GIG).
simtu parure, (bel) aspect 532 (ME-TE).
singurru (un poisson) 84 (ZI-GUR^{ku_6}), 185 (UBUDILI)^{sc}.
sinništu femme 554 (MÍ).
sinuntu hirondelle 79 (SIM(-MU)^{mušen}), 79* (BUR$_5$-GI-ZI^{mušen}); (un poisson) 79 (SIM^{ku_6}).
siparru bronze (puis cuivre) 29, 382 (ZABAR).
sippu seuil, embrasure 332 (ZAG-DU$_8$).
sirāšû brasseur 215 (^{lú}ŠIM, ŠIMxA), 224 (^{lú}DUNGAL), 225 (^{lú}NUNGI).
sirāšûtu fonction de brasseur 215 (^{lú}ŠEM-), 225 (^{lú}NUNGI).
sîru(?) enduit, crépi 399 (IM-BAD).
sisinnu étoile de la constellation de la Vierge 128 (^{mul}AB-SÍN).
sissiktu frange, lisière 536, 539 (^{túg}SÍG).
sissinu palme 13 (^{giš}AN-NA-GIŠIMMAR).
sisû cheval 208 (ANŠE-KUR-RA), 366 (KUR).
sītu parapet 152[8] (BÀD-SI).
suādu arbuste aromatique 471 ($^{giš/ú}$(SIM-)MÌN-DU/DA, $^{(ú)}$IM-MÌN-DU).
sugû famine 7 (SU-GU$_7$).
sugullu troupeau 297 (GU$_4$-ÁB-ḪÁ), 420 (ÁB-GU$_4$-ḪÁ).
suḫuppatu botte 129a (^{kuš}SUḪUB$_2$), 335 (^{kuš}DA-E-SÍR).
suḫurmāšu une constellation 403 (^{mul}SUḪUR-MÁŠ).
— (un poisson) 403 (SUḪUR-MÁŠ^{ku_6}).
suḫuššu palmette 356 (SUḪḪUŠ).
sukannīnu ramier 58 (TU-KUR/KUR$_4$^{mušen}).
sukkallu vizir, messager 321 (SUKKAL).
sukkallu šanû vice-vizir 321 (SUKKAL-GIR$_5$).
sukkalmaḫḫu grand-vizir 321 (SUKKAL-MAḪ).
sukkuku sourd 296 (GEŠTU$_2$-LÁ), 318 (Ú-ḪUB).
suluppu datte 15 (ZÚ, ZÚ-LUM(-MA)).
sumkīnu (bois) pourri 69 (^{giš}SUMUN).
summatu pigeon 58 (TU^{mušen}).
summu pigeon 58 (TU^{mušen}).
sūmu rougeur 112 (SA$_5$).
sunqu famine 318 (Ú-GUG).
sūnu cuisse 203 (ÚR).
sūnu frange 203 ($^{(túg)}$ÚR), 595 (^{túg}TÙN).
supālu genévrier 461 (^{ú}KI-^{d}NANNA), 586 (ZA-BA-LAM/LUM).
sup(p)û prière, bénédiction 438 (SISKUR(-SISKUR)).
supūru enclos, bergerie 293 (AMAŠ).
sūqāqû ruelle 308 (E-SÍR-SIG).
sūqu rue 12 (SILA), 308 (E-SÍR/SIR).
sūq erbetti carrefour 12 (SILA-LÍM(-MA/BA)), 308 (É-SÍR-KA-LIMMU$_2$-MA/BA).
sūqu rapšu grand-rue, place 308 (E-SÍR-DAGAL-LA).
sūqu lā āṣû impasse 12 (SIL-SAG-GI$_4$).
surdû faucon 329 (SÚR-DÙ^{mušen}).
surrudu âne de bât 208 (ANŠE(-ÈŠ)-BARA$_4$-LÁ).
sūru dépression, oued 405 (SÙR).
$^{(š)}$*usapinnu* introducteur des femmes 347 (NIMGIR-SI).
susbû prêtre (purificateur) 102 (SUSBU).
susikku (moment de la) tonte 15 (ZÚ-SI(-GA)), 314 (ŠID-SI-GA).
sussullu coffre 522 (^{giš}BUNIN-TUR), 528 (^{giš}BUNIN$_2$-TUR).
sūtu mesure de capacité, ensemencement, fermage 74 (^{giš}BÁN).

Ṣ

ṣabātu saisir 537 (DIB).
ṣabītu gazelle 74 (MAŠ-DÀ).
ṣabtu prisonnier 537 (^{lú}DIB).
ṣābu soldat 393 ($^{(lú)}$ERIN$_2$).
ṣāb qašti archer 393 (^{lú}ERIN$_2$-^{giš}BAN).
ṣāb qātê assistant 393 (^{lú}ERIN$_2$-ŠU^2).
ṣāb šarri soldat du roi, (une taxe) 393 (ERIN$_2$-LUGAL/MAN).
ṣāb šarrūtu obligation du service royal (ERIN$_2$-LUGAL-).
ṣâdû faire des mouvements désordonnés, chasser 529 (NIGIN).
ṣaḫartu petits objets 144 (TUR-TUR).
ṣaḫātu presser 101 (ŠUR), 231 (ZANGA).
ṣāhitu pressureur (d'huile) 101 (ŠUR(-RA)), 231 ($^{(lú)}$Ì-ŠUR(-RA)).
ṣāḫit karāni? pressureur de vin 101 (ŠUR-GEŠTIN).
ṣāḫitūtu guilde des pressureurs d'huile 231 (^{lú}Ì-ŠUR-), (^{lú}NI+TUK-).
ṣaḫtu pressé 231 (ŠUR(-RA)).
ṣalālu se coucher 431 (NÁ), 455 (Ù, Ù-KU-KU, Ù-NÁ).
ṣalāmu être noir 427 (GE$_6$).
ṣalbatānu? la planète Mars 537 (^{mul}UDU-IDIM-SA$_5$).
ṣallalu (un oiseau nocturne) 455 (Ù-KU-KU).
ṣallamtu serpent noir 374 (MUŠ-GE$_6$).
ṣallumu? ébène 296 (GIŠ-GE$_6$).
ṣalmu statue, figurine 75 (NU), 358 (ALAN).
ṣalmu noir 427 (GE$_6$).
ṣalmāt qaqqadi «têtes noires», les humains 115 (SAG-GE$_6$(-GA)).
ṣaltu rivalité, lutte 172, 330 (DU$_{14}$).
ṣamādu atteler, faire un pansement 152 (GIR$_{11}$), 481 (LAL), 482 (LÁL).
ṣamātu vendre 187 (ŠÁM).

ṣamit vendu, transféré 187 (ŠÁM-TI-LA(-BI-ŠÈ)).
ṣapšu? (un vêtement) 579 (^{túg}AKTUM).
ṣarāḫu briller 101 (SUR).
ṣarāru jaillir, filer 101 (ŠUR), 491 (ZAR)(sc).
ṣarbatu peuplier de l'Euphrate 579 (^{giš}ASAL$_2$).
ṣāriḫu prêtre lamentateur 142 (I-LU-BALAG-DI, I-LU-DU$_{11}$(-DU$_{11}$)/DI(-DI)))(sc), 352 (BALAG-DI)(sc).
ṣāriru désignation d'une étoile 13 (^{mul}AN-TA-SUR-RA).
ṣarpu cuit, raffiné 298 (AL-ŠE$_6$-GÁ).
ṣarṣaru/*ṣāṣiru* grillon 286 (ŠURUN$_4$), 290 (ŠURIN$_5$).
ṣâru être éminent 57 (MAḪ).
ṣatû passé 441 (UL),
— commentaire 381 (U$_4$-UL-DÙ-A).
ṣeḫertu servante 144 ((MUNUZ-)TUR).
ṣeḫēru être petit 144 (TUR); II faire réduire par ébullition, dépeupler 298 (AL-TUR).
ṣeḫḫeru farine finement moulue 536 (ZÌ-TUR-TUR).
tout petit 144 (DI$_4$-DI$_4$).
ṣeḫru insuffisant, jeune 144 (TUR-RA/BÀN-DA), 592 (SIG).
ṣēlu côte, membrure 73 ($^{\text{(uzu)}}$TI).
ṣēlu karû fausse côte 73 (TI-LUGUD$_2$-DA).
ṣēnu petit bétail 494 (US$_5$-DUḪA), 536 (UDU).
ṣēriš dans la steppe 168 (EDIN-).
ṣēritu steppe 168 (EDIN^{meš}/NA).
ṣerretu concubine, rivale 557 (DAM-TAB-BA).
(*ana*, *ina*) *ṣēr* sur, contre 168 (EDIN).
ṣēru plaine, steppe, dos, partie plane du foie 168 (EDIN).
policier du désert? 168 (^{lú}EDIN).
ṣēru/*ṣerru* serpent 374 (MUŠ);
— constellation de l'Hydre 374 (^{mul}MUŠ).
ṣērû (une profession) 374 (^{lú}EDIN-*ú*).
ṣētu sécheresse, aridité 381 (ḪÁD-DA).
ṣētu (une maladie) 318 (U$_4$-DA, Ú-DA).
ṣibittu prison 99 (EN-NUN, EN-NU-UN).
ṣibtu attaque (d'une maladie), croît, intérêt, excroissance (sur le foie), partie du vêtement, ornement 76 (MÁŠ); prise, «tenure» 231 (Ì-DAB$_5$).
ṣibit eṭemmi agression d'un spectre 537 (DIB-GIDIM).
ṣibit pūti (une maladie de tête) 115 (SAG-KI-DAB-BA).
ṣibit pî accès de mutisme 15 (KA-DIB-BI-DA).
ṣibûtu but, désir 334 (Á-ÁŠ), 339 (ÁŠ).
ṣīdānu vertige 58 (TU-RA-NIGIN/NIGIN$_2$), 597 (NÌ-NIGIN).
ṣidītu provisions de route, viatique 597 (NINDA-KASKAL).
ṣiḫirtu jeune femme, adolescente 554 (MÍ-TUR).
ṣiḫru jeune 144 (TUR(-RA)); un court moment 144 (TUR).
ṣiliptu diagonale, hypothénuse 74 (BAR(-NUN/TA)).
ṣillu ombre, protection 296 (GISSU), 427 (SÍL).
ṣillû épine, aiguille 449 (^{giš}DALA).
sillūlu abri 13 (AN-AN-DÙL).
ṣimdu attelage, lien 152 (NÌ-GIR$_{11}$), 481 ((NÌ-)LÁ).
ṣimdu mesure de capacité 339 (BANEŠ).
ṣimittu pansement, enveloppement, cataplasme, attelage, ligature 481, 597 ((NÌ-)LÁ).
ṣindû récipient de un *ṣimdu* 339 (BANEŠ-*ú*).
ṣinnetān guides, rênes 359 (^{giš}URI).
ṣiptu un ornement ou montage pour une pierre précieuse (MÁŠ).
ṣirḫu éclat lumineux soudain 101 (SUR).
ṣirḫu lamentation, mélopée 352 (BALAG-DI).
ṣirtu seins, poitrine 291 (AGAN$_2$).
ṣīru élevé, éminent 57 (MAḪ); chef (étranger) 57 (^{lú}MAḪ).
ṣītan, *ṣītaš* au levant 296 (GIŠ-NIM).
ṣītu sortie, émission, perte, taxe de sortie, dommage 5 (BA-ZI), 84 (ZI-GA); lever (du soleil), est 381 (È).
ṣīt šamši lever du soleil 381 (^{d}UTU-È).
ṣītu aḫītu sortie particulière 84 (ZI-GA-DIDLI).
ṣubātu vêtement, étoffe 536 (TÚG).
ṣubātu kabtu habit lourd 536 (TÚG-DUGUD).
ṣubbā(*n*) 60 coudées 536.
ṣūd pani vertiges 449 (IGI-NIGIN-NA).
ṣuḫārtu jeune femme, adolescente 554 (^{mí}(LÚ-)TUR-RA).
servante 144 (MUNUS-TUR).
ṣuḫāru serviteur 144 ((^{lú})TUR).
ṣulmu point noir 427 (GE$_6$).
ṣulum īni iris(?) 427 (GE$_6$-IGI^2).
ṣulultu partie d'un exta 13 (AN-DÙL).
ṣululu protection, abri 13 (AN-DÙL/DUL$_4$), 329 (DÙL).
ṣumbu chariot 307 (^{giš}MAR-GÍD-DA).
ṣumlalû nérion odorant 215, 362 ($^{\text{(giš)}}$ŠEM-GAM-MA/ME).
ṣummiratu désir 384 (ŠÀ-SÌ-SÌ(-KI)).
ṣūmu soif 28 (IMMIN).
ṣupru ongle, griffe, sabot (d'un animal), pied (d'un meuble) 92b (UMBIN).
ṣurārû lézard 32 (EME-ŠID/DIR).
ṣurrānitu (une pierre) 591 (^{zá}GUG-ZÚ).
ṣurru obsidienne 15 (^{zá}ZÚ).
ṣurru cœur, intérieur 424 (LIPIŠ).
ṣurrupu purifier, consummer 124 (TAB-TAB, 454 (KUR$_7$).
ṣurup libbi oppression cardiaque, angoisse 384 (ŠÀ-SÌG-GA).
ṣuṣû cannaie, roselière 522 (SUG).

Š

ša qui 330 (LÚ).
appartenant à 597 (NÌ).
ša muḫḫi bīti intendant 412 (*ša* UGU-É).
ša pān dajjāni président du tribunal 457 (*ša* IGI-DI-KU$_5$).
šabalbalû (une maladie) 384 (ŠÀ-BAL-BAL).
šabātu balayer 152 (SAR).
šabru cuisse 190 (ḪÁŠ).
šabrû un officiel du temple 295f (ŠABRA).
š/tabsutu sage-femme 384 (^{mí}ŠÀ-ZU).
šābulu sec, desséché 381 (HÁD-A/DU).
šadādu tirer, mesurer, aspirer, hâler 371 (GÍD(-DA)).
šadānu hématite 15 ($^{(zá)}$KA-GI-NA), 366 (KUR-).
šadānu ṣabitu fer météorique 15 (^{zá}KA-GI-NA-DAB (-BA)).
šaddagdiš année précédente 61 (MU-IM-MA).
šādidu hâleur 371 (^{lú}GÍD-DA).
šādid ašli hâleur 536 (ÉŠ-GÍD).
šadû montagne 104 (SA-TU), 366 (KUR), 401 (ḪUR-SAG); est 366 (KUR-*ú*), 399 (^{tu}15KUR-RA, TU$_{15}$-3).
šaduppû coffre à tablettes 233 (^{giš}PISAN-DUB).
šagaltu meurtre 449 (ŠI-ŠI).
šagāmu crier, hurler 15 (GÙ-DÉ(-DÉ)), 24 (ŠI$_7$-GI$_4$-GI$_4$).
šagapūru puissant 44 (ŠILIG).
šagāšu tuer, assassiner 192 (GAZ).
šaggāšu meurtrier 105 (^{lú}KÁR-KU).
šagikarû don 384 (ŠÀ-GI/GI$_8$-GURU$_6$).
šagiqq/ggu rate 384 (^{uzu}ŠÀ-GIG).
šaḫālu filtrer, cribler 79 (SIM).
šaḫḫapu cochon sauvage 53 (ŠAḪ-^{giš}GI).
šaḫarru (qualité d'un vase) 152 (SAR).
šaḫarru botte (de paille) 104 (SA-ḪIR).
šāḫātu abords, environs 74 (BAR), 335 (DA).
šaḫāṭu sauter, saillir, tressaillir 297 (GU$_4$-UD).
šaḫḫī/ūtu voilier 122 (^{giš}MÁ-ŠÀ-ḪA).
šaḫḫû toile, drap 384 (ŠÀ-ḪA).
šaḫītu truie 53 (^{mí}ŠAḪ), 125 (MEGIDA)Ⓢ.
šaḫitu désignation de Mercure 297 (GU$_4$-UD).
šaḫluqtu destruction 67 (NAM-GILIM(-MA)), 589 (NÌ-ḪA-LAM-MA).
(š)aḫmaštu bouleversement 567 (SÙH).
šaḫšūru pommier, pomme (cf. *ḫašḫuru*) 146 (^{giš}ḪASḪUR).
šaḫturrû porcelet 53 (ŠAḪ-TUR(-RA)).
šāḫu (un vase) 586 (ZA-ḪUM).
šaḫû cochon, sanglier 53 (ŠAḪ), 346 (GIR); (un poisson) 346 (GIR^{ku6}).
šā'iltu oniromancienne 99 (^{mí}ENSI).
šā'ilu prêtre oniromancien 99 (ENSI), 597 (*šá*-AN).
šakāku enfiler 381 (È); herser 255 (ÙR(-ÙR)).
šakānu placer, mettre 233 (GÁ(-GÁ)), 307 (MAR), 597 (GAR).
šakattû ceinture 384 (^{túg}ŠÀ-GADA, ŠÀ-GA-DÙ(-A)).
šakintu préposée 597 (^{mí}GAR-).
šakirû jusquiame 46 (^{ú}ŠAKIR); cruche 46 (^{dug}ŠAKIR).
šakkanakku gouverneur 208 (ŠAGAN), 337 (NISAG), 444 (^{lú}ŠAGAN).
šakkatiru sorte de lézard 77 (KUN-DAR).
šakkullu osier 384 (^{giš}ŠÀ-KAL).
šaknu préposé, lieutenant, esclave «glaebae adscriptus» 597 (^{lú}GAR).
šakin māti gouverneur 597 (^{lú}GAR-KUR).
šakin ṭēmi préfet 597 (^{lú}GAR-UMUŠ).
šakin ṭēmūtu fonction de préfet 597 (GAR-UMUŠ-).
šaknūtu gouvernorat, fonction de gouverneur 79 ($^{(lú)}$NAM-), 597 ($^{(lú)}$GAR-).
šalālu emmener, ravir, piller 206a (LAḪ$_4$), 232 (IR).
šalamtu cadavre 69, 330 (AD$_5$).
šalāmu être sain et sauf, intact 85 (GI), 457 (SILIM).
šalaš, *šalašat* trois 593 (EŠ$_5$).
šalāšā trente 472 (UŠU$_3$).
šalāši trois fois 593 (3-*šu*).
šalāši'u, *šalāšû* troisième 593 (EŠ$_5$).
šalāšû le trente 381 (U$_4$-30-KAM).
šalāṭu fendre, scinder 12 (SIL), 114 (DAR)Ⓢ.
ša/ulḫû mur extérieur, bastion 152^8, 467 (BÀD-ŠUL-ḪI).
šallatu butin 79, 328 (NAM-RA(-AG)).
šallu prisonnier (de guerre) 79 (^{lú}NAM-RA).
šallūru nèfle, néflier 228 (^{giš}SENNUR).
šalmiš en bon état 457 (SILIM-MA).
šalmu guéri, sincère, favorable 457 (SILIM).
šalputtu ruine 456 (ḪUL).
šalquttu cadavre de vache 420 (ÁB-RI-RI-GA).
šalšu un tiers 449 (IGI-3-GÁL).
šalšūmi avant-hier 381 (U$_4$-3-KAM(-MA)).
šalummatu splendeur 7 (SU-ŠI/ZI).
šaluštu un tiers 449 (IGI-3-GÁL).
šamallû novice, apprenti 295k (^{lú}ŠAB-TUR), 428 ($^{(lú)}$ŠAMAN$_2$(-MAL/MÁL)-LA, $^{(lú)}$ŠAGAN-LÁ).
šamallûtu fonction d'apprenti 428 (^{lú}ŠAGAN-LÁ-).
šamānû huit 598d (USSU).
šamaškillu oignon 164 ($^{(ú)}$SUM-SIKIL$^{(sar)}$).
šamaššammu sésame 296 (GIŠ-Ì), 367 (ŠE-GIŠ-Ì, ŠE-Ì-GIŠ).
šambaliltu sorte de trèfle 54 (^{ú}SULLIM$^{(sar)}$).
šammāḫu gros intestin 384 (ŠÀ-MAḪ).
šammu plante, herbe, drogue 318 (Ú).
šammi balāṭi (une plante) 318 (Ú-NAM-TI-LA).
šammu ēdu (plante médicinale) 318 (Ú-AŠ).
šammu erišti fénugrec? 54 (Ú-EBUR^{sar}).
šammu mudammiqu simple 318 (Ú-SIG/SIG$_5$).
šammu nidūti? mauvaise herbe 318, 461 (Ú-KI-KAL).
šammi nipši chardon 12, 318 (Ú-TAR-MUŠ).
šammu pēṣu jus de peuplier? 381 (Ú-BABBAR).
šammi šamši pyréthre 381 (Ú-^{d}UTU).
šamnu matière grasse, huile 231, 249 (Ì-GIŠ).
šaman iṭṭi naphte 231 (Ì(-GIŠ)-ESIR), 579 (Ì-ESIR).
šaman šadî = ? 231 (Ì-KUR-RA).

šaman libbi 231 (Ì-ŠÀ).
šamšatu disque solaire 1 (AŠ-ME).
šamšu soleil 381 (^{d}UTU); majesté 381 (^{d}UTU(-*ši*)).
šâmu acheter 187 (ŠÁM/SA_{10}).
šāmû acheté (en parlant d'un esclave) 187 ($^{(lú)}$ŠÁM).
šamû ciel 13 (AN), 484 (ZIKUM)(sc).
šanānu égaler, disputer 401 (UR_5), 457 (SÁ).
šandabakku gouverneur de Nippur 106 (^{lú}GÚ-EN-NA); trésorier général 233 ($^{lú}SA_{10}$-DUB-BA).
šangamaḫḫu grand prêtre 319 (GA-MÁ-SIG_7-MAḪ), 320 ($SANGA_2$-MAḪ).
$^{(š)}$*angû* prêtre 313 (^{lú}KID-BAR), 314 (SANGA), 324 (É-BAR).
šanīnu égal, rival 167 (GABA-RI-A).
šanû faire pour la deuxième fois, changer 471 (MÌN).
šanû autre, second 60 (KÚR), 202 (ÍM), 471 (MÌN), 570 (MIN(-A-KAM)); suppléant 570 (^{lú}MÌN).
šānû «coureur» (ânon ou dromadaire) 202 (GIR_5), 208 (DÙR-GÌR).
šapāku verser, répandre 138 (DUB), 338 ($UMUN_2$).
šapāru envoyer 538 (KIN(-GI_4-A)).
šapattu pleine lune 381 (U_4-15-KAM).
šāpiru (un officier) 295 (PA(-PA)).
šapliš en bas 461 (KI(-TA)), 592 (SIG).
šaplītu habit de dessous 461 (^{túg}KI(-TA)).
šaplû inférieur 461 (KI(-TA)), 592 (SIG).
šappatu cruche 428 ($ŠAMAN_2$).
šappartu crinière 543 (MUN$^{(Š)}UB_2$).
šapparu sorte de sanglier 551 (ŠENBAR).
šapsatu lèvre inférieure, prépuce 595 (TÙN-BAR).
šaptu lèvre 18 (NUNDUN).
šaptu šaplītu lèvre inférieure, prépuce 595 (TÙN-BAR).
šaqālu peser, payer, I/2 (se) faire contre-poids 481 (LAL), 482 (LÁL).
šaqqu sac, vêtement de pénitent 344 (BÁR-RA)(sc).
šāqû échanson 62 (ŠAGI), 214 (ŠAQA).
šaqû être haut, élevé 13 (AN-TA), 78 (U_5)(sc), 205 (IL), 320 (ÍL), 481 (LÁ).
šaqû haut 13 (AN-TA), 190h (SUKUD).
šaqû abreuver, irriquer 35 (NAG).
šaqummatu silence 27 ($TUKUR_2$)(sc).
šarāku donner 68, 579 ((A-MU-)RU), 115 (SAG-RIG_7), 295c (RIG_7).
šarāpu faire brûler, consummer 172 (IZI), 548 ($GIBIL_2$).
šarku sang vicié, pus 69 (LUGUD).
šarratu reine 350 (GAŠAN), 556 (NIN).
šarru roi 130 ($PIRIG_3$), 151 (LUGAL), 344 ($BARA_2$), 471 (MAN), 517 ($BARA_6$)(sc), 578 (2.30), 593 (EŠŠANA).
šar ḫammî usurpateur 151 (LUGAL-IM-GI).
šar kiššati roi de la totalité 151 (LUGAL-IMIN).
šarrūtu royauté 79 (NAM-LUGAL).
šaršarru argile rouge 399 (IM-SA_5).
šārtu poils, chevelure 539 (SÍG), 543 (MUN$^{(Š)}UB_{1,2}$); toison 539 (SÍG-ÙZ).
$^{(š)}$*āru* 3600 396 (ŠÁR).

šâru vent 313 (LÍL)(sc), 347 (MER)(sc), 399 (TU_{15}).
šarû (le) riche 597 (^{lú}NÌ-TUK).
šâru vaincre 436 (*$iš_{11}$-ar*).
šarūru éclat 112 (SI), 172 (IZI-GAR), 367 (ŠE-IR-ZI).
šassuru matrice, giron 384 (ŠÀ-SUR), 555 (ZUM).
šasû crier 15 (GÙ), 338 ((GÙ-)DÉ).
šašallu dos 104 ($^{(uzu)}$SA-SAL).
šaššaru scie 126 (ŠUM-GAM(-GAM-MA), ŠUM-GAM-ME).
šaššugu (un arbre) 314 (^{giš}MEZ-GÀM).
šatammu administrateur provincial 355 (SATAM)(sc), 384 (ŠÀ-TAM).
šatāqu scinder, fendre 114 (DAR).
šāt dans
šāt tibnu (un oiseau) 202 (GIR_5-ZA-NA^{mušen}).
šāt urri veille de la nuit 99 (EN-NUN-U_4-ZAL-LA/LI), 381 (U_4-ZAL-LA/LI).
šattukku offrande régulière 366 (SAT-TUG), 457 (SÁ-DUG_4).
šattu (cette) année 61 (MU(-AN-NA)).
šatû boire 35 (NAG).
šaturru/šassuru matrice, larve 384 (ŠÀ-TÙR/SUR).
šaṭāru écrire 128 (AB-SAR), 152 (SAR), 206 (DU).
šebēru briser 12 (ḪAŠ).
šebirbirredû graines 367 (ŠE-BIR-BIR-RE-DA).
šēdu génie (protecteur) 322 ($^{d}ALAD_2$), 323 ($^{d}ALAD_3$).
šēdu lamassu génie 323 ($^{d}ALAD_3$-LAMMA).
šēgû enragé 69 (IDIM)(sc).
šegunû grain 367 (ŠE-GÙN-NU).
šēgušu orge amère 331, 367 (ŠE-$MUŠ_5$).
šēḫānu géant 334 (Á-KÁM).
šeleppu tortue 597 (NÌ-BÚN-NA^{ku_6}).
šēlibu renard 355 (KA_5-A).
šemru, šemrānu fenouil 589 ($^{ú}KU_6$).
šemû obéissant, favorable 296 ($GEŠTU_{2,3}$), 367 (ŠE(-GA)).
šemû écouter, exaucer 2 (ḪAL), 296 ($GEŠTU_{2,3}$), 367 (ŠE(-GA)).
šengallu grosse marmite 8 (^{urud}ŠEN-GAL).
šennu récipient en cuivre 8 (^{urud}ŠEN).
šēnu chaussure 308 (^{kuš}E-SÍR).
šēpu pied 1 (AŠ), 444 (GÌR).
šēp ēribi (une plante) 444 (^{ú}GÌR-NÁG-GA^{mušen}, GÌR-Ú-NÁG^{mušen}).
šēp garanti par 444 (GÌR).
šēpu orpiment 215 (ŠEM(-BI)-KÙ-GI).
šer'ānu muscle, tendon 104 ($^{(uzu)}$SA).
šer'azu, cf *turazu*.
šerru petit 150 (DÌM-MA)(sc).
— nourrisson 144 (^{lú}TUR).
šeršeratu chaîne 152 (ŠIR-ŠIR).
šer'u épi, récolte 128 (AB-SÍN).
šeru (partie d'un) chant 461 (KI-RU-GÚ).
šēru matin 334 (Á-GÚ-ZI-GA), 433 (NIM), 538 (KIN-NIM).
šērtu matin 334 (Á-GÚ-ZI-GA), 579 (A-KU-ZI-IG-GA).
šešgallu scribe-enseignant 331 (ŠEŠ-GAL).
šeššu six 598b (ÀŠ).
šeṭû jeter un filet 280 (BÀR)(sc).

šeṭu filet 67 (GE_{16})(sc).
še'û chercher, regarder 538 (KIN).
še'u grain, mesure de poids (1/180 du sicle) 367 (ŠE (-PAD)).
še'u pūṣi grain mûr 367 (ŠE-ḪÁD-E-DÈ).
šibburratu rue (plante) 321 (^{ú}LUḪ-MAR-TU).
šibirru sceptre 54 (^{giš}ŠIBIR).
šibirtu bloc, morceau 468 (KÙ-PAD-DU).
šibšu (une taxe) 367 (ŠE-IN-NU).
šibtu vieille femme 554 (^{mí}ŠU-GI).
šību vieux, ancien, témoin 15 (INIM(-INIM-MA)), 128 (AB-BA, AB+ÁŠ), 354 ($^{(lú)}$ŠU-GI), 449 (IGI), 461 (^{lú}KI-INIM-MA).
šību fard 468 (^{šem}KÙ-GI).
šiddu longueur, région 211 (ÚS).
(š)igaru cage, caisse 131 (^{giš}AZ-BAL(-LÁ-E))(sc).
šigarru verrou, carcan, lien 112 (SI-GAR).
šigû psaume de pénitence 579 ($ISIŠ_2$).
šiḫittu peur 579 (A-NUN-NA).
šiḫtu bond, tressaillement 297 (GU_4-UD);
— planète Mercure 537 (^{mul}UDU-IDIM-GU_4-UD).
šiḫu pin blanc 59 (^{giš}LI-BABBAR).
šiḫu larve, chenille 281 ($KISIM_4$)(sc), 290 (KISIM)(sc).
šikaru bière 214 (KAŠ).
šikaru rēštû bière supérieure 214 (KAŠ-SAG).
šikaru emṣu bière aigre 214 (KAŠ-BIL-LÁ).
šikittu place, aire 461 (KI-GAR(-RA)).
šikkû mungo 556 (^{d}NIN-KA_6).
šiknāt napišti êtres vivants 84 (ZI((-ŠÀ)-GÁL)(sc).
šiknu forme, aspect (physique) 597 (GAR).
šikru lame 60 (GÀM).
šilān au couchant, ouest 296 (GIŠ-ŠÚ).
šillatu calomnie 15 (INIM-É-GAL).
šiltaḫu trait 230 (^{giš}GAG-KU_5).
sirius 230 (^{mul}GAG-SI-SÁ, ^{mul}GAG-BAN).
šīlu creux, cavité 411 (BÙR).
šimbizidû antimoine 215 (SEM-BI-ZI(-DA)).
šimētān soir 13 (AN-USAN/$USAN_2$), 107 (USAN).
šim(eš)šalû buis 215 ($^{(giš)}$ŠEM-MEŠ-LA).
šīmtu destin 79 (NAM(-TAR)).
šīmu prix, cours 187 (ŠÁM).
ana šīmi-šu (gamri) pour son prix (total) 187 (ŠÁM (-TIL-LA)-BI-ŠÈ).
šinâ deux 471 (MÌN), 570 (MIN).
šinâ mētān deux cents 593 (EŠŠANA)(sc).
šīnātu urine 211a (KÀŠ).
šindu peinture, vernis 367 (ŠE-GÍN).
šinipu deux tiers 473 ($ŠANABI_2$), 572 (ŠANABI).
šinnu dent 15 (ZÚ).
šin pīri ivoire 170 (ZÚ-AM-SI).
šipāru assemblée 40 (UKKIN).
šipātu laine 539 (SÍG).
šipku effusion, jet 138 (DUB).
šipru travail, envoi, message, œuvre 538 (KIN).
šiptu incantation 15 (KA-INIM-MA), 16 (TU_6(-TU_6)), 79 (NAM-ŠUB), 546 (ÉN).
šiqlu sicle (8,416 gr.) 595 (GÍN).
šiqqatu fiole 428 (ŠAKAN).
širiktu don 68 (RU).
širku oblat 115 (SAG-RIG_7), 295c ($^{lú}RIG_7$); don 579 (A-RU-A).
širkugû chant pur 152 (ŠÌR-KÙ-GA).
šīru chair, viande, présage 7 (SU), 171 (UZU).
šišītu cri 480 (TAL_4)(sc).
šišītu pustule, membrane 87 (^{uzu}NUN-NUN).
šit'aru cf. *titiaru.*
šitimgallu maître-maçon 440 (^{lú}ŠIDIM-GAL).
šitimmāḫu maître-maçon 440 (^{lú}ŠIDIM-MAḪ).
šitlu rameau 367 ($ḪENBUR_2$).
šittu reste, déficit 112 (SI-Ì-TUM).
šittu sommeil 455 (Ù(-DI)).
šitūlu conseiller 59 ((A-)GÚB-BA).
šizbānu (une plante) 319 ($^{(ú)}$GA-*a-nu*).
šizbu lait 319 (GA).
-šu son 5 (-BA), 214 (-BI), 231 (-A(-NI)).
šū, šuātu ce, celui-ci 214 (BI), 401 (UR_5).
šu'āti ce 61 (MU-MEŠ/ME).
šubtu demeure, siège 280 (DAG), 461 (KI-DÚR), 536 (DÚR).
šubû (une pierre) 586 (^{zá}ŠUBA).
šubultu envoi 206 (MU-DU).
šuburru anus 536 (DÚR).
šuburru marṣu maladie de l'anus 536 (DÚR-GIG).
šugidimakku (une maladie) 354 (ŠU-$GIDIM_{2\text{-}4\text{-}5}$-MA).
šugītu (une prêtresse) 354 (^{mí}ŠU-GI).
šuḫadakku saleur de poisson 354 (ŠU-ḪA-ḪÁD-DA).
šuḫar šēpi thénar du pied 88 (ḪÚB-ŠÚ), 203 (ÚR-GÌR).
šuḫarratu (un vase) 152 ($^{dug}SAḪAR_2$).
šuḫtu vert de gris 132 (URUDU-SUN).
šuḫuppatu botte 129 ($^{kuš}ŠUḪUB_2$).
šukēnu se prosterner 461 (KI-ZA-ZA).
šukkussû champ de subsistance 579 (A-ŠÀ-ŠUK).
šuklulu parfait, adulte 354 (ŠU-DU_7), 441 (DU_7).
šukunnû apport, produit 597 (NÌ-GAR(-GAR)).
šukurru lance 449 (ŠUKUR).
šulḫû cf. *šalḫû.*
šulmu bon état, bonne santé, salut, «apaisement», partie du foie 457 (SILIM).
(š)ulû ruelle, chemin 308 (E-SIR/SÍR).
šuluḫḫu lustration 354 (ŠU-LUḪ(-ḪA)).
šumēlu gauche 88 (GÙB), 334 (Á-GÙB-BA), 578 (2.30).
šumê viandes rôties 15 (KA-IZI).
šumerû (pays) sumérien 32 (EME-SAL).
šumma si 69 (BE), 74 (MAŠ), 354 (TUKUMBI), 480 (DIŠ).
šummānu longe, laisse 536 (ÉŠ-LÁL).
šummuṭu détruire 403 (SUḪUR(-SUḪUR)).
šumšû passer la nuit 427 (GE_6-ZAL).
šumû trou (pour la rame) 72 (^{giš}KUL(-GISAL)).
šumu nom, ligne d'un extrait 61 (MU).
šum-šu(nu) dont le nom (est) 61 (MU-BI(-IM)).
šumu aḫu entrée spéciale (dans un dictionnaire) 61 (MU-DIDLI-MU).
šumuttu (une plante) 69 (^{ú}SUMUN-DAR).
šūmu ail 164 ($SUM^{(sar)}$).
šunnû âgé de 2 ans 570 (MIN).

šunnû doubler, multiplier 124 (TAB)Ⓢ.
-šunu leurs 172 (-NE-NE).
šunû vitex 367 (gišŠE-NÁ-A).
šuparruru étendre, éparpiller 280 (BÀR).
šupêlu changer 9 (BAL(-BAL)), 354 (ŠU--BAL).
šuplu profondeur 595 (TÙN)Ⓢ.
šupšuqu en détresse 55 (LA-RA-AḪ).
šûpu faire resplendir 74 (DALLA)Ⓢ.
šūpû resplendissant, glorieux 295 (PA-È).
šupû bélier (de siège) 297 (gišGU$_4$-SI-AŠ).
šūpû Arcturus 354 (mulŠU-PA).
šupuḫru juniperus oxycedrus? 541 (gišERIN-SUMUN).
šupultu partie basse 595 (TÙN).
šuqultu poids 461 (KI-LÁ).
šurānu chat 104 (SA-A).
šurbû magnifique 60 (BULUG$_3$(-GÁ)).
šurdû faucon 329 (ŠÚR-DÙ(mušen)).
šurdunû roquette 112 (ùSI-SÁ).
šurinnu emblème 354 (ŠU-NIR).
šurīpu glace 103b (AŠUGI)Ⓢ, 551 (ŠEG$_9$)Ⓢ.
šurmēnu cyprès 101 (gišŠUR-MÌN).
šuršu racine 201 (SUḪUŠ).
šuršudu fonder 68 (ŠUB).
šūru bâton 354 (gišŠU-KIN).
šūr īni partie du visage (iris?) 351 (SIG$_7$-IGI).
šurubtu apport 61 (MU-TÙ).
šusikillu oignon 164 (SUM-SIKILsar).
šusikku tondeur 7 (lúSU-SI-IG).
šuškallu filet 354 (saŠU-UŠ-GAL).
šuššānu un tiers 471 (ŠUŠANA$_2$), 571 (ŠUŠANA).
šuššu un sixième 411 (ŠUŠ), 545 (ŠÚŠ).
šuššu soixante 480 (GÍŠ).
šûšu réglisse 367 ((giš)ḪENBUR$_2$).
šūšur libbi diarrhée 384 (ŠÀ-SI-SÁ).
šutabrû persévérer 231 (ZAL(-ZAL)).
šutābulu discuter, calculer 396 (ḪI(-ḪI)).
šutākullu multiplier, élever au carré 36 (Ì-KÚ).
šutēšuru se purger, se soulager 112 (SI-SÁ).
(š)utinnu chauve-souris 7 (SU-DIN(mušen)).
šuttu rêve 76 (MÁŠ(-GE$_6$)), 342 (MA-MÚ-DA).
šûtu (vent du) sud 49, 399 (tu15U$_{17}$-LU), 399 (TU$_{15}$-1).
šūtu mesure de capacité 295 (BANMIN).
šutummu entrepôt 354 (éŠU-TÙM).
šu'u bélier 537 (UDU(-NITA$_2$)).
šūzubu sauver 376* (KAR).

T

tabāku verser, répandre 138 (DUB).
tabālu emporter 206 (TÚM), 338 (DÉ), 434 (TÙM).
tabarru cochenille 143 (sígGAN-MID), 539 (SÍG-GAN(-ME)-DA, SÍG-GAN-MID).
tabrātu admiration 449 (U$_6$-DI).
tāḫāzu combat 98 (MÈ).
taḫḫu remplaçant, substitut 169 (DAḪ).
taḫtû défaite 89 (ḪUB), 449 (BAD$_5$-BAD$_5$).
tākaltu récipient, estomac, panse 7 (KUŠ-TAB), 595 (TÙN).
takālu confier, avoir confiance 85 (GI), 325 (NIR-GÁL).
takīltu coefficient 36 (Ì-KÚ).
takiltu minéral bleu, teinture bleue 586 (ZA-GÌN-KUR-RA); laine bleue 539 (SÍG-ZA-GÌN-NA).
takkas(s)u bloc (de pierre) 280 ((zá)DAG-GAZ).
takkussu pipette 115 (SAG-KU$_5$).
takmisu (sorte de mouton) 352 (DIM$_8$), 537 (UDU-DIM$_8$-MA).
takultu aide, protection 452 (ISKIM).
talammu mesure de capacité 139 (TA-LAM).
tālittu croît, petit 455 (Ù-TU).
tallaktu chemin 206 (DU-DU), 444 (GÌR-GIN), 461 (KI-GIN(-GIN)).
tallu vase 86 (dugDAL).
tallu latte, traverse, diagonale 86 (gišDAL).
tallu couple 86 (DAL).
tâlu jeune palmier-dattier 356 (gišGIŠIMMAR-TUR).
tāmartu observation, examen, apparition (d'un astre) 449 (IGI-DU$_8$(-A)).
tamgusu marmite 8 (urudŠEN-TUR).
tamirtu étang 513 (GARIN).
tamkāru négociant, commanditaire 23 (IBIRA), 557 (DAM-GÀR, DAM-GA-AR).
tâmtu mer 73 (TI-AMAT), 579 (A-AB-BA).
tamû réciter, (con)jurer 450 (PÀD).
tanittu louanges 142 (I)Ⓢ, 332 (ZÀ-MÍ), 451 (AR)Ⓢ.
tannu cuillère 377 (gišDILIM$_2$-TUR).
tanūqātu plaintes, gémissements 15 (GÙ-AKKIL), 92 (AKKIL).
tapālu souiller 105 (KÁR)Ⓢ.
tappatu concubine, rivale 557 (DAM-TAB-BA).
tappinnu farine d'orge 536 (DABIN).
tappû ami 13 (AN-TA), 124 (TAB-BA).
tappūtu amitié, association 124 (TAB-BA).
tapṭiru bœuf 176, 297 (GU$_4$-NINDA$_2$).
taqānu être ordonné, soigné 481 (LÁ); mettre à son poste 85 (GI).
taqribtu lamentation, plaintes 579 (ÉR).
taqtitu fin 69 (TIL).
tarāku être sombre, battre, marquer en creux 352 (DÚB-DÚB)Ⓢ, 427 (KU$_{10}$).
tarāṣu tendre 481 (LAL).
tarbaṣu enclos à bétail, étable, halo 87a (TÙR), 494 (ŠURUN).
tarbû surgeon 60 (BULUG$_3$(-GÁ))Ⓢ.
tārītu gardienne d'enfant 134 (UM-ME(-DA)), 315 (UMMEDA).
tarku sombre 427 (KU$_{10}$).
tarkullu mât 93 (DIM-GAL), 122a (DIMGUL)Ⓢ.
tarlugallu coq 114 (DAR-LUGALmušen).
tarmuš lupin 12 (úTAR-MUŠ).

tarru bigarré 114 (DAR(-A/DAR)).
(ṭ)arru francolin 114 (DAR^{mušen}).
tarṣu direction 481 (LAL).
târu se tourner, revenir en arrière 111 (GUR), 326 (GI$_4$).
tašiltu allégresse, fête 15 (KIR$_4$-ZAL).
taškarinnu buis 536 (^{giš}TAŠKARIN).
tašlišu troisième homme (sur un char) 593 (^{lú}3-U$_5$).
tazzimtu plainte 142 (I-^{d}UTU), 579 (ISIŠ$_2$).
tebû se lever, assaillir 84 (ZI(-GA)).
tēbu assaut, soulèvement 84 (ZI(-GA)).
tēbūtu assaut, soulèvement 84 (ZI(-GA)).
tēliltu purification 564 (SIKIL).
têlitu «experte» (en parlant d'Ištar) 13 (AN-ZÍB), 190 (ZÍB).
temennu terrasse, fondations, document de fondation 376 (TEMEN).
tērānu colon spiral 384 ($^{\text{(uzu)}}$ŠÀ-NIGIN).
terik/qtu (type de terrain) 461 (KANKAL).
terinnatu pomme de pin 367 (ŠE-Ù-SUḪ$_5$).
tērtu décision, décret divin, oracle, exta, mission 171 (UZU-UR$_5$-ÚŠ), 295a (GARSU), 401 (UR$_5$-ÚŠ), 532 (ME(-A));
message, mission, oracle 538 (KIN(-GI$_4$-A)).
foie 538 (^{uzu}KIN).
tērû garde du palais 343 (TIRUM).
teṣlitu prière 579 (A-RA-ZU).
tešû avoir des vents 515 (BUL)(sc).
tēšu/teltu neuf 363 (ILIMMU).
tēsû trouble 569 (SÙḪ).
têšu neuf (9) 363, 598e (ILIMMU).
tibnu paille 148 (IN-NU).
tib šari «soulèvement», partie du foie 84 (ZI-IM).
tidūku défaite, massacre 192 (GAZ).
tigilû concombre 550 (UKUŠ$_2$-TI-GI/GIL-LU/LA$^{\text{(sar)}}$).
tigû instrument de musique 352 (TIGI), 597 (NÌ-KALA-GA).
tilimdû/tigidû coupe, bol 73 (^{dug}TI-GI$_8$-DU).
tillatu alliés, caravane, forces d'appui 69 (BAD-BAD), 166 (ILLAT).
tillu colline, tas, amas 459 (DU$_6$).
tilpānu arc 68 (ILLAR), 439 (^{giš}BAN).
tinānû figue 146 (^{giš}ḪASḪUR, ^{giš}PÈŠ)(sc).
tinūru fourneau 69 (ULAL), 399 (IM-ŠU(-NÌ)-RIN-NA), 415 (UDUN)(sc), 510 (DILIM$_5$)(sc), 528 (NINDU).
tirku (un) bleu 427 (KU$_{10}$).
ti/eṣbutu engagement (militaire) 537 (DIB-DIB).
titiaru brillant 113 (GÙN).
tittu figue, figuier 342 (^{giš}PÈŠ).
tiṭṭu argile 399 (IM).
tizqaru prééminent 57 (MAḪ-DI).
tû cella 459 (DU$_6$-KÙ).
tû formule conjuratoire 16 (TU$_6$).
tê šipti formule conjuratoire de l'incantation 15 (TU$_6$-ÉN).
tu'amtu porte à deux battants 80 (^{giš}IG-MAŠ(-MAŠ), ^{giš}IG-MAŠ-TAB-BA).
tū'amu jumeau 74 (^{lú}MAŠ(-TAB-BA)), 124 (TAB).
tubku bec 101 (SUR).
tubqu intérieur 306 (UB), 535 (IB)(sc).
tubqāt erbetti les quatre régions, directions 399 (TU$_{15}$-LIMMU$_2$(-BA)).
tuduqqû incantation 16 (TU$_6$-DUG$_4$-GA).
tukkānu sacoche 396 (^{kuš}DÙG-GAN), 400 (DUGGAN).
tukultu aide 325 (NIR), 452 (ISKIM), 536 (^{giš}TUKUL).
tulû seins, mamelles 291 (UBUR).
(akal) tumri cf. *akal*
tuquntu combat 296, 481 ((GIŠ-)LÁ).
turazu/šer'azu lentisque 435 (^{giš}LAM-TUR).
turbu'tu nuage de poussière 212 (UKUM).
turminû (une pierre) 536 (^{zá}DÚR-MI-NA).
turminabandû (une pierre) 536 (^{zá}DÚR-MI-NA-BÀN-DA).
tušabku (un épineux) 128 (^{giš}(A-)AB-BA).
tuššu insolence, calomnie 60 (KÚR-DU$_{11}$-GA).

Ṭ

ṭabāḫu égorger 126 (ŠUM).
ṭābātu vinaigre 172 (BIL-LÁ), 173 (A-GEŠTIN), 210 (GEŠTIN-BIL-LÁ), 579 (A-GEŠTIN-NA, A-BIL-LÁ).
ṭābiḫu sacrificateur 10 (GÍR-LÁ), 343 (UKUR$_2$).
ṭābiḫūtu office de sacrificateur 10 (GÍR-LÁ-).
ṭabtu bonheur, amélioration 396 (DU$_{10}$, DÙG-GA).
ṭābtu sel, bienfait 95 (MUN).
ṭābtu ellitu sel gemme (?) 95 (MUN-KÙ-GA).
ṭābat emesalli sel fin 95 (MUN-EME-SAL-LA/LIM).
ṭābat šadî sel de montagne 95 (MUN-KUR).
ṭābû être bon, doux 95 (MUN), 396 (DU$_{10}$, DÙG(-GA)).
ṭābu doux, bon 109 (LÀL), 110 (KU$_7$(-KU$_7$), 396 (DU$_{10}$, DÙG(-GA)).
ṭaḫādu être bon 167 (DU$_8$).
ṭamû tisser 101 (SUR)(sc).
ṭebû couler, s'enfoncer 202 (GIGRI$_2$)(sc), 372 (SÙ(-GA)).
ṭēḫ à côté de 334 (Á), 335 (DA), 376 (TE).
ṭeḫû s'approcher 84 (ZI), 376 (TE).
ṭēḫû voisinage 211 (ÚS(-SA-RÁ)).
ṭemu raison, nouvelle 15 (DIMU), 536 (UMUŠ).
ṭenû moudre 33 (MÙ(-MÙ)), 401 (ARA$_3$).
ṭênu? meunier 401 (ÀR(-ÀR)).
ṭepu «arme», une marque sur le foie 348 (^{giš}DUN$_4$).
ṭerû étendre, enduire 101 (ŠUR).
ṭiddu argile 399 (IM).
ṭiddu kullati argile de potier 399 (IM-KI-GAR).
ṭirû gomme du pin d'Alep 215, 483 (^{šem}ḪAB).
ṭūbu bonheur, amélioration 396 (DU$_{10}$, DÙG(-GA)).
ṭūb libbi bonheur 396 (DU$_{10}$-ŠÀ).
ṭuḫdu (symbole de l')abondance 143 (ḪÉ(-GÁL)), 167 (DU$_8$).

ṭuḫḫu son 167 (DUḪ); son sec (DUḪ-ḪÁD); son humide (DUḪ-DURU$_5$).
ṭulīmu rate 214 (BI-IN), 384 (ŠÀ-GIG).
ṭuppu tablette 138 (DUB), 399 (IM).
ṭupšarru scribe 84 ($^{(lú)}$GI-BÙR), 138 (DUB-SAR), 314 ($^{(lú)}$UMBISAG), 317 ($^{(lú)}$UMBISAG$_2$), 579 (^{lú}A-BA).
ṭup(š)ikku corbeille, corvée, niveau inférieur d'un canal 85 (DUSU)
— porteur de corbeille 85 (^{lú}DUSU).
ṭurāḫu bouquetin 100 (DARA$_3$).
ṭurru extrémité 101 (SUR).
ṭurru lien 108 (DUR).
ṭurû mélange d'aromates 215 (ŠEM-ḪÁ).

U

u et 455 (Ù).
u'a hélas 494 (*ú'-a*).
ubānu doigt, laubus caudatus (partie du foie), suppositoire 112 (SI), 411 (U), 354 (ŠU-SI).
cime, mesure de longueur, angulaire 354 (ŠU-SI).
ubān ḫačī qablītu lobe médian du poumon 354 (ŠU-SI-UR$_5$-MURU$_4$).
uddazallû datum 381 (U$_4$-DA-ZAL-LA).
ud(d)û mal 381 (U$_4$-DA).
udittu pousse tendre 367 (^{giš}ḪENBUR$_2$).
udutilû mouton vivant 537 (UDU-TI-LA).
ugallu grand lion 381 (U$_4$-GAL-LA).
ugaru champ, plaine 500 (AGAR$_2$)(sc), 579 (A-GÀR).
ugbabtu prêtresse 556 (NIN-DINGIR(-RA)).
uggu colère 130 (UG).
ugudilû tâche 412 (UGU-DILI).
ugulamartû officier 295 (UGULA-MAR-TU).
uḫburrudû exorcisme 17 (UḪ$_4$-BÚR-RU-DA).
uḫēnu régime de dattes 356 (^{giš}GIŠIMMAR-U$_4$-ḪI-IN).
uḫḫuzu plaqué 597 (GAR-RA).
uḫulgallu jour néfaste 381 (U$_4$-ḪUL-GÁL).
uḫūlu alcali 165 (NAGA).
u'iltu tablette 371, 399 ($^{(im)}$GÍD-DA).
ukullû nourriture 384 (ŠÀ-GAL).
ul (négation) 75 (NU).
ulālu faible 150 (DÌM-MA).
ulap lupputi chiffon sale 536, 597 (^{túg}NÌ-DARA$_4$-ŠU-LÁ).
ulīltu figue sèche 342 (PÈŠ-ḪÁD-A).
ulinnu châle, ceinture? 536, 539 ($^{(túg)}$SÍG).
ullu laisse, rênes 228 (ULLU$_2$).
ultu hors de, depuis (que) 139 (TA).
uluḫḫu sceptre 455 (^{giš}Ù-LUḪ).
ulušinnu sorte de bière 214 (ULUŠIN).
umāmu animal 130 (UG)(sc), 444 (ÚG).
ūmišam chaque jour 381 (U$_4$-ŠÚ-UŠ).
ummānu troupe, armée 393 (^{lú}ERIN$_2$).
ummânu artisan, lettré, capitaliste 134 (UM-MÌ/MI-A), 579 (^{lú}A-BA).
ummaru soupe 406 (UDUL$_2$).
umāšu force, violence 354 (GEŠPU$_2$, LIRUM).
ša umāši athlète 354 (^{lú}GEŠPU$_2$).
ummu chaleur, inflammation 172 (KÚM(-MA)), 237 (AMA).
ummu mère 134 (UM)(sc), 237 (AMA(-SIM)).
ummi mê volatile d'eau 237 (AMA-A(-A)^{mušen})(sc).
umṣatu marque de naissance 138 (SAMAG$_2$), 591 (GUG)
— (une plante) 318 (^{ú}GÍR).
ūmu jour, temps, tempête 381 (U$_4$); démon de la tempête 130 (UG)(sc).
ūm(u)ak(k)al tout le jour 381 (U$_4$-1-KAM).
ūm bubbuli jour sans lune (30e jour) 381, 431 (U$_4$-NÁ-ÀM/A).
ūm eššēšu (jour) de fête 381 (U$_4$-ÈŠ-ÈŠ).
ūmu lemnu jour néfaste 381 (U$_4$-ḪUL-GÁL).
ūm mašil après-midi 381 (U$_4$-SA$_9$-ÀM).
ūm na'iri une constellation 381 (^{mul}U$_4$-KA-DUḪ-A).
ūm šatti jour de l'an 381 (U$_4$-MU-AN-NA).
umšu orage 381 (U$_4$).
unīqu chevrette 554 (ZEḪ).
unnēnu lamentation, supplication 384 (ŠÀ-NA-ŠA$_4$).
unnubu porter des fruits, fructifier 565 (LUM (-LUM))(sc).
unqu anneau 354 (ŠU-GUR).
upīšu, upšāšû maléfice 597 (NÌ-AG-A).
upnu poing 314 (KIŠIB).
uppu objet rectangulaire, tube, chalumeau 81 (^{giš}MUD)
— timbale 424 (ÙB).
uppi aḫi creux de l'aisselle 81 (MUD-Á).
uppulu faire (une action) plus tard, être tardif 592 (SIG).
uppu/attu courtilière 306 (UP-PAD).
upšašû sortilège 97 (NÌ-AK-A).
upuntu semoule 536 (ZÌ-MAD-GÁ, ZÌ-MA-AD-GÁ).
upur šikari, sinništi bonnet(?) d'homme, de femme 536, 597 (^{túg}BALLA/BALLA$_2$).
uqnû lapis-lazuli 586 (^{zá}ZA-GÌN).
uqnu namru lazuli 586 (^{zá}ZA-GÌN-DURU$_5$).
uqnu šadî lapis naturel 586 (^{zá}ZA-GÌN-KUR).
uqququ bèque 32 (EME-DIB).
uqūpu singe 412 (UGU-DUL(-BI)).
uqūru moelle de palmier 384 (^{giš}DIDALA).
urānu (une plante) 383 (^{ú}TÁL-TÁL), 589 (^{ú}KU$_6$).
urbatānu (sorte de champ) 66 (GUG$_4$-ŠE).
urbatu ronce 66 (^{ú}AŠKI).
urḫu chemin 10 (GÍR), 166 (KASKAL).
uridimmû chien enragé 575 (UR-IDIM);
— une étoile «Lupus» 575 (^{mul}UR-IDIM).
urigallu trésorier 331 (^{lú}URI$_3$-GAL).
urigallu hutte (pour lustrations rituelles), emblème,

étendard 331 (^{giš}URI$_3$-GAL).
urīṣu chevreau 76 (MÁŠ).
urītu jument 208, 554 (^{mí}ANŠE-KUR-RA).
urgulû Leo major 575 (^{mul}UR-GU-LA).
urnû menthe 11 (^{ú}BURU$_2$-DA).
urqu jaunâtre 351 (SIG$_7$).
urqūtu plantes vertes, simples 215 (^{ú}ŠEM).
urriqu pierre verte 229 (^{zá}SIG$_7$-SIG$_7$).
urru clarté, rougeur (du matin et du soir) 381 (ḪÁD-DA).
urṣu mortier 70 (^{zá}NA-ZÀ-ḪI-LI(-A)).
urṭû arbrisseau aromatique 359 ($^{giš/šim}$TILLA).
ūru sexe féminin 554 (GAL$_4$(-LA)).
ūru toit, terrasse 255 (ÙR).
urubātu rituel, couche de briques 567 (SIG$_4$-TAB-BA-TUR$_5$-RA).
ur'udu trachée artère 106 (GÚ-UR$_5$).
urudunigkalagû (un instrument) 132 (URUDU-NÌ-KALAG-GA).
uruḫḫu cheveux 118 (DILIB$_3$).
urzinu (une plante) 203 (^{giš}ÚR-ZI-NU).
(m)usandu oiseleur 78 (^{lú}MUŠEN-DÙ).
usiggu (un oiseau) 78 (U$_5$-SAG^{mušen}).
u/askaru croissant de lune 381 (U$_4$-SAKAR$_3$).
usu oie 372 (UZ^{mušen}).
usukku joue 376 (UNU$_2$).
uṣṣu flèche 73 (^{giš}TI), 230 (^{giš}GAG-TI).
uṣultu canif 10 (GÍR-TUR).
uṣurtu dessin, dessein, décret 296, 401 (GIŠ-ḪUR).
ušallu pâturage 318 (Ú-SAL(-LA)).
ušparu rêne, guide 211 (^{giš}UŠ-BAR).
uššû fondations 56 (APIN), 102 (SUḪ), 201 (SUḪUŠ).
uššušu fonder 536 (DÚR).
ušû diorite 322 (^{zá}ESI).
— érable? 322 (^{giš}ESI).
ušultu veine, sang 69 (UG$_7$).
ušumgallu dragon 11 (UŠUM-GAL), 343 (UŠUMGAL).
utukku démon 577 (UDUG).
utullu berger 287 (UDUL$_6$)(sc), 318 (Ú-DÚL), 420 (UDUL).
utunu fourneau, four 415 (UDUN).
uṭṭatu orge 367 (ŠE-BAR).
uṭṭetu mesure de poids 367 (ŠE); grain (de blé), tache (sur le visage) 446 (GIG-GÍR).
ušburrudû exorcisme 17 (US$_{11}$-BÚR-RU-DA).
uznanātu plantago 203 (^{ú}ÚR-TÁL-TÁL).
uznu oreille, entendement 296 (GEŠTU$_{2,3}$), 383 (GESTU$^{(2)}$).
uzun lali plantago 203 (^{ú}ÚR-TÁL-TÁL), 575 (UR-TÁL-TÁL).

Z

zabardabbû un fonctionnaire (Ur III) 29, 382 (^{lú}ZABAR-DAB).
zabbilu porteur de gerbes 367 (^{lú}ŠE-ÍL-ÍL).
zābil iṣi porteur de bois à brûler 318 (^{lú}Ú-ÍL).
zabbu (un) extatique 399 (NÍ-ZU-UB).
zadimmu lapidaire 4 (ZADIM), 586 (ZA-DÍM).
zagindurû lazuli 586 (^{zá}ZA-GÌN-DURU$_5$).
zagmukku début de l'année 332 (ZAG-MU/MUG).
zaḫannu (un plat) 411 (^{dug}ZAḪAN).
zaḫaṭu massue 586 (ZA-ḪA-DA).
zakāru appeler, nommer 61 (MU), 450 (PÀD).
zâku broyer, piler 83 (SÚD).
zalāqu (une pierre) 393 (^{zá}ZALAG$_2$).
zamāru faire de la musique, jouer (d'un instrument) 59 (ÈN-DU/DU$_{11}$/DU$_{12}$), 152 (ŠÌR), 574 (DU$_{12}$).
zanānu pleuvoir 101 (ŠUR), 579 (ŠÈG).
zanān šamê pluie 101 (ŠUR-AN).
zāninu pourvoyeur 318 (Ú-A).
zappu les Pléiades 129a (MUL-MUL).
zaqāpu planter 206 (GUB).
zaqātu piquer 10 (TÁB-TÁB), 295 (SÌG), 328 (RA).
zāqiqu dieu des rêves 13 (AN-ZAG-GAR(-RA), AN-ZA-GÀR).
zaqnu barbu 18 (SU$_6$(-MÚ)).
zaqtu pointu 592 (SIG).
zâqu souffler 86 (RI-), 313 (LÍL)(sc).
zarbabu vase 13 (AN-ZA-AM).
zarinnu cuivre de qualité médiocre 132 (URUDU-ZA-RÍ-IN).
zarû enduire, répandre 307 (MAR).
zazakku (un haut fonctionnaire) 138 (DUB-SAR-ZAG-GA).
zâzu partager 2 (ḪAL), 5 (BA-ḪAL), 74 (BAR), 231 (Ì-BA).
zermandu vermine 597 (NÌ-KI(-GAR-RA)).
zēru semence, emblavure, terre arable, descendance 72 (NUMUN), 367 (ŠE-NUMUN).
zibānītu balance 296, 393 ($^{(giš)}$ERIN$_2$);
— Constellation de la Balance 84 (^{mul}ZI-BA-AN-NA).
zibbatu queue 77 (KUN).
zibbāti constellation des Poissons 77 (^{mul}KUN^{meš}), 395 (ZIB(-ME)).
zibītu (une graine) 324 (*zi*-É=*bītu*).
zibû cumin noir 465 ($^{(ú)}$GAMUN-GE$_6$$^{(sar)}$).
zibu chacal, vautour 75 (NU-UM-MA/MU), 575 (UR-BI-KÙ).
zidubdubbû petit tas de farine 536 (ZÌ-DUB-DUB(-BA/BU)).
zikaru mâle 50 (NITA$_2$), 61 (MU-TIN), 211 (GÌŠ/NITA).
zikru nom 61 (MU), 211 (NITA).
zikrūtu héroïsme, masculinité 50 (NITA$_2$-).
zikšu partie du coté du char 334 (Á-KÁR-^{giš}GIGIR).
zikurudû égorgement, coup mortel, tendances suicidaires(?) 84 (ZI-KU$_5$-RU-DA/DÈ).
zīmu traits 102 ($^{(uzu)}$MÚŠ), 115 (SAG-KI).
z/singurru (un poisson) 84 (ZI-GUR^{ku6}).
zinû nervure centrale de la palme, sorte de porte 84 (^{giš}ZI-NA), 147 ($^{(giš)}$ZÉ-NA).
ziqnu barbe 18 (NUNDUN), 18* (SU$_6$).

ša ziqni dignitaire du palais 18 ($^{(lú)}$*ša* SU$_6$).
ziqnu barbu 18 (NUNDUN-LÁ)?
ziqpu pousse, hauteur, zénith 367 ($^{(giš)}$ḪENBUR$_2$); — hauteur, altitude 84 (ZI).
ziqqurratu tour à étages 449 ((É-)U$_6$-NIR), 455 (Ù-NIR).
ziqtu piqure 124 (TAB), 295 (SÌG).
zirru (*ša Sin*) grande prêtresse (de Sin) 99 (EN-NU-NUZ$_x$-ZI(^{d}ŠEŠ-KI)).
zīru haine 456 (ḪUL-GIG).
zisurrû cercle magique de farine 536 (ZÌ-SUR-RA).
zittu part 589 (ḪA-LA/LÁ)).
zû excrément, refus 536 (ŠÈ).
zē buqli «rejet de malt» 536 (ŠÈ-MUNU$_4$).
zē malāḫi (une plante) 536 (ŠÈ-MÁ-LAḪ$_4$).
zē paḫāri «rejet du potier» 536 (ŠÈ-BAḪAR$_2$).
zē summati (une plante) 536 (ŠÈ-TU$^{mušen-meš}$).
zumbu mouche 433 (NIM).
zumbi dišpi? abeille 433 (NIM-LÀL).
zumbi kalbi (NIM-UR-GE$_7$)
zumbi mê (NIM-A)
zumbi abni (NIM-ZÁ)
zumbi ḫimēti (NÌM-Ì-NUN).
zumbi huraṣi (NIM-KÙ-GI).
} sortes de mouches
zumru corps 7 (SU).
zunnu pluie 399 ($^{(im)}$ŠÈG), 579 (ŠÈG).
zuqaqīpu scorpion 10 (GÍR-TAB); constellation du Scorpion 10 ($^{mul/te}$GÍR-TAB).
zuqqutu piquer 10 (GÍR-GÍR).
zu'tu cf. *izūtu* sueur 232 (IR).
zūzu un demi-sicle 74 (SA$_9$-GÍN).

CORRIGENDA

p. 117, nº 203 = lire ÚR-KUN *rapaštu* reins - épaule?
p. 177, nº 384 = lire *kimiltu* courroux
^{giš}ŠÀ-KAL *šakkullu* osier
p. 191, nº 420 = ajouter, à la suite de *burtu* génisse, les idéogrammes ÁB-AMAR, ÁB-AL, ÁB-MAḪ.
p. 243, nº 595 = ajouter GÍN *šiqlu* sicle
pāšu hache n'est pas uniquement scolaire.

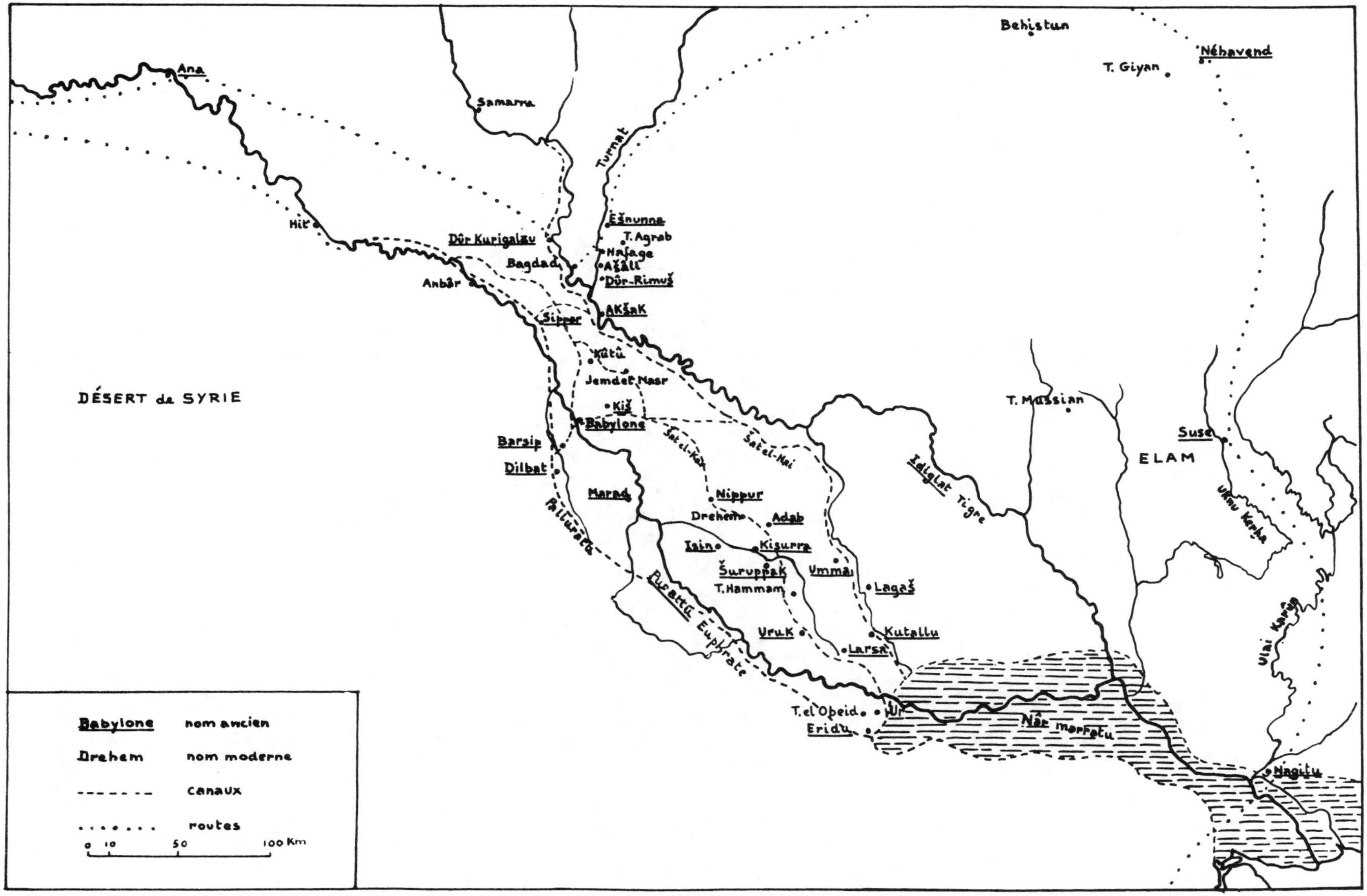
Behistun
Néhavend
T. Giyan
Ana
Samarra
Turnat
Hit
Ešnunna
T. Agrab
Hafage
Ašâli
Dûr-Rimuš
Dûr Kurigalzu
Bagdad
Anbâr
Sippar
AKšaK
Kûtû
Jemdet Nasr
Kiš
Babylone
DÉSERT de SYRIE
T. Mussian
Suse
ELAM
Idiglat Tigre
Ulmu Kerha
Ulai Karun
Barsip
Dilbat
Marad
Pallurattu
Šat el-Kar
Šat el-Hai
Nippur
Drehem
Adab
Isin
Kisurra
Šuruppak
T. Hammam
Umma
Lagaš
Puratti Euphrate
Uruk
Kutallu
Larsa
T. el Obeid
Ur
Eridu
Nâr marratu
Nagitu
Babylone nom ancien
Drehem nom moderne
canaux
routes
0 10 50 100 Km

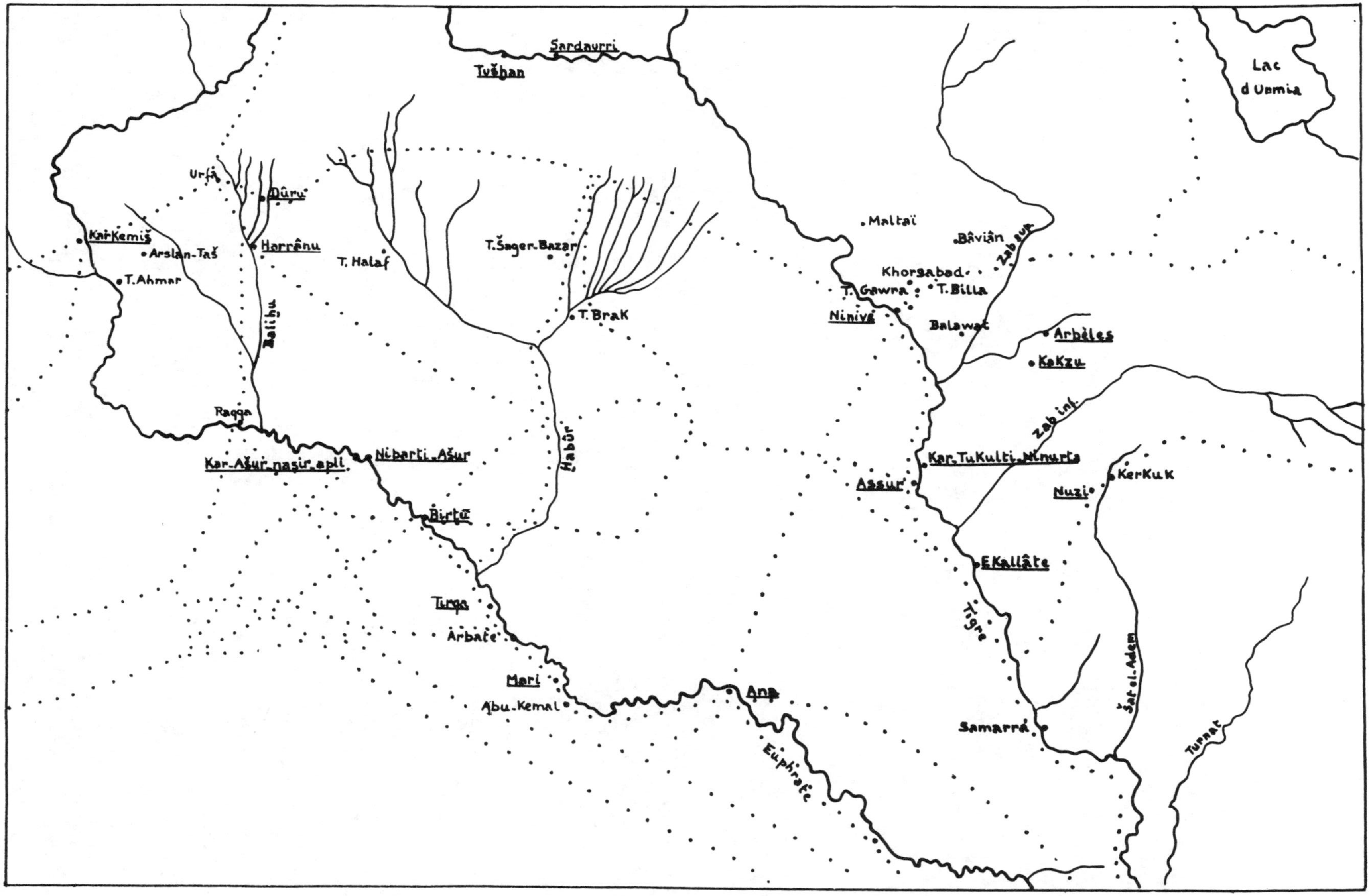

Lac d Urmia
Sardaurri
Tušhan
Urfa
Dûru
Harrânu
Karkemiš
Arslan-Taš
T. Ahmar
T. Halaf
T. Šager Bazar
T. Brak
Baliḫu
Raqqa
Kar-Ašur-naṣir-apli
Nibarti-Ašur
Ḫabur
Birtû
Tirqa
Arbaṭe
Mari
Abu-Kemal
Ana
Euphrate
Maltaï
Bâviân
Zab sup.
Khorsabad
T. Gawra
T. Billa
Ninivé
Balawat
Arbèles
Kakzu
Zab inf.
Kar-Tukulti-Ninurta
Assur
Nuzi
Kerkuk
Ekallâte
Tigre
Samarrâ
Šaṭ el-Adem
Turnat

ACHEVÉ D'IMPRIMER
LE 6 JUIN 1988
PAR L'IMPRIMERIE
DE LA MANUTENTION
A MAYENNE
N° 225-88